José Paulo Paes

Crítica Reunida sobre Literatura Brasileira & Inéditos em Livros
VOLUME I

Æ
Ateliê Editorial

CONSELHO EDITORIAL

Aurora Fornoni Bernardini
Beatriz Muyagar Kühl
Gustavo Piqueira
João Angelo Oliva Neto
José de Paula Ramos Jr.
Leopoldo Bernucci
Lincoln Secco
Luís Bueno
Luiz Tatit
Marcelino Freire
Marco Lucchesi
Marcus Vinicius Mazzari
Marisa Midori Deaecto
Paulo Franchetti
Solange Fiúza
Vagner Camilo
Walnice Nogueira Galvão
Wander Melo Miranda

GOVERNO DO ESTADO DE PERNAMBUCO

Governadora do Estado
Raquel Teixeira Lyra Lucena

Vice-Governadora
Priscila Krause Branco

Secretário de Comunicação
Rodolfo Costa Pinto

COMPANHIA EDITORA DE PERNAMBUCO

Presidente
João Baltar Freire

Diretor de Produção e Edição
Ricardo Melo

Diretor Administrativo e Financeiro
Igor Burgos

Superintendência de Produção Editorial
Luiz Arrais

Superintendência de Produção Gráfica
Júlio Gonçalves

Editor
Diogo Guedes

Editoras assistentes
Gianni Gianni
Mariza Pontes

Produção gráfica
Joselma Firmino

José Paulo Paes

Crítica Reunida sobre Literatura Brasileira & Inéditos em Livros

VOLUME I

Fernando Paixão
Ieda Lebensztayn

(organizadores)

Copyright © 2023 by Organizadores

Direitos reservados e protegidos pela Lei 9.610 de 19.2.1998.
É proibida a reprodução total ou parcial sem autorização, por escrito, da editora.

Dados Internacionais de Catalogação na Publicação (CIP)
(Câmara Brasileira do Livro, SP, Brasil)

José Paulo Paes: Crítica Reunida sobre Literatura Brasileira & Inéditos em
Livros: volume I / organização Fernando Paixão, Ieda Lebensztayn. –
1. ed. – Cotia, SP: Ateliê Editorial; Recife: Cepe Editora, 2023.

Vários autores.
Bibliografia.
ISBN 978-65-5580-101-9 (Ateliê Editorial)
ISBN 978-65-5439-142-9 (Cepe Editora)

1. Análise literária. 2. Crítica literária. 3. Literatura brasileira – Crítica
e interpretação. 4. Paes, José Paulo, 1926-1998. I. Paixão, Fernando. II.
Lebensztayn, Ieda.

23-150699 CDD-869.909

Índices para catálogo sistemático:
1. Crítica literária : Literatura brasileira 869.909
Aline Graziele Benitez – Bibliotecária – CRB-1/3129

Direitos reservados à

ATELIÊ EDITORIAL
Estrada da Aldeia de Carapicuíba, 897
06709-300 – Cotia – SP
Tel.: (11) 4702-5915
www.atelie.com.br | contato@atelie.com.br
facebook.com/atelieeditorial
blog.atelie.com.br
instagram.com/atelie_editorial

CEPE EDITORA
Rua Coelho Leite, 530
50100-140 – Santo Amaro
Recife – PE
Tel.: (81) 3183-2700

Printed in Brazil 2023
Foi feito o depósito legal

Sumário VOLUME I

Apresentação 9
Fernando Paixão e Ieda Lebensztayn

José Paulo Paes: Leitor Sem Fronteiras. 11
Alfredo Bosi

Um Crítico Múltiplo 23
Fernando Paixão

José Paulo Paes: Ensaios Novos na Província. A Língua como
Universo de Possibilidades 31
Ieda Lebensztayn

PARTE I. *As Quatro Vidas de Augusto dos Anjos* 41

PARTE II. *Mistério em Casa* 59
    Advertência 61
    O Sapateiro e o Canário [José de Anchieta: o Catequista, o "Intelectual Puro"] . . . 62
    Um Bacharel no Purgatório [Gregório de Matos, Boca do Inferno: Sátira a
    Brasileiros e a Portugueses] 67
    A Alma do Negócio [André João Antonil, *Cultura e Opulência do Brasil por suas Drogas
    e Minas*, a Restauração da Indústria Açucareira]. 73
    O Remorso de Bernardo Guimarães [Romances Sertanejos e Regionais, *A Ilha
    Maldita*, Agudo Senso de Humor] 80
    Luís Gama, Poeta Menor [Primeiras Trovas Burlescas, Luta Abolicionista] 86
    Ainda o Bom Criminoso ["Rouba aos Ricos para Favorecer os Pobres":
    "Bandido Negro" e Outros Poemas de Castro Alves] 92
    O Verso da Medalha [Antônio Félix Martins, *Decorofobia* ou *As Eleições*: a Lição
    Neoclássica de Filinto Elísio e a Defesa da Ordem Constituída] 96

JOSÉ PAULO PAES: *Crítica Reunida Sobre Literatura Brasileira & Inéditos em Livros*

O Régio Saltimbanco [Ridicularização de D. Pedro II por Republicanos]........101

Cancioneiro de Floriano [Floriano Peixoto como Esfinge].................106

Ainda Machado de Assis [Críticos que Refutaram a Imagem de Machado
Absenteísta: Astrojildo Pereira, Brito Broca, Magalhães Júnior e Galante de Sousa;
Poemas Sociais Machadianos da Mocidade]...........................III

Exilados e Nativistas [A *Geração Perdida* dos Estados Unidos e a Geração Modernista
do Brasil no Pós-Primeira Guerra; Ernest Hemingway e Mário de Andrade]......116

Mistério em Casa [O Olhar da Antropofagia Modernista para um Brasil Mítico:
Cobra Norato, de Raul Bopp, Poema do Tenentismo, de Renovação Saudosista]...120

O Juiz de Si Mesmo [*Meditação sobre o Tietê*, de Mário de Andrade, e o Ajuste
de Contas entre o Homem Solitário e o Solidário].....................125

Adeus ao Pânico [*Contemplação de Ouro Preto*, de Murilo Mendes; Poemas
Descrevem Realidades; a Reconciliação entre o Místico e o Cético]...........130

PARTE III. *Pavão, Parlenda, Paraíso: uma Tentativa de Descrição Crítica da Poesia
de Sosígenes Costa*...137

PARTE IV. *Gregos & Baianos: Ensaios*...............................185

Da Nota Liminar..187

Um Aprendiz de Morto [*Memorial de Aires*, de Machado de Assis]...........189

A Armadilha de Narciso [*Memórias Póstumas de Brás Cubas*, de Machado
de Assis]...213

Sobre as Ilustrações *d'O Ateneu*.................................225

O *Art Nouveau* na Literatura Brasileira [*Belle Époque*, o Chamado
"Pré-Modernismo" na Prosa e na Poesia Brasileiras]....................240

Augusto dos Anjos e o *Art Nouveau*.............................257

Do Particular ao Universal ["Último Credo", de *Eu e Outras Poesias*,
de Augusto dos Anjos]...269

O Surrealismo na Literatura Brasileira [Luís Aranha, Prudente de Morais Neto,
Murilo Mendes, Jorge de Lima, Aníbal Machado, João Cabral de Melo Neto,
Sosígenes Costa, Claudio Willer, Roberto Piva]......................275

Soldados e Fanáticos [Canudos, a *Tragédia Épica*, de Francisco Mangabeira,
e *Os Sertões*, de Euclides da Cunha].............................291

Sobre um Pretenso Cástrida [A Presença de Castro Alves na *Obra Poética*
de Sosígenes Costa]...300

Arcádia Revisitada [Música Sertaneja, Indústria Cultural, o Contraste entre
Cidade e Campo, Nostalgia Pastoral].............................316

A Perda no Caminho [Do Rádio para a Televisão]....................328

Samba, Estereótipos, Desforra [Adoniran Barbosa]...................334

A Poesia no Purgatório [Antologias Didáticas de Literatura; a Crise da Poesia; Poesia e Canção] 339

Da Arte de Ler Anúncios [Metalinguagem nos Comerciais de Televisão] 345

PARTE V. *A Aventura Literária: Ensaios sobre Ficção e Ficções* 351

Do Prefácio. 353

Por uma Literatura Brasileira de Entretenimento (ou: O Mordomo Não é o Único Culpado) [Literatura de Problematização × Literatura de Massa; Folhetim; José de Alencar; José Mauro de Vasconcelos; a Ficção Infantojuvenil de Monteiro Lobato; o Analfabetismo; a Telenovela; a Leitura Obrigatória, Não Prazerosa, pelos Alunos] 354

O Pobre-Diabo no Romance Brasileiro [*O Coruja* de Aluísio Azevedo; *Recordações do Escrivão Isaías Caminha*, de Lima Barreto; *Angústia*, de Graciliano Ramos; *Os Ratos*, de Dyonélio Machado]. 366

Cinco Livros do Modernismo Brasileiro [*Pauliceia Desvairada*, de Mário de Andrade; *Pau-Brasil* e *Memórias Sentimentais de João Miramar*, de Oswald de Andrade; *Macunaíma*, de Mário de Andrade; *Brás, Bexiga e Barra Funda*, de Alcântara Machado] 386

Uma Voz da Babilônia (Sobre *Meu Querido Assassino*, de Dalton Trevisan)... 413

A Guerra Sexual (Sobre *A Polaquinha*, de Dalton Trevisan). .... .418

Ilustração e Defesa do Rancor (Sobre *Abraçado ao Meu Rancor*, de João Antônio). 423

Um Sequestro do Divino (Sobre os Contos de Murilo Rubião) 430

Literatura Descalça (Sobre *O Sobrevivente*, de Ricardo Ramos) 436

Anacrônico-Paródico-Nostálgico (Sobre *De Repente, às Três da Tarde*, de Orlando Bastos). 440

Um Herói Enciclopédico (Sobre *Memorial de Santa Cruz*, de Sinval Medina). 444

PARTE VI. *Tradução, a Ponte Necessária: Aspectos e Problemas da Arte de Traduzir* 449

A Tradução Literária no Brasil [José Bonifácio, Gonçalves Dias, Fagundes Varela, D. Pedro II, Machado de Assis, Monteiro Lobato e Erico Verissimo como Tradutores; Caetano Lopes de Moura (1780-1860), Primeiro Tradutor Profissional Brasileiro; Emílio Zaluar, Tradutor de Folhetins; Traduções de Ficção Europeia, de Peças Teatrais, de *Best-Sellers*, de Literatura Juvenil, de Poesia] 451

Bandeira Tradutor ou o Esquizofrênico Incompleto [*Poemas Traduzidos*: do Francês, Inglês, Alemão e Espanhol – Éluard, Maurois, Shakespeare, Goethe, Heine, Hölderlin, Schiller etc.; as "Traduções para o Moderno"; o Paradoxo da Intraduzibilidade da Poesia] 475

Sobre a Crítica de Tradução [Manuel Bandeira, Augusto Meyer, Mário de
Andrade, Sérgio Milliet, João Cabral de Melo Neto; a Tradução Possível, Falsos
Cognatos, a Transcriação] 488

PARTE VII. *De* Cacau *a* Gabriela: *um Percurso Pastoral* 501
Nota Liminar 503
De *Cacau* a *Gabriela*: Um Percurso Pastoral 504

Apresentação

Estes dois volumes trazem a obra crítica de José Paulo Paes centrada na literatura brasileira. Reúnem-se aqui ensaios publicados nos livros do autor, bem como alguns artigos até então inéditos em livro, localizados em periódicos na Hemeroteca Digital da Biblioteca Nacional e no Arquivo José Paulo Paes, franqueado a nós gentilmente por Andrea e Carlos Favalli; e também o prefácio à obra *Cartas de Amor a Heloísa*, de Graciliano Ramos. À semelhança de uma prática realizada em publicações de Paes, incluímos subtítulos e ou indicações temáticas, entre colchetes, para alguns artigos. Procedeu-se à atualização ortográfica do conjunto, conforme o Acordo Ortográfico da Língua Portuguesa de 1990, em vigor no Brasil desde 2009.

Apresentam-se os textos segundo a cronologia de publicação: dos livros em que foram coligidos; e, no caso dos inéditos em livro, dos exemplares de periódicos que os estamparam. Eis as doze partes que compõem os volumes, e as fontes dos ensaios:

I. *As Quatro Vidas de Augusto dos Anjos*, São Paulo, Pégaso, 1957.

II. *Mistério em Casa*, São Paulo, Conselho Estadual de Cultura, 1961.

III. *Pavão, Parlenda, Paraíso: Uma Tentativa de Descrição Crítica da Poesia de Sosígenes Costa*, São Paulo, Cultrix, 1977.

IV. *Gregos & Baianos: Ensaios*, São Paulo, Brasiliense, 1985.

V. *A Aventura Literária: Ensaios sobre Ficção e Ficções*, São Paulo, Companhia das Letras, 1990.

VI. *Tradução, a Ponte Necessária: Aspectos e Problemas da Arte de Traduzir*, São Paulo, Ática, 1990.

VII. *De Cacau a Gabriela: Um Percurso Pastoral*, Salvador, Fundação Casa de Jorge Amado, 1991.

VIII. *Canaã e o Ideário Modernista*, São Paulo, Edusp, 1992.

IX. *Transleituras: Ensaios de Interpretação Literária*, São Paulo, Ática, 1995.

x. *Os Perigos da Poesia e Outros Ensaios*, Rio de Janeiro, Topbooks, 1997.

xi. *O Lugar do Outro: Ensaios*. Rio de Janeiro, Topbooks, 1999.

xii. Ensaios Inéditos em Livros do Autor, localizados em periódicos na Hemeroteca Digital da Biblioteca Nacional e no Arquivo José Paulo Paes, mais o prefácio de: Graciliano Ramos, *Cartas de Amor a Heloísa*, Rio de Janeiro, Record, 1992, pp. 7-25.

Agradecemos a Dona Dora Paes (*in memoriam*), Andrea Favalli, Carlos Favalli e Plinio Martins Filho.

FERNANDO PAIXÃO E IEDA LEBENSZTAYN

José Paulo Paes: Leitor Sem Fronteiras
Alfredo Bosi[1]

Desejo inicialmente agradecer ao colega e amigo Fernando Paixão a iniciativa de render homenagem à memória de José Paulo Paes. Minha dívida de gratidão para com o poeta e crítico José Paulo Paes não se esgota neste testemunho de admiração pelo intelectual que todos aqui conheceram direta ou indiretamente, convivendo com a pessoa ou com a sua obra. No meu caso, tive o privilégio de um duplo convívio, se acrescento os inúmeros encontros que Dora propiciou a mim e a Ecléa na salinha acolhedora de sua casa em Santo Amaro.

Foram visitas de amizade, que começaram nos meados da década de 60. Pouco a pouco, José Paulo me foi revelando, em meio a uma conversa despretensiosa, mas generosa, o tesouro de suas leituras e de suas observações de crítico consumado. Nesses encontros ocorria uma perfeita inversão de papéis. Era o autodidata José Paulo que ensinava o professor universitário. O professor aprendia a reler com outros olhos o que já lera como profissional das letras. E era ao mesmo tempo convidado a ler o muito que ainda não conhecia.

E aqui cabe uma reflexão sobre a diferença entre o horizonte de leitura do autodidata e o horizonte do especialista. O primeiro lê por prazer, sem a viseira do profissional, que precisou definir, às vezes precocemente, o seu repertório, ao qual ficará preso anos a fio como a uma obrigação. José Paulo Paes, ao contrário, era um leitor livre e sem fronteiras. Surpreendia-me a sua insaciável curiosidade por todo tipo e gênero de escrita, paixão que de certo modo explica a epígrafe de Kafka que ele escolheu para abrir a coletânea de ensaios *Gregos e Baianos*: "Tudo o que não é literatura me aborrece".

Em contrapartida, tudo o que pertencia à literatura, ou mesmo só a tangenciava, não só não o aborrecia como o atraía e nele suscitava o desejo de compreender e o aguilhão de julgar. Sentando-me ao seu lado e ouvindo a

---

1. Publicado originalmente na *Revista Brasileira*, fase VIII, ano V, n. 89, out.-nov.-dez. 2016.

sua palavra sempre exata, às vezes entusiasta, às vezes ferina, eu aprendia que ao verdadeiro leitor tanto interessa rastrear as sutilezas escondidas no Aires machadiano como descobrir na poesia de Augusto dos Anjos uma fusão estranha de pessimismo schopenhaueriano e vestígios de *art nouveau* ornamental. Tanto interessava a José Paulo aprofundar a "pedagogia da metáfora" (em um ensaio rico de erudição e fino gosto, que traz no título essa expressão) como explorar a "arte de ler anúncios" em um texto em que satiriza com brio o uso da metalinguagem na publicidade vendida pela televisão. Estávamos entrando em uma fase da cultura universitária que se fascinava pela nova cultura de massa construída pelos meios eletrônicos. A linguagem televisiva passou a ser objeto preferencial da então onipresente Linguística, associada ao não menos prestigioso surto do Estruturalismo. Pessoalmente, eu resistia a essa avalanche metodológica, mas José Paulo, com a sua ampla liberdade de observador sem *parti pris*, julgava necessário enfrentar a nova onda que, como sinal dos tempos, deveria ser analisada com um misto de aproximação e espírito crítico. Com o mesmo desassombro, José Paulo disse palavras definitivas sobre a relevância da "literatura de entretenimento", cujo valor reside no nível de expressão e construção que pode eventualmente partilhar com o que chamamos de "alta literatura".

No contexto da crítica literária moderna, há uma expressão valorizada por T.S. Eliot que recomenda ao leitor uma certa universalidade nas escolhas. Trata-se da "catolicidade de gosto", que remete à etimologia da palavra "católico", que, em grego, significa precisamente universal. Certamente a distância que José Paulo Paes sempre manteve em relação às teorias estéticas fechadas, tendentes a juízos categóricos, facultou-lhe a prática dessa amplitude de interesses e gostos, uma das feições mais salientes do seu ensaísmo crítico.

Gregos & Baianos saiu em 1985 contendo textos que timbram pela variedade de gêneros, obras e autores contemplados. A primeira parte do livro, que se abre com o já clássico "Um Aprendiz de Morto" sobre o *Memorial de Aires*, enfrenta galhardamente temas originais como as ilustrações de *O Ateneu*, verdadeira leitura intersemiótica dos desenhos com que a pena nervosa de Raul Pompeia traçou as fisionomias das personagens. Em seguida, examina o *art nouveau* na literatura brasileira, com centro em Augusto dos Anjos, poeta que inspirou ao crítico uma reflexão inovadora sobre as relações entre o particular e o universal em literatura. Mas o fôlego do autor não se perde por aí. No mesmo tópico dedicado à poesia brasileira, José Paulo se debruça sobre um tema controverso: a presença do surrealismo entre nós. Não o faz, porém, sem antes nos revelar a existência de um obscuro poeta baiano, Francisco Mangabeira, que, dois anos antes da publicação de *Os Sertões*, compusera uma "tragédia épica" denunciando os mesmos crimes que Euclides da Cunha condenaria no epílogo de sua obra-prima. O ensaio sobre Sosígenes Costa, um "pretenso cástrida", epígono frustrado da poesia social de Castro Alves, dá a medida de um crítico maior capaz de estudar longamente um poeta menor.

Dos baianos da primeira parte somos levados aos gregos da segunda. Quem conviveu de perto com o tradutor dos maiores poetas da Grécia do século xx sabe que essa Grécia de hoje, que nasceu com as lutas pela independência no século xix, foi provavelmente a maior paixão existencial e poética de José Paulo Paes. Quando ele me contava em detalhe o que foi a sua viagem à Grécia e às ilhas, eu entrevia que algo de forte e pregnante acontecera na sua trajetória de homem inquieto em busca de uma beleza espelhada na memória de um mundo distante e conflituoso; mundo que fez da perda a matéria-prima do seu encontro com o passado perdido mas magicamente recuperável pela poesia.

As quatro viagens, o estudo aturado do demótico, o grego moderno, a tradução de poemas de Kazantzákis, Seféris e Kaváfis, acompanhada de cerradas análises estilísticas: todo esse empenho intelectual não poderia ter sido mero exercício de perícia filológica, e só se entende como resposta animosa ao enigma de uma civilização que buscou refazer-se repensando o antigo esplendor, mas à luz crua de um presente denso e sofrido. Os poetas foram contemplados em uma bela trilogia: "A Última Viagem de Odisseu", "Uma Palavra só na *Ilíada*" e "Sobre um Poema Não Canônico de Kaváfis". Cada texto ilumina um perfil da nova Grécia ou, mais exatamente, do "mal da Grécia", misto de melancolia e heroica resistência.

Nos três ensaios, se nos fosse perguntado sobre o método escolhido pelo intérprete, apontaríamos variantes do *close reading* anglo-americano, da estilística espanhola e da linguística aplicada à poética na esteira de Jakobson. Com exceção desta última, não há, porém, na escrita de José Paulo nenhuma referência explícita ao seu método de leitura. O que lemos é uma superfície lisa e fluente de glosa sob a qual o crítico vai armando redes de relações que aclaram o sentido inteiro do poema. E para cada texto José Paulo elege um caminho que lhe parece atingir mais fundo a estrutura e o significado construídos pelo poeta.

Assim, a última viagem de Odisseu, recriada no poema épico de Kazantzákis, "*Odisseia*: Uma Continuação Moderna", cuja imensa teia narrativa de versos José Paulo realizou o milagre de sintetizar, exigia não só uma constante remissão ao intertexto homérico como um reconhecimento das vozes de pensadores que inspiraram a visão de mundo do poeta. O *élan* vital de Bergson combina-se com o nihilismo heroico de Nietzsche e a superação ascética de Buda. E foi um *tour de force* do nosso intérprete detectar em diferentes momentos da epopeia esta ou aquela influência pontual ou difusa. De todo modo, é a extraordinária vitalidade do narrador de *Zorba, o Grego*, que anima a não menos extraordinária vitalidade do poeta desta odisseia moderna.

No estudo de um poema de Seféris, "Uma Palavra só na *Ilíada*", o texto do crítico nasce de sua tradução de "O Rei de Asine", feita diretamente do grego moderno. Creio não exagerar dizendo que a beleza da análise está à altura da beleza desse poema admirável. O ponto de apoio do poema e do ensaio é um verso da *Ilíada*, precisamente o de número 560 da segunda parte da epopeia. Na versão de Odorico Mendes, o verso diz "Lá do golfo de Hermíone e de Asine". O contexto é a enumeração de cidades, heróis e naus que compõem o exército dos aqueus. Mas o que atraiu a atenção de Seféris foi a menção de um nome "tão obscuro quanto fugaz", Asine, cujo rei terá sido irremediavelmente esquecido, submerso na desmemória dos pósteros. Mas o nome que apareceu uma só vez em Homero desencadeou em Seféris, quase três milênios depois, o desejo de rever este fantasma, de segurá-lo e contê-lo no andamento de uma estrofe, de um verso, de um ritmo, em suma, de uma palavra, Asine, Asine... A riqueza simbólica da figura e do nome não escapou ao olhar arguto de José Paulo Paes. O "mal da Grécia", nostalgia do impossível retorno, é sempre confrontado com a perenidade de um sol que cega e de um mar cintilante. O mal da Grécia é ver no passado o eterno ausente em contraste com a Natureza, eterno presente.

E o poeta se pergunta a contemplar as pedras:

acaso subsiste,
em meio a estas linhas desfeitas, a estas pontas, côncavos, ângulos, arestas,
acaso subsiste,
neste passo da chuva, do vento, da ruína,
subsiste o movimento do rosto, a forma dos afetos
daqueles que estranhamente minguaram em nossa vida,

que ficaram como sombra nas vagas, pensamentos no mar infindo?
Nem isso talvez deles sobrasse; nada, além do peso
ou nostalgia do peso de uma existência viva,
aqui onde ora estamos incorpóreos, pensos
como os ramos de um salgueiro terrível, tombados sobre o vão do desespero,
enquanto, citrino e lento, o rio arrasta para o lodo juncos extirpados,
forma feita pedra em amargor perpétuo, pertinaz.
O poeta, um vazio.

O terceiro ensaio, "Sobre um Poema Não Canônico de Kaváfis", também parte de uma tradução. Trata-se do poema "Coisas Ocultas". Desta vez, o método é explicitado: a reflexão de Jakobson sobre certo tipo de poesia "sem imagens", na qual, em lugar da metáfora, o poeta prefere termos abstratos generalizantes e constrói a sua dicção com instrumentos gramaticais (conjunções, preposições, advérbios, pronomes indefinidos). São figuras de gramática, no dizer do linguista, e não figuras da retórica tradicional. Cabem também, neste exercício de morfologia, observações sobre contrastes no regime dos tempos verbais. Armado com esses recursos de análise, o ensaísta irá detectar, em primeiro lugar, o caráter de despojamento da linguagem de Kaváfis. O que move os significados do poema é a força da reflexão. Na abertura destas "coisas ocultas", o passado, expresso pelo imperfeito (*era*), contrasta com o pretérito perfeito (*fiz*, *disse*), assim como o senso da continuidade é rompido pela denotação de um tempo "irremediavelmente acontecido":

De tudo quanto fiz e quanto disse,
não procurem saber quem eu era;

Adiante, o contraste temporal é reiterado:

Um obstáculo havia e transformou
os meus atos e o meu modo de viver.
Um obstáculo havia e me deteve
cada vez que eu ia falar.

O obstáculo permanecia e o eu narrativo foi drasticamente afetado, transformado e impedido de agir e falar, em suma, de ser. A partir da referência a um obstáculo para a ação e a fala do eu narrativo, o que o poema problematiza é o destino dessa mesma ação e dessa mesma fala. São "os mais despercebidos dos meus atos, e, dos meus escritos, os mais dissimulados", que não terão outros decifradores a não ser eles próprios, sinal de que, no presente, os responsáveis pelo obstáculo não os irão entender. Enfim, os versos do futuro, tempo de uma possível "sociedade mais perfeita", supõem que "algum outro, de feitio igual ao meu, certo há de aparecer e livre há de atuar"; então as coisas ocultas virão à luz e a ação e a fala poderão desfrutar de plena liberdade. Resumo aqui, por amor à brevidade, as minuciosas correlações entre processos gramaticais, no caso, temporais, e o sentido da mensagem que José Paulo esclarece galhardamente.

O nosso amante de poesia foi também um original leitor de romance. Digo original pela abordagem singular com que tratou de narrativas que iam do romance gótico à ficção científica passando pelos vários aspectos do conto fantástico. Na análise de *O Conde de Monte Cristo*, obra que leu, releu e explorou por vários ângulos, aliou a intuição do detetive, que decifra pelo nome a feição moral do protagonista, à clarividência do historiador da cultura capaz de descobrir no protagonista as marcas do herói byroniano e acusar nos seus algozes o retrato da burguesia mesquinha e cruel que tomou o poder no período pós-napoleônico. Esse recurso, ao fundo social de onde emerge a narrativa de Dumas, nasce do aprofundamento dos caracteres e das situações vividas no texto sem jamais forçar explicações de cunho determinista ou redutor.

Igual exemplo de atenção ao contexto se reconhece nas páginas em que José Paulo aproxima *Frankenstein ou o Prometeu Moderno*, de Mary Shelley, e o poema *The Tyger*, de Blake, de que o crítico dá uma fiel tradução. O teor ambiguamente vivo e mecânico, natural e artificial do tigre de Blake seria premonitório do homem-máquina do Prometeu moderno criado nessa fase inicial da revolução industrial inglesa. Em ambos a "horrível simetria" será a figura dos novos tempos sem clemência, tempos em que o ser humano usou da sua ciência e das novas técnicas para criar o desumano, a máquina, que escraviza os homens, gerando monstros dos quais Frankenstein é o paradigma. Aprendiz de feiticeiro, o cientista, ao desejar descobrir o segredo da vida, acaba fabricando uma contrafação medonha, que assombra o seu cotidiano.

José Paulo, leitor assíduo de ficção científica, não perde a ocasião de narrar em detalhe, analisar e interpretar um romance rocambolesco, *Tiger! Tiger!*, de Alfred Bester, publicado em 1963. O tema é o da vingança de um astronauta abandonado por uma nave espacial que lhe recusara auxílio no momento em que perdera o rumo. A vingança, planejada com o empenho de um Dantès cibernético, retoma com todas as complicações imagináveis o sentimento do injustiçado que, não por acaso, segundo José Paulo, tatuou no corpo as feições assustadoras de um tigre ultramoderno... Os mitos românticos mudaram de figura, mas não morreram. Os conflitos em 1963 se davam entre o Império americano e o Império soviético, potências rivais na corrida nuclear. No século XXIV, em que transcorre o romance de Bester, todos os planetas do sistema solar já terão sido conquistados pelo homem, de modo que as rivalidades serão interplanetárias... As dimensões espaciais são imensas, mas as paixões e a cegueira dos humanos continuarão movendo as suas ações e as suas ambições.

OLHANDO PARA NOSSA CASA

Descendo das galáxias e voltando os olhos para o José Paulo leitor dos escritores brasileiros, lembramos que a sua primeira coletânea de ensaios, publicada em 1961, trazia como título a expressão "Mistério em Casa". Ele a tomara de empréstimo de uma citação de Raul Bopp, desenvolvendo-a em um texto sobre *Cobra Norato*. O tema é a urgência de uma literatura que explorasse o Brasil selvagem e pré-cabralino que o movimento antropofágico se propusera revelar. O clima político nacionalista do começo da década de 60, precisamente os anos que precederam o golpe militar de 64, terá inspirado a José Paulo, não obstante a sua aversão a todo partidarismo, o ideal de uma literatura capaz de ressuscitar a paixão pelo Brasil tão viva nos modernistas de 22 e nos romancistas de 30.

O fato é que *Mistério em Casa* se debruça, de ponta a ponta, sobre autores brasileiros: Anchieta, Gregório de Matos, Antonil, Bernardo Guimarães, Luís Gama, Fontoura Xavier, Machado de Assis, Raul Bopp, Mário de Andrade, Murilo Mendes. E na Advertência que abre o livro, o autor faz menção a uma sua *História da Poesia Política no Brasil*, "que ficou a meio do caminho", e da qual fariam parte os textos sobre esses escritores. Que o livro projetado não tenha sido levado adiante não é de estranhar. A rigor, o talento de José Paulo se exercitava mais livremente na composição de ensaios monográficos do que no desenho de vastos panoramas. Quando se propunha agrupar autores ou obras em estudos de conjunto, o seu critério era a presença de afinidades te-

José Paulo Paes: *Crítica Reunida Sobre Literatura Brasileira & Inéditos em Livros*

máticas e literárias, e não um projeto de filiação de cunho evolutivo, pelo qual os escritores dependem de precursores situados em uma linha cronológica. O gosto da análise em profundidade exigia dele a presença do texto particular ou, pelo menos, a evidência de motivos comuns.

É o caso dos seus ensaios de vulto, "O Pobre-Diabo no Romance Brasileiro" e "Cinco Livros do Modernismo Brasileiro": em ambos constata-se a existência de um campo histórico-social comum, mas suficientemente amplo para abrigar diferenças internas significativas.

Lendo e relendo a análise do tema do pobre-diabo na literatura brasileira, o que à primeira vista suscitou minha admiração foi a prosa narrativa do ensaísta. José Paulo Paes soube fixar com notável propriedade as fisionomias dos quatro representantes do tipo a ser estudado de perto: o Coruja, do romance homônimo de Aluísio Azevedo, o escrivão Isaías Caminha, criado por Lima Barreto, o amanuense Luís da Silva, protagonista de *Angústia*, de Graciliano Ramos; por fim, Naziazeno, o anti-herói de *Os Ratos*, de Dyonélio Machado. O seu método de exposição me lembrou o procedimento musical que sincroniza a melodia, isto é, o canto, com o acompanhamento, o contracanto. Como a escrita da prosa é linear, não se trata evidentemente de uma harmonia de simultaneidade, mas de alternância. Assim, o nosso leitor-narrador, ao contar a vida do Coruja, assinala que este recebeu o triste apelido dos colegas de internato, onde estuda de favor, e onde se liga com uma "fidelidade canina" a um colega afortunado, de bela aparência e fumos intelectuais bem-sucedidos. Até aqui, temos o canto, a história recontada, à qual se segue o contracanto da análise, que aponta a técnica ficcional do contraste entre as personagens do romance. A observação do analista emerge do retrato dos caracteres opostos do Coruja e de seu condiscípulo Teobaldo. O mesmo casamento de narrativa e interpretação se dá na marcação do desfecho do romance: "Teobaldo morre cônscio de toda a sua vida ter sido uma grande mentira", mas o Coruja se resigna a uma vida humilde e apagada de sofrido pobre-diabo de bons sentimentos. O contracanto é reflexivo: "Aluísio Azevedo nos propõe o pobre-diabo biologicamente considerado, ou seja, o que foi destinado pela própria natureza a esse que é o mais humilde dos papéis sociais". O que é uma outra maneira de situar a personagem e sua história no âmbito da visão naturalista do autor e do seu tempo.

No perfil do escrivão Isaías Caminha, o ensaísta narra fluentemente a trajetória do mulato humilhado e ofendido em que Lima Barreto projetou seu protesto contra os preconceitos raciais que sobreviveram à abolição da escravatura. Pobre-diabo na escala econômica e social, mas ácido crítico da sociedade que o marginaliza, o olhar arguto de José Paulo nele descobre o intelectual consciente do seu valor e, por isso, separado dos irmãos de cor pela fronteira da cultura letrada. Mais uma vez, a narração abre a porta para uma interpretação complexa e matizada que não parte do estereótipo ideológico.

A exploração dos meandros da consciência serve também de contraponto reflexivo para a caracterização de Luís da Silva, o anti-herói de *Angústia*. Em face da densidade da personagem modelada por Graciliano, o ensaísta atribuiu ao contexto sombrio da opressão política da década de 30 a motivação psicossocial para a forjadura do pobre-diabo visto "mais por dentro ainda". Feita a notação contextual, o discurso interpretativo volta-se, de novo, para a narrativa pondo em relevo a decadência da família de Luís da Silva, neto do senhor rural Trajano Pereira de Aquino Cavalcanti e Silva e reduzido a mestre de meninos, e, depois, amanuense, uma vida sem *status* nem brilho. A sequência, feita de menções particulares e interpretação social, é completada pelo retorno à história de vida da personagem. José Paulo recorre aqui, sem alarde metodológico, aos procedimentos do círculo hermenêutico de Leo Spitzer (um de seus críticos prediletos), que nos ensina a caminhar do particular para o geral e, em seguida, descer de novo ao detalhe.

Em todo o ensaio encontram-se certeiras observações sobre o isomorfismo do pormenor em relação ao sentido abrangente do romance. Ainda na leitura de *Angústia* o nosso analista minucioso chama a atenção para o local dos encontros amorosos de Luís da Silva e Marina: "De todo aquele romance que se passou num fundo de quintal, as particularidades que melhor guardo na memória foram os montes de cisco, a água empapando a terra, o cheiro dos monturos, urubus nos galhos da mangueira farejando ratos em decomposição no lixo". A ênfase no detalhe ilumina o conjunto da obra.

Na obra-prima de Dyonélio Machado, *Os Ratos*, obsessivamente realista, a necessidade do dinheiro ocupa inteiramente o coração e a mente de Naziazeno, o humílimo burocrata, pobre-diabo por excelência. "Interioridade no grau zero", diz o intertítulo que tudo explica. Pode-se dizer, sem exagero, que, nesse romance, tudo é detalhe, pois cada situação objetiva em que se enreda o protagonista remete imediatamente à penúria do seu ordenado e à dívida que não consegue saldar com o leiteiro. O ruído de ratos que podem estar roendo as notas de dinheiro, os 53 mil-réis, enfim conseguidos por Naziazeno, tem ares de golpe final da sua existência, perfazendo a correspondência cabal entre destino e necessidade econômica.

UM EXERCÍCIO DE TEORIA DO ROMANCE

A leitura intensa dos romances do pobre-diabo na literatura brasileira estimulou José Paulo Paes a entrar pelo discurso genético em uma digressão teórica, que sabemos incomum em sua trajetória de crítico. O ponto de apoio aqui é nada menos do que uma reflexão sobre a *Teoria do Romance* de Lukács. As passagens escolhidas são as que mostram as diferenças que separam o herói da epopeia grega, de que Ulisses é vivo exemplo, o herói do cristianismo medieval em busca da salvação eterna (Dante viajando pelos mundos do além) e o "herói", entre aspas, das sociedades constituídas a partir da hegemonia burguesa. Neste último contexto, a personagem heroica sobrevive como tensão nunca resolvida entre seus ideais e as novas realidades: Dom Quixote é, nesse quadro, o primeiro anti-herói dos tempos modernos. Na medida em que se aguçam os conflitos entre a interioridade vulnerável do eu e a exterioridade opaca e, não raro, implacável, da sociedade industrial e burguesa, o anti-herói se converte em herói problemático, uma das conquistas da teoria de Lukács.

Avançando na leitura da obra e reexpondo a diferenciação que o teórico hegeliano-marxista estabelece entre romance de formação e romance de desilusão, José Paulo Paes conclui que o romance do pobre-diabo está próximo da desesperança do romance da desilusão. "Melhor dizendo: representa a forma mais extremada, mais radical deste último."

Concordando, em linhas gerais, com a leitura que José Paulo faz do pensamento de Lukács, creio que é sempre inspirador reler os perfis dos pobres-diabos desenhados pelo crítico. Ressaltarão, mediante a comparação, as diferenças que subjazem aos conceitos de *tipo social, tipo psicológico* ou mesmo *tipo ficcional*. Sendo todos pobres-diabos modelados pela estrutura da sociedade burguesa moderna, o Coruja, Isaías Caminha, Luís da Silva e Naziazeno não são iguais nem quanto às suas reações diante da iniquidade social nem quanto ao grau de interiorização que suas histórias de vida os levaram a experimentar. Na realidade, eles desejariam ser pessoas livres e conscientes, o que aparece com nitidez nas atitudes e nas reflexões dos anti-heróis de Lima Barreto e de Graciliano Ramos, mas permanecem presos à circunstância que lhes deu a condição típica do pobre-diabo.

Ler o crítico José Paulo Paes é um contínuo desafio para enfrentar o percurso que vai das partes ao todo e vem do todo ao particular. E é um convite para reconhecer no detalhe o sentido que ilumina a obra inteira. Esforcemo-nos para ser dignos do seu legado.

Um Crítico Múltiplo
Fernando Paixão

O ensaio [é] tão flexível quanto o conto[1]

No campo da crítica literária, pode-se começar dizendo que o poeta José Paulo Paes dedicava-se a temas *gregos & baianos* – expressão que dá título a um de seus livros de ensaios, publicado em 1985[2]. Ainda que dividida em três partes, a obra reúne textos sobre autores diversos da literatura brasileira, passando pelas criações de Homero e Kaváfis, mas também se volta para reflexões menos acadêmicas, como o samba de Adoniran Barbosa e as artimanhas visuais da publicidade. Assuntos sobre os quais Paes escrevera na década anterior e que revelam um crítico de gosto livre e de formação muito peculiar.

A data dessa publicação é importante, pois marca o momento de virada em sua carreira de poeta e crítico, que veio a se incrementar após o desligamento da editora Cultrix, em que trabalhara por duas décadas. No ano seguinte, reuniu os poemas de livros anteriores, e mais alguns inéditos, sob o título *Um por Todos*[3] (1986), com prefácio de Alfredo Bosi. E começa aí a autoproclamada "alforria" de Paes, no sentido de tornar-se "dono e senhor do [seu] tempo para fazer dele o que bem entendesse"[4]. Estamos falando de um homem que acabava de completar sessenta anos, dedicado incansavelmente aos versos e aos ensaios, mas também às traduções e à edição de livros – com o mesmo rigor e disciplina que seguia em sua dieta alimentar.

Em meados de 1980, Paes é um intelectual maduro e sabe o que quer. Mas, para conhecê-lo melhor, será necessário voltar às origens, ainda que rapidamente. Nascido em Taquaritinga, no interior de São Paulo, herdou o gosto de

1. José Paulo Paes, "Nota Liminar", *O Lugar do Outro: Ensaios*, Rio de Janeiro, Topbooks, 1999, p. 11.
2. José Paulo Paes, *Gregos & Baianos*, São Paulo, Brasiliense, 1985.
3. José Paulo Paes, *Um por Todos*, São Paulo, Brasiliense, 2006.
4. Frase tirada de uma pequena autobiografia escrita pelo autor (José Paulo Paes, *Quem, Eu? Um Poeta como Outro Qualquer*, São Paulo, Atual, 1996, p. 63).

ler com o avô, que tinha uma livraria-papelaria na cidade; após os primeiros estudos, migrou para Curitiba, onde se formou técnico de química e conheceu Dalton Trevisan, Glauco Flores de Sá Brito, o pintor Carlos Scliar e outros escritores da revista *Joaquim*, que se reuniam no café Belas Artes. Escreve nesse momento os primeiros versos e estudos críticos, interessado sobretudo em uma visão engajada da poesia. Em 1947, com 21 anos de idade, estreia com os versos modernistas de *O Aluno*[5], que o leva a participar do famoso encontro de escritores desse ano em Belo Horizonte.

No final dessa década, emprega-se numa indústria química de São Paulo e logo se envolve com um grupo de intelectuais, estreitando amizade com Edgard Cavalheiro, Oswald de Andrade Filho, o Nonê, e Osman Lins, entre outros. É quando conhece a sempre-musa Dora, com quem se casa e a quem oferece a sua segunda criação poética, *Cúmplices*[6] (1952), como presente de aniversário. Começa também a colaborar com artigos e poemas no *Jornal de Notícias* e em *O Tempo*, dirigidos por amigos. Vem daí o estímulo para a escrita de um texto mais longo dedicado a um poeta especial, que o intrigava desde as leituras fervorosas da adolescência, e que deu origem ao pequeno livro *As Quatro Vidas de Augusto dos Anjos*[7] (1957) – ensaio que, mais tarde, ele veio a considerar como "meio canhestro, de vagas tintas marxistas"[8].

Vem dessa época a intenção de escrever uma *História da Poesia Política no Brasil*, projeto iniciado, que não seguiu adiante; abandonou o desejo de tecer um panorama histórico, mas continuou interessado no assunto, e muitos dos escritos foram incluídos na primeira reunião de ensaios do autor, *Mistério em Casa* (1961), publicada numa coleção seleta patrocinada pelo Conselho Estadual da Cultura de São Paulo. O título resgata a afirmação de Raul Bopp, em *Cobra Norato*, ao defender que os escritores se voltem para os temas locais: "Para quê Roma? Temos mistério em casa. A terra grávida. Vozes nos acompanham de longe. Arte não precisa de explicações". Em resposta à provocação boppiana, Paes desenvolve reflexões agudas sobre a literatura nacional.

---

5. José Paulo Paes, *O Aluno*, Curitiba, O Livro, 1947.
6. José Paulo Paes, *Cúmplices*, São Paulo, edição própria, 1952.
7. José Paulo Paes, *As Quatro Vidas de Augusto dos Anjos*, São Paulo, Pégaso, 1957.
8. José Paulo Paes, *Gregos & Baianos*, São Paulo, Brasiliense, 1985, p. 93. Mais tarde, referindo-se ao autor de *Eu*, Paes afirma: "ali percebi afinal o que era poesia. A poesia como linguagem de descoberta e apropriação do mundo; como fala inaugural diante da surpresa da vida" (José Paulo Paes, "Poeta Traça Trajetória Voltada para a Conquista de uma Voz Própria", *Folha de S.Paulo*, 29 set. 1990, Letras, p. 5.

Em sequência quase cronológica, os ensaios apresentam diversos autores, a começar por Anchieta, Gregório de Matos e Antonil, passando pelos oitocentistas Bernardo Guimarães, Luís Gama, Fontoura Xavier e Machado de Assis, entre outros, até concluir com a reflexão em torno a três poetas modernistas: Raul Bopp, Mário de Andrade e Murilo Mendes. Lido em perspectiva, esse conjunto de textos mostra um autor que, aos 35 anos, tinha uma vasta cultura literária e cultivava valores estéticos e políticos, que lhe norteavam tanto a criação como a atividade crítica.

Influenciado inicialmente pelos valores modernistas, leitor de obras marxistas e depois interessado pela radicalidade semântica dos poetas concretos[9], Paes manifesta uma visão inconformada[10] com a repetição preguiçosa dos modelos poéticos estrangeiros. No artigo em que analisa Raul Bopp, afirma que boa parte da poesia daquela época recai no "desconchavo que é, metafísica de colarinho duro, paráfrase de modelos europeus ultramarinos copiados diligentemente, com uma proficiência de alunos de Belas Artes"[11]. E, no final do texto, indaga: "Que tal se parássemos de brincar de poetas franceses, ingleses, alemães, e começássemos a brincar novamente de poetas brasileiros?"[12]. A pergunta encontra uma resposta pessoal em *Poemas Reunidos*, de 1961, apresentando a obra poética do autor até aquele momento.

Coincide com a publicação do livro de versos o abandono do laboratório químico, trocado por uma mesa na editora Cultrix e uma nova atividade profissional. Como editor, poderá agora dedicar-se à própria literatura e desenvolver alguns projetos, certo? Essa ilusão, no entanto, logo é desfeita pelo excesso de tarefas burocráticas e a contínua revisão de traduções, que passam a lhe roubar o tempo livre; e isso lhe dava um ganho extra para complementar o salário e saldar os compromissos financeiros. Nesse período, também se

9. "De pronto me atraiu, nas técnicas da poesia concreta, a extrema condensação de sentidos alcançada pela eliminação, total ou parcial, das conexões gramaticais, já que a atenção do poeta se voltava para a palavra em si, não para a sucessão delas no verso. Por outro lado, a exploração do branco da página como recurso de construção fazia com que as palavras ou fragmentos de palavras ali disseminados ganhassem ênfase e ressonâncias" (José Paulo Paes, *Quem, Eu? Um Poeta como Outro Qualquer*, São Paulo, Atual, 1996, p. 55).

10. Nesse mesmo ano, Paes publica pela mesma editora o volume VII da coleção Vidas Ilustres, dedicado aos poetas. O livro apresenta a biografia resumida de dez escritores de várias nacionalidades, incluindo o brasileiro Castro Alves. Na apresentação, o autor caracteriza o trabalho como de divulgação (José Paulo Paes, *Os Poetas*, São Paulo, Cultrix, 1961, p. 13, Coleção Vidas Ilustres.

11. José Paulo Paes, *Mistério em Casa*, São Paulo, Conselho Estadual de Cultura, 1961, p. 83.

12. *Idem*, p. 88.

dedica ao estudo e aprendizado de línguas, interesse que se mantém até o fim da vida e lhe proporciona um prazer paralelo e exigente, como um jogo de contas de vidro. Por isso mesmo, a década de 1960 e a seguinte constituem um período de menor produção crítica, embora o sarcasmo de sua poesia continuasse afiado.

A quebra do jejum se dá em 1977, com o lançamento de *Pavão, Parlenda, Paraíso*[13], dedicado a comentar a poesia de Sosígenes Costa, escritor baiano que lhe fora apresentado por Jorge Amado. Paes descreve-o como um versejador primoroso, que tem no humor uma de suas marcas e divide-se entre duas linhas de criação: os sonetos, "sob a égide da transfiguração metafórica"[14], e os poemas negros, em que prima "o imperativo da participação política"[15]. No estudo, esmiúça a composição e a qualidade dos textos do artista popular, alçado à condição de "poeta grego da zona do cacau", segundo a definição de James Amado. Ao mesmo tempo, percebe-se uma identificação entre o comentador e seu objeto de estudo, irmanados quanto ao rigor formal e à atitude política.

Também nessa época passa a colaborar na *Revista de Cultura Vozes*, reiniciando uma produção crítica que se amplia com os anos e vai resultar no livro sobre gregos e baianos, comentado acima. Obra que demarca a maturação de um intelectual "fora da curva", digamos, se levarmos em consideração a sua formação autodidata, a versatilidade e o multilinguismo. Apoiado por Dora, toma a decisão de romper com a editora Cultrix – que não havia cumprido o compromisso inicial de liberá-lo alguns dias da semana – para se dedicar aos projetos pessoais por sua conta e risco. Logo em seguida, teve muito sucesso com *É Isso Ali, Poemas para Brincar, Uma Letra Puxa a Outra* e diversos outros títulos de versos para crianças, tornando-o uma figura de âmbito nacional. E assim tem início a segunda fase de José Paulo Paes, em que convivem harmoniosamente o poeta, o crítico e o tradutor.

No que se refere à atividade crítica, o passo seguinte se deu em 1990, quando o autor reuniu em *A Aventura Literária*[16] os melhores comentários escritos até a data. No primeiro estudo, faz a defesa do gênero de aventura, que tem um papel determinante na sedimentação do gosto de leitura no grande pú-

13. José Paulo Paes, *Pavão, Parlenda, Paraíso*, São Paulo, Cultrix, 1977.
14. *Idem*, p. 55.
15. *Idem, ibidem*.
16. José Paulo Paes, *A Aventura Literária*, São Paulo, Companhia das Letras, 1990.

blico. A seguir, a essa linha de entretenimento, opõe a chamada literatura de proposta, que "não só problematiza todos os valores como também a maneira de representá-los na obra de arte"[17]. Já no texto seguinte, discute a figuração do "pobre-diabo" como elemento recorrente na ficção brasileira, entendendo-o como um tipo de personagem em que "a vocação para o fracasso lhe é consubstancial"[18]. O quarto ensaio, por sua vez, ocupa-se de cinco dos principais livros do modernismo brasileiro, cuja proposta implicava "conjugar sem contradição a inocência da barbárie reconquistada à sabedoria pragmática da tecnologia da modernidade". Essas quatro reflexões iniciais, por conta de sua argúcia e abrangência de análise, estão entre os mais conhecidos e citados do autor, no âmbito dos estudos literários.

Não menos importante é a produção que vem a seguir. Em 1991, publica *Tradução: a Ponte Necessária*[19], voltado para analisar as artimanhas dessa atividade, que permite a passagem dos textos entre as línguas e povos. Na mesma data, sai pela Fundação Casa de Jorge Amado um estudo sobre o autor baiano[20] e, no ano seguinte, aparece outro longo ensaio em torno a um livro enigmático: *Canaã*, de Graça Aranha. Paes insere o romance numa tradição de viés crítico que busca fazer "um ajuste de contas com os valores típicos da *Belle Époque*"[21]; sob essa óptica, analisa com rigor o estilo ornamentado de uma obra voltada para entender a formação da sociedade brasileira. Essas diversas edições comprovam o ecletismo do crítico, capaz de se dedicar ao mesmo tempo a autores distintos, tanto no estilo como na ambientação de época.

Nos anos finais da vida do autor, foram ainda editadas mais três coletâneas, sendo a última póstuma. Em *Transleituras*[22] (1995), oferece ensaios de diversa natureza, com predomínio para a literatura brasileira, ocupando-se de Graciliano Ramos, Lygia Fagundes Telles, Osman Lins e outros. No prefácio, explicita que o olhar do crítico – salientado pelo prefixo *trans* –, "tem de ser sensível às instigações extratextuais do texto literário e ir *além* dele, mas sem

---

17. *Idem*, p. 26.
18. "O Pobre-Diabo no Romance Brasileiro" (José Paulo Paes, *A Aventura Literária*, p. 41).
19. José Paulo Paes, *Tradução: A Ponte Necessária: Aspectos e Problemas da Arte de Traduzir*, São Paulo, Ática/Secretaria de Estado da Cultura, 1991.
20. José Paulo Paes, *De Cacau a Gabriela: Um Percurso Pastoral*, Salvador, Fundação Casa de Jorge Amado, 1991.
21. José Paulo Paes, Canaã *e o Ideário Modernista*, São Paulo, Edusp, 1992, p. 16.
22. José Paulo Paes, *Transleituras*, São Paulo, Ática, 1995.

jamais perdê-lo de vista"[23]. Frase que resume o seu método investigativo em que busca salientar, "ao fim e ao cabo, as linhas de força intertextuais"[24].

Já o livro seguinte, *Os Perigos da Poesia* (1997), apresenta unidade em torno ao gênero do título, com predominância de comentários sobre poetas brasileiros, incluindo nomes canônicos ao lado de recém-lançados. Aparecem aqui também alguns temas caros ao autor, como a relação do *art nouveau* com a literatura, que ele flagra, desta vez, na poética pré-modernista de Manuel Bandeira. Como nas coletâneas anteriores, são textos publicados nos suplementos culturais dos grandes jornais, num momento em que o crítico-poeta goza de pleno reconhecimento. Convicto do seu ofício, declara nas páginas iniciais: "empenho-me em continuar escrevendo para o pouco que ainda resta de nossa imprensa literária porque a acho a melhor plataforma de encontro entre os autores e seu público virtual, de onde lhes sairá algum público real". Profissão de fé que o acompanha até os últimos dias.

No ano seguinte à sua morte, ocorrida em 1998, sai *O Lugar do Outro* (1999), ainda por ele organizado. Nele, compila resenhas sobre ficcionistas nacionais, acrescidas de outros temas e interesses – incluindo um retorno à poesia grega e à amizade com Dalton Trevisan. E novamente, na breve apresentação inicial do livro, lança mais uma de suas convicções, que resumem o seu modo de encarar o ofício crítico. Diz ele: "o ensaio [é] tão flexível quanto o conto" e deve fazer "da brevidade e clareza de estilo os seus esteios máximos". Mais longo ou mais curto, sobre um tema erudito ou popular, a exigência da escrita é a mesma e muda principalmente o fôlego do argumento. E com isso se completa o quadro da produção crítica de José Paulo Paes, considerando-se apenas o que ele mesmo escolheu para ser recolhido em livro.

O que nos remete agora a uma indagação inevitável, associada à presente reunião de seus escritos: enfim, quais são as linhas de força que norteiam o posicionamento do nosso crítico com relação à literatura brasileira? Nesse domínio, quais são os seus temas principais? Entendemos que não é difícil responder a esse questionamento, se percebermos os contornos de um pensamento que se mostra coerente em sua longa trajetória. Dada a sua condição de crítico-poeta, sem ligações formais com a universidade, ele tem o privilégio de escolher livremente os assuntos sobre os quais escrever – ou mesmo para aceitar encomenda de uma resenha ou depoimento.

23. *Idem*, pp. 5-6.
24. *Ibidem*, p. 6.

Nesse sentido, uma de suas preocupações centrais volta-se para o legado do modernismo brasileiro, valorizado por se aventurar na criação de uma literatura inventiva, enraizada na cultura local. Essa problemática está presente já em sua primeira coletânea de textos críticos e se desdobra em ensaios de maior fôlego, alguns deles citados aqui. Tal constância, porém, deve ser entendida como uma reflexão contínua do poeta sobre o nosso movimento estético mais importante e suas consequências para o ambiente nacional. Ao mesmo tempo, ao olhar criticamente os escritores predecessores, ele amadurece a sua própria visão poética e consolida sua adesão a uma linhagem corrosiva, oswaldiana e epigramática[25].

É notória ainda a fascinação do autor pelo momento histórico de transição entre o decadentismo oitocentista e a eclosão das vanguardas literárias, no início do século seguinte. Daí o seu contínuo interesse pela obra de Augusto dos Anjos – que o ocupou até os anos 1990, quando analisa a visada microscópica na figuração do monstruoso nos versos do livro *Eu*. Aparece ainda nas análises de Castro Alves, Graça Aranha, Lima Barreto e outros. Aliás, esse traço não chega a ser uma surpresa, se lembrarmos que, em paralelo, o crítico também se dedica a traduzir escritores do período, como Verlaine, J. K. Huysmans, K. Kaváfis e outros. Nesses autores, ele identifica uma inquietação de valores que promovem uma criação renovadora no campo literário.

Outra marca dos ensaios de José Paulo Paes diz respeito à atenção dada aos ficcionistas e poetas das novas gerações, lançando luz sobre novidades que escapariam à crítica corriqueira. Em suas coletâneas finais, muitos textos reproduzem resenhas que escreveu para a imprensa, ao comentar lançamentos da ocasião. Dedica-se a essa atividade, aliás, com o espírito do engajamento, com o intuito de contribuir para os debates do seu tempo e também valorizar os criadores que se sobressaem em meio a um grande volume de lançamentos. Glauco Mattoso, Felipe Fortuna, Francisco Dantas, Chico Buarque e outros recebem comentários fluentes e analíticos, com vistas a elucidar uma chave de leitura para as obras. Em conjunto, esses ensaios configuram um retrato seletivo do que se produziu no último quartel do século passado.

Como resultado dessas características, aliadas às outras qualidades do poeta-crítico, temos agora a oportunidade de observar com amplitude a exce-

---

25. Sobre o tema, ver: Fernando Paixão, "José Paulo Paes: Epigramática Exata", *Acontecimento da Poesia*, São Paulo, Iluminuras, 2019, pp. 77-88.

lência da sua reflexão sobre a literatura brasileira. Deparamos então com uma visão muito bem informada e formada, sem se fechar num gosto determinado e exclusivista. E ainda que ele tenha certa visão crítica do mundo e da arte da escrita, isso não o leva a defender uma ou outra forma de maneira militante. Ao contrário, mantém-se livre para incorporar (e compreender) tudo o que o impressiona. Se de um lado, valoriza a erudição e revisita autores da tradição, de outro sabe reconhecer a singularidade de escritores que fogem ao *mainstream* e se arriscam na busca de uma linguagem própria. Os extremos são válidos, desde que formulem singulares aventuras da imaginação.

Aos olhos de José Paulo Paes, afinal, há mais afinidades entre os gregos e os baianos do que supõe a vã filosofia.

José Paulo Paes: Ensaios Novos na Província.
A Língua como Universo de Possibilidades
Ieda Lebensztayn

> *Fazem-se em nós defeitos*
> *as virtudes que ensinas:*
> *o brilho de superfície*
> *a profundidade mentirosa*
> *o existir apenas*
> *no reflexo alheio.*
>
> *No entanto, sem ti*
> *sequer nos saberíamos*
> *o outro de um outro*
> *outro por sua vez*
> *de algum outro, em infinito*
> *corredor de espelhos.*
>
> JOSÉ PAULO PAES, "Ao Espelho"

"Vivendo em sepulturas, ocupara-me em relatar cadáveres." Como se lê num dos ensaios de José Paulo Paes até então inéditos em livro, aqui incluídos, tais palavras de Graciliano Ramos provocaram a reflexão do crítico: questionado em Moscou sobre a possibilidade de se verterem romances seus para a língua russa, o autor de *Angústia* hesitou melancolicamente, considerando suas narrativas de um mundo morto e doentes as personagens.

O contexto em questão é uma resenha de *Viagem*, publicação póstuma de Graciliano, de 1954, sobre sua ida à União Soviética e à Tchecoslováquia. José Paulo Paes procura compreender a autoimagem da obra como "relato de cadáveres": além do excessivo rigor do autojulgamento do romancista, identifica aí a consciência crítica de Graciliano em relação à realidade estagnada em iniquidades a que deu representação em sua arte. Ao mesmo tempo, tratando-se de um crítico que conhece o escritor alagoano pessoalmente e livre de estereótipos, ele o sabe não só objetivo e escrupuloso, mas também fraterno e bem-humorado, dono de coração enorme, por trás da imagem de irascível. Assim, entrevê, junto com a perspectiva sombria de Graciliano ante o país e os personagens da própria literatura, frestas de seu desejo pela transformação da paralisia social e cultural brasileira, embasadas em faces da realidade que deparou na União Soviética.

Contestando a imagem do "pessimista irremediável", o crítico, por entender que a literatura de Graciliano se fincava no capitalismo brasileiro "de imitação", devastado pela "imoralidade burocrática" e pelo "arbítrio caudilhesco", ressalta que o criador de Fabiano foi acima de tudo um homem apegado à verdade, íntegro como escritor e político. E sentimos ecoar em Paes o estilo de *S. Bernardo*: "A culpa não foi sua [de Graciliano], foi daquela honestidade que não lhe consentia pintar de cor-de-rosa coisas sabidamente pretas".

Note-se que, publicada essa resenha de *Viagem* no suplemento literário de *O Tempo*, de São Paulo, em 1954, José Paulo Paes contava 28 anos e já exercia a crítica com conhecimento e ponderação, amparando-se na leitura atenta dos textos. Formado técnico em Química em 1948 em Curitiba, e havendo trabalhado como químico num laboratório em São Paulo durante onze anos, todavia Paes, neto de livreiro e tipógrafo, fez-se crítico e tradutor de maneira autodidata.

Guardadas as diferenças de formação, vale observar que, tendo sido também autodidatas Machado de Assis e Graciliano Ramos, este, admirador de Balzac, afirmou certa vez que a "língua francesa, direta, facilita os autodidatas, que somos todos nós, intelectuais brasileiros". A marca autodidata de intelectuais no país deixa ver as limitações do ambiente em termos econômicos e culturais e, a um tempo, o alcance do esforço e da paixão pela escrita crítica e artística. Um mundo morto e a ânsia por formas novas, em termos estéticos e político-sociais, estão na raiz do chamado romance de 1930 e se configuram na obra de Graciliano, "relato de cadáveres" local e universal, traduzido para diversos idiomas, inclusive o russo[1].

---

1. Recordem-se as palavras de Otto Maria Carpeaux em "Autenticidade do Romance Brasileiro": "O romance brasileiro moderno não é, como parecem acreditar os leitores estrangeiros, o de um mundo novo em eclosão, mas o de um mundo velho em decomposição. Satisfaz à definição de Lukács: 'O romance é uma expressão de sem-abrigo transcendental, epopeia de um mundo que Deus abandonou'. Essa definição faz transparecer o problema moral dentro do problema social (ou

Chega-se, assim, às palavras *província*, que etimologicamente significa "vencida", e *novidade*, as quais Ortega y Gasset articula ao tratar do romance. Considerando que as melhores obras são criações das decadências, devido à experiência acumulada, o crítico madrilenho resgata da palavra espanhola *novela* (em português, romance) o traço semântico de novidade e concebe que o romance deve centrar-se na representação da "vida provinciana", pequeno horizonte hermético que, dotado de vitalidade, desperta o interesse do leitor. Com base justamente em José Ortega y Gasset, José Paulo Paes destaca, no ensaio "O Lugar do Outro" (1997), a "outridade figurativa", profuso sortimento de "tus" por meio do qual o romance possibilita ao "eu" autoavaliar-se e ampliar a compreensão da realidade.

Se Paes ressalta que a experiência da outridade, oposta ao solipsismo, é caminho da autoavaliação crítica e do amadurecimento, em sua trajetória autodidata de poeta, tradutor e crítico, para se constituírem os sentidos de identidade e outridade, foram marcantes a poesia de Carlos Drummond de Andrade e o contato com ele.

Desde o soneto moderno que dá título ao primeiro livro de poesia de José Paulo Paes, *O Aluno*, e em poemas como "Drummondiana", "Muriliana" e "O Engenheiro", explicita-se seu vínculo com a tradição moderna da poesia brasileira, de Drummond, Manuel Bandeira, Murilo Mendes, João Cabral de Melo Neto. Em 1947, o estreante participa do Segundo Congresso Brasileiro de Escritores, em Belo Horizonte, onde conhece Graciliano, Jorge Amado, José Lins do Rego, Otto Maria Carpeaux, Drummond, entre outros "monstros sagrados", como ele os chama no depoimento "Nós num Começo de Vida", publicado em *Nicolau*, de Curitiba, em 1988 e aqui incluído.

Amável porém severa, a carta com que Drummond recebe *O Aluno* cobra-lhe uma dicção própria, o que pressupunha afastar-se dos poetas de eleição brasileiros e ler estrangeiros, ampliando o conhecimento linguístico e exercitando diversas formas de compreensão e expressão da realidade, do outro e de si, em busca do estilo pessoal. Em entrevista a José Geraldo Couto, publicada no caderno "Mais!" da *Folha de S. Paulo* a 12 de novembro de 1995, Paes recorda a recomendação de Drummond de descobrir-se a si mesmo lendo poetas

---

vice-versa). Por isso, o romance brasileiro moderno já se elevou, em raros momentos, como em *Angústia*, à altura da tragédia. É o critério de sua autenticidade, como monumento da terra e da gente do Brasil" ("*Livros na Mesa*", em *Ensaios Reunidos 1942-1978*, Rio de Janeiro, UniverCidade & Topbooks, 1999, vol. I, p. 884).

de outras línguas: "porque seriam mais universais do que os da minha própria língua. E mesmo que exercessem influência sobre mim, já seria uma influência refratada pelo meu próprio idioma, não seria mais uma imitação rasteira".

Assim, "espicaçado" pela carta de Drummond, José Paulo Paes se pôs a estudar línguas. E o resultado, o grande tradutor, é de todos conhecido. Eis que agora podemos encontrar o poeta itabirano também nos primeiros passos do crítico Paes: surpreendemos, entre os ensaios inéditos em livro, a série "Carlos Drummond de Andrade e o Humour I, II e III", publicada em O Dia, de Curitiba, em março/abril de 1948. Aos 21 anos, o jovem ensaísta, cuidando para não cair em esquematismos, compreende agudamente estar diante de um "poeta intelectual", em cujos versos a dialética entre inteligência e sensibilidade se faz com predomínio da razão, que seleciona os dados da emoção segundo "imperativos estéticos, morais ou ideológicos". Incansável, a inteligência do poeta perscruta o terreno da emoção, de maneira a prevalecer em sua obra o tom de "confissão autocrítica", apesar de uma "vontade de lirismo sem compromissos". Paes apreende os dilemas da arte social de Drummond: ao passar o real pelo crivo de sua subjetividade, o poeta o torna abstrato, sobressaindo uma metafísica angustiada, que se contrapõe à limitação do mundo objetivo; ao mesmo tempo, examina sua incomunicabilidade com o operário e deseja uma compreensão futura. Destaque-se a análise da "forma humorística" drummondiana, voltada contra a realidade capitalista ou contra o próprio comportamento pessoal: Paes a entende como a lúcida solução do poeta para a "antinomia sensibilidade-inteligência".

Também em "Pós-Modernismo", publicado em Joaquim, de Curitiba, em maio do mesmo ano, o leitor depara uma reflexão a respeito da importância de Drummond para os pós-modernistas e a encruzilhada histórica que viviam: ele mostrou a necessidade de equacionar a realização formal da arte e o imperativo moral de comunicar os conflitos sociais do tempo. Igualmente a metafísica religiosa e as inovações técnicas de Murilo Mendes são contempladas por Paes. Seu propósito é salientar que cabe aos artistas confrontarem suas obras com a tradição e dela se apropriarem com dicção própria, fincando-se na realidade brasileira sem universalismos vagos, de modo a conquistarem sua "verdade estética". Nesse sentido, ele chama a atenção para os poetas baianos Sosígenes Costa e Jacinta Passos, capazes de carregar em seus versos "o coração do povo". A ambos dedicaria posteriormente ensaios de fôlego, incluídos nesta obra.

Acompanhando a produção de Drummond, o jovem ensaísta, em 1950, escreve "Uma Profissão de Fé": identifica um desconcerto entre a sensibilidade do poeta e os temas políticos escolhidos pela sua inteligência, que resulta em diferenças estéticas e de autenticidade humana entre poemas de *A Rosa do Povo*; porém, destaca a vitória do poeta, essencial, sobre o político, acidental. Detém-se na "Procura da Poesia" e, partilhando do mesmo princípio apologético das palavras, apresenta bela síntese do que cada uma significa: "pequeno deus sonoro contendo todas as virtualidades".

Também de 1950, "Do Cotidiano", publicado no *Jornal de Notícias*, de São Paulo, defende que, sendo a palavra amálgama de sentimento e pensamento, a poesia, mais que expressão emotiva e metafísica, deve impregnar-se de vida cotidiana e formar consciência crítica. Prática admirável de José Paulo Paes, esse artigo se lança, na segunda parte, à análise de *Poemas de Câmera*, livro então publicado por José Escobar Faria.

Desse mesmo periódico e ano, o ensaio "Divertimentos" nos oferece, em formulações justamente lapidares, ótimas reflexões de Paes, de largo alcance dos sentidos de poesia, tradução e outridade/identidade ética. Aqui um aperitivo:

A ordem generaliza, a desordem individualiza. [...]

Traduzir, ao mesmo tempo que um ato de inteligência, é um ato de humildade. Calar para que os outros falem pela nossa voz: calar-se e dizer, com palavras da língua materna, algo que alguém, alheio a essa língua e aos seus singulares poderes, um dia escreveu – eis a ética do tradutor. [...]

Distinguir, além da penumbra do verbo, a luz do pensamento e dar a essa luz uma nova penumbra – eis a lógica do tradutor. [...]

Para o poeta, o idioma é mais que um instrumento submisso pelo qual ele nos transmite o seu sofrimento das coisas. É sobretudo um universo de possibilidades, de sugestões, onde descobre, a cada instante, paisagens, horizontes, ecos insuspeitados. [...]

Em "Caderno Ocioso", Paes saúda *O Tempo e o Vento*, que sobressai pela entrega de Erico Verissimo à criação do "audacioso painel gauchesco", obrigando à releitura do todo de sua obra. Observando que o Brasil não teve romancista urbano, mas "dois provincianos geniais", Machado de Assis e Lima Barreto, o crítico conclui, com a graça da verdade, ser preferível um "bom provinciano" a um "falso citadino".

Contra o mau hábito crítico de arquivar os problemas propostos por uma obra enquadrando-a em alguma hipótese esquemática, Paes nos faz ver que, junto com a sensibilidade e a erudição, cabe ao exegeta o cultivo da vitalidade da arte, apontando-lhe os encantos, mistérios e surpresas. Tal observação, que abre "A Musa da Agonia", se inspira na multiplicidade de caminhos da *Obra Poética* de Jorge de Lima, então organizada, prefaciada e anotada por Otto Maria Carpeaux, em 1950. Entretanto, José Paulo Paes tem consciência de que a necessidade de compreensão gera sempre uma hipótese hermenêutica, a ser esboçada com sutileza, como ele faz ao analisar as fases do criador de *Poemas Negros* e de *Anunciação e Encontro de Mira-Celi*.

Desde o título, "As Tentações do Biógrafo", publicado em 1956 no *Diário do Paraná*, atrai o leitor por meio de imagens: mostra que, à semelhança do novelista koestleriano, dividido entre fechar a janela ou debruçar-se nela, pode o biógrafo conceber o biografado como um bicho da seda, autossuficiente, ou como um produto do meio social. O propósito de Paes é instigar a leitura do belo livro de Edgard Cavalheiro, *Monteiro Lobato, Vida e Obra*, que soube harmonizar as tentações psicológica e sociológica. E ele aproveita para combater injustiças contra Lobato, a que chamaria, em ensaio posterior, de *legenda*, "o que deve ser lido": aponta-o como um dos precursores da Semana de Arte Moderna, o pioneiro entre nós do livro, do petróleo, da literatura infantil, o desbravador de caminhos que, pregando o regionalismo e criticando o nosso bovarismo intelectual, preparou campo para o modernismo brasileiro, sobretudo o de 1930.

Também do jovem Paes é "O Cachimbo de Orígenes Lessa", publicado no *Diário Carioca* em 1957. Recusando classificações estritas entre conto e romance, valoriza a construção contística e lírica do romance *Rua do Sol*, lançado dois anos antes por Lessa.

Saltemos a ensaios posteriores, dos anos 1980 e 1990. Em três deles, de 1983, 1985 e 1989, a respeito da *História da Literatura Brasileira* de Massaud Moisés, a ênfase de Paes recai no modo como seu amigo, e coautor do *Pequeno Dicionário de Literatura Brasileira*, oferece com clareza ao público a história de quatro séculos da produção literária brasileira por meio de uma hermenêutica autêntica, fundada na análise textual e complementada pela contextualização biobibliográfica e histórica, distinguindo-se por trazer apreciações críticas com juízo de valor e consciência do perigo das generalizações. Ao mesmo tempo, o crítico não deixa de expor sua ressalva à divisão estrita entre prosa e poesia que leva Massaud a recusar o poema-piada e o poema reportagem dos modernistas. Neste passo, sobressaem a formação estética e o gosto de Paes, ganhando em lirismo sua formulação crítica: ele observa que o melhor verso brasileiro conquistou fluência graças ao "banho lustral do prosaísmo de 22-28", pois a poesia, para se livrar do convencionalismo, precisa às vezes "se lavar nas águas da prosa a fim de retemperar-se". Ele defende, com nostalgia, que sempre se sinta o sabor de novidade como o da produção "prosaica" dos primitivistas de 1922.

Nesse sentido, demanda leitura "Oswald de Andrade, um Testemunho Pessoal", texto de palestra proferida por Paes em 1990 a convite da União Brasileira de Escritores, UBE, por ocasião do centenário de nascimento do poeta de *Pau-Brasil*. O leitor conhecerá como o convívio com Oswald (1890-1954) nos seus três últimos anos de vida exerceu forte influência sobre o crítico e poeta. E acompanhará sua recordação de Oswald posando para o filho Nonê, origem do retrato que ilustraria *O Rei da Vela*. Paes também traça um retrato do modernista que abriu caminhos para além de seu tempo, e apresenta por fim um poema de homenagem a ele: ressalta-lhe a vivacidade de espírito, os olhos inquietos, perscrutadores sempre do ridículo de pessoas e instituições, e os "dentes de antropófago", entreabertos num sorriso de desafio ao mundo. Se procura entender os motivos de certo ostracismo de Oswald no fim da vida, exalta-lhe a "quase milagrosa" união de simplicidade e expressividade máximas, confessando-se fiel ao espírito oswaldiano da sátira, à sua forma de apropriação poética da linguagem cotidiana e de temas prosaicos.

Ao completar oitenta anos, em 1992, também Jorge Amado foi homenageado por Paes, numa palestra cujo texto está aqui registrado. Ele relembra que, adolescente, teve em *Cacau* e *Suor* o primeiro vislumbre da questão social, a desmentir o ufanismo falsificador presente nos compêndios escolares. E sublinha o valor do romancista que, assumindo sua responsabilidade de escritor, levou artisticamente "a voz da nossa gente" a ser ouvida em diversos idiomas, para os quais sua obra foi vertida.

Entre os artigos aqui reunidos estão paratextos de obras de outros escritores, como "Amor/Humor por Via Postal" (1992), prefácio à edição das cartas de amor de Graciliano a Heloísa, e "Entre Lirismo e Ideologia", estudo crítico sobre a poesia de Jacinta Passos, publicado na segunda edição de *Canção da Partida* (1990). Trata-se de um ensaio de fôlego, em que a denúncia do descaso do leitor brasileiro de então pelos livros de poesia – pelos livros todos hoje? – é também convite a conhecer a obra de Jacinta e a força com que combina simplicidade e ânsia do inatingível, versos de inquietação religiosa, a singeleza folclórica das cantigas de roda, a voz feminina e a utopia social. O convite é também para se refletir sobre os impasses entre o "sentimento de si" e o "sentimento do mundo" e, no limite, entre lirismo e sectarismo político.

Se a análise da obra de Jacinta Passos nos leva a melhor conhecer e compreender a poeta e o crítico poeta, bem como os dilemas entre arte e sociedade, Paes também se lançou a escrever resenhas dos novos. Em 1983, no "Suplemento Literário", destaca *Sósia da Cópia*: saúda a originalidade de Régis Bonvicino que, dono de dicção própria, contrabalança o pendor ao "literário" com a atenção às surpresas do "não literário", da fala comum, e com a ironia, de forma a proporcionar aos leitores a revitalização da frase feita.

Enfim, delineando-se um arco entre os primeiros passos do ensaísta e os posteriores, sempre certeiros na expressão analítica do gosto pela arte de Drummond e no empenho de formar-se em diálogo com ela e assim atingir o leitor, José Paulo Paes, em "O Vagabundo e a Usura" (*O Lugar do Outro*, 1999), exerce a crítica em sua plenitude, ao apontar a necessidade ética e estética da poesia. Ele deplora a deturpação publicitária da simbologia de Carlito e se irmana com o lirismo drummondiano, afeito às lições do "Homem do Povo Charlie Chaplin", de como "sobreviver com delicadeza, desambição, independência, compaixão e ternura humana numa ordem social onde não há lugar para tais sentimentos":

> Se bem pouquíssimo prezada num mundo que o rolo compressor da indústria cultural reduziu à mais chata das planícies, a poesia ainda forceja por devolver significação e dignidade às palavras e às imagens, tão corrompidas pelos que, em nome do lucro, dela se servem para iludir e enganar. Com apurar a sensibilidade e a consciência do leitor, ela o convida a distinguir, a separar o joio do trigo no campo dos valores éticos e estéticos.

E, ao descobrir um poeta original e de linhagem drummondiana – "Um Poeta do Interior (sobre *Minuto Diminuto* de Flávio Luís Ferrarini)", de 1991, incluído em *Os Perigos da Poesia* –, significativamente se refere ao Drummond de *Claro Enigma* como "corifeu" da "conjunção de humor e metafísica" entre nós: havendo deparado com a máquina do mundo numa estrada interiorana de Minas Gerais, o itabirano foi líder, como um regente de coro grego, de nossa arte local e universal.

Guardemos, pois, esta aposta crítica do jovem ensaísta Paes diante da arte de Drummond, da novidade criada pelas palavras num mundo vasto de estreitezas – e valham a nossa capacidade de nos surpreendermos e a possibilidade de haver olhares que transformem a realidade:

Em todo caso, um poeta é uma surpresa constante. Quando deixar de sê-lo, já não será mais poeta.

PARTE I

As Quatro Vidas de Augusto dos Anjos

O POETA CIVIL

Vinte e oito são os comentaristas de Augusto dos Anjos que Otto Maria Carpeaux recenseou na sua *Pequena Bibliografia Crítica da Literatura Brasileira*. Uns, com publicarem seus artigos em folhas de província e seus livros em pequenas tipografias, são-nos hoje inacessíveis. Outros, de nome firmado, tendo, por isso mesmo, livre ingresso em jornais e casas editoras da Corte, estão a nosso alcance e neles se louvará o novel ensaísta que cuidar de estudar a vida e a obra do poeta paraibano.

Uma leitura, mesmo superficial, da bibliografia arrolada por Otto Maria Carpeaux mostra que, de Augusto dos Anjos, pouco se sabe de realmente elucidativo. Os exegetas têm se limitado, via de regra, a parafrasear-lhe os versos e a tecer divagações impertinentes sobre ralos dados biográficos colhidos principalmente no estudo prefaciatório que Órris Soares, amigo do poeta, houve por bem antepor às várias edições do *Eu*.

O livro de De Castro e Silva, publicado há alguns anos pela editora Guaíra, do Paraná, embora recolha, a par de precioso material iconográfico, versos inéditos sepultados em jornais da Paraíba, pouco acrescenta de novo ao que Órris Soares já nos contara da intimidade do poeta.

Falta-nos ainda uma biografia, senão definitiva, ao menos razoavelmente minuciosa sobre a vida de Augusto dos Anjos. Compilando uma provável correspondência entre o poeta e seus familiares e amigos; reunindo reminiscências dos que com ele conviveram nas diversas épocas de uma curta e desacidentada existência, tal livro, à falta de outros méritos, teria o importantíssimo, de atalhar em tempo a mitificação a que, por inexistência de dados biográficos detalhados, pelo uso imoderado de seus poemas como documento médico-legal, o vêm submetendo muitos dos seus críticos e admiradores.

Enquanto não chega essa biografia de desagravo, contentemo-nos em alinhavar as parcas informações respigadas na bibliografia ao dispor.

Augusto de Carvalho Rodrigues dos Anjos nasceu a 20 de abril de 1884 no engenho do Pau d'Arco, município do Espírito Santo, Estado da Paraíba do Norte. José Lins do Rego descreve-nos *de visu* o velho engenho das abas do Rio Una com "a sua casa-grande acachapada, a senzala em ruínas, o tamarindo gi-

JOSÉ PAULO PAES: *Crítica Reunida Sobre Literatura Brasileira & Inéditos em Livros*

gante dando sombra". O poeta era filho do Dr. Alexandre Rodrigues dos Anjos, senhor de engenho e humanista, e de D. Córdula de Carvalho Rodrigues dos Anjos (a "sinhá-mocinha" das cartas do filho), pertencente a uma das famílias tradicionais da terra. Aos dezesseis anos, seguiu para a Capital do Estado, onde prestou exames preliminares para o curso de Humanidades. Em 1903 matriculou-se na Faculdade de Direito de Recife, bacharelando-se em 1907. Foi aluno brilhante; as lições paternas e o natural pendor pelos estudos aplainaram-lhe o caminho. Escreveu seus primeiros versos aos sete anos de idade, mas é no Recife que, em contato com o fervor literário que sempre grassou nas cidadelas universitárias do Brasil, melhor se afirma sua predisposição para as letras.

Órris Soares, que conheceu o poeta desde os anos escolares, no-lo retrata fisicamente numa página famosa, em que a eloquência amplia, senão deforma, a realidade visual:

> Foi magro meu desventurado amigo, de magreza esquálida – faces reentrantes, olhos fundos, olheiras violáceas e testa descalvada. [...] Os cabelos pretos e lisos apertavam-lhe o sombrio da epiderme trigueira. A clavícula, arqueada. Na omoplata, o corpo estreito quebrava-se numa curva para diante. Os braços pendentes, movimentados pela dança dos dedos, semelhavam duas rabecas tocando a alegoria dos seus versos. O andar tergiversante, nada aprumado, parecia reproduzir o esvoaçar das imagens que lhe agitavam o cérebro. [...] Feriu-me de chofre o seu tipo excêntrico de pássaro molhado, todo encolhido nas asas com medo da chuva.

Observa ainda Órris Soares – e a observação vale pelo que denota de premeditação e cuidado no *modus faciendi* da poesia de Augusto dos Anjos – que seu amigo, passeando pelo quarto, remoía mentalmente os poemas, durante dias, antes de confiá-los, já prontos, ao papel.

A fase estudantil assinala a cristalização ideológica de Augusto dos Anjos e nela se devem buscar as raízes do seu pensamento, a estrutura da sua visão do mundo.

Três anos depois de obtido o cartucho de bacharel, casado e enfrentando os "encargos de família", vem o poeta para o Rio de Janeiro, em busca de situação econômica mais consentânea com "as preferências do seu engenho". Na bagagem de provinciano trazia os originais do *Eu* e Deus sabe quantos sonhos de glória. Elói Pontes o encontrou por essa época e relata o encontro em artigo publicado em 1928.

44

1. As Quatro Vidas de Augusto dos Anjos

Menos hiperbólico que Órris Soares e mais próximo, talvez, da chã verdade, Elói Pontes nos apresenta um Augusto dos Anjos "pálido, quase esquelético" mas, ao mesmo tempo, "alegre, tímido, confortável".

Na metrópole não encontrou o poeta nem o emprego almejado, nem a glória sonhada. A timidez obstou-lhe decerto o ingresso nos jardins fechados do oficialismo, assim como lhe dificultou o convencer algum editor a publicar-lhe os versos.

Para viver, conformou-se em lecionar turmas da Escola Normal, e Agrippino Grieco ainda topa com ele em 1912, "nas vizinhanças da Muda da Tijuca, onde o pobre Augusto ia, premido pela necessidade, dar lições a uma família abastada do bairro".

Tempos depois, agravando-se a infecção pulmonar que o acompanhava havia tempos, Augusto consegue emprego de diretor no Grupo Escolar de Leopoldina, onde os bons ares da montanha mineira lhe seriam benéficos à saúde. Para lá segue o poeta, acompanhado da esposa e dois filhos; outro morrera ao nascer, merecendo então do pai os versos ginecológicos do malfadado soneto "Agregado infeliz de sangue e cal".

A 12 de novembro de 1914, depois de ter acompanhado, na véspera, o enterro de um amigo, faleceu o poeta, vítima de "moléstia aguda". Não o matou a tuberculose a que tantas vezes se refere nos seus versos. João Alphonsus, em artigo de 30 de novembro de 1941, estampado em "Autores e Livros", suplemento de *A Manhã*, chega a duvidar de que Augusto sofresse do peito. Conta mesmo que exames feitos à época de sua morte não revelaram lesões pulmonares, o que levou Túlio Hostílio Montenegro a escrever prudentemente apenas que "a tísica o prendeu nos braços antes dos trinta anos, deixando-lhe livre apenas a imaginação mórbida, doente, delirante".

Eis, em linhas gerais, o que se sabe da vida de Augusto dos Anjos. É pouco. Faltam detalhes, preciosos aos que se abalançam a interpretar-lhe a obra com a intenção de fazê-la, senão coincidir, ao menos tangenciar a vida que lhe coube viver nesses escassos trinta anos que vão de 1884 a 1914.

Resta acentuar dois pontos. Primeiro (repetimos a lição de Manuel Bandeira), Augusto encontrou no casamento aquele amor "amizade verdadeira", que tanto reivindicou em seus versos, e "não deu mais atenção ao outro senão para estigmatizá-lo".

Segundo, a psicanálise não basta para explicar o poeta. Falta de dados biográficos, tem-se atido ela a uma suposta "sinceridade" dos versos de Augusto e feito deles depoimento *ipsis literis* de seus estados de alma, olvidando o utilíssimo aviso de Fernando Pessoa de que o poeta é um "fingidor". E os românticos, de quem Augusto dos Anjos se aproxima tantas vezes, foram grandes fingidores: estudantes, eram aventureiros de cabo de esquadra; ajeitados na vida, respeitáveis senhores em cujas mãos estava confiada a defesa de Deus, da Pátria e da Família.

O POETA POPULAR

No seu já mencionado ensaio, José Lins do Rego não se esquece de apontar Augusto dos Anjos como "um poeta popular no Brasil sem ser um poeta do amor, sendo um poeta, ao contrário, mais da morte do que da vida".

Essa popularidade, intrigante quando se pensa na de Casimiro de Abreu, seu antípoda, canário um, morcego o outro, tem história aventurosa, cujos lances principais foram evocados por Otto Maria Carpeaux.

A primeira edição do *Eu* data de 1912. Passou despercebida e seu autor sofreu as dores da incompreensão. Um amigo do poeta nesses tempos ingratos cientifica-nos do ressentimento que Augusto então experimentou.

Em 1919, postumamente, a Imprensa Oficial da Paraíba publicou a segunda edição, nela incluindo as *Outras Poesias*, que passariam a figurar em todas as tiragens posteriores do livro. Estávamos em plena voga do neoparnasianismo, ainda sob o influxo da santíssima trindade: Olavo Bilac – Raimundo Correia – Alberto de Oliveira. A edição teve êxito imprevisto; estudos de Tasso da Silveira (*A Igreja Silenciosa*, 1922) e Alceu Amoroso Lima (*Primeiros Estudos – O Pré-Modernismo de 1919 a 1920*) dão-nos conta da repercussão desse livro que devera cumprir biblicamente os sete anos de pastor.

A primeira edição carioca de 1928 (quarta de ordem), lançada pelo editor Castilho, bem como o artigo entusiasmado de Medeiros e Albuquerque para o *Jornal do Commercio* de 30 de setembro do mesmo ano assinalam o início da glória popular, enquanto a crítica (simbolista ou neoparnasiana) começa a guardar silêncio aristocrático.

Em 1948, por fim, com a *Apresentação da Poesia Brasileira*, de Manuel Bandeira, Augusto dos Anjos ascende ao panteão dos poetas com *imprimatur* do modernismo, ascensão logo confirmada pela autoridade de Álvaro Lins que, nos seus folhetins de crítica para o *Correio da Manhã*, depois enfeixados na sexta série do *Jornal de Crítica*, se ocupou em demonstrar a modernidade de Augusto dos Anjos. Com isso, teve o poeta definitivamente assegurados o interesse popular, que as sucessivas tiragens lhe garantem, e o beneplácito da crítica bem pensante.

Essa alternância de êxitos e silêncio melhor se compreende se se atentar para o fato de que Augusto apareceu num vácuo de nossa história literária – o período que medeia entre o ocaso do parnasianismo e do simbolismo, e o alvorecer de um novo século, ruidosamente anunciado pela Semana de Arte Moderna. Informado na ourivesaria parnasiana e nas vaguidades simbolistas, mas, ao mesmo tempo, suscitando problemas que ainda hoje nos são cavalo de batalha, Augusto cumpriu o calvário dos precursores: os contemporâneos o ignoraram e os pósteros só o descobriram depois de amainada a balbúrdia das próprias vozes.

Nessa popularidade que lhe antecedeu o reconhecimento definitivo pela *intelligentsia*, cumpre estabelecer algumas distinções, a menos que se tranque o assunto com as chaves falsas da "genialidade" ou do "imprevisto".

Do público que frequenta Augusto dos Anjos, parte compõe-se de leitores não especializados, cujas preferências oscilam entre a novela cor-de-rosa e o romance policial. Para eles, o livro significa fuga, trégua nos aborrecimentos cotidianos. Estimam o exotismo dos temas e o desmedido dos sentimentos, vítimas que são de uma época em que a necessidade de público uniforme para a produção e para o consumo proíbe, ao mesmo tempo que o exacerba, o individualismo. Daí ser-lhes a literatura atividade de compensação: vivem pela fantasia o que não podem viver na realidade. Entre eles, o *Eu* é tão popular quanto *Noite na Taverna*. Num e noutro encontram a mesma revolta contra o mundo tal como é. Neste, pelo amor às Venezas de papelão e aos aventureiros necrófilos; naquele, pela obsessão do macabro, povoando o dia a dia de forças obscuras e símbolos fatídicos.

Os leitores semiespecializados, porventura os mais ferventes e copiosos, veem em Augusto dos Anjos o mestre. São ginasianos que descobrem no poeta, menos que o vocabulário científico já familiar, ou a brasileiríssima retórica (grande responsável, segundo Álvaro Lins, pela popularidade do *Eu*), o pessimismo filosófico e a virilidade de uma poesia que se furta voluntariamente ao sentimentalismo lacrimoso.

A adolescência é bem aquela idade ingrata de que falou Radiguet. Nela se combatem o desprezo à infância ainda próxima e o temor à idade adulta ainda insofrida. O adolescente é um pávido. Deseja e receia, simultaneamente, o mundo que se aparelha para conquistar. Adota, por isso, máscara da sua pavi-

JOSÉ PAULO PAES: *Crítica Reunida Sobre Literatura Brasileira & Inéditos em Livros*

dez, o pessimismo e a indiferença sentimental, a filosofia das uvas-estão-verdes, que lhe justifica antecipadamente os possíveis fracassos e as possíveis desilusões.

Com esse estado de ânimo é que se atira à leitura de Augusto dos Anjos, "poeta de cabeceira de tantos moços", para usar a justa expressão de Agrippino Grieco. No poeta de cabeceira, que tantas vezes imita nas primeiras núpcias com a musa, encontra o moço a lição e o exemplo. Porque Augusto, em que pese a gravidade das suas elucubrações ou a sisudez do seu cientificismo, foi um adolescente vitalício. A veemência com que desprezou as alegrias do mundo e a altaneria com que se encastelou nas convicções monísticas dão bem a medida do seu juvenil receio em relação a um mundo que não lhe foi dado conquistar, seja por azares da sorte, seja por fraqueza de temperamento. E é por esse receio, travestido filosoficamente de pessimismo e sublimado sentimentalmente em antirromantismo, que o ginasiano reconhece, no poeta de cabeceira, o colega de jornada e o mestre de atitudes.

O leitor especializado, finalmente, ama Augusto dos Anjos por outras e diferentes razões. Vencida a repulsa pela temática de necrotério e domada a animadversão pelo empolado da linguagem, o letrado identifica nele um moderno *avant la lettre*. Álvaro Lins, no seu ensaio, enumera os trâmites dessa identificação. Primeiro, o problema da "sinceridade" e da "vivência", posto em moda pela poética de Dilthey e pelo memorialismo de Gide: "Mais do que em qualquer outro poeta nacional, a estética de Augusto dos Anjos está diretamente ligada, sem os disfarces românticos, à sua aventura humana e constituição orgânica". Depois, o tema do "desengajamento": "Augusto dos Anjos só participou do efêmero do seu tempo na medida do indispensável, naquele mínimo em que todos os homens são obrigados a participar do seu ambiente". Enfim, estabelecido previamente seu parentesco espiritual com Cesário Verde, o "senso do cotidiano", como contraparte positiva do seu condoreirismo filosófico.

Das virtudes ditas "modernas" de Augusto dos Anjos, a mais significativa é o "senso do cotidiano". Anotou Andrade Muricy, no *Panorama do Movimento Simbolista Brasileiro*, que Augusto sofreu influência de Baudelaire, senão de leitura direta, ao menos de segunda mão, pelo muito que havia do autor de *Les Fleurs du Mal* no simbolismo brasileiro. E o Baudelaire antirromântico cumpriu bem a tarefa que Lefèbvre lhe assinalou: a desmoralização do cotidiano. Voltando as costas ao maravilhoso do céu hugoano, Baudelaire "descobriu" o maravilhoso no mundo da burguesia endinheirada – o mundo de Luís Napoleão – e enfeitou-lhe a sordície das negociatas com os "símbolos" do misterioso e do inefável. Tarefa de embelezamento a que Augusto dos Anjos, *malgré lui même*, também se entregou, povoando o Brasil recém-republicano com a mitologia de Ernesto Haeckel.

Nesse sentido, Augusto dos Anjos é um poeta de "todas as idades", como o quer Álvaro Lins. Digam-no os velhos e moços que ora versejam metafisicamente nestes desertos do pós-modernismo...

O POETA CIENTÍFICO

Em 1903, Augusto dos Anjos matriculou-se na Faculdade de Direito do Recife. Embora residisse no Pau d'Arco, onde o pai lecionava nas matérias do curso jurídico, e viesse ao Recife somente na época dos exames, a velha Capital e sua Faculdade deixaram-lhe traços indeléveis no espírito. Nos seus versos, abstratos e intemporais como soem ser os versos filosóficos, se alguma vez se refere a paisagens, é ao Recife, pátria estudantil, e ao Pau d'Arco, pátria infantil (o Egito de "Uma Noite no Cairo" e a "Ilha de Cipango" compensaram-lhe, imaginativamente, a pobreza de andanças). Sobre as pontes de Maurício de Nassau, muito passeou, absorto e filosofante, o futuro bacharel:

Recife, Ponte Buarque do Macedo.
Eu, indo em direção à casa do Agra,
Assombrado com a minha sombra magra,
Pensava no Destino e tinha medo!

A conversão ao monismo datava dos anos escolares da Paraíba. No "Monólogo de uma Sombra", escrito aos dezessete anos – um ano depois de descer do Pau d'Arco para prestar exames no Liceu Paraibano –, topamos, logo na primeira estrofe, com a "monera" e a "substância de todas as substâncias" de Haeckel:

Sou uma sombra! Venho de outras eras,
Do cosmopolitismo das moneras...
Pólipo de recônditas reentrâncias,
Larva do caos telúrico, procedo
Da escuridão do cósmico segredo,
Da substância de todas as substâncias!

José Paulo Paes: *Crítica Reunida Sobre Literatura Brasileira & Inéditos em Livros*

Entretanto, é na Faculdade que ele respirará, confirmando-se nas crenças juvenis, aquela atmosfera que Tobias Barreto, com o brilho de sua personalidade de mulato eloquente e ególatra, deixara de sua passagem pela velha casa de ensino. Em seu tempo, o pensador dos *Estudos Alemães* causara ali uma verdadeira revolução. Ao prestar concurso para catedrático, em 1882 (Graça Aranha, n'*O Meu Próprio Romance*, fez a reportagem desse agitado concurso), Tobias Barreto aliciou o apoio da mocidade do Recife, que o idolatrava e lhe seguia os passos, adotando com ele a nova moda filosófica dos Büchner, Spencer, Darwin e Haeckel. Tal moda aliás, que José Veríssimo apelidou de "modernismo" (como os rótulos se repetem!), foi o clima dentro do qual prosperou o Jacobinismo republicano, com a sua extrema-esquerda positivista, que tanto ruído fez na primeira Constituinte. E se, na Corte, sua influência se confinou à política, no Recife constituiu-se em legítima *Weltanschauung* para alunos e sequazes de Tobias Barreto: Pardal Mallet evocou numa página saborosa, escrita por ocasião da morte de Tobias, o fervor e o entusiasmo com que os monistas do Recife se redimiam da sua pouca familiaridade com as ciências experimentais, cujo conhecimento é indispensável ao cabal entendimento do credo.

Vinte anos depois, Augusto dos Anjos ainda encontrará, na cidadela universitária, os ecos dessa revolução. E o monismo ser-lhe-á credo também, ainda que, pelos conhecimentos científicos, ultrapassasse a turba fervorosamente ignorante dos demais crentes.

Cumpre notar todavia que, se, para a *entourage* estudantesca de Tobias Barreto, o monismo foi apenas moda, transitória como todas as modas, para o poeta do *Eu* converteu-se em ideologia de escolha, ajustada às singularidades do seu temperamento. Poucas vezes nos será dado encontrar na literatura brasileira tão perfeita adesão entre um temperamento e uma filosofia. Tão bom monista foi Augusto dos Anjos que se lhe pode aplicar, em sã consciência, o dito de Aldous Huxley: "*In good scientific poetry the science is there, not primarily for its own sake, but because it is a modifier of existence-pattern*". O quanto, em certos momentos, a erudição científica lhe informou as ideias e os sentimentos, no-lo revela o terceiro de seus sonetos ao pai, onde se comprova, menos que o mau gosto artístico denunciado por Álvaro Lins, ou o bom gosto de *épater le bourgeois* denunciado por Agrippino Grieco, a extensão em que o monismo lhe influiu a inteligência e a sensibilidade, funcionando como intérprete de suas experiências de vida.

Seria ocioso estudar aqui os principais artigos de fé do monismo; os interessados devem se remeter ao discurso que Ernesto Haeckel pronunciou no Jubileu da Sociedade dos Naturalistas Alemães e que foi publicado em português sob o título de "O Monismo, Laço Entre a Religião e a Ciência (Profissão de Fé de um Naturalista)". Cabe-nos acentuar por ora, tão somente, um equívoco fundamental dessa doutrina hoje obsoleta, visto que dela deriva todo o *ethos* da poesia de Augusto dos Anjos.

Em que pese seu intento de vincular ciência e religião, Haeckel foi, no fundo, um ateu. Identificar Deus ao Universo, chamar-lhe "soma infinita de todas as forças naturais e de todas as vibrações do éter", equivale a renegá-lo: Deus só existe na medida em que se afasta do Universo, do mesmo modo por que o Criador só existe enquanto é distinto da criação.

E, à falta de um Deus pessoal que premiasse a virtude e punisse a iniquidade, Haeckel não foi capaz de adjudicar a sua metafísica uma ética convincente. Vendo no homem apenas um conglomerado de átomos, confundiu-o ao bicho das selvas e fê-lo escravo da lei da sobrevivência do mais forte, fornecendo assim, aos teóricos da livre-consciência, um argumento "científico" em favor das injustiças e desigualdades sociais.

Destruído o reino de Deus e o reino do Homem, Haeckel, o naturalista antes embevecido pelo "esplêndido e maravilhoso mundo terrestre", estaca perplexo ante os "fatos desesperadores incomutáveis, verdadeiro lado tenebroso da natureza" – a ferocidade "natural" da vida sob a vigência da luta de classes, que a estreiteza de sua metafísica e a fidelidade do aulicismo não lhe permitiram compreender.

Por essa perplexidade começa a poesia de Augusto dos Anjos. O conflito entre o filósofo que conclui pela animalidade irremissível da condição humana e o poeta que sofre com essa animalidade, eis o *leitmotiv* da sua inspiração.

De certo modo, o cientista e o poeta são dois seres opostos, embora complementares. Diante do mundo, o primeiro procura esquecer-se como indivíduo, aspirando à impessoalidade do observador, enquanto o segundo funde, num mesmo estado de espírito, o que os seus olhos veem e o que o seu coração sente. O espetáculo da realidade não solicita somente as faculdades analíticas do poeta, mas convoca-lhe, a par, os sentimentos, a faculdade moral. O que, para o cientista, é apenas crescimento anômalo de uma célula, para o poeta, e para o homem comum de quem ele se constitui porta-voz, é um câncer, uma loucura orgânica que traz consigo o sofrimento e a morte.

JOSÉ PAULO PAES: *Crítica Reunida Sobre Literatura Brasileira & Inéditos em Livros*

Na doença, Augusto dos Anjos não via meramente "adstrito ao quimiotropismo erótico, os micróbios assanhados passearem, como inúmeros soldados, nas cancerosidades do organismo", mas sofria, solidariamente com os doentes, o humano desespero de "vomitar o pulmão na noite horrível em que se deita sangue pela boca".

Esse conflito entre o poeta e o filósofo, entre o cérebro e o coração, entre o mundo e o homem, entre o real e o moral, que o monismo, por incapacidade, deixou em suspenso, é o calcanhar de Aquiles, o rasgo da armadura materialista de Augusto dos Anjos, por onde se insinua, tantas vezes, um fundo inconsciente de cristianismo, convertendo o crítico em apóstata da própria fé. É curioso observar como, nos versos de Augusto, o monismo é criticado pelo cristianismo. O mundo, que para o homem de laboratório nada mais é que palco de fascinantes acontecimentos, para o cristão emboscado em Augusto dos Anjos era o eterno vale de lágrimas do Evangelho. O pensamento, valor supremo para o materialista, aparecia-lhe como fonte de todas as desventuras e ele suspirava então pelos bálsamos da irracionalidade:

> Raciocinar! Aziaga contingência!
> Ser quadrúpede! Andar de quatro pés
> É mais do que ser Cristo e ser Moisés
> Porque é ser animal sem ter consciência!

Como qualquer vigário de subúrbio, Augusto via na carne a fatalidade do pecado e perdia a fleuma de cientista frente ao espetáculo do sexo:

> É o caos da ávita víscera avarenta
> – Mucosa nojentíssima de pus,
> A nutrir diariamente os fetos nus
> Pelas vilosidades da placenta!

Confirmando inadvertidamente o dogma bíblico do pecado original, falava na "peçonha inicial de onde nascemos", e desejava ter nascido, não de fêmea pecadora, mas de uma assexuada "forma vermicular desconhecida".

Esse nojo puritano à carne, exasperado por uma erudição que se comprazia masoquistamente na descrição minuciosa da anatomia e da fisiologia do sexo, lembra o drama dos místicos saturados imaginativamente de pecado, odiando as fontes da vida e ansiando pela morte libertadora.

O ódio à vida é a consequência sentimental do pessimismo filosófico de Augusto dos Anjos. Discípulo de uma doutrina confusa, que não soube redimir o homem da animalidade, acabou vencido, em que pesem suas veleidades materialistas, por esse fundo de cristianismo irracional, atávico, que dormita em todos nós, e que só um humanismo ativo, fundamentado na ciência corretamente avaliada, e não se limitando a interpretar o mundo, mas buscando, antes e acima de tudo, transformá-lo, pode superar em definitivo.

O POETA MALDITO

Dizia Mário de Andrade que o parnasianismo estava para a verdadeira poesia assim como o verbo "possuir" para o verbo "ser". Os versejadores parnasianos, manejando habilmente todo um prontuário de estratagemas verbais e recursos espetaculosos, que lhes disfarçava a carência de firme aptidão para o ofício das musas, não eram, de fato, poetas, mas donos de receitas de poesia.

Augusto dos Anjos pagou tributo aos males do tempo. Parnasiano, cultivou a rima rica, a antítese vistosa, o gongorismo da fala. Poeta, redimiu-se dos prejuízos de escola pela força de uma vocação que lhe permitiu antecipar, na poesia brasileira, algumas das melhores "descobertas" modernas.

Se, para muitos, o parnasianismo foi a mágica panaceia que os salvou da nulidade e os projetou na ribalta das revistas mundanas, para Augusto dos Anjos foi a máscara com que escondeu o seu medo da vida. A vida amedrontava o jovem professor de filosofia que um dia desceu para a Corte em busca de glória. Vencido nos primeiros embates (leia-se o soneto "O Mar, a Escada e o Homem"), exacerbada sua timidez e agravado o seu temor, ei-lo que encontra na *ars poetica* do parnasianismo a compensação desejada. Dominando a palavra, vingava-se de uma realidade que não pôde dominar; emparelhando rimas ricas, compensava-se da pobreza de seu *status* de assalariado; terminando as estrofes com imperativos pontos de exclamação, dava-se a importância que lhe negavam. A arte lhe corrigia a vida, ao invés de refleti-la passivamente. Por isso mesmo, a "sinceridade" da obra de Augusto dos Anjos é falaciosa: o "fingimento" autocompensativo sempre está presente.

JOSÉ PAULO PAES: *Crítica Reunida Sobre Literatura Brasileira & Inéditos em Livros*

Dramatizando-se, Augusto dos Anjos se vingou do vazio de uma existência "cinzentamente burguesa". Nesse sentido, o *Eu* é o menos realista e o mais romântico dos livros.

Para bem se compreender a causa do desajustamento entre o poeta e o mundo, não é preciso invocar a ciclotimia de Kretschmer, como Nobre de Melo, nem o complexo anal-erótico de Freud, como Artur Ramos. Basta seguir o sábio aviso de Lins do Rego, para quem o Dr. Alexandre Rodrigues dos Anjos, "humanista que não sabia plantar cana", explica o poeta Augusto dos Anjos, humanista que não soube conquistar o mundo.

A saudade do pai é uma das constantes da poesia anjosiana. Dedicou-lhe o filho, expressamente, três sonetos que, pelo comovido do tom, pela verdade do sofrimento, em que a dor e a ternura se entrelaçam a cada instante, estão entre os melhores que jamais escreveu. E esses versos elegíacos (não é a elegia o ditirambo *post-mortem*?) testemunham, mais que a morte de um homem, a morte de todo um sistema de vida econômica e afetiva – o patriarcalismo – que recortou a "singularíssima pessoa" do poeta.

Até os vinte e três anos, viveu Augusto dos Anjos no Pau d'Arco. Vida de aristocrata rural empobrecido, confinado ao pequeno mundo do engenho de cana, com a sua corte de dependentes, capatazes, meeiros, assalariados, prestando vassalagem à dinastia da casa-grande. A cidade republicana ficava longe; o moço estudante só a visitava por ocasião dos exames.

Bacharel retirado da jurisprudência, o velho Dr. Alexandre dos Anjos percebera decerto que os tempos tinham mudado e que o poder se transferira do feudo para a cidade, onde uma nova classe dirigente, os bacharéis, haveria de fornecer ao país seus parlamentares e governantes. Fiel à tradição de clã, o proprietário do Pau d'Arco aspirava para o filho uma situação de respeitável ociosidade. Como nos tempos coloniais, o trabalho era ainda indigno do homem válido; as classes populares exerciam os ofícios, e os ádvenas monopolizavam o comércio. As profissões liberais eram, pois, o último reduto da periclitante nobreza açucareira.

Do pai aprendeu Augusto dos Anjos, não só as humanidades e a jurisprudência, como todos os valores do patriarcalismo. À sombra do velho tamarindo, foi preparado para enfrentar o mundo republicano e nele alcançar, senão o relevo e a notoriedade, ao menos uma situação de segurança material, que o pusesse a salvo das inclemências da sorte.

Mas Augusto frustrou as esperanças paternas. Nele se extinguia uma linhagem de donos do mundo. No poeta roído de angústias e de incertezas, os mascates da Nova Ordem, derrotados antanho pelos barões de Olinda, tiveram a sua *revanche*. Tímido e nefelibata, o bacharel não soube abrir caminho. Teve de se conformar com a modéstia de um emprego público e com a obscuridade de escritor ignorado pelos hierofantes das letras.

Vingou-se o poeta desse mundo que assim lhe negava o quinhão de glória, imaginando-o irremissivelmente devorado pelos vermes. A podridão foi o seu evangelho, a sua vingança. Já que o mundo não lhe pertencia, roessem-no os vermes, "operários das ruínas".

Entretanto, duas almas fáusticas habitavam o poeta, repetindo, no plano psicológico, o conflito sociológico entre uma aristocracia rural em fase de decadência, e uma burguesia citadina que começava a assumir o poder público. O bacharel adotava a necrofilia como clima poético e o niilismo como filosofia de vida; o menino do Pau d'Arco sonhava nostalgicamente com as paisagens campestres de sua infância. Quando o bacharel interrompe o discurso sobre "a poesia de tudo quanto é morto", o menino, empunhando a lira bucólica, tange as cordas do amor à natureza, esse mito rousseauniano que os românticos legaram, "*in articulo mortis*", ao parnasianismo:

> Estou alegre. Agora, por exemplo,
> Cercado destas árvores, contemplo
> As maravilhas reais do meu Pau d'Arco.

Dessa mesma dualidade nascerá aquela mescla de "lirismo espiritual e rudeza materialista" já vislumbrada por Agrippino Grieco no autor do *Eu*; existe, realmente, um abismo entre a delicadeza de "A Ilha de Cipango" e a "Barcarola" e a rudeza de "Os Doentes" ou de "As Cismas do Destino". É que, identificando-se ao Pau d'Arco e aos valores morais nele encarnados, o poeta se unia ao mundo numa feliz aliança lírica enquanto que, como materialista, medroso da vida e ressentido do mundo, quebrava a aliança, fazendo do verso, não mais as grades para o "agregado abstrato das saudades", mas o campo de batalha entre a inteligência e a realidade.

Somente na torre de marfim da arte pela arte haverá encontro e tréguas entre o menino e o bacharel. Lá, o homem se redimirá da animalidade e o mundo, da podridão. Somente a arte, "esculpindo a humana mágoa", pode salvar-nos da "putrescível forma tosca" e perpetuar-nos a alma, porque:

[...] A alma é divina,
Dorme num leito de feridas, goza
O lodo, apalpa a úlcera cancerosa,
Beija a peçonha, e não se contamina!

Como os poetas malditos que, êmulos de Baudelaire, se rebelaram contra o *nouveau régime* da burguesia em nome da "pureza" da arte, assim também Augusto dos Anjos se rebelou, metafisicamente, contra os novos valores morais que a República trouxe consigo. Foi um crítico inconsciente da nova era capitalista, como Baudelaire. Por isso mesmo, as diatribes que ambos lançaram contra a humanidade assumiram um tom intemporal, absoluto, metafísico, atribuindo à própria essência do homem erros que provêm, apenas e felizmente, de um momento superável de sua história – essa longa marcha em demanda da justiça sobre a terra.

E Augusto dos Anjos teve uma vaga e profética intuição do fim dessa marcha quando escreveu, palinodicamente:

Creio, perante a evolução imensa,
Que o homem universal de amanhã vença
O homem particular que eu ontem fui!

Bibliografia

CARPEAUX, Otto Maria. *Pequena Bibliografia Crítica da Literatura Brasileira*, Rio de Janeiro, 1951.

DE CASTRO E SILVA. *Augusto dos Anjos, Poeta da Morte e da Melancolia (com Muitas Poesias Desconhecidas, Que Não Constam das Últimas Edições do Eu e Outras Poesias)*, Curitiba, s.d.

REGO, José Lins do. *Gordos e Magros* (ensaios), Rio de Janeiro, 1942.

CRUZ, Estevão. *Antologia da Língua Portuguesa*, Porto Alegre, 1942.

GRIECO, Agrippino. *Evolução da Poesia Brasileira*, Rio de Janeiro, 1947.

MONTENEGRO, Túlio Hostílio. *Tuberculose e Literatura (Notas de Pesquisa)*, Rio de Janeiro, 1949.

BANDEIRA, Manuel. *Apresentação da Poesia Brasileira* (seguida de uma antologia). Rio de Janeiro, 1954.

LINS, Álvaro. *Jornal de Crítica*, sexta série, Rio de Janeiro, 1951.

MURICY, Andrade. *Panorama do Movimento Simbolista Brasileiro* (revisão crítica e organização da bibliografia por Aurélio Buarque de Holanda Ferreira), volume III, Rio de Janeiro, 1952.

LEFÈBVRE, Henri. *Critique de la Vie Quotidienne*, 4ème Édition, Paris, 1947.

PONTES, Eloy. *A Vida Inquieta de Raul Pompeia*, Rio de Janeiro, 1935.

HUXLEY, Aldous. *Music at Night*, Great Britain, 1950.

HAECKEL, Ernesto. *O Monismo, Laço Entre a Religião e a Ciência (Profissão de Fé de um Naturalista)*, 3. ed., Porto, 1947.

ANDRADE, Mário de. *O Empalhador de Passarinho*, São Paulo, s.d.

MELO, A. L. Nobre de. *Augusto dos Anjos e as Origens de Sua Arte Poética*, Rio de Janeiro, 1942.

REVISTA NOVA, Ano 2, n° 5, 15 de fevereiro de 1932, São Paulo.

PARTE II

Mistério em Casa

Advertência

Dos ensaios enfeixados neste volume, parte foi publicada em jornais e revistas de São Paulo (e é aqui reproduzida com pequenas alterações), parte se manteve inédita, até o momento. Alguns são capítulos de uma *História da Poesia Política no Brasil*, que ficou a meio caminho.

O título do volume, tomado de empréstimo a uma citação de Raul Bopp, visa a acentuar o fato de nele serem tratados, com exclusividade, temas e autores brasileiros. Parece-me que, numa bibliografia crítica ainda tão pobre como a da nossa literatura, qualquer contribuição, por mais modesta, sempre apresenta algum interesse. Essa, aliás, a única justificativa possível para a reunião, em volume, de escritos tão pedestres quanto estes, que, desculpando-me pela desvalia da oferta, dedico aos meus amigos Diaulas Riedel, João Araújo Nabuco, José Clemente Fernandes, Leandro Meloni e Tharcillo Toledo Filho.

J. P. P.
Santo Amaro, abril de 1961

O Sapateiro e o Canário

[José de Anchieta: o Catequista, o "Intelectual Puro"]

Um dos disparates de certos manuais de literatura brasileira é esse de querer atribuir ao autor da ilegível *Prosopopeia* a glória de ter sido, cronologicamente falando, o primeiro dos nossos poetas. Nem era Bento Teixeira Pinto brasileiro, coisa de somenos, nem era poeta, coisa bem mais grave. Lendo-lhe os versos, achou-os Agrippino Grieco "mais duros que lascas de chifre"[1]. Investigando-lhe a biografia, descobriu Rodolfo Garcia haver ele nascido na cidade do Porto e ser cristão-novo.

Enfadonho discurso, mediocremente plagiado de Camões, a *Prosopopeia* está para a verdadeira poesia assim como as flores de papel pintado estão para aquelas esmaltadas flores do campo do Evangelho. Nada indica sentisse Bento Teixeira Pinto qualquer necessidade profunda de escrever versos. Ao enaltecer em oitava rima o governador de Pernambuco, *um Albuquerque soberano da Fé, da cara pátria firme muro*, o autor da *Prosopopeia* apenas imitava o exemplo de tantos outros áulicos seus contemporâneos que, na esperança de com isso abrirem os cordões à bolsa dos respectivos Mecenas, laboriosamente metrificavam rapapés e engrossamentos.

De tal propósito subalterno não se pode acusar, em sã consciência, o venerável padre José de Anchieta, pois ninguém desprezou com maior altaneria os alimentos terrestres.

"Intelectual puro", no dizer de Antônio de Alcântara Machado[2], seu lugar seria antes nas ricas bibliotecas da Companhia de Jesus, a compulsar velhos manuscritos, que nos ínvios sertões da América Meridional, a catequizar o gentio.

Mas, em Anchieta, o homem de ação completava o homem de pensamento. Tanto assim que não hesitou ele em sacrificar as comodidades de erudito às exigências do apostolado. De alma leve, o Canário de Coimbra, que

---

1. A. Grieco, *Evolução da Poesia Brasileira*, Rio de Janeiro, José Olympio, 1947, p. 7.
2. A. Alcântara Machado, *Cavaquinho e Saxofone*, Rio de Janeiro, José Olympio, 1940, p. 206.

tão harmoniosamente gorjeava em metro latino, trocou a gaiola de scholar pelo casebre de missionário, onde ensinava as primeiras letras aos curumins e aprendia os segredos da arte de "fazer alpergatas". Livre da gaiola, o canário podia cantar, espontâneo e singelo. Empunhando as agulhas de sapateiro, o intelectual puro humanizava-se e, operário de Deus, participava de nossas dores e alegrias.

Tal vida, tal arte. A cortesania de Bento Teixeira Pinto resultou em afetação de letrado; o proletarismo de Anchieta refletiu-se literariamente na simplicidade da linguagem, na limpidez dos conceitos, no fervor dos sentimentos. Basta ler as suas *Poesias*, proficientemente organizadas, traduzidas e anotadas pela Dra. Maria de Lourdes de Paula Martins; e editadas pela Comissão do IV Centenário de São Paulo, em 1954, para ver que a ele, e somente a ele, cabe o título de o primeiro poeta do Brasil.

Brasileiro, sim, esse canarino piedoso. Os quarenta e quatro anos aqui vividos, no serviço do Rei e da Igreja, a par da sua completa integração – obnubilação, diria Araripe Júnior – nos usos e costumes da terra (Anchieta acreditava piamente nas curupiras, ipupiaras, boitatás e "outros espectros do mesmo modo pavorosos" do fabulário indígena) foram mais que suficientes para nacionalizá-lo.

E, além de brasileiro, poeta. Escrever, para Anchieta, não era veleidade erudita, mas necessidade orgânica. Suas poesias, recolhidas num caderno manuscrito por João Antônio Andreoni, o misterioso Antonil da *Cultura e Opulência do Brasil por suas Drogas e Minas*, e conservadas inéditas durante muito tempo nos arquivos da Companhia de Jesus, são o testemunho de um espírito sensível, cheio de unção religiosa e vontade de servir.

O caderno, ao que tudo indica, cobriria o período que medeia entre os anos de 1578 e 1595. A essa altura, depois de haver perlongado praias e sertões, convertendo o gentio, Anchieta, nomeado provincial da Companhia, fixara residência quase permanente na sua querida Reritiba, onde viria a morrer em 1597. Ali, no silêncio do claustro, encontrava ele, enfim, os vagares necessários para compor seus versos apologéticos. Versos que não eram, como os de Bento Teixeira Pinto, mero divertimento cortesanesco, visando lisonjear a vaidade de um figurão qualquer, mas obra socialmente útil, endereçada a um público determinado.

Convém notar aliás, neste particular, que a nossa literatura colonial foi uma literatura sem público. Para quem escreviam os Rocha Pitta e os Botelho de Oliveira, senão para si mesmos e para a minguada comparsaria da Academia dos Esquecidos? Numa terra onde o analfabetismo era geral e os prazeres da carne, de tão abundantes, dispensavam os de espírito, nada mais natural que o escritor fosse *avis rara*, voz clamando no deserto. Os preadores de índios e os mascates de Recife tinham mais que fazer que ficar destrinçando as sutilezas da *Música do Parnaso*, com seus quatro coros de rimas polilíngues. Quando muito, prestariam um ouvido jocoso às solfas do capadócio Gregório de Matos, ou se penitenciariam algumas vezes folheando o *Compêndio Narrativo* do *Peregrino da América*, do soporífero Nuno Marques Pereira.

Das virtudes literárias de Anchieta, a mais significativa é, sem dúvida, essa de ter conquistado um público para a sua obra. Em vez de gastar engenho e fôlego perpetrando sonetos alambicados, que poucos haveriam de ler, preferiu descer à praça e lá recrutar audiência mais ampla. Recrutar é a palavra certa, porque, fiel à sua vocação de missionário, o trovista de Reritiba fez da arte instrumento de catequese e, nesse sentido, foi o nosso primeiro poeta político, ou interessado, ou engajado, se preferirem. Para ser entendido, ele, que era naturalmente simples e desataviado, simplificou-se ainda mais, não hesitando em sacrificar à imediata inteligibilidade os primores da forma. Nem por isso lhe saía a escritura desfigurada. Ainda que didática, simplória, tosca, sua poesia nos traz aquela fragrância que faltou quase que inteiramente aos nossos escritores quinhentistas e seiscentistas, via de regra sofisticados na linguagem e nas ideias. Diante de poetas como Anchieta é que se percebe toda a falsidade daquele paradoxo de André Gide sobre boas intenções e má literatura.

Que as intenções de Anchieta eram das mais puras, ninguém pode duvidar. Mas é lícito suspeitar da finalidade última das missões jesuíticas. Como disse bem J. Lúcio de Azevedo, "a catequese era o prelúdio da submissão da raça inferior. Após o homem do Evangelho, com ele muitas vezes aparecia o soldado, e em seguida o colono traficante. O episódio da conversão tinha por desfecho a fazenda agrícola, o engenho, a servidão doméstica"[3].

Talvez nunca tenham passado pela cabeça do apóstolo de Piratininga as tristes consequências do seu afã catequético. Animava-o tão somente o entusiasmo do missionário a quem seduzia o lado épico da religião. Místico embora, Anchieta nunca fez da vida contemplativa seu ideal de clérigo. Atraía-o,

---

3. *Apud* Djacir Menezes, *Evolução do Pensamento Literário no Brasil*, Rio de Janeiro, Organização Simões, 1959, p. 52.

pelo contrário, a vida ativa dos pregadores que levavam a palavra do Cristo à gentilidade, enfrentando heroicamente as privações e os perigos. Os santos de sua particular devoção, sobre cuja vida se debruçava ele, cheio de enternecimento e inveja, eram aqueles soldados de Cristo, como S. Maurício e S. Sebastião, que haviam morrido no campo de batalha, defendendo seu Deus e sua Fé. Nos versos anchietanos são frequentes as imagens bélicas e as comparações guerreiras:

Vinde, grande capitão
defender vossos soldados,
pois estamos infestados
de nosso imigo Satã
e de perigos cercados.

Em vez de fazer da poesia registro dos seus trabalhos de asceta, Anchieta preferiu utilizá-la como auxiliar dos seus trabalhos de apóstolo. Isso explica o realismo desassombrado de certos versos, ainda hoje capazes de escandalizar muito papa-hóstia. Tentando iniciar a bugrada, por exemplo, nas sutilezas do dogma da Imaculada Conceição, não hesita o poeta em acentuar certos detalhes fisiológicos:

Seu filho nasceu, outrora,
certa noite,
como um lindo menininho.
Sua mãe não sangrou absolutamente,
ficou enxuta, realmente virgem.

Consequência direta do realismo, a visualidade é outro característico da poesia de Anchieta. O Mal e o Bem nunca aparecem, nela, como seres abstratos, mas encarnam-se, o Mal no Diabo, o Bem no Anjo da Guarda. No auto representado em louvor de S. Lourenço e cuja estreia, segundo reza a tradição, foi precedida de um milagre do *metteur-en-scene* (Anchieta suspendeu durante três horas a chuva que ameaçava interromper o espetáculo), o Diabo e seus ajudantes tentam perverter a aldeia de S. Lourenço, mas o Santo, com o auxílio de S. Sebastião, vence-os finalmente. O curioso a observar, nesta peça, é que tanto o Diabo como os seus auxiliares têm nomes indígenas, e

JOSÉ PAULO PAES: *Crítica Reunida Sobre Literatura Brasileira & Inéditos em Livros*

chamam-se Guaixará, Aimberê, Saravaia, sendo homônimos daqueles chefes tamoios que, aliados aos calvinistas franceses, lutaram contra os portugueses na batalha do Rio de Janeiro. Aqui, a intenção política é ostensiva. Caracterizando como diabos os "traidores", o poeta os desmoralizava aos olhos de seus irmãos de sangue. Prevenia assim futuras e possíveis adesões aos inimigos do Rei e da Igreja.

Repetem-se, nos versos de Anchieta, as referências a piratas estrangeiros que rondavam nosso litoral, pondo em perigo a estabilidade do domínio lusitano. Contra eles, sequazes de Calvino e Lutero, pregava o poeta a guerra santa. No poema sobre a visitação de Santa Isabel, a imagem da Santa adverte os romeiros de que Deus protege a Igreja do Rosário e a Vila de Vitória dos *perversos luteranos*:

> Y por esta casa santa,
> que Él guarda siempre en sus manos,
> los perversos luteranos
> con grande terror espanta

Pouco importa que, indiretamente, Anchieta tenha servido aos interesses, muito pouco cristãos, do imperialismo português. Sua luta era travada, não em nome do Império, mas em nome da Fé, contra os hereges que lhe vinham roubar as ovelhas do aprisco tão amorosamente vigiado. Mas que se há de fazer? Uma das ironias da História foi sempre essa de confundir, no mesmo anátema, tanto os canários de Deus quanto os gaviões do Maligno...

Um Bacharel no Purgatório

[Gregório de Matos, Boca do Inferno: Sátira a Brasileiros e a Portugueses]

De Gregório de Matos já se disse todo o bem e todo o mal que dele se poderia ter dito. Xingou-o José Veríssimo de "malcriado rabugento e malédico"[1], ao passo que Sílvio Romero teceu loas ao "seu caráter honrado" e à "sua alegria expansiva e saudável"[2]. Acusou-o Sílvio Júlio de ter passado "a existência a surrupiar alheios frutos"[3], principalmente de Quevedo, enquanto Segismundo Spina, defendendo-o, mostrou que "imitar a ideia com forma diferente não implicava absolutamente deslealdade literária"[4].

Os mortos enterram seus mortos, os vivos tratem dos vivos. Se ainda hoje se briga por causa do Boca do Inferno, é porque ele não morreu. Morreu, sim, a Bahia ruidosa do século XVII, palco de rameiras, capadócios, rábulas, clérigos, mascates, vice-reis, mas não morreu seu grande cantor, aquele bacharel mazombo que azares da sorte forçaram a desembarcar, "despachado e desgostoso", certo dia de 1679, na sede do Vice-Reino do Brasil.

De Portugal trouxera Gregório de Matos consigo a vocação da boêmia e a paixão da sátira e aqui veio encontrar, melhor do que lá, condições propícias ao desenvolvimento de ambas. Boêmio, meteu-se logo nas gandaias da terra, de parceria com frades galantes, mulatas de má fama e freiras de vida airada. Satírico, zombou de tudo e de todos – brancos e pardos, fidalgos e unhates, governantes e governados –, escrevendo, sobre a nossa vida colonial, a mais viva, colorida e saborosa crônica de que se tem notícia.

Hoje ainda, como há trezentos anos atrás, está vivo Gregório de Matos. Vivíssimo. E, todavia, ninguém cuidou menos da própria imortalidade. Enquanto seus contemporâneos, os Vieira Ravasco, os Borges de Barros, os Alvares Soares, os Grasson Tinoco, versejavam numa língua polida e erudita,

---

1. José Veríssimo, *História da Literatura Brasileira*, Rio de Janeiro, José Olympio, 1954, p. 83.
2. Sílvio Romero, *História da Literatura Brasileira*, Rio de Janeiro, José Olympio, 1953, vol. II, p. 415.
3. Sílvio Júlio, *Penhascos*, Rio de Janeiro, Calvino Filho Editor, 1933, p. 246.
4. Segismundo Spina, *Gregório de Matos*, São Paulo, Editora Assunção, s.d., p. 37.

JOSÉ PAULO PAES: *Crítica Reunida Sobre Literatura Brasileira & Inéditos em Livros*

"imitando os poetas de Itália e Espanha", "nesta América inculta, habitação de bárbaros índios" (como dizia, na dedicatória da sua *Música do Parnaso*, o melífluo Botelho de Oliveira)[5], Gregório mandava às favas frequentemente a cortesania de Marini e rabiscava, despreocupado, seus versos em linguagem de rua. E, não obstante, venceu o tempo; a posteridade fez-lhe justiça, salvando-o do esquecimento, do mesmo modo por que salvaria, dois séculos mais tarde, outro "picaresco" que também mandou às favas a literatura de salão – Manuel Antônio de Almeida.

Não que Gregório de Matos ignorasse "os poetas de Itália e Espanha": a parte séria de sua obra no-lo mostra, ao contrário, como um artífice habilidoso, perfeitamente a par de todas as artimanhas do culteranismo. O que aconteceu foi que, no autor, de "Marinícolas", a sinceridade do homem logrou vencer algumas vezes a afetação do artista e daí a observação inteligente de Sílvio Romero: "O que me prende no estudo desta individualidade é a ausência de artifício literário; o poeta não vai por um caminho e o homem por outro; a vida do indivíduo ajusta-se à obra do poeta"[6].

E quem foi, afinal de contas, o indivíduo Gregório de Matos? Um bacharel talentoso, perdido nesse "Inferno dos Negros, Purgatório dos Brancos e Paraíso dos Mulatos e das Mulatas" que era o Brasil seiscentista. Zombeteiro demais a ser palaciano, orgulhoso demais para ser plebeu, viveu Gregório num eterno vaivém. Amava e detestava o Brasil, ao mesmo tempo; satirizava, indiscriminadamente, brasileiros e portugueses; deblaterava, raivoso, contra os mulatos e, não obstante, revelou-se sempre um apaixonado das mulatas.

Se alguma vez houve algo de permanente na alma de Gregório de Matos, foi o despeito. Despeito que, se no comum dos casos passa por vício, no caso particular do Boca do Inferno passa por virtude. Somente o despeito contra os donos da vida, que lhe negavam o quinhão devido à sua cultura, ao seu talento e à sua inteligência, salvou-o de dois extremos perigosos – o de se converter num adulador barato, e o de afogar na absoluta devassidão suas mágoas de fracassado. Qualquer dos extremos teria sido a morte do satírico que atravessou, incólume, o julgamento dos séculos. Fosse apenas o "bom burguês, no fundo, como todos os pretensos rebeldes", o áulico mal disfarçado que nele viu

---

5. Manuel Botelho de Oliveira. *Música do Parnaso*. Rio de Janeiro, Instituto Nacional do Livro, 1953, tomo I, p. 3.
6. Sílvio Romero, *História da Literatura Brasileira*, p. 414.

Agrippino Grieco[7], e se perderia na dourada mediocridade dos engrossadores da época. Fosse pura e simplesmente o "notabilíssimo canalha" a que se referiu T. A. de Araripe Júnior[8], e não encontraria, no seu desvalimento de pária, estímulo algum para compor uma das obras mais originais de nossa literatura.

Em que pesem as limitações de sua crítica, José Veríssimo assinalou bem a importância do despeito na gênese da poesia gregoriana, ao anotar que, movido pelo respeito pessoal, foi o Boca do Inferno, entre os nossos escritores seiscentistas, "o único a sentir aquilo que devia, volvidos dois séculos, ser o germe do pensamento da nossa independência"[9]. E transcreve a seguir o crítico uma estrofe do poema "Despede-se o Poeta da Bahia, quando foi degredado para Angola", na qual aparece, de forma inequívoca, o germe nativista:

Que os Brasileiros são bestas,
E estarão a trabalhar
Toda a vida, por manterem
Maganos de Portugal.

Nesses versos está a chave do pensamento político de Gregório de Matos. Pensamento onde entravam, em partes iguais, a raiva do brasileiro que vê sua terra espoliada pelos oportunistas de além-mar, e o despeito do mazombo que não conseguiu subir na escala social. É a conjunção da raiva e do despeito – um, sentimento desinteressado, ultrapassando o egoísmo do indivíduo; outro, sentimento interessado, refletindo uma dura experiência pessoal –, que dá à poesia gregoriana aquela veemência e aquela sinceridade que muitas vezes faltou aos nossos poetas políticos, via de regra verbosos na linguagem e artificiais no sentimento, porque defendia causas a que estavam vinculados unicamente por laços de ordem intelectual.

Creio ter sido Araripe Júnior o primeiro a estudar mais detidamente o pensamento político de Gregório de Matos. Levado pelo seu entusiasmo de biógrafo, chega mesmo a supor, no biografado, "um grave pensamento democrático": O de libertar o Brasil do jugo lusitano, aproveitando aquele "sentimento amargo, hostil, muita vez acobardado", que já então existia, na Colônia, contra os "maganos de Portugal". Tal sentimento, prossegue Ara-

7. Agrippino Grieco, *Evolução da Poesia Brasileira*. Rio de Janeiro, José Olympio, 1947, p. 16.
8. Araripe Júnior. *Gregório de Matos*. 2 ed. Rio de Janeiro, Garnier, p. 11.
9. José Veríssimo, *História da Literatura Brasileira*, p. 84.

ripe, se aguçava principalmente nos mulatos, pois "eram eles que, graças ao ódio dos reinóis, os quais os afagavam quando escravos e desprezavam quando forros, mantinham toda a dinâmica liberal daquelas regiões. Neles existia, como temperamento, o espírito de insurreição, o qual de ordinário tomava a forma da desafronta e do assassínio por pundonor".

Nessa mulataria desassombrada e rebelde teria visto Gregório de Matos o exército ideal para a sua revolução nativista. Mas iludia-se, porquanto os mestiços, conclui Araripe, "dotados de estro e muito sestrosos, foram os que mais se atreveram a guindar-se aos seus dotes poéticos e negar-lhe primazias. *Inde irae!*"[10]. Em resumo, magoado com a concorrência dos trovadores mulatos, o poeta desistiu de fazer deles correligionários e cúmplices, pondo fim, dessarte, ao sonho conspirativo.

Sobre ser mal forjada, a hipótese de Araripe Júnior não tem, a garanti-la, evidência alguma. É fora de dúvida que Gregório desprezava o reinol avaro e inescrupuloso, mas daí a supor no poeta um pensamento revolucionário organizado, vai um abismo. Nem era Gregório de Matos democrata, nem era conscientemente antilusitano.

Convém ter em mente, neste particular, que a formação ideológica do autor de *Reprovações* se processou, toda ela, em Portugal. Ali aprendeu ele a respeitar, senão a ordem constituída, pelo menos a autoridade d'El-Rei. Além disso, conforme observou Xavier Marques, no bacharel mazombo "depositara a cultura humanista ideias de ordem, de hierarquia e boa proporção. O preconceito de casta e pigmento era nele a expressão exagerada de tais sentimentos"[11].

Nada nos autoriza a crer que Gregório de Matos tivesse jamais se afastado desse ideário ademocrático. Suas diatribes visavam, não o sistema colonial em si, mas os administradores desonestos que comprometiam, com suas negociatas, o prestígio da Coroa, desrespeitando aquelas "ideias de ordem, de hierarquia e boa proporção" que ele aprendera a estimar e a ver encarnadas na autoridade do trono português. Assim, diz ironicamente num soneto, "quem quiser viver na Bahia estimado e procurado de todos", deve seguir o exemplo dos Souza Menezes e dos Câmara Coutinho, isto é:

---

10. Araripe Júnior, *Gregório de Matos*, 2ed. Rio de Janeiro, Garnier, pp. 82-89.
11. Xavier Marques, *Letras Acadêmicas*, Rio de Janeiro, 1933, p. 78.

Coma, beba, e mais furte, e tenha amiga:
Porque o nome de El-Rei dá para tudo
A todos que El-Rei trazem na barriga.

O melhor de sua fúria ia, porém, contra a burguesia reinol que aqui vinha instalar-se para defender, não os interesses da Coroa, mas os seus próprios e mesquinhos interesses. A esses unhates gananciosos o Boca do Inferno não poupava:

Nunca paga, e sempre come,
E quer o triste mascate,
Que em fazer a sua estrela
O tenham por homem grande.
O que ele fez foi furtar,
Que isso faz qualquer birbante.
Tudo o mais lhe fez a terra,
Sempre propícia aos infames:
E eis aqui a personagem.

Politicamente, Gregório de Matos não foi além da Guerra dos Mascates. O que ele pretendia, com suas objurgatórias aos governadores desonestos e aos traficantes gananciosos, era que os brasileiros tivessem, na administração da terra, oportunidade igual à dos reinóis. Tal reivindicação, aliás, já fora atendida pela provisão real de 4 de março de 1679, que dava preferência a brasileiros no preenchimento de vários cargos administrativos – civis, militares e eclesiásticos – da Colônia. Mas os vice-reis nunca levaram a sério a provisão, preferindo reservar, para si e para seus apaniguados, os privilégios da governança.

Visto sob esse prisma, fica reduzido a proporções bem mais modestas o pensamento político de Gregório de Matos. Foi ele um insatisfeito, um despeitado, um moralista, se quiserem, mas não chegou a ser nem um revolucionário, nem um liberalista. Tivessem passado jamais pela sua cabeça as ideias subversivas que Araripe Júnior lhe atribuiu, e iria ele procurar adeptos, não entre capadócios de poucas luzes, mas entre aqueles mesmos senhores de engenho de cujas fumaças de fidalguia zombou tanto:

Que é fidalgo nos ossos cremos nós.
Pois nisso consistia o mor brasão
Daqueles que comiam seus avós.

Entretanto, foram os caramurus que se puseram à frente da Guerra dos Mascates, transformando em ato de rebeldia o nativismo rudimentar que Veríssimo denunciaria, dois séculos mais tarde, nas sátiras do Boca do Inferno.

Ainda que, limitado pelos "preconceitos de casta e pigmento", não tenha Gregório de Matos sabido converter em ideologia política sua ojeriza ao português ganancioso, sempre lhe fica o crédito de tê-la iniciado com seus versos satíricos. Versos que, na frase acertada de Fernando Góes, "o estão salvando do esquecimento, tirando-o do pó do século XVII e trazendo-o, vivo e maldizente, até os nossos dias"[12].

---

12. Fernando Góes, em prefácio às *Poesias Satíricas de Gregório de Matos*. São Paulo, Ed. Universitária, s.d., p. 24.

A Alma do Negócio

[André João Antonil, *Cultura e Opulência do Brasil por suas Drogas e Minas*, a Restauração da Indústria Açucareira]

Nos primeiros anos do século XVIII, certo André João Antonil submetia à mesa do Santo Oficio de Lisboa, requerendo licença de impressão, o manuscrito de um trabalho pitorescamente intitulado *Cultura* e *Opulência do Brasil por Suas Drogas* e *Minas*. Lido pelos censores do Santo Ofício, do Ordinário e do Paço, e não se lhe achando "coisa suspeitosa contra a nossa santa fé e pureza dos bons costumes", nem "coisa que encontre o real serviço de Vossa Majestade", sendo, antes, "obra de engenho pela boa disposição com que o seu autor a compôs",[1] concedeu-se-lhe *imprimatur* a 17 de janeiro de 1711.

Impresso no mesmo ano e posto à venda em Lisboa, eis que, sem mais nem menos, foi a edição apreendida pelos esbirros da Coroa. Por quê? Quem era esse misterioso Antonil? Que haveria no seu livro de tão dissimuladamente subversivo, que iludisse a vigilância dos inquisidores e fizesse voltar atrás a palavra de um rei?

Capistrano de Abreu decifrou, por volta de 1893, parte do enigma. Em carta dirigida a Guilherme Studart, conta-nos como foi levado a suspeitar, em André João Antonil, o "anagrama ou coisa que o valha", de João Antônio Andreoni, jesuíta toscano, reitor do Colégio da Bahia ao tempo da morte de Vieira. Consultando posteriormente o volume VI da *Bibliotheque des Écrivains de la Compagnie de Jésus*, de Becker, teve suas suspeitas confirmadas: Antonil, o "amigo do bem público chamado o *Anonymo Toscano*" e o jesuíta Andreoni eram a mesma e única pessoa[2].

A outra parte do enigma não foi, até agora, satisfatoriamente decifrada. No prefácio que escreveu a uma das edições modernas da *Cultura e Opulência do Brasil*, defende Afonso de E. Taunay a tese de que haveria no livro certas informações sigilosas sobre as lavras de ouro de Minas Gerais, cuja divulgação

---

1. André João Antonil, *Cultura e Opulência do Brasil*, Salvador, Livraria Progresso Editora, 1950, pp. 13-14. Todas as citações feitas neste ensaio o são conforme essa edição.

2. Cf. *Correspondência de Capistrano de Abreu*, Rio de Janeiro, INL, 1954, vol. I, p. 144.

não interessava ao governo português. Tese pouco convincente; fosse isso certo e os censores não teriam consentido, desde o princípio, na publicação do livro. Por outro lado, os métodos de mineração dos portugueses nada tinham de inédito para a época, nem se ignorava, na Europa setecentista, a grande riqueza aurífera do Brasil.

Mais convincente parece ser a hipótese esboçada por T. A. de Araripe Júnior num dos aditamentos à sua biografia de Gregório de Matos. Diz ali o crítico cearense:

> O autor desse escrito original (Antonil) era um espírito arguto e astuto. A leitura do exemplar dessa obra curiosa, que possuo, e que me foi oferecido pelo bibliófilo Luís Antônio de Carvalho, proporcionou-me uma das maiores surpresas que tenho experimentado no estudo da história do Brasil, não só pelo naturalismo das observações contidas no livro, como pelo profundo conhecimento da psicologia política e aplicação à colônia do Brasil. Esta surpresa traduzi-a, em conversa, ao citado bibliófilo, o qual mostrou-se muito intrigado por dizer-lhe eu que Antonil pretendera ensinar aos fazendeiros do Brasil a governarem-se pelos princípios do Príncipe de Maquiavel, e que seguramente fora essa a causa de ter o governo português abafado livro tão extraordinário[3].

Toscano de nascença, homem de variada leitura, não desconheceria Andreoni a obra-prima de seu famoso conterrâneo. Teria lido, decerto, aquele pequeno "manual do absolutismo" em que, pela primeira vez, foi a política de classes despida do manto diáfano da fantasia e revelada em toda a sua crueza. Ao seu "espírito arguto e astuto" não passaria despercebida a utilidade do maquiavelismo na defesa dos interesses dessa Companhia de Jesus a que consagrara vida e talentos.

Interesses que, nos quadros da vida colonial brasileira, coincidiam com os dos senhores de engenho: jesuítas e fazendeiros eram frequentemente sócios da mesma empresa. Tanto assim que foi em Seregipe do Conde, engenho pertencente à Companhia de Jesus, que Antonil aprendeu tudo quanto nos ensinou sobre o fabrico do branco pó "tão alvo como inocente".

---

3. T. A. Araripe Júnior, *Gregório de Matos*, 2 ed. Rio/Paris, Garnier, s.d., p. 184.

Pelos seus dons de observador, cabe a ele, sem nenhum favor, o título de o primeiro repórter brasileiro, e ao seu *Cultura* e *Opulência* do *Brasil* o qualificativo de "reportagem límpida e ágil" que lhe deu Djacir Menezes[4].

Durante os oito ou dez dias em que se demorou no Seregipe do Conde, buscou Antonil "tomar notícia de tudo o que o fazia tão celebrado, e quase rei dos engenhos reais". Entrevistou administradores, mestres de açúcar, oficiais especializados e, "movido de uma louvável curiosidade", esquadrinhou, palmo a palmo, o canavial, a casa de moer cana, a casa das fornalhas, a casa de purgar, o encaixotamento. Acompanhou de perto "o que padece o açúcar desde o seu nascimento na cana até sair do Brasil", de modo a poder suprir, com "notícias práticas", "a quem de novo entrar na administração de algum engenho"; perfeito repórter, anotava num "borrão" quanto aprendia, tudo grafando no "modo de falar, claro e chão, que se usa nos engenhos".

Aparentemente, a finalidade de Antonil, ao escrever, editar e vender seu livro, era a de, com uma "dádiva que pudesse agradar e ser de alguma utilidade", arrancar dos que, "nos engenhos de açúcar, nos partidos, nas lavouras do tabaco, e nas minas de ouro experimentam o favor do Céu com notável aumento dos bens temporais", donativos destinados a custear uma campanha em prol da canonização do Venerável Padre José de Anchieta.

Mas o álibi piedoso mal escondia o programa político. Antonil sonhava com a restauração da indústria açucareira, ferida de morte pelo *rush* das minas gerais, reivindicando ao mesmo tempo, para a nobreza dos engenhos, o papel de elite dirigente, então usurpado pela burocracia reinol que, a pretexto de fiscalizar o rendimento das lavras, cerceava progressivamente a autonomia das Câmaras Municipais.

Para se dar bem conta dos propósitos ardilosos desse "amigo do bem público" basta confrontar a "Cultura e Opulência do Brasil na Lavra do Açúcar Engenho Real Moente e Corrente" com a "Cultura e Opulência do Brasil pelas Minas de Ouro". Uma ocupa trinta e seis capítulos do livro; a outra, apenas doze.

Quando se tratava de escrever sobre os trabalhos do açúcar, Antonil fazia questão de acompanhá-los de perto, olhos e ouvidos bem abertos. Quando, porém, o caso era rabiscar algumas laudas suplementares sobre os trabalhos

---

4. Djacir Menezes, *Evolução do Pensamento Literário no Brasil*, Rio de Janeiro, Organização Simões, 1954, p. 72.

do ouro, não se dava sequer ao incômodo de ir vê-los pessoalmente, contentando-se com transcrever informações de segunda mão, obtidas de um amigo que, na comitiva do governador Artur de Sá, "assistiu nas Gerais três anos".

Não bastasse isso para convencer-nos, bastaria então ler o capítulo xii da "Cultura e Opulência do Brasil pelas Minas de Ouro", onde Antonil não perde vaza de verberar a soberba da nova burguesia enriquecida nas lavras, nem de bradar contra os prejuízos que o *rush* trouxera à economia canavieira: "O irem também às minas os melhores gêneros de tudo o que se pode desejar foi causa que crescessem de tal sorte os preços de tudo o que se vende, que os senhores de engenho e os lavradores se achem grandemente empenhados, e que por falta de negros não possam tratar do açúcar, nem do tabaco, como faziam folgadamente nos tempos passados, que eram as verdadeiras minas do Brasil e de Portugal".

Era tal o seu desgosto pela nova moda mineralógica que, no capítulo intitulado "Da Obrigação de Pagar a El-Rei Nosso Senhor a Quinta Parte do Ouro, que se Tira das Minas de Brasil", ocupa-se longamente em provar, ele, que pouco tinha de lusófilo, com citações de juristas renomados, o quanto era justo o pagamento de quintos, imposto que sabia letal à prosperidade da indústria aurífera. E era precisamente por sabê-lo letal, que o defendia com tanto ardor. Puro maquiavelismo...

No capítulo final, "Quando É Justo que se Favoreça o Brasil por Ser de Tanta Utilidade ao Reino de Portugal", Antonil põe todas as cartas na mesa. Quando fala nas "minas certas, e abundantemente rendosas" que o Brasil possui, em nenhum momento se refere às de ouro, mas sempre às de açúcar ou, se tanto, de tabaco. Quando invoca "o favor de Sua Majestade e de todos os seus ministros" para as nossas reivindicações, não se esquece de acentuar que são "os senhores de engenhos, e os lavradores do açúcar e do tabaco, [...] que merecem mais que os outros ser preferidos no favor".

Posta a questão nestes termos, é fácil compreender o arrepia-caminho do governo português, nos idos de 1711, quanto ao *imprimatur* da *Cultura e Opulência do Brasil*. Tratava-se, obviamente, de livro dissimulado e subversivo. Dissimulado porque ilaqueara a boa-fé dos censores do Santo Ofício, do Ordinário e do Paço. Subversivo porque, sob o disfarce de "curioso e útil trabalho", revelava-se, a exame mais demorado, astuto panfleto visando estimular os senhores de engenho na sua luta contra a nova política da Metrópole, política essa que, diga-se de passagem, outra coisa não era senão o progressivo aniquilamento das liberdades e privilégios outrora concedidos aos primeiros povoadores da Colônia.

Os primeiros povoadores – eis aí pasto excelente para os famintos de paradoxos históricos. O aventureiro luso arribava às nossas praias com o propósito de fazer a América e de, tão logo juntasse cabedal, voltar ao seio da mãe-pátria. Todavia, seja por obra do feitiço dos trópicos, seja por obra da índia sexualmente submissa, seja por obra do açúcar cada vez mais lucrativo, acabava deixando-se ficar por aqui, a acrescentar seu patrimônio, a incrementar a mestiçagem, a cultivar nativismos mal percebidos. Dessarte, fundava-se entre nós, já no segundo século de colonização, um arremedo de estrutura nacional, tendo como alicerce econômico o açúcar e como oligarquia política os senhores de engenho. O desinteresse da Metrópole, a displicência da administração colonial, a falta de cidades onde abastecer-se de gêneros e produtos, tudo isso concorria para fazer da grande propriedade açucareira "um verdadeiro mundo em miniatura, em que se concentra e resume a vida toda de uma pequena parcela da humanidade", para citar Caio Prado Júnior[5], e de seus proprietários, "donos de terras e de escravos que dos senados de câmara falaram sempre grosso aos representantes d'El-Rei", para citar Gilberto Freyre[6].

Nesses potentados rurais – caramurus sobranceiros que tinham a valentia de se opor aos desígnios mais tirânicos da Coroa – via Antonil os verdadeiros fidalgos do Brasil, a elite a quem deveria caber, de direito, a governança da terra: "O ser senhor de engenho é título a que muitos aspiram, porque traz consigo o ser obedecido, e respeitado de muitos. E se for, qual deve ser, homem de cabedal e governo, bem se pode estimar no Brasil o ser senhor de engenho, quanto proporcionadamente se estimam os títulos entre os fidalgos do Reino". Neles, que faziam a terra prosperar pelo trabalho, e não nos mineradores aventureiros, que a despojavam das riquezas, punha Antonil suas mais caras esperanças de um Brasil rico e emancipado.

A eles, pois, se endereçam as melhores lições da *Cultura e Opulência do Brasil*. Doutrinando-os em Maquiavel, visava Antonil a fazê-los homens "de cabedal e governo", capazes de restaurar a indústria do açúcar, cujo prestígio fora seriamente abalado pelo *rush* do ouro, e de emergir assim do ostracismo em que vegetavam desde o último quartel do século XVII.

---

5. Caio Prado Júnior. *História Econômica do Brasil*. São Paulo, Brasiliense, 1953, p. 38.
6. Gilberto Freyre, *Casa-grande & Senzala*. Rio de Janeiro, José Olympio, 1950, 1º vol., p. 96.

Antonil começa por convencê-los a "obrar com acerto", pois tal "é o que em toda a ocupação se deve desejar e intentar", recomendando-lhes que sejam de "bom juízo", afáveis no trato e prudentes nas decisões, de sorte a não malbaratarem o "crédito que é o melhor cabedal dos que se prezam de honrados".

Em seguida, passando a tratar de "como se há de haver o senhor do engenho na eleição das pessoas, e oficiais que admitir ao seu serviço, e primeiramente da eleição do capelão", insiste particularmente na utilidade deste último, a quem cabe a importantíssima tarefa de catequizar os escravos, explicando-lhes "o que hão de crer, o que hão de obrar, como hão de pedir a Deus aquilo de que necessitam".

Mas é só no capítulo intitulado "como se há de haver o senhor de engenho com seus escravos", que Antonil passa ao maquiavelismo propriamente dito.

Num engenho de cana, eram os escravos o maior e o melhor capital, aquele que fazia a cana crescer, a moenda girar, a caldeira ferver. Não fossem eles e dificilmente teria havido no Brasil-Colônia indústria capaz de exportar todos os anos, para o Reino, trinta e seis mil e duzentas caixas de açúcar. Por isso mesmo, para fazer render ao máximo esse capital humano, tratou Antonil de converter o maquiavelismo em "técnica de relações industriais", como se diz, eufemisticamente, hoje em dia.

Técnica essa baseada em duas sortes de considerações – umas, de ordem prática e imediata; outras, de ordem moral e mediata. Consideração de ordem prática é a que faz Antonil reconhecendo que, numa sociedade escravocrata, quem não tem escravos não é nada: "Os escravos são as mãos e os pés do senhor do engenho; porque, sem eles, no Brasil não é possível fazer, conservar e aumentar fazenda, nem ter engenho corrente. E do modo com que se há com eles depende tê-los bons ou maus para o serviço". Consideração de ordem moral, quando intima o senhor de engenho a cuidar da educação religiosa de suas "peças", sob pena de comprometer-se irremediavelmente aos olhos de Deus e da Igreja, "pois (como diz S. Paulo) sendo Cristãos e descuidando-se dos seus escravos, se hão com eles pior do que se fossem Infiéis".

Bom jesuíta e melhor maquiavélico, não desconhecia Antonil os estreitos laços que sempre existiram entre o poder temporal e o poder espiritual, entre Deus e Mamon: a religião, estimulando o senso de obediência da escravaria e acenando-lhe, ao mesmo tempo, com a recompensa *post-mortem* dos humilhados e ofendidos, preparava-a psicologicamente para o regime dos três PP – pão, pau e pano –, então vigorante nos engenhos. Daí, pois, seu empenho de que os donos de escravos tenham, em caráter efetivo, os serviços de um capelão; daí, também, sua censura aos que, possuindo escravos, "nem encomendam ao capelão doutriná-los, dando-lhe por este trabalho, se for necessário, maior estipêndio".

Onde, porém, se afirma definitivamente o talento maquiavélico de Antonil é nas recomendações que faz sobre o modo de tratar a escravaria: ao invés de argumentar na base da moralidade abstrata, prefere argumentar na base de vantagens concretas. Assim, quando recomenda moderação nos castigos, frisa que "na cólera se não medem os golpes e podem ferir mortalmente na cabeça a um escravo de préstimo, que vale muito dinheiro, e perdê-lo". Quando manda premiar o sotobanqueiro ao fim da safra, é "para que a esperança deste limitado prêmio o alente novamente para o trabalho". Quando diz que "O que pertence ao sustento, vestido e moderação do trabalho, claro está que não se lhes deve negar; porque a quem o serve deve o senhor, de justiça, dar suficiente alimento; mezinhas na doença e modo com que decentemente se cubra e vista, como pede o estado de servo, e não aparecendo quase nu pelas ruas; e deve também moderar o serviço, de sorte que não seja superior às forças dos que trabalham" – completa-lhe a peroração uma frase significativa: "se quer que possam aturar"...

Com sua "técnica de relações industriais", nada mais fez, pois, Antonil, que aplicar, às particularidades do Brasil açucareiro, o princípio fundamental do maquiavelismo, aquele em que se resume a *ars politica* do famigerado secretário florentino: "Nas ações de todos os homens, máxime dos príncipes, onde não há tribunal para que recorrer, o que importa é o êxito bom ou mau. Procure, pois, um príncipe vencer e conservar o Estado"[7].

Por isso mesmo, por querer ajudar os príncipes caramurus a conservarem seu Estado e a enfrentarem, com armas iguais, o maquiavelismo da Coroa Portuguesa, foi que Antonil teve seu livro, tão útil quão perigoso, finalmente confiscado. E nem poderia ter sido de outra forma: o segredo sempre foi a alma do negócio.

---

7. Machiavelli, *O Príncipe,* tradução, prefácio e notas de Lívio Xavier, São Paulo, Atena Editora, 1939, p. 92.

O Remorso de Bernardo Guimarães

[Romances Sertanejos e Regionais, *A Ilha Maldita*, Agudo Senso de Humor]

Dizem que a gente de Minas Gerais, vivendo, como vive, insulada na montanha, sofre de nostalgia do mar. Nostalgia de séculos, mergulhando fundas raízes no coração do marujo português que, fascinado um dia pela *auri mortifera fames*, desatendeu ao chamado do mar e trocou o astrolábio de navegante pela bateia de faiscador.

Talvez fosse nostalgia hereditária a que levou Bernardo Joaquim da Silva Guimarães a escrever *A Ilha Maldita* ou (os romancistas do século XIX adoravam os títulos duplos) *A Filha das Ondas*, como é também conhecido. Publicado pela primeira vez em 1879, juntamente com a narrativa folclórica *O Pão de Ouro*, num mesmo e único volume, *A Ilha Maldita* é desses folhetins típicos da época, cheio de lances melodramáticos e inverossimilhanças flagrantes. Comparado com *O Seminarista* ou com *O Ermitão de Muquém*, inegavelmente os dois melhores romances de Bernardo Guimarães, sai tão diminuído do confronto que, não fora por certos aspectos curiosos, e seria livro hoje ilegível.

Curioso, antes do mais, encontrar uma história marítima no espólio de autor que confessava, cheio de orgulho, ser a sua musa "essencialmente sertaneja: sertaneja de nascença, sertaneja por hábito, sertaneja por inclinação"[1]. Tendo vivido a maior parte da vida em Minas Gerais, com breves estadas em São Paulo, Rio de Janeiro e Goiás, nada indica que Bernardo conhecesse de perto as personagens, costumes e paisagens descritos em *A Filha das Ondas*, cuja ação decorre numa aldeia de pescadores, "não longe da famosa e pitoresca baía de Santos, na província de S. Paulo", segundo indicações expressas do próprio romancista.

Pintor *d'après nature*, Bernardo Guimarães sempre fez da observação seu método de trabalho preferido. As palavras com que prefaciou *O Índio Afonso* poderiam ser generalizadas, sem temor de erro, a toda a sua novelística: "A

---

1. *Apud* Basílio de Magalhães, *Bernardo Guimarães,* Rio, Tipografia do Anuário do Brasil, 1926, p. 181.

descrição dos lugares também é feita ao natural, pois os percorri e observei mais de uma vez. Com o judicioso e ilustre crítico Dr. J. C. Fernandes Pinheiro, entendo que a pintura exata, viva e bem traçada dos lugares deve constituir um dos mais importantes empenhos do romancista brasileiro, que assim prestará um importante serviço, tornando mais conhecida a tão ignorada topografia deste vasto e belo país". Tanto era "a pintura exata, viva e bem traçada dos lugares" "um dos mais importantes empenhos" do regionalista Bernardo Guimarães, que seus livros, inclusive os de fundo histórico, como *Maurício* ou *Os Paulistas em S. João d'El-Rei*, versam, quase todos, sobre os temas, usos e cenários mineiros e goianos que lhe fora dado conhecer quando de suas andanças pelo Planalto Central.

Tendo posto o melhor de seu talento na criação do "romance sertanejo e regional, sob o seu puro aspecto brasileiro", conforme disse dele José Veríssimo[2], nada mais explicável que Bernardo Guimarães perdesse muito de sua espontaneidade ao tratar um tema litorâneo como o de *A Ilha Maldita*, com o qual estava pouco familiarizado. Constrangido a substituir a observação, que era o seu forte, pela imaginação, que era o seu fraco, teve o romancista de sacrificar também, na troca, aquele "estilo leve, despretensioso, semeado de lirismo"[3], que Sílvio Romero tanto admirava nas páginas de *O Seminarista*.

Palavroso na linguagem, inverossímil no enredo, escrito ao correr da pena, mais por desfastio que por devoção, nada distinguiria *A Ilha Maldita* entre as centenas de outros novelões igualmente palavrosos e inverossímeis que fizeram as delícias de nossas avós, não fosse pelo fato de nele aparecer, camuflado, aquele Bernardo Guimarães humorista que, em meio à choradeira do nosso romantismo, José Veríssimo descobriu ser "o único poeta alegre, o que versejou de coisas alegres e com inspiração e intenção jovial"[4].

Uma leitura, mesmo rápida, de *A Ilha Maldita* é quanto basta para nos convencer de que não lhe falta nenhum dos ingredientes clássicos do folhetim. Destinado a uma pequena burguesia de leitores sedentos de aventura e de exotismo a preços acessíveis, o gênero propunha-se fornecer-lhes tal alimento em doses concentradas: as ilhas não eram apenas nevoentas ou sombrias, eram malditas; as mulheres não eram somente volúveis ou esquivas, mas anjos e

2. José Veríssimo, *História da Literatura Brasileira*, Rio de Janeiro, José Olympio, 1954, p. 241.
3. Sílvio Romero, *História da Literatura Brasileira*, Rio de Janeiro, José Olympio, 1953, vol. III, p. 1073.
4. José Veríssimo, *História da Literatura Brasileira*, pp. 260-261.

demônios ao mesmo tempo; os homens não amavam simplesmente, matavam e morriam por amor.

Num ensaio sobre o seu ilustre tio-bisavô, indaga João Alfonsus "se o modo de romancear de Bernardo, como dos outros da época e mais recentes, não corresponderia a um estágio dos leitores, que exigiam tais romances, e não outros"[5]. Sem dúvida que assim foi. Surgido no Brasil em meados do século XIX, com as sensaborias de José da Rocha e Teixeira e Souza, o romance logo se converteu em coqueluche nacional. Liam-no ricos e pobres, nobres e plebeus, mocinhas sentimentais e caixeiros de loja, donas de casa desocupadas e estudantes de cabeleira romântica. A procura era tanta que, conforme anota Antônio Soares Amora, logo "se estabeleceu um desequilíbrio entre a apetência do público e a capacidade nacional de produção. Daí a invasão do romance estrangeiro (frequentemente em más traduções, do que, infelizmente, o grande público não se apercebe), e a sua influência, que chega a contaminar o nosso romance de processos técnicos, temas e concepções de vida estranhos à nossa mentalidade"[6].

Tendo sido, entre os romancistas do século passado, o de maior e mais duradoura popularidade, era natural que Bernardo Guimarães se deixasse influenciar pelo mau exemplo dos Paul Féval e Eugène Sue e procurasse atender às exigências do público, não só escrevendo folhetins "puros" como *A Ilha Maldita*, senão também enxertando elementos folhetinescos nas suas obras mais "sérias".

Mas, no fundo, Bernardo sentia remorsos de suas fraquezas de escritor mimado pelo público. Tanto assim que, em *A Ilha Maldita*, interrompe várias vezes o fio da narrativa para, num parêntesis, comentar com o leitor os exageros e ridículos de seus heróis, usando um processo que Machado de Assis tornaria clássico depois e de que faria largo emprego, dele se valendo para exercitar sua enganadoramente tranquila ironia de humorista inglês.

Logo no prólogo de *A Ilha Maldita*, aparece um pescador, que é quem conta – ao filho e, por extensão, a nós leitores – a descabelada história de Regina. No sexto capítulo, adormecendo o filho do pescador, "já aborrecido e fatigado de escutar uma tão longa e fastidiosa história", eis que surge em cena o romancista para advertir: "E agora vejo que eu também já me ia esquecendo

5. João Alfonsus, "Bernardo Guimarães, Romancista Regionalista", em *O Romance Brasileiro*, Rio de Janeiro, Edições O Cruzeiro, 1952, p. 101.
6. A. S. Amora, *História da Literatura Brasileira*, São Paulo, Edição Saraiva, 1955, p. 63.

do tal pescador que contava a história, e de seu filho, que não escutava, e creio que o mesmo terá acontecido ao leitor. Portanto, proponho e julgo melhor que daqui em diante nos esqueçamos inteiramente deles, e dispensemos a sua companhia para não termos o trabalho de estar a todo momento despertando o dorminhoco rapaz". E conclui: "Ficaremos, pois, a sós, eu e o leitor. Quando este tiver sono, o que não raras vezes lhe terá de acontecer no decurso desta nefasta e prolixa história, feche o livro, durma a seu gosto, e depois continue a leitura, se quiser, e quando quiser. Isto é mais simples e razoável".

No capítulo décimo quinto, depois de longa digressão sobre os misteriosos antecedentes de Regina, Bernardo resolve trocar os adjetivos e, em vez de "nefasta e prolixa história", temos uma "encantada e encantadora história de encantamentos" e são-nos prometidos "maravilhosos e inauditos sucessos que se vão seguir".

A promessa é cumprida ao pé da letra. Depois de recusar a corte de três fidalgos, Regina se casa com um marinheiro vindo de longes terras. Mas no instante em que este ia desatar a grinalda nupcial (sic!) da noiva, eis que aparecem os três fidalgos e matam o rival bem-sucedido. A quase-esposa, jurando vingança, leva o cadáver do quase-esposo para a Ilha Maldita, lá o enterra e lá passa a viver.

Rodrigo, um dos assassinos, tendo notícias da nova moradia de Regina, corre para lá e eis que, outra vez, surge em cena o romancista para descrever a ilha "à plena luz do sol fulgurante do trópico, em uma tarde esplêndida e serena, servindo de pitoresco e delicioso asilo à entrevista de dois jovens e formosos amantes, sem punhal, sem sangue, sem cadáver... a menos que não dê na cabeça à maldita fada o satânico capricho de transformar-nos o capítulo". No mesmo trecho ainda, levado pela mania dos símiles moralizantes, em que tanto se compraziam os românticos, Bernardo compara a calma da ilha e o rugir do oceano à "alma do justo; no meio da grita infernal das paixões desenfreadas, e das mais violentas comoções que agitam a humanidade, conserva sempre a mesma paz e serenidade, porque tem na consciência pura o abrigo que a ampara das tormentas exteriores".

Logo depois, entretanto, arrependido da pieguice, corrige-a com uma cabriola: "este símile, porém, não tem aqui muito cabimento, porque infelizmente nenhum dos heróis que figuram nesta estupenda história está neste caso; pelo contrário, todos eles têm motivos de sobra para trazer horrivelmente agitada a consciência".

Nos capítulos subsequentes, há muita ação. Regina mata Rodrigo, mata Roberto mas, enamorada de Ricardo, o mais jovem dos três fidalgos-assassinos, poupa-o, cometendo assim perjúrio à memória do esposo. Eis então que, pela última vez, entra o romancista em cena para comentar: "Foi muito vantajoso esse perjúrio, até porque, se não fosse ele, eu me veria forçado a terminar aqui esta história do modo o mais deplorável, ou havia de continuá-lo só com Regina, o que me colocaria em sérios embaraços e dificuldades". Enternecido ante os dois amantes reconciliados, o bom Bernardo lamenta não poder terminar ali a sua "estupenda e maravilhosa história", porque, em primeiro lugar, "na bronca e inacessível ilha não podia ir um padre que santificasse essa união; em segundo lugar, porque o plano desta verdadeira história está invariavelmente traçado pela mão da casmurra e vingativa fada ou sereia que presidia aos destinos de Regina".

Diante de razões tão categóricas, não lhe resta outra alternativa senão a de se dirigir à "fada ou sereia" e rogar-lhe livre Regina e Ricardo de maiores calamidades, e a ele, romancista, de ser obrigado a "dar a este romance um fim lúgubre e sinistro, que tenha de impressionar desagradavelmente as ternas e compassivas almas de nossos leitores".

De pouco adiantam rogos. A fada protetora dos folhetins é implacável, exige finais dantescos. Calando, pois, qualquer sentimento piedoso que ainda pudesse alimentar pela sorte de seus heróis, Bernardo se curva ante o inevitável e, no capítulo final, improvisa um maremoto que submerge tanto a ilha maldita quanto a filha das ondas e seu desventurado Ricardo: "Um vórtice imenso abriu-se no lugar da ilha, corcoveando espantosamente, como se a terra ardendo em sede sorvesse a longos tragos o oceano!... [...] Quando veio a outra onda, não encontrou mais a ilha maldita".

A Ilha Maldita, se não nos traz o melhor de Bernardo Guimarães, também não nos traz o pior. Atrás do absurdo do enredo e da falsidade das personagens, está, embora sob a forma de remorso, aquele mesmo Bernardo Guimarães cuja vida, de tão movimentada e antiburguesa, deliciou Antônio de Alcântara Machado, levando-o a preferir o homem ao escritor. Preferência que, bem feitas as contas, não deixa de ter certa razão de ser.

Companheiro de Álvares de Azevedo, de Aureliano Lessa, de tantos outros românticos ortodoxos, Bernardo, todavia, distinguiu-se sempre deles por um agudo senso de humor e por um indesmentido respeito à realidade. Se tais virtudes, limitadas pelos defeitos da época em que viveu, não lhe consentiram fazer obra acabada, deram-lhe, ao menos, ensejo de apontar caminho aos que vieram depois.

Não é muito exagero dizer-se que, do regionalismo de Bernardo Guimarães descende, remotamente embora, o realismo e, mais tarde, o romance nordestino de trinta. Como também não é muito exagero dizer-se que o simplório humorismo bernardiano preludia a polida e amarga ironia de Machado.

Por tais razões, mesmo depois de *D. Casmurro*, ainda vale a pena ler-se *A Ilha Maldita*. Não faz mal que um seja obra de arte fidalga, e o outro, folhetim plebeu. De feia larva nasce a linda borboleta, não é, Conselheiro?

Luís Gama, Poeta Menor

[Primeiras Trovas Burlescas, Luta Abolicionista]

Em 1859, sob o pseudônimo de Getulino, Luís Gonzaga Pinto da Gama reunia em livro os versos que andara publicando na imprensa durante vários anos. A coletânea intitulava-se *Primeiras Trovas Burlescas* e continha, além de 23 composições de Getulino, três poesias de José Bonifácio, o Moço.

O livrinho teve êxito imprevisto. Tanto assim que, dois anos mais tarde, cuidava seu autor de reimprimi-lo, corrigindo-lhe os senões e acrescentando-lhe novos poemas. Feito o que, Luís Gama despediu-se da literatura. Se, depois disso, seu nome ainda aparece nos jornais da época, é assinando panfletos, quase nunca versos; Juvenal cedia lugar a Espártaco.

Sud Mennucci não teve dificuldades em explicar esse intempestivo adeus às letras:

> Para o seu foro íntimo, não era inteiramente censurável que houvesse publicado o livro: serviria a demonstrar, na raça negra, a capacidade de atingir às alturas e à civilização que a branca lhe declarava interditas. Mas, cumprida a façanha, Gama desiste de prosseguir na trilha. O seu repentino e definitivo abandono do campo da literatura parece-me um caso de renúncia voluntária e proposital. A vida exigia dele bem maiores provas de capacidade e de valor[1].

Sim, a vida exigia muito desse literato demissivo. Quem já teve ocasião de travar conhecimento com a sua biografia de libertário sabe o quanto de coragem, de desassombro, de firmeza de ânimo foram-lhe precisos para vencer a insensibilidade de um povo que se habituara a ver na escravidão um mal necessário. Grande demais, a luta de Luís Gama em prol de sua gente espoliada não cabia dentro da literatura, extravasava para os tribunais, os parlamentos,

---

1. Sud Mennucci. *O Precursor do Abolicionismo no Brasil*. São Paulo, Companhia Editora Nacional, 1938, p. 105.

as ruas, as consciências. Getulino era apenas uma faceta dessa "personalidade de granito, aureolado de luz e povoado de abelhas do Himeto", que Rui Barbosa saudava numa página comovida.

Ainda que a literatura tenha sido, para Luís Gama, uma atividade ocasional, à margem da luta abolicionista, nem por isso se lhe devem negar foros de poeta. Livro de poeta menor, as *Trovas Burlescas* constituem, não obstante, valioso subsídio para o estudo daquilo que, à falta de melhor termo, se pode denominar a "proletarização" da consciência romântica.

Andou bem avisado Manuel Bandeira quando incluiu Getulino entre os poetas brasileiros da fase romântica. As *Trovas* são, de fato, um livro romântico. Basta atentar para as epígrafes que encimam algumas delas: "Quem Sou Eu" traz uma estrofe das *Dores e Flores*, de Emílio Zaluar; em "Minha Mãe" aparece uma sextilha de Junqueira Freire; "No Cemitério de S. Benedito da Cidade de S. Paulo" começa por um lema de Bernardo Guimarães.

Erraria, no entanto, quem visse em Luís Gama um romântico ortodoxo. Duas circunstâncias o salvaram da ortodoxia – uma, de ordem puramente literária; outra, de ordem eminentemente social.

Em primeiro lugar, atente-se para o "lusitanismo" do poeta, verdadeira heresia numa época em que José de Alencar encetava o abrasileiramento da nossa linguagem culta. Quando serviu no gabinete do conselheiro Furtado de Mendonça, Luís Gama teve livre acesso à sua biblioteca e foi ali que iniciou o aprendizado das letras, lendo e relendo os clássicos portugueses de que, à semelhança de outras bibliotecas do tempo, estaria bem provida a livraria do conselheiro.

Um exame, mesmo superficial, da linguagem das *Trovas* mostra o quão profundamente a leitura de Camões, Tolentino e, *the last but not the least*, F. Xavier de Novais, influiu no espírito desse jovem autodidata que alcançaria mais tarde, pelo seu saber, a posição de escritor imitado[2], advogado de *fama*, líder político incontesto: o estilo de Getulino se ressente de lusitanismos, tanto léxicos e sintáticos como psicológicos, que lhe perturbam a naturalidade e a fluência da dicção.

Depois, convém recordar que a segunda geração romântica foi, inegavelmente, uma geração de filhos-família, gente de boa estirpe e generosos ca-

---

2. Cf., p. ex., *Echos de Pyratininga*, de Amélio Carneiro da Silva Braga (São Paulo, Tipografia Alemã de Henrique Schroeder, 1864), livro no qual a influência das *Trovas* se faz sentir permanente e profunda.

bedais, que se podia dar ao luxo de cultivar a confusão dos sentimentos, as dores imaginárias, a boêmia artística. Já Luís Gama, homem do povo, tinha da vida uma visão bem menos decorativa. Suas dores eram dores reais e, por isso mesmo, não se coadunavam com uma arte que punha, acima da vida, o sonho; para os epígonos de Álvares de Azevedo, só o imaginário tinha direitos de cidadania; o real era mesquinho demais para merecer-lhes a atenção.

Distanciando-se dos literatos da época pelo seu realismo de plebeu, Luís Gama deles se distanciava também pela concepção que tinha da literatura. Para ele, ser poeta não era debruçar-se sobre si mesmo, num irremediável narcisismo, mas voltar-se para o mundo, medi-lo com olhos críticos, zurzir-lhe os erros, as injustiças, as falsidades. Assim, declarava logo no pórtico do seu único livro:

No meu cantinho,
Encolhidinho,
Mansinho e quedo,
Banindo o medo,
Do torpe mundo,
Tão furibundo,
Em fria prosa
Fastidiosa
O que estou vendo
Vou descrevendo[3].

Esse realismo de o *que estou vendo/ vou descrevendo* distingue bem o poeta que, sendo marginal em relação à sociedade do seu tempo, saberia ver-lhe, melhor do que ninguém, os ridículos e os abusos.

Marginal, cumpre dizê-lo, não tanto por fatalidade como por deliberação. Diferentemente de outros mulatos talentosos que, uma vez promovidos na escala social, voltavam as costas aos irmãos de cor, Luís Gama jamais renegaria o seu passado de filho da senzala. Nele, inclusive, a consciência de cor se desdobrava em consciência de classe, e a libertação do proletariado negro aparecia-lhe como o primeiro passo para a libertação de toda a sociedade dos entraves da monarquia.

---

3. As citações são feitas conforme *Trovas Burlescas & Escritos em Prosa*, texto organizado por Fernando Góes, São Paulo, Edições Cultura, 1944.

Gama não foi, como tantos outros, um abolicionista de vistas curtas. Abolição e República apareciam-lhe como termos sinônimos, uma implicando necessariamente a outra. Quando de uma polêmica travada com o conselheiro Furtado de Mendonça, Luís Gama teve ensejo de reafirmar publicamente seu ideário de abolicionista, de republicano e de anticlericalista: "Enquanto os sábios e os aristocratas zombam prazenteiramente das misérias do povo; enquanto os ricos banqueiros capitalizam o sangue e o suor do escravo; enquanto os sacerdotes de Cristo santificam o roubo em nome do Calvário; enquanto a venalidade mercadeja impune sobre as aras da justiça, este filho dileto da desgraça escreve o magnífico poema da agonia imperial".

As melhores estrofes do "poema da agonia imperial", escreveu-as Luís Gama, não com palavras, mas, como bem observou Fernando Góes[4], com atos, libertando mais de quinhentos escravos, injustamente reduzidos ao cativeiro, e estimulando, com o seu exemplo de intransigência, os republicanos coerentes que ainda hesitassem em condenar, de público, a linha escravocrata do PRP. Entretanto, mesmo nas *Trovas Burlescas*, é possível encontrar, aqui e ali, traços desse jacobino "tão honesto como pobre", que um dia "arvorou à porta da sua cabana humilde o estandarte da emancipação, e declarou guerra de morte aos salteadores da liberdade".

Na maior parte das *Trovas*, Luís Gama contentou-se em fazer crítica de costumes. Vivendo num meio provinciano como o de S. Paulo oitocentista, onde os ridículos logo afloravam, era natural que o poeta exercitasse primeiramente seus pendores satíricos sobre o enfatuamento dos regalistas, dos barões improvisados, dos falsos patriotas, dos magistrados venais. Em mais de uma oportunidade, caricaturou Getulino essa fauna de aproveitadores, especialmente nos dois "Sortimento de Gorras para Gente do Grande Tom", poemas visivelmente inspirados em Gregório de Matos, outro insofrido crítico de costumes:

Se o governo do Império brasileiro
Faz coisas de espantar o mundo inteiro.
Transcendendo o Autor da geração,
O jumento transforma em sor Barão;

---

4. Fernando Góes, *Trovas Burlescas & Escritas em Prosa*, São Paulo, Edições Cultura, 1944, p. 8.

Se estúpido matuto, apatetado,
Idolatra o papel de mascarado
E fazendo-se o lorpa deputado,
N' Assembleia vai dar seu apolhado,
Não te espantes, ó leitor, da novidade,
Pois que tudo no Brasil é raridade!

Todo crítico de costumes é um revolucionário em estado potencial. Sabe ver sagazmente as mazelas sociais, mas não chega a penetrar-lhes o sentido mais profundo; reconhece os efeitos, mas ignora-lhes as causas.

Luís Gama, o ex-escravo, o ex-sapateiro, o proletário marginal em relação a uma sociedade de bacharéis ociosos e fazendeiros palacianos, soube ver bem seus aspectos risíveis, seus ângulos caricaturáveis. À medida, porém, que a luta abolicionista lhe revelava os aspectos mais trágicos da comédia monárquica; à medida que aprofundava sua consciência de classe; cresciam também de intensidade seus anátemas. O poeta político toma, aos poucos, o lugar do crítico de costumes. Getulino começa a comover-se e a indignar-se, em vez de apenas divertir-se com o que vê:

Canta, canta Coleirinho,
Canta, canta, o mal quebranta;
Canta, afoga mágoa tanta
Nessa voz de dor partida;
Chora, escravo, na gaiola,
Terna esposa, o teu filhinho,
Que sem pai, no agreste ninho,
Lá ficou sem ti, sem vida.

Já "O Rei Cidadão", um dos últimos poemas incluídos nas *Novas Trovas Burlescas*, transcende definitivamente a crítica de costumes para ingressar nos domínios da poesia política. Trata-se de uma sátira, muito bem urdida, contra o parlamentarismo do Segundo Império, máscara de que se valia o chamado Poder Moderador para disfarçar a sua ação ditatorial:

Hoje em dia se o Rei não manda nada,
É porque lhe convém tal mascarada;

Faz de tolo, e mais tolo é quem o crê,
Que o dolo da cilada não prevê:
– "Quem se fia em cachorro que não late
Na contenda se encontra sem rebate".

Por ocasião da guerra do Paraguai, quando o Brasil inteiro se solidarizava com o Imperador; quando mesmo "esquerdistas" do porte de Castro Alves se deixavam embarcar na aventura militar, Luís Gama, representando o pensamento do escravo negro, que, na guerra como na paz, era sempre a primeira e maior vítima, ironizava o patriotismo dos "barões da traficância":

Mais guerra! repercute a Academia,
Que agora de matar deu-lhe a mania;
Haja guerra! exclamou rico banqueiro
Guardando por cautela o seu dinheiro.
E o povo pelos ver tão alarmados
Soltou nova descarga de apoiados.

Proletário sarcástico perdido em meio a uma assembleia de bacharéis lamurientos, Getulino representa bem a emergência no povo na literatura romântica. Daí a nota discordante que as *Trovas Burlescas*, pelo seu realismo plebeu, pela sua recusa em endossar os valores, as hipocrisias e as ilusões de um regime social em acelerada fase de decadência, introduzem na poesia pré-condoreira.

Voz menor, talvez, mas voz profética em todo caso, Getulino é bem um precursor. Só depois de publicado "Coleirinho", é que aparecem *Os Escravos*; só depois de "O Rei Cidadão" é que surgem, em livro, as *Vergastas*, de Lúcio de Mendonça, e *O Régio Saltimbanco*, de Fontoura Xavier. Essa precedência deve ser sempre ressaltada, a bem da verdade e a bem de Luís Gama.

Ainda o Bom Criminoso

["Rouba aos Ricos para Favorecer os Pobres": "Bandido Negro" e Outros Poemas de Castro Alves]

Sobre a conceituação e ocorrência do tema do "bom criminoso" na literatura romântica, Brito Broca escreveu algumas páginas interessantes, que reuniu em *Machado de Assis e a Política e Outros Estudos*, volume publicado pela Organização Simões Editora, do Rio, em 1957.

Segundo Brito Broca, o tema do bom criminoso é um desdobramento do tema do bom selvagem. É o tema do indivíduo que, injustiçado pela sociedade, encontra no crime a forma natural, e romanticamente justificável, de revide. Cumpre, no entanto, observar que, no vocabulário do romantismo, bom criminoso não é o criminoso *tout court*, mas somente aquele que "rouba dos ricos para favorecer os pobres, defende os fracos contra as injustiças dos fortes". Em outras palavras, um cavaleiro andante do medievalismo, transplantado ao mundo burguês para desfazer agravos e reparar malfeitos.

Depois de incursionar pelo romance policial, onde estuda a idealização do criminoso, Brito Broca se detém na literatura brasileira, para assinalar que nela o tema do bom criminoso aparece bem antes de *O Cabeleira*, o famoso romance de Franklin Távora que, publicado em 1876, é hoje considerado precursor da moderna novelística sobre o cangaço. Entende o ensaísta que o aparecimento desse tema remonta à transfiguração pela qual passou o herói da Revolução Praieira, Pedro Ivo, na poesia de Álvares de Azevedo e Castro Alves.

É de lamentar que Brito Broca não tenha estendido sua análise temática à literatura abolicionista, onde encontraria certamente novos tipos de transfiguração desse tópos romântico. Transfigurações nas quais o elemento ideológico importa tanto quanto o elemento estético.

Na obra de Bernardo Guimarães, por exemplo, o negro fugido ao cativeiro não se beneficia da idealização romântica do bom criminoso, fato intrigante quando se levam em conta as tendências abolicionistas do autor de *A Escrava Isaura*.

Em "Uma História de Quilombolas", narrativa que, juntamente com "A Garganta do Inferno" e "A Dança dos Ossos", faz parte das *Lendas e Romances*, cuja primeira edição, feita ainda em vida do autor, data de 1871, Bernardo não demonstra nenhuma compreensão do fenômeno social do quilombo. Ideologicamente, sua posição em nada difere da dos escravocratas mais ferrenhos.

Como eles, vê na revolta espontânea do negro contra as misérias do cativeiro um atentado aos sagrados direitos da propriedade escravocrata, considerando-a, pois, mais problema de ordem policial que de ordem social. Nessa narrativa, inspirada em motivos populares, provavelmente recolhidos quando de suas andanças pelo Brasil Central, Bernardo torna patente sua aversão às soluções extremadas da questão servil. Atente-se para o tom desta sua descrição de um quilombo mineiro:

> Naqueles tempos, na província de Minas, desde a serra da Mantiqueira até os confins dos terrenos diamantinos, havia uma série de quilombos, que eram o flagelo dos tropeiros e dos caminhantes e o terror dos fazendeiros. As milícias e os capitães do mato do governador, a despeito dos esforços que empregavam, eram impotentes para dar cabo deles. Eram como os formigueiros; se, aqui, extinguia-se um, acolá, organizava-se outro com os restos daquele e com uma chusma de outros negros, que incessantemente fugiam a seus senhores, certos de achar agasalho e vida regalada nos covis de seus parceiros quilombolas.

Outro não é o tom de uma novela juvenil de Raul Pompeia, o mesmo Pompeia que haveria de ser, anos mais tarde, um dos "caifases" de Antônio Bento. Em *Uma Tragédia no Amazonas*, escrita aos dezessete anos, Raul Pompeia tece todo um enredo de aventuras rocambolescas em torno da fuga de alguns escravos. Comentando o livro, quando de seu aparecimento, um crítico da *Revista Brasileira* não pôde deixar de observar que, nele, tudo girava em torno da "luta do senhor com o escravo, e do homem bom com o malfeitor".

O substantivo "malfeitor", com que é designado o escravo fugido, contrapondo-se ao adjetivo "bom", reservado ao senhor, mostra que estamos bem longe daquele tema estudado por Brito Broca relativamente à transfiguração sofrida, na poesia de Álvares de Azevedo e Castro Alves, pelo herói "branco" Pedro Ivo.

Todavia, outros românticos haveriam de estender ao negro as prerrogativas de "bom bandido". Cite-se, entre eles, Fagundes Varela. Embora não

JOSÉ PAULO PAES: *Crítica Reunida Sobre Literatura Brasileira & Inéditos em Livros*

tendo desempenhado papel de relevo na propaganda literária do abolicionismo, atormentado que sempre andou por dramas íntimos exacerbados pelos desmandos de uma existência boêmia e irresponsável, Varela não permaneceu indiferente à tragédia do "gado negro". Em *Vozes da América*, o poema de abertura, "Mauro, o Escravo", é a justificação poética daquele *slogan* que Luís Gama, no aceso da campanha abolicionista, tornaria famoso: "Perante o Direito, é justificável o crime de homicídio perpetrado pelo escravo na pessoa do senhor". Embora a conclusão do poema insinue o tema do remorso – levado pelo ódio de classe, Mauro assassina o próprio irmão – já temos, na idealização vareliana, os traços caracterizadores do "bom bandido".

Caberia, no entanto, a Castro Alves, acentuar esses traços e converter o quilombola em herói positivo. Em "Bandido Negro", um dos mais belos poemas de *Os Escravos*, o tema da justa vingança do espoliado contra o espoliador, da vítima contra o algoz, ressoa biblicamente no refrão tomado de empréstimo a Jean Richepin:

> Cai, orvalho de sangue do escravo,
> Cai, orvalho, na face do algoz.
> Cresce, cresce, seara vermelha.
> Cresce, cresce, vingança feroz.

Aqui, já não é mais o quilombola perverso, ameaçando a vida e a propriedade sagradas do senhor branco, mas o perpassar de uma "rajada de heróis",

> Que nas éguas fatais desgrenhadas,
> Vão brandindo essas brancas espadas
> Que se amolam nas campas de avós.

Note-se que, nos versos acima, o tema do bom bandido se enlaça ao tema da *vendetta*, ao tema da honra, ancestral lavada com sangue, que esplenderia n'*Os Irmãos Corsos*, de Alexandre Dumas, e se prolongaria à idealização do cangaceiro, no folclore nordestino.

Importa ainda notar que, entre os nossos poetas abolicionistas, Castro Alves foi dos poucos a cantar a glória de Palmares, o mais célebre dos quilombos brasileiros. Contam os biógrafos que o poeta pensara mesmo em escrever um "poema histórico-dramático" tendo como assunto as guerras movidas, durante anos e anos, contra a Troia Negra. O poema não chegou a ser escrito, mas o esboço do plano de composição e um fragmento inicial, encontrados entre os papéis do poeta, testemunham-lhe o intento. O fragmento é a "Saudação a Palmares", escrita em agosto de 1870, quando Castro Alves convalescia na fazenda Santa Isabel e incluído em *Os Escravos*, a par de outros trabalhos, também incompletos, como "O Voluntário do Sertão" e "A Bainha do Punhal".

Logo na primeira estrofe da "Saudação" aparece o tema do bom bandido:

Nos altos cerros erguidos,
Ninho de águias atrevido,
Salve – país do bandido!
Salve – pátria do jaguar!

A conjunção do tropo "ninho de águias" e do epíteto "bandido" mostra que, neste, não há qualquer intenção depreciativa, mas antes conotações, tipicamente castroalvinas, de coragem, sobranceria, liberdade, grandeza.

O não ter compreendido tais conotações nem o verdadeiro significado do tema do bom criminoso na literatura romântica, explica as diatribes de Édison Carneiro contra certos aspectos da inspiração abolicionista de Castro Alves. Referindo-se precisamente ao poema que acabo de citar, escreve o etnólogo baiano: "Lemos, na 'Saudação a Palmares', que nesse quilombo dormiam 'o condor e o bandido', como se os negros, que reagiam passivamente à escravidão fossem realmente o que a reação feudal desejava que se pensasse que eram"[1].

Longe de Castro Alves semelhante e elementar equívoco. Exaltando, na sua "lira de cem vozes", o "bandido negro", o quilombola rebelado contra a ignomínia de sua condição, e justificando-lhe a vingança pela lei de Talião, o poeta de *Os Escravos* insuflou vida nova, a vida dramática dos humilhados e ofendidos, a um dos lugares-comuns da tópica romântica, redimindo-o da vagueza metafísica e da vulgaridade rocambolesca.

1. Édison Carneiro, *Trajetória de Castro Alves*, Rio de Janeiro, Editorial Vitória, s.d., pp. 98-99.

O Verso da Medalha

[Antônio Félix Martins, *Decorofobia* ou *As Eleições*: a Lição Neoclássica de Filinto Elísio e a Defesa da Ordem Constituída]

Jamil Almansur Haddad ressaltou, certa feita, a existência, na poesia política brasileira, de dois campos ideologicamente antagônicos, cujo estudo simultâneo se impõe a quantos cuidarem de explorar esse esquecido rincão da nossa literatura. A propósito, escrevia o ensaísta de *Revisão de Castro Alves*: "Importa frisar a existência a par da poesia da Revolução da poesia da Reação, a poesia de esquerda a par da poesia de direita, esta última inspirando na Europa as odes monárquicas de Victor Hugo e determinando no Brasil igual culto do trono e do altar em Gonçalves Dias e Gonçalves de Magalhães, os dois Gonçalves do Romantismo reacionário brasileiro"[1].

Em sã consciência, não se pode colocar o Barão de São Félix – Antônio Félix Martins na vida civil, ou Notânio Félix na vida literária – em plano de igualdade com "os dois Gonçalves do Romantismo reacionário brasileiro". Primeiramente, porque ele não foi romântico: cinquenta anos depois dos *Suspiros Poéticos e Saudades*, teimava ainda Félix Martins em glosar a lição neoclássica de Filinto Elísio. Em segundo lugar, porque sua obra é de escasso valimento poético, interessando hoje unicamente pelo aspecto documental. Todavia, do mesmo modo que "os dois Gonçalves", Notânio Félix também cultuou "o trono e o altar", alistando-se nas hostes da Reação literária, modesto soldado, é verdade, mas nem por isso menos árdego na defesa dos postulados direitistas.

A simples leitura da biografia do Barão de São Félix é quanto basta para instruir-nos sobre as suas inclinações políticas. Conselheiro e médico imperial, comendador da Ordem da Rosa e cavaleiro da Ordem de Cristo, Félix Martins tinha de ser, por condição natural, conservador. E conservador foi, na vida como na literatura. *Decorofobia* ou *As Eleições*[2], "poema herói-cômico-

---

1. Jamil Almansur Haddad, *Revisão de Castro Alves*, São Paulo, Edição Saraiva, 1953, 1º vol., p. 264.
2. Notânio Félix. *Decorofobia* ou *As Eleições: Poema Herói-Cômico-Romance*. Rio de Janeiro, Tip. de J. D. de Oliveira, 1879.

-romance" por ele publicado em 1879 sob o pseudônimo de Notânio Félix, é, fundamentalmente, o testemunho de um defensor da ordem constituída que, examinando com olhos críticos a máquina política do Segundo Império, prescreve os remédios necessários a expungir as instituições de suas mazelas, a fim de garantir-lhes a perpetuidade.

O poema, escrito em verso branco quase que totalmente, está dividido em quatro cantos. No primeiro, cuja ação decorre na véspera do dia das eleições, o leitor trava contato com a figura do Doutor Decorófobo, "batoteiro-mor" versado em todas as "patranhas, ardis e tropelias" que constituíam a *práxis* eleitoral da época. Decorófobo faz um pacto com o Diabo: se este o ajudar a vencer a eleição, terá, no novel deputado, um serviçal prestimoso:

> Prometo-te, ó Soberba Potestade!
> Se me fores propícia, dar por terra.
> Essa religião que tu detestas,
> Ordenando ao tropel dos meus sequazes
> Que profanem os Templos, escangalhem
> As imagens dos Santos e açoitem
> As chamadas Irmãs de Caridade.

Firmado o pacto, sai o Diabo a cumprir sua parte no ajuste, dirigindo-se à morada do Angu da Quitandeira, "Cabra espadaúdo" que se dedicava ao "arriscado mister da Capangagem", a fim de contratar-lhe os serviços para a "guerra eleitoral" prestes a travar-se.

O Canto Segundo apresenta-nos Decorófobo arengando à capangagem reunida e traçando planos de batalha. A certa altura, Notânio Félix vale-se do ensejo para zurzir os livres-pensadores cujas doutrinas heréticas, já então começando a seduzir as nossas elites letradas, punham em perigo a religião oficial, sustentáculo do regime. Interpelando os *hodiernos* sábios *transformistas, / Charles Darwin, Bucharem, Huxley, Buchner,* exclama o poeta:

> ó furor da ciência incircunspecta!
> Avidez de alcançar celebridade!
> ó grans paralogistas, que ao talento
> E à vasta erudição achais emprego

Deslumbrando os espíritos medíocres,
Com brilhantes, mas falsas lantejoulas!...

No Canto Terceiro, o enfoque dramático desloca-se, dos sujos "becos e vielas" da Corte, por onde transitam os capoeiras eleitorais, *votantes farejando,/ E de ardilosos fósforos no encalço,/ Que a dois e a três mil réis os votos vendem*, para o cenário idílico da Roça, a fim de demorar-se na figura do "ancião Gonçalves", herói positivo do poema e, *inde*, antípode de Decorófobo.

O "ancião Gonçalves" é antigo imigrante minhoto que, graças à honestidade e lusitana perseverança no trabalho, convertera-se em abastado fazendeiro, *dono de alentada escravatura,/ Que ele sabe reger humanamente,/ E grata o retribui com seus labores*. Nele encarna o Barão de São Félix seu ideal de uma nova aristocracia, de origem plebeia, *et pour cause*, isenta ainda daquele amor aos ócios e luxos da vida urbana, que acabara por corromper a nobreza latifundiária tradicional, levando-a, em muitas instâncias, à ruína econômica. Nessa aristocracia de recente extração, Félix Martins via talvez a nova classe dirigente capaz de, constituindo-se em sustentáculo da abalada monarquia brasileira, insuflar-lhe sangue jovem e vigoroso:

Tal o modelo, de transunto digno
Aos muitos Fazendeiros desleixados,
Alguns dos quais, inertes, viciosos,
As administrações dão a terceiros,

E no luxo, e no jogo tudo esbanjam,
Os cascos das Fazendas e os escravos
Entregando por fim a mil credores,
Que já no juro o dente lhe meteram!

É bem de ver que os entusiasmos do poeta pelo seu fidalgo minhoto não iam a ponto de ignorar-lhe certas fraquezas típicas de novo rico. Descobrindo no futuroso Decorófobo marido perfeito para uma sua filha casadoura, o ancião Gonçalves pensa em concluir sem tardança o ajuste matrimonial, desatendendo às inclinações sentimentais da donzela, que nutria grande afeto por um jovem médico pobretão, o doutor Ascânio.

No Canto Quarto, Notânio Félix, obedecendo aos reclamos do adjetivo "romance" que figura no título do poema, resolve o argumento deste num *happy-end* de estilo: Decorófobo, derrotado nas eleições, ensandece; enternecido pelas súplicas da filha, o velho Gonçalves decide-se a receber como genro o modesto Ascânio, e o matrimônio é celebrado, em meio a pompas e recitativos. Salva-se o amor, salva-se a Pátria, a virtude vence e o vício perece.

No desfecho feliz da *Decorofobia*, o Barão de São Félix não deixa passar em branco a oportunidade de entremear os sucessos matrimoniais ali narrados com algumas reflexões judiciosas sobre os destinos da Pátria. Em certo passo, garante-nos que esta só poderá ser salva das garras de Decorófobos imorais e oportunistas – cuja sede de poder acabaria por retalhar o Império uno num sem número de republiquetas efêmeras – pela consolidação do regime monárquico:

Mas há o sábio recurso
Contra o parvo-mania,
D'ir deixando boiar, águas abaixo,
A sábia Monarquia.

Entretanto, para que a nave imperial pudesse chegar a porto seguro, fazia-se mister modificar, consoante solicitação já feita ao Parlamento pelo "Trono Augusto", o sistema eleitoral então vigente, substituindo as eleições indiretas por diretas. Nisto, Notânio Félix mantém-se fiel à verdade histórica. De fato, em 1878, o Imperador encarregara o liberal Cansanção de Sinimbu de formar novo gabinete, ao qual incumbiria alterar o sistema de eleições em dois graus (eleição indireta dos deputados) para sufrágio direto. Menos que de alguma romântica veleidade democrática, a solicitação real derivava da constatação, pura e simples, de um estado de fato – o de que o sufrágio indireto estimulava as fraudes e as violências, favorecendo a proliferação de caudilhetes provincianos e convertendo o sistema representativo numa caricatura grotesca.

Segundo o testemunho insuspeito de José Maria dos Santos, ao promulgar em 1871 a Lei do Ventre Livre, a Câmara viu-se "francamente forçada a perder o contato com o eleitorado que a nomeou, para atender diretamente à grande voz popular que se levantava muito além do estreito quadro do alistamento"[3]. Isto mostra o quanto foi fictícia a nossa "democracia coroada": no fundo, o

3. José Maria dos Santos, *A Política Geral do Brasil*, São Paulo, J. Magalhães, 1930, p. 140.

JOSÉ PAULO PAES: *Crítica Reunida Sobre Literatura Brasileira & Inéditos em Livros*

parlamentarismo do Segundo Império mal disfarçava, com a sua atoarda de bacharelice bem-falante, a tirania exercida pelos grandes senhores rurais sobre um eleitorado ideologicamente apático, cujo voto se constituía, via de regra, num simples ato de vassalagem. De outra parte, aquela série de conquistas liberais que culminaria no Treze de Maio adveio, não do descortino político de um Parlamento a serviço das classes dirigentes, mas de pressão insustentável contra ele exercida pelas classes populares.

Nestas condições, é fácil entender que uma ampliação do "estreito quadro do alistamento" não bastaria para modificar sensivelmente o status político do Império. Ademais, a reforma preconizada pelo Trono não alterava o critério econômico do alistamento: o direito de voto continuava a ser privilégio daqueles que tinham um mínimo de renda, ficando assim excluída das lides eleitorais a grande maioria da população, cujas condições de vida mal se distinguiam do absoluto pauperismo.

Com tais restrições econômicas – restrições de cuja utilidade no manter intacto o poderio político dos grandes senhores rurais o Barão, conservador avisado, se dava boa conta – concordava integralmente Notânio Félix, perorando, no derradeiro Canto do seu poema:

Aquele, que da pátria
Tomar a causa em sério,
Não possuindo os meios que a lei marca,
Saberá resignar-se com critério,
Esperando a seu tempo dar os votos,
Sem fazer de querelas terremotos.

Infelizmente, nem todos souberam revestir-se dessa evangélica resignação aconselhada pelo poeta e, vinte anos depois de publicada a *Decorofobia*, as querelas acumuladas converteram-se num pequeno terremoto, que acabou dando por terra com a "sábia Monarquia", à qual Antônio Félix Martins, poeta da Direita, rapsodo da Reação, soube prestar, modesta mas ardorosamente, em tempo hábil, o tributo do seu canto.

O Régio Saltimbanco

[Ridicularização de D. Pedro II por Republicanos]

Conforme previra num soneto medíocre, beneficiou-se D. Pedro II da "justiça de Deus na voz da História": é com certa ternura, não isenta de saudade, que lhe evocamos hoje a figura patriarcal de Rei Filósofo, neto de Marco Aurélio, Rei Cidadão.

Para os freudianos argutos como Luís Martins, vai nesse saudosismo muito daquele atávico complexo de culpa que o mestre de Viena estudou, com um talento de literato extraviado, no *Totem e Tabu*: o monarquismo póstumo da geração republicana seria remorso sublimado, remorso de se haver rebelado contra o Pai.

Os saudosistas não freudianos encontram outras e boas razões para a sua fidelidade sentimental ao último imperador brasileiro. Acreditam, por exemplo, que "a substituição de um regime de livre consulta, no qual o governo, dependente dos votos do parlamento, não podia entrar em conflito permanente com a opinião pública, por um outro regime intransigente e autoritário, todo baseado na vontade exclusiva do chefe de Estado", teria marcado um retrocesso na senda do liberalismo. Essa, pelo menos, a opinião respeitável de José Maria dos Santos, espelho do criptomonarquismo[1].

É próprio do tempo aparar as arestas e espiritualizar as unhas mais grosseiras da realidade histórica. Se não é justo imputar ao Imperador veleidades de trêfego tirano (aos tiranos é mister a posse de individualidade marcante, bem diversa daquele burguesismo acomodatício que foi a força e a fraqueza do neto de D. João VI), também não é justo esquecer-lhe a teimosia de caráter, o regalismo de patriarca.

O chamado Poder Moderador, que foi, afinal de contas, senão a máscara do poder pessoal de D. Pedro dirigindo a seu talante a ciranda monótona de gabinetes conservadores ou liberais, liberais ou conservadores, em que se

---

1. José Maria dos Santos, *A Política Geral do Brasil*, São Paulo, J. Magalhães, 1930, p. 8.

resume a história parlamentar do Segundo Império? Tão bem ensaiada era a ciranda que dava, aos de fora, impressão perfeita de liberalismo: o rei reinava, mas não governava, conforme apregoavam os arautos do regime.

À *intelligentsia* da época nem sempre passou desapercebida a falsidade da comédia monárquica. Muitos viam e calavam; sua condição de áulicos não lhes permitia qualquer dissídio em relação a quem tanto os prestigiava, intelectual e financeiramente; não se procure, pois, notícia sobre os bastidores do Império na obra do Dr. Joaquim Manuel de Macedo ou do Prof. Rozendo Muniz Barreto.

Mas sempre houve uma minoria de versejadores politizados a quem não atraíam as galas da vida palaciana. Foi exatamente essa minoria que divulgou o apodo de "régio saltimbanco"[2] com que a propaganda republicana ridicularizou o poder pessoal de D. Pedro. O apodo chegou inclusive a seduzir os próprios líderes conservadores: em 1884, discursando na Câmara contra o ministério Dantas, então propugnando a alforria aos sexagenários, Ferreira Viana, baluarte da reação, não hesitou em apelidar o Imperador de "novo César caricato", glosando assim o epíteto tornado famoso, sete anos antes, por Fontoura Xavier.

Já em 1876, Luís Gama, poeta de circunstância que aliava, ao abolicionismo mais ardente, uma lúcida consciência republicana, dava à estampa, nas colunas de *O Polichinelo*, sua sátira intitulada "O Rei Cidadão", em que desmascarava satiricamente o *mot d'ordre* monarquista sobre o "republicanismo" de S. M. A despeito de estarmos ainda longe dos destemperos da campanha republicana, a linguagem já é desabrida:

> Clamam outros, – que o Rei de gorro frígio
> O converso não é de São Remígio;
> Que monarca é das turbas – popular,
> Monarca é de entremez, Rei de bazar;
> Um monarca de pílio, sem coroa,
> Um rei de massa-pão, um Rei à toa![3]

---

2. Ao que parece, o epíteto foi criado por Machado de Assis. Ver, adiante, as considerações enfeixadas sob o título de *Ainda Machado de Assis*.

3. Luís Gama. *Trovas Burlescas e Escritos em Prosa* (texto organizado por Fernando Góes). São Paulo, Edições Cultura, 1944, p. 161.

11. Mistério em Casa

Mas foi em 1877 que um jovem estudante gaúcho, Antônio da Fontoura Xavier, então cursando a Faculdade de Direito de São Paulo, num desses repentes de jacobinismo em que é fértil a mocidade, deu à estampa *O Régio Saltimbanco*[4], magro folheto no qual verberava, em alexandrinos clangorosos, a figura veneranda do Imperador, chamando-lhe:

Acrobata, truão, frascário, rei e mestre,
D. Juan, Robert, Falstaff e Benoiton equestre.

Antes dessa data, tentara Fontoura Xavier publicar os mesmos versos em jornais de São Paulo e da Corte, mas, dada a acrimônia e irreverência da sátira, foi-lhe a publicação recusada. Decidiu-se então a editá-los, sob a forma de panfleto, no Rio de Janeiro, fazendo-os preceder de um prefácio encomiástico de Lopes Trovão. O tribuno não era parcimonioso nos adjetivos; a linguagem do prefaciador afinava pelo diapasão da do prefaciado: "Momentos há, Senhor, em que a poesia se transforma em estigma para selar a fronte dos déspotas, aos quais o destino reserva, no vasto cemitério da História, o tábito sepulcro de Vittelio". E ia além, saudando em Fontoura Xavier, num exagero típico de político pouco versado nas sutilezas da poesia, um renovador da literatura nacional, à altura dos Azevedo e dos Varela: "Congratulo-te, pois, pelas tuas magníficas estrofes; e tanto mais porque nelas vejo também a negação eloquente de certa poesia lareirinha e piegas, que avilta a poética nacional com umas sentimentalidades ridículas".

Lendo-se hoje, oitenta anos decorridos, *O Régio Saltimbanco*, é-se levado a subscrever na íntegra as restrições paternais com que Machado de Assis a ele se referiu no seu memorável ensaio sobre "A Nova Geração": "Não digo ao Sr. Fontoura Xavier que rejeite as suas opiniões políticas; por menos arraigadas que lhas julgue, respeito-as. Digo-lhe que não se deixe abafar as qualidades poéticas, que exerça a imaginação, alteie e aprimore o estilo, e que não empregue o seu belo verso em dar vida nova a metáforas caducas; fique isso aos que não tiverem outro meio de convocar a atenção dos leitores"[5].

De fato, as estrofes de *O Régio Saltimbanco*, embora pretendam-se exemplos daquela poesia nova que devia substituir condignamente o romantismo

---

4. Fontoura Xavier. O *Régio Saltimbanco* (e uma carta do Dr. Lopes Trovão). Rio de Janeiro, 1877.
5. Machado de Assis. *Crítica Literária*. São Paulo, W. M. Jackson, 1946, p. 222.

agonizante, são de uma eloquência campanuda; as altissonantes referências históricas desbordam do tema mesquinho. Comparar o nosso virtuoso Rei-Filósofo aos "Césares devassos" é incorrer num símile de mau gosto, que somente a irreflexão de moço e a inabilidade de principiante (mais tarde redimido pelo artesanato magistral das *Opalas*) podem justificar.

A despeito de sua pouca valia estética, o poema de Fontoura Xavier fez época, e a caracterização do pobre D. Pedro II como "régio saltimbanco" entrou em definitivo para o arsenal retórico da propaganda antimonarquista.

Tanto assim que, em 1879, um poeta hoje esquecido (e injustamente esquecido, diga-se de passagem), Manuel Benício Fontenelle, aproveitava o símile no seu poema político *O Porvir*[6]. Escrito num jargão semiclássico, semirromântico, que não primava pela inteligibilidade, *O Porvir* aspirava a ser um painel da realidade brasileira às vésperas de dois acontecimentos decisivos: a Abolição e a República. Abolicionista e republicano, o poeta cearense não fez segredo da sua ojeriza às testas coroadas. Em certo trecho do poema, rememorando o entusiasmo patriótico que animava "os velhos da Colônia", contrasta-o com a pasmaceira do Segundo Império, que compara a um circo de cavalinhos:

Pó de circo bufão de cavalinhos,
Divertimento e cômodo de atleta
Que de sobre a anca encurva o índio arco
Soltar simula do porvir a frecha.

Na estrofe seguinte, prossegue com o símile de Fontoura Xavier, cujo poema também começava com a evocação de um anfiteatro, o Coliseu romano:

Simula, e por sua vez o anfiteatro
Finge aplaudir, simulação recíproca;
As palmas são sinceras como os rasgos
Os lances teatrais que a elas armam.

---

6. Manuel Benício Fontenelle. O *Porvir* (poema). Rio de Janeiro, Tip. da Gazeta de Notícias, 1879.

Para encerrar esta resenha, vejamos Lúcio de Mendonça, que foi colega de Fontoura Xavier na Faculdade de Direito, e que nas suas *Vergastas*, um dos poucos livros de poesia de inspiração republicana ainda hoje legíveis, tem um poema dedicado "A um Senador do Império", no qual o tropo de Fontoura Xavier, com sua antítese entre imperadores romanos e nosso "régio saltimbanco", reaparece:

> Sabe-se – a História o diz – que um déspota romano
> Fêz cônsul um cavalo. O nosso soberano,
> Calígula jogral, tirano bonachão,
> Para nos aviltar, faz senador um cão[7].

Pode ser que esses adversários poéticos da Monarquia se tenham excedido nas objurgatórias contra alguém cujo maior crime foi a mediocridade. Mas o exagero é próprio da paixão e, ademais, gozam os poetas de certas liberdades que os historiadores, na sua imparcialidade compulsória, reprovam e desautorizam, muito embora, no íntimo, as invejem danadamente...

---

7. Lúcio de Mendonça, *Vergastas*, Rio de Janeiro, Tip. e Lit. de Carlos Gaspar da Silva, 1889.

Cancioneiro de Floriano

[Floriano Peixoto como Esfinge]

Parece que Floriano Peixoto está mesmo destinado a eternizar-se, aos olhos da posteridade, naquela atitude "insolúvel e dúbia" de esfinge em que foi retratado por Euclides da Cunha[1]. Seu perfil enigmático desafia ainda hoje a argúcia dos biógrafos que, refugindo à tarefa inglória de sondar-lhe a alma oblíqua, têm-se contentado prudentemente, até aqui, em analisar-lhe os atos públicos. Graças a isso, o mito florianista continua vivo, e convenhamos que a permanência de um mito, em quadra tão pedestre quanto a republicana, não é coisa assim de lastimar-se.

Erram quantos julguem ter-se originado o mito exclusivamente da distância que nos separa dos dias tempestuosos da Consolidação. Nem é grande a distância – que representa meio século no relógio da História? –, nem foi o mito construção *a posteriori*, deliberado obnubilamento dos contornos, por demais prosaicos, da verdade histórica.

Floriano foi mitificado ainda em vida. O imprevisto das atitudes, o desamor à ribalta, a frieza das decisões, a tenacidade dos propósitos, a impenetrabilidade da máscara – tudo contribuía a fazer dele o pretexto ideal para os exercícios mitificantes de um povo cujos ancestrais sacrificaram nas aras do sebastianismo. Malgrado suas prevenções, José Maria dos Santos não hesita em reconhecer a mística aura de popularidade que circundou a figura do Marechal de Ferro: "cercava(-o) uma profunda e cega idolatria que homem público algum, entre nós, jamais conhecera"[2].

Extremadas foram, via de regra, as reações da *intelligentsia* da época em face dessa idolatria popular. Um grupo, liderado por José do Patrocínio e Pardal Mallet, aderindo romanticamente ao enganoso *beau geste* de Custódio de Melo e atribuindo toda a sorte de ignomínias ao florianismo, buscou aluir

---

1. Cf. "O Marechal de Ferro", *Contrastes e Confrontos*. 9 ed., Porto, Liv. Lello & Irmãos, s.d.
2. José Maria dos Santos, *A Política Geral do Brasil*, São Paulo, J. Magalhães, 1930, p. 336.

os fundamentos do mito. Era no fundo, expluso em retórica, o ressentimento do homem de ideias contra o homem de ação, a contraposição lírica da utopia constitucionalista à ideologia caudilhesca.

Outro grupo, no qual pontificava Raul Pompeia, identificou-se à exaltação mística das ruas e procurou traduzi-la em termos de doutrina. Essa identificação talvez tivesse implicações masoquistas no caso individual de Pompeia, mas, no plano coletivo, seu significado era outro. Ao saudarem no Marechal "a consciência profunda do Brasil, autóctone e pré-cabralino", e ao encarnarem no Almirante "o cosmopolitismo, o capitalismo, o adventício, o estrangeiro invasor e arrogante"[3], os florianistas de gabinete pareciam aceitar aquele inevitável compromisso entre teorismo civil e prática militarista que, desde o início, caracterizou a nossa vida republicana, especialmente nas horas de crise e definição de rumos.

Um terceiro grupo minoritário, finalmente, manteve-se *au dessus de la melée* recusando-se tomar partido numa luta que inquinava igualmente a ideólogos e utópicos.

Melhor que em virulentos editoriais sepultados na imprensa da época, é nas estrofes da poesia política chegada até nós sob a forma menos transitória de livro, que se pode acompanhar a dialética real dos princípios em luta. Três folhetos de versos, assinados por autores de segunda fila – e, por isso mesmo, mais representativos das tendências grupais –, vão-nos servir para essa análise ideológica.

O primeiro deles, publicado em 1893, em pleno espoucar da Revolta portanto, traz o título de *A Florianeida*, o subtítulo de "poema herói-cômico" e a assinatura de "Ignotus Vindex", pseudônimo de Pedro Antônio Gomes Júnior. O ter sido impresso clandestinamente em tipografia particular e assinado com pseudônimo denuncia-lhe, desde logo, o caráter de obra de combate, destinada a aliciar a simpatia de eventuais leitores em favor da causa esposada pelo autor, custodista ferrenho.

Poeta de inspiração rasteira e métrica defeituosa, Gomes Júnior dificilmente mereceria atenção não fosse pelo fato de ter cuidado de perpetuar, em verso rimado, as diatribes que seus copartidários alinhavam, dia por dia, em descosida prosa jornalística.

---

3. José Maria Bello, *História da República*, Rio de Janeiro, Organização Simões, 1952, p. 132.

A linguagem de *A Florianeida* é desabusada, não raro descaindo na escatologia mais chã. Na quarta estrofe do poema, por exemplo, o nome de Floriano é aproveitado para um trocadilho grosseiro; na décima sexta, visando a denegrir a legenda de heroísmo trazida pelo Marechal dos campos do Paraguai, o poeta não trepida em acusar seu anti-herói de sanguinário e, o que é mais grave, de sodomita:

Nos campos, muita vez, a História o rememora:
Qual façanhudo tigre mostrou grande bravura,
Cortando, com prazer, no triste que lhe implora
Perdão, e morre só de ver-lhe a catadura.
Matando, ri; e, enquanto em roda tudo chora,
Após a crua luta, baixando a noite escura,
Banhado em sangue volta e a pena o não consome:
De dia mata inimigos; à noite amigos "come".

À figura do Marechal, diminuída pelo recurso primário do insulto, o poeta opõe o vulto do Almirante, transfigurado, por via de hipérbole igualmente primária, em náutica vestal da legalidade:

Agora tu, Herói, que, vindicando a Lei,
Ergueste sobranceiro da Pátria o Pavilhão!
Ó Almirante egrégio, orgulho desta grei
Brasília, que te guarda no grande coração!
Ó marinheiro audaz, a quem, como a um rei,
O mar as plantas lambe, o mar, esse leão,
A juba sacudindo e os dentes amostrando
Aos cães que, contra ti, na praia estão ladrando!

Todavia, o clímax ideológico do poema ocorre numa de suas estrofes finais quando, deblaterando contra a idolatria popular que cercava Floriano, Gomes Júnior trai, num repente de ira, o caráter minoritário, aristocrático, antiplebeu e, *inde*, inconscientemente antirrepublicano do custodismo:

Vindouros, contemplai o verso da medalha!
Moralidade, fecha os olhos de vergonha!

E tu, beócio, lorpa, cretino, vil, canalha,
Ó Povo, que um soldado, a coices de coronha,
Governa, põe-te em pé e, ao dorso, que encangalha
O Déspota, sacode a pestilenta ronha!
Não pode mais estar na Régia um saltimbanco,
A quem deve o Pudor, no Júri, dar um banco!

Diferentemente de *A Florianeida*, escrita ao calor dos combates, *A Fileteida*, de João da Ega, só veio à luz em 1898, quando já haviam amainado as paixões e, morto, o Marechal ingressara definitivamente no panteão das divindades republicanas. É, aliás, na condição de mito celestial que Floriano aparece em *A Fileteida*, panfleto no qual é satirizado, não sem alguma habilidade literária, o Coronel Fileto Pires Ferreira, ex-governador do Amazonas, cuja administração parece ter-se caracterizado por desmandos e peculatos frequentes. Apeado do poder por um ato do Legislativo, Fileto, ensandecido, sonha ainda com os dias de fastígio, cercado pelos comparsas de roubalheira. No auge do delírio, eis que ouve o ribombar de um "trovão longínquo"; estremece "a natureza toda", "como nas convulsões de um terremoto", e exsurge o espectro de Floriano, travestido em anjo Gabriel da moralidade republicana:

E desci das alturas vibrando
Um gilvaz rutilante de aurora
Para os filhos traidores, agora,
Ir do templo da pátria expulsando.

Como Cristo – rabino lendário,
Eu também tive beijos de Judas!
Fui depois conduzido ao Calvário
E lançado nas tênebras mudas.

Mas também como Cristo o exemplo
Venho dar de respeito à fé pública,
Expulsando os bandidos do templo,
Esse templo sagrado – a República.

Eis aí, definitivamente consolidado, o mito florianista. Igualando-o ao "rabino lendário" e atribuindo-lhe vida sobrenatural, o poeta nada mais fez que chancelar uma investidura messiânica havia muito conferida, pela "fé pública", ao Marechal.

Se algum mito existe nas *Páginas Humanas*, de Brito Mendes, é o do humanitarismo. Ao publicá-las em 1894, o autor justificava-se numa carta-prefácio a Vitorino Moreira: "Não sei se estiveste aqui durante a Revolta, meu caro, eu estive. [...] Talvez as páginas que agora tens diante dos olhos, talvez o volume que agora folheias, não passem de um excesso de comoção, não tenham valor: mas, o que te posso afirmar é que são sinceros. [...] Escrevi-os, porque ecoaram dolorosamente no meu íntimo os gritos da desgraça e os brados de indignação contra a iniquidade dos homens".

Malgrado ter sido, pois, testemunha presencial da Revolta, Brito Mendes não faz, em seus versos, qualquer alusão, quer a Floriano, quer a Custódio de Melo. Isso porque, embora republicano confesso, declarava-se, *qua* poeta, "alheio a partidos". Especialmente quando, na defesa dos seus postulados, os partidos apelavam para as armas: no entender de Brito Mendes, a guerra "tira muitas vezes o direto a quem tem para dá-lo a outro". Ou, em linguagem menos pedestre, o recurso à força acaba degradando a utopia em ideologia.

Talvez o "excesso de comoção" do autor das *Páginas Humanas* desculpe-lhe, em parte, a pieguice dos versos, cortados de interpelações sonoras e pletóricos de adjetivos. Seria injusto negar-lhe, porém, uma que outra nota de autêntica emoção, como naquele passo em que descreve a Paz cevando-se nos despojos de uma guerra e exigindo outra para saciar o apetite pantagruélico:

Mas eis que o pasto acaba ... eis que mais nada
Nela se encerra...
Sem forças cai a Paz magra esfaimada.
Num grito:
— Guerra!

Recusa, idolatria, abstenção, tais foram as respostas — insatisfatórias, convenhamos — que os contemporâneos de Floriano souberam dar à sua esfinge. Encontraremos nós, seus pósteros, resposta melhor algum dia? É muito pouco provável: temos outras e mais terríveis esfinges a decifrar.

Ainda Machado de Assis

[Críticos que Refutaram a Imagem de Machado Absenteísta: Astrojildo Pereira, Brito Broca, Magalhães Júnior e Galante de Sousa; Poemas Sociais Machadianos da Mocidade]

No seu livro sobre Machado de Assis, Lúcia Miguel Pereira traçou, do Mestre, um retrato psicológico até hoje inexcedido. Logo no primeiro capítulo do volume, estudando as sutis conexões existentes entre o homem de carne e osso que Machado foi em vida, e a falaciosa estátua de bronze que a posteridade dele quis fazer, observa sagazmente a biógrafa:

> Prestou-se, como ninguém, a ser estereotipado. Teve, para isso, todos os requisitos necessários. Possuiu uma meia dúzia de gestos, hábitos e frases típicas, mantidos por uma certa tendência a se repetir. Parece ter escolhido, ele próprio, os clichês em que se perpetuaria, deformando-se. E ter aceito, de bom grado, essa deformação que lhe resguardaria a intimidade e a verdadeira fisionomia. Com uma docilidade espantosa, ajeitou-se nas formas da sua futura estátua, encolhendo aqui, esticando acolá, aparando excessos, acolchoando vazios[1].

Não é descabido pensar-se que Machado teria olhado, com particular simpatia, os esforços da posteridade para fazer dele o paradigma do puro homem de letras, pairando olimpicamente acima das agitações políticas ou dos conflitos de doutrina, inteiramente votado ao ofício de bem escrever. As contribuições mais recentes da crítica, todavia, especialmente aquelas devidas a Astrojildo Pereira, Brito Broca e, sobretudo, R. Magalhães Júnior e J. Galante de Souza — esses dois incansáveis arqueólogos que vêm exumando da vala comum do periodismo oitocentista tudo quanto o Mestre houve por bem nela deixar enterrado — desmentiram o paradigma e deram inteiro crédito à sagacidade de Lúcia Miguel Pereira.

---

1. Lúcia Miguel Pereira, *Machado de Assis*, 4 ed., São Paulo, Gráf. Edit. Bras. S.A., 1949, p. 11.

Astrojildo Pereira foi, ao que sei, o primeiro a refutar, num ensaio hoje clássico na bibliografia machadiana – "Machado de Assis, Romancista do Segundo Império"[2] –, as acusações assacadas contra o autor de *Dom Casmurro* por críticos apressados que não souberam ler, nas entrelinhas de uma obra aparentemente absenteísta, o testemunho de um espírito profundamente imerso na vida da sua época. Críticos como aquele Pedro do Couto que, nos idos de 1910, pontificava: "Quanto aos fenômenos morais e sociais que em todas as cerebrações atuam, e especialmente nos mais desenvolvidos, Machado de Assis não mostra em nenhum livro deles ter sequer conhecido a existência. Dir-se-ia que longe deles, isento de sua influência, o escritor se achava".

Brito Broca, de cujo volume *Machado de Assis e a Política e Outros Estudos*[3] foi tirada a citação acima, trouxe novos subsídios à tese de Astrojildo Pereira ao demonstrar o quanto estivera Machado de Assis, particularmente nos primórdios de sua carreira jornalística, ligado às grandes questões políticas da época. Recorda o ensaísta, em especial, um poema das *Crisálidas*, "Os Arlequins", que, malgrado a obscuridade de certas alusões, parece ter sido uma sátira visando o histrionismo do Imperador; na terceira estrofe do poema, há, mesmo, uma referência a "régio saltimbanco", epíteto que faria longa carreira durante a campanha republicana, tendo servido inclusive de título ao famoso, desabusado e medíocre panfleto de Fontoura Xavier. Convém lembrar, de passagem, que, ao publicar "Os Arlequins", Machado fê-los acompanhar de uma nota explicativa, na qual afirmava não ter intentado sátira pessoal, mas visado genericamente uma classe – a dos oportunistas e vira-casacas.

A importância das pesquisas de Raymundo Magalhães Júnior é hoje sobejamente reconhecida, sendo, pois, escusado insistir no assunto. Detendo-se em aspectos pouco estudados da vida e da obra de Machado de Assis, pôde Magalhães Júnior corrigir certas deformações ainda em curso, particularmente aquelas relacionadas com o famigerado absenteísmo machadiano. Lembra ele, entre outras coisas, que Machado de Assis, fazendo eco à indignação de todo o país, inflamou-se patrioticamente quando do incidente Christie e, do mesmo modo que Fagundes Varela e outros poetas da época, escreveu também o seu poema de circunstância, um *Hino dos Voluntários*, que foi publicado em edição especial, com ilustração de Henrique Fleiuss, sendo parte do pro-

---

2. Incluído em *Interpretações*. Rio de Janeiro, CEB, 1944.
3. Organização Simões, Rio de Janeiro, 1957.

duto da venda destinada a uma subscrição nacional para a compra de armamentos, a serem usados no caso de um conflito armado entre a Grã-Bretanha e o Brasil. A Guerra do Paraguai está presente, outrossim, na obra de Machado de Assis, não apenas em artigos de jornal ou em referências ocasionais nas páginas dos seus romances, como especialmente em outro poema de circunstância, "O Acordar do Império", lido em cena aberta, a 5 de maio de 1865, pelo ator Furtado Coelho.

J. Galante de Sousa, finalmente, a quem devemos uma detalhadíssima *Bibliografia de Machado de Assis*, publicou uma coletânea de trabalhos esparsos de Machado sob o título de *Poesia e Prosa* (São Paulo, Civilização Brasileira, 1957). Entre os textos em verso incluídos no volume figuram, além do "Hino Patriótico" (o mesmo "Hino dos Voluntários" citado por Magalhães Júnior) e de "A Cólera do Império" (ou "O Acordar do Império", como era também conhecido na época), dois outros poemas de circunstância igualmente curiosos: "Daqui, Deste Âmbito Estreito" e "Minha Musa".

O primeiro foi lido pela atriz Ismênia dos Santos, a 23 de fevereiro de 1870, num festival em benefício das vítimas da seca alagoana. Tanto pela frequência de certas metáforas, como pela sua eloquência cantante, traz-nos à mente, inelutavelmente, a poesia de Castro Alves. Atente-se, por exemplo, para a oposição entre o *âmbito estreito,/cheio de risos e galas* do festival beneficente, e as regiões mais sombrias onde campeia a miséria humana exacerbada pelo flagelo da seca. Ou para o uso repetido de tríades como *sem pão, sem água, sem luz*, tão semelhante à *sem luz, sem ar, sem razão* com que Castro Alves evocou o estado aviltante dos escravos confinados aos porões asfixiantes do Navio Negreiro. Ou, finalmente, para certas antíteses de cunho eminentemente castroalvino: *filhos da mesma bandeira,/remidos na mesma cruz; a terra lhes foi avara,/a terra a tantos fecunda*.

Castroalvina é esta estrofe candente:

Trêmulos braços alçando
Entre os da morte e os da vida,
Solta a voz esmorecida,
Sem pão, sem água, sem luz,
Um povo de irmãos, um povo
Desta terra brasileira,
Filhos da mesma bandeira,
Remidos na mesma cruz.

A estrofe seguinte foi buscar elementos ao rico arsenal de interpelações retóricas com que o autor de "Vozes d'África" recheou os seus versos:

A terra lhes foi avara,
A terra a tantos fecunda:
Veio a miséria profunda,
A fome, o verme voraz.
A fome. Sabeis acaso
O que é a fome, esse abutre
Que em nossas carnes se nutre
E a fria morte nos traz?

O segundo poema apareceu em 1816, nas páginas da *Marmota Fluminense*, o jornal de Paula Brito que deu guarida às primeiras produções do jovem aprendiz de tipógrafo da Imprensa Nacional, então se iniciando na carreira das letras. O tema de "Minha Musa" é um dos lugares-comuns da poesia política de todos os tempos: o poeta, enumerando os ideais que lhe animam o estro, dá ênfase especial à inspiração libertária. Nos versos de Machado de Assis, esses ideais incluem, a par do amor a si mesmo (*A Musa, que inspira-me os versos nascidos/ De mágoas que sinto no peito a pungir*), do amor a Deus (*A Musa, que inspira-me os cantos de prece/ Que nascem-me d'alma, que envio ao Senhor*) e do amor à Pátria (*A Musa, que o ramo das glórias enlaça,/ Da terra gigante — meu berço infantil*), o amor à liberdade e o ódio às tiranias:

A Musa, que inspira meus cantos é livre,
Detesta os preceitos da vil opressão.
O ardor, a coragem do herói lá do Tibre,
Na lira engrandece, dizendo: — Catão!

Eis, pois, mais uma vez comprometida a decantada abstenção de Machado de Assis. Poeta político foi ele nos primórdios da sua carreira, semelhantemente a tantos outros jovens escritores românticos que, inflamados pela leitura de Michelet, Peletan ou Victor Hugo, se inculcavam por arautos de vindouras utopias. É bem verdade que sua contribuição nesse terreno foi de pouca monta e que toda a sua obra posterior, verdadeiro *tour de force* de sutileza psicológica e finura estilística, muito pouco se coaduna com o generoso desleixo de suas primeiras produções.

Foi certamente tendo em conta a mediocridade desses tentames juvenis que Machado os desprezou quando da organização, em 1901, das suas *Poesias Completas*. Ademais, a época não estava para versos políticos: a desilusão republicana e a estesia parnasiana haviam condenado a musa da revolução a um prolongado ostracismo. Muitos poetas parnasianos que, em tempos idos, sacrificavam no altar da arte interessada, renegavam agora suas demasias juvenis. Basta lembrar, à guisa de exemplo, Raimundo Correia, um dos arautos da Ideia Nova que, ao preparar para um editor lisboeta uma seleção dos seus melhores versos, não incluiu entre eles nenhum dos poemas participantes das *Sinfonias*.

No caso de Machado de Assis, havia ainda o agravante daquela sua tendência natural tão bem caracterizada por Lúcia Miguel Pereira — a tendência à autoestatuária. Dócil às exigências da posteridade, que o queria olímpico, desapaixonado e sereno, o antigo poeta libertário assumiria a grave postura de Cavaleiro da Ordem da Rosa e de Presidente da Academia Brasileira de Letras, para gáudio dos filisteus de ontem como de hoje. Mas os que, conhecedores dos seus pecadilhos de mocidade, atentarem para os lábios da estátua, descobrirão neles um leve sorriso de mofa, de resto perfeitamente machadiano...

Exilados e Nativistas

[A *Geração Perdida* dos Estados Unidos e a Geração Modernista do Brasil no Pós-Primeira Guerra; Ernest Hemingway e Mário de Andrade]

No livro, tão inteligente e tão bem informado, que escreveu sobre "quatro séculos de literatura brasileira" e a que deu o título, algo cinematográfico, de *Marvelous Journey*, Samuel Putnam recorre várias vezes a paralelos entre as nossas letras e as norte-americanas, a fim de tornar mais claro, ao eventual leitor ianque, este ou aquele ponto da sua argumentação. Assim, a certa altura, referindo-se às semelhanças e diferenças existentes entre a chamada *geração perdida* dos Estados Unidos e a geração modernista do Brasil, escreve: "Nossa 'geração perdida' daquela época emigrou para a margem esquerda do Sena, ali encontrando mestres como Joyce, Stein, Pound e Eliot e ali produzindo Hemingway e outros, que redescobriram a sua própria América. Os jovens brasileiros, especialmente os paulistas, ficaram em casa, quase todos, e a sua revolta adquiriu um caráter nativista, preocupados que estavam com os direitos da fala popular, que opunham ao idioma literário usado pelos escritores que os antecederam"[1]. O paralelo, como se vê, é interessante e digno de consideração mais demorada, pois tanto os exilados da geração perdida quanto os nativistas da geração modernista foram pioneiros, em seus respectivos países, de novas concepções da vida e da arte, cuja importância histórica seria ocioso encarecer.

Sob o nome de geração perdida ficou conhecido aquele grupo de escritores norte-americanos que, direta ou indiretamente, participou da Primeira Grande Guerra, dela emergindo com uma experiência de vida em nada condizente com os ideais pelos quais havia combatido. Uma vez terminado o conflito, a própria realidade se encarregara de desmascarar o wilsonismo: a prosperidade norte-americana do após-guerra era bem a prova de que outros interesses, além da salvaguarda da democracia, haviam impelido os grandes

---

1. Samuel Putnam. *Marvelous Journey (A Survey of Four Centuries of Brazilian Writing)*. Nova York, Alfred A. Knopf, 1948, p. 25.

industriais isolacionistas a intervir numa briga até então considerada assunto exclusivamente europeu.

Todavia, a desilusão dos perdidos tinha caráter contraditório. De um lado, abominavam a prosperidade norte-americana do após-guerra porque a sabiam imoral; de outro, mal se davam conta de que, não fosse tal prosperidade, não teriam meios com que viver, em Paris, suas vidas de exilados voluntários.

Essa defasagem entre a vida e o pensamento marca o comportamento da geração perdida. Desiludidos do filisteísmo e do mundo por ele criado à sua imagem, os exilados fizeram o que sempre costumam fazer os ressentidos – voltaram-lhe as costas, sumariamente, indo procurar, na arte de vanguarda, no álcool, na boêmia e no viver perigosamente, um refúgio contra o mundo filistino. Hemingway, o mais ilustre dos perdidos, encarnou-lhes a filosofia de vida nos seus romances, cujos personagens, no dizer de John Aldridge, "existem de acordo com a lei da selva e deificam um deus pagão. Somente os mais aptos entre eles sobrevivem. Sobrevivem em virtude da sua capacidade para a indiferença e a insensibilidade"[2]. Como não ver, nesse ideário, uma réplica, inconsciente ou não, daquele "vigoroso materialismo da prosperidade norte-americana do após-guerra" a que se refere Robert E. Spiller?[3]

Outras, bem outras, foram as condições que acompanharam o nascimento do nosso Modernismo. A participação do Brasil na Primeira Grande Guerra foi mais um *beau geste* do que um *vrai geste*: nossos problemas internos eram urgentes demais para que, adiando-lhes a solução, pudéssemos ir cuidar de problemas ultramarinos; daí o nativismo compulsório dos nossos modernistas. De resto, a desvalorização da nossa moeda não lhes consentia uma viagem à Europa; poucos foram os participantes da Semana que a visitaram então; Mário de Andrade, líder e alma do movimento, nunca esteve lá.

Se os modernistas brasileiros se insurgiram também contra o filisteísmo, fizeram-no, não como ex-combatentes de um conflito imperialista, mas como arautos do progresso, cuja marcha era obstada pelo espírito rotineiro e pela ignorância das nossas classes ditas produtoras. Nesse particular, a "Ode ao Burguês" equivalia a uma declaração de princípios:

---

2. John Aldridge. "The New Generation of American Writers". In: *The Penguin New Writing*, n. 35. Londres, Penguin Books, 1948, p. III.

3. Robert E. Spiller. *The Cycle of American Literature*. Nova York, New American Library, 1957, p. 186.

Eu insulto as aristocracias cautelosas!
Os barões lampiões! os condes Joões! os duques zurros!
que vivem dentro de muros sem pulos.

Embora a Semana de Arte Moderna parecesse um movimento puramente literário, preocupado apenas em destruir os tabus do academismo e acertar os ponteiros da nossa cultura, trazia já consigo, além da ânsia daquele "direito de pesquisa estética e atualização universal da criação artística" referido por Mário de Andrade, outras reivindicações mais gerais que haveriam de ser formuladas posteriormente: na gamela modernista fermentou o pão do Tenentismo. Reconheceu-o Oswald de Andrade ao dizer que os vários ismos em que se dividiu mais tarde o movimento, haveriam de se caracterizar politicamente em direitistas e esquerdistas[4]. Se faltou ao Modernismo uma lúcida consciência política, a culpa não foi dos modernistas, mas do tempo que lhes foi dado viver; aliás, os movimentos revolucionários no Brasil têm-se caracterizado sempre pela impressão ideológica.

Estas rápidas indicações bastam para mostrar o abismo que separa os nossos "nativistas" dos "exilados" norte-americanos. Estes eram os filhos pródigos de um país industrialmente poderoso, que se convertera em exportador não apenas de utilidades, como também de ideologias e de escritores desiludidos. O êxito alcançado pela literatura norte-americana a partir da década posterior à Grande Guerra de 14-18, estava a demonstrar que a ex-colônia se transformara em metrópole e que seus intelectuais exprimiam um estado de espírito, não mais regional, mas cosmopolita. Os Estados Unidos haviam ingressado, definitivamente, no concerto das grandes potências.

Já os nossos modernistas eram primos pobres. Com que alegria desafetada, com que solene humildade recebiam as novas modas importadas da Europa! Sabiam-se filhos de um país que sempre vivera da importação de artigos manufaturados e tratavam de aproveitar, adaptando-as às necessidades locais, essas refinadas e complicadas manufaturas trazidas de além-mar. Desmontavam-nas peça por peça até aprender o segredo de fabricação. Desse momento em diante, consideravam-se mais ricos: poderiam fazer, eles também, coisas iguais, só que com matéria-prima nacional, boa, sólida e autêntica.

4. Cf. Oswald de Andrade. "O Caminho Percorrido", In: *Ponta de Lança*. São Paulo, Martins, s.d.

Os modernistas brasileiros tinham uma vantagem em relação aos seus confrades do Norte. Eram donos de um país novinho em folha, um país em que tudo estava por fazer e que tinha ainda muito chão diante de si antes de poder se imiscuir em assuntos europeus e se locupletar com guerras mundiais. Um país em que a gente não tinha nem tempo de se desiludir do progresso e das patrioteiras... Daí o sentido participante do nosso Modernismo de 1922, quando comparado ao Modernismo norte-americano de 1920, absenteísta e cosmopolita.

E hoje? Continua ainda válido o ideário dos nativistas e dos perdidos? Quanto aos norte-americanos, a resposta foi dada por John Aldridge que, falando em nome da sua geração, a geração da Segunda Grande Guerra, afirmou: "Temos certeza de que a histeria e o desespero não serão o espírito dominante de nosso trabalho, como não são de nossa época. Embora a experiência da guerra nos tenha traumatizado psicologicamente, de um modo ou de outro não fomos nem destruídos nem alienados. Temos consciência de possuir, dentro de nós mesmos, recursos maiores do que aqueles com que contou a Geração Perdida. Parecemos ser mais ásperos e menos vulneráveis".

E nós? Continuaremos nativistas, empenhados em aproveitar matéria-prima nacional, ou, cedendo ao bovarismo, posaremos de cosmopolitas entediados? Difícil responder. O Brasil sempre foi um país de surpresas.

Mistério em Casa

[O Olhar da Antropofagia Modernista para um Brasil Mítico: *Cobra Norato*, de Raul Bopp, Poema do Tenentismo, de Renovação Saudosista]

Certos jovens poetas brasileiros, que se mostram demasiadamente pressurosos em aceitar toda e qualquer moda literária alienígena com que travem conhecimento, deveriam ler, se ainda não leram, *Cobra Norato*, de Raul Bopp.

Não leram é modo de dizer. Uns conhecem o *Cobra Norato* na pitoresca edição de 1931. Outros, menos felizes, terão folheado a luxuosa edição de Zurique, na qual o autor, "consciente enfim das obrigações literárias que o Modernismo aparentemente desprezava"[1] (a frase é do Sr. Carlos Drummond de Andrade), expurgou o poema de tanta coisa saborosa. Os demais, finalmente, depois de muito empenho, conseguiram talvez um exemplar da edição de Barcelona, "disposta por Alfonso Pinto" e mal disposta pelos linotipistas que lhe empastelaram o texto.

Todos leram, sim, o *Cobra Norato*. Mas leram-no apenas, quando o importante era tirar a moral da fábula, coisa que ninguém fez. Tivessem-no feito e boa parte da poesia que hoje se escreve no Brasil não seria o desconchavo que é, metafísica de colarinho duro, paráfrase de modelos europeus ultramarinos copiados diligentemente, com uma proficiência de alunos de escola de belas-artes.

Entretanto, a moral da fábula salta aos olhos. Raul Bopp mesmo, receando que os inocentes do Leblon não fossem capazes de descobri-la por conta própria, deu-se ao trabalho de explicá-la num prefácio: "Vamos reunir uma geração. Fazer o nosso 'contrato social'. A mocidade está desencantada, perdendo tempo num esnobismo cultural. Secou a alma no cartesianismo. Para que Roma? Temos mistério em casa. A terra grávida. Vozes nos acompanham de longe. Arte não precisa de explicações".

O nosso contrato social... A única maneira de se compreender o modernismo brasileiro é relacionando-o, como sugeriu Astrojildo Pereira, aos le-

---

1. Carlos Drummond de Andrade, *Passeios na Ilha*, Rio de Janeiro, Organização Simões, 1952, p. 184.

vantes militares que precederam o advento do Estado Novo. Os tenentes de 1924, de 1930, de 1932 mal sabiam o que desejavam. Sabiam apenas que o Brasil estava errado e que era preciso fazer alguma coisa para consertá-lo. E foi por isso mesmo, por não saberem exatamente que fazer, por estarem ideologicamente desorientados, que se viu tanto heroísmo frustrado. O novo contrato social, a reforma da Constituição, as leis perfeitas no papel, mas inócuas na prática, não bastavam para resolver o problema, de vez que o mal era de base, de estrutura, de raiz. E os vencedores, senão todos, pelo menos os mais honestos, suspiraram desiludidos ante a própria obra, repetindo a frase que alguns epígonos republicanos haviam tornado famosa: "Não era esta a república com que eu sonhava".

Talvez muitos dos modernistas de primeira hora, se ainda lhes resta algo do ímpeto que os animava a enfrentar, das escadarias do Municipal, a ira santa do burguês-níquel, estejam repetindo hoje a mesma frase, convenientemente modificada — "Não era esta a arte com que sonhávamos". Se bem Descartes tenha sido substituído por Jean-Paul Sartre e os deuses de Roma pelos deuses de Londres, Paris, Nova York, o esnobismo cultural continua florescendo em larga escala e a arte abstrata é agora explicada em Bienais elegantíssimas.

Em que pese sua desorientação ideológica tipicamente tenentista, havia na Antropofagia algo de basilar — a certeza de termos mistério em casa. Pouco importa que o mistério fosse decifrado, não pelos paulistas de 1922, mas pelos nordestinos de 1930; pouco importa, também, que a decifração fosse tão fácil: a terra estava grávida de riquezas, mas havia fome em Canaã. O importante é que, denunciando mistério em casa, os antropófagos estabeleciam, no dizer de Oswald de Andrade, "o primeiro contato com nossa realidade política"[2].

Primeiro contato esse que, sejamos justos, não passou de breve idílio, logo interrompido pela discórdia entre a exaltação do amante e o prosaísmo da amada. Enquanto lhe foi possível enfeitar a realidade brasileira com os penduricalhos da psicanálise e do folclore, o antropófago cantou-a liricamente, embevecido com sua graça caipira, sua sensualidade mestiça, sua magia primeva. Roto, porém, o manto diáfano da fantasia, e aparecendo a pobre tal qual era — retirante de Portinari, esquálida de fome e órfã de cuidados —, o menestrel enfiou a viola no saco e foi se refazer do susto na sua caverna de erudito.

---

2. Oswald de Andrade, *Ponta de Lança*, São Paulo, Martins, s.d., pp. 120-121.

JOSÉ PAULO PAES: *Crítica Reunida Sobre Literatura Brasileira & Inéditos em Livros*

Não é mera coincidência o fato de os dois únicos livros da "bibliotequinha antropofágica" que chegaram a ser publicados versarem, ambos, o fabulário amazônico. Como também não foi acidental o terem sido escritos por homens do Sul – *Macunaíma* pelo paulista Mário de Andrade, *Cobra Norato* pelo gaúcho Raul Bopp.

Sob o influxo do imigrante que veio substituir o braço escravo do Brasil abolicionista, o Sul começou a se libertar mais cedo de um passado agrário que, se foi responsável pelo pitoresco do nosso folclore e pelo provincianismo dos nossos costumes, foi também responsável pelo absurdo de continuarmos sendo país essencialmente agrícola num mundo essencialmente industrial. Renovando dirigentes e dirigidos, trocando o senhor de engenho e o grande fazendeiro de café pelo capitão de indústria, o servo da gleba e o pária da bagaceira pelo operário da cidade, as manufaturas sulinas criavam a base para aquele "novo contrato social" por que tanto ansiavam antropófagos e tenentistas.

Herdeiros da República Velha, os tenentistas não foram capazes de superar a velha tradição das quarteladas, e a revolução amesquinhou-se em querela constitucionalista.

Bacharéis de anel no dedo, os antropófagos foram buscar a realidade brasileira onde ela nunca estivera – na Amazônia longínqua, na pré-história mítica, nas vozes fantasmais que nos acompanhavam de longe e cujo murmúrio mal se ouvia entre os ruídos da cidade grande – e a renovação degradou-se em saudosismo.

Sob certo ponto de vista, *Cobra Norato* é um livro saudosista. Quando o poeta se enfia numa pele de cobra e sai peregrinando pelas terras do sem fim em busca da filha da rainha Luzia, embarcamos com ele numa autêntica viagem sentimental. Viagem que responde à mesma necessidade psicológica que ditou a Luiz Guimarães, porta-voz de tantos mazombos brasileiros arrependidos do bovarismo, as estrofes da sua "Visita à casa paterna". Mas enquanto no soneto parnasiano o poeta tem como guia *um gênio carinhoso e / amigo / o fantasma talvez* do *amor materno* no poema modernista é um "tatu de bunda seca" quem faz as honras da casa e acompanha diligentemente o visitante na sua peregrinação pela Hileia amazônica, onde "a selva imensa está com insônia" e o homem deve ser afogado na sombra porque a "floresta é inimiga do homem".

O Brasil que Raul Bopp retratou no seu poema é o Brasil quinhentista de Vaz de Caminha, do padre Anchieta, de Magalhães Gandavo. Um Brasil aterrorizante e bárbaro, em que "as forças individuais, desamparadas na vastidão da terra novamente descoberta, aniquilavam-se, quase perdidas as origens e esquecidas de si mesmas"[3], como disse Araripe Júnior ao esboçar a sua "teoria da obnubilação". Nesse Brasil antropofágico, que engolia o arrogante intruso português e o digeria no oco de suas selvas misteriosas, repletas de assombrações e gritos de mau agouro, viu Raul Bopp o solo propício onde lançar as sementes de um nacionalismo feito de "encadeamentos profundos". Assim como a selva obnubilara o rapace conquistador europeu, assim também a arte antropofágica obnubilaria as veleidades cartesianas e o esnobismo cultural dos literatos de fraque e cartola.

Todavia, foi para esconder seu fraque, sua cartola e seu anel de bacharel, que Raul Bopp teve de se enfiar na pele de seda elástica da Cobra Norato. Não o tivesse feito e jamais conseguiria livre trânsito no reino da Cobra Grande, onde a floresta, inimiga dos homens, abomina particularmente os que trajam à europeia.

Apesar do seu travesti ofídico, não conseguiu o poeta livrar-se dos hábitos de citadino. Tanto assim que a sua visão do mundo amazônico, embora lida nos "anais totêmicos" do Brasil pré-cabralino, traía o monóculo do literato viajado, conhecedor da arte parisiense de vanguarda e das pesquisas modernas da etnologia. Mais que isso, traía a nova mentalidade brasileira, que começava a ver no progresso industrial, na superação do patriarcalismo agrário, o caminho do futuro. A simbologia de *Cobra Norato* funda-se, quase toda, num animismo incorrigível – o primitivo é explicado pelo moderno, o rural é elucidado pelo urbano. Aquele "mundo paludial e como que ainda em gestação"[4], da frase de Manuel Bandeira, descreve-o o poeta através de metáforas fabris, se me consentem o adjetivo.

> Estão construindo um rio,
> soldando serrando serrando.
> Velhos andaimes podres se derretem.
> Araponga rói ferro.
> Há um cheiro de terra fresca.
> Chiam os tanques de lodo
> em alicerces úmidos.

---

3. T. A. Araripe Júnior, *Gregório de Matos*, 2. ed. Rio de Janeiro, Garnier, s.d., p. 180.
4. Manuel Bandeira, *Apresentação da Poesia Brasileira*, São Paulo, CEB, 1954, p. 150.

José Paulo Paes: *Crítica Reunida Sobre Literatura Brasileira & Inéditos em Livros*

Estão fabricando terra.

(Ué. Parece que estão mesmo fabricando terra!)

Dividido assim entre o passado e o presente, entre as fábricas do sul e os pantanais do extremo norte, entre o Brasil patriarcal e o Brasil industrial, entre o folclore de infância e a erudição de maturidade, entre o saudosismo e ânsia de renovação, *Cobra Norato* há de ficar em nossa literatura como o grande poema do tenentismo. A estranha mistura de ingenuidade e sofisticação que lhe dá tanto sabor – mistura que só o talento de Raul Bopp foi capaz de salvar da bastardia – nada mais é que o equivalente literário daquela mistura de heroísmo e politicagem que caracterizou as agitações tenentistas.

Se a aventura boppiana é hoje uma aventura irreproduzível quanto aos meios de que se valeu, não o é quanto ao fim que se propunha atingir – uma literatura brasileira, orgulhosamente brasileira. Mesmo depois do trabalho feito em 1922 e 1930, ainda sobrou muito mistério em casa para ser decifrado. Que tal se parássemos de brincar de poetas franceses, ingleses, alemães, e começássemos a brincar novamente de poetas brasileiros?

O Juiz de Si Mesmo

[*Meditação sobre o Tietê*, de Mário de Andrade, e o Ajuste de Contas entre o Homem Solitário e o Solidário]

Treze dias antes de morrer, Mário de Andrade pingava ponto final no poema que, segundo Antonio Candido, tinha "um sentido quase misterioso de testamento"[1] – a *Meditação Sobre o Tietê*.

Escrito nas vésperas da morte, nessa hora grave em que o homem se despe de todas as complacências para se converter em juiz de si mesmo, a *Meditação* traz uma dramaticidade difícil de se encontrar na obra pregressa do autor de *Macunaíma*. Dramaticidade de um ajuste de contas com o passado, o artista interessado verberando o artista puro que ele um dia fora.

Em 1945 Mário de Andrade era homem diverso daquele jovem professor de música que, por uma noite de estio, nos idos de 1920, escrevia os versos desabusados de *Pauliceia Desvairada*. Não que se arrependesse, o homem de 1945, da temeridade do professor de 1920 em afrontar os cânones artísticos da burguesia; os cânones existem apenas para serem afrontados. Doía-lhe, isto sim, a mesquinhez da afronta. De que adiantava fazer caretas à máscara do tempo, quando o importante é esbofeteá-la? Entre a careta de 1920 e a bofetada de 1945, vai a mesma distância que entre a "Ode ao Burguês" e a *Meditação Sobre o Tietê*.

As preocupações participantes de Mário de Andrade remontam a 1933. Nessa data, informa Oneyda Alvarenga, já "dois fantasmas o assombravam: o medo da velhice do espírito e do corpo que se aproximava, a angústia do artista que se achava no dever de participar mais diretamente das lutas pela melhor organização social do mundo, mas que se via peado ainda pela sua formação burguesa"[2]. Os fantasmas foram esquecidos durante algum tempo, enquanto Mário se entregava de corpo e alma à criação do Departamento Municipal de Cultura. Mas, desligado do Departamento em 1938, pelas manobras da poli-

---

1. Antonio Candido, "Mário de Andrade", *Revista do Arquivo Municipal*, vol. cvi, São Paulo, 1946, p. 73.
2. Oneyda Alvarenga, "Sonora Política", *in ob. cit.*, p. 12.

ticalha, ei-lo de novo às voltas com as duas assombrações. E desta vez a luta era pior: o fascismo, anulando as últimas liberdades humanas, tornava ainda mais absurdo o desinteresse do artista pela vida pública.

Convencido do absurdo, Mário de Andrade sai então a campo para gritar que "os intelectuais puros venderam-se aos donos da vida". Numa entrevista concedida a Francisco de Assis Barbosa, em janeiro de 1944, acusa: "O artista não só deve, mas tem que desistir de si mesmo. Diante de uma situação universal da humanidade como a que atravessamos; os problemas profissionais dos indivíduos se tornam tão reles que causam nojo. E o artista que no momento de agora sobrepõe os seus problemas de intelectual aos seus problemas de homem, está se salvaguardando numa confusão que não o nobilita"[3].

A acusação é tanto mais grave quanto envolve, simultaneamente, uma autoacusação. Já em O *Movimento Modernista*, conferência lida no Salão da Biblioteca do Ministério das Relações Exteriores, em abril de 1942, fazendo o processo do Modernismo, fazia ele, ao mesmo tempo, o processo da própria vida. Denunciava, na sua obra, um equívoco que a comprometia sem remissão: imaginara-se, sempre, um escritor participante, desinteressado de si e preocupado em servir à coletividade, e no entanto, agora, relendo-se, descobria-se um individualista ferrenho, que "desenvolvia a luta com uma filosofia egoística, de espírito eminentemente esportivo, que fizera (dele) ... literalmente um gozador".

O conflito entre o desejo de servir e os reclamos de um individualismo congênito marca, também, a *Meditação Sobre o Tietê*. Conflito que, se amargurou os últimos dias do poeta, permitiu-lhe, ao menos, animar seu testamento lírico de um sopro de dramaticidade ao extremo convincente.

Quando organizou o plano das suas obras completas, Mário inseriu a *Meditação* entre os poemas da *Lira Paulistana*. E fê-lo por motivo mais profundo que o da simples cronologia. Tanto os epigramas da *Lira* quanto os versículos da *Meditação* ligam-se, pela forma, a idades pregressas da literatura da língua portuguesa. Os metros curtos da *Lira* atualizam a lição de Martin Codax, o trovador medieval sob cuja influência Mário confessava ter-se colocado, e nas estrofes da *Meditação* paira a sombra augusta de Camões, o Camões de "Sôbolos rios que vão por Babilônia".

---

3. *Apud* Francisco de Assis Barbosa, *Testamento de Mário de Andrade e Outras Reportagens*, Rio de Janeiro, 1954, p. 20.

II. Mistério em Casa

Assim como viu Antônio Salgado Júnior em *Babel e Sião* a autobiografia espiritual de Camões, podemos ver na *Meditação Sobre o Tietê* a autobiografia espiritual de Mário de Andrade.

O Tietê é o mestre do poeta. Para um artista atormentado, egresso da estesia e almejando purificar-se "no barro dos sofrimentos dos homens", onde mestre melhor que esse "sarcástico rio" que, nascido a poucos passos do oceano, recusa-se, não obstante, ao comodismo de nele se perder e prefere, antes, se enfiar pela terra dos homens, numa "insistência turrona paulista"? A singularidade geográfica do Tietê como que indicava ao poeta o bom caminho:

> Já nada me amarga mais a recusa da vitória
> Do indivíduo, e de me sentir feliz em mim.
> Eu mesmo desisti dessa felicidade deslumbrante,
> E fui por tuas águas levado,
> A me reconciliar com a dor humana pertinaz,
> E a me purificar no barro dos sofrimentos dos homens.

Mas Mário de Andrade não se iludia: ele suspeitava quão longo era o caminho que vai da solidão do indivíduo à conquista de uma plena consciência social. Caminho cheio de falsos sinais de partida. Por isso mesmo, estimava ele o exemplo de Mussórgsqui, a quem dedicou um dos seus rodapés musicais da *Folha da Manhã*. Nesse rodapé, dizia: "Mussórgsqui não sofre as desgraças do povo, mas se decide a aderir a ele. O gesto dele não deriva de amores instintivos, de nenhuma voz de sangue ou voz de classe. Tem toda a grandeza individual duma escolha e duma adesão. Mussórgsqui é um aristocrata que adere às forças populares do futuro"[4].

Um aristocrata que adere às forças populares do futuro – eis, retratado nas suas próprias palavras, o autor de *Meditação Sobre o Tietê*. Um aristocrata do espírito que fazia folclore, clamava contra os donos da vida e se angustiava de ser individualista numa época em que o individualismo começava a se decompor como realidade psicológica.

Honesto demais para ser demagogo, Mário não elidia os problemas íntimos na hora de "aderir" ao povo. Abominava as atitudes postiças e compreendia que não bastava a *gente* querer ser poeta social para sê-lo, efetivamente. Era

---

4. *Apud* Oneyda Alvarenga. ob. cit., p. 19.

preciso, antes, um doloroso trabalho de autocrítica, em que o equívoco da "consciência privada" fosse sendo substituído, tanto na esfera das ideias quanto na dos sentimentos, pela convicção da "consciência pública". Esse ideário está resumido no artigo que escreveu, em 1939, sobre o livro *Porto Inseguro*, de Rossine Camargo Guarnieri. Objetava então:

> O teor do livro falseia o belo ideal (a fraternidade), e, em vez do pronome "nós" fraternal, o pronome que falsificadoramente entra em jogo, nos sentimentos do poeta, é o "eles". Não é tanto a fraternidade que valoriza as dores e o não conformismo do poeta, mas, sub-repticiamente, um sentimento burguês de comiseração, de piedade... quase vicentina. Neste sentido é que muita literatura social de hoje em dia me irrita. Não a determina uma verdadeira e dura fraternidade, tal como a que vibra nos melhores versos de um atual Aragon, do Maiakowski da boa fase, ou de Whitman, mas os vícios de uma desigualdade tradicional, glutonamente chorosa e esmoler[5].

No afã de evitar a burguesice da piedade e a mentira da demagogia, *Meditação Sobre o Tietê* guardou-se de ser um poema impessoalmente político, preferindo ficar a meio caminho entre a confidência e o anátema. Homem que viveu a maior parte da vida entregue às suas idiossincrasias de aristocrata do espírito, Mário de Andrade não sentia dentro de si, em que pese a boa vontade de superar os desacertos do individualismo, aquela "verdadeira e dura fraternidade" que tanto prezava em Aragon, Maiakowski e Whitman. Seu trabalho de autocrítica apenas começara e nesse início, penoso e árduo como todo início, a fraternidade não chegava a ser uma exigência dos sentimentos, mas se confinava ainda nos limites da inteligência moralizante. Por isso mesmo, para converter o princípio abstrato em verdade pessoal, é que o poeta se submergia nas águas do Tietê, símbolo do seu povo desvalido e sofredor, ainda que tal submersão marcasse o epílogo da sua felicidade de aristocrata:

> Mas porém, rio, meu rio, de cujas águas eu nasci,
> Eu nem tenho direito mais de ser melancólico e frágil,
> Nem de me estrelar nas volúpias inúteis da lágrima!
> Eu me reverto às tuas águas espessas de infâmias,

---

5. *O Empalhador de Passarinho*. São Paulo, Martins, s.d., p. 58.

Oleosas, eu, voluntariamente, sofregamente, sujado
De infâmias, egoísmos e traições. E as minhas vozes,
Perdidas do seu tenor, rosnam pesadas e oleosas,
Varando terra adentro no espanto dos mil futuros,
A espera angustiada do ponto. Não do meu ponto final!

O tenor do *Losango Cáqui*, do *Remate de Males,* do *Rito do Irmão Pequeno,* cansara-se da vocálise modernista e revisava agora, com olhos críticos, os mitos em que pusera tanto ardor baldado – o conformismo do Boi Paciência, a ilusão das Juvenilidades Auriverdes, a falsa fraternidade do Sou-trezentos, a lascívia suspeita do Girassol da Madrugada. Sufocando em si o que houvesse de menos generoso, o poeta se entregava ao amor fraterno que um dia fizera o coração do erudito da rua Lopes Chaves bater de solidariedade pelo seringueiro acreano, e, incendido desse amor, deblaterava contra os *profiteurs* poluindo de *fel/ e falsa majestade* as águas do rio-povo para nelas melhor pescarem:

E os Prados e os crespos e os pratos e os barbas e
/ os gatos e os línguas
Do Instituto Histórico e Geográfico, e os museus e
/ a Cúria, e os senhores chantres reverendíssimos...

Pouco importa que, no seu testamento poético, não tenha Mário de Andrade vencido o fantasma do egocentrismo, nem que o grito cabotino da última estrofe perturbe a amplitude da mensagem política. *Meditação sobre o Tietê* há de ficar na literatura brasileira como espelho dessa luta entre o homem solitário e o homem solidário que ora se trava na alma de todo artista digno desse nome.

A dúvida de si mesmo foi a última palavra que Mário de Andrade houve por bem legar à posteridade. E essa palavra basta para imortalizá-lo.

Adeus ao Pânico

[*Contemplação de Ouro Preto*, de Murilo Mendes; Poemas Descrevem Realidades; a Reconciliação entre o Místico e o Cético]

Quando perguntaram a Miguel de Unamuno qual era, afinal de contas, a sua religião, respondeu o incorrigível polemista: *"mi religión es buscar la verdad en la vida y la vida en la verdad, aun a sabiendas de que no he de encontrarlas mientras viva; mi religión es luchar incesante con Dios desde el romper del alba hasta el caer de la noche, como dicen que con El luchó Jacob"*. E completando a quixotada: *"Ni yo vendo pan, ni es pan, sino levadura o fermento"*[1].

Lembrei-me das palavras de Unamuno ao ler *Contemplação de Ouro Preto*, a mais recente coleção de poemas de Murilo Mendes, publicada fragmentariamente em jornais e cujo texto completo só agora[2] aparece, editado pelo Serviço de Documentação do Ministério da Educação e Saúde, num belo volume com ilustrações fotográficas de Humberto Franceschi e Erich Hess.

Perguntassem ao autor desse volume, quinze anos atrás, qual era a sua religião, e teria ele respondido de modo semelhante ao de Unamuno: *"Ni yo vendo pan, ni es pan, sino levadura o fermento"*.

Realmente, desde seu primeiro livro, *Poemas* (1930), vem-se singularizando Murilo Mendes em nossas letras como um ativo contrabandista de fermentos espirituais. Tanto assim que, em 1932, já escrevia Agrippino Grieco a seu respeito: "Temperamento complicadíssimo, com um pouco do maluco Blake, o pintor de sonhos que andava nu e recebia a visita de anjos a domicílio, tudo no Sr. Murilo só é sistemático na desordem e pode dizer-se que raramente se encontra uma desorganização tão bem organizada"[3].

Com sua desordem organizada, seu surrealismo de capa e espada, e seu catolicismo de *grand guignol*, conseguiu Murilo Mendes reinstalar o pânico na poesia brasileira, mal refeita ainda do terremoto de 1922. Mas o feitiço

---

1. Miguel de Unamuno, *Mi Religión y Otros Ensaios Breves*, 2. ed., Buenos Aires, Espasa-Calpe Argentina s.a., 1945, pp. 10 e 15.
2. Escrito em 1955.
3. Agrippino Grieco, *Evolução da Poesia Brasileira*, Rio de Janeiro, José Olympio, 1947, p. 203.

virou-se algumas vezes contra o feiticeiro: ao tentar conciliar elementos tão díspares entre si, quais sejam os paradoxos de André Breton, as parábolas de Cristo e a gíria dos malandros do morro, acabou o poeta por se enredar nas malhas da arapuca que tão prazerosamente armara aos filisteus.

Foi o que Mário de Andrade viu muito bem quanto anotou, a propósito de *A Poesia em Pânico:* "a atitude desenvolta que o poeta usa nos seus poemas para com a religião, além de um não raro mau gosto, desmoraliza as imagens permanentes, veste de modas temporárias as verdades que se querem eternas, fixa anacronicamente numa região do tempo e do espaço o Catolicismo, que se quer universal por definição. Neste sentido, o catolicismo de Murilo Mendes guarda a seiva de perigosas heresias"[4].

A anotação, se justa, inteligente e oportuna quanto a grande parte da obra muriliana, perde sua validade diante desta *Contemplação de Ouro Preto*. Aqui, o mau gosto e a desordem cedem lugar à compostura de linguagem e à serenidade de pensamento. Não tem mais o filisteu por onde se escandalizar; cumpre-lhe agora, tão somente, calar-se ante a sofrida eloquência da beleza e admirá-la, se o filisteísmo não lhe corrompeu ainda a faculdade de admirar.

Dando adeus ao pânico e aos fermentos capazes de provocá-lo, – o egocentrismo, a irreverência, a gratuidade – eis que Murilo Mendes se encontrou a si mesmo e, despojado de tudo quanto lhe era acidental, pôde então cultivar o que lhe era essencial. E essencial quer dizer, neste caso, o lirismo desembaraçado de sofisticação, o senso de medida domando a exuberância, a religiosidade superando o desvario.

É uma hipótese tentadora, que ora me arrisco a formular, esta de que o encontro do poeta consigo mesmo resulta do seu encontro com Minas Gerais.

Mineiro de nascença, mas vivendo, desde há muito, na Corte, seguiu Murilo Mendes o itinerário de tantos outros provincianos talentosos que, ou por azares da sorte, ou por ânsia de horizontes mais largos, fizeram da Metrópole seu porto de destino. Uma vez ali chegados, ei-los que tratam de esbanjar, perdulariamente, as economias trazidas da província, até o momento em que, rebuscando os alforjes, nada mais encontram neles senão o remorso da riqueza esbanjada.

Não acredito que tal acontecesse com Murilo Mendes. Mas desconfio de que, sabendo-se menos rico – *Poesia Liberdade* (1947) é um livro quase pobre –

---

4. Mário de Andrade, O *Empalhador* de *Passarinho*, São Paulo, Martins, s.d., p. 42.

cuidasse o poeta de ir faiscar em Minas Gerais um pouco daquele ouro que já fizera a fortuna de Tomás Antônio Gonzaga, Alfonsus de Guimarães e, ainda recentemente, Cecília Meireles.

Contemplação de Ouro Preto é a prova do bom êxito dessa viagem à província natal em busca de reservas líricas. De lá voltou Murilo Mendes, com o Ulisses de Du Bellay, *"plein d'usage et raison"*, e trazendo no alforje alguns dos melhores poemas de quantos jamais escreveu.

Ouro Preto devolveu o poeta ao domínio de sua arte e à plenitude de sua religiosidade. Isso porque na cidade barroca deparou-se-lhe, eternizada na pedra, a mensagem de um homem de gênio, mestre Antônio Francisco Lisboa. Onde lição mais nobre que a desse artista roído de lepra, exilado dos homens, mas servindo-os mesmo assim, numa luta diária contra a morte e o tempo, pelo milagre de sua arte e pela firmeza de suas crenças? Diante do exemplo do Aleijadinho, nada mais natural que o poeta e o católico coexistentes em Murilo Mendes revissem, com olhos críticos, o longo caminho percorrido solidariamente desde 1930, não obstante o surdo conflito que lavrava entre ambos. Do poeta era o reino da terra; do católico, o reino dos céus; o casamento, oficiado pelo espectro de William Blake, entre a sensualidade de um e o misticismo de outro, sempre se revelou precário, quando não espúrio. Até *Contemplação de Ouro Preto*, os leitores de Murilo Mendes não sabiam bem se estavam diante de cético em crise de conversão ou de um místico à beira da heresia. Na confusão dos sentimentos, quem perdia era a poesia, que saía desalinhada, equívoca, hermética, invenções magníficas em meio de vulgaridades sem nome.

Ouro Preto foi o tablado onde se defrontaram, pela última vez, o poeta e o católico, o místico e o cético. Felizmente, não houve derrota nem vitória, mas reconciliação. Reconciliados pelo amor da poesia, os ex-contendores se atiraram à empresa de fazer a inteligência coincidir com a sensibilidade, resolvendo assim, de vez, a luta que, até então, vinha travando Murilo Mendes *"incesante y incansablemente con el misterio"*.

Essa coincidência entre arte e ideologia, operada no mecanismo íntimo de um dos talentos líricos mais fecundos da nossa literatura, explica o "classicismo" dos novos poemas de Murilo Mendes. Classicismo que nada tem de rançoso, porque é espontâneo, porque responde a um anseio incoercível de equilíbrio e coerência. Não se procure mais, nos versos murilianos, aquela "despreocupação pelo artesanato" que Mário de Andrade neles denunciava, severamente, em tempos idos. Agora, embebido na lição do Aleijadinho, o poeta medita sobre

A reunião de natureza e arte
Por um gênio severo combinadas,
O espírito levando à sua origem
Despojado de efêmeros enfeites.

Neoclássico, livra-se por fim Murilo Mendes do surrealismo de capa e espada que, confundindo o mundo dos sentidos ao mundo da imaginação, desmoralizava a realidade, matéria-prima das grandes criações. Todos os poemas enfeixados em *Contemplação de Ouro Preto* são poemas descritivos, *descrevem* realidades – paisagens, lugares, acontecimentos –, embora interpretando-os e valorizando-os em função de uma determinada filosofia de vida. Assim, no quinto poema do livro, do alto de um "balcão do solar Vasconcelos", o poeta contempla a Procissão do Enterro e no-la descreve minuciosamente, traduzindo-lhe, de quando em quando, o significado litúrgico. Ao aparecer a Verônica, ouvimo-la e compreendemo-la,

Cantando uma ária triste, agitada e sombria,
De sandálias calçada, afastando seus véus.
Traja toda de roxo, abre os braços em cruz,
Desdobra o estreito pano em que surge a Cabeça
De espinhos coroada, o sangue destilando,
Branco e rubro pendão do reino do calvário,
Da grã conspiração testemunho e sinal,
Documento de amor e ternura transcrito.
Por femininas mãos, da face do Senhor.

Cristão não mais "agônico" como Unamuno, livra-se por fim Murilo Mendes daquele tom livresco que lhe deformava a religiosidade. Em vez de se atormentar com a teologia, prefere ele agora dedicar-se à liturgia, aspecto menos erudito do catolicismo e que, por isso mesmo, melhor que as abstrações metafísicas, o aproxima do povo. Foi por saber intervir liturgicamente na vida cotidiana dos homens, assistindo-os no júbilo como na desdita, que, segundo Henri Lefebvre[5], alcançou o cristianismo tão rápida popularidade. A Murilo Mendes, tal popularidade impressiona e comove; no "Romance das Igrejas de Minas", diz ele:

> Vozes ascendem aos ares
> Que desprezam o cantochão,
> Rompe um canto pela nave
> A Santa Maria eterna,
> Um canto sentimental,
> Que ofende a liturgia,
> Fonte viva, genuína,
> Da santa religião,
> Mas que toca a alma ingênua
> Do povo rústico e chão.

Movido dessa ternura pela "alma ingênua do povo rústico e chão", abandona Murilo Mendes a escritura hermética de seus versos anteriores e, no "Romance da Visitação", assim como em vários outros poemas do livro, utiliza ritmos, motivos e recursos da poesia popular, harmonizando, sabiamente, beleza e legibilidade:

> Lá vai Maria apressada,
> Como sua vida mudou!
> Inda ontem pulava a corda,
> Feliz brincava de roda
> Com as órfãs de Nazaré.
> Agora já está casada,
> Remendando a roupa toda
> Do carpinteiro José!

Reconciliando arte e ideologia, trocando hermetismo por legibilidade, dá-nos Murilo Mendes um exemplo especialmente valioso neste tempo de vacas magras, em que a poesia brasileira enapesavereda pelos descaminhos do jogo

---

5. Cf. as "Notes Écrites un Dimanche dans la Campagne Française" *in Critique* de *la Vie Quotidienne*, Paris, Éditions Bernard Grasset, 1947.

de palavras e da metafísica de porta de livraria. Embora se possa discordar do catolicismo de Murilo Mendes, há que louvar a honestidade de que dá provas, ao fazer da sua poesia testemunha de suas convicções, em vez de abastardá-la em confessionário de não sei que cinematográficos dramas de consciência. Porque, nos dias que correm, o importante não é vender fermentos, mas distribuir pão, qualquer pão que possa aliviar a fome de tantos humilhados e ofendidos.

PARTE III

Pavão, Parlenda, Paraíso: uma Tentativa de Descrição Crítica da Poesia de Sosígenes Costa

Para James Amado, amigo de Sosígenes, meu amigo.

I

A vitalidade de uma literatura não se mede apenas pelo mérito daqueles autores que a crítica passou em julgado e entronizou definitivamente como "maiores". Mede-se também – e é forte a tentação de escrever *sobretudo* – pelo valor dos autores ditos "menores" que, negligenciados pelos contemporâneos, só tardiamente, o mais das vezes depois de mortos, conseguem se impor. É então que ocorrem as chamadas "ressurreições" literárias aos de justiça tardia que, outra utilidade não tivessem, sempre serviriam para perturbar, com afloramentos sincrônicos, a digestão dos profissionais da diacronia.

Estou certo de que algum dia a literatura brasileira há de ficar devendo a Sosígenes Costa um desses certificados de vitalidade que só um grande poeta esquecido, quando criticamente reabilitado, pode passar-lhe. Morto em 1968, com um único livro, publicado, não se pode dizer, a rigor, que ficasse de todo esquecido. Poemas seus aparecem numa ou noutra antologia; pelo menos uma história literária inclui-lhe o nome entre os pouco conhecidos poetas do grupo modernista baiano[1]; no lançamento da *Obra Poética*, alguns tímidos artigos fizeram-lhe o registro na imprensa; amigos da Bahia cuidaram de divulgar-lhe os versos em jornais e revistas, sempre que possível. Mas essa mesquinha repercussão está longe de corresponder à importância de Sosígenes Costa, que não será exagero incluir entre os principais poetas do nosso Modernismo. Diga-se, a bem da verdade, que a maior culpa por esse esquecimento cabe a ele próprio; arredio, viveu a maior parte da vida enfurnado em Ilhéus[2] e resistiu sempre à insistência dos amigos em editar-lhe os versos,

---

1. Veja-se o capítulo "O Modernismo na Poesia (F – Grupo Baiano)", de Péricles Eugênio da Silva Ramos, em *A Literatura no Brasil*, dir. de Afrânio Coutinho. Rio, Livraria S. José, 1959, vol. III, t. I, pp. 618-622.

2. Em carta que me escreveu após a leitura dos originais deste ensaio, o escritor James Amado, que foi amigo de Sosígenes Costa na Bahia e no Rio, narra interessantes reminiscências dele. Dada a quase

numa despreocupação difícil de entender em país onde a tentação do livro publicado é por assim dizer endêmica. Somente em 1957, quando, aposentado, se mudou para o Rio,[3] foi que passou a encarar com algum interesse a ideia de ter sua produção reunida em livro. Em 1959, finalmente aparece, publicada pela Editora Leitura, do Rio, a *Obra Poética*, no verso de cuja falsa folha de rosto, sob a rubrica "Do Autor", anunciava-se o próximo lançamento, pela mesma editora, da *Obra Poética II* e, pelas Edições Macunaíma, de Salvador, de uma coletânea de sonetos, O *Pavão e o Papagaio*. A *Obra Poética II* jamais foi publicada, sendo de temer que agora, morto o autor, seus originais possam vir a perder-se. Quem esteja interessado em estudar a poesia sosigenesiana terá, portanto, de contentar-se mesmo com a *Obra Poética I*, uma brochura de trezentas páginas, que se divide, após uma breve nota sobre o autor assinada pela editora, em quatro partes: "Sonetos Pavônicos e Outros Sonetos", "O Vinho e os Aromas", "Versos de uma Era Extinta" e "Belmonte, Terra do Mar".

Está claro que uma pesquisa em jornais e revistas[4] haverá de exumar poemas não incluídos no volume da Leitura, a par de variantes de alguns dos que ali constam, pois o poeta costumava retrabalhar os seus textos, umas vezes para melhor, outras para pior. Por exemplo, variante bem mais pobre de "A Apoteose das Parcas" (p. 112 da *Obra Poética*) é transcrita por João Cordeiro num discurso que figura no folheto *Homenagem a Alves Ribeiro* (Salvador, Academia dos Rebeldes, 1931). Isso já não acontece com o soneto "São João" (p.

---

nenhuma bibliografia acerca do poeta, notadamente informações de ordem biográfica, achei ser útil transcrever, nesta e em algumas das notas que se seguem, trechos dessa carta. Sobre Sosígenes Costa em Ilhéus, diz, entre outras coisas: "Ele ·morava num pequeno apartamento de duas salas (usava uma como quarto) com banheiro no corredor. Era o prédio de uma loja de ferragens cujo primeiro andar era formado de salas para escritórios. Sosígenes ocupava as duas salas da esquina, sobre a rua principal de comércio, ruazinha estreita, de pedestres. Saía apenas para o Telégrafo (quando não pagava um substituto) e para a Associação Comercial, da qual era secretário. [...] Às vezes, quando eu ou alguém passava por lá, ia até a avenida da praia com o amigo, no fim da tarde e por alguns instantes".

3. "No Rio, num pequeno apartamento num morro encrustado em Copacabana, entre Barata Ribeiro e Av. Copacabana, permaneceu solitário. Eu o via, com frequência, na elegância de sempre, andando sozinho pela Av. Copacabana, simplesmente passeando, isto é, dando uma volta. Um ou dois anos após a mudança para GB, conseguiu (pagando 10 mil de então) aposentar-se. [...] Ligou-se também, bastante, a Dora Seljan, que morava perto dali, com Antonio Olinto, na rua Duvivier. Dora influiu bastante sobre ele, ajudou-o na preparação dos originais para a edição do volume." James Amado, *carta cit.*

4. Sosígenes Costa colaborava com "poemas curtos" no *Diário da Tarde*, de Ilhéus. E num dos números da revista *Clima*, de São Paulo, foram publicadas as "Cantigas de Romãozinho", "quatro ou cinco poemas curtos, do melhor Sosígenes". (James Amado, *carta cit.*).

III. Pavão, Parlenda, Paraíso: uma Tentativa de Descrição Crítica da Poesia de Sosígenes Costa

28 da *Obra Poética*), de que possuo versão mais antiga, mas a meu ver superior, que me foi presenteada pelo escritor James Amado em cópia datilográfica, por volta de 1947. Mas o estudo de variantes nos poemas de Sosígenes Costa é, pelo menos de momento, preocupação um tanto bizantina. Importa mais, a esta altura dos acontecimentos, reler os noventa textos reunidos na *Obra Poética*[5] para deles tirar as lições que porventura tenham a oferecer-nos acerca da arte desse estranho e original poeta que só aos 58 anos de idade, poucos anos antes de morrer, consentia em publicar seu primeiro livro.

II

Por essa estreia tardia, bem como por alguns outros pontos de contato, o caso literário de Sosígenes Costa tem semelhança com o de Mario Quintana, também um notável poeta que só recentemente alcançou o reconhecimento a que fazia jus. Embora se tivesse ligado ao grupo modernista gaúcho em fins da década de 1920, Quintana estreou tarde, em 1940, com *Rua dos Cataventos*, livro de sonetos neossimbolistas em cujo aparente "passadismo" a crítica da época não soube descobrir a discreta nota de modernidade nele posta por aquele "artesão irônico e astuto" (a frase é do seu melhor crítico, Fausto Cunha)[6] que precisou publicar outros livros com poemas em prosa e em verso livre para, redimindo-se do equívoco da estreia, ser finalmente reconhecido como um poeta de singular requinte e originalidade.

Sosígenes Costa também pertenceu a um dos grupos pioneiros do Modernismo na Bahia, grupo reunido à volta de Pinheiro Viegas e que fundou em

---

5. Por ser a poesia de Sosígenes Costa ainda muito pouco conhecida, entendi que, em vez de estudar-lhe em pormenor este ou aquele aspecto particular (estudo cujo entendimento exigiria do leitor já alguma familiaridade com ela), melhor seria dar, dela, uma visão panorâmica, ainda que superficial, visão capaz de, no melhor dos casos, despertar a apetência do leitor e motivá-lo para a leitura da *Obra Poética*. Foi o que aqui tentei fazer, ao explicitar aqueles que considero serem os temas e particularidades formais mais característicos da obra do Sosígenes Costa e os quais, no meu entender, o singularizam fortemente no quadro da poesia brasileira moderna. Para melhor ordem da exposição, optei por estudar, nas partes do presente ensaio numeradas de II a V, cada uma das secções sucessivas da *Obra Poética*. Essa opção permitiu-me analisar ordenadamente as principais facetas da arte de Sosígenes Costa: ele próprio fez uma divisão homorgânica de seus poemas ao reunir, em cada uma das partes do volume, peças afins tanto em nível formal quanto temático.

6. Ver "Estudo Crítico" sobre Mario Quintana in *Poetas do Modernismo, Antologia Crítica*. Brasília, INL, 1972, vol. v.

JOSÉ PAULO PAES: *Crítica Reunida Sobre Literatura Brasileira & Inéditos em Livros*

1928 a Academia dos Rebeldes, da qual fizeram parte, além do poeta, Jorge Amado, Edison Carneiro e Dias da Costa, entre outros. Todavia, a ter como certas as datas de composição das peças enfeixadas na primeira parte da *Obra Poética*, quando ainda andava acesa a campanha dos modernistas contra o soneto e em prol da institucionalização do verso livre, entretinha-se o poeta a escrever seus "Sonetos Pavônicos", todos rigorosamente rimados e metrificados, nos quais são perceptíveis traços parnasianos e, sobretudo, simbolistas, ainda que tais sonetos nada tenham de passadistas, caracterizando-se antes por uma modernidade que se patenteia, como a de Quintana, na exploração criativa das possibilidades expressionais dessa forma fixa, então esclerosada pela prática mecânica e abusiva.

Reminiscências simbolistas ressaltam em particular no ciclo de sonetos dedicados ao crepúsculo, hora eminentemente simbolista, em que as cores delimitativas das coisas, cuja nitidez é como que a garantia das fronteiras do real, se entremesclam e esmaecem na ambiguidade das tintas do poente. Não é de estranhar que esse momento efêmero de indistinção entre o dia e a noite, quando os objetos perdem a fixidez dos contornos para ostentar irisações de sonho, seja tão caro à alma simbolista, dilacerada entre o real e o ideal, no permanente empenho de sobrepor o sonho à vida. É essa sobreposição tipicamente simbolista a que evoca o primeiro dos "Sonetos Pavônicos" (primeiro pela ordem em que aparece no livro)[7]:

> [...] Tudo é doce e esplendente e mais triste e mais belo
> e tem ares de sonho e cercou-se de arminho.
> Encanto! E eis que já sou o dono de um castelo
> de coral com portões de pedra cor de vinho.
>
> [...]
> E assim sou castelão e a vida fez-se oásis
> pelo simples poder, ó pôr do sol fecundo,
> pelo simples poder das sugestões que trazes.

---

7. É o soneto "Tornou-me o Pôr do Sol um Nobre Entre os Rapazes", que data de 1924. A rigor, "O Primeiro Soneto Pavônico" é o 23ª da coleção e traz também a data de 1924.

As mais das vezes, está ausente dos "Sonetos Pavônicos" a nota pessoal ou subjetiva que transparece no exemplo acima; mesmo no grupo de sonetos ao anjo (pp. 17, 25, 34 e 42 da *Obra Poética*), nos quais, por entre os disfarces simbólicos, transluz um fundo confessional, quem ocupa o centro do palco é a figura do anjo, cúmplice dos êxtases e malogros amorosos do poeta, não este mesmo. Ao voltar-se para o mundo exterior, cujos espetáculos ama fixar, o sonetista não o mistura com seu mundo interior; não transforma a paisagem em estado d'alma, consoante a prática simbolista. Tanto quanto possível, prefere omitir-se como objeto ou sujeito da ação do poema para assumir a condição de olho impessoal, preocupado mais em *ver* do que em *ver-se*. Essa omissão se marca inclusive por dois pormenores de ordem gramatical: a predominância do mais neutro dos pronomes, o de terceira pessoa, e a frequência do presente do indicativo, tempo verbal por excelência da descrição, da visualidade, do aqui-e-agora do observador (e por contraste, do sempre, pois o presente do indicativo também indetermina temporalmente a ação, fá-la eterna).

Mais do que a simbolista, porém, a impregnação preponderante na primeira parte da *Obra Poética*, e em certos momentos de outras partes, é a barroca. A sonetística de Sosígenes Costa é de índole marcadamente sensual; por sua profusão de cores e perfumes, vincula-se de perto àquela poesia dos sentidos que Lorca[8] deu como característica de Góngora, mestre do barroco literário. O gosto da cor está emblematizado na cauda irisada da ave que dá nome à série – "Pavônicos" – e esplende, singularizado, no ciclo de poemas em louvor do amarelo (pp. 39, 40, 47, 48, 57 e 112 da *Obra Poética*), ciclo de plenitude solar que se contrapõe ao ciclo já mencionado dos crepúsculos simbolistas cuja peça mais característica tem o nome bem barroco de "Triunfo do Amarelo":

Luta o amarelo contra o verde, agora,
no esforço de vencê-lo e confundi-lo.
E assim derrama, esdrúxulo, na flora
sépia, topázio, abóbora, berilo.

A gama de perfumes nos "Pavônicos" é rica. Além das fragrâncias de numerosas flores – nunca a flor em abstrato, mas sempre a flor individualizada

---

8. Ver o ensaio "La Imagen Poética de Góngora", em Federico García Lorca, *Prosa*, Madrid, Alianza Editorial, 19-72, 2. ed.

pelo nome específico, alguns de rica sonoridade como amaranto, ixora, caládio, crisandália, para não falar na misteriosa "azureia", que os dicionários não registram[9] –, inclui os aromas orientais do sândalo, da mirra e do incenso, repetidamente citados. Estes dois últimos ligam-se sobretudo à figura de Belkiss, rainha de Sabá, a quem o poeta chama "imperatriz do aroma", talvez porque de Sabá viesse, nos tempos bíblicos, o incenso, ainda hoje conhecido por "lágrima sabeia". Belkiss e o rei Salomão aparecem como protagonistas de dois sonetos que anunciam a obsessão do poeta pelos heróis e episódios do Velho e do Novo Testamento, os quais, além de lhe pontilharem a dicção de alusões saborosas, irão inspirar-lhe alguns dos seus poemas mais bem logrados e característicos, conforme se verá adiante. Aliás, as contínuas referências, nos "Sonetos Pavônicos", a reis, príncipes e rainhas (além de Belkiss e Salomão, o Faraó, o rei de Ofir, o rei da Prússia, o rei de Tiro, Herodes e Sardanapalo, entre outros), bem como a pedras preciosas – opala, topázio, calcedônia, esmeralda, berilo, cornalina –, ligam-se a uma inclinação barroca pelo luxo, o fausto, o poder.

Uma das mais antigas peças da sonetística de Sosígenes Costa, na qual são referidos pela primeira vez dois dos seus *Leitmotive*, o pavão e a realeza, fornece subsídios para a compreensão de um dos seus processos básicos de criação. Trata-se de "O Primeiro Soneto Pavônico", datado de 1928, e que, como outros sonetos da coleção, fixa um espetáculo paisagístico muito caro ao poeta: o fim da tarde e a chegada da noite. Alguns versos ainda são convencionais: os "sóis poentes" são comparados a "douradas aquarelas" e a "mirabolantes fogos de artifício", e o elocutor do soneto não teme confessar que, perante essa visão, "um suspiro de amor do peito" arranca. Mas três versos da segunda quadra fogem à convencionalidade:

> Os coqueiros, pavões de um rei fictício,
> abrem as caudas verdes e amarelas
> ante da tarde o rútilo suplício.

O poeta aproveita essa hora crepuscular de dissolução da realidade para entregar-se a uma operação igualmente dissolvente: a de aplicar os poderes

---

9. Pelo menos os que tive oportunidade de consultar: Antenor Nascentes, Aurélio Buarque de Holanda, Silveira Bueno, Caldas Aulete, a *Grande Enciclopédia de Língua Portuguesa*, o Delta-Larousse.

III. Pavão, Parlenda, Paraíso: uma Tentativa de Descrição Crítica da Poesia de Sosígenes Costa

da imaginação aos elementos do mundo que o circunda – no caso, os leques dos coqueiros de praia, tão comuns em Belmonte, sua cidade natal, ou em Ilhéus, onde passou a maior parte da vida – para, através da transfiguração imagética, libertá-los das leis restritivas do real e conferir-lhes a plena liberdade do imaginário. A partir de então, o leque de coqueiro rompe de vez o nexo metafórico que ainda o prendia à realidade e voa, definitivamente pavão, para o mundo feérico dos sonetos. E o poeta, seu demiurgo, coroando-se a si mesmo rei, acaba por abolir o adjetivo "fictício" que lhe restringia a realeza e passa a gozar, em plenitude barroca, seus privilégios de soberano de Ofir e Pavônia, às turras com o rei de Tiro, que lhe vem roubar madeiras preciosas para ajudar Salomão a erguer o templo de Jerusalém:

Não quero mais que o rei de Tiro venha
apanhar meus pavões pro bem-amado.
E nem marfim, nem preciosa lenha,
nem flor azul, nem papião dourado.

Não é só nos "Sonetos Pavônicos", mas ao longo de toda a *Obra Poética* que se opera o jogo entre a realidade mais ou menos imediata e a imaginação transfiguradora. Convém lembrar que, no caso, essa realidade é a Bahia, com sua rica vida popular, de cujos usos, comidas, crenças, folguedos e linguajar, nos quais se faz sentir, tão criativa, a presença negra, o poeta foi partícipe desde os dias da infância em Belmonte, evocados nos poemas da última parte do livro, até os muitos anos que passou em Ilhéus, quando, nos versos que escrevia, ia registrando escrupulosamente o que visse e ouvisse nos terreiros de candomblé, a ponto de um poema seu, "Nego Sereio", ter servido de abonação a um pesquisador como Edison Carneiro[10]. Contraparte à vivência localista, a imaginação do poeta é confessadamente cosmopolita, compraz-se via de regra no remoto, no exótico e no feérico das recordações de leitura: os reinos fabulosos da antiguidade, as personagens da História, as figuras da mitologia grega e da tradição bíblica, os monstros lendários. Num outro soneto do ciclo crepuscular, pode-se apreciar bem o casamento metafórico celebrado pela imaginação entre vivência e cultura. Pelo que deixa entrever da oficina do poeta, vale a pena transcrevê-lo na íntegra:

10. Citado por Péricles Eugênio da Silva Ramos, *loc. cit.*

Bronze no ocaso e vinhos no horizonte.
E o mar de bronze e sobre o bronze os vinhos.
No rei das aves o poder do arconte
E o sangue azul nos rubros passarinhos.

No meu telhado eu vejo em vossa fronte,
meu cardeal, o rubro entre os arminhos.
Pintou Bronzino esses três reis da fonte:
bronze nas asas, no diadema os vinhos.

O bronze imperial lá está na ponte.
E o bronze voa e esses três reis sozinhos.
Bronzes ao longe e outros no mar defronte.

E o bronze abrasa os pássaros marinhos.
E os reis do ocaso, as aves de Belmonte,
cantando ostentam seus brasões e arminhos.

Esse soneto, que se chama "Os Pássaros de Bronze", está datado de 1959. As datas são um dado significativo nos "Pavônicos". O mais antigo deles é de 1921 e os mais recentes de 1959; os demais remontam a diversos anos das décadas de vinte e trinta. Há peças com datas duplas: "O Pôr do Sol do Papagaio", por exemplo, traz as de 1928-1959 e "A Aurora e os Leopardos" as de 1935-1959. Isso tudo indica a constância com que o poeta cultivou o gênero, sem se deixar levar pelas flutuações da moda literária, que proscreveu o soneto durante o Modernismo para voltar a exumá-lo com a Geração de 45. Vem a propósito, neste ponto, observar que a poesia de Sosígenes Costa, no seu conjunto, não apresenta praticamente fases evolutivas a seguirem-se umas às outras, como as que se podem observar em outros poetas de sua geração. Há, isto sim, módulos de expressão que convivem sincronicamente, como se o poeta tivesse nascido por assim dizer completo. Não é raro vê-lo retocar e completar poemas antigos ou mesmo aproveitar-lhes motivos, palavras-chave, protagonistas ou até versos inteiros em novos poemas, que se vinculam harmoniosamente àqueles, prolongando-lhes ou enriquecendo-lhes as ressonâncias.

Em "Os Pássaros de Bronze", o poeta resgata da anodinia um espetáculo que haveria de se lhe ter tornado corriqueiro – a revoada dos pássaros – ao

III. Pavão, Parlenda, Paraíso: uma Tentativa de Descrição Crítica da Poesia de Sosígenes Costa

pôr-do-sol, em Belmonte –, infundindo-lhe magnificência barroca por via da transfiguração metafórica. Como tantos outros dos "Pavônicos", este é um soneto puramente visual, cuja impessoalidade de linguagem só é perturbada no quinto verso, onde o observador-elocutor trai por um instante sua presença. Visualidade implica cor e a cor governa de fato a sintaxe analógica do poema.

"Bronze" é amarelo-ouro misturado a vermelho, as duas cores básicas do sol poente; na linha do horizonte, por sobre as águas do mar, o vermelho, mesclando-se ao azul do céu a escurecer, se adensa em roxo: "vinho". Mas existe um outro parâmetro no jogo de analogias – a realeza, com seus correlatos luxo e poder – que, articulando-se sutilmente ao primeiro, participa no agenciamento dos elementos metafóricos.

Na quadra inicial do soneto aparece a palavra-chave "rei", logo a seguir modulada, no mesmo verso, em "arconte", magistrado com *poder* de legislar e executar leis; em "cardeal", *príncipe* da Igreja, no sétimo verso; em "três reis da fonte", também no sétimo; em "bronze *imperial*" no oitavo; em "três reis sozinhos" no décimo; e em "reis do ocaso" no décimo terceiro, isso para não falar dos "brasões e arminhos", símbolos reais que fecham o poema. Essa palavra-chave funda todo um campo semântico que polariza a seleção dos dois símiles básicos, "bronze" e "vinho", agenciados não só em razão de suas cores semelhantes às do sol poente, mas sobretudo por sua relação simétrica com a ideia de realeza: o bronze é o metal de que se fazem as estátuas e os vasos dos palácios; o vinho, bebida dos deuses, tem a cor da púrpura cardinalícia, e é um cardeal – nome com que se designam várias aves de cor predominantemente vermelha[11] – o pássaro que vem pousar no telhado do poeta e em cuja plumagem rubra haveria zonas de branco, da mesma cor dos "arminhos" que enfeitam as túnicas dos cardeais. Idêntica polarização, mas em grau mais extremado, pode ser vista naquele intrigante "sangue azul dos passarinhos", explicável pela contaminação metafórica do azul do céu, onde vivem as aves e que lhes correria pelo corpo como um fluido vital, e o azul do sangue dos reis,

---

11. "A anotação, à p. 9, sobre 'cardeal' deve referir o passarinho que, aqui na Bahia, tem este nome: bom cantor, é cinza e branco com uma crista pronunciada e bem vermelha. Creio que o nome lhe vem do vermelho cardinalício. Mais para o Norte, a partir de Alagoas, a avezinha é conhecida como Galo da Campina. Sosígenes gostava de pássaros e plantas. Costumava criá-los e cultivá-las na Associação Comercial (onde também costumava ir à noite, tocar piano 'de ouvido'). Muitas vezes o vi atarefado com o cuidado de inúmeras gaiolas [...]". (James Amado, carta cit.)

diverso do sangue vermelho dos demais mortais; na sua condição de "reis do ocaso", os pássaros de Belmonte teriam direito a essa régia cor.

Atente-se agora para o que ocorre no nível da versificação. A dualidade, enfaticamente afirmada na abertura do soneto, entre "bronze" e "vinho", como que se espelha no corte sistemático de cada verso em duas partes, corte estabelecido não apenas pela acentuação do desassílabo, mas sobretudo pela estrutura gramatical de cada linha: jamais acontece de o corte cair no meio de uma palavra; quase sempre ele serve para separar uma circunstância de outra: "No rei das aves/ o poder do arconte", "no meu telhado/ eu vejo em vossa fronte". Com exceção do nono verso, que se biparte em dois versos menores de seis e quatro sílabas, "o bronze imperial/ lá está na fonte" (decassílabo heroico), os demais se dividem à altura da quarta sílaba (decassílabo sáfico), onde, em cinco dos versos, aparece a conjunção "e", explicitada ou elíptica, como marco a assinalar a dualidade estrutural do soneto, dualidade que de resto está presente nas suas duas únicas rimas, em -onde e em -inhos. Dignas também de reparo são as repetições de palavras-chave como "bronze", a qual, destacada no título, ocorre mais oito vezes no texto, fundando inclusive uma sequência paronomásica no último terceto – *bronze, abrasa, brasão* – em que a proximidade dos sons reflete a proximidade dos sentidos: o bronze ígneo do sol dá cor de brasa aos pássaros que, como reis do ocaso, ostentam brasões; para o leitor, "brasão" soa aqui quase como aumentativo de "brasa". Nenhum filólogo de juízo perfilharia tão fantasioso nexo etimológico mas o ouvido o aceita como justo e natural. E é esse mesmo sentido de justeza que faz o poeta escolher, para pintar-lhe os pássaros belmontinos, não um pintor dos maiores ou dos mais famosos, como o Leonardo e o Murilo citados em outros de seus sonetos, mas um maneirista florentino algo secundário, Bronzino (1502-1572), que foi retratista da corte do Duque da Toscana. Escolheu-o porque o nome do pintor soa como um adjetivo derivado de "bronze" e porque ele viveu numa época de fausto, quando, nas cortes italianas, a lutar também pelo poder e a glória, os cardeais se ombreavam com os príncipes e os *condottieri*.

A utilização de somente duas rimas ao longo de todo esse soneto, de par com a repetição de palavras-chave como "bronze", ilustram bem aquilo que, para evitar o rebarbativo de termos retóricos como anáfora, epanáfora, tautotes, mesofonia e outros que tais, se poderia chamar simplesmente de *pendor reiterativo* de Sosígenes Costa. Consiste numa tendência congenial, para não

III. Pavão, Parlenda, Paraíso: uma Tentativa de Descrição Crítica da Poesia de Sosígenes Costa

dizer obsessiva, de repetir motivos, palavras, rimas, sonoridades etc., muitas vezes de um para outro poema. "Abriu-se um Cravo no Mar", por exemplo, é um soneto de índole marcadamente reiterativa, com a sua repetição dos dois termos-chave do título, "mar" e "cravo"; com o seu paralelismo anafórico de construções como "o mar espuma …", "o mar cintila …", "o mar atira …"; com a sua duplicação do mesmo verso nos dois quartetos, verso que não passa de paráfrase do título. Nesse, e em outros particulares, o soneto é fiel testemunha de algumas das idiossincrasias do poeta. Mais que tudo, do seu gosto pela descrição objetiva, visível na constância do presente do indicativo e no ponto final que separa, nos tercetos, um verso do outro, fazendo de cada um uma afirmativa enfática, em *staccato*, e que culmina na presentificação total do fecho de ouro, naquele "É" que informa ao leitor, no momento mesmo em que o poeta a descobre, a razão de o perfume da noite aumentar cada vez mais – processo de aproximação cujo curso é iniciado pelo "vem" do verso que se repete. Ilustra esse soneto, ademais, pendores barrocos já mencionados, aqui manifestos na fascinação pelos perfumes; no sensualismo do processo metafórico, que animaliza a paisagem, fazendo do mar a uma só vez touro, cão e pombo, animais emblemáticos da potência amorosa e da lascívia, igualmente emblematizadas no "lupanar" do verso décimo primeiro; enfim, no estatuto de igualdade que estabelece entre o natural e o fabuloso, povoando a realidade de figuras míticas como o dragão e a sereia:

A noite vem do mar cheirando a cravo.
Em cima do dragão vem a sereia.
O mar espuma como um touro bravo
E como um cão morde a brilhante areia.

A noite vem do mar cheirando a cravo.
Com palidez de lírio, a lua cheia
surge brilhando e a água do mar prateia
e o mar cintila como um pombo flavo.

O odor de cravo pela noite aumenta.
A noite, em vez de azul, está cinzenta.
Sente-se o aroma até no lupanar.

O mar atira no rochedo o açoite.
Aquele aroma aumenta pela noite.[12]
É o cravo que o dragão trouxe do mar.

A repetição do mesmo esquema de rimas é o caso mais flagrante de reiteratividade nos "Pavônicos", por ser a rima o ponto de maior ênfase no verso, cujo limite assinala e cujo sentido vincula, pelo paralelismo imediato do som, ao sentido dos versos anteriores ou posteriores. Em "A Aurora e os Leopardos" repetem-se, durante todo o soneto, as rimas em *-ardas* e *-ejos*; em "O Pôr do Sol do Papagaio", só há rimas em *-aio* e *-leite*, sendo que as palavras "papagaio" e "maio" aparecem, cada uma delas, três vezes em posição de rima; em "Pavão Vermelho", a expressão do título ressurge também três vezes no contexto e sempre em posição de rima. De quando em quando, aproveita o poeta, num soneto, o mesmo esquema de rimas de outro: assim, a rima *aroma/Rama*, que surge numa peça de 1937, "Crepúsculo de Mirra", vai voltar vinte e dois anos depois em "Os Enigmas da Rainha de Sabá". Outras vezes, diverte-se ele em aplicar a mesma articulação consonantal a diferentes vogais: "O Anjo da Apoteose" só traz rimas em *-ala, -ela, -ila*, e "O Despertar dos Ecos" rima sucessivamente em *-ata, -eta, ita, -uta*. Mais notável ainda é o caso de "A Procissão de Cleópatra", cujas rimas são em *-ala, -elo, -ilo, -ola*; essas mesmas rimas irrompem às vezes no meio do verso (rima interna), sendo inclusive a sequência vocálica completada pelo *-ula* de "azula", no meio do último verso do primeiro quarteto; como se isso não bastasse, o soneto inteiro alitera em *l*:

A Rainha do Egito, entre os *l*ótus de opa*l*a,
fina*l*mente surgiu no poente amare*l*o.
Na ânsia de contemp*l*á-*l*a o céu se faz mais be*l*o
e o Ni*l*o, que se azu*l*a, ao próprio céu se igua*l*a.

E C*l*eópatra cinti*l*a, irrea*l*, sem para*l*e*l*o,
Na charo*l*a do so*l*, pelo Ni*l*o de opa*l*a.

12. Este verso praticamente repete o primeiro verso do primeiro terceto do soneto; mais um caso, portanto, de pendor reiterativo. Note-se que a ênfase no verbo "aumentar", aqui vinculado à intensificação do perfume noturno de cravo, é paralela à ênfase no verbo "vir" aos dois quartetos, servindo também para sublinhar o processo de aproximação figurado pelo soneto.

É proclamada o arcanjo! E esplende o Nilo em gala
e em luz se desenrola esse momento belo.
[...]

Mas neste capítulo das rimas, a singularidade mais importante a destacar é a ocorrência, em fim de verso, de palavras de terminação menos comum, que reduz as possíveis opções de rima a um elenco bastante restrito. São as rimas ditas difíceis, em que Sosígenes Costa parece especialmente comprazer-se. Com frequência, tem-se a impressão de que o poeta cria para si mesmo situações críticas, das quais não se consegue safar com muito aprumo e em que chega mesmo à beira do bestialógico. Assim, em "O Enterro", cujo assunto aparente é o sepultamento de Cristo, a rima em -*orta* reitera-se quatro vezes nos quartetos, respectivamente em *morta / porta / horta / morta*. "Morta" é palavra cujo sentido quadra à maravilha no contexto elegíaco da peça; para nele encaixar "porta", o poeta não encontra muita dificuldade: "E a beleza tão pálida e serena/ no enterro sairá por esta porta". Mas a atmosfera melancólica do poema parece irremediavelmente comprometida quando a necessidade de rima leva-o a dizer que "Vendo o lençol de mirra, Madalena/ cairá desfalecida lá na horta". O leitor sente a artificialidade desse intempestivo "lá na horta" e se dá conta de que foi ali colocado por obrigação de rima, destoando inteiramente do contexto, cuja dicção até então fluente e natural é de súbito interrompida por ele. Coisa semelhante acontece em "A Magnificência da Tarde":

Voa ao poente a túnica da brisa
se desmanchando em chuva de lilases.
A tarde, ante essa mágica, se irisa
e exibe cores francamente audazes.

A natureza, certo, romantiza...
Há nos jardins fascinações de oásis
e os encantos do olhar de Mona Lisa
estão nas rosas e nos grous lilases
[...]

Aquele "romantiza", que termina o quinto verso e que serve para manter a rima em -*isa*, soa como um reparo irônico ao excesso de cores do poente, reparo involuntário talvez, suscitado pela mecânica da rima. E se, para continuar rimando em -isa, há alguma pertinência em comparar os encantos das rosas aos do olhar de Mona Lisa, já se descamba para o despropósito quando entram na comparação grous lilases... Sente o leitor também algo de despropositado naquele "francamente", embutido no fim do primeiro quarteto.

Erraria, porém, quem fosse atribuir tais despropósitos ou quebras de dicção a inabilidade em conciliar o sentido dos versos com as obrigações de rima. Como falar em inabilidade num caso como o de Sosígenes Costa, cuja artesania, de refinada, chega à beira do maneirismo, conforme devem ter evidenciado os comentários mais acima a poemas seus? Trata-se, antes, de algo a um só tempo mais profundo e mais sutil, de um jogo sorrateiro a que o poeta atrai o leitor e no qual, perdendo, é que sai vencedor. O jogo consiste essencialmente numa operação contraditória: a de interromper por momentos aquela "suspensão de descrença", aquele estado de ânimo receptivo, empático, sem preconceitos nem restrições críticas, que Coleridge[13] exigia de todo leitor de poesia. Por via dessa operação contraditória, de "suspensão da suspensão", o leitor se duplica e ora é um crente coleridgiano, a encantar-se, como que num transe hipnótico, com a magia verbal do poeta, ora um cético em estado de vigília, a dar-se conta do que pode haver de artificial nessa magia quando nela surpreende rimas forçadas ou comparações fora de propósito. O choque entre encantamento e ceticismo, entre magia e artificialidade, induz em nós, seus leitores, o sentimento de humor, e percebemos então que o poeta quer dizer sempre algo mais do que à primeira vista parece ter dito. Quer-nos dizer que não é apenas uma imaginação neossimbolista ou neobarroca a transfigurar realidade em metáfora, mas também uma inteligência irônica a quem não escapa o caráter ilusório dessa transfiguração, que, bem feitas as contas, é apenas jogo, simulacro.

Importa ver que o humor de Sosígenes quase nada tem de sarcástico ou de negativó. É, antes, um humor ameno, feérico, que lembra remotamente o de Lewis Carrol por rondar de perto as fronteiras do *nonsense*. No campo do *nonsense* se enquadra um dos recursos mais utilizados pelo poeta, tanto nos "Sonetos Pavônicos" quanto em outras partes da *Obra Poética*, e que, à falta de melhor termo, se poderia chamar de "desconstelização do histórico".

---

13. Citado por W. K. Wimsatt Jr., *The Verbal Icon: Studies in the Meaning of Poetry*, New York, The Noonday Press, s.d., p. 30.

III. Pavão, Parlenda, Paraíso: uma Tentativa de Descrição Crítica da Poesia de Sosígenes Costa

"Desconstelizar" significa, aqui, destruir a constelação de conotações solenes; a aura de sacralidade que envolve figuras e fatos da História para trazê-los de volta às dimensões do cotidiano. Essa destruição se efetua por meio da anacronia, processo em que se transfere o dado histórico para um contexto temporal ou referencial que não é o seu próprio. Fá-lo o poeta, por exemplo, em "Na Casa da Açucena", reunindo, numa festa promovida pela flor cujo nome figura no título do soneto, Sardanapalo, o devasso e poderoso rei assírio do século VII a.C., e Frederico da Prússia, gênio militar do século XVIII, flautista e amigo de Voltaire. O despropósito histórico é ainda maior em "Cuidado com o Rei de Ofir", onde um soberano dos tempos bíblicos briga com um chefe asteca do século XII, ameaçando exilá-lo para além da Patagônia, região positivamente desconhecida no Oriente antigo. Outro recurso desconstelizador usado pelo poeta é o tom pedestre ou mesmo galhofeiro com que trata seus motivos históricos, tom dosado com muita finura neste retrato de São João Batista:

Só come gafanhoto e sozinho na mata,
sem olhar a mulher, sem cortar o cabelo,
de mel silvestre à cata. Algo tem de garoto,
vestido só nos rins de couro de camelo.

O corvo traz-lhe pão. Quer mel e gafanhoto.
Peludo, a barba grande, o olhar é o setestrelo.
Amedronta os leões. Profeta no seu zelo
clama contra a mulher de Herodes, o maroto.

Assim, por via do humor implícito ou explícito, manifesta Sosígenes Costa a sua essencial modernidade, que cabe bem dentro daquela concepção, entre arguta e melancólica, que Thomas Mann formula no *Doktor Faustus* quando, a certa altura, observa que os meios da arte moderna só servem para a paródia. Paródia desmistificadora, que não poupa sequer as pretensões da arte ou as ilusões do próprio artista. E que, ao menos neste particular, se afirma como um instrumento de libertação e de lucidez.

III

Com exceção da forma fixa do soneto, várias das demais características postas em destaque durante o exame de conjunto dos "Pavônicos" aparecem na segunda parte da *Obra Poética*, intitulada "O Vinho e os Aromas" e que reúne apenas dois poemas. O primeiro deles, "Dorme a Loucura em Ânfora de Vinho", é todo em decassílabos de rimas reiterativas: em 41 dos seus 55 versos, as palavras-chave "vinho" e "poço" repetem-se em posição de rima. Essas palavras-chave configuram dois provérbios ou expressões proverbiais — "*in vino veritas*" e "a verdade está no fundo do poço" —, que o poema se empenha em negar, assumindo, com isso, caráter moralizante. Tal caráter ressalta inclusive na mudança dos modos verbais. Como nos "Pavônicos", predomina aqui também o presente do indicativo, cujo poder de presentificação é intensificado pela repetição do demonstrativo:

> Dorme a loucura em ânfora de vinho
> e a ilusão está dentro deste poço.
> Nunca a verdade esteve neste vinho.
> Nunca a verdade esteve neste poço,
> nesta cisterna aberta no caminho.
> A ilusão é que vive neste poço.
> A loucura é que dorme neste vinho.

A partir da terceira estrofe, a elocução, até então dirigida ao leitor em abstrato, volta-se para um interlocutor determinado, que o pronome de segunda pessoa marca e que é identificado na advertência "cuidado, passarinho"; ocorre, ao mesmo tempo, a passagem do indicativo para o imperativo, modo de ordem e de admoestação, típico, portanto, do registro moralizante que irá predominar na estrofe final do poema, onde o elocutor incita o passarinho — sua hipóstase simbólica, a mirar-se no espelho das águas do poço — a que não se deixe embriagar pelo vinho do narcisismo, mas cuide antes de "amar a um outro passarinho".

A admoestação faz-se queixa amorosa em "O Vinho e os Aromas", que dá nome à segunda parte da *Obra Poética*. Trata-se de um longo poema de quase seiscentos versos em redondilha maior, agrupados, sem rima, em estrofes irregulares. Embora as três citações que abrem o poema, definindo-lhe um dos

Leitmotive – o vinho afasta o homem da sabedoria –, tenham sido tiradas dos Provérbios e do Eclesiastes, é no Cântico dos Cânticos que ele se inspira e de que constitui uma paráfrase sob *mais* de um aspecto original e audaciosa. No texto salomônico, a elocução é assumida ora pelo amante ora pela amada ou amadas; na paráfrase, só fala um "nós", que se identifica a certa altura como a Sulamita. Entretanto, os adjetivos no masculino denunciam-lhe o sexo: os elocutores agrupados sob o signo ambíguo do "nós" são servos de Salomão; cuidam-lhe os vinhedos de Engadi e trabalham em suas adegas, copas e cozinhas. Vieram da Etiópia no séquito da rainha de Sabá e são de pele negra, cor eroticamente exaltada nas estrofes iniciais do poema, numa glosa do motivo *niger sed formosa*. Essa glosa, em que os elocutores se desculpam ao bem-amado de sua cor, funde um motivo do Gênesis – Cão, pai dos povos negros, é amaldiçoado por Noé, de cuja embriaguez zombou – ao motivo de abertura do Cântico dos Cânticos, quando a esposa morena de Salomão atribui a cor de sua pele ao sol que a queimou enquanto ela guardava vinhas alheias, a mando dos irmãos invejosos. Assim também os servos-amantes de Salomão, por desprezarem "o vinho/ e a embriaguez de Noé" foram expulsos do Éden salomônico, indo refugiar-se na Etiópia, cujo sol lhes deixou a pele

[...] escura e trigueira
a ponto dos seus aromas
se tornarem concentrados
como os perfumes celestes
da filha de Faraó.

A não ser por duas anacronias típicas do poeta, que pendura "balangandãs" ao pescoço dos servos-amantes e os põe a morar numa "linda favela" no Líbano, no restante o poema mantém-se fiel à linguagem do texto bíblico, particularmente à sensualidade de sua imagética: o unguento derramado na pele, os cortinados arábicos a ocultarem a camarinha, os peitos a semelharem pombos ebúrneos, o amante a correr feito veadinho pelos outeiros. Essa imagética se trama ao redor dos dois polos explicitados no título da peça, vale dizer, o vinho e os aromas. No vinho se polariza a negatividade: além de, pela loucura da embriaguez, roubar Salomão de sua virtude maior, a lucidez da sabedoria, o prazer que ele proporciona é inferior aos prazeres amorosos, conforme lembra o segundo versículo do Cântico: "melhor é o teu amor do que o vinho". Toda a positividade se concentra nos aromas: eles são a aura da pele negra, "feita para o gozo dos lábios" de el-rei "alvo e rubicundo"; são a própria emanação da Natureza ressurreta em flores e frutos na primavera, quadra dos amores e do regresso de Adônis. Por isso, em vez de vinho, os servos-amantes oferecem a Salomão o licor afrodisíaco da romã, fruta nascida lendariamente do sangue de Adônis, ou então vinho de maçãs doces colhidas no Paraíso, para onde eles anseiam voltar em companhia de seu bem-arriado. Mas trata-se, no caso, de um Paraíso *sui generis*, que tem menos a ver com o Gênesis do que com O *Banquete* de Platão, onde os servos-amantes foram buscar o mito da androginia para, combinando-o com o mito bíblico da criação da mulher, explicar a natureza desse afeto que, sob o álibi de "amor fraterno", eles têm por el-rei:

Ó amado de noss'alma,
deixa-nos tocar hoje à noite
em teu ventre de marfim,
que é tão brando e delicado
que devia ter um útero
como Adão no paraíso
antes de Eva nascer.
Antes de Deus arrancar
a mulher que estava nele.
Antes de Deus separar
os sexos ao hermafrodita.
Antes de Deus dividir
o arcanjo de dois sexos,
o formoso ser ambíguo,
num homem e numa mulher.

A admoestação amorosa alterna a espaços com o louvor das graças d'el-rei, dos seus "dois peitos de arcanjo" e de suas "ancas de Vênus de marfim". Ecoa ela o versículo bíblico "A sua mão esquerda esteja debaixo da minha cabeça, e a sua mão direita me abrace" (Cantares, 2:6), mas com uma alteração crucial:

Nossas cabeças se apoiam
já sobre teu braço esquerdo.

Mas a tua mão direita
ainda não nos abraça.

A Salomão censuram seus amantes negros a timidez e a indecisão com que os procura para seus "amores ocultos", queixando-se, outrossim, dos vexames que sofrem por causa dele, no que continuam a ecoar o texto bíblico (Cantares, 5:7):

Por enquanto, Salomão,
tu nos amas escondido
e quando te procuramos
tarde da noite os soldados
[...] nos espancam com as espadas,
arrancando os nossos mantos
que disputam calmamente
tirando aos dados a sorte.[14]

O espancamento às mãos dos soldados e o relutante abraço incompleto fixam respectivamente o lado social e o lado metafísico desse amor que, por aberrante da norma, está condenado à clandestinidade e, mais do que isso, à eterna frustração, pois, como observou Proust,[15] os que por ele anseiam "estão precisamente enamorados de um homem que não teria nada de mulher, de um homem que não seria invertido e que, por conseguinte, não pode amá-los". Tal problemática vai encontrar nos motivos, metáforas e sobretudo ambiguidade do Cântico dos Cânticos – texto "aberto" que tem suscitado as interpretações mais variadas – o enquadramento mítico capaz de exprimir-lhe toda a pungência, no que "O Vinho e os Aromas" faz lembrar os melhores momentos de Constantin Caváfy, o que não é dizer pouco.

14. Atente-se para a correlação entre esta passagem e um episódio da crucificação de Cristo, quando os soldados lançam sortes sobre o manto dele (Mateus, 27:35; Marcos, 15:24). Por via dessa correlação, o poeta estabelece um paralelo entre os sofrimentos dos amantes negros e os de Cristo.
15. *Sodoma e Gomorra*, tradução de Mario Quintana, 2. ed., Porto Alegre, Globo, 1964, p. 14.

IV

Após a leitura dos 27 poemas que formam a terceira parte da *Obra Poética*, não se percebe bem a razão de ter-lhes sido dado o título geral de "Versos de uma Era Extinta". As peças trazem datas diversas – a mais antiga 1928 e a mais recente 1957 –, com o que fica excluída a hipótese de o título dever-se à época recuada de sua composição. Há diversidade também na temática dos poemas. Uns são descritivos, na linha dos "Pavônicos"; outros versam motivos folclóricos, no que antecipam a parte final do livro, onde tais motivos vão predominar.

Há alguns exemplos de poesia confessional, rara no poeta, assim como os há de poesia paródica. Três das peças poderiam ser caracterizadas como de participação política; outra, essa bastante longa, versa temas míticos. Restaria, por fim, mencionar o grupo de poemas que evocam um Brasil mais ou menos pretérito e que, por isso, justificariam talvez o título dado à Terceira parte do livro.

Entre as peças de índole descritiva, destaca-se "Búfalo de Fogo", que se vincula tematicamente aos sonetos do ciclo crepuscular e noturno. É dos poemas mais conhecidos do autor, talvez pelo fato de Jorge Amado, a quem está dedicado, ter-lhe transcrito algumas das estrofes em *São Jorge de Ilhéus*, romance de que um dos personagens, o poeta Sérgio Moura, tem ligeira parecença com Sosígenes Costa. Já no título da peça transparece aquele processo de animalização metafórica da paisagem visto no soneto "Abriu-se um Cravo no Mar", com o qual, aliás, tem outros pontos de contato. O búfalo de fogo é Ilhéus, com as luzes acesas dentro da noite; suas casas são "um bando de camelas/ a descansar sob as estrelas" e a treva um "mastodonte" que avança sobre a cidade. Paralelamente a esse processo de animalização, ocorre no poema um outro processo que se poderia talvez chamar de "culturalização do natural". Consiste no estabelecimento de nexos metafóricos entre os elementos da Natureza e artefatos, figuras ou ações humanas. Trata-se, pois, de um processo que se desenvolve em sentido exatamente oposto ao do trajeto "normal" da metáfora que, para Genette[16], vai "sempre da cultura à natureza, do mundo humano ao mundo cósmico: seus olhos são como estrelas, nosso amor é como o céu azul". A inversão do trajeto meta-

16. Gérard Genette, *Figuras*. São Paulo, Perspectiva, 1972, p. 237.

fórico "normal" provoca, por sua artificialidade, efeitos de estranhamente e de surpresa que podem chegar inclusive ao humorístico. Não é de admirar que tais efeitos sejam particularmente caros a um poeta como Sosígenes Costa que, conforme já se teve oportunidade de ver, encontra no humor, manifestado tanto em nível formal, pela rima rara ou forçada e pela comparação fora de propósito, como em nível de conteúdo, pela desconstelização do solene e pelo gosto do paródico, uma das marcas de sua arte poética. Humor que caminha *pari passu* com o encantamento lírico, numa simbiose rara de encontrar-se. É essa simbiose que predomina em "Búfalo de Fogo", onde as rimas iterativas – que tendem quase sempre à catacrese, vale dizer, à impropriedade de sentido –, as palavras de sonoridade extravagante ou exótica e os símiles artificiais como que zombam da seriedade da tristeza do poeta ou do seu deslumbramento ante os encantos da noite, num refinado balanceamento de efeitos de humor:

Envenenou-me a mancenilha.
Ah! porque sei que o ideal é inglório,
tenho a tristeza de uma ilha
perdida em pélago hiperbóreo.

[...] Oh! este mar dos lampadários
não brilha como os serpentários
e as pedrarias dos corsários
nem como as roupas do hierofanta.
Nem como o anel dos argentários
e os ouropéis do sacripanta.
E a onda, glauco Stradivarius,
forma um violino e então descanta.

[...] Saiu do mar o mastodonte
e cobre agora a imensidade.
Por que não vem Belerofonte
matar Tifon que os céus invade
com o ar sombrio de Caronte
e do infernal Marquês de Sade?

[...] Protervos ventos em matilha
como cem feras em regougo
fazem da noite na Bastilha
revoluções de demagogo.

Ventos, ladrões de uma quadrilha,
depois do crime, vão pro jogo.
Dentro da noite, Ilhéus rebrilha
qual grande búfalo de fogo.

Os poemas de índole paródica estão entre os mais bem logrados dessa parte da *Obra Poética*. "O Bilhete Começado Pelo Boa-Noite" estiliza a escrita da gente do povo no suposto recado que uma dona de pensão envia ao poeta por intermédio do marmiteiro que lhe vai levar a janta. Fórmulas de correspondência comercial alternam saborosamente com um tratamento muito menos cerimonioso, sublinhado pela abundância de diminutivos, assim como se alternam a segunda e a terceira pessoas gramaticais, tudo isso a indicar a hesitação da missivista entre o respeito devido ao hóspede e o transbordamento de uma paixão mal sopitada:

Prezado senhor Sosígenes
Boa-noite, amigo e senhor.
[...] Queria mandar-lhe um peixinho
mas não achei, meu amor

Aqui e ali repontam fórmulas da literatura oral, como quando a dona de pensão diz ao poeta que, se ele não gostar da comida,

pode mandar me dizer
que não ficarei zangada,
soltando sete suspiros
e treze lágrimas de amor.

Não deixa também de aparecer o paralelo histórico despropositado: a dona de pensão queria mandar um peixe ao hóspede, mas não conseguiu comprá-lo porque o povo

III. Pavão, Parlenda, Paraíso: uma Tentativa de Descrição Crítica da Poesia de Sosígenes Costa

assalta a banca de peixe
parecendo até os assaltos
de César, o conquistador

Outros recursos de humor utilizados pelo poeta, além do de misturar no mesmo contexto explicações culinárias e efusões amorosas, é o de jogar com o duplo sentido, marcado por reticências, de nomes de doces:

Moreninho, dá-me um beijo
que eu te darei, meu senhor,
uma coisa na bandeja...
adivinhe o que será?
sonho e suspiros...
Docinhos feitos com amor.

Mais rico é o registro paródico de "As Ex-Israelitas", que se faz sentir na mescla de três níveis simultâneos de linguagem: a bíblica, a coloquial e a explicativa ou metalinguística. Nessa peça, reafirma Sosígenes Costa o seu gosto pela paráfrase de temas bíblicos, já manifestado nos sonetos sobre Salomão e a rainha de Sabá, assim como em "O Vinho e os Aromas". É bem de ver, porém, que tal interesse pela Bíblia parece ser mais de natureza literária do que propriamente religiosa. Basta notar a maneira desenvolta, amiúde irreverente, com que o poeta trata episódios e personagens das Escrituras, apresentando-os sob uma óptica muito pouco canônica. É o que acontece em "As Ex-Israelitas" onde, com base em duas citações bíblicas, Gênesis 13:10 e Ezequiel 16:48, acerca de Sodoma e Gomorra serem um paraíso antes de Deus as destruir por iníquas (iniquidade que se cifrava sobretudo na sua fartura e abundância), propõe ele uma nova versão desse episódio, bem como do mito da Torre de Babel, que nada tem a ver com as interpretações ortodoxas. As ex-israelitas que dão nome ao poema são mulheres das tribos de Abrão que, cansadas de nomadismo fanático e frugal, "deixam seus santos maridos" e vão viver nas "cidades ardentes", Sodoma e Gomorra. Tornam-se, com isso, ex-israelitas, pois Israel são os pastores nômades guiados por Abrão para a conquista de Canaã, pastores que viviam vida ascética e adoravam, não Elohim, deus de todos, mas o Iavé[17] revelado a Moisés,

---

17. "Uma leitura cuidadosa de Êxodo 3 revela que dois termos designativos de deidade são usados

um Deus injusto e pueril
que, condenando a lavoura e exaltando a pecuária,
tem medo de que Babel,
subindo na sua torre
não lhe vá gritar nas barbas
essa absurda política
que tanto entrava o progresso.

Já nesse trecho se faz sentir o empenho paródico, manifesto na pedanteria da linguagem explicativa, que interpreta em termos do calão econômico de nossos dias ("lavoura", "pecuária", "política", "progresso") o relato bíblico. A anacronia se acentua ainda mais quando, ao atribuir a destruição de Sodoma e Gomorra, não à cólera divina, mas a atos de sabotagem praticados pelos nômades israelitas invejosos do alto padrão de vida das duas cidades cananitas, o poeta enumera, entre as riquezas destas, algumas que obviamente não o podiam ser naqueles tempos ditosos, em que ainda se desconheciam a gasolina, a pólvora e a guerra aérea:

São das cidades ardentes.
Da terra onde há petróleo,
jazidas de enxofre e turfa,
possível carvão de pedra,
bons minérios explosíveis,
base segura da indústria.

Por causa dessa riqueza
se acende o fogo da guerra,
chamado chuva de enxofre,
bombas caindo do céu
sobre Sodoma e Gomorra.

---

alternativamente. Por vezes, ocorre a palavra mais geral *Deus* (em heraico: '*Elohim*) (3: 1, 4, 11, 12, 13); outras vezes, encontra-se a palavra hebraica especial *Iavé* (3: 2, 4, 7, 15, 18)." "Qual a razão de Iavé, em vez de qualquer outro nome, ser *o nome pessoal do Deus de Israel?*" [grifo meu] (Bernard W. Anderson, *Understanding the Old Testament*, Englewood Cliffs, Prentice-Hall, 1958, 3 imp., p. 35).

Saboroso também é o contraste paródico entre o distanciamento temporal dos acontecimentos e figurantes bíblicos e a proximidade em que o poeta os coloca do leitor por via da linguagem coloquial com que os descreve. Nesse processo de "desconstelização", eles perdem sua aura mítica para se converter, por assim dizer, em familiares nossos. As ex-israelitas fugitivas, por exemplo, a cujo favor o poeta incondicionalmente se coloca, por ver em sua escolha da vida urbana o caminho da civilização, são-nos apresentadas como

> morenas da cor de jambo,
> puxando para a canela.

> [...] Excelentes costureiras,
> bordadeiras de mão cheia,
> também sabem cozinhar,
> quando há necessidade.

> [...] Elas fumam mas não bebem.
> Tomam seu gole é verdade,
> mas é na hora da boia,
> só para abrir o apetite

O alinhamento político perceptível em pelo menos três das peças reunidas em "Versos de Uma Era Extinta" — a saber, "A Esfinge e o Argonauta", "Imagens da China" e "Duas Festas no Mar" — não parece nunca ter levado Sosígenes Costa à prática daquela poesia "social" que tanto irritava Mário de Andrade pelo que nela via de "sentimento burguês de comiseração, de piedade... quase vicentina"[18]. Mas levou-o ao sectarismo, conforme o testemunho de "A Esfinge e o Argonauta", que traz uma epígrafe de Fernando Pessoa tirada de "O Último Sortilégio", poema de índole ocultista em que uma feiticeira, perdendo seus poderes mágicos, roga ao Sol e à Lua a transformem "numa estátua de mim"[19]. Nos versos de Sosígenes Costa, quem se vê transformado em estátua é o próprio Pessoa; encanta-se numa "esfinge ocidental", num daqueles leões com cabeça humana que os egípcios punham a guardar o ociden-

18. Mário de Andrade, *O Empalhador de Passarinho*, São Paulo, Martins, s.d., p. 58.
19. Ver *Fernando Pessoa* (antologia), introdução e seleção de Adolfo Casais Monteiro. Lisboa, Confluência, 1942, 1ª vol., p. 37.

te onde o Sol se deitara e para onde iam os mortos. Assim, por culpa do seu sebastianismo, o pobre poeta de *Mensagem* aparece convertido em "deus das visões crepusculares", a teimosamente voltar-se para o passado de Portugal, sem lhe ver o presente ou o real, e, imerso na "amargura ocidental", a apelar "aos mortos desses mares/ e a essas naus encalhadas no areal". A obsessiva rima em *-al* é que irá agenciar o fecho de ouro do poema, cuja elocução se faz na primeira pessoa, revelando-nos a identidade do elocutor, que é o mesmo argonauta do título, o piloto da nau do "novo mundo erguido", – Álvaro Cunhal – e lançando alguma luz sobre a estreiteza por assim dizer zdhanovista com que nele se trata um poeta não imediatamente enquadrável na linha tática em vigor nos idos de 1955, quando o poema foi escrito.

Já nenhum sectarismo está presente em "Imagens da China", escrito dois anos depois de "A Esfinge e o Argonauta" e como ele inspirado na viagem que o poeta fez à Europa e à Ásia em 1955. Em vez de rejeitar o pretérito em nome do futuro, como na diatribe contra Pessoa, não permite ele agora que sua aversão ao "passado da mosca" e à "religião do ópio" nem seu entusiasmo pelo "trabalho hercúleo/ com que limparam as estrebarias/ deixadas pelos imperadores" lhe façam esquecer a beleza daquele "mundo dourado e palpitante", "poema de seda e porcelana" que foi a China de outrora. Mas no gênero participante, o melhor está numa peça icástica, isto é, de linguagem desafetada, quase simplória, que é das mais conhecidas do autor – "Duas Festas no Mar", a história da sereia que encontra primeiro um livro de Freud, depois outro de Marx; desses encontros resultam duas festas no mar, porque levam a sereia a tirar sucessivamente "o pano de prata/ que usava para esconder/ a sua cauda de peixe" e "a coroa/ que usava para dizer/ que não era igual aos peixinhos". Na mesma linha icástica se enquadram outras peças da terceira parte da *Obra Poética*, como "O Acalanto de São João", "Os Pombinhos do Divino" e "Tu És o Cristo?"; dela sairá também o tom dominante na última parte do livro.

No grupo de cinco poemas alusivos ao Brasil do passado, a sátira alterna com o utopismo. Utópica é a visão que se expressa em "O Descobrimento Sacrossanto", onde o Brasil desperto pela aproximação da armada de Cabral é identificado pelo poeta não só àqueles países fabulosos que tanto lhe falam à imaginação – a Tirrênia, o Jardim das Hespérides, a Atlântida, a Pavônia de Salomão, a "Palmira além do Mar Tenebroso" – mas ao próprio Paraíso, tanto assim que o ato da descoberta é assistido por "Salomão com todos os aromas", por "Moisés com os pés molhados no Mar Vermelho" e pelo próprio "Deus pairando sobre o mar de luz". Nada de edênico, porém, há em "Índio Bom É Índio Morto", pois o pensamento que dá título ao poema ronda o "sonho de luz" da cristandade aqui apertada com "a armada do Santo Gral" e é "um ruim verso de jade/ da epopeia ocidental". A sátira se aguça em paródia do saudosismo à Gilberto Freyre em "A Beleza do Século Dezoito", que nos apresenta a "mandarina de Pernambuco", democraticamente sentada "na esteira entre mucamas e moleques/ em vez de ir sentar-se no sofá de jacarandá", como apenas um enfeite daquele

> [...] tempo muito bonito
> mas em que se apanhava muito
> de chicote de cavalo
> e que não há de voltar mais,
> com fé em Deus.

Resta por fim comentar "O Dourado Papiro", um poema longo, de fundo mítico, escrito em 1935. Inspirado no motivo folclórico da Cobra Grande ou Boiuna, como o *Cobra Norato* de Raul Bopp, deste difere pela amplitude com que aproveita as ricas sugestões da mítica da serpente: em vez de confinar-se à Amazônia, transita para o Peru, o México e o Egito e desce inclusive às camadas mais fundas, às camadas arquetípicas da simbologia ofídica. Como todo poema mais longo, "O Dourado Papiro" tem um fio de enredo a ligar-lhe os diversos episódios entre si. Esse fio são as viagens empreendidas em sonho pelo herói e elocutor do poema, um rapaz cujos encantos atraem a Cobra Grande, que toda noite vem persegui-lo e arrastá-lo consigo a lugares distantes. Para deixar de atrair-lhe a atenção, o rapaz tenta em vão despir-se de seus encantos, operação cujo caráter progressivo é assinalado, no nível retórico, pela enumeração anafórica, isto é, com repetição da mesma palavra no começo de cada verso. Essa figura vai também predominar no resto do poema, dada a simetria de suas situações:

> Tirei os cabelos
> que usava na testa
> em forma de cachos.
> Tirei o brilho
> que tinha nos olhos.

José Paulo Paes: *Crítica Reunida Sobre Literatura Brasileira & Inéditos em Livros*

Tirei o sangue
que pus nos lábios.

De vez em quando, a monotonia linear do raconto é quebrada por trechos
em diálogo, onde se destaca o colorido das expressões coloquiais:

Meu pai me disse:
— Você está magro,
você está triste,
você não come,
deixou de brincar.
Você nem parece aquele menino
que pelas festas fazia figura.

Nas suas viagens oníricas, o herói irá encontrar todos os avatares míticos
da Serpente. Ela o leva primeiramente para o fundo do rio, "lá no reino do
limo verde", onde lhe diz que ele será o pai de uma cobrinha, a Serpente do
Paraíso,

[...] cobra que ensina a ciência
do bem e do mal
o anjo rebelde, será Lúcifer,
Vênus da tarde e ao romper da aurora
a estrela d'alva

Já no reino de Tauantim, no fundo do lago Titicaca, para onde o herói
e sua perseguidora vão em seguida, o filho deles não será mais a serpente
satânica da escatologia bíblica, mas Tupac-Amaru, a cobra de dupla cabeça,
divindade incaica ligada aos mitos do princípio e do fim do mundo, bem
como ao terror do homem antes as manifestações hostis da natureza[20]. Mas eis

20. O *Dicionário das Mitologias Americanas*, de Hernâni Donato (São Paulo, Cultrix-INL, 1973), registra
apenas como *Amaru* o nome da divindade ofídica dos incas; em quéchua, essa palavra significa
"dragão, serpente ou cobra grande" (Cf. C. A. G. Mayorca, *Diccionario KechwaCastellano/Castella-
no-Kechwa*, Lima, Ed. Peisa, 1970, 4 ed.). Entretanto, no texto de Sosígenes Costa, o nome aparece
mesmo como *Tupac-Amaru*; *tupac* é, em quéchua, "uma espécie de título que se conferia aos chefes
mais destacados" (Mayorca, *op. cit.*). Lembre-se que Tupac-Amaru era o nome do chefe índio que
liderou a sublevação contra os espanhóis no Peru, em 1780.

que, por um desses deslocamentos instantâneos típicos dos sonhos, o reino da Tauantim se transfere para o Suriman[21], na região amazônica; ali o poeta arbitrariamente situa Társis, colônia fenícia da embocadura do Gualdaquivir, e, menos arbitrariamente, Parvaim, cidade referida na Bíblia (Crônicas II, 3 e 6) como aquela em que o rei Salomão ia buscar ouro para enfeitar o seu templo e que os partidários da tese de que a América teria sido povoada pelos semitas identificam a uma montanha rica de ouro no Amazonas, entre os rios Paru e Apu-Paru, de cujo nome derivaria Paruim[22] ou Parvaim. Daí não estranhar que ali encontremos o rei-sábio num *décor* tropical de sonoras vogais tupis:

E a boca do rio era uma lira
e o rio era um mar com ilhas de flores
e o rei Salomão apanhava mutum,
tirava marfim que dá na palmeira,
colhia baunilha e cipó-pucá,
capim-tiú e mucura-caã,
depois apanhava muiraquitã,
levava as coisas do Suriman.

No Suriman ocorre nova metamorfose da Cobra que, para estar de acordo com a ambiência, assume a figura da Boiuna, a Cobra Grande, e de Jurupari, ente sobrenatural a que os índios amazônicos, embora não lhe dessem representação ofídica, atribuíam a condição de deus solar de quem receberam leis e costumes; nisso, Jurupari tem os mesmos atributos de Quetzalcoatl, a Serpente de Pluma dos astecas, que logo depois aparece no poema, quando a ação se desloca subitamente do Suriman para o México. Quetzalcoatl é um deus civilizador e legislador que os astecas identificavam com Vênus, a estrela da manhã e da tarde; a essa mesma estrela, como vimos acima, identificou o poeta a serpente do Gênesis. Todavia, a viagem do herói e de sua perseguidora não para no México; continua até o Egito, onde a Cobra vira a Serpente Solar, ou seja, Uraios, deusa menor que personifica o olho ardente de Rá, o Sol[23].

---

21. Os dicionários registram *Surinã*.
22. Ver o verbete *Paruim* em Hernâni Donato, *op. cit.*
23. Ver o verbete *Uraeus* em: Tassilo Orpheu Spalding, *Dicionário das Mitologias Europeias e Orientais*. São Paulo, Cultrix-MEC, 1973.

Depois de tanto viajar em sonhos, o herói acorda desesperado e sai à procura de uma feiticeira, a quem pede o livre da perseguição da Cobra, com cuja causa não consegue atinar:

— Por que a Serpente quer me pegar?
Me dê um conselho...
— Não ande somente com os olhos nas nuvens,
se lembre sempre que está na terra.
Não ande vestido como os meninos
dos livros dos santos.
E nem se ria como as figuras
que um homem pintou e estão em Veneza.
Não se penteie como Faraó
nem como as imagens que estão na igreja.
Não fique pensando que está na lua.

O herói cumpre à risca as recomendações da feiticeira e se despe de todos os atavios: o manto de faraó, o penacho de penas de pavão, a "pose que dava na vista", o "sorriso que tinha os Médicis", o "jeito de Don Juan".
Quando sai à rua, as pessoas exclamam:

— Hô! quem é aquele?
Ele caiu! Ele desceu?
Ele está pobre?
A coisa mudou?
Ele não era o moço da moda?
Não era o rapaz chamado Narciso?
Não era o homem que estava de cima?
Não tinha pedido a mão de Cleópatra?
Aquilo foi jogo?
Ou é bebida?
Que foi aquilo?
E todos disseram:
— Ele está louco.

III. Pavão, Parlenda, Paraíso: uma Tentativa de Descrição Crítica da Poesia de Sosígenes Costa

A identificação do herói-elocutor com Narciso[24] nessa estrofe final de "O Dourado Papiro", estrofe que funciona como uma espécie de fecho ou "moral" do poema, oferece-nos a chave para sua interpretação, ao vinculá-lo a uma peça anterior da *Obra Poética*, já aqui referida, "Dorme a Loucura em Ânfora de Vinho", onde também predominam os temas da loucura e do narcisismo. Ali, o elocutor se hipostasia a certo momento em passarinho; aqui, hipostasia-se o tempo todo em cobra. Essa hipóstase deixa manifesto que em "O Dourado Papiro", por sob o plano narrativo – uma viagem pela mítica da serpente, comparável em pitoresco ao *Cobra Norato* – há um plano arquetípico subjacente, no qual se irá encontrar o seu sentido mais profundo, pois é nele que se descobre a subjetividade do poeta, mais a gosto na obliquidade das personificações que na *diritta via* da confissão.

Jung observou que a serpente "encarna a psique inferior, o psiquismo obscuro, o que é raro, incompreensível, misterioso"[25]. Essa inferioridade como que decorre do primarismo de sua própria estrutura física: animal de sangue frio, sem membros nem pelos, a cabeça mal distinta do resto do corpo, ela é anatomicamente o oposto do homem, o seu Outro. Desliza colada à terra, como que nela querendo sumir; esconde-se em buracos, frestas, locas. Por isso não estranha que as mitologias a tenham relegado ao mundo subterrâneo, mundo das trevas onde não chega a luz do sol e onde viceja o invisível, o oculto das origens, inclusive da vida, de que ela é símbolo. Assim como é símbolo do reino noturno dos sonhos e, por extensão, do inconsciente, da libido e da alma humana. Anatomicamente primária, a cobra não tem os caracteres sexuais explicitados, pelo que, no plano mítico, é fêmea e macho a um só tempo; a serpente a morder a própria cauda, figuração do movimento cíclico da vida e do universo, é o símbolo por excelência da união sexual, da perene autofecundação.

São esses parâmetros simbólicos mais profundos que subjazem a "O Dourado Papiro". A dualidade herói-perseguidora é a dramatização de um conflito de ordem interior. O elocutor está em briga consigo mesmo, mas

---

24. Parece haver nisso um substrato biográfico: "Seu [de Sosígenes Costa] narcisismo se pronunciava especialmente na preocupação com a roupa, calçados etc. Pobre, não tinha guarda-roupa numeroso. Mas escolhia as combinações de calça e paletó, de tom em geral esportivo e cores fortes. Já lhe contei que, certa vez, deu na mania de colecionar objetos verdes, com eles enchia as estantes e mesas do pequeno apartamento". James Amado, *carta cit.*

25. Cf. o verbete "*Serpent*", em Jean Chevalier e Alain Gheerbrant, *Dictionnaire des Symboles*. Paris, Seghers/Jupiter, 1974, vol. PIE a Z, pp. 181-198.

não sabe disso. Ou melhor, não sabe quando está acordado, em estado de consciência. Sente-o porém quando dorme, pois nesse momento a Cobra, seu *alter ego*, seu Duplo inconsciente, de sexo oposto (não fora a serpente ambivalente), dele se separa para estabelecer a polaridade dramática do conflito; assim também, para o primitivo, a alma se separava do corpo durante o sono ou após a morte. O sonho é o único espelho onde o elocutor se pode ver a si mesmo criticamente, e seu périplo pelas metamorfoses míticas da Cobra é uma descida junguiana por estratos arquetípicos. Nessa descida à "psique inferior" arrastado pela própria encarnação dela, o elocutor irá encontrar-se consigo mesmo ao fim de um doloroso processo de anamnese, expresso dramaticamente pela consulta a três outras hipóstases: o espelho, o pai, a feiticeira. O terror da perseguidora forçá-lo-á a abandonar progressivamente as ilusões que lhe eram mais caras: o dandismo de "menino / que pelas festas fazia figura", a autoadmiração ("porque tu te incensas como as imagens"), a fantasia compensativa que lhe oblitera o sentido da realidade ("não andes somente com os olhos nas nuvens/ se lembre sempre que está na terra"). O processo de autoanálise culmina no fim do poema, quando o elocutor se reconhece Narciso. Reconhecimento que equivale a negação: ao saber-se Narciso, ele já o deixara de ser, tanto assim que a frase em que se explicita o reconhecimento traz o verbo no pretérito: "Não *era* o rapaz chamado Narciso?"; ele já se despira então de todos os atributos de sua fixação narcisista, passando a olhar "as coisas de um modo novo" e a ver "o mundo por outro prisma". Fora-se o Duplo que o perseguia do outro lado do espelho dos sonhos; Narciso já não se amava exclusivamente a si próprio, serpente a morder a própria cauda; cessara, *pois*, de ser Narciso. E o poema conclui num paradoxo: a sanidade do elocutor, que se livrara finalmente dos terrores noturnos e trocara seu reflexo pelo real, é vista como loucura pelos outros. ("E todos disseram:/ – Ele está louco."). Eis-nos, pois, no oposto simétrico de "Dorme a Loucura em Ânfora de Vinho"; ali, loucura era a embriaguez de Narciso; aqui, é-o a sua lucidez. Nesse paradoxo está involucrada uma nota de humor, de resto perfeitamente sosigenesiana: ele dá a entender que a conquista da normalidade ou "cura" só é alcançável pela destruição da personalidade, das idiossincrasias que fazem do indivíduo o que ele é: no poema, pela renúncia aos valores obscuros do psiquismo, encarnados na Serpente e, por extensão, pela renúncia à plenitude da vida, de cujas fontes subterrâneas a Serpente também é a encarnação. Vale dizer que, no limite, a personalidade não passa de uma doença. A esse mesmo paradoxo, aqui alcançado por via da intuição poética, é que hoje chegam, por via da reflexão teórica, os teóricos da antipsiquiatria[26]. O que não deixa de ter também o seu grãozinho de humor...

V

O título da quarta e última parte da *Obra Poética*, "Belmonte, Terra do Mar", antecipa de certo modo ao leitor o que nela se contém. Em alguns dos poemas, evocará o poeta os tempos de meninice na cidadezinha litorânea onde nasceu; noutros, registrará sua longa vivência do folclore do Recôncavo, principiada também nos dias da infância; a tudo isso somará suas preocupações de adulto, de modo a conferir-lhe um sentido mais amplo, que a mera evocação saudosista ou o mero registro folclórico por si sós não teriam. Assim, no melhor dos poemas do ciclo rememorativo, "A Volata da Saudade da Rosa", é a comoção do adulto que consegue extrair, do cotidiano, todo o seu conteúdo de dramaticidade. A palavra *volata* pertence ao vocabulário musical e designa uma série de tons rapidamente executados ou o cascadear das notas de uma oitava; por analogia, passou a designar, no uso comum, pressa, disparada. No poema também se alternam com rapidez vários tons de dicção – o coloquial, o reflexivo, o elegíaco – assim como se encadeia abruptamente o presente a diversos momentos do passado, por um vínculo de ordem metonímica: a roseira de que o poeta está cuidando no seu jardim, no *hic et nunc* do poema, lembra-lhe a tia Loló

> cujo nome de batismo é Rosa
> e que morreu, coitada, no ano passado,
> mas que eu recordo quando cismo
> e não me esqueço e estou chorando.

26. Para Laing, por exemplo, segundo Edgar Friedenberger (*As Ideias de Laing*, Cultrix, 1975), "nenhum comportamento humano pode ser repudiado com o argumento de que se trata de um mero sintoma [...] todo comportamento deve ser visto, pelo contrário, tão compreensivamente quanto possível, como parte de um plano vital da pessoa".

Antes que se explicitasse a associação de ideias entre a rosa-flor e a rosa-tia, o poeta estivera a conversar com a roseira, a falar-lhe de sua maior inimiga, a formiga, a quem ele chama sucessivamente, em hipérboles que parecem fora de lugar na linguagem pedestre e coloquial do poema, de "cavalo de Átila", "mão que toca o sino da morte" e "quarto cavaleiro do Apocalipse"...

Entretanto, à medida que vai sendo evocada a figura humilde e sofrida da tia Loló, que "passou tantos desgostos/ por causa das coisas deste mundo" e "se consumiu e se acabou/ por causa das atrapalhações e da pobreza"; à medida que o poeta confessa suas saudades à morta, "sepultada nas areias aí de nossa terra", e lhe oferece suas lágrimas, que "são o orvalho desta roseira", as hipérboles começam a ganhar pertinência. Ganham-na por via do jogo sutil de contrastes e ressonâncias entre presença e ausência, entre explícito e implícito, entre a aparente insignificância de trabalhos de jardinagem e a gravidade metafísica da morte; tais contrastes e ressonâncias o poeta os estabelece por via de um elemento metonímico comum a ambas as situações – a palavra *rosa* tomada como substantivo ora comum ora próprio, acepções que vão confluir nas duas estrofes finais:

Rosa, quando me lembro de ti,
o orvalho não me falta nestes meus olhos.

De uma cousa estou certo:
do formigueiro sai a foice da morte.
Rosa, do formigueiro sai aquela malvada.

O agenciamento por via metonímica é uma técnica de composição que vai predominar no ciclo de poemas da infância. Nestes, inclusive, ela adquire singular pertinência, porque prolonga criativamente a mecânica verbal de um jogo infantil muito conhecido, a *parlenda*, chamada em Portugal "cantilena" ou "lengalenga". Vale dizer: aquelas fórmulas versificadas que as crianças gostam de repetir, seja pelo prazer da simetria sonora que parece ser inato nelas, seja como processo de escolha de parceiros para alguma brincadeira; lembrem-se também as parlendas que Câmara Cascudo chama de "mnemonias" e que servem para ensinar a criança a fixar os nomes dos dias da semana ou dos meses, os números, os nomes dos dedos etc. A parlenda pertence à família das *jitanjáforas*, saboroso apelido que Alfonso Reys deu a essas fórmulas versificadas que devolvem "à palavra suas captações alógicas e até seu valor puramente acústico";[27] na classificação dos tipos básicos de jitanjáforas propostas por Reyes, as parlendas aparecem com o nome algo pedante de "glossolálias pueris". Ao fim e ao cabo, a parlenda não passa de uma instância daquela "hesitação entre o som e o sentido" que Valéry tinha como distintiva da poesia e que Jackobson definiu linguisticamente como a superposição do eixo da similaridade sobre o da contiguidade.[28] Tal projeção implica uma vitória do som sobre a lógica e a gramática: ele, mais que elas, é que passa a governar o desenvolvimento do discurso. Como acontece em "A Marcha do Arco do Triunfo", cujo desenrolar se processa em boa parte por associação de sons e/ou ideias, à maneira das parlendas, o que quadra à maravilha num contexto que tem por assunto um outro jogo infantil em que cada participante vai passando sob o arco formado pelos braços erguidos dos companheiros, dispostos em duas filas *vis-à-vis*. Essa passagem sucessiva determina, inclusive, a elocução do poema, toda ela de caráter enumerativo. "A Marcha do Arco do Triunfo" parece, à primeira vista, ser pura jitanjáfora, não ter outro "sentido" além do prazer do encadeamento de palavras e ideias afins. Um dos parâmetros básicos do seu processo associativo é o número, explicitado já na estrofe de abertura pelo 2 e o 4:

Quatro braços levantados
formam o arco do triunfo.
Quatro mãos que se apertam,
formam dois arco-íris.
Duas pessoas de mãos presas
formam um arco de rosas.

As associações começam a partir daí. O verbo "passar" agencia de imediato, por similitude fônica, o substantivo "pássaro", e "arco" convoca, por associação semântica, todo um cortejo de frases-feitas ou sintagmas cristalizados que têm por base a palavra: "arco de Roma", "arco de Tito", "arco-da-velha" (sinônimo de arco-íris, que aparece na estrofe inicial), "arco de violino", "arco da pipa", "arco dos índios", "arco Tudor" etc. Vários desses sintagmas

---

27. Alfonso Reyes, *La Experiencia Literaria*, Buenos Aires, Losada, 1952, p. 14.
28. Cf. "Linguística e Poética", *Linguística e Poética,* São Paulo, Cultrix/Edusp, 1969, pp. 118-162.

José Paulo Paes: *Crítica Reunida Sobre Literatura Brasileira & Inéditos em Livros*

cristalizados vão suscitar novos encadeamentos semânticos, em proliferação como que de pólipos. "Arco de Roma", por exemplo, desencadeia uma série de referências à Igreja Católica. A primeira é à "Arca" (de Noé) que, além de vincular-se pelo som a "arco", liga-se à ideia de passagem ou desfile e à ideia de número: os animais a entrarem, dois a dois, na barca que os salvará do Dilúvio. O parâmetro numérico vai gerar, por sua vez, uma enfiada de outros sintagmas cristalizados, a começar das *três* pessoas da Santíssima Trindade e dos *quatro* cavaleiros do Apocalipse, e culminando nesta estrofe:

> Vamos outra vez:
> pelo arco do triunfo
> passa o artigo de primeira,
> passa Dom Pedro Segundo,
> passa a Ordem Terceira,
> passa o quarto crescente,
> passa o Quinto de Smirna,
> passa o Sexto de Queroneia,
> passa a guerra dos Sete Anos,
> passa a oitava da quaresma,
> passa o nove de espadas.

A certa altura do poema, as associações se complicam até o quase hermetismo: o "arco de Roma" faz lembrar ao poeta a "Porta Pia" da mesma cidade, que dá sequência a três estrofes de sentido críptico:

> Abriu-se em Roma
> a Porta Pia.
>
> Escancarou-se a grade
> do jardim botânico.
> Está aberta ao povo
> a Galeria dos Espelhos.
>
> Está franqueado aos pássaros
> o corredor da Polônia.

III. Pavão, Parlenda, Paraíso: uma Tentativa de Descrição Crítica da Poesia de Sosígenes Costa

Como é que eu passo?
Ué! No passo de dona Pomba na passeata
carregando o retrato daquele homem na charola.

E eu, como é que eu passo?
No passo dos morcegos na passeata.
Jogando bombas no jardim dos marimbondos.
E eu, como é que eu passo?
É claro. No passo da garça.

Como "A Marcha do Arco do Triunfo" foi escrita em 1940, pouco depois do início da Segunda Guerra Mundial, quando os alemães já tinham conquistado a Polônia e acabavam de desfilar vitoriosos por Paris, não é descabido ver nessas estrofes, e em alguns outros passos do poema, a principiar do título, uma referência aos acontecimentos da época. Essa interpretação encontra algum apoio naquele "corredor da Polônia" ao fim da segunda estrofe: embora ele se coadune com a ideia geral do poema – a passagem por um "corredor" de braços erguidos[29] –, trata-se de óbvia alusão ao pretexto de que Hitler se serviu para anexar a Polônia e desencadear a guerra. A alusão lança luz igualmente sobre o sentido das estrofes seguintes. O "passo de dona Pomba" ou "passo da garça" e o "retrato daquele homem" carregado em passeata trazem à mente o passo de ganso das tropas nazistas e os enormes retratos de Hitler conduzidos por elas nos desfiles de gala, como em 1940, quando marcharam pelo centro de Paris, à sombra do próprio Arco que celebra as glórias militares da França. E os "morcegos [...] jogando bombas" evocam a Luftwaffe, que garantiu a Hitler suas fulminantes vitórias. Uma análise mais demorada deslindaria outras alusões do mesmo tipo; poder-se-ia, também, levar adiante o rastreio das associações fônicas e/ou semânticas, de que o poema é tão rico e que formam um intrincado urdume de correlações. Mas as que aí ficam apontadas bastam para caracterizar como vincadamente jitanjafórica "A Marcha do Arco do Triunfo", mostrando-lhe ao mesmo tempo, e em contraste, o caráter alusivo, cuja obliquidade quase críptica desmente em parte aquela "clareza" que já foi louvada como das virtudes mais constantes da obra de Sosígenes Costa.

29. Lembre-se que o braço erguido – imagem gestural reiterativa no poema – era a saudação nazista.

Um outro poema do ciclo de infância, "O Teatro na Casa Encantada", contém alusões bem menos oblíquas, embora traga os mesmos ingredientes jitanjafóricos de "A Marcha do Arco do Triunfo". Nele, uma empregada, enquanto passa a roupa e cuida das panelas na cozinha, conta estórias de fadas ao menino da casa, a quem ela chama de Dom Niso. Um dos pontos de interesse do poema é o contraste, estabelecido de quando em quando pela elocutora, entre o mundo feérico das estórias que narra e a mesquinha realidade em que ela própria vive; no contraste, há uma discreta, mas indisfarçável nota de crítica social. Ao contar a estória de Dona Sapa, não se esquece a empregada de dizer que ela era "horrível como este ferro de engomar/ que estou soprando" e tão "sem graça como esta camisa desbotada/ que estou passando a ferro/ e que pertence à dona desta casa". Quando narra a estória do Gato de Botas, lembra ela ao seu pequeno ouvinte que "o pé do gato era do tamanho desta tábua de engomar/ sobre a qual estou engomando esta camisa do Gato de Botas/ Suando como a Gata Borralheira que trabalhasse cozinhando/ e engomando sempre de botas". Já nesta última citação, aparece o jogo associativo na passagem de "Gato" a "Gata". O jogo vai-se intensificar na estrofe final, por via de uma série numérica crescente-decrescente cujo primeiro termo é uma frase-feita, "vou num pé e volto noutro", frase na qual a elocutora faz substituições sucessivas:

Vou com dois pés e volto com duas asas.
Vou com duas asas e volto com sete rabos.
Vou com sete rabos e volto com dois chifres.
Vou com dois chifres e volto com uma estrela na testa.
Vou com uma estrela na testa
e volto com todos os encantos da feiticeira
dos patos [...]

A partir daí, a elocução se desenvolve com base na metamorfose, operada pela feiticeira, de sapatos em patos e pés de gente em pés de pinto, numa enfiada de versos de índole jitanjafórica em que se alterna a vogal aberta de "pato" com a fechada de "pinto":

Desencantou-se este pato.
O seu começo é de um pinto.
Seu pé já não é mais de pato

e sim botina de pinto.
Já não distingo este pato.
Já não é um pato distinto.
O pato em metamorfose
já é um berloque de pinto.
O desencanto é este pato.
O encanto é todo este pinto.
Dom Niso, agora me conte cinco.

Ainda no ciclo de poemas de infância, conviria destacar "A Marcha do Menino Soldado", que não desenvolve parlendas por meio de simetrias fônico-semânticas, como nos dois casos que se acabou de ver, mas glosa antes, tematicamente, uma cantiga de brinquedo muito conhecida: "Marcha, soldado,/ cabeça de papel./ Se não marchar direito, / vai preso pro quartel". O poeta converte a cantiga num poema político (talvez o melhor de quantos escreveu nessa linha) cuja dicção icástica, que não faz concessões nem à demagogia nem aos *slogans* de partido, vai reaparecer em outras peças da parte final da *Obra Poética*, tais como "A Aurora em Santo Amaro" e "Cantiga de Canavial", embora sem as mesmas notas de humor. No desenvolvimento da cantiga-motivo, são-lhe aproveitados os elementos estruturais. O verbo no imperativo, por exemplo, vai dar o tom de incitamente dominante no poema, mas o ameaçador "se não", que na cantiga reforça o imperativo, cominando punição para a desobediência à ordem de marchar direito, abranda-se num "e não" explicativo, que introduz excursos onde o poeta-elocutor esclarece ao destinatário-soldado a razão da ordem dada. Assim, ao incitá-lo a marchar para a frente e não para trás, oferece-lhe uma série de exemplos históricos negativos – D. Quixote, Napoleão, Alexandre, Carlos Magno – que culminam no "soldadinho de Caifaz", o qual levou Jesus preso até

[...] Herodes,
raposa de além Jordão
que escarneceu de Jesus,
vestindo de rei do Oriente
um carpinteiro pobretão,
que achava os lírios mais belos
que o fausto de Salomão.

Para manter a rima em *-ão*, rima simples como convém a um poema de tom infantil e que lembra rufar de tambores, marcha batida, o poeta altera um dos elementos da cantiga de base, convertendo a "cabeça de papel", sinédoque que se origina do quepe de jornal com que as crianças se travestem de soldados, em "Cabeça de papelão", cabeça oca de boneco incapaz de pensar por si mesmo. Por isso, cuida o elocutor de dar-lhe "instrução", mandando que seja dragão da independência, faça "continência/ aos heróis da Inconfidência" e marche na boa companhia de Bequimão, Tiradentes, Pedro Ivo e Castro Alves.

Essa atitude "participante", expressa com candidez pedagógica n'"A Marcha do Menino Soldado", vai-se aprofundar no ciclo de poemas negros, os quais, juntamente com os poemas de infância, constituem a parte mais característica de "Belmonte, Terra do Mar". Embora avulte neles o registro folclórico; sobretudo em "Negro Sereio", com seu minucioso inventário de orixás, comidas, objetos de culto e linguajar dos terreiros de candomblé, é o envolvimento ético do poeta que irá redimi-los do meramente pitoresco ou documental. Na "Oração da Rosa de Ouro", tal envolvimento é só de ordem política, como o revela o escopo da peça, que não vai além da paráfrase do *tópos* da abolição incompleta, explicitado na quadrinha folclórica de Santo Amaro que lhe serve de epígrafe:

Para dar viva a Isabel
por Deus que não sinto jeito.
Cadê o 13 de Maio
se não terminou o eito?

Já em "Sereno de Santo" e "Salve Rainha", o envolvimento é de nível tão mais profundo que faculta ao poeta dar, ao mesmo *tópos*, um alcance por assim dizer ecumênico. Assim como acontece na "Oração da Rosa de Ouro", a dicção de ambas essas peças aproveita motivos e idiomatismos da liturgia católica, o que, de resto, está conforme o sincretismo de raiz da religiosidade afro-brasileira, temática nesses poemas.

"Sereno de Santo" é epigrafado por uma estrofe de um candomblé do tempo da escravidão cujo verso inicial, "serena, pomba, serena", se tornará refrão do poema. O verbo *serenar* parece ter sido usado pelo poeta no sentido de "voar mais vagarosamente", mas a acepção de sereno como orvalho noturno abre um outro campo conotativo, ligado, de um lado, a brilho (que, aliás, está na epígrafe: "o sereno desta pomba/ lumeia que nem metá"), de outro, a tarde e a noite, simétricas da cor negra, também temática. Repete-se, no poema, a oposição alto-baixo, marcada pela pomba a voar sobre o terreiro de candomblé e pela expectativa de que o santo nele invocado *baixe*. Esse santo, "o santo maior de todos,/ padroeiro da Bahia/ e senhor da catedral", é Oxalá, orixá supremo, entidade bissexual que simboliza as forças criativas da Natureza e que os negros baianos sincretizaram com o Senhor do Bonfim, cuja festa anual celebra-se na terceira semana de janeiro. A cor ritual de Oxalá é o branco e a pomba um dos animais votivos sacrificados em sua honra; acresce notar que na Umbanda há um exu feminino, a Pomba-Gira, que favorece os assuntos amorosos, o que se coaduna com o caráter erótico de Oxalá, a quem estão afetas as funções sexuais. Lembre-se ainda que no Catolicismo a pomba figura o Espírito Santo e que, no Gênesis, é uma pomba quem traz a Noé, após o dilúvio, o ramo de oliveira, símbolo de paz e harmonia.

Todas essas conotações simbólicas e litúrgicas convergem, manifestas ou virtuais, na expressão de um anseio universal de paz, que é o tema dominante do poema e que se polariza na gente negra, cuja "dança sacerdotal" exprime, no seu "sereno" (e aqui surge uma terceira acepção de *sereno:* "dança vagarosa e sensual"), um

> [...] desejo
> de comunhão amorosa
> e convívio fraternal
> que se nota nestas pombas
> de pezinhos de coral.

Como se vê, ao tema dominante da paz universal, vêm juntar-se os temas correlatos da fraternidade e do amor, vinculados sempre à dualidade negro-pomba. Essa dualidade se converte em unidade a certa altura do poema, quando o poeta vê o negro escravo (cujo pranto sustentava a "família patriarcal" vinda nas "naus de Portugal") como uma "pomba angelical" presa pelo "arrocho do capital" e separada assim de seu companheiro ou companheira, a pomba "serena/ parada no meio do céu", avatar do Espírito Santo ou do Oxalá protetor e consolador, figuração de aspirações, ideais e anseios inalcançados, ou melhor, alcançados só por via imaginativa, no momento em que o

JOSÉ PAULO PAES: *Crítica Reunida Sobre Literatura Brasileira & Inéditos em Livros*

santo desce no seu cavalo e este se converte naquele, mercê do faz de conta compensativo do êxtase religioso:

> A tristeza que é oriunda
> do sentimento ancestral
> da escravidão e do banzo
> e da degradação social
> tem seu melhor lenitivo
> nesse abraço fraternal
> com que o santo da Bahia
> nos saúda angelical.

O *tópos* da abolição incompleta vai reaparecer numa passagem cujo tom de explicação rasteira contrasta com a atmosfera litúrgica do poema, gerando um efeito de estranhamente paródico semelhante ao que se assinalou mais atrás em "As Ex-Israelitas". A passagem se inicia com uma estrofe contra

> [...] o capital
> que há cem anos foi negreiro
> e aboliu o cativeiro
> com um fito comercial,
> para se aplicar na indústria
> e aumentar o cabedal,
> agora [...]
> procura apagar no mundo
> [...] o cintilar das ideias
> e do sonho da igualdade.

Segue-se a apresentação do *tópos* propriamente dito:

> A abolição trouxe ao negro
> não uma redenção total,
> mas em verdade abandono,
> miséria e atraso geral.
> Mas embora represente

uma redenção parcial,
a abolição significa
nobre conquista moral.

Termina a passagem quando a libertação final do negro é vista como a libertação de todos os oprimidos:

Oh! diante do progresso
que, do lado oriental,
se levanta com as estrelas
em ação auroreal,
formando um clima propício
ao movimento ascensional
de todos os oprimidos
e à redenção destes negros
esmagados sob o peso
do preconceito racial

Mas a importância maior de "Sereno de Santo" como peça "participante" não está na sua doutrinação política, formulada em termos de uma clareza algo simplória, nem no seu tom de toada fácil, a rimar o tempo todo em *-al*, como "A Esfinge e o Argonauta", a diatribe contra Fernando Pessoa que já se teve oportunidade de comentar aqui. Está, antes, no fato de o poeta identificar-se a tal ponto com o seu tema que alcança superar a condição de observador, ocupado em registrar peculiaridades de linguagem ou de costumes e em tecer considerações de ordem político-sociológica, para fazer-se coparticipante do ritual e receber, ele próprio, o santo consolador, nele se transformando. Esse momento de êxtase arranca-o à estreiteza de seus esquemas ideológicos (de que o poema contra Pessoa é exemplo marcante), fá-lo ascender da participação à comunhão:

Cintilando em seu sereno
que me orvalha de ideal,
sobre mim desceu o santo
que é o maior da catedral.

Pomba do Espírito Santo
o teu sereno de santo
me pôs no estado de santo
e no abraço fraternal
com que saúdo estes negros
eu, o santo sideral,
padroeiro da Bahia
e senhor da catedral,
trago à Bahia a mensagem
de uma paz universal.

A comunhão com a vida negra da Bahia leva o poeta inclusive a um utopismo cujas conotações são mais de ordem religiosa que de ordem propriamente política. Assim é que, ao compartilhar "a tristeza essencial/ que existe na alma do negro" e que assinala a difusa persistência, nela, do banzo ou saudade da pátria ancestral, a "terra da vida/ na África equatorial", o poeta a identifica com a nostalgia do Paraíso perdido e com o anseio de volta a ele – anseio que talvez esteja na raiz de todas as utopias políticas. É bem de ver, porém, que

A expulsão de Adão e Eva
do paraíso terreal
jamais foi determinada
pela prática inebriante
desse amor universal.

Determinou-a, antes, a ambição de riquezas, emblematizadas no brilho de "moeda de metal" que tem o "fruto/ da árvore do bem e do mal". É essa mesma ambição que faz o homem escravizar o próprio homem e que levou, em particular, o branco a escravizar o negro:

Foi por causa justamente
dessa moeda de metal
que perdi o paraíso
e, com ele, a liberdade
e a antiga terra natal,

região luxuriante
de beleza sem igual,
recoberta de florestas,
cheia de rios e lagos
como o jardim terreal,
onde Eva beija Adão
sem cometer o pecado
que se chama original.

"Sereno de Santo", é, pois, um poema "participante"' algo fora do comum. Nele, o protesto contra as desigualdades econômicas e a reivindicação de uma ordem social mais justa, canônicos no gênero, aparecem sincretizados com elementos utópicos tomados a uma visão religiosa do mundo que os jacobinos não hesitariam em classificar de "primária", e "alienada". Mas é precisamente esse sincretismo que faz a sua originalidade e o revela como produto, menos de uma adesão a determinado programa político, que de comunhão com as próprias fontes da vida popular da Bahia. Dessa mesma Bahia que o poeta viu como o "bendito fruto da África" concebido nas dores e prantos da escravidão, e à qual saudou em "Salve Rainha":

Salve, rainha dos mártires,
Salve, rainha dos santos,
Salve, rainha dos anjos,
Sereia dos serafins,
Safirêrê Yemanjá,
Safirerê torofim
Mariolô ê-idei
Mariolô a-doai.

Fecha-se assim em simetria este percurso descritivo e crítico da *Obra Poética*, em cujo termo vamos reencontrar a mesma conjunção de local e universal que explicitáramos em seu início: nos sonetos pavônicos, era sob a égide da transfiguração metafórica que o leque de coqueiro de Belmonte ou Ilhéus se convertia em pavão barroco a voar pelos reinos do fabuloso ou do exótico; nos poemas negros, é o imperativo de participação que, sincretizando utopia política e utopia religiosa, faz da Bahia, "pátria dos mártires", o *locus* por ex-

celência da ânsia universal de fraternidade e de paz que alenta a todos os opri-
midos. Essa simetria, linha circular de coerência, é, de resto, o único limite
que a si mesmos se impõem a riqueza, o requinte e a originalidade da – por
quanto tempo ainda esquecida? – poesia de Sosígenes Costa.

PARTE IV

Gregos & Baianos: Ensaios

Tudo o que não é literatura me aborrece.
FRANZ KAFKA

Para Massaud e Antonieta
Para Bosi e Ecléa

Da Nota Liminar

O título deste volume, que me foi sugerido por Alfredo Bosi, não visa apenas a sublinhar, literalmente, o fato de nele constarem ensaios acerca de poetas gregos como Kaváfis, Seféris e Kazantzákis, e baianos, como Francisco Mangabeira e Sosígenes Costa; ou, por extensão, acerca de autores brasileiros e estrangeiros. Em sentido ainda mais lato, aponta esse título para uma discutível antítese entre arte de elite e arte de massa, compendiada em dois estereótipos de igual modo discutíveis. Por obra e graça do imobilismo acadêmico, a cultura da Grécia "clássica" se converteu desde a Renascença em modelo teórico da cultura dita "erudita". Similarmente, o "elitismo" do Sul patronal acabou fazendo de "baiano" um epíteto depreciativo que subsume, entre outras coisas, a "ignorância" ou "barbárie" das massas.

As numerosas aspas indicam que as palavras por elas agrilhoadas devem ser entendidas aqui *cum grano salis*, ironicamente. Assim também cumpre ler o próprio título do volume. Isso porque os três poetas gregos nele estudados escreveram não na língua "clássica" da Antiguidade e sim na língua popular, o demótico, hoje idioma oficial da Grécia. Por outro lado, a despeito de sua simpatia pelo sertanejo do agreste e pelo negro do Recôncavo, tanto o simbolista Francisco Mangabeira quanto o modernista Sosígenes Costa foram poetas de formação claramente "erudita".

Como o eventual leitor irá verificar por si mesmo, os ensaios aqui reunidos não perfilham a indistinção permissiva da frase feita "gregos e troianos" em que foi parodicamente calcado o título da coletânea. Não obstante a abrangência de sua visada, que pode transitar do romance de Machado de Assis e Raul Pompeia à poesia de Augusto dos Anjos e William Blake;

José Paulo Paes: *Crítica Reunida Sobre Literatura Brasileira & Inéditos em Livros*

dos folhetins de Alexandre Dumas à mítica de Frankenstein e aos sambas de Adoniran Barbosa; da poesia neogrega, o *art nouveau* literário, o conto fantástico e o surrealismo brasileiro à ficção científica, a música sertaneja, a estética do rádio e os comerciais de televisão – eles se mantêm fiéis a um ponto de vista desde logo insinuado pela frase de Kafka escolhida para epigrafá-los. Se a indignada recusa dos produtos da indústria cultural configura hoje um caso de anacronismo de espírito, ao entusiasmo que por eles afetam muitos *eggheads* subjaz um inegável complexo de inferioridade. Evidentemente, é entre a recusa e o entusiasmo que corre a estrada da compreensão crítica. Foi por ela que tentei seguir.

Um Aprendiz de Morto*

[*Memorial de Aires*, de Machado de Assis]

OCASO?

Do *Memorial de Aires* se pode dizer, sem temor de impropriedade, aquilo que seu pretenso editor disse um dia dos olhos das ciganas: é livro oblíquo e dissimulado. A dissimulação já começa no título, que parece prometer uma espécie de autobiografia do Conselheiro Aires, no estilo da de Brás Cubas ou de Bentinho, vale dizer: a autobiografia de alguém que *Esaú e Jacó* nos antecipara como um fino observador da comédia humana, homem viajado e vivido, com muito de si para contar, se quisesse. No entanto, o que o *Memorial* nos traz, em primeiro plano, é a história algo dessaborida do casal Aguiar e de seus filhos postiços, narrada por interposta pessoa numa linguagem que, comparada à das *Memórias Póstumas*, do *Quincas Borba* ou de *D. Casmurro*, só se pode chamar de descolorida[1], de vez que o paralelo com esses livros só faz realçar-lhe a palidez de tintas.

---

* Publicado originalmente em: *Revista de Cultura Vozes*, Petrópolis, RJ, nº 7, pp. 13-28, set. 1976.

1. Descolorida, entenda-se, apenas em termos comparativos. Ainda que com menor frequência ou relevo – como seria de esperar da linguagem de um ex-diplomata confessadamente inimigo da ênfase –, aparecem também no *Memorial* aqueles torneios de estilo que, pelo menos desde as *Memórias Póstumas*, caracterizam o humor machadiano. Catacreses como "os meus olhos lá terão dieta absoluta" para dizer que Fidélia não comparecerá a um jantar e com isso Aires, que, adoentado, tem também de moderar-se no comer, não poderá fartar os olhos com a sua beleza; ou como "tecer com o coração", porque para "a boa Carmo bordar, coser, trabalhar, enfim, é um modo de amar que ela tem". Metáforas sustentadas como "a alma dele era de pedras soltas; a fortaleza da noiva foi o cimento e a cal que as uniram naqueles dias de crise". Paradoxos do tipo de "orfandade às avessas", "pobreza elegante", "concordes no desacordo" etc., e hipérboles como "a sua sopa vale para mim todas as noções estéticas e morais deste mundo e do outro". Falsos adágios a vincular *ad hoc* coisas disparatadas: assim, "o ofício dos leilões pode acabar algum dia, mas o de amar não cansa nem morre", dito que o memorialista forja quando, estando a falar da morte do leiloeiro de Rita, lembra-se de repente que esta lhe contara que alguém andava caído por Fidélia; o criado de Aires leva-lhe alguns papéis velhos achados numa sala e ele os queima por desimportantes, mas não sem filosofar: "a gente traz na cabeça outros papéis velhos que não ardem nunca nem se perdem

José Paulo Paes: *Crítica Reunida Sobre Literatura Brasileira & Inéditos em Livros*

Nos romances da sua chamada "segunda fase", Machado desenvolveu uma arte narrativa muito característica. Arte de quem, leitor constante de Sterne e De Maistre, compraz-se no paradoxo – tanto ao nível de artifício retórico quanto de visão do mundo –, dele se valendo para pôr habilmente em destaque os aspectos contraditórios da natureza humana. Daí a atração do romancista pelas personagens que, num ou noutro particular, escapem à normalidade, seja por excêntricas ou marginais em relação à norma ético-social, seja por declaradamente psicóticas. Que haverá, porém, no *Memorial* que mereça o nome de excêntrico? Seus protagonistas são gente comum, cujos conflitos envolvem sentimentos e valores morais que nada têm de turvos ou de aberrantes, confinando-se antes, prudentemente, aos limites do convencional. Diante disso, poderá talvez passar pela cabeça do leitor mais apressado, sem paciência de ler nas entrelinhas ou gosto de demorar-se nas obliquidades machadianas, a suspeita de que o *Memorial* assinalaria o ocaso da carreira do romancista, seu inevitável momento de decadência.

A suspeita é infundada, mas cumpre, ao refutá-la, evitar o extremo de ver, nesse livro crepuscular, um ápice ou *gran finale*. O que a prudência aconselha é mostrar apenas que, malgrado as aparências, o *Memorial* não destoa dos romances anteriores do autor nem lhes desvia o curso[2]. Prolonga-lhes a diretriz básica, mas com um comedimento que chega à dissimulação. Tem algo de *tour de force* às avessas: em vez de aliciar o leitor com a mestria ostensiva de sua fatura, diverte-se em confundi-lo com o descolorido de sua mestria oculta.

DESCOBRIR E ENCOBRIR

A ocultação é, aliás, um pendor de espírito que calha à personalidade do autor do livro, cujos trinta e tantos anos de carreira diplomática deixaram-lhe na alma o "calo do ofício". A despeito de sua aparente "falta de vocação", que o

por malas antigas". Alusões históricas aplicadas a situações banais e logo desfeitas com um "não... nem... mas": Aires imagina Fidélia dizendo ao tio que não quer casar com Osório e anota: "Três vezes negou Pedro a Cristo, antes de cantar o galo. Aqui não haveria galo nem canto, mas jantar, e os dois iriam pouco depois para a mesa". Palavras consecutivas a rimarem enfaticamente: Cesária diz coisas de "mel e fel"; na cerimônia de casamento, Tristão e Fidélia aparentam ser pessoas "lustrosas e vistosas"; Rita "não tem cultura mas tem finura". E assim por diante.

2. Há no *Memorial*, inclusive, ecos das *Memórias Póstumas* ("nenhum dos meus filhos saiu do berço do Nada") e do *Quincas Borba* ("eu terei engolido um cão filósofo").

IV. Gregos & Baianos: Ensaios

teria levado ao exercício de uma diplomacia apenas "decorativa", mais acomodada "às melodias de sala ou de gabinete" que à celebração de importantes "tratados de comércio" ou "alianças de guerra", o Conselheiro – conforme diz o Machado ortônimo desse seu dileto heterônimo – fora "diplomata excelente", com aguçada "vocação de descobrir e encobrir", "verbos parentes" em que se contém "toda a diplomacia". Pois são precisamente esses dois verbos que presidem a estilística do *Memorial*, onde o explícito só serve como indício do implícito e o encobrimento diplomático quase leva o leitor a esquecer o fato essencial de o livro ser mesmo, no fim das contas, um diário que, por indiretas vias, nos diz tanto acerca de quem o escreve como daqueles a quem descreve.

Desde *Esaú e Jacó* sabia-se que o Conselheiro deixaria após a morte, como seu legado principal, sete cadernos manuscritos, em seis dos quais falava mais de si que dos outros; no sétimo, por ele mesmo chamado *Último*, fazia exatamente o contrário. Desses sete cadernos, houve por bem M. de A. (iniciais com que Machado assina, como uma espécie de editor, a "Advertência" do *Memorial*, e que curiosamente são as mesmas do título do livro) só imprimir o *Último*, aquele em que o Conselheiro menos falava de si. A justificativa era a de ser esta parte a única capaz de, "decotada de algumas circunstâncias, anedotas, descrições e reflexões", dar "uma narração seguida", virtude que, para um romancista de profissão, certamente sobrelevaria quaisquer outras. Entretanto, a intervenção do editor parece ter-se limitado aos cortes; em nada mais interviria ele no manuscrito do Conselheiro, conservando-lhe inclusive a forma de diário, de anotações soltas encimadas por datas e ordenadas cronologicamente.

UM "TUDO" DIPLOMÁTICO

O diário é, por tradição, um gênero confessional de literatura: dele se espera que, a sós com o papel, o autor nos desnude sua alma, pondo por escrito, de forma mais ou menos clara e ordenada, o mundo nebuloso de suas vivências. É o que supostamente se propõe a fazer o Conselheiro no *Memorial* quando, dialogando com o papel, chama-lhe "amigo a quem digo tudo o que penso e tudo o que não penso". Veja-se, porém, que esse "tudo" tem de ser tomado *cum grano salis*. Não é o tudo confessional do memorialista de praxe, mas o tudo reticencioso de um ex-diplomata a quem o vezo da profissão sempre levou a guiar "a conversação de modo que mais ouvisse do que falasse", ainda quando a conversação fosse consigo próprio, a ponto de repreender-se nos raros momentos em que, nas suas anotações, solta um pouco a língua: "emenda essa língua, velho diplomata". Desconfia o Conselheiro das primeiras impressões, pelo que, em vez de registrar em seguida suas reações diante de acontecimentos de que seja partícipe ou testemunha, prefere esperar que o tempo se encarregue de deixar-lhe na memória só "o que valer a pena guardar". Mesmo quando relata palavras alheias, exclui o acessório em benefício do essencial, como o faz com a história do casal Aguiar que lhe é contada pelo desembargador Campos:

> Eia, resumamos hoje o que ouvi ao desembargador em Petrópolis acerca do casal Aguiar. Não ponho os incidentes, nem as anedotas soltas, e até excluo os adjetivos que tinham mais interesse na boca dele do que lhes poderia dar a minha pena; vão só os precisos à compreensão de coisas e pessoas[3].

Noutro passo, em que transcreve um adjetivo enfático do mesmo desembargador, acrescenta-lhe um reparo: "eu não amo a ênfase". Esse desamor à ênfase leva-o naturalmente ao gosto da concisão[4] (várias vezes se repete no texto do *Memorial* o verbo "resumir" que abre a transcrição acima) e ao desgosto das efusões sentimentais:

> Relendo o que escrevi ontem, descubro que podia ser ainda mais resumido, e principalmente não lhe pôr tantas lágrimas. Não gosto delas, nem sei se as verti algum dia, salvo por mama, em menino; mas lá vão.

---

3. Todas as citações do *Memorial* e de *Esaú e Jacó* aqui feitas o são de acordo com o texto estabelecido pela Comissão Machado de Assis (série "Edições Críticas de Obras de Machado de Assis", da Civilização Brasileira, Rio de Janeiro: *Memorial de Aires*, 1975; *Esaú e Jacob*, 1975). As discrepâncias limitam-se à simplificação ortográfica de certas palavras e expressões em que, conforme critérios expostos na "Introdução Crítico-Filológica", preferiram os organizadores da edição afastar-se da ortografia oficial vigente. Os números apostos a algumas citações nas notas do presente ensaio, cuja finalidade é a de localizá-las no texto do *Memorial* e de *Esaú e Jacó*, são os da numeração de parágrafos adotada na referida edição.

4. Esse gosto é ilustrado anedoticamente numa cena do *Memorial* em que Rita diz ao irmão que lhe vai contar, em cinco minutos, toda a história do primeiro casamento de Fidélia: "Tirei o relógio para ver a hora exata e marcar o tempo da narração. Rita começou e acabou em dez minutos. Justamente o dobro" (*Memorial*, 176).

IV. Gregos & Baianos: Ensaios

É bem de ver, entretanto, que o diário do Conselheiro, embora não tenha feição abertamente confessional, refletindo antes, no seu comedimento, a índole prudente e reservada de quem o escreveu, funciona como instrumento de catarse na medida em que lhe permite satisfazer "o gosto e o costume de conversar", que "a índole e a vida" nele fizeram tão imperativos. Nas horas de solidão, amiudadas pela velhice, o diálogo com o papel torna-se um simulacro do convívio humano: "Acudo assim à necessidade de falar comigo, já que o não posso fazer com outros; é o meu mal". Isso explica por que o *Memorial*, em vez de tratar sobretudo da vida do seu autor, como de uso nos diários, ocupa-se mais da vida alheia: é dos outros, mais que de si mesmo, que o Conselheiro vive. Testemunho particularmente significativo desse seu "mal" dão-nos dois capítulos de *Esaú e Jacó*. No capítulo XXXII, Aires, já aposentado, regressa em caráter definitivo para o Rio, onde vai reinstalar-se na sua velha casa do Catete; ali, "cansado de homens e de mulheres, de festas e de vigílias", resolve elaborar um programa de solidão cuja divisa é um salmo bíblico traduzido por Bernardes: "Alonguei-me fugindo e morei na soedade". Na "soedade", quebrada apenas pelo almoço das quintas-feiras em casa da mana Rita, porfia Aires em viver algum tempo:

> Às noites passeava pelas praias, ou pelas ruas do bairro. O mais do tempo era gasto em ler e reler, compor o *Memorial* ou rever o composto, para relembrar as coisas passadas.

Já no capítulo seguinte, intitulado "A Solidão Também Cansa", vemo-lo aborrecer-se do isolamento que se impusera e padecer "sede de gente viva", sede que o leva de volta ao convívio social, indispensável a ele como o ar que respirava, única coisa capaz de "matar o tempo, o imortal tempo".

Essa "sede de gente viva", traço fundamental do caráter de Aires, justifica o paradoxo de o seu diário falar mais de outrem que dele próprio, o que não quer dizer que o *Memorial* não tenha a sua dose de confessionalismo. Só que é o confessionalismo típico de um diplomata: dissimulado, manifesta-se a espaços, o mais das vezes obliquamente. Os vislumbres que temos da alma do memorialista são-nos dados menos pelas observações que ele faz sobre si mesmo do que pela maneira como vê os atos alheios. Tal maneira de ver não se explicita no plano do significado ostensivo, mas tem de ser rastreada no que há de implícito no texto e a ele o leitor pode chegar através das pistas semeadas por Machado, balizas de um plano de significado subjacente assaz distanciado daquele convencionalismo que as personagens e os incidentes aparentemente banais do enredo ostentam. Mercê desse significado embuçado, entronca-se o *Memorial* na linhagem dos outros romances do autor, pintando a condição humana com aquele mesmo travo de ironia metafísica que, desde as *Memórias Póstumas*, aprendêramos a estimar como o timbre machadiano por excelência.

ACORDE DE ABERTURA

A ação do *Memorial* começa a 9 de janeiro de 1888, data que assinala o primeiro aniversário da volta definitiva de Aires ao Brasil. Nessa data, recebe ele uma carta da mana Rita, pedindo-lhe que a acompanhe no outro dia ao cemitério, para uma visita ao túmulo da família, onde ela quer "dar graças" pelo regresso do irmão. Avesso a sentimentalidades de qualquer espécie (já o vimos desgostoso das lágrimas; em outra de suas anotações ele confessa "temer o poético e acaso o patético")[5], Aires acede a contragosto ao pedido da irmã e vai ao cemitério.

Dessa visita nos dá ele em seu diário, com a data de 10 de janeiro, uma descrição mais ou menos detida, na qual afloram pistas de importância para a melhor compreensão do livro. Conta-nos, por exemplo, que, no dia do sepultamento do marido, Rita colocou-lhe dentro do caixão "um molho dos seus cabelos, então pretos, enquanto os mais deles ficaram a embranquecer cá fora", e que todos os meses manda lavar o jazigo da família, cuidado que a Aires parece excessivo:

> Ora, eu creio que um velho túmulo dá melhor impressão do ofício, se tem as negruras do tempo, que tudo consome.

Enquanto Rita ora, Aires corre os olhos pelo local e dois pormenores lhe ferem a atenção, tanto assim que os registra por escrito: a imobilidade geral do cemitério e, único contraste, os pássaros a esvoaçar:

---

5. Eis uma outra citação de apoio: "Não gosto de lágrimas, ainda em olhos de mulheres, sejam ou não bonitas; são confissões de fraqueza e eu nasci com tédio aos fracos" (*Memorial*, 473).

A impressão que me dava o total do cemitério é a que me deram sempre outros; tudo ali estava parado. Os gestos das figuras, anjos e outras, eram diversos, mas imóveis. Só alguns pássaros davam sinal de vida, buscando-se entre si e pousando nas ramagens, pipilando ou gorjeando. Os arbustos viviam calados, na verdura e nas flores.

É também nessa visita ao cemitério – episódio inicial do livro, espécie de acorde de abertura a encerrar em si, embrionariamente, as linhas-mestras de desenvolvimento do enredo – que Aires põe a atenção em Fidélia, ali em visita ao túmulo do marido, e a cuja beleza, conquanto aborreça a ênfase, aplica o superlativo dantesco de "gentilíssima". A propósito dela, trava-se uma discussão entre os dois irmãos. Rita, viúva perene, garante que Fidélia não se casará de novo. Ante a dúvida manifestada por Aires, desafia-o então a tentar casar-se com ela. Alegando o impedimento dos seus "sessenta e dois anos", Aires se furta ao desafio e acusa a irmã de querer arrastá-lo a uma "aposta de Deus e de Mefistófeles". Mais tarde, em casa, irá esclarecer a Rita, que "não tem cultura, mas tem finura", o significado da alusão goethiana lendo-lhe o prólogo do Fausto.

A entrada seguinte do *Memorial*, com a data de 12 de janeiro, completa a anterior com alguns dados essenciais que o memorialista diz ter-lhe esquecido dizer. O primeiro deles é que Aires, viúvo também, preferiu deixar a mulher enterrada em Viena a trazê-la para o jazigo da família no Rio, pois entende que "os mortos ficam bem onde caem". Rita observa-lhe que Fidélia não é da mesma opinião, tanto assim que fez translador para São João Batista os restos do marido, morto em Lisboa. Outro esquecimento reparado pelo memorialista é a alusão feita por Rita, dois dias antes, à gente Aguiar, amiga de Fidélia. Esta, até então, fora designada no texto como a viúva Noronha e quando Aires vem a saber que tem por nome Fidélia, comenta logo: "O nome não basta para não casar".

O fato de o autor do *Memorial* colocar-lhe bem no pórtico essa cena de cemitério serve para advertir, quando mais não fosse, que se trata de um livro sobre mortos e vivos, dualidade (dir-se-ia talvez melhor: polaridade) que, desta ou daquela feição, vai reaparecer ao longo dele como um dos seus *leit-motive*. Importa ainda notar que os três protagonistas da cena são viúvos, isto é, vivos subordinados a mortos e simbolicamente vinculados ao mundo deles, que vêm visitar regularmente; só um novo casamento poderia romper esse vínculo. É aliás em torno desse rompimento que gira, implicitamente, a breve discussão dos dois irmãos sobre a possibilidade de a viúva Noronha voltar ou não a casar-se. Rita lhe atribui o mesmo propósito de fidelidade conjugal *post-mortem* em que se empenha há tantos anos, mas um pormenor registrado pelo memorialista dá bem a medida do preço de tal fidelidade: o molho de cabelos pretos guardados no caixão do falecido, enquanto os de cá fora ficam a embranquecer, são a dramática representação metonímica da imolação, no altar da viuvez, do direito à juventude, à vida, ao amor.

A escolha de pormenor de tanta ênfase visual; a ideia de que o tempo tudo deve consumir, tanto a brancura dos túmulos como o apego excessivo aos mortos, cujos restos não carecem de ser trazidos para junto de nosso culto inútil, mas ficam bem onde estão; a expectativa de que a viúva Noronha se volte a casar — eis algumas indicações de que Aires não participa da mística da viuvez. O seu registro da cena da visita ao cemitério deixa igualmente entrever que a mocidade de Fidélia não quadra ali tão bem quanto a velhice dos dois outros viúvos; é uma nota discordante de vida naquela imobilidade de morte, onde se diria ter-se o tempo congelado; ademais, não parece despropositado ver um nexo metafórico entre a viúva que, por bela e jovem, devia antes procurar o amor dos vivos que a saudade dos mortos, e os passarinhos que se buscam, amorosos, por entre as ramagens da necrópole.

Fica assim estabelecida, desde o início do *Memorial*, uma simetria[6] entre velhos e mortos (a idade aproxima aqueles destes: logo estarão entre eles), de par com uma oposição entre juventude-vida e velhice-morte.

---

6. Importa notar que no *Memorial* ocorrem dois tipos de simetrias: as ostensivas, para as quais o próprio memorialista chama a atenção do leitor, e as embuçadas, que, na semântica do livro, como se verá, são muito mais importantes que as ostensivas. De uma destas se vale o romancista para dar um toque no realismo à sua narrativa: "Há na vida certas simetrias inesperadas. A moléstia do pai de Osório chamou o filho ao Recife, a do pai de Fidélia chama a filha à Paraíba do Sul. Se isto fosse novela, algum crítico tacharia de inverossímil o acordo dos fatos, mas já lá dizia o poeta que a verdade pode ser às vezes inverossímil" (*Memorial*, 329). O toque realístico é reforçado por outra simetria: Aires encontra duas vezes Fidélia na rua e nas duas vezes dá com alguém a admirá-la – Osório, primeira; depois Tristão –, pelo que anota no seu diário: "Se eu estivesse a escrever uma novela, riscaria as páginas do dia 12 e do dia 22 deste mês. Uma novela não permitiria aquela paridade de sucessos" (*Memorial*, 630). Outra simetria ostensiva, ou "paridade de situações", como a chama Aires, é o reumatismo que na mesma ocasião lhe ataca o joelho e o de Carmo.

NOMES, SOBRENOMES

Digno de nota é o Conselheiro chamar a atenção do leitor para o nome de Fidélia, onde está como que engastada a obrigação de fidelidade ao marido morto e a proibição de um novo casamento. Mas a pista onomástica não para aí: na anotação de II de fevereiro, ele estabelece uma possível relação entre esse nome e o título da ópera de Beethoven *Fidélio*. E vai mais longe, ligando o sobrenome de Fidélia, Santa-Pia, a uma personagem d'*A Divina Comédia*, de que cita um verso: "*Ricordati di me, chi son la Pia*". Detém-se, todavia, nesse ponto, como que deixando ao leitor o encargo de deslindar o restante. O verso citado é uma passagem do Canto v do Purgatório, a qual diz respeito a Pia del Guastelloni. Viúva, Pia casou-se de novo, mas o segundo marido, suspeitoso de ela manter uma ligação adúltera, mandou-a matar. Temos aqui associados, portanto, os motivos da viuvez, do segundo casamento e da traição. A vinculação do nome de Fidélia com o título da ópera quase homônima de Beethoven é ainda mais pertinente, de vez que a música aparece com frequência nas páginas do *Memorial*. Tanto Fidélia quanto seu futuro segundo marido são bons pianistas e é ao piano que começa o romance entre ambos: ela, quando enviuvou, jurou nunca mais tocar, mas quebra a promessa certa noite em casa dos Aguiares quando Tristão, depois de ter tocado, insiste em que ela também toque; ao anotar o ocorrido, Aires não se esquece de acrescentar: "A música sempre foi uma das minhas inclinações, e [...], diria que é hoje uma das saudades". Tal como já acontecera com a referência onomástica a Pia del Guastelloni, também a menção à ópera de Beethoven é fugaz, sem quaisquer comentários. Entretanto, não se restringe a pertinência da menção à similitude de nomes; ela diz respeito, sobretudo, ao tema da fidelidade conjugal até e além da morte. Recordemos o libreto de *Fidélio ou o Amor Conjugal*[7]: Leonora, sabendo que o marido Florestan, dado como morto pelo diretor da prisão, Pizarro, está vivo e preso por não se sabe que crime político, disfarça-se de homem e, com o nome de Fidélio, consegue empregar-se como ajudante do carcereiro da prisão onde o marido se encontra. Pizarro, receoso da visita de inspeção de um ministro, resolve matar Florestan e ordena ao carcereiro que

---

7. Ver esse verbete em *The Oxford Companion to Music*, de Percy A. Scholes (Londres, Oxford University Press, 1950). Tive notícia de que o Prof. Raymond Sayers escreveu um trabalho sobre as alusões musicais na obra de Machado de Assis. Todavia, não consegui obter um exemplar desse trabalho para consulta.

abra uma cova nos subterrâneos da prisão. Para estar junto do marido e poder consolá-lo, Leonora ajuda o carcereiro nessa tarefa e, no momento em que Pizarro vai matar Florestan, ela o detém, revólver em punho, conseguindo salvar a vida do condenado.

Estamos agora nos antípodas de Pia dei Guastelloni, que falta com o dever de fidelidade ao primeiro marido casando-se de novo e acaba por morrer como traidora às mãos do segundo marido, enquanto Leonora-Fidélio mantém-se fiel ao esposo supostamente morto e sua lealdade pertinaz alcança salvá-lo do túmulo que o esperava. A onomástica de Fidélia revela-se, dessa forma, dúplice: a fidelidade engastada no primeiro nome é desmentida pela traição conotada pelo segundo. Além disso, uma outra alusão truncada do Conselheiro reitera, em torno da figura da viúva Noronha, o tema da fidelidade até a morte. Na anotação de 14 de janeiro, em que registra informações sobre o primeiro casamento dela, o memorialista refere a inimizade entre as famílias dos "jovens namorados de Paraíba do Sul", ódio que a união dos dois, celebrada à revelia dos pais, ferrenhos inimigos políticos, não conseguiu dissipar. Natural que à pena letrada do Conselheiro ocorresse logo a lembrança de Shakespeare e a menção a "Romeu e Julieta aqui no Rio". Mas aí se detém ela, nessa similitude de ódios familiares, deixando como que propositadamente de lado o essencial, o fato de a tragédia dos amantes de Verona ser um modelo de fidelidade e eles morreram um por amor do outro.

Pode-se ver também uma recorrência do tema da traição no nome do segundo marido de Fidélia, Tristão, possivelmente inspirado (embora no livro nada se insinue a respeito, como se insinuara nos casos anteriores)[8] no *Tristão e Isolda*[9]. Mais uma pista musical, portanto. Na ópera de Wagner, Tristão conduz Isolda ao seu futuro marido, o rei Mark, mas, por artes de um filtro mágico, apaixona-se por ela durante a viagem e ela por ele. O rei os surpreende em colóquio amoroso e Tristão é ferido na luta com um cortesão; no último ato, os dois amantes morrem, perdoados pelo rei, que vem a saber do filtro amoroso. Há, pois, nesta alusão wagneriana, um elemento atenuante que faltava na referência a Pia dei Guastelloni: a absolvição dos adúlteros. Assim, na junção onomástica Fidélia-Tristão, teríamos a transgressão do dever

---

8. Entretanto, há referências a Wagner no livro. O próprio Tristão toca ao piano um trecho de Tannhäuser; logo em seguida, ele e Fidélia põem-se a conversar "de Wagner e de outros autores".
9. Ver esse verbete em Scholes, *op. cit.*

de fidelidade e a traição à memória do morto como que neutralizados pelo reconhecimento da força mágica do amor e pelo perdão da ofensa.

Neste capítulo das pistas onomásticas[10], valeria a pena notar, por último, a correlação etimológica entre "Aires" e "Aguiar". O primeiro nome deriva possivelmente da raiz germânica *ar*, que quer dizer "águia", pelo que se vincula de imediato com "Aguilar", port. "Aguiar", cujo significado é "sítio habitado por águias"[11]. O vínculo etimológico reforça, de resto, uma polaridade bem marcada no romance: Aires não só é amigo e conviva regular dos Aguiares, mas com eles se alinha em razão da idade, constituindo o grupo dos velhos, ao qual se contrapõe o jovem par Fidélia-Tristão.

O COMPASSO DE DUAS PONTAS

Mas há a considerar o desequilíbrio 3 x 2, ainda mais acentuado por o primeiro grupo constituir-se de um casal mais um viúvo, enquanto o segundo é formado por um casal. Resolve-se facilmente esse desequilíbrio numérico, restabelecendo a simetria casal x casal, quando se reconhece em Aires um elemento lábil que, pela sua própria condição de observador e conforme o ângulo de observação, ora se alinha com os Aguiares, ora com Fidélia-Tristão. Sua labilidade se manifesta não só em termos de angulação como principalmente em termos de empatia. Há, nele, uma permanente ambiguidade de atitudes em relação aos conflitos e aos protagonistas do *Memorial*, ambiguidade típica da sua índole de mediador diplomático; do seu sentido de relatividade das coisas, aguçado pela experiência e pelos anos; de sua complacência confessa:

> [...] aquela complacência, que é uma qualidade minha, e não das novas. Quase que a trouxe da escola, se não foi do berço. Contava minha mãe que eu raro chorava por mama; apenas fazia uma cara feia e implorativa. Na escola não briguei com

10. Inclusive no nome escolhido para uma personagem secundária, posto que pitoresca, do *Memorial*, há uma intenção alusiva. Trata-se da irmã do corretor Miranda, D. Cesária. Seu nome é a forma feminina de César que, segundo Plínio (*apud* Antenor Nascentes), teve origem em *caedere*, "cortar". Como se vê, é pertinente a alusão à língua cortante da "picante Cesária" cuja maledicência encanta o Conselheiro: "Esta senhora se não tivesse fel talvez não prestasse; eu nunca a vejo sem ele, e é uma delícia".

11. Ver verbetes correspondentes no *Dicionário Etimológico da Língua Portuguesa*, de Antenor Nascentes (Rio de Janeiro, 1952, t. II).

JOSÉ PAULO PAES: *Crítica Reunida Sobre Literatura Brasileira & Inéditos em Livros*

ninguém, ouvia o mestre, ouvia os companheiros, e se alguma vez estes eram extremados e discutiam, eu fazia da minha alma um compasso, que abria as pontas aos dois extremos. Eles acabavam esmurrando-se e amando-me.

Essa complacência de compasso aberto aos dois extremos, se o faz simpatizar com o sofrimento dos Aguiares, de perder os dois filhos de empréstimo, último consolo de uma vida frustrada pela falta de filhos "naturais" ou "legítimos", leva-o também a defender o egoísmo juvenil de Fidélia-Tristão, que têm sua própria vida a viver fora do círculo de giz daquela paternidade postiça. No primeiro caso, a adesão empática se explica pela simetria de idades – à época da ação do romance, Aires tem 62 anos, Aguiar 60 e Carmo 50 –, assim como por Aires não ter tido filhos e, malgrado alardeie não sentir falta deles, desempenhar amiúde o papel de pai adotivo através de suas amizades moças (Tristão no *Memorial*; os gêmeos em *Esaú e Jacó*, dos quais chega a imaginar-se "pai espiritual")[12].

No segundo caso, a empatia se estabelece por via de uns últimos assomos de juventude que o Conselheiro ainda traz em si e que tenta baldamente conter ou dissimular; são eles que tornam compreensíveis as contradições do seu interesse por Fidélia. Na cena paradigmática do cemitério, vimo-lo, escudado na diferença de idade, afastar a ideia, aventada por Rita, de ele mesmo casar-se com a viúva Noronha. Dias depois, quando a revê nas bodas de prata do casal Aguiar, confirma pesaroso a impossibilidade desse hipotético casamento citando a si mesmo um verso de Shelley, que irá repetir outras vezes em suas anotações: *I can give not what men call love*. Mais adiante, explicará o seu fascínio por Fidélia como simples curiosidade científica: intriga-o o caráter dela e, fazendo-a "objeto de estudo" tão somente, quer escrutar-lhe "certa feição de espírito", vislumbrada num "sorriso furtivo que já lhe (vira) algumas vezes". Em mais de um passo, porém, desmente-se o desinteresse dessa curiosidade: na anotação de 24 de maio de 1888, narra o Conselheiro um sonho que teve, no qual propôs casamento à viúva e foi aceito por ela, sonho compensatório em que o leitor de Machado pronto identifica um dos recursos preferidos do romancista; dias depois, não hesita o memorialista em escrever que as graças de Fidélia lhe "parecem cada vez maiores" e em

---

12. Em *Esaú e Jacó* (1133) está dito que quem conseguisse penetrar a alma de Aires "Lá descobriria acaso, entre as ruínas de meio celibato, uma flor descorada e tardia de paternidade, ou, mais propriamente, de saudade dela...".

confessar: "Estive com ela hoje, e se não a arrebatei comigo não foi por falta de braços nem de impulsos". Mas logo se corrige desse arrebatamento atribuindo-lhe razões puramente estéticas:

> Se fosse nos primeiros dias deste ano, eu poderia dizer que era o pendor de um velho namorado gasto que se comprazia em derreter os olhos através do papel e da solidão, mas não é isso; já lá vão as últimas gabolices do temperamento. Agora, quando muito, só me ficaram as tendências estéticas, e deste ponto de vista, é certo que a viúva ainda me leva os olhos, mas só diante deles.

A prova de que as "gabolices do temperamento" – fórmula depreciativa com que Aires designa seus ardores amorosos – nunca se apagaram de todo nele é dada numa das passagens finais do livro quando, de volta a casa, após ter acompanhado a bordo Fidélia e Tristão que, casados, se vão para a Europa, o Conselheiro relata uma fantasia sua, espécie de recorrência do sonho já mencionado:

> Não acabarei esta página sem dizer que me passou agora pela frente a figura de Fidélia, tal como a deixei a bordo, mas sem lágrimas. Sentou-se no canapé e ficamos a olhar um para o outro, ela desfeita em graças, eu desmentindo Shelley com todas as forças sexagenárias restantes.

DUAS ALMAS

Confinado assim ao reino dos sonhos e das fantasias compensatórias pela barreira que lhe opõe a sua aguda consciência da idade, o amor sexagenário de Aires irá encontrar, todavia, uma forma vicária de realização. Para entendê-la, voltemos à cena do cemitério, onde há uma alusão ao Fausto de Goethe, feita a propósito do desafio de Rita ao irmão, de que tentasse conquistar para si a mão da viúva, desafio por ele reputado "uma aposta de Deus e de Mefistófeles". Com o fito de esclarecer à irmã o sentido da referência, Aires resume-lhe o prólogo no céu do Fausto. Eis um outro caso de alusão truncada, recurso que já vimos usado mais de uma vez no *Memorial*. Aqui, a alusão restringe-se ao prólogo do poema dramático de Goethe, ao debate entre Deus e Mefistófeles acerca da possibilidade de a alma do homem ser conquistada para o mal, mas ao leitor avisado não passará despercebido o quanto existe de faustiano nos próprios sonhos e devaneios do Conselheiro. Na lenda germânica, o velho doutor vende a alma ao diabo em troca do saber, de poderes mágicos e, sobretudo, de juventude; também Aires aspira a transceder as limitações da idade para poder realizar *in esse* o seu amor por Fidélia. Tal realização não será real como a do Dr. Fausto, mas imaginativa, como convém a alguém que confessa viver "do que ouve aos outros"; não se fará por via de um pacto infernal, mas por via da introjecção vicária. Aires, que já achava na Flora de *Esaú e Jacó* um "sabor particular" pela excentricidade de sua "ambição recôndita" de amar dois homens ao mesmo tempo; que já dizia conhecer bem esses "sentimentos alternados e simultâneos", pois "eu mesmo fui uma e outra coisa, e sempre me entendi a mim" – Aires compraz-se agora em cultivar dentro do peito as *zwei Seelen* da famosa interjeição de Fausto[13]. Uma delas é a sua própria alma de sexagenário cético e prudente, com receio de não poder "dar aquilo a que os homens chamam amor"; outra, de empréstimo, é uma alma jovem, ambiciosa, pela qual ele sente a maior afinidade e que, por isso mesmo, pode introjetar quando lhe apetece. Trata-se, evidentemente, de Tristão. Pouco depois de conhecê-lo, analisando-lhe o caráter, Aires descobre nele "muita compostura e alguma dissimulação", duas virtudes (ou defeitos) que não é difícil identificar desde logo como as virtudes cardiais do próprio Aires. Em vista dessa afinidade de raiz, ganha especial relevo o verbo escolhido pelo memorialista para descrever, no seu diário, a afeição crescente que se vai firmando entre ambos: *entro* (o grifo é meu) cada vez mais no coração daquele moço". A entrada introjetiva de uma alma na outra, por meio da qual o velho vive, faustiana e vicariamente, a experiência amorosa do jovem, culmina na cena do almoço nas Paineiras, quando Tristão se resolve a confidenciar a Aires seus sentimentos para com Fidélia. A frase com que este estimula o interlocutor à confissão é muito reveladora: "Pois digo o resto. Disponho-me a ouvi-lo *como se eu mesmo fosse rapaz*" (grifo meu, mais uma vez). Não tarda a completar-se o rejuvenescimento imaginativo: "no fim dos charutos, estávamos quase como dois estudantes do primeiro ano e do primeiro namoro, ainda que com outro estilo". A curiosidade com que Aires acompanha o desenrolar do romance entre Tristão e Fidélia chega

---

13. Interjeição que, a propósito do duplo amor de Flora, Aires cita explicitamente no capítulo LXXXI de *Esaú e Jacó*, traduzida: "Ai, duas almas no meu peito moram".

iv. Gregos & Baianos: Ensaios

positivamente às raias do voyeurismo, a ponto de ele não temer confiar ao seu diário: "Estava com desejo de ir passar um mês em Petrópolis, mas o gosto de acompanhar aqueles dois namorados me fez hesitar um pouco, e acabará por me prender aqui". Numa outra entrada do *Memorial*, declara ter recebido do próprio Diabo a "arte" de "concertar a cortesia e a curiosidade", e confessa: "Eu gosto de ver impressas as notícias particulares, é bom uso, faz da vida de cada um ocupação de todos", rematando a profissão de fé voyeurista com uma pitada de antevisão científica: "Tempo há de vir em que a fotografia entrará nos quartos dos moribundos para lhes fixar os últimos instantes; e se ocorrer maior intimidade, entrará também".

TOPOLOGIA

Restaria ainda destacar, na cena — insista-se — paradigmática do cemitério, de onde têm sido extraídos até agora, completando-se com subsídios tomados a outras passagens correlatas do texto, os elementos desta interpretação do *Memorial*, um último aspecto, que ali só aparece fugazmente, mas que se vai afirmar com ênfase crescente no resto do livro. Trata-se de uma outra pola-ridade que, de par com as polaridades já explicitadas (mortos/vivos, jovens/ velhos, real/vicário), ajuda a compor as linhas de força subjacentes ao enredo. É a polaridade aqui/lá, implícita na cena do cemitério pelo fato de Rita ali ter ido especialmente "dar graças" pelo regresso do irmão. Este, recorde-se, passara trinta e poucos anos fora do Brasil, no serviço diplomático, servindo em diversas partes do mundo — no Pacífico, em Bruxelas e em Caracas, pelo menos, segundo indicações esparsas no *Memorial* e em *Esaú e Jacó*; durante esse tempo, aqui esteve só umas poucas vezes, em gozo de licença. Quando se aposenta, regressa em definitivo ao Rio, para ali passar seus últimos anos: "Aqui estou, aqui vivo, aqui morrerei". Explicita-se, pois, a polaridade: lá é a Europa, aqui é a pátria. O regresso do Conselheiro à sua terra — "era homem de todos os climas, mas tinha particular amor à sua terra", conforme está dito em *Esaú e Jacó* — equivale também a uma volta ao passado; aqui viveu ele a in-fância e a juventude, das quais ainda procura inutilmente vestígios nas casas, nos homens, nos costumes: "eu nunca esqueci coisas que só vi em menino", diz-nos no *Memorial*, ao recordar as sanguessugas à porta das lojas dos bar-beiros; elas não existem mais, não são mais usadas, mas ainda lhe andam pelo cérebro rememorativo, "abaixo e acima, como nos vidros". Em *Esaú e Jacó*, encontramo-lo, recém-chegado da Europa, a passear pelas ruas novas e velhas do seu Rio de Janeiro, cujas vistas "acordam nele uma infinidade de ecos, que pareciam as próprias vozes antigas"; no Passeio Público, junto do mar, vai "revivendo homens e coisas". Mas o passado está morto; o Aires sexagenário diz ter voltado à pátria para nela morrer. O aqui se polariza, assim, como o próprio *locus* do passado, da velhice, da morte. Por oposição, o lá, isto é, a Europa, se marca, na semântica do *Memorial*, como o *locus* da vida. Quando Eduardo, o primeiro marido de Fidélia, morre inopinadamente em Lisboa, seu corpo não é enterrado lá, mas trasladado para cá. No registro que faz de seu almoço com Tristão nas Paineiras e em que lhe ouve confidências acerca de seu amor por Fidélia, o Conselheiro deixa escapar uma frase reveladora: "a *vida* que chama Tristão para fora daqui, a *morte* que prende a viúva à terra e às suas saudades" (grifos meus). Nessa frase está claramente explicitada a polaridade aqui-morte/lá-vida, polaridade que, de resto, se espelha em várias simetrias e oposições do livro. Por exemplo, o itinerário de Tristão, o jovem, é simetricamente oposto ao de Aires, o velho. Este faz seus estudos em São Paulo, vive a maior parte da vida fora do país, mas vem morrer aqui. Aquele, brasileiro de nascimento, vai estudar na Europa, acaba por naturalizar-se português, anda pelo Brasil só por uns tempos e, depois de seu casamento com Fidélia, regressa definitivamente à pátria de adoção, onde vai iniciar uma nova vida, ingressando na política como deputado. A ideia de viagem esclarece, aliás, as duas epígrafes, um tanto crípticas, à primeira vista, do *Memorial*. Significativamente, ambas são de velhos trovadores portugueses, escolha explicável menos pelo amor do Conselheiro aos clássicos da língua (recorde-se que para o seu programa de solidão ele escolhera um dístico de Bernardes) do que pelo fato de Portugal estar vinculado à própria dramática do livro, em cujo desenlace Tristão e Fidélia se vão para Lisboa, deixando aqui desamparados, numa "orfandade às avessas", os pais postiços. A primeira epígrafe, dois versos de uma cantiga de Joham Zorro, falam de "barcas novas" mandadas "lavrar" em "Lixboa", barcas que são frequentes nas cantigas desse trovador[14] e das quais se serve el-rei para levar sua amiga; a alusão a Tristão, que vem de Lisboa buscar esposa no Brasil, é clara. Na segunda epígrafe, estrofe de

---

14. Ver *Cantigas d'Amigo dos Trovadores Galego-Portugueses*, ed. crítica de José Joaquim Nunes, v. II, Coimbra, Imprensa da Universidade, 1928, pp. 346-354.

uma cantiga de Dom Dinis, a elocução é assumida pela amiga, que diz à mãe: "alá vou, madre", "para ver meu amigo/ que talhou preyto comigo", preito significando, no contexto, pacto, promessa, combinação[15]. Acaso não faz eco, essa estrofe, à despedida de Fidélia e D. Carmo, a quem ela chama "mãezinha", quando parte para "alá", para "Lixboa" por força do "preyto" ou pacto conjugal que "talhou" com Tristão? Curioso notar ainda, no *Memorial*, as repetidas referências à barca de Niterói, espécie de prenúncios *en abîme* da viagem maior, da separação final entre pais e filhos de empréstimo, ominosamente retardada ao longo da narrativa, mas que, com realizar-se, dá-lhe o fecho dramático: é na barca de Niterói que Aires encontra certa feita Tristão, "que olhava para o lado da barra, como se estivesse com desejo de abrir por ela fora e sair para a Europa".

A semantização do lá como vida e do cá como morte, manifesta na cena do cemitério por Rita ter escolhido precisamente esse lugar para dar graças pela volta do irmão – volta que adquire desse modo o caráter de um regresso ao seio dos mortos –, aparece já numa cena de *Esaú e Jacó*: Aires encontra, num bonde, Natividade, que pensa viajar com os filhos e que o convida a acompanhá-los; o Conselheiro, reconhecendo que "as viagens fazem bem, mormente na idade deles", declina do convite com uma justificativa na qual se marca bem a múltipla polarização ficar-aqui-velhice-morte/ viajar-lá-juventude-vida: "Ah! baronesa, para mim já não há mundo que valha um bilhete de passagem. Vi tudo por várias línguas[16]. Agora o mundo começa aqui no cais da Glória ou na rua do Ouvidor e acaba no cemitério de São João Batista".

UMA FÁBULA FLUMINENSE

Esta menção ao cemitério de São João Batista tem sua contraparte numa frase muito marcante do *Memorial*, quando Aires diz: "Já não sou deste mundo, mas não é mau a gente afastar-se da praia com os olhos na gente que fica". O estado de espírito dúplice revelado na frase – de um lado, o sentimento da morte próxima; de outro, o interesse pela vida que foge – permeia todo

---

15. Ver o Glossário da ed. cit. de José Joaquim Nunes.
16. A volta de Aires à pátria significa também o reencontro com seu próprio idioma: "cansado de ouvir e de falar a língua francesa, achei vida nova e original na minha língua, e já agora quero morrer com ela na boca e nas orelhas" (*Memorial*, 953).

o *Memorial*, que não seria errado definir como uma fábula acerca da velhice e da morte, fábula sendo tomada aqui no sentido de narrativa revestida de moralidade final. À maneira dos clássicos do seu convívio diário – ao meter-se na cama, conforme está dito em *Esaú e Jacó*, Aires costuma rezar "uma ode do seu Horácio" –, cuida ele também de, no ocaso da vida, elaborar a sua arte de envelhecer, de preparar-se para a morte. Só que o seu *De Senectude* não é um tratado filosófico como o de Cícero, nem sequer como aquela *Filosofia das Tabuletas* que ele próprio pensou um dia escrever. Não é tampouco uma coleção de aforismos ou ditos sentenciosos, como seria de esperar de quem "gostava de estudar adágios" e de perpetrá-los, a ponto de haver pensado, não tivesse os "olhos adoentados", em "compor outro Eclesiastes, à moderna". Vampiro intelectual com inextinguível "sede de gente viva", a subsistir agora vicariamente do que ouve aos outros, Aires elabora, com os conflitos, ilusões, virtudes e defeitos do seu microcosmo fluminense, uma fábula acerca dos desconcertos humanos, fábula irônica a que dá a feição, muito apropriada, de diário, pois que outra forma literária poderia convir melhor àquela implacável fuga do tempo, de que os velhos têm consciência tão aguda?

Na frase acima, o adjetivo "irônico" é usado no mesmo sentido que tinha na tragédia grega, onde os fados ou a vontade dos deuses, ofendidos por algum excesso do protagonista, preparavam-lhe, ao fim e ao cabo, uma reviravolta da fortuna, a peripécia, em que revelavam um intento zombeteiro. Esse intento se adequava à moralidade grega, que via na ironia "uma forma elevada de afirmar o áureo meio, de restabelecer o equilíbrio ali onde o engano de um protagonista conduzisse ao alargamento da brecha entre aparência e realidade"[17]. Essa é também a visão que se exprime na fábula do casal Aguiar e de seus filhos postiços, visão cujo porta-voz é o Conselheiro Aires, não só por sua natural condição de fabulista como pela natureza mesma do seu espírito, afeito ao equilíbrio, à sobriedade, à moderação. Mas qual o excesso cometido pelos Aguiares contra os fados, de que teria resultado a peripécia de perderem para sempre os filhos de afeição e de se verem naquela "orfandade às avessas", consolando-se com a "saudade de si mesmos", como no-los pinta a breve mas patética cena de encerramento do *Memorial*? Evidentemente, o

---

17. Ver o verbete "Irony" do *Dictionary of World Literary Terms*. Org. por Joseph T. Shipley, Londres, Allen & Unwin, s. d. Cf. também Frye, Northrop, *Anatomia da crítica*. Trad. Péricles da Silva Ramos. São Paulo, Cultrix, 1973, especialmente pp. 232-5.

apego excessivo a Tristão e Fidélia, tanto mais anômalo[18] quanto se tratava de filhos postiços, por via dos quais buscavam compensar-se da severidade do destino que os fizera estéreis. Todavia, querer converter o postiço em legítimo é um engano que mais cedo ou mais tarde tem de dissipar-se para restabelecimento do equilíbrio perturbado e restituição, aos devidos lugares, de aparência e realidade por eles confundidas. É precisamente o que acontece no fim do *Memorial*, com a partida de Tristão e Fidélia para Portugal, onde vão iniciar a vida nova a que sua mocidade lhes dá direito, e com a solidão em que aqui ficam os pais de empréstimo, desfeito o sonho de conservarem os recém-casados ao pé de si, para ajudá-los a morrer[19]. Esse desfecho encerra *in nuce* a moralidade da fábula, explicitada de resto pelo próprio Aires ao tio de Fidélia, quando ambos voltavam da casa dos Aguiares, aonde tinha ido dar-lhes a notícia de que, eleito deputado em Portugal, Tristão não poderia voltar ao Brasil tão cedo:

> Praia fora (esqueceu-me notar isto ontem) praia fora viemos falando daquela orfandade às avessas em que os dois velhos ficavam, e eu acrescentei, lembrando-me do marido defunto:
> — Desembargador, se os mortos vão depressa, os velhos ainda vão mais depressa que os mortos... Viva a mocidade!
> Campos não me entendeu, nem logo, nem completamente. Tive então de lhe dizer que aludia ao marido defunto, e aos dois velhos deixados pelos moços, e concluí que a mocidade tem o direito de viver e amar, e separar-se alegremente do extinto e do caduco[20].

18. É o que pensa Aires a respeito da afeição de Carmo por Fidélia, pelo menos: "Quem sabe se aquela afeição de Dona Carmo, tão meticulosa e tão serviçal, não acabará fazendo dano à bela Fidélia. A carreira desta, apesar de viúva, é o casamento; [...] Ela, entregue a si mesma, poderia acabar de receber o noivo, e iriam ambos para o altar; mas entregue a Dona Carmo, amigas uma da outra, não dará pelo pretendente, e lá se vai embora um destino. Em vez de mãe de família, ficará viúva solitária, porque a amiga velha há de morrer, e a amiga moça acabará de morrer um dia, depois de muitos dias..." (*Memorial*, 519).
19. Rita acha que Carmo, casando Tristão com Fidélia, "teria assim um meio de prender o filho aqui", opinião com que Aires concorda: "Unidos os dois aqui, amados aqui, tê-los-ia ela abraçados ao próprio peito, e eles *a ajudariam a morrer*" (grifo meu).
20. Há uma antecipação em tom irônico, destas ideias, no episódio da doença do pai de Osório, em virtude da qual este é obrigado a viajar para Recife e afastar-se de Fidélia, de quem andava enamorada. Sobre o fato, observa Aires: "Os pais fazem muito mal em adoecer, mormente se estão no Recife, ou em qualquer cidade que não seja aquela onde os filhos namorados vivem perto das suas damas. *A vida é um direito, a mocidade outro; perturbá-los é quase um crime*" (grifo meu, *Memorial*, 368).

ACORDE DE ENCERRAMENTO

Assim como antes se caracterizou a cena do cemitério como uma espécie de acorde de abertura, a conter em si, embrionariamente, as linhas-mestras do enredo, não será fora de propósito ver agora essa fala de Aires, que consta na penúltima entrada do seu diário, como um acorde simétrico de encerramento, a resolver, em irônica consonância, os conflitos que deram matéria ao desenvolvimento da fábula. Com isso se reafirma o *Memorial* um livro sobre vivos e mortos, jovens e velhos – dois pares de oposições equivalentes termo a termo: "a mocidade tem o direito de viver", logo jovem = vivo; para exercício desse direito, ela deve separar-se "do extinto e do caduco", logo morto (extinto) = velho (caduco). A consonância é irônica por mais de uma razão. Primeiro porque o desfecho do livro demonstra-se o contrário do seu começo, uma legítima peripécia, portanto: antes, fidelidade aos mortos e apego filial aos velhos; agora, novo casamento e adeus aos pais de empréstimo. Com isso, anulam-se dois excessos: o de fidelidade aos mortos, que deixaria a viúva Noronha à margem da vida, como já antes deixara Rita, e o de gratidão pelo amor desinteressado, que espera de Tristão que renuncie aos verdadeiros pais e à carreira política para a qual nascera talhado[21]. Outra ironia, esta de cunho bem machadiano, é a de que virtude em demasia se torna vício e atrai a punição dos deuses. O amor dos Aguiares, primeiro por Tristão, depois por Fidélia, depois finalmente por ambos, é tanto mais desinteressado quanto não resulta de nenhum laço de sangue; é um puro dar de si de almas vocacionadas para a *charitas*[22]. Contudo, seu próprio excesso como que lhe denuncia um laivo de egoísmo: Carmo se compensa nele de sua maternidade frustrada e quer que lhe sirva de lenitivo na hora da morte.

Mas a principal ironia do acorde de encerramento do *Memorial* está naquele "Viva a mocidade!". Menos na exclamação em si que no tom com que o leitor imagina seja ela pronunciada por Aires. Tom que seria de lucidez algo doída, com uma pitada de resignação zombeteira, e em que se resumiria a arte de envelhecer do Conselheiro, quando não a própria dualidade do seu caráter, compasso de pontas abertas aos extremos.

---

21. "O que lhe notei bem é que em qualquer parte gosta de política. Vê-se que nasceu em terra dela e vive em terra dela" (*Memorial*, 1027).
22. Ouvi a expressão ao escritor Alfredo Bosi numa palestra realizada na Livraria Informática, de São Paulo, em dezembro de 1975, acerca do *Memorial de Aires*.

iv. Gregos & Baianos: Ensaios

Uma das pontas do compasso está cravada na alma dos Aguiares para compartilhar com eles as agruras da idade, que não permite aos velhos sequer o consolo de "afastar-se da praia com os olhos na gente que fica". O caminho da morte é o caminho da solidão e a arte de envelhecer, como ensinavam os estoicos, está em saber desprender-se o indivíduo dos bens do mundo, inclusive das afeições, para não lhes sofrer a falta, inconstantes e precárias que são, na hora decisiva. Não terem sabido os Aguiares alcançar esse desprendimento (ao contrário de Aires[23], que não quer apegar-se nem mesmo à própria irmã[24] e prefere borboletear pelas vidas alheias, _voyeur_ e vampiro sem compromisso) é exatamente o que dá ao desfecho do _Memorial_ seu caráter de moralidade fabular, de _unhappy end_ por assim dizer pedagógico e, como tal, adequado a um _De Senectude_ em forma de romance.

A outra ponta do compasso, centrada declaradamente nos "direitos da mocidade", traz à lembrança uma passagem anterior do _Memorial_, em que o Conselheiro faz uma espécie de profissão de fé schopenhaueriana no "gênio da espécie". Nessa passagem, ele imagina Fidélia, já então enamorada de Tristão, novamente no cemitério, na mesma postura melancólica em que ali a vira pela primeira vez. Para o memorialista, não há nenhuma contradição nesse amor simultâneo ao morto e ao vivo, porquanto o novo amor é inculcado pelo "gênio da espécie", que "faz reviver o extinto sob nova forma"[25]. E há de ser esse mesmo "gênio da espécie" – algo assim como uma força vital por que se manifestaria o determinismo ou lógica da Natureza – que dá à

---

23. "O casal Aguiar morre por filhos, eu nunca pensei neles, nem lhes sinto a falta, apesar de só" (_Memorial_, 167).

24. "Talvez eu, se vivêssemos juntos, lhe descobrisse algum pequenino defeito, ou ela em mim, mas assim separados é um gosto particular ver-nos" (_Memorial_, 945).

25. Aires confia nas "afeições de Fidélia", chegando "a crer que as duas (pelo marido morto e por Tristão) formam uma só, continuada". Opina ele que o importante "é que virtualmente não se quebre este laço (a afeição de Fidélia pelo morto), e que a lei da vida não destrua o que foi da vida e da morte" (_Memorial_, 1050). Para atender a essa aspiração de continuidade entre o vivo e o morto, há uma outra simetria embuçada no livro: Eduardo, o primeiro marido de Fidélia, estudou Medicina e morreu em Lisboa; Tristão formou-se em Medicina e veio de Lisboa. Essa simetria insinua, pois, que Tristão é a continuação de Eduardo, o próprio morto ressurrecto, a quem Fidélia pode, portanto, amar sem "que a lei da vida destrua o que foi da vida e da morte", fazendo das duas afeições "uma só, continuada". Aliás, quando Carmo, depois de tantos anos de silêncio do afilhado, que fora estudar em Portugal, recebe carta dele, chama-lhe uma "ressurreição", ideia que Aires logo confirma quando escreve, de Tristão, ser o "filho morto e redivivo". Indo viver em Lisboa com o novo marido, é como se Fidélia retomasse o curso de sua vida, interrompido lá com a morte do primeiro marido e o regresso dela para o Brasil.

mocidade o "direito de separar-se alegremente do extinto e do caduco". E é o mesmo gênio, força, determinismo ou lógica das coisas – pelo nome não se perca – quem faz, na fábula fluminense, o papel dos deuses ou fados da tragédia grega, papel substitutivo bem ao gosto do Conselheiro, que perdera já na infância as ilusões religiosas: "Íamos esconder-nos do confessor embaixo das camas ou nos desvãos da casa. Já então confundíamos as práticas religiosas com as canseiras da vida".

A metáfora do compasso aberto, engenhada pelo próprio Aires e aqui utilizada para descrever-lhe a conduta, configura bem as polarizações que permeiam a estrutura do *Memorial* e que são o reflexo, no plano do estilo, das *zwei Seelen*, da dualidade faustiana do caráter do memorialista. Se, por força dessa dualidade, alcança ele aceitar como natural o segundo casamento de Fidélia e reconhecer à mocidade o direito de "separar-se alegremente do extinto e do caduco", nem por isso se deve fazer vista grossa ao que existe de irônico nesse reconhecimento; no final das contas, Aires se alinha, não com a vida e a mocidade, mas com a velhice e a morte. Indício desse alinhamento final encontramo-lo na cena do enterro do corretor Miranda, a que Aires comparece. No cemitério, vai ele visitar o túmulo do marido de Fidélia, onde vê flores frescas, colocadas pela própria Fidélia, nessa altura já de amores com Tristão. Então, o velho se identifica com o morto, atribuindo-lhe inclusive aquele mesmo verso de Shelley – *I can give not what men call love* – de que se servira anteriormente como justificativa de sua incapacidade de amar:

> Agora que a viúva está prestes a enterrá-lo de novo, pareceu-me interessante mirá-lo também, se é que não levara tal ou qual sabor em atribuir ao defunto o verso de Shelley que já pusera na minha boca, a respeito da mesma bela dama: *I can* etc.

Esse "enterrá-lo de novo", somado às pistas onomásticas acima deslindadas, que acentuam obliquamente o dever de fidelidade conjugal *post-mortem*, e à discreta nota de simpatia com que o memorialista vê os extremos de ternura de Carmo para com os filhos postiços[26], mostram que, apesar de ter dito à irmã certa vez que "a vida tem os seus direitos imprescritíveis; primeiro os vivos e seus consórcios; os mortos e os enterros que esperem", Aires acaba

---

26. "Naturalmente os recém-casados apertaram as mãos, e Dona Carmo adotou o texto da verdadeira mãe com o seu olhar de mãe postiça. *Eu deixei-me ir atrás daquela ternura*, não que a compartisse, mas fazia-me bem" (grifo meu, *Memorial*, 1077).

por identificar-se com o morto reenterrado e a tomar o partido de sua velhice ("os dois velhos vão com a minha velhice, e acho neles um pouco da perdida mocidade"), aceitando-a como uma preparação para a morte.

O PASSADO ABOLIDO

A preocupação com a proximidade da morte ajuda a esclarecer um último ponto curioso do livro, qual seja o destaque com que nele aparece o episódio da Abolição. O que vem fazer num estudo puramente de caracteres[27] como o *Memorial*, onde não transluz o mínimo empenho de documentar costumes de época ou aspectos sociais, um acontecimento histórico desses? Lembre-se, a propósito, que, quando surge o problema de se os libertos de Santa-Pia, a quem Tristão sugere seja dada a fazenda, irão saber cultivá-la e "corresponder à boa vontade de sinhá-moça", Aires confessa-se desinteressado do assunto: "*É outra questão, mas não se me dá a ver ou não resolvida; há muita outra coisa neste mundo mais interessante*" (grifo meu). E por que, a despeito dessa falta de interesse, dedica ele espaço no seu diário – cujo editor declara ter decotado de "circunstâncias, anedotas, descrições e reflexões" que pudessem perturbar a "narração seguida" – ao registro do Treze de Maio e de suas repercussões, desimportantes dentro da semântica do romance, na vida de duas das personagens?

É de pensar-se que, num livro de estrutura tão econômica e tão coesa quanto o *Memorial*, esse episódio aparentemente digressivo só há de figurar porque serve a propósito mais importante que o de apenas datar a narrativa ou dar-lhe uns toques de realismo. De fato: pode-se ver a Abolição como um divisor de águas histórico, a separar o Brasil imperial do Brasil republicano, o mundo dos patriarcas do mundo dos bacharéis, os tempos velhos dos tempos novos. E em que pesem seus entusiasmos de juventude pela revolução de 48 em França ou a simpatia com que recebeu a Lei Áurea, o Conselheiro Aires

---

27. Logo após a anotação de 13 de maio de 1888, em que fala do "grande prazer" que lhe causou a notícia da assinatura da Abolição – embora, pretextando seus "hábitos quietos, os costumes diplomáticos, a própria índole e a idade", se recusasse a participar das manifestações públicas de regozijo –, Aires registra no seu diário a alegria dos Aguiares por receberem uma carta de Tristão. O registro é iniciado com a frase "Não há alegria pública que valha uma boa alegria particular", frase que marca bem a precedência do individual sobre o coletivo, típica do romance de caracteres.

pertence, em verdade, ao Brasil abolido, ao Brasil do velho imperador, que foi quem lhe conferiu, explica ele a Flora em *Esaú e Jacó*, o título de Conselheiro. A pátria à qual Aires decide regressar, quando se aposenta, para nela morrer, é, como vimos ao estudar a polaridade do aqui e do lá, seu próprio passado, as coisas só vistas em menino e nunca mais esquecidas, as "próprias vozes antigas" a lhe falarem a cada canto da cidade que ele vem reencontrar praticamente inalterada: "Também a cidade não lhe pareceu que houvesse mudado muito. Achou algum movimento mais, alguma ópera menos, cabeças brancas, pessoas defuntas; mas a velha cidade era a mesma".

Dentro dessa perspectiva, o episódio da Abolição ganha um significado particular dentro da semântica do *Memorial*. É o paralelo, no plano da vida coletiva, daquelas mesmas dicotomias ou polarizações que já explicitamos no plano das vidas individuais: jovens e velhos, mortos e vivos, aqui e lá. É o sinal histórico da separação definitiva entre o velho e o novo, simétrico, nisso, do adeus de Tristão e Fidélia aos Aguiares e a Aires. É o prenúncio a morte final do passado e, como tal, quadra bem no diário de um saudosista que forceja por não se desligar inteiramente do presente, por não perder de vista "a gente que fica", mas que, cada vez mais, vai-se afeiçoando ao hábito de comparar "vozes vivas com vozes defuntas", como a preparar-se, ele que tanto viajou em vida, para a última viagem, onde só "as saudades da vida é que são agradáveis". Enfim, para dizê-lo em poucas palavras, quadra bem no diário de um aprendiz de morto.

A Armadilha de Narciso*

[*Memórias Póstumas de Brás Cubas*, de Machado de Assis]

É pacífico, entre os machadólogos, o consenso de que as *Memórias Póstumas de Brás Cubas* inauguram uma nova fase na carreira do seu autor enquanto romancista. Costumam eles falar no "realismo" dessa nova fase, contrapondo-o ao "romantismo" da fase anterior. Todavia, se se considerar que, desde o prólogo das *Memórias Póstumas*, é dada maior ênfase ao processo de composição nelas empregado do que à matéria de que tratam – embora sem o revelar, o memorialista chama a atenção do leitor para o "processo extraordinário" de que se valeu para as escrever "cá do outro mundo"[1] –, talvez se pudesse falar, no caso, de romance *poético*, cabendo por antítese, ao romance machadiano da fase anterior, a designação de *ilusionista*. Para evitar mal-entendidos, convém esclarecer, preliminarmente, em que sentido se empregam aqui essas duas designações.

Num ensaio famoso, hoje muito divulgado entre nós[2], Roman Jakobson definiu a função poética da linguagem como "o enfoque da mensagem por ela própria", vale dizer, a ênfase posta "no caráter palpável dos signos", com o que se aprofunda a "dicotomia fundamental" entre o mundo dos signos e o mundo dos objetos por eles designados. Não é difícil perceber seja essa precisamente a função predominante num romance cujo prólogo declara altaneiramente que "a obra em si mesma é tudo" e cuja narração se desenvolve mais por lances metafóricos do que descritivos, tal como acontece, de modo sistemático, num poema em verso. Mas há uma outra acepção de poética igualmente pertinente ao caso das *Memórias Póstumas*. Refiro-me à de "lírico", maneira de compreensão e de expressão cujo conteúdo foi caracterizado por Hegel como o da alma

---

* Publicado originalmente em: *Folha de S.Paulo*, "Folhetim", 30 out. 1983.
1. Todas as citações das *Memórias Póstumas* são feitas pela edição Garnier, imprenta 5-21, com a ortografia atualizada.
2. "Linguística e Poética", *Linguística e Comunicação*, tradução de Izidoro Blikstein e José Paulo Paes, São Paulo, Cultrix, 1969.

JOSÉ PAULO PAES: *Crítica Reunida Sobre Literatura Brasileira & Inéditos em Livros*

que, "com seus juízos subjetivos, alegrias e admirações, dores e sensações, toma consciência de si mesma no âmago deste conteúdo"[3]. Onde melhor ilustração de semelhante tomada de consciência do que a narrativa feita por uma alma por assim dizer em estado puro, liberta para sempre do corpo, e que se compraz em reviver-lhe postumamente as "alegrias e admirações, dores e sensações" – a sua biografia, em suma, para proceder ao terrível balanço e achar, como único saldo, não ter ele transmitido "a nenhuma outra criatura o legado da nossa miséria"? Àqueles que, encarando o estado lírico antes como de efusão espontânea e irreflexiva, possam estranhar estar ele sendo associado a um romance de índole ostensivamente filosofante e crítica, bastaria lembrar a existência de um lirismo especulativo cuja linhagem se prolonga, para citar apenas o domínio da língua portuguesa, de Luís de Camões a Fernando Pessoa e Carlos Drummond de Andrade.

Já no nível gramatical, as *Memórias Póstumas* dão testemunho do seu pendor lírico por estarem escritas na primeira pessoa do singular (como lembra Massaud Moisés no verbete "Lírica" do seu *Dicionário de Termos Literários*, "a preocupação com o próprio 'eu'" é a componente de base do lirismo); além disso, dão-no por terem sua matéria narrativa nos sucessos da vida terrena do seu mesmo narrador. Narrador que, conquanto coincida com o protagonista da narração, em nenhum momento deixa de pôr em relevo a sua alteridade em relação a ele; de inculcar-nos a ideia de que o morto se sobrepõe ao vivo, de que reviver a vida, *post-mortem*, para então poder compreendê-la, comentá-la e avaliá-la como cumpre, é mais importante do que simplesmente fruí-la, única tarefa a que se dedicou o grande *bon vivant* cujo nome se pavoneia no título do romance. No capítulo XXIV deste, há um trecho em que, ao comentar a trivialidade e a presunção dos seus anos juvenis, o memorialista põe a nu a dissociação entre narrador e personagem:

> Talvez espante ao leitor a franqueza com que lhe exponho e realço a minha mediocridade; advirta que a franqueza é a primeira virtude de um defunto. Na vida, o olhar da opinião, o contraste dos interesses, a luta das cobiças obrigam a gente a calar os trapos velhos, a disfarçar os rasgões e os remendos, a não estender ao mundo as revelações que faz à consciência; e o melhor da obrigação é quando, à força de embaçar os outros, embaça-se um homem a si mesmo, porque em tal caso

3. *Apud* Massaud Moisés, *Dicionário de Termos Literários*, São Paulo, Cultrix, 1974, verbete "Lírica".

poupa-se o vexame, que é uma sensação penosa, e a hipocrisia, que é um vício hediondo. Mas, na morte, que diferença! que desabafo! que liberdade! Como a gente pode sacudir fora a capa, deitar ao fosso as lantejoulas, despregar-se, despintar-se, desafeitar-se, confessar lisamente o que foi e o que deixou de ser! [...] Senhores vivos, não há nada tão incomensurável como o desdém dos finados.

Pela insistência com que, a todo instante, recorda o memorialista ao leitor estar lendo um livro e não vivendo vicariamente vidas alheias, o Brás Cubas narrador marca o seu distanciamento do Brás Cubas vivedor e/ou personagem, ao mesmo tempo em que destrói a ilusão ficcional para, paradoxalmente, reforçá-la. Repetem-se ao longo da narrativa as alusões ao próprio ato de escrevê-la e a instrumentos de escrita, como pena e papel; gosta o narrador de discutir com o leitor o conteúdo, a seriação, as mudanças de estilo dos capítulos que vai compondo; entre os personagens do livro, além do protagonista, que desfruta de certo prestígio mundano graças a seus "artigos e versos para as folhas públicas", aparecem dois outros literatos, o capitão versejador dos capítulos XIX e XX e o Luís Dutra do capítulo XLVIII, sempre carecido do aplauso de Brás Cubas para os poemas que dá à estampa. Esse debruçar-se do texto sobre si mesmo, enquanto artefato, revela-se até nas metáforas ou símiles nele usados, como a teoria das edições humanas dos capítulos XXVII e XXXVIII, e esplende no destaque de recursos gráficos como o pontilhado entremeado de pontos de interrogação e de exclamação que constitui todo o texto do capítulo LV, as variações em torno do nome de Virgília no capítulo XXVI a lembrarem um poema concreto, o epitáfio tipograficamente reproduzido no capítulo CXXV. Tais artifícios gráficos foram inspirados, como se sabe, no *Tristram Shandy* de Laurence Sterne, uma das principais "influências inglesas" sobre Machado de Assis estudadas por Eugênio Gomes[4], e ao deslinde semiótico deles se aplicou Décio Pignatari em *Semiótica e Literatura*[5].

É nesse contexto de sistemática intromissão do narrador na narrativa para denunciar-lhe a artificialidade "literária" que, por efeito de contraste, adquire plena significação a designação de ilusionistas proposta para os romances anteriores às *Memórias Póstumas*. Neles, a impessoalidade da narração na terceira pessoa punha entre parênteses a figura do narrador, fazendo-a confundir-se com a

---

4. V. *Espelho Contra Espelho*, Rio, Ipê, 1949.
5. São Paulo, Perspectiva, 1974.

José Paulo Paes: *Crítica Reunida Sobre Literatura Brasileira & Inéditos em Livros*

própria Providência ou Destino de cuja insondável vontade dependia o fluxo dos acontecimentos narrados. Como, na vida cotidiana, só nos momentos extremos de crise é que nos interrogamos acerca da "lógica" subjacente ao acontecido, contentando-nos em deixar-nos viver sem perguntas o resto do tempo, a narrativa impessoal nos dá uma sensação ilusória de vida real e confunde ficção e realidade naquele jogo de faz de conta em que *Madame Bovary* é menos Gustave Flaubert (de quem mal lembraríamos o nome durante a leitura não estivesse ele impresso na folha de rosto) do que qualquer um de nós, seus leitores.

Desde o capítulo inicial das *Memórias Póstumas*, seu narrador abre mão, deliberadamente, das vantagens do ilusionismo ao confessar-se autor não de uma obra escrita em vida e publicada postumamente, mas de obra que ele escreveu depois de morto para distrair-se "um pouco da eternidade". Dessa absurda condição autoral decorre o seu receio de ela angariar pouquíssimos leitores. Os de espírito "grave", que desdenham perder tempo com as mentiras da literatura de ficção, preferindo-lhe os depoimentos da vida real, a literatura-verdade, não as poderão evidentemente aceitar como tal, dada a inverossimilhança de sua origem. E os de espírito "frívolo", que costumam se refugiar nos romances "para escapar à vida", tampouco conseguirão achar refúgio adequado num livro que abdica voluntariamente do ilusionismo ficcional. Com isso, as *Memórias Póstumas* como que desenham implicitamente o perfil do leitor para o qual foram escritas. Há de ser um leitor não tão grave que deixe de comprazer-se no imaginário e nem tão frívolo que a ele recorra como substituto do real. A esse leitor hipotético interessará "a obra em si mesma", não suas eventuais relações de cópia ou substituição com o mundo fora dela. Aprofunda-se assim a "dicotomia fundamental" do processo de designação: os nexos dos signos entre si dentro do texto literário passam ao primeiro plano, ficando os seus nexos com o mundo real fora de foco, apenas como um eventual horizonte de referência.

Os fatos da biografia de Brás Cubas só poderão interessar ao leitor implicitamente proposto no texto do romance na medida em que lhe facultem assistir à progressiva tomada de consciência do protagonista pela intermediação do narrador. A locução adverbial "na medida em que" ressalta o fato de tratar-se de um processo de construção no qual os acidentes ou eventos da narrativa só têm importância como pontos de partida para as reflexões ou introvisões do memorialista. É através delas que ele se vai constituindo como personagem e se explicitando como o autor de si mesmo – se assim se pode dizer. Todavia, conforme revela a certa altura, em vida já era ele dotado do "dom de achar as relações das cousas, a faculdade de as comparar e o talento de concluir"; morto, não sendo mais seu cérebro o tablado onde reinava "uma barafunda de cousas e pessoas" que a urgência de viver não lhe dava tempo de ordenar, pode ele finalmente, pura consciência a vogar na "voluptuosidade do nada", refazer em sentido inverso o caminho da existência para "achar as relações das cousas", para "comparar" e "concluir". Mas no percurso regressivo, ainda que ele garanta experimentar "em cada fase" dessa revivescência "a sensação correspondente", a sensação acaba se convertendo inevitavelmente em conclusão moral ou metafísica, pois o itinerário tem agora um sentido que não tinha quando percorrido da primeira vez, naquela "bela imediatez" do viver de que falava Nietzsche. A marca estilística disso são as digressões, os comentários, as teorias *post factum* a interromper continuamente o fio da narrativa para sobrepor a consciência conclusiva do narrador às vivências imediatas do protagonista. E é paradoxalmente através dessas repetidas violações da efabulação que, num ardiloso passe de mágica, se reinstala a ilusão ficcional e o leitor se transporta para dentro do texto. Desta vez, não para viver vicariamente as dores e alegrias do protagonista, como na ficção ilusionista, mas para se identificar, por contágio persuasivo, com a consciência digressiva do narrador. De certo modo, é o mesmo tipo de contágio do poema lírico, durante cuja leitura o *"hypocrite lecteur"* incorpora a alma do poeta que através dos "seus juízos subjetivos" adquire consciência de si.

Mais atrás se destacou, como outra marca estilística da "poeticidade" das *Memórias Póstumas*, a circunstância de a narração progredir amiúde por lances metafóricos. Um exemplo, escolhido entre os muitos facilmente encontráveis, ajudará a ilustrar o uso desse recurso. No capítulo XXXII, Brás Cubas, mediante uma pergunta desastrada, fica sabendo de Eugênia ser ela "coxa de nascença". Enquanto, embaraçado, ele a olha de soslaio durante o passeio que dão, ela o fita com olhos tranquilos e diretos; ele anota então, numa transposição metafórica, que "o olhar de Eugênia não era coxo". A metáfora, porém, não se esgota aí. No capítulo seguinte, ao repisar consigo o "imenso escárnio" da natureza de fazer uma jovem bonita nascer coxa, traduz Brás Cubas num outro símile o ambíguo sentimento de atração e repulsão que ela lhe desperta chamando-a de "Vênus Manca". Este não é ainda o termo do processo: no mesmo parágrafo em que surge o símile impiedoso, a locução "ao pé de" repete-se nada menos de quatro vezes para dar a entender quão bem ele se sentia junto, ao lado ou em companhia dela. O fato de todas estas outras alternativas de expressão haverem sido descartadas em favor daquela, tão repetitiva, destaca-lhe de pronto o caráter metafórico, agenciada que foi pela preocupação obsessiva do narrador-protagonista com o pé coxo. Outro episódio de agenciamento desse tipo, nascido do empenho poético de sublinhar o "caráter palpável dos signos", diz igualmente respeito a Eugênia e ocorre por ocasião do primeiro encontro de Brás Cubas com ela em casa de D. Eusébia. Ele lhe admira então os olhos fúlgidos, "como se lá dentro do cérebro dela estivesse a voar uma borboletinha de asas de ouro e olhos de diamante". Nesse instante, a metáfora se concretiza no plano da ação, num efeito de eco: "Digo lá dentro, porque cá fora o que esvoaçou foi uma borboleta preta, que subitamente penetrou na varanda e começou a bater as asas em derredor de D. Eusébia". O efeito de eco se reforça no capítulo e dia seguintes, quando outra borboleta preta entra no quarto de Brás Cubas e ele a mata ao enxotá-la; meio arrependido, consola-se com uma reflexão: "Também por que diabo não era ela azul?". E no capítulo XXXIII, o mesmo em que o aleijão da moça lhe desperta a ideia de um escárnio da natureza, ele enxota "essa outra borboleta preta" que lhe "adejava no cérebro". Ao fim do livro, quando, muitos anos mais tarde, reencontra por acaso Eugênia a viver na miséria de um cortiço, "tão coxa como a deixara e ainda mais triste", o símile da borboleta enxotada porque era preta e não azul retorna dramaticamente enriquecido à lembrança do leitor.

Mesmo as pitorescas teorias ou filosofias com que o "defunto autor" procura generalizar pelo método indutivo as suas experiências do mundo dos vivos – teorias ou filosofias também inspiradas no *Tristram Shandy*, onde a excentricidade de espírito do pai do narrador prontamente se evidencia nas suas bizarras concepções, como a da influência dos nomes de batismo e dos narizes sobre o êxito ou malogro das pessoas no mundo – são sempre de índole metafórica, quando não apologal. Já o vimos, de passagem, no caso da teoria das edições humanas, segundo a qual, sendo o homem "uma errata pensante", "cada estação da vida é uma edição que corrige a anterior e que será corrigida também, até a edição definitiva, que o editor dá de graça aos vermes". Repete-se o procedimento na teoria da ponta do nariz do capítulo XLIX, "consciência sem remorsos" com que o egotismo do indivíduo reduz hipnoticamente o universo à medida da sua pequenez, e na lei das equivalências das janelas, do capítulo LI ("o modo de compensar uma janela fechada é

IV. Gregos & Baianos: Ensaios

abrir outra, a fim de que a moral possa arejar continuamente a consciência"), lei deduzida *ad hoc* da maneira por que Brás Cubas consegue acalmar seus débeis remorsos de sedutor esforçando-se por devolver ao legítimo dono uma moeda de meia dobra achada na rua. Outrossim, para expor os princípios do seu Humanitismo, a mais ambiciosa e a mais sustentada "filosofia" do livro, Quincas Borba recorre amiúde a exemplos circunstanciais, que se constituem em verdadeiras alegorias morais, de pendor fabular ou apologal. É o caso da asa de frango do capítulo CXVII: enquanto a saboreia num almoço em casa de Brás Cubas, o criador do Humanitismo a usa, como "documento da sublimidade" do seu sistema, para desenvolver-lhe algumas das ideias básicas. Ou o aperto dos cós das calças, metáfora pitoresca com que, no capítulo CXLIX, Quincas Borba ilustra a sua teoria dos benefícios.

Todas essas filosofias ou teorias que, como um fio digressivo, mas não menos importante do que ela, se vão entretecendo à ação principal para dar-lhe significatividade e ressonância, convergem, a despeito de sua extravagante diversidade, num ponto comum: a defesa e ilustração do egotismo. Através delas, o narrador, alter ego e espelho moral do protagonista, vai-lhe definindo a personalidade, e por extensão, a do homem em geral, como a de um egocêntrico satisfeito de si mesmo, a ponto de se pensar, dando com o nome de Stendhal na primeira linha do prólogo "Ao Leitor" das *Memórias Póstumas*, se Machado de Assis não teria lido os *Souvenir d'Egotisme*. Embora "consciência" seja uma das palavras-chave da autobiografia de Brás Cubas, erraria quem visse esta como uma espécie de exame de consciência. Trata-se antes, em que pesem suas veleidades de autocrítica, de uma óbvia empresa de autojustificação cuja ideologia de base vamos encontrar no famoso capítulo do delírio, quando, numa regressão onírica a meio caminho da psicanálise e da metafísica, o protagonista se defronta com Pandora ou a Natureza. A feição mais característica do seu enorme rosto "era a da impassibilidade egoísta" e no diálogo que então se trava entre ela e o "grande lascivo" prestes a mergulhar na "voluptuosidade do nada", declara explicitamente essa mãe e inimiga dos homens: "Egoísmo, dizes tu? Sim, egoísmo, não tenho outra lei. Egoísmo, conservação. A onça mata o novilho porque o raciocínio da onça é que ela deve viver, e se o novilho é tenro tanto melhor: eis o estatuto universal".

Não é difícil perceber aí um eco da lei darwiniana da sobrevivência do mais apto, erroneamente confundido com o mais forte, que o nosso naturalismo literário transferiu do campo da biologia para o da ética. E, guardadas

219

as necessárias distâncias entre a discrição do sorriso e a exageração do esgar, tampouco é difícil ver um nexo de continuidade entre a noção da vida como flagelo, exposta no mesmo capítulo do delírio de Brás Cubas, e o pessimismo cósmico com que, décadas mais tarde, Augusto dos Anjos iria vivificar dramaticamente os simplórios esquemas materialistas de Büchner e Haeckel. Mas um hedonista como Brás Cubas, cujos pendores filosóficos parecem ter nascido principalmente como melancólica compensação para a perda dos prazeres da carne, jamais careceria de ir tão longe no campo especulativo. Em suas *boutades* cunhadas com elegância poética, preocupou-se ele tão só em aplicar a lei natural da conservação à construção de uma moral do interesse próprio.

O curioso é que, nesse egocêntrico tanto mais simpático quanto cínico, havia, paradoxalmente, uma aguda consciência da própria mediocridade, embora ele lançasse a culpa no "meio doméstico" de onde provinha, dominado pela "vulgaridade de caracteres, amor das aparências rutilantes, do arruído, frouxidão da vontade, domínio do capricho, e o mais". E a vida cujos episódios principais as *Memórias póstumas* se ocupam de retratar em retrospecto é, por sua vez, uma existência correspondentemente medíocre, onde os altos e baixos não se afastam muito do plano e os contrastes logo se abrandam na conveniência do meio-termo. A paixão juvenil de Brás Cubas por Marcela, que durou "quinze meses e onze contos de réis", facilmente se cura com uma viagem para a Europa; nem por terem sido feitos "muito mediocremente", em meio a folias e estroinices acadêmicas, os estudos em Coimbra deixam de dar-lhe o necessário "anel de bacharel"; o idílio pouco futuroso com a Vênus Manca da Tijuca é convenientemente resolvido com uma retirada estratégica; o desaponto de perder a noiva para Lobo Neves compensa-o mais tarde a vaidade de ter Virgília como amante; quando o sabor ácido do pecado descamba na sensaboria da rotina quase conjugal, uma transferência oportuna do marido enganado separa os dois amantes já saciados um do outro; a morte inesperada de Nhã-loló, com levar Brás Cubas à conclusão de "que talvez não a amasse deveras", salva-o de um mau casamento; ainda que tardia, ele acaba conseguindo a cadeira de deputado outrora perdida para Lobo Neves, mas toda a sua atuação parlamentar se cifra num pífio discurso sobre a diminuição das barretinas da Guarda Nacional; o fim melancólico do seu mandato estimula-o, por despeito, a fundar um jornal oposicionista cuja morte, seis meses depois, o alivia do aborrecimento de ter de continuar a publicá-lo; para fugir à "pior das fadigas, que é a fadiga sem trabalho", ele resolve aceitar um cargo numa Ordem Terceira, a qual o contempla com o direito a "um retrato na sacristia" quando ele, "enfarado do ofício" benemerente, o abandona três ou quatro anos mais tarde para voltar ao cultivo da suprema volúpia dos que não têm o que fazer na vida, a "volúpia do aborrecimento".

Com base nesses sucessos tão sem relevo de uma existência discretamente malograda, o *alter ego* do protagonista, a sua consciência póstuma, vai-se forjando uma ética do egoísmo, ora em breves aforismos ou comentários marginais, ora em teorias mais elaboradas, por fim no Humanitismo de Quincas Borba, personagem cuja vida acidentada e cuja excentricidade de espírito, desembocando na loucura, o extremam da confortável e sensata mediania de Brás Cubas. O tom central dessa filosofia de vida centrada nos interesses de um ego frustrado em suas ambições mais altas é, como seria de esperar, pessimista: quem não obteve da vida o pleno quinhão que dela esperava, só a pode ver sob a óptica da negação e retratá-la com a "tinta da melancolia", mesmo sendo a "pena da galhofa".

Fez-se referência mais atrás à noção de vida como flagelo: ela é formulada no delírio de Brás Cubas, quando Pandora se declara sua mãe e inimiga e ele recua, tomado de susto, mas ela o tranquiliza: "– Não te assustes, disse ela, minha inimizade não mata; é sobretudo pela vida que se afirma. Vives: não quero outro flagelo". Essa noção é dramaticamente ilustrada pela Marcela de rosto devastado pelas marcas de bexigas e de "alma decrépita [...] pela paixão do lucro [...] o verme roedor daquela existência", assim como pelo Quincas Borba degradado que Brás Cubas encontra no Passeio Público, figuração de "um passado roto, abjeto e gatuno". Quando Virgília engravida pela segunda vez, seu amante se põe a sonhar com o filho e a conversar imaginariamente com o embrião: o diálogo é objeto do capítulo xc, que ostenta o título significativo de "O velho diálogo de Adão e Caim", como se Adão jamais houvesse gerado Abel e no Caim invejoso e fratricida tivesse a raça humana seu ascendente mais remoto. Mas é sem dúvida no destino de D. Plácida que "o pão da dor e o vinho da miséria", de que o filho do homem tem de se nutrir pela vida afora, revelam toda a acritude do seu sabor. Naquele ser obscuro, gerado pela "conjunção de luxúrias vadias" de um sacristão e de uma doceira e nascido "para queimar os dedos nos tachos, os olhos na costura, comer mal ou não comer, andar de um lado para outro, na faina, adoecendo e sarando, com o fim de tornar a adoecer e sarar outra vez, triste agora, logo desesperada, amanhã resignada, mas sempre com as mãos no tacho e os olhos na costura; até

JOSÉ PAULO PAES: *Crítica Reunida Sobre Literatura Brasileira & Inéditos em Livros*

acabar um dia na lama e no hospital" – vê com razão o narrador filosofante das *Memórias Póstumas* o emblema mais perfeito do flagelo e do absurdo da vida.

Isso não obsta contudo a que Virgília e Brás Cubas usem D. Plácida como alcoviteira de seus amores clandestinos e lhe comprem a consciência mortificada com a promessa de uma pensão para a velhice, paga com os mesmos cinco contos que Brás Cubas achara na praia e nem pensara em devolver ao eventual proprietário, como no caso da moeda de meia dobra. Entretanto, ao reviver postumamente esse episódio, ele não tem dificuldade em arranjar uma justificativa filosófica para o seu procedimento: "Se não fossem os meus amores, provavelmente D. Plácida acabaria como tantas outras criaturas humanas; donde se poderia deduzir que o vício é muitas vezes o estrume da virtude. O que não impede que a virtude seja uma flor cheirosa e sã". E quando, anos mais tarde, para atender a contragosto um pedido da ex-amante, ele faz D. Plácida ser transportada do "catre velho e nauseabundo" onde agonizava para o hospital da Misericórdia, a morte dela, dias depois, inspira-lhe esta cínica, mas coerente reflexão:

> Outra vez perguntei a mim mesmo, como no capítulo LXXV, se era para isto que o sacristão da Sé e a doceira trouxeram D. Plácida à luz, num momento de simpatia específica. Mas adverti logo que, se não fosse D. Plácida, talvez os meus amores com Virgília tivessem sido interrompidos, ou imediatamente quebrados, em plena efervescência; tal foi, portanto, a utilidade da vida de D. Plácida. Utilidade relativa, convenho; mas que diacho há de absoluto neste mundo?

O mundo e os demais seres humanos assim vistos como simples instrumentos de satisfação dos desejos todo-poderosos do ego – eis a ética do egoísmo cuja expressão mais acabada possivelmente está na última sentença do capítulo LXVII, sobre a casinha da Gamboa em que Brás Cubas passa confortavelmente a ter os seus encontros amorosos com Virgília e que se lhe afigura um mundo ideal por ter a medida do seu ego ampliado até o infinito: "dali para dentro era o infinito, um mundo eterno, superior, excepcional, nosso, somente nosso, sem leis, sem instituições, sem baronesas, sem olheiros, sem escutas, – um só mundo, um só casal, uma só vida, uma só vontade, uma só afeição, – *a unidade moral de todas as coisas pela exclusão das que me eram contrárias*".

Grifei a última frase deste trecho tão revelador a fim de chamar a atenção para dois pontos. Com ter usado um pouco antes dele o pronome *nosso*, o elocutor parecia estar abdicando do próprio egoísmo em favor da dualidade altruísta do amor. Trata-se, porém, de mero ardil, logo adiante desmentido pelo pronome reflexivo *me* com que se conclui o trecho e por via do qual se patenteia também a instrumentalidade do outro no jogo amoroso. Através dele, o ego estaria se amando a si próprio, ou, para usar a linguagem bramânica do egocentrismo humanitista, através de Humanitas Humanitas estaria amando Humanitas… O segundo ponto a destacar é o de que só podem ter "unidade moral", ou nexo ou sentido ou utilidade, para o ego, as coisas que lhe sejam favoráveis, que lhe atendam aos desejos; as "contrárias", tendentes a frustrá-lo, têm necessariamente de ser capituladas como absurdos ou flagelos numa filosofia do péssimo.

Resumindo: o "eu" do tamanho do infinito e o infinito do tamanho do "eu"; o vivo que percorre o caminho da existência até o fim para, uma vez morto, voltar a percorrê-lo da mesma maneira; o narrador que é protagonista e o protagonista que é narrador; o texto que se volta para si mesmo com o fito de admirar-se durante a sua mesma construção – quem não reconhece nestas falsas dualidades o domínio especular de Narciso? O domínio onde o real e o reflexo se confundem inextricavelmente e são intercambiáveis sem perda nem sombra; onde, para além do espelho, só existe o nada e a sua volúpia, que é também a volúpia do aborrecimento e da eternidade; onde imperam, absolutas, a simetria, a recorrência, o fechamento?

Ao que tudo faz pensar, o fechamento constituiria a estrutura profunda do romance machadiano da segunda fase, a que, estendendo-se de umas *Memórias Póstumas* a um *Memorial* publicado postumamente, se coloca de modo ostensivo sob o signo da memória, do reviver ou viver para trás, já que não é possível viver para a frente num mundo morto, acabado: o Brasil monárquico do século XIX, a cujos primórdios na época do Rei Velho – época das *Memórias de um Sargento de Milícias*, de Manuel Antônio de Almeida, o mentor, protetor e quiçá modelo do tipógrafo Machadinho – assistiu Brás Cubas e cujo crepúsculo, a Abolição e a República, coincidiu com os últimos dias do Conselheiro Aires, aquele sutil "aprendiz de morto".

Vistas as coisas desta perspectiva, ao adotar "a forma livre de um Sterne" (ou de diluidores dele, como Xavier de Maistre e Garrett), o autor das *Memórias Póstumas* não estava inoculando sem sequelas, nessa forma, "um sentimento amargo e áspero, que está longe de vir dos seus modelos", nem tampouco bebendo "outro vinho" na mesma taça "com lavores de igual escola". A amargura do sentimento deteve o voo vadio da forma; a aspereza do vinho corroeu a ingenuidade de lavores da taça. Aquela técnica da perene desconversa, do enxerto e da inconclusão, que singularizou Sterne como "um extremo revolucionário da forma", a ponto de ele a "usar por si mesma, sem nenhuma motivação", conforme assinala Victor Chklovski[6], aparece no *Tristram Shandy* e na *Viagem Sentimental* pelo gosto puramente lúdico de *épater*, de frustrar jocosamente as expectativas do leitor no tocante à continuidade lógica da narração. Gosto lúdico e jocosidade típicas de um século em que a escolástica já muito velha e a ciência experimental ainda muito nova comungavam amiúde nas mesmas extravagâncias e podiam ser satirizadas ambas de alma leve; de um século em que a alegria de viver do humanismo rabelaisiano se prolongava no otimismo zombeteiro da Época das Luzes, a qual, por acreditar na bondade inata do homem natural, podia rir-se sem amargura dos seus ridículos sociais.

Outro, bem outro, é o espírito do tempo em que foram escritas as *Memórias Póstumas*. Agora, tanto a ciência determinista quanto o positivismo dogmático e o capitalismo selvagem forcejam por aprisionar o homem e seu universo numa jaula de causalidades ou condicionamentos inexoráveis, igualando o mundo da cultura ao mundo da natureza, a lei da cidade à lei da selva. Pois é esse espírito do tempo que respiramos, aliviado embora do fartum do açougue naturalista, na jaula especular das *Memórias Póstumas*. Nelas, a gratuidade da digressão e do adiamento usados tão só para mistificar o leitor cede lugar ao seu ardiloso aproveitamento como um fio filosofante entretecido à trama da ficção. Com isso, perdendo a sua imotivação sterniana, a forma livre ou aberta se fecha, ainda que pareça continuar aberta. Trata-se, porém, de uma ilusão de óptica, típica da sala de espelhos ou armadilha de Narciso em que Machado de Assis prendeu, junto com o narrador-protagonista das *Memórias Póstumas*, os seus "dez, talvez cinco" leitores, para que aprendessem um pouco mais acerca de si mesmos e do "legado da nossa miséria".

---

6. Trad. alemã: *Theorie der Prosa*, Frankfurt, Fischer Verlag, 1966.

Sobre as Ilustrações *d'O Ateneu**

DUPLA VOCAÇÃO

Com o seu faro para as correlações semióticas, Décio Pignatari me chamou a atenção, certa vez, para o abuso de algumas edições d'*O Ateneu* em que as ilustrações do próprio Raul Pompeia, constantes da edição definitiva e das reimpressões que dela se fizeram, foram arbitrariamente suprimidas. Lembrei-lhe eu, na ocasião, abuso ainda maior, qual seja uma edição comemorativa do mesmo livro, promovida por um grêmio de editores, trazer não as ilustrações de Pompeia, mas as de um ilustrador moderno, especialmente encomendadas. Não vem ao caso tratar-se de um artista de renome nem ter feito ele trabalho de boa qualidade. O que está em jogo é a legitimidade da supressão ou da substituição. Quando o autor de um texto criativo o ilustra de próprio punho, suas ilustrações passam a fazer parte integrante do texto, pelo que suprimi-las ou substituí-las constitui falseamento tão grave quanto o seria o corte de palavras, frases ou trechos inteiros, ou a interpolação de linhas de um outro autor. Não cabe invocar aqui a alegação de Mario Praz[1] de que raras vezes um grande poeta ou romancista é, ao mesmo tempo, um grande pintor ou desenhista; o desnível entre texto e ilustração justificaria assim eventuais supressões ou substituições. Se, em apoio da alegação de Praz, se podem lembrar exemplos como o da novela erótica de Aubrey Beardsley, *Under the Hill*, que ele deixou incompleta e cujo texto é visivelmente inferior, do ponto de vista da qualidade estética, aos desenhos com que a ilustrou, há em contraposição casos como o das gravuras feitas por William Blake para os seus poemas místicos e proféticos, gravuras tão inovadoras que iriam inspirar, muitas décadas mais tarde, os corifeus do *art nouveau*.

---

* Publicado originalmente em: *O Estado de S. Paulo*, Suplemento "Cultura", 21 jan. 1983.
1. *Literatura e Artes Visuais*. Trad. J. P. Paes. São Paulo, Cultrix, 1982, pp. 41 e 54.

Mas não é preciso sair dos limites da literatura brasileira em busca de exemplos. Basta ter em mente o *Primeiro Caderno do Aluno de Poesia Oswald de Andrade*; a edição original traz vinhetas do autor, o qual, não sendo desenhista, soube todavia bem interpretar, em rabiscos de menino de escola, a deliberada ingenuidade de uma poesia que ia buscar no prosaico e no cotidiano o antídoto para a solenidade "literária" tanto do parnasianismo quanto do simbolismo. Já os pequenos desenhos com que Monteiro Lobato ilustrou *Urupês*, atribuindo-os anonimamente a "um 'curioso' sem estudos que teve a sensatez de não assiná-los" e que, se bem me lembro, foram suprimidos na edição de suas obras completas, diferem dos de Oswald, ilustrador improvisado, quando mais não fosse pelo fato de Lobato ter sido um sofrível pintor de *dimanche*.

Desde cedo, também, mostrou Raul Pompeia inclinação para o desenho, especialmente para a caricatura. Quando cursava o Colégio Abílio, o mesmo que iria imorredouramente fixar nas páginas d'*O Ateneu*, manteve um jornalzinho manuscrito, *O Archote*, no qual criticava os desmandos de bedéis e professores em pequenos artigos ou em charges atrevidas; sempre que podia, dava uma fugida até a Escola de Belas Artes (onde seria, anos mais tarde, professor de Mitologia) para fazer cópias de alguns dos quadros expostos. Estudante de Direito em São Paulo, distinguiu-se como redator e caricaturista, a um só tempo, de *O Boêmio*, jornal fundado por Valentim Magalhães e Ezequiel Freire. Uma de suas charges, assinada com o pseudônimo de Rapp, causou escândalo inclusive, por ter ele usado, com o fito de ridicularizar o conservador *Diário de Campinas*, os motivos da *via crucis*, sendo a figura de Cristo substituída pela de um burro, símbolo da estupidez do jornal campineiro. Essa dupla vocação para a literatura e o desenho não só se confirmaria, depois, na sua obra-prima, *O Ateneu*, como igualmente nas *Canções sem Metro*, publicadas em livro postumamente, mas sem as vinhetas que para elas desenhara ao mesmo tempo em que lhes burilava o texto. Em sua atabalhoada *A Vida Inquieta de Raul Pompeia*, Eloy Pontes reproduz vários desenhos e caricaturas de Pompeia, de diferentes datas, entre as quais encontramos algumas, em *fusain*, de uma finura e sensibilidade de traço inegavelmente superiores às das ilustrações d'*O Ateneu*. Além de excelentes charges de D. Pedro II, do Conselheiro Sousa Ferreira e do Prof. Schieffer (o seu odiado mestre de Grego no Colégio Pedro II), há uma alegoria política, "O Brasil Entre Dois Ladrões", de grande vigor, datada de 1893; é posterior, portanto, à publicação d O Ateneu e está vinculada de perto à fanática militância florianista em que Pompeia empenhou os últimos anos de vida e que foi a causa indireta de seu suicídio em 1895.

UMA PROSA CARICATURAL

Examinando-se as 44 ilustrações d'*O Ateneu*, não se percebe nelas a estilização livre e espirituosa do caricaturista. Percebe-se, antes, o naturalismo algo sensaborão do antigo copista de quadros da Escola Nacional de Belas Artes, do companheiro de boêmia de artistas acadêmicos como Amoedo ou Bernadelli. Isso é tanto mais de estranhar quanto, na prosa trabalhada d'*O Ateneu*, o traço caricatural é sistemático e denuncia por si só a visão crítica com que o antigo aluno do Colégio Abílio iria recordar os anos de internato para, recusando-se à "saudade hipócrita dos felizes tempos", neles reencontrar, com impiedosa lucidez, a mesma "enfiada das decepções que nos ultrajam"[2] na vida adulta. De resto, é a estilização caricatural que faz da *écriture artiste* d'*O Ateneu* um dos momentos mais altos da ficção brasileira, só comparável, no meu entender, à epifania do romance machadiano. Mas se a prosa de Machado é regida pelo signo da discrição, do ocultamento manhoso de sua própria artesania, a de Raul Pompeia se rege pelo signo contrário do ornamental. Não, evidentemente, o ornamentalismo as mais das vezes vácuo da oratória de Rui ou da ficção de Coelho Neto, mas um ornamentalismo consubstancial, que anunciava, a exemplo da prosa em cipó d'*Os Sertões*, o advento *avant la lettre*, no campo da literatura também, do *art nouveau*. A consubstancialidade, no caso, vem da perfeita adequação entre a figura de ornamento e o empenho de caricatura a que serve. Que eu saiba, não se fez ainda um estudo pormenorizado da estilística d'*O Ateneu*; quando for feito, destacará certamente, como um dos valores de base, a precisão caricaturesca, que chega amiúde às raias do rebuscamento, de seus epítetos e de suas metáforas. Dois exemplos de virtuosismo, nesse sentido, podem ser encontrados no penúltimo capítulo do livro, aquele em que se descreve a cerimônia da inauguração do busto de Aristarco. No discurso com que o professor Venâncio faz preceder o momento supremo da coroação do busto, as fórmulas adjetivais e metafóricas provêm do vocabulário metalúr-

---

2. As citações do texto d'*O Ateneu* são feitas de acordo com a "7ª edição definitiva (conforme os originais e os desenhos deixados pelo autor)" (São Paulo, Francisco Alves, 1949).

gico: "O orador acumulou paciente todos os epítetos de engrandecimento, desde o raro metal da sinceridade até o cobre dútil, cantante das adulações. Fundiu a mistura numa fogueira de calorosas ênfases, e sobre a massa bateu como um ciclope, longamente, até acentuar a imagem monumental do diretor". De notar-se, nesta passagem, o uso de um recurso de ênfase muito ao gosto de Pompeia, que também pode ser encontrado em Euclides e, ainda com maior frequência, em Augusto dos Anjos, um e outro expoentes, tanto quanto o mesmo Pompeia, da diversidade do nosso *art nouveau* literário. Refiro-me às fórmulas metafóricas do tipo "o raro metal da sinceridade" ou "fogueira de calorosas ênfases", paralelizadas, n'*Os Sertões*, por expressões como "a fealdade típica dos fracos" ou "a árdua aprendizagem de reveses" com que se caracteriza a dura condição sertaneja, ou por versos como "na aberração de um óvulo infecundo" ou "mas o agregado abstrato das saudades" por que se veicula o cientificismo expressionista do *Eu e Outras Poesias*. Símiles metalúrgicos comparecem, outrossim, na descrição das sensações experimentadas por Aristarco enquanto ouve o discurso de Venâncio: "A estátua não era mais uma aspiração: batiam-na ali. Ele sentia metalizar-se a carne à medida que o Venâncio falava. Compreendia *inversamente* o prazer de transmutação da matéria bruta que a alma artística penetra e anima: congelava-lhe os membros uma frialdade de ferro [...]. Não era um ser humano: era um corpo inorgânico, rochedo inerte, bloco metálico, escória de fundição, forma de bronze". Grifei de propósito o advérbio *inversamente* para destacar-lhe a fina propriedade: nele se concentra o sal dessa passagem que inverte, caricaturalmente, o processo da criação bíblica do homem, repetido na lenda de Pigmalião: num e noutro caso, era o sopro criador que convertia a argila e a pedra em carne viva; agora, é a eloquência que metamorfoseia em bronze eterno a carne perecível de Aristarco. Mas um pouco antes desses lances metalúrgicos, há um outro, semelhante: o croqui fisiognomônico do poeta Ícaro de Nascimento, traçado por Pompeia com termos colhidos na terminologia da arte poética: "Dentre as suíças, como um gorjeio do bosque, saía um belo nariz alexandrino de dois hemistíquios, artisticamente longo, disfarçando o cavalete da cesura, tal qual os da última moda no Parnaso. À raiz do poético apêndice brilhavam dois olhos vivíssimos, redondos, de coruja, como os de Minerva. Tão vivos ao fundo das órbitas cavas, que bem se percebia ali como deve brilhar o fundo na fisionomia da estrofe".

Tal sátira à poesia parnasiana da época, poesia obsessionada com o metro alexandrino e a cesura de rigor a parti-lo, equanimemente, em dois hemistíquios, ganha particular relevo se lembrarmos que, no próprio *O Ateneu*, há uma passagem de índole metalinguística onde, pela voz do Dr. Cláudio, um dos professores, presidente do grêmio literário do colégio, Pompeia formula a sua teoria materialista e darwiniana da arte, da estesia como educação do instinto sexual, para deter-se no exame da eloquência ou arte literária, quando então sustenta que "dentro de alguns anos o metro convencional e postiço terá desaparecido das oficinas de literatura", porque "o estilo derrubou o verso". E num caderno de notas íntimas, abundantemente citado por Eloy Pontes, critica o romancista, a certa altura, a "expressão fria" de Mérimée e de Stendhal, em que vê um "inimigo sistemático do ritmo escrito" e a quem nega inclusive "forma literária". De modo algum perfilhava Pompeia o "preconceito desacreditado atualmente de que a prosa literária está excluída dos privilégios da metrificação dos versos", entendendo, ao contrário, que "a prosa tem de ser eloquente, para ser artística, tal como os versos"[3]. Esta reivindicação da prosa ritmada e/ou artística, em contraposição ao metro convencional do verso, não visava apenas à apologia do poema em prosa que ele praticou nas *Canções sem Metro*, mas também, e sobretudo, à prosa pictórica e caricatural d'*O Ateneu*. Esta se filiava confessadamente à *écriture artiste* dos Goncourt – por ele citados mais de uma vez nas suas notas íntimas –, escrita na qual teve o *art nouveau* a sua manifestação mais cabal no terreno da prosa de ficção, bem distinta, nisso, do naturalismo zolaesco a cujas pretensões documentais e a cuja crueza programática Pompeia jamais se filiou. Tanto assim que numa novela de juventude, *A Mão de Luís Gama*, declarava recusar-se a "esgaravatar os interstícios do horripilante, do nojento e do torpe", preferindo-lhe, em vez, a "naturalidade impressionista"[4] Convertido em advérbio, o adjetivo "impressionista" aparece aliás na definição que Sidney D. Braun[5] dá de *écriture artiste*: "Um estilo nervoso, caprichoso, usado pelos irmãos Goncourt no empenho de exprimir, *impressionisticamente*, as sensações produzidas pelos objetos externos. Quando usado por eles apropriadamente, resultava em descrições coloridas e pitorescas".

---

3. *Apud* Eloy Pontes, *A Vida Inquieta de Raul Pompeia*, Rio de Janeiro, José Olympio, 1935, p. 218-9.
4. *Idem*, p. 222.
5. *Dictionary of French Literature*, New York, Fawcet, 1964.

José Paulo Paes: *Crítica Reunida Sobre Literatura Brasileira & Inéditos em Livros*

DESCRIÇÃO & ALUSÃO

Estas considerações acerca da índole caricatural e da riqueza metafórica do estilo d'*O Ateneu*, que lhe conferem uma intensa visualidade, serviram apenas para estabelecer melhor o contraste desta com a discrição por assim dizer acadêmica das vinhetas com que o autor enriqueceu o texto. Tenho para mim que esse desnível entre a vividez do texto escrito e a aparente sensaboria das vinhetas a ilustrá-lo foi proposital. Resultaria menos da mediocridade do ilustrador que da preocupação do romancista de garantir o primado do literário; afinal de contas, ele estava escrevendo um romance, não uma história em quadrinhos, gênero sequer conhecido ou praticado na época, tanto quanto sei. Mas introduzo de caso pensado esta anacronia para acentuar a necessidade de, no exame das ilustrações d'*O Ateneu*, em si mesmas e nas suas relações com o texto, precavermo-nos do hábito mental, inculcado pela história em quadrinhos, de colocar a palavra em pé de igualdade, quando não a reboque, da figura. As vinhetas do romance de Pompeia não "contam" nada que já não esteja dito no texto. Nem por isso são redundantes ou supérfluas. Se por mais não fosse, teriam servido ao autor para focalizar a atenção do leitor em certos pormenores, personagens ou incidentes mais marcantes do texto, funcionando assim como uma espécie de *spotlight* de teatro. Difícil conceber fosse ele escolher para iluminar iconicamente – e o sentido de iluminação, aqui, aproxima-se muito do de iluminura – pontos de escassa ou nenhuma importância na semântica geral do romance. Com isso, as vinhetas passam a funcionar como verdadeiras setas de orientação de leitura, entendida esta, especificamente, como o esforço de interpretar, de decifrar, de buscar, para além do sentido óbvio ou imediato, um sentido subjacente ou virtual mais profundo. Conforme vai fixando a atenção nelas, em função das áreas do texto onde incidem, o leitor começa a perguntar-se por que teria o autor escolhido exatamente aquele ponto para iluminar. A partir desse momento, as ilustrações se integram no corpo do texto; não são mais mera redundância ou ornamento, mas acrescentamento de significado, especialmente no nível das conotações. Nível que se enriquece sobremaneira quando o leitor, além de estabelecer o nexo de cada ilustração com o texto, descobre os nexos das ilustrações entre si, num como efeito de ressonância a interligá-las numa sintaxe própria.

Já a esta altura se impõe, para maior facilidade de análise, o uso de um primeiro critério de classificação das 44 figuras, qual seja o critério de tamanho. Distinguem-se com isso as ilustrações cuja largura coincide com a da página impressa daquelas que só lhe ocupam a metade, no sentido da largura; nenhuma chega a abranger as duas dimensões da página, vale dizer, não há ilustrações de página inteira. É natural que nas ilustrações maiores, dada a possibilidade de incluir maior número de detalhes, prepondere o caráter descritivo ou propriamente icônico, ao passo que as ilustrações menores, por mais esquemáticas, tendem antes ao alusivo ou indicial. Utilizo aqui, quase escusava dizer, a conhecida classificação de Peirce, para quem um ícone "é a imagem do seu objeto" ou, no limite, a sua fotografia, sendo um índice ou indicador aquilo que "assinala a junção de duas porções de experiência"; para citar exemplo do próprio Peirce: "Uma pancada na porta é um indicador. Qualquer coisa que atraia a atenção é um indicador"[6]. Mas não se deve levar muito longe, particularmente no caso das vinhetas d'*O Ateneu*, a diferença entre ícone e índice, pois há sempre algo de descritivo ou icônico na vinheta-índice assim como há de alusivo ou indicial na ilustração-ícone.

Traçados a bico de pena, talvez por imposições de ordem técnica (ignoro se à época em que foi publicado *O Ateneu*, 1888, a tipografia brasileira já dispunha de facilidades para o uso de clichês reticulados), os desenhos de Pompeia se valem de zonas hachuradas, contrapostas a áreas em branco, como recurso de contraste. Umas vezes, o contraste serve à perspectiva e aos jogos de luz e sombra, como uma figura da banca examinadora da Instrução Pública, no início do capítulo x, descrita no próprio texto como iluminada pela luz de uma janela traseira, pelo que as fisionomias dos examinadores ficam ominosamente na sombra. Outras vezes, o contraste entre sombra e luz tem razões mais de ordem enfática: é o caso do poema dito supostamente de improviso pelo prof. Venâncio, em plena chuva, durante o piquenique narrado no capítulo VIII. Na figura grande que fixa o episódio, o declamador aparece em primeiro plano, juntamente com Aristarco, um e outro duas áreas mais claras contra um fundo cerradamente hachurado, de linhas entrecruzadas como cordas de chuva, no qual mal se distinguem as figuras dos alunos a ouvir, ensopados até os ossos, a recitação intempestiva.

O segundo critério de classificação das ilustrações d'*O Ateneu* seria de ordem temática, distinguindo desenhos de pessoas de desenho de coisas. A supe-

---

6. Charles Sanders Peirce, *Semiótica e Filosofia*, trad. O. S. da Mota e L. Hegenberg, São Paulo, Cultrix, 1972, p. 116 e 120.

JOSÉ PAULO PAES: *Crítica Reunida Sobre Literatura Brasileira & Inéditos em Livros*

rioridade numérica dos primeiros – 29 representações de pessoas contra 15 de coisas – leva à constatação elementar de que o romance de Pompeia se ocupa mais em fixar os conflitos de temperamentos e de sentimentos do que os cenários em que ocorrem ou, o que dá no mesmo, é romance antes psicológico que documentário. No grupo majoritário das ilustrações de pessoas, impõe-se fazer uma ulterior diferenciação entre as que retratam uma, duas ou mais pessoas. As de uma só pessoa confirmam o gosto do romancista pela análise de caracteres, de que a construção ficcional da personalidade de Aristarco é reconhecidamente o exemplo supremo, enquanto as de grupos de pessoas não deixam esquecer a presença constante do magma coletivo que os caracteres individuais ajudam a compor e do qual, por sua vez, ressaltam: é o microcosmo feroz do internato como fiel imagem *en abîme* do mundo lá fora. Quanto às vinhetas de duas pessoas, têm um significado marcante, como adiante se verá.

DO DESENHO À PALAVRA

Quando se tenta estabelecer uma ligação entre as vinhetas e o texto d'*O Ateneu*, neste buscando-lhes como que legendas explicativas, verifica-se nem sempre haver relação de contiguidade entre um e outras. Por vezes, a ilustração diz respeito não ao trecho em que imediatamente se insere, mas a trechos anteriores ou posteriores mais ou menos dela afastados. É o caso do retrato de Ema, esposa de Aristarco, no capítulo IX, cuja parte final focaliza um jantar em casa do diretor para o qual é convidado Sérgio, o narrador-protagonista do romance. O texto refere então o enlevo de Sérgio com a beleza sensual de Ema, "miragem sedutora de branco [...] deslumbrante, o vestuário de neve". Entretanto, na vinheta, ela se mostra com o tronco cingido num corpete cujo negror desmente a alvura de vestes tão enfatizada no texto. No primeiro encontro de Sérgio com Ema, referido no capítulo I, é que esta aparece descrita vestindo "cetim preto justo sobre as formas, reluzente como pano molhado; e o cetim vivia com ousada transparência a vida oculta da carne". Tal ênfase na sensualidade do cetim é que melhor serve de legenda para a ilustração de Ema, a qual, todavia, só entrará no texto bem mais adiante. O descompasso funciona aqui, portanto, como uma espécie de seta regressiva, a orientar a memória do leitor para o que ficou dito atrás e que se relaciona, de modo tão significativo, quer com a ilustração, quer com o *locus* textual onde ela incide.

IV. Gregos & Baianos: Ensaios

Outro caso significativo de descompasso é a pequena vinheta do capítulo II – uma máxima emoldurada e suspensa à parede, num quadro onde só se consegue ler o título, "Sabedoria". No texto convizinho, nada há que possa servir-lhe de legenda. Esta, só a iremos encontrar, adequada, três capítulos à frente, numa passagem em que se fala das máximas morais redigidas por Aristarco e por ele mandadas afixar nas salas de aula – "o porejamento de doutrina a transudar das paredes, nos conceitos de sabedoria decorativa dos quadros" – e em que se comenta a inutilidade delas no conter a irrupção dos instintos adolescentes. Instintos que a reclusão forçada do intervalo e a presença, entre as suas paredes, da forma feminina personificada em Ângela, a provocante camareira de Ema, só serviam para espicaçar, levando os internos à prática furtiva de vícios, solitários ou não, em cuja descrição e análise a fina, discreta arte de Raul Pompeia excele. Os mesmos quadros moralizantes vão reaparecer, dramaticamente, no último parágrafo do romance, que é ilustrado pelo desenho grande da última página, para mim o melhor de todos. Nele se vê Aristarco reclinado, numa atitude de derrota total, entre os destroços do incêndio que lhe arrasou o colégio. De par com "aparelhos de cosmografia partidos [...] esferas terrestres contundidas [...] planetas exorbitados de uma astronomia morta", não esquece Pompeia de mencionar os "preceitos morais pelo ladrilho, como ensinamentos perdidos". Com isso, a pequena vinheta do capítulo II tem o seu alcance grandemente ampliado, num efeito de eco ou ressonância, passando a servir de índice do próprio malogro da pedagogia do Ateneu e do seu diretor. Contra a hipocrisia dessa pedagogia e desse pedagogo, cujo moralismo palavroso não alcança esconder-lhe a rapacidade de essência, o incêndio final ateado por um dos alunos constitui, tanto quanto os vícios e as abjeções de outros alunos evocados ao longo do livro, um gesto prometeico de rebeldia. Rebeldia da natureza humana, selvagem que seja, mas autêntica, contra tudo que busque falseá-la; revolta da criatura imperfeita contra o criador ainda mais imperfeito do que ela.

Nesse sentido, é instrutivo comparar a derradeira ilustração d'O Ateneu com a que está logo no início do capítulo II, onde Aristarco aparece numa atitude meditativa e bem composta, no seu gabinete de trabalho, em meio aos mesmos livros e aparelhos cosmogônicos que irão reaparecer, atirados a esmo, na cena do desastre final. Quando se examina o texto convizinho dessa ilustração do capítulo II, verifica-se que faz referência à duplicidade e ao fingimento de Aristarco. Pouco antes estivera ele a trabalhar na escrituração do colégio, "com a esperteza atenta e seca do gerente"; quando Sérgio e o pai entram no seu gabinete, ele muda imediatamente de atitude, assume "a figura paternal do educador". A simetria do contraste da ordem do gabinete de Aristarco, de sua pose bem ensaiada de educador ao receber visitantes, com o caos que lhe rodeia a atitude de desalento na cena final, faz pensar numa utilização às avessas das técnicas de "semeadura e colheita" da poesia barroca – o verso final de um poema recolhia e ordenava termos espalhados pelos versos anteriores. A inversão, no caso dos dois desenhos de Pompeia, representaria, como se aventou acima, a vitória da espontaneidade desordeira do natural sobre o artificialismo da ordem pedagógica que se busca impor-lhe. Ordem que se pretendia inclusive de origem divina, donde o caráter simbólico do globo terrestre que se vê nas duas ilustrações e a expressiva caracterização de Aristarco, no texto, como um "deus caipora", o mesmo deus cuja mão, na pequena vinheta que fecha o capítulo III, dominava "o tropel dos mundos" durante as lições com aparelhos de cosmografia e se inculcava ostensivamente como a própria "mão da Providência".

DOIS: SEDUÇÃO E PUREZA

Mas a instância mais eloquente do efeito de ressonância entre as ilustrações d'*O Ateneu*, que as articula entre si numa por assim dizer sintaxe alusivo-visual, está na série de vinhetas onde aparecem pares de pessoas e a cuja importância aludi de passagem. Começa a série na primeira página do livro, numa vinheta mostrando Sérgio e o pai, de costas para o observador, parados diante do portal de entrada do Ateneu; o pai tem a mão protetoramente espalmada nas costas do filho, como que a impeli-lo e a confortá-lo ao mesmo tempo; a legenda da figura é a frase de abertura do romance: "Vais encontrar o mundo, disse-me meu pai à porta do Ateneu. Coragem para a luta". Daí por diante, Sérgio terá de caminhar sozinho, Dante sem nenhum Vergílio a guiá-lo pelos círculos infernais da vida do internato. A menos que se queira ver tal Vergílio em Rebelo, o colega veterano que aparece ao lado de Sérgio numa das vinhetas do capítulo II, a adverti-lo dos perigos à sua espera: "Olhe, um conselho: faça-se forte aqui, faça-se homem. Os fracos perdem-se. [...] Os rapazes tímidos, ingênuos, sem sangue, são brandamente impelidos para o sexo da fraqueza; são dominados, festejados, pervertidos como meninas ao

IV. Gregos & Baianos: Ensaios

desamparo". A vinheta seguinte da série, no capítulo VIII, mostra dois colegiais ajoelhados, com o rosto oculto pelo braço dobrado. Trata-se de Tourinho e Cândido, obrigados por Aristarco a ajoelharem-se em pleno refeitório, diante de todos os colegas, como "acólitos da vergonha". Interceptara o diretor uma carta amorosa assinada "Cândida" e, após rigorosa devassa, apurara ter sido ela escrita por Cândido a Tourinho, marcando um encontro secreto no bosque. Uma frase da página contígua da vinheta serve-lhe à maravilha de legenda: "Cândido e Tourinho, braço dobrado contra os olhos, espreitavam-se a furto, confortando-se na identidade da desgraça, como Francesca e Paolo no inferno".

A referência aos dois amantes imortalizados por Dante no canto v da primeira parte d'*A Divina Comédia* é importante no caso, especialmente se se lembrar que foi durante a leitura de um livro amoroso que Francesca da Rimini se deixou beijar por Paolo Malatesta; selando um pacto de adultério cuja punição haveria de ser a morte dos dois amantes. Esta caracterização do livro como instrumento de sedução nos remete de pronto a duas outras pequenas vinhetas, respectivamente nos capítulos III e VI. Aquela mostra um livro aberto; esta uma fileira de livros em pé, alinhados na estante.

O capítulo a que a primeira dessas vinhetas serve de ilustração conta-nos que, perdido "no meio hostil e desconhecido" do internato, Sérgio deixa-se invadir aos poucos pela "efeminação mórbida das escolas"; esquecendo as advertências de Rebelo, acaba por aceitar a proteção do braço forte de Sanches, malgrado a repugnância que por ele sente. Sanches passa então a orientá-lo nos estudos; juntos debruçam-se sobre os compêndios de geografia, gramática, história, e o colega mais velho vai insidiosamente encaminhando a leitura para áreas de natureza mais libidinosa do que propriamente didática. Para exercícios de análise, escolhe o canto nono d'*Os Lusíadas*, o episódio da Ilha dos Amores, "rasgando na face nobre do poema, perspectivas de bordel a fumegar alfazema"; no dicionário, conduz o colega mais novo "até a cloaca máxima dos termos chulos". Semelhantemente, os livros enfileirados na vinheta do capítulo VI aludem às leituras a dois que, na biblioteca do grêmio literário do colégio, Sérgio faz com Bento Alves, seu novo "protetor", já que tivera de romper com Sanches para fugir-lhe às propostas obscenas. Em defesa de seu protegido, Bento Alves briga com um outro colega, pelo que é confinado na "cafua" como castigo. A reação de Sérgio ao gesto romântico do seu "protetor" está descrita no final do capítulo: "Por minha parte, entreguei-me de

235

JOSÉ PAULO PAES: *Crítica Reunida Sobre Literatura Brasileira & Inéditos em Livros*

coração ao desespero das damas romanceiras, montando guarda de suspiros à janela gradeada de um cárcere onde se deixava deter o gentil cavalheiro, para o fim único de propor assunto às trovas e aos trovadores medievos".

Esta citação nos faz regredir, por via do jogo de inter-remissões ou ressonâncias a que já fiz referência, até outra pequena e ambígua vinheta do mesmo capítulo: duas janelas em ogiva, talvez de um palácio mourisco ou medieval. Chamei-lhe ambígua porque nem no texto da página em que se insere, nem no da página vizinha ou anterior, encontro nada que possa servir de legenda específica. Entretanto, a expressão "guarda de suspiros à janela gradeada", tanto quanto as menções a "damas romanceiras", "trovas e trovadores medievos" no fim do capítulo, parecem estar relacionadas de perto com essa vinheta, acentuando-lhe assim a riqueza alusiva ou indicial, tal como já acontecera, antes, no caso das aparentemente banais vinhetas de livros.

Mas o jogo de ressonâncias textuais-visuais não para por aqui. Prolonga-se até a penúltima vinheta da série de duas pessoas, colocada logo no começo do capítulo IX. Nela, Sérgio e seu novo amigo, Egberto – a esse tempo, tinha rompido com Bento Alves, pela mesma razão por que rompera anteriormente com Sanches – jazem em pose bucólica sobre a relva, um sentado, o outro de bruços, com os cotovelos apoiados na perna do colega; junto deles, aberto no chão, mais uma vez um livro. Diferentemente de suas outras ligações, nas quais, por ser o mais novo, era o protegido, desta vez Sérgio assume o papel de "irmão mais velho". Entre as leituras em comum que ele faz com Egberto, destaca-se a de *Paulo e Virgínia*, de Bernardin de Saint-Pierre, cujo "idílio todo, instintivo e puro", eles revivem, numa relação bem diversa das equívocas relações anteriores de Sérgio. E eis o livro de novo presente como intermediário numa situação, se não de caráter abertamente amoroso, pelo menos de caráter afetivo. A naturalidade e pureza idílicas dessa nova amizade, emblematizada desde logo no cenário bucólico em que a pinta a vinheta, emblematiza-as também a vinheta seguinte. Nela, em lugar de duas pessoas, vemos duas gaivotas a voar lado a lado, metáforas por sua alvura, de pureza e, por suas asas abertas, de elevação, liberdade. Importa ainda notar que no texto, um pouco adiante desta vinheta, surge um parágrafo acerca de um romance escrito em colaboração por Sérgio e Egberto, um romance de "episódios medievais, excessivamente trágicos, cheios de luar, cercados de ogivas". Mais uma vez, a menção a medievalismo e, sobretudo, ogivas, nos remete de volta à ambígua vinheta das duas janelas, há pouco comentada, confirmando-lhe o

236

IV. Gregos & Baianos: Ensaios

papel de índice de uma sexualidade pubescente, ainda difusa, ainda incerta, tanto mais temerosa quanto ignorante de si, que encontra uma via de escape inofensiva no platonismo do amor cortês.

O RITO DE PASSAGEM

A última ilustração da série dual que vimos focalizando introduz um elemento a um só tempo discordante e conclusivo. Até então, os dois figurantes das vinhetas pertenciam ao mesmo sexo, mas na ilustração que surge logo às primeiras páginas do capítulo XII, o último do livro, um dos figurantes é masculino, Sérgio, e o outro feminino, Ema. Mostra-nos, essa figura, Sérgio doente, num dos leitos da enfermaria anexa à casa de Aristarco, sendo atendido por Ema, que se senta ao seu lado segurando-lhe a mão, o rosto ligeiramente inclinado para ele. Ema sempre lhe demonstrara particular afeição, desde o dia da chegada dele ao colégio, quando lhe agradaram os longos cabelos louros, pouco depois cortados por ordem de Aristarco, porquanto "os meninos bonitos" não "provavam bem" no seu colégio; mimou-o também durante o jantar em casa do diretor a que, por suas boas notas, ele fizera jus. Agora, que ele está febril de sarampo, assiste-o com desvelos mais que maternais. Na descrição da intimidade estabelecida entre enfermeira e paciente nesses dias de isolamento hospitalar – "a entranhada familiaridade dos casais" – põe Pompeia o melhor de sua arte sutil. Marca-lhe, com pormenores expressivos, o clima de oblíqua sensualidade: o "hálito de veludo" de Ema a acariciar a pálpebra do enfermo; o alimento primeiro experimentado por ela na colher, "com um adorável amuo de beijo", antes de ser levado à boca de Sérgio; os quadris de ambos se tocando quando o ajuda a levantar-se pela primeira vez; as covinhas deixadas no colchão pelos cotovelos dela. Ema lhe fala de sua solidão de mulher, de seu "coração isolado", confessando-lhe, num rompante: "Nesta casa sou demais" – sentimento de exclusão que se confirma pela sua fuga à tirania do marido logo após o incêndio do colégio. Sérgio, de outra parte, sente-se "pequeno deliciosamente naquele círculo de conchego como em um ninho", e, ainda que se cumpra sob o signo inevitável de Édipo, essa volta à infância parece-me configurar menos uma reversão do que uma libertação de Édipo.

Quantos insistem em ver na relação Sérgio-Ema tão só uma retomada edipiana daquele "conchego placentário" – conforme ele próprio lhe chama

– de que se destacou o narrador-protagonista para ingressar no Ateneu e ali "definir a [sua] individualidade", parecem não ter prestado a devida atenção ao significado desta última cláusula, complementar mas antitética daquela, nem tampouco à fundamental qualificação que Sérgio faz do seu amor por Ema: "Não! *eu não amara nunca assim a minha mãe*. Ela andava agora em viagem por países remotos, *como se não vivesse mais para mim*. Eu não sentia a falta. Não pensava nela... *Escureceu-me as recordações aquele olhar* negro, belo, poderoso isto é, [o olhar de Ema]". Como não ver, nas frases por mim grifadas nesse trecho revelador, a superação da relação edipiana por uma relação transedipiana? Nesse *trans-* está, a meu ver, a chave de todo *O Ateneu*, que nada mais seria do que a reconstituição ficcional de um "rito de passagem", para usar, em sentido figurado, a designação dada pelos antropólogos à cerimônia de promoção do jovem púbere aos privilégios e deveres da idade adulta. Nesse ritual de caráter quase sempre esotérico, celebrado pelas sociedades ditas naturais ou "primitivas", o adolescente tem de enfrentar uma série de situações perigosas, adrede preparadas, e demonstrar sua destreza em sair-se delas vitorioso. Rito de passagem semelhante, cumprido no "esoterismo" da vida de internato, é o périplo de traumáticas experiências que, na sua ânsia de definir-se, a puberdade de Sérgio tem de cumprir, furtando-se às violações homossexuais e buscando mediar-se na amizade platônica, até encontrar o seu objeto eletivo, heterossexual.

Desse ponto de vista, é significativo, na vinheta de Sérgio ao lado de Ema, vestir-se ela de preto, o mesmo preto do cetim justo que lhe moldava as formas de *fausse maigre* no retrato do capítulo IX – o capítulo do jantar em casa de Aristarco –, preto no qual algum rankiano mais afoito talvez quisesse ver a cor emblemática do aconchego da noite intrauterina. Contraste-se o recato desse preto sensual – recato de quem vive uma vida intramuros – com a quase nudez (para os padrões da época) de Ângela, na vinheta que a retrata no final do capítulo V, conquanto a legenda apropriada só vã surgir três capítulos à frente: "em corpinho e saia branca, afrouxando o cordão sobre o seio, mostrando o braço desde a espádua, espreguiçando-se com as mãos ambas à nuca [...] sempre ao sol [...] filha selvagem do sol". A Ângela que se comprazia em espicaçar os desejos enjaulados dos meninos; que os espiava, *voyeuse*, por sobre o muro enquanto nadavam na piscina; e que, pelas insinuações do mesmo capítulo V, distinguia com os seus favores, na calada da noite, os alunos mais velhos e mais árdegos. Não menos significativo é que, promovido para o dormitório dos veteranos, Sérgio nunca tivesse descido pela corda de lençóis, imitando seus companheiros de dormitório nas escapadas noturnas, em busca dos encantos mais ou menos fáceis de Ângela, em quem ele via um daqueles "exemplares excessivos do sexo", uma daquelas "esposas da multidão" cuja lascívia sem peias simultaneamente o fascinava e escandalizava. Isso porque, à sua delicadeza discriminativa de menino "educado exoticamente na estufa de carinho que é o amor doméstico", certamente haveria de chocar tal feminino "carname em postas de um festim de jaula", tanto quanto o chocava a "caricatura de sensualidade" do uranismo a que "o desespero da reclusão colegial e da idade" aviltava tantos de seus companheiros de infortúnio.

Quando assinalei o caráter conclusivo desta última vinheta da série dual, quis com isso referir-me a dois tipos de conclusividade. Por um lado, ela baliza um ponto de chegada ou – para usar, não sem uma ponta caricatural, de resto homorgânica com o estilo do romance de Pompeia, o rótulo marxista – um salto qualitativo. Egresso do conchego placentário, Sérgio, após completar sua jornada dantesca pelos simulacros carcerários do amor e do pátrio poder, de que Aristarco é o preposto educacional, assume enfim, sob a égide inelutável de Édipo, mas de forma conclusivamente transedipiana, a sua individualidade sexual. Por outro lado, com inserir-se no último capítulo do romance, esse idílio transedipiano dá-lhe remate perfeito. Rompe-se a crisálida escolar; Sérgio é um homem agora, como aspirara a ser, e tem diante de si, doravante, o verdadeiro macrocosmo lá fora, não mais a sua imagem *en abîme*, microcósmica. Seu aprendizado de base completou-se. Por isso mesmo, Ema pode ir-se embora – desempenhou a contento o papel pedagógico e curativo de anti-Jocasta – e o Ateneu transformar-se em cinzas, com o seu deus-pai caipora celebrando o "funeral para sempre das horas".

Está cumprido, vitoriosamente, o rito de passagem.

O *Art Nouveau* na Literatura Brasileira[*]

[*Belle Époque*, o Chamado "Pré-Modernismo" na Prosa e na Poesia Brasileiras]

I

Desde que foi criado por Tristão de Ataíde, em fins dos anos 1930, para designar o período que se estende dos fins do simbolismo aos primórdios do modernismo, o termo "pré-modernismo" vem-se constituindo em incômoda pedra no sapato de nossos historiadores literários... Conforme observou Alfredo Bosi[1], um dos mais equilibrados e percucientes estudiosos desse período, o termo é ambíguo na medida em que ora dá a entender uma simples precedência cronológica – e pré-modernistas seriam, a rigor, quantos houvessem atuado literariamente depois do simbolismo e antes do modernismo –, ora inculca uma ideia de precursor – e pré-modernistas seriam, nesse caso, supostos modernistas anteriores ao modernismo propriamente dito, cujo início oficial se dá em 1922, como se sabe, com a Semana de Arte Moderna.

A solução de compromisso proposta no volume III de *A Literatura no Brasil*, dirigida por Afrânio Coutinho, de substituir o rótulo de Tristão de Ataíde pelos de "sincretismo", "penumbrismo" e "impressionismo", só veio colocar mais pedras no sapato periodológico. Sincrético, a bem dizer, é todo período literário: nem sempre é fácil encontrar, em qualquer um deles, expressões "puras" da estética dominante que lhe dá nome; encontram-se, as mais das vezes, variados graus de simbiose dela com a que a precedeu ou com a que irá sucedê-la. Outrossim, como se verá adiante, os termos "impressionismo" e "penumbrismo" são demasiado restritos para compendiar os traços definidores da poesia e da prosa mais representativas do período em questão.

Tenho para mim que o termo cunhado por Tristão de Ataíde e hoje consagrado pelo uso continua válido desde que se cuide de delimitar-lhe com

---

[*] Publicado originalmente em: *O Estado de S. Paulo*, Suplemento "Cultura", 29 maio 1983.

1. *O Pré-Modernismo*, São Paulo, Cultrix, 1966, p. 11.

IV. Gregos & Baianos: Ensaios

maior precisão o campo de abrangência, concentrando, de um lado, quanto cheire mais fortemente a retardatário, isto é, o neoparnasianismo, o neossimbolismo e o neonaturalismo, a fim de deixar espaço livre, do outro lado, para aquilo que de fato aponte para o modernismo vindouro como uma espécie de batedor ou precursor. Talvez seja menos trabalhoso delimitar esse espaço efetivamente pré-modernista na periodologia da nossa literatura se, a exemplo do que já se fez tão frutuosamente com os conceitos de barroco e rococó, se puder transpor, do campo das artes visuais (e aplicadas) para o campo da arte literária, o conceito de *art nouveau* ou "arte nova". Semelhante transposição não constitui novidade absoluta: em *A Vida Literária no Brasil – 1900*, Brito Broca implicitamente a sugere, e Flávio L. Motta, na sua *Contribuição ao Estudo do "Art Nouveau" no Brasil*, praticamente a propõe quando aponta, entre as características da nossa arte nova, a de que "antecedeu e contribuiu para o nosso Movimento Modernista"[2]. Tal precedência e contribuição da arte "nova" em relação à arte "moderna" já se deixa ver, aliás, no estreito parentesco semântico entre os dois qualificativos; antes, porém, de ilustrar mais pormenorizadamente a aplicabilidade do conceito a boa parte de nossa produção literária entre 1890 e 1920, convém recordar, ainda que de modo sumário, as origens históricas da diligência artenovista e os princípios estéticos que a informaram.

II

Diferentemente do que costuma acontecer com as correntes inovadoras, a arte nova não se deu a conhecer por manifestos radicais ou por proclamações teóricas de caráter polêmico. Afirmou-se, antes, pela silenciosa mas eloquente atividade criadora de artistas de vários países europeus que, sem estar propriamente arregimentados num movimento ou escola, tinham em comum o empenho de reagir contra o academicismo – em especial no campo da arquitetura e das artes ditas aplicadas, onde campeava a imitação do gótico, do renascentismo, do orientalismo –, para, com os novos materiais e as novas técnicas postos à sua disposição pelo progresso industrial, criar formas novas, em vez de copiar as antigas. Estranho que esse empenho inovador coexistisse, às vezes, com uma nostalgia passadista, claramente perceptível nos precurso-

2. São Paulo, s.n., 1957, p. 55.

res ingleses do *art nouveau* – o pintor e crítico de arte John Ruskin e o poeta e artesão William Morris, um e outro fascinados pela unidade de concepção da arte medieval. Então, arquitetos, pintores e demais artífices trabalhavam conjuntamente numa obra total cuja estrutura e decoração obedeciam aos mesmos princípios orgânicos, à mesma "coerência estilística", ao contrário do elenco pré-fabricado de motivos decorativos copiados da Renascença, os florões, cornucópias, rosetas, cupidos etc. que no século XIX eram arbitrariamente aplicados como enfeite às construções. Se essa valorização da artesania medieval levava Morris a rejeitar reacionariamente a máquina e a só ver feiura e aviltamento social no industrialismo, por outro lado inculcava o ideal de uma unidade de propósitos nas diversas artes, de que resultaria, afinal, um corretivo para aquela falta de estilização deplorada por Ortega y Gasset no realismo do século XIX[3]. O *art nouveau* é não só um estilo de época comum às várias artes – a arquitetura, a pintura, o desenho, as artes aplicadas do mobiliário, da vidraria, dos adereços, da tipografia, da ilustração, do vestuário etc. e, *the last but not the least*, a poesia e a prosa de ficção –, mas até mesmo, como quer Champigneulle, "uma filosofia, uma ética e um comportamento"[4]. Esse estilo tão expressivo da maneira de vida da *belle époque* se manifesta tanto nos edifícios de Horta, van der Velde ou Gaudí quanto nos desenhos de tecidos de Morris ou nos painéis decorativos de Whistler; tanto nos vasos de Gallé ou Tiffany quanto nas pinturas ou desenhos de Valloton, Munch, Klimt, Toorop ou Beardsley; tanto nos cartazes de Toulouse-Lautrec e Mucha quanto nos móveis de Mackintosh e Serrurier-Bovy; tanto nos ornatos de ferro de Guimard quanto na *écriture artiste* dos Goncourt e de Wilde ou no monismo panteísta de certos poemas de Rilke e Stefan Georg – para citar apenas alguns dos expoentes da arte nova.

Da Inglaterra, onde Morris o iniciara com a Arts & Crafts Exhibition Society (1886), o impulso renovador propagou-se à França para ali ser consagrado como *"Art Nouveau"*, nome dado por Bing à sua galeria de objetos da nova estética, embora os franceses mais esnobes insistissem em chamar-lhe, à inglesa, Modern Style. Na Alemanha ficou conhecido por Jugendstil, nome da revista que o propagou, *Jugend*. Em Viena se impôs como Sezession, na Itália como Style Nuovo ou Liberty, na Espanha como Arte Jovem ou Modernista

---

3. *La Deshumanizacion del Arte/Ideas Sobre la Novela*, Santiago do Chile, 1937, p. 23.
4. B. Champigneulle, *A "Art Nouveau"*, São Paulo, Verbo/Edusp, 1976, p. 13.

ou Style Gaudí, nos Estados Unidos como Style Tiffany. Um marco histórico da arte nova foi a exposição universal de Paris, em 1900, onde ela estava representada com um destaque que lhe apressou a popularização nos demais países. Aliás, a própria Torre Eiffel, erigida dez anos antes para comemorar o centenário da Revolução Francesa, já era um monumento artenovista, com a sua desnuda ossatura de ferro a apontar o caminho do moderno e do estrutural.

Embora não seja fácil destacar características comuns na grande variedade de manifestações da arte nova, pode-se começar repetindo que foi a arte típica da chamada *belle époque*, isto é, daquele longo interregno de paz que se estendeu de 1870 até a Primeira Guerra Mundial e durante o qual prosperou uma rica sociedade burguesa, brilhante e fútil, amante do luxo, do conforto, dos prazeres, em cujas camadas mais cultas os artífices do *art nouveau* encontraram os seus clientes de eleição. Esta circunstância explica por si só o fato de o movimento renovador ter florescido especialmente no campo das artes aplicadas, assim como lhe explica o pendor para o ornamento, palavra que define *in nuce* a sua estética. A arte nova se aproxima do barroco pela sua exuberância ornamental, no mesmo passo em que se afasta do naturalismo do século xix, voltado antes para os aspectos mais grosseiros e amiúde mais sombrios da vida cotidiana. Longe de servir de espelho às misérias do dia a dia, o *art nouveau* aspirava a "criar uma imagem de um mundo de beleza e felicidade universais" (Barilli)[5]. Daí a sua oposição ao naturalismo significar não uma recusa do natural em si, mas sim a negação de reproduzi-lo no que tivesse de mais superficial ou ostensivo; ao contrário do naturalismo mais ou menos fotográfico, preocupava-se em descobrir a estrutura interior das coisas, os processos ocultos de criação das variadas formas de vida vegetal e animal, para depois estilizá-los, processos e estruturas, em formas artísticas. A animar essa vontade de estilização ornamental da arte nova, havia uma exaltação dionisíaca da vida, um vitalismo de cuja formulação filosófica se encarregara Nietzsche, o pensador mais prestigioso da época, ao lado de Schopenhauer, não sendo pois obra do acaso que uma irmã de Nietzsche tivesse tido papel de relevo na constituição dos primeiros grupos do Jugendstil, a vertente alemã da arte nova.

Por seu vitalismo, distinguia-se esta portanto do simbolismo e do decadentismo a cuja sombra nasceu e com cujos refinamentos esteticistas é frequentemente confundida. Perante a vida, a atitude simbolista quase sempre

---

5. Renato Barilli, *Art Nouveau*, trad. ingl. R. Rudorff. Feltham, Middlesex, Paul Hasslyn, 1969, p. 10.

foi de recusa; esforçava-se por substituí-la pelo sonho ou pelo devaneio imaginativo, tal como o faz exemplarmente Axel de Auersburg, o personagem de Villiers de L'Isle Adam que não só se nega a realizar os seus sonhos ("Por que realizá-los? São tão belos!") como até mesmo a viver: "Viver? Nossos criados farão isso por nós..."[6]. De outra parte, com a sua preocupação de abstrair das estruturas e processos vivos as linhas de força que iria depois converter na trama intrincada dos seus sinuosos e entrelaçados ornamentos, o *art nouveau* distinguia-se frontalmente do impressionismo, cujo empenho era não estilizar o natural por abstração mas fixar fielmente as impressões luminosas por ele produzidas na retina do observador-pintor. Enquanto o pintor impressionista dissolvia a forma do objeto numa poalha multicolorida, o artenovista lhe acentuava os traços de contorno, num linearismo antecipado por pós-impressionistas como Gauguin, Lautrec ou Redon e tão à vista nas fortes barras de delimitação do *clois-sonisme*.

Para estilizar-lhe as linhas estruturais nas volutas dinâmicas, serpeantes e caprichosas com que buscavam exprimir as tensões das forças naturais em seu embate dramático durante o processo de criação, os artistas estudavam plantas, flores e animais com minuciosidade de naturalista: exemplo eloquente disso é o pintor brasileiro Eliseu Visconti, aluno de Grasset, um dos mestres do *art nouveau* francês, a esquadrinhar sob microscópio a estrutura de tecidos vegetais para dali tirar padrões de ornamento[7]. Tal estilização do natural em ornamental irá fornecer à arte nova suas formas de base, os típicos motivos fitomorfos e biomorfos: os ciclamens, libélulas e borboletas com que Émile Gallé decorava seus objetos de vidro e de que Odilon Redon povoava a sua pintura onírica, como símbolos das forças da natureza, tanto mais intensas quanto obscuras, forças igualmente figuradas nas ondas tempestuosas criadas por Endell para ornar a fachada de um estúdio fotográfico em Munique; as aves de longas caudas imponentes pintadas por Whistler na sua Sala dos Pavões; as juntas nodosas, a lembrar esqueletos de animais, das cadeiras e mesas de Riemersschmid, a que fazem pendant as formas contorcidas e protuberantes, como se fossem ossos de animais pré-históricos, do mobiliário desenhado por Gaudí para o Palácio Güell. Essa arte por assim dizer esqueletal encontrava um equivalente arquitetônico no uso do ferro aparente, pioneiramente

6. *Apud* Edmund Wilson, *O Castelo de Axel*, trad. J. P. Paes, São Paulo, Cultrix, 1957, p. 185.
7. "São Paulo e o *Art Nouveau*", em Cristiano Mascaro *et al.*, Vila Penteado, São Paulo, FAU/USP, 1976, p. 93.

introduzido pela Torre Eiffel e tão bem exemplificado no Edifício Solvay, de Horta, onde a estrutura de ferro à vista deixava inclusive aparecer as roscas e cabeças de parafusos.

Com ir buscar à flora e à fauna seu repertório de motivos ornamentais, os artífices do *art nouveau* cumpriam a missão a que se propunham, de, pela intermediação da arte, aproximar ciência e técnica do mundo da natureza, da qual as sentiam tão distanciadas por força daquela exacerbada oposição entre artificial e natural que a mecanização trouxe consigo. Dentro do próprio bastião do industrialismo, a grande cidade moderna, e, mais especificamente, dentro das moradas dos homens, reinstalaram eles, sob a forma de estilização e reminiscência decorativa, o palpitar da natureza. E o fizeram sob o mesmo imperativo de unidade com que os artífices da Idade Média, articulando num só gesto criativo o arquitetônico, o pictórico e o ornamental, erigiam suas catedrais *ad majorem Dei gloriam*. Só que a glória celebrada na unidade estilística da arquitetura, da pintura e das artes aplicadas do *art nouveau*, onde o ornamental servia não para esconder, mas para realçar o estrutural, era a do novo deus Progresso.

III

Não é difícil entender a inexistência de um *art nouveau* propriamente brasileiro. Estética sem manifestos categóricos e sem combativos chefes de fila a trombetear-lhe os princípios e a recrutar-lhe adeptos, o movimento artenovista (se é que se pode usar este termo, no caso) teve curta vigência na Europa, cerca de apenas dois decênios, sendo que o seu florescimento entre nós, no terreno das artes visuais, foi de todo obstado pela inércia de um academismo a que só a agressividade modernista conseguiu enfim contrapor-se vitoriosamente. Eis por que, afora as exceções pioneiras de Eliseu Visconti e Lucílio de Albuquerque, o nosso apoucado *art nouveau* foi obra de estrangeiros, os arquitetos Carlos Eckman e Victor Dubugras e os artífices italianos do Liceu de Artes e Ofícios de S. Paulo, criadores do estilo dito "macarrônico", que chegaram a ser contemplados com medalha de ouro na Exposição Universal de St. Louis (1904) por uma vitrina giratória em estilo *art nouveau*. Não obstante tal pouquidade, através dos objetos de luxo e das revistas importadas da Europa, sobretudo de Paris, o novo estilo rapidamente se popularizou no

Brasil e, imitado por toda parte, marcou indelevelmente a nossa paisagem urbana e a nossa vida mundana, artística e literária, definindo o *Zeitgeist* do pré-modernismo. Conforme assinala Flávio L. Motta[8], de cujos preciosos estudos extraio estes dados, a arte nova "compôs grande parte da nossa paisagem e dos nossos ambientes; esteve nas salas de refeições, nos escritórios, nas praças, nos cemitérios, nas ferrovias, nos costumes e nas revistas tipo Seleta, Careta, Fon-fon, Vida Moderna, Kosmos, Pirralho etc.". Aliás é nas charges de melindrosas e pelintras criadas pelos caricaturistas destas publicações – J. Carlos, Voltolino, Pederneiras e sem esquecer o primeiro Di Cavalcanti – que vamos encontrar os melhores exemplos de uma adaptação brasileira do linearismo *art nouveau*.

O novo estilo de arte e de vida importado da Europa, aonde fôramos sempre buscar as nossas novidades, estava particularmente adequado ao momento histórico que então vivíamos. Pois, guardadas as proporções, passávamos aqui também por uma espécie de *belle époque*. Amainadas as agitações do período que se seguiu à Abolição e à queda da monarquia, inicia-se na antiga Capital Federal uma quadra de rápida modernização, em que o beco dos tempos coloniais e imperiais vai ceder o lugar à avenida dos tempos republicanos. É a época do Bota-Abaixo comandado pelo prefeito Pereira Passos, de "o Rio civiliza-se" alardeado pelos cronistas sociais. As modificações trazidas por essa quadra de modernização urbana à vida literária, mostrou-as admiravelmente Brito Broca em livro citado no início deste artigo. Limitemo-nos a lembrar que a "febre de mundanismo" então vivida pelo Rio e a cujo afrancesado luxo de imitação o *art nouveau* fornecia uma cenografia a caráter, destronou de vez a figura do poeta boêmio, pitoresco e marginal, em prol da figura do escritor mais ou menos aburguesado, quando não convertido em dândi. Na topografia social da nossa literatura, correspondentemente, o salão mundano, a casa de chá e a Academia substituem o café, o botequim e a confeitaria de outrora.

Se se tivesse de escolher um paradigma de escritor *art nouveau*, a escolha só poderia recair em João do Rio. Nele, a famigerada definição de literatura como "o sorriso da sociedade", então proposta por Afrânio Peixoto e que um observador superficial tomaria como a própria divisa das letras nessa época de refinamento mundano, encontra a sua mais cabal personificação. Personificava-a desde a elegância do chapéu-coco, do monóculo e das polainas com que

---

8. Flávio L. Motta, *op. cit.*, p. 37.

era caricaturado até a pletora de palavras francesas e inglesas que enfeitava as suas crônicas sociais, gênero de que foi o introdutor entre nós; desde o culto votado aos corifeus do *art nouveau* literário, Gabriele D'Annunzio e Oscar Wilde (de quem traduziu *Salomé*, aqui publicada com as ilustrações famosas de Beardsley) até a fauna de fidalgos arruinados, milionários *blasés* e mulheres fatais que lhe povoam os contos e romances habilidosos, mas fúteis. Importa ainda notar que não se ocupou apenas da vida elegante do Rio da *belle époque*; imitando embora Jean Lorrain, escritor francês hoje esquecido e cuja ficção, consoante o gosto decadentista, se voltava para o anômalo, o sórdido e o monstruoso do *bas-fonds* parisiense do tempo dos apaches, João do Rio debruçou-se também sobre a vida popular de sua cidade, deixando-nos em *A Alma Encantadora das Ruas* e *As Religiões do Rio* os seus dois melhores livros, a que é preciso acrescentar os contos de *Dentro da Noite*, cujos temas e personagens chocantes ou perversos iriam configurar, ao lado da literatura-sorriso, uma literatura-esgar não menos típica do nosso *art nouveau*.

Aquilo que Lúcia Miguel Pereira[9] apontou como defeitos na obra de João do Rio, o "estilo enfeitado" e o "desejo de armar efeitos", constituíam na verdade traços distintivos do nosso pré-modernismo. Se repontam como defeitos nos escritores menores, nem por isso deixam de afirmar-se como qualidade nos maiores, a exemplo de Augusto dos Anjos, Euclides da Cunha e Graça Aranha. Aliás, tanto o gosto do enfeite como a preocupação do efeito marcam a *écriture artiste* dos irmãos Goncourt, em que não será despropositado ver um homólogo estilístico, no terreno da prosa de ficção, das caprichosas volutas com que o ornamentalismo característico do *art nouveau* se afirmou no campo das artes visuais. Em apoio desta aproximação entre escrita artística e arte nova, talvez convenha lembrar que foi Edmond Goncourt quem deu a esta uma de suas denominações, a de Yatching Style.

Coube a Raul Pompeia introduzir entre nós a escrita artística ou a "prosa de arte", como lhe chamam os italianos. Nas anotações íntimas que deixou, há referências explicitas aos Goncourt assim como críticas à "expressão fria" de Mérimée e à falta de ritmo da prosa "sem forma literária" de Stendhal. Em vez da neutralidade stendhaliana, copiada da do Código Civil, preconizava Pompeia "o processo original de dizer a eloquência própria" de cada escritor, visto que "a prosa tem de ser eloquente para ser artística, tal qual os versos"

---

9. *Prosa de Ficção (De 1870 a 1920)*, Rio de Janeiro, José Olympio, 1950, p. 275.

JOSÉ PAULO PAES: *Crítica Reunida Sobre Literatura Brasileira & Inéditos em Livros*

e que "o grande fator do pitoresco, da prosa como do verso, são imagens no ritmo"[10]. Tal concepção teórica de uma quase indistinção entre poesia e prosa, ele a levou à prática não só nas *Canções sem Metro*, em que o martelamento silábico do verso é substituído pela flexibilidade rítmica do poema em prosa, como n'*O Ateneu*, onde a frequência da metáfora e a riqueza inventiva do adjetivo configuram uma prosa de cunho ornamental, bem diversa, nisso, da discrição da prosa machadiana sua coeva. Mas ornamento, no caso, não é acréscimo nem excrescência gratuita; é estilização consubstancial, organicamente ligada ao empenho de caricatura d'*O Ateneu*, pelo que, conquanto este tenha sido publicado antes da voga artenovista entre nós, se pode vê-lo como seu precursor no campo da prosa de ficção.

A ênfase no ornamento – o traço mais ostensivo do *art nouveau*, quando mais não fosse por ele ter florescido sobretudo no terreno das artes aplicadas, as artes ditas "decorativas" – é tida por Alfredo Bosi[11] como a principal característica do pré-modernismo brasileiro, cujo conto regionalista ele vincula à prosa de arte e em cujo romance detecta uma oscilação entre ornamento e documento. E David Salles[12], no estudo que consagrou a Xavier Marques, um dos ficcionistas medianos e por essa razão bem representativo desse período, propõe a designação de "Transição Ornamental" para o mesmo período. Mas para poder separar o joio do trigo nesse espaço histórico intervalar, é de toda conveniência polarizar-lhe o campo, distinguindo entre ornamentação superficial e ornamentação consubstancial.

O primeiro tipo de ornamentação ocorre, simetricamente, naqueles contos e romances que se contentam em fixar, num costumismo de superfície, as elegâncias e vícios mundanos da nossa *belle époque*. É o caso já citado da obra de João do Rio, com a sua linguagem enfeitada de palavras estrangeiras e paradoxos wildianos, modelo em que se podem incluir romances como *A Esfinge*, de Afrânio Peixoto, *Dona Dolorosa*, de Theo Filho, *Guria*, de Benjamim Costallat, ou *Madame Pomméry*, de Hilário Tácito. O tema do "eterno feminino", que no *art nouveau* esplende no estereótipo da mulher moderna, liberta dos preconceitos da vida burguesa, ainda que o preço dessa liberdade seja a prostituição mais ou menos de alto bordo, gerou toda uma literatura

---

10. *Apud* Eloy Pontes, *A Vida Inquieta de Raul Pompeia*, Rio de Janeiro, José Olympio, 1935, pp. 218-20.

11. *Idem*, pp. 63, 65 e 70.

12. *O Ficcionista Xavier Marques:* um estudo da "transição ornamental", Rio de Janeiro, Civilização Brasileira, 1977.

de *garçonière*, de que são representativos os romances de Benjamim Costallat e Hilário Tácito há pouco citados assim como os dois primeiros volumes da trilogia *Os Condenados*, de Oswald de Andrade, com sua prosa trabalhada a antecipar, malgrado o "entulho *art nouveau*"[13] nela denunciado por Haroldo de Campos, a inventividade paródica, esta sim verdadeiramente modernista, do *Miramar* e de *Serafim Ponte Grande*, que reatam, em outra clave, a linha caricatural da prosa de Raul Pompeia. Um que outro lampejo de inventividade transluz também na ficção sensacionista de Adelino Magalhães, pelo menos quando tenta substancializar o ornamento neológico ou hiperbólico em sinal estilístico da "nevrose" da vida moderna, como em "Um prego! Mais outro prego!". No caso deste autor, costuma-se falar em "prosa impressionista", rótulo depois estendido a outros ficcionistas do pré-modernismo. Embora conte com o respaldo de Arnold Hauser[14], o qual entende o impressionismo como uma forma de percepção típica do dinamismo da vida moderna, não me parece descreva apropriadamente tal conceito as características ornamentais da prosa de um Raul Pompeia, de um Graça Aranha ou mesmo de um Adelino Magalhães. Nesta, prepondera uma vontade de estilização, um intento de construir efeitos que, por sua deliberação conceptual, pouco tem a ver com o registro impressionista de sensações e percepções. Talvez fosse melhor falar então em "expressionismo", tendência da qual foram precursores alguns dos artistas capitulados no *art nouveau*, como Gaudi ou Munch.

A ornamentação superficial não comparece apenas na ficção urbana do pré-modernismo. Está igualmente presente naquele "regionalismo de fachada, pitoresco e elegante" de que fala Alfredo Bosi[15], onde prepondera o verbalismo de efeito, servindo o registro dialetal, as mais das vezes, de mero enfeite para disfarçar a penúria da matéria propriamente ficcional. É o que acontece com os contos de Alcides Maia e, em certa medida, de Afonso Arinos, Valdomiro Silveira ou Hugo de Carvalho Ramos. Só em Simões Lopes Neto iremos encontrar maior consubstancialidade entre o ornamentalismo do linguajar gauchesco e as peculiares de ambiente e situações humanas por ele expressas.

13. *Apud* Mário da Silva Brito, "O Aluno de Romance Oswald de Andrade", em Oswald de Andrade, *Os Condenados*, Rio de Janeiro, Civilização Brasileira, 1970, p. xxvii.
14. *Historia Social de la Literatura y el Arte*, trad. esp. A. Tovar e F. P. Varas-Reyes. 3. ed., Madrid, Guadarrama, 1964, v. ii, pp. 404-5.
15. *Op. cit.*, p. 55.

JOSÉ PAULO PAES: *Crítica Reunida Sobre Literatura Brasileira & Inéditos em Livros*

Mas o autor pré-modernista em que culmina o verbalismo ornamental é, reconhecidamente, Coelho Neto. Seu amor à descrição se espraia numa exorbitância léxica cujo caráter cumulativo, destacado por Fausto Cunha, faz lembrar aqueles interiores atapetados de alfaias e bibelôs em que se comprazia o *horror vacui* dos vitorianos e a que o romantismo artenovista não foi de todo estranho. Bem outro é o caso d'*Os Sertões*, onde a opulência da linguagem, prestando embora tributo ao ornamentalismo da época, está a serviço de uma óptica do titânico e do dramático. Pode parecer extravagância catalogar numa estética cujo campo de atuação foi a mundanidade elegante um livro de tão sertaneja rudeza, de um autor que confessava não desejar "a Europa, o boulevard, os brilhos de uma posição" e sim "o sertão, a picada malgradada, e a vida afanosa e triste do pioneiro"[16]. É bem de ver que esta catalogação não leva em conta apenas os enredados modos de expressão de Euclides, a escrita "com cipó" de que falava supostamente Nabuco e que se pode aproximar, em homologia estilística, das "lianas da floresta, cujas linhas ondulantes aparecem em relevo nas construções, nos móveis, engendrando a famosa 'chicotada' tornada símbolo do Modern Style" (Champigneulle)[17]. Leva igualmente em conta o fato singular de *Os Sertões* serem obra a um só tempo de ciência e de literatura. Como se disse acima, uma das diligências do *art nouveau* foi aproximar da natureza a ciência e a técnica, sob o signo da estilização, e outra coisa não fez Euclides ao transfundir em "prosa de arte" o vocabulário científico de sua época, utilizando-o expressionisticamente para presentificar a sua descoberta pessoal de uma natureza atormentada e violenta, sobre a qual ele via o avanço inevitável (e necessário, a seu ver) do progresso: "A civilização avançará nos sertões impelida por essa implacável 'força motriz' da História que Gumplowicz, maior do que Hobbes, lobrigou, num lance genial, no esmagamento inevitável das raças fracas pelas raças fortes"[18].

O viés racista, típico da ciência do século XIX e tão pronunciado em Euclides na oposição entre raças "fracas" e raças "fortes", reformulava, à luz do darwinismo, a velha dicotomia entre civilização e barbárie, litoral e sertão, aqui estabelecida desde o momento inicial da colonização. Com fixar-se apenas na faixa litorânea do país, o colonizador português determinou-lhe *a priori* o

---

16. *Apud* Brito Broca, *A Vida Literária no Brasil – 1900*, Rio de Janeiro, MEC, 1956,
17. *Op. cit.*, p. 94.
18. *Os Sertões*, ed. A. Bosi, São Paulo, Cultrix, 1973, p. 29.

IV. Gregos & Baianos: Ensaios

futuro itinerário de conquista da sua identidade cultural, qual fosse integrar o exterior ao interior, o alienígena ao autóctone, num processo de aculturação que o fatalismo biológico do século passado encarava como de esmagamento do mais fraco pelo mais forte, e que a ufania paródica, mas ufania *quand même*, do modernismo veria antes como de devoração antropofágica, transferindo assim a ênfase para o interior e o bárbaro, no que fora de resto antecipado por Araripe Júnior com a sua teoria da obnubilação.

Nenhuma outra obra de ficção terá estilizado melhor do que *Canaã*, de Graça Aranha, a metafísica desse processo que Oswald de Andrade e seus companheiros preferiram considerar pelo prisma da paródia. Desde o início do romance, o vitalismo nietzschiano (em que a arte nova, como já se disse, encontrou a sua plataforma filosófica) está implícito no encantamento do imigrante Milkau com a terra bárbara do seu exílio, encantamento que não lhe faz esquecer, a despeito da tranquilidade crepuscular da paisagem capixaba, "o ruído incessante da vida, o movimento perturbador que cria e destrói" – aquele ciclo dionisíaco da morte e da ressurreição, do eterno retorno celebrado por Nietzsche em *Ecce Homo*. Nas páginas inaugurais de *Canaã*, sente-se o mesmo viés racista d'*Os Sertões* na piedade com que o alienígena vê, num menino da terra, o "rebento fanado de uma raça que se ia extinguindo na dor surda e inconsciente das espécies que nunca chegam a uma florescência superior, a uma plena expansão da individualidade" e a que contrapõe, páginas adiante, a energia dos colonos alemães seus compatriotas, nascida do "caráter camponês e militar que fundou a obediência e a tenacidade de sua raça". Ainda no capítulo inicial de *Canaã*, o utopismo que lhe transparece já no título e que se diferencia frontalmente do pessimismo de Euclides, antevê a síntese dessa oposição no "futuro povo" que há de surgir do combate entre as duas raças, a forte e a fraca, "uma com a pérfida lascívia, outra com a temerosa energia, até se confundirem num mesmo e fecundante amor". A imersão lustral do europeu "habituado às grandes cidades modernas" na natureza primitiva e bárbara da terra brasileira, sem ele esquecer, não obstante, que há "uma poesia mais forte e sedutora na vida industrial de hoje", deixa entrever muito bem o espírito *art nouveau* desse romance de ideias cujo recheio propriamente ficcional – o drama de Maria – é menos importante do que as suas excrescências especulativas, suas longas tiradas filosóficas. E a cena de Maria adormecida na floresta, com o corpo todo coberto de pirilampos acesos, é um *tour de force* do nosso artenovismo literário, propondo um homólogo brasileiro para aquelas

JOSÉ PAULO PAES: *Crítica Reunida Sobre Literatura Brasileira & Inéditos em Livros*

misteriosas mulheres revestidas de pedrarias que Gustave Moreau retratou para oferecer ao *art nouveau* uma antecipação de seus próprios caminhos.

IV

Parece-me mais difícil delimitar na poesia do pré-modernismo o espaço artenovista que procurei delimitar até aqui na sua novelística. Se a quase inexistência de uma prosa de ficção simbolista possibilita distinguir com maior nitidez o ornamental *art nouveau* do documentário naturalista, o mesmo não acontece com a poesia, onde a linguagem "figurada" ou "ornada" é própria do gênero. Tem-se de trabalhar por exclusão, deixando de lado o que demonstre ser retardatariamente parnasiano ou simbolista, para distinguir, no restante, o que ainda não seja ostensivamente modernista e então caracterizá-lo como um resíduo especificamente artenovista.

Foi isso que fez, de certo modo, Jost Hermand ao organizar a sua antologia da lírica do Jugendstil, ou seja, da vertente alemã do *art nouveau*, assim por ele conceituado: "Considerado do ponto de vista da sua cosmovisão, ele (o estilo-juventude) presta vassalagem ao mesmo esteticismo que marca as correntes decadentistas, simbolistas e neorromânticas da virada do século e que são consideradas como uma reação contra o feio e o disforme da época naturalista. Tanto ele como elas constituem-se em refúgio de pequenas elites autônomas, um mundo de belas aparências onde a pessoa não tem de avir-se com as questões cada vez mais urgentes da realidade técnica, econômica e social. No centro dessa arte, está uma cultura de palacete cujos principais sustentáculos são o esteta e o dândi, para os quais não existe nada de mais alto do que o requinte artístico de suas próprias salas de estar"[19].

À luz desta conceituação, Hermand distingue a seguir várias fases no estilo-juventude. Vem, primeiro, a fase carnavalesca, de embriaguez e vertigem urbana, de cujo moto "Gozai a vida enquanto floresce a juventude" o estilo tirou o seu nome. Vem, depois, uma fase floral onde predomina a ornamentação botânica; o turbilhão de lianas entrecruzadas se misturava à dança de sílfides e ondinas, comunicando a esses seres etéreos "redondezas eróticas" e conduzindo-os a um "Reino de instintos insofridos, em que o mundo reto e

---

19. "Nachwort", *Lyrik des Jugendstill*, Stuttgart, Reclam, 1977, p. 64.

correto de todos os dias tinha de curvar-se ao principio da exaltada e serpentina linha sinuosa".

Na terceira e última fase, simbólica, o naturismo erótico da fase anterior ganha uma unção religiosa, dionisíaca, que "faz lembrar Nietzsche", acentua Hermand; nessa fase, uma visão monística da unidade entre o homem e o universo soma-se à visão ornamental da flora, tal como ilustrado na poesia de Richard Dehmel, onde "numa natureza floralmente vista [...] homem e mulher se encontram como Adão e Eva na madrugada da criação".

Para selecionar, na lírica alemã de 1900, os poemas passíveis de serem considerados como do Jugendstil, criou Jost Hermand doze rubricas temáticas que pormenorizam os temas e/ou motivos predominantes nas três fases em que ele dividira o movimento. São elas: dança e vertigem; embriaguez da vida; o grande Pã; entrelaçamento monístico; sensações primaveris; magia das flores; lago e barco; cisnes; sonho ao crepúsculo; horas de entorpecimento estival; a maravilha do corpo; paraíso terrestre.

Só uma releitura atenta dos poetas do nosso pré-modernista permitiria dizer se tais rubricas temáticas são úteis como pedras de toque para destacar--lhes, nas obras, aquilo que deva ser considerado artenovista, ou se, ao contrário, elas descrevem peculiaridades da lírica alemã da virada do século não encontráveis na nossa. À guisa de experimento, percorri duas antologias dedicadas a esse período – o volume quinto do *Panorama da Poesia Brasileira*, "O Pré-Modernismo", organizado por Fernando Góes e o segundo volume do *Panorama do Movimento Simbolista Brasileiro*, de Andrade Muricy, acerca do neossimbolismo. Neste último há inclusive um rol de "temas, tipos e lendas do simbolismo" que, cotejado com as rubricas de Jost Hermand, não apresenta nenhum item em comum, salvo "o sonho e a contemplação", comparável a "sonho ao crepúsculo"; tal dissimilaridade é interessante na medida em que ajuda a diferençar, pelo menos tematicamente, simbolismo e arte nova.

Em sã consciência não posso dizer que, ao fim dessa leitura apressada, minha colheita de exemplos fosse copiosa; tampouco foi decepcionante. Tal mediania estaria a indicar, de uma parte, que é limitada a aplicabilidade do elenco temático de Hermand à nossa lírica pré-modernista, como o são, de resto, todos os esquemas simplificadores, e, de outra parte, que a amostragem das duas antologias está longe de ser a ideal para os fins em vista, por conterem elas muitas peças de nítido corte parnasiano e simbolista.

O tema da dança e da vertigem, da primeira fase do estilo-juventude, a fase de predomínio da atmosfera urbana do carnaval e do cabaré, encontra ecos brasileiros não só n'*As Máscaras*, de Menotti del Picchia, cuja impregnação *art nouveau* transluz no gosto pelas frases de efeito, à Wilde, engastadas nas falas de Pierrô, Colombina e Arlequim, os três clássicos personagens da ilusão carnavalesca, assim como no próprio título do segundo livro de Manuel Bandeira, *Carnaval*, publicado em 1919 e portanto de rigorosa cronologia pré-modernista; nele, há peças facilmente classificáveis em algumas das rubricas de Hermand, em especial na primeira. Mas uma das atualizações mais comuns do tema da dança e da vertigem no nosso pré-modernismo é o bailado de Salomé, motivo vincadamente artenovista, quando mais não fosse por ter sido popularizado pela peça de Oscar Wilde. Vamos encontrá-lo, por exemplo, em Ernâni Rosas, um simbolista tardio até hoje pouco conhecido, mas cuja poesia ostenta certa radicalidade mallarmaica que o aproxima de Sá-Carneiro e do surrealismo; personificação da *femme fatale*, Salomé, "vestida de oiro-luz de um sol que não brilhou" e "ébria de perversão", protagoniza-lhe esse estranho poema que é "Contam que teu olhar rude...". Curioso que a figura da mulher fatal ou da "*belle dame sans merci*" tão exaustivamente estudado por Mario Praz, sobretudo na obra de Swinburne e D'Annunzio, um dos expoentes do *art nouveau* literário, não tenha sido tematizado por Jost Hermand no seu elenco. No entanto, é o mesmo tema artenovista, a que já se fez referência, do "eterno feminino", da mulher liberta do estigma da inferioridade e convertida em dominadora, em supermulher homóloga do super-homem nietzscheano, como as amazonas wagnerianas de "Cavalgada das Valquírias", poema de Moacir de Almeida incluído por Fernando Góes na sua antologia do pré-modernismo, ou as melindrosas pérfidas e sensuais que Marcelo Gama via desfilarem pela avenida Central e que, "com o mais impertinente interesse de esteta", descreveu no seu poema "Mulheres", tão característico da *belle époque* carioca.

O segundo tema arrolado por Jost Hermand, a embriaguez da vida, comparece reiterada e hiperbolicamente na poesia de Gilka Machado, o primeiro testemunho literário, entre nós, da liberação feminina: sua dicção audaciosa e abertamente erótica extravasava da sensualidade acadêmica do parnasianismo, pouco tendo a ver, outrossim, com as vaguidades simbolistas; correlatos da embriaguez vital são, nela, os motivos do maravilhamento com o próprio corpo e da comunhão de seus sentidos exaltados com a natureza toda. Idêntico "entrelaçamento monístico" – para usar a fórmula de Hermand – do homem com o cosmos ecoa na "Prece da Tarde", de Amadeu Amaral, cujo elocutor, comungando com "a alma abismal das coisas", sente-se "viver de intensa e obscura vida/ que por tudo circula e em tudo se revela". Outra figuração mitológica da totalidade da natureza é o grande Pã, também elencado por Jost Hermand; por mitológico, vincula-se ao helenismo parnasiano, como acontece em *O Evangelho de Pã*, livro da primeira fase de Cassiano Ricardo cuja data de publicação, 1917, mostra uma persistência já pré-modernista do motivo.

O terceiro tema do rol de Hermand, "sensações primaveris", pode ser rastreado num poema de Pedro Kilkerry, simbolista tardio cuja modernidade de dicção foi ainda recentemente posta em destaque por Augusto de Campos: refiro-me a "Evoé", que consta na antologia de Andrade Muricy e em cujas primeiras quadras cavaquinhos e um pandeiro abrasileiram o tema europeizante:

Primavera – versos, vinhos…
Nós – Primavera em flor
E, ai! corações! cavaquinhos
Com quatro cordas de Amor!

Requebrem árvores – ufa!
Como as mulheres, ligeiro:
Como um pandeiro que rufa,
O sol, no monte, é um pandeiro!

Da magia das flores, quiçá o tema mais marcadamente *art nouveau* de todos os arrolados por Hermand, os exemplos são fáceis de encontrar na nossa poesia de 1900: *Jogos Florais* chamava-se o livro de estreia de Mendes de Oliveira, publicado em 1905, e, na sua "Canção dos Cavaleiros e da Beleza", Martins Fontes transfigurava artenovisticamente a mulher em corola, na hora do amor:

É o momento em que a pele se umedece:
Em que, orvalhada, é que a mulher parece
Uma grande corola rosicler.

O motivo do lago está presente em poemas pré-modernistas como "Equatorial", de Maranhão Sobrinho, ou "A Lagoa", de Artur de Sales, ao passo que o dos cisnes comparece em "Hora Azul", peça bem representativa da lírica crepuscular de Onestaldo de Pennafort que Andrade Muricy justificadamente vê como "característica do período já limítrofe com a arrancada modernista". A esse mesmo período limítrofe pertence, retardatariamente, o baiano Sosígenes Costa, poeta por excelência do "sonho ao crepúsculo", tantas vezes versado nos seus *Sonetos Pavônicos*, de par com a ave que Whistler tornou emblemática do ornamentalismo *art nouveau*, vale dizer, o pavão.

Penso que não é preciso levar mais adiante esta exemplificação de que o elenco temático proposto por Jost Hermand como representativo da lírica do Jugendstil também tem certa pertinência para a nossa lírica pré-modernista. Deliberadamente deixei para o fim o nome de um poeta que, por ter sido o mais original desse período intervalar e um dos maiores da língua portuguesa, não se enquadra a rigor na temática vitalística e jubilosa de Hermand. Falo, evidentemente, de Augusto dos Anjos, cuja poesia necrofílica parece ter resistido até agora aos esquemas classificatórios. Vejo-o, todavia, como o mais artenovista dos nossos poetas, na medida em que leva ao paroxismo a preocupação de estilizar as linhas de força do processo da criação natural. Leva-os às fronteiras do *kitsch*, até onde, aliás, não as temeu levar Gaudí. Mas isso é bem matéria para um outro artigo.

Augusto dos Anjos e o *Art Nouveau**

No mesmo ano de 1912 em que foi publicado, o *Eu* teve, por parte da crítica, uma recepção que não é exagero chamar de consagradora, especialmente quando se tem em mente tratar-se do primeiro livro de um provinciano então recém-chegado ao Rio de Janeiro, em cuja vida literária não chegou a integrar-se. Magalhães Júnior, no seu meritório *Poesia e Vida de Augusto dos Anjos*[1], transcreve trechos de algumas das resenhas do livro de estreia do obscuro poeta paraibano aparecidas na imprensa carioca da época. O cronista Oscar Lopes observava, por exemplo, que várias das composições nele enfeixadas eram "perfeitamente estranhas e caracterizadas por um evidente descaso por tudo quanto constitui a moeda corrente nas letras de nossa terra". O simbolista Euricles de Matos dizia praticamente o mesmo ao descrever o *Eu* como "um livro estranho e novo, com algumas extravagâncias". Por sua vez, o parnasiano Osório Duque-Estrada, ressaltando o tom de censura que "nove décimos da produção contida no volume não passam de extravagâncias e de exotismos condenáveis", reconhecia-lhe, mesmo que a contragosto, a gritante originalidade: "a verdade é que nem umas nem outros (as extravagâncias e os exotismos) têm parentesco, próximo ou remoto, com as sensaborias e as estultícias nefelibatas, que tão assídua e tão asnaticamente se cultivaram na última década do século XIX".

O importante nessas apreciações é o comum sentimento de estranheza ante a novidade da poesia de Augusto dos Anjos, a consciência de que ela desbordava dos quadros estreitos da estética do parnasianismo e do simbolismo, a qual, não obstante já haver passado o seu momento histórico, continuava a ser o único ponto de referência de que se dispunha àquela altura em que

---

* Publicado originalmente em: *Folha de S.Paulo*, "Folhetim", 23 nov. 1984.

1. Ver os capítulos 25 e 26 de *Poesia e Vida de Augusto dos Anjos*, 2ª ed. corrig. e aument., Rio de Janeiro, Civilização Brasileira, 1978.

o modernismo ainda vinha longe. Pois o *Eu* foi publicado bem no meio do período a que um dia chamei "vácuo da nossa história literária"[2], não porque nele inexistissem escritores de importância, mas porque lhe faltou, aparentemente, uma estética própria. Refiro-me ao período chamado de pré-modernista, e se digo "aparentemente" é por estar convencido, hoje, de que o dito período, ainda que não tivesse tido uma estética programática como, antes dele, o parnasianismo e o simbolismo, e depois dele o modernismo, teve-a não programática, mas nem por isso menos distintiva. Uma estética a que se poderia aplicar o rótulo de "artenovismo", para traduzir em termos de movimento artístico-literário (virtual e involuntário, entenda-se) o *art nouveau* que, com esta designação francesa, ou com a inglesa de *Modern Style*, a alemã de *Jugendstil*, a espanhola de estilo Gaudí, se disseminou pelo Ocidente como o estilo por excelência representativo da *belle époque*. Sua hegemonia se afirmou especialmente no terreno da arquitetura e de artes aplicadas como a tapeçaria, a joalheria, o mobiliário, a vidraria, a ilustração de revistas e livros etc., embora não deixasse de repercutir também no campo da pintura, da escultura e da literatura.

Como se trata de uma estética que não chegou a ser teoricamente codificada em manifestos de fundação de um novo ismo, mas foi deduzida como que *a posteriori* de obras realizadas por artesãos animados da vontade de superar o ecletismo do século XIX e dotar o novo século de um estilo próprio, sobretudo no domínio da arquitetura, torna-se difícil rastrear-lhe as eventuais repercussões em terreno tão afastado desta quanto a literatura. Afora referências ocasionais na parca bibliografia que me foi dado consultar, só conheço um livro expressamente dedicado a esse rastreamento: a antologia da poesia alemã do *Jugendstil* organizada e prefaciada por Jost Hermand[3]. Usei a antologia de Hermand como ponto básico de referência na parte final de um artigo acerca de "O *art nouveau* na literatura brasileira", publicado em 1983. Nesse artigo, procurava eu mostrar que, assim como já se fez tão utilmente com o barroco, extrapolando-o, enquanto estilo de época, das artes visuais para a literatura, assim também se poderia extrapolar não menos utilmente o conceito de *art nouveau* com vistas a caracterizar, na produção literária do nosso pré-modernista, quanto, não sendo mais retardatariamente naturalista, parnasiano

---

2. José Paulo Paes, *As Quatro Vidas de Augusto dos Anjos*, São Paulo, Ed. Pégaso, 1957, p. 20.
3. *Lyrik des Jugendstill*, Stuttgart, Reclam, 1977.

ou simbolista, pudesse ser tido como diferencialmente pré-modernista, ou melhor dizendo, artenovista. O artigo terminava por estas palavras: "Deliberadamente deixei para o fim o nome de um poeta que, por ter sido o mais original desse período intervalar e um dos maiores da língua portuguesa, não se enquadra a rigor na temática vitalística ejubilosa de Hermand. Falo, evidentemente, de Augusto dos Anjos, cuja poesia necrofílica parece ter resistido até agora aos esquemas classificatórios. Vejo-o, todavia, como o mais artenovista dos nossos poetas, na medida em que leva ao paroxismo a preocupação de estilizar as linhas de força do processo da criação natural. Leva-o até as fronteiras do *kitsch*, até onde, aliás, não as temeu levar Gaudí. Mas isso é bem matéria para um outro artigo".

Nesse "outro artigo" que outro não é senão este ora em curso, talvez seja bom justificar de saída o paradoxo de querer capitular no *art nouveau* uma poesia que, contrariamente ao luxo e à alegria de viver por ele exaltados, celebrava a dor e a morte. Que, em vez de dar testemunho da "cultura de palacete" a que se refere Jost Hermand como típica do Jugendstil e cujos "principais sustentáculos são o esteta e o dândi, para os quais não existe nada de mais alto do que o requinte artístico de suas próprias salas de estar"[4], dá apenas testemunho da cultura autodidática e cientificista de um modesto professor de ginásio que se proclamava "o poeta do hediondo" e se comprazia em escrever coisas deste jaez:

> Os defuntos então me ofereciam
> Com as articulações das mãos inermes,
> Num prato de hospital, cheio de vermes,
> Todos os animais que apodreciam!

Para começo de conversa, então, é bom lembrar que o *art nouveau* não foi apenas aquele "sorriso da sociedade" proposto por Afrânio Peixoto, na *belle époque* carioca de Pereira Passos, como a própria definição de literatura. Isso porque, no artenovismo brasileiro, além de uma literatura-sorriso da qual as crônicas sociais e os romances mundanos de João do Rio são a ilustração mais acabada, havia uma literatura-esgar exemplificada pelos contos do mesmo autor, sobretudo os de *Dentro da Noite*, com o seu gosto do mórbido e do

---

4. *Op. cit.*, p. 64.

cruel aprendido na ficção do francês Jean Lorrain. Tal pendor para a morbidez vinha do decadentismo literário *fin de siècle* a que, por um igual culto do refinamento e do luxo, o *art nouveau* estava historicamente ligado. Na pintura, é o norueguês Edvard Munch, com os temas trágicos e a atormentada linearidade de quadros como *O Grito*, precursor do expressionismo, quem melhor ilustra essa vertente sombria do *art nouveau*. Munch foi uma das figuras de destaque do grupo artenovista reunido em torno da revista Jugend, de Berlim, e o ter sido ele depois um dos fundadores do expressionismo mostra, por si só, a congenialidade destas duas correntes.

Pois a arte poética de Augusto dos Anjos aproxima-se bem mais das "expressões alucinadas dos personagens rudimentares" de Munch, a que se refere Champigneulle[5], do que da elegância decorativa dos painéis de Whistler, dos cartazes de Toulouse-Lautrec ou da *écriture artiste* dos Goncourt. A prova dessa afinidade está no paralelo proposto por Anatol Rosenfeld, e retomado por Marion Fleischer[6], entre a poesia do *Eu* e a de *Morgue*, livro do poeta expressionista alemão Gottfried Benn, seu coetâneo, mas de quem Augusto dos Anjos não chegou a ter notícia.

Mas vamos adiante. Um dos empenhos do *art nouveau*, como estética de transição entre os séculos XIX e XX, foi o de tentar obviar, pelo recurso ao ornato – e o ornamentalismo é um dos traços que mais bem o definem –, a separação entre ciência e técnica, de um lado, e natureza e arte, de outro. Um dos muitos exemplos de como tal empenho teórico se resolvia no nível da prática artística pode ser visto na fachada do edifício Tassels, de Bruxelas, construído por Victor Horta. Ali fica propositalmente a descoberto a estrutura de ferro que lhe sustenta a parede curva, tendo as cabeças dos parafusos, além da sua óbvia função utilitária, também uma função ornamental. Conciliação do mesmo teor entre necessidade técnica e vontade artística, mas agora hiperbolizada, se ostenta na grade da escada de ferro dentro do edifício, cheia de curvas caprichosas que estilizam as contorções de lianas vegetais. Outro dado não menos revelador do desejo de harmonizar ciência ou técnica com arte e natureza é a peculiaridade, assinalada por Champigneulle, de os mes-

---

5. B. A. Champigneulle, *"Art Nouveau"*, São Paulo, Verbo/Edusp, 1956, p. 157.
6. Cf. Anatol Rosenfeld, "A Costela de Prata de Augusto dos Anjos", em *Texto/Contexto*, São Paulo, Perspectiva, 1973, p. 263-70, e Marion Fleischer, "Enfoque de Analogias: A. dos Anjos e G. Benn", sep. de *Língua e Literatura*, 4, São Paulo, FFLCH da USP, 1975, pp. 381-90.

tres da arte nova serem "'naturalistas' abstratos que vão buscar a inspiração a descrições de elementos naturais, particularmente de vegetais, e que querem transformá-los no repertório decorativo, destinado a dotar a época de um estilo novo"[7]. Lembra Flávio Motta que o pintor brasileiro Eliseu Visconti, o qual se familiarizou com o *art nouveau* quando de seus estudos em Paris, ia buscar motivos ornamentais à estrutura de tecidos vegetais por ele próprio examinados ao microscópio[8]. Com isso, não só dava uma destinação estética a um instrumento puramente científico como confirmava a observação de Renato Barilli de que os artenovistas

cultuavam de fato a natureza, mas por natureza entendiam uma cálida e intensa vitalidade natural, que não haveria de ser alcançada com tão só copiar-lhe as manifestações superficiais. Propunham-se eles, em vez disso, a buscar as raízes mais profundas da criação natural, surpreender os processos ocultos que determinavam o crescimento e desenvolvimento de plantas e animais. A quintessência da natureza tinha de ser capturada; cumpria saquear-lhe o patrimônio de estruturas sintéticas e fundamentais que subjaziam às variadas formas de vida animal e vegetal. [...] O resultado eram as formas orgânicas, biomórficas e fitomórficas, que imediatamente saltam à vista nas obras do *art nouveau*, seja na arquitetura, seja no mobiliário, na cerâmica ou nos cartazes de propaganda[9].

Mais de meio século antes de Barilli, o naturalista alemão Ernest Haeckel, em cujo monismo Augusto dos Anjos colheu o essencial da visão cientificista que lhe informa a poesia, já pontificava no seu então célebre, hoje esquecido livro *Os Enigmas do Universo*:

Em cada musgo ou em cada vergôntea d'erva, num besouro ou numa borboleta, um exame minucioso nos fará descobrir belezas diante das quais, ordinariamente, o homem passa sem fazer caso. E se o observarmos com uma lente de pouco aumento, ou melhor ainda, se empregarmos o aumento mais forte dum bom microscópio, descobriremos mais completamente ainda, por toda a parte da natureza inorgânica, um mundo novo cheio de belezas inesgotáveis.

---

7. B. A. Champigneulle, "Art Nouveau", p. 20.
8. Flávio L. Motta, *Contribuição ao Estudo do "Art Nouveau" no Brasil*, São Paulo, s. n., 1957, p. 37.
9. Renato Barilli, *Art Nouveau*, trad. ingl. R. Rudorff Feltham, Middlesex, Paul Hamlyn, 1969, p. 17.

JOSÉ PAULO PAES: *Crítica Reunida Sobre Literatura Brasileira & Inéditos em Livros*

Mas o nosso século XIX foi o primeiro que nos abriu os olhos, não só para esta consideração estética dos infinitamente pequenos, mas ainda a dos infinitamente grandes da natureza[10].

A última frase desta citação vem de certo modo ao encontro do reparo feito por Mario Praz, em *Literatura e Artes Visuais*, de a pintura e a literatura do século XIX ostentarem tanto uma estrutura "telescópica" quanto uma estrutura "microscópica". A primeira corresponde à dualidade lá/cá resultante da "expressão, não de uma aspiração realmente religiosa, mas de um sonho, de uma expectativa, de uma esperança para além da esfera dos acontecimentos do dia a dia", sendo que os "elementos de evasão não mais são oferecidos pelo divino, mas pela natureza". Quanto à estrutura "microscópica", ela corresponderia ao "apinhamento da decoração de interiores nos meados da época vitoriana", apinhamento paralelizado nos versos de um poeta como Francis Thompson "pelo gosto vitoriano do atulhamento com uma profusão de imagens metafísicas"[11]. É fácil ver a proximidade do atulhamento decorativo do vitorianismo com a profusão de curvas e contornos da ornamentação *art nouveau*, por muitos considerada como neobarroca.

Após esta enfiada de citações, um tanto longa mas necessária, estamos mais bem aparelhados para detectar, na poesia de Augusto dos Anjos, o que possa ser eventualmente capitulado na arte nova. Um dos representantes mais marcantes dela no Brasil pré-modernista foi Graça Aranha, e no artigo atrás referido tive ocasião de apontar sumariamente as visíveis marcas artenovistas de *Canaã*. Por agora, basta recordar que o seu autor, quando aluno de Tobias Barreto em Recife, dele recebeu o estímulo para a aquisição de uma cultura científica de onde, segundo confessa em *O Meu Próprio Romance*, "se originou uma metafísica pela qual me integrei no Cosmos e me resignei a ser um acidente no universo"[12]. Essa metafísica apareceria em *Canaã* sob as espécies de um terror cósmico em que se transfundia o vitalismo típico do *art nouveau* e de cuja formulação filosófica Nietzsche antecipadamente se encarregara.

Poucos anos depois de Graça Aranha, também Augusto dos Anjos passava pelos bancos da Faculdade do Recife para ali se impregnar de um cientificismo

---

10. Ernesto Haeckel, *Os Enigmas do Universo*, trad. J. Filinto, 3ª ed., Porto, Chardron/Lello, 1926, p. 398.
11. Mario Praz, *Literatura e Artes Visuais*, trad. J. P. Paes, São Paulo, Cultrix, 1982, pp. 168 e 182.
12. Graça Aranha, *O Meu Próprio Romance*, São Paulo, Nacional, 1931, pp. 155-6.

IV. Gregos & Baianos: Ensaios

que, longe de confinar-se nos limites do materialismo rasteiro de Haeckel, ultrapassou-os rumo a uma visão metafisica do mundo repassada do pessimismo de Schopenhauer. Como é sabido e consabido, os versos do *Eu* transbordam de termos científicos frequentemente abstrusos – anfigonia, blastoderma, citula, epigênese, filóstomo, malacopterígio, neuroplasma, quimiotaxia, úsnea, zoófito etc. etc. – dos quais resultam passagens rebarbativas do tipo da cidade por Álvaro Lins, na sua histórica reavaliação do poeta, como exemplo de "versos detestáveis":

E no estrume fresquíssimo da gleba
Formigavam, com a simples sarcode,
O vibrião, o ancilóstomo, o colpode
E outros irmãos legítimos da ameba.

A despeito da sua simpatia por Augusto dos Anjos, cometia Álvaro Lins o erro de nele dissociar o que considerava o "autêntico poeta" do sensacionalista de "horrendo mau gosto" vestido "com a gritante roupagem de uma precária terminologia científica"[13]. Não se dava conta de que, longe de ser um acidente, o mau gosto é consubstancial ao projeto do *Eu* enquanto empresa de ruptura com o bom gosto cediço do parnaso-simbolismo, ruptura que, com rondar destemidamente as fronteiras do *kitsch*, abriu caminho para a paródia modernista. Consubstancial também à mesma empresa, e não mera afetação "precária", era o uso sistemático da terminologia da ciência. Espelhava, quando mais não fosse, o intento de aproximar esta da arte e da natureza sob o signo ortodoxamente *art nouveau* do ornato. O termo científico tem, na poesia de Augusto dos Anjos, uma função decorativa – de um decorativismo estrutural, conforme se verá dentro em pouco – que o redime de sua precariedade histórica enquanto valor de verdade para dar-lhe um valor supra-histórico e estético de metáfora. Dois exemplos apenas, e dos mais simples, colhidos na messe aparentemente inesgotável do *Eu*. O primeiro é uma estrofe de "Os Doentes":

Descender dos macacos catarríneos,
Cair doente e passar a vida inteira

13. Álvaro Lins, "Um Poeta Moderno e Vivo", em *Os Mortos de Sobrecasaca*, Rio de Janeiro, Civilização Brasileira, 1963, pp. 74-81.

Com a boca junto de uma escarradeira,
Pintando o chão de coágulos sanguíneos!

Se formos a um dicionário da língua, ali descobriremos que catarrinos, palavra cujos elementos gregos significam "nariz para baixo", são uma subordem de macacos de narinas muito juntas e septo nasal delgadíssimo. Um nariz, portanto, bem mais próximo do do homem que as largas narinas achatadas de outros macacos. Mas a justeza do termo é ainda maior no plano alusivo ou metafórico, já que ele ocorre num contexto de descrição do "desespero das pessoas tísicas" a verem em "cada escarro o retrato da própria consciência". A simetria som-sentido, ou motivação saussuriana, entre "escarro" ou "catarro" e "catarríneo" como que insinua uma fatalidade etimológica na evolução dos primatas, impondo-lhe o estigma virtual da tísica, espantalho por excelência do século xix e das primeiras décadas do nosso século.

O outro exemplo está no começo de uma das sextilhas do "Monólogo de uma Sombra", na passagem que pinta, bem ao gosto cemiterial do "poeta do hediondo", o espetáculo dos vermes devorando intestinos em decomposição:

É uma trágica festa emocionante!
A bacteriologia inventariante
Toma conta do corpo que apodrece.

A expressão "bacteriologia inventariante" é metafórica por converter a "ciência que trata das bactérias e dos micróbios" definida pelos dicionários numa espécie de fúnebre contabilidade cuja função é analisar o organismo – no sentido etimológico de decompor o todo em suas partes componentes, aqui por via do processo de dissolução orgânica – para inventariar os elementos de que fora originariamente formado.

Quase escusava dizer que nem sempre o termo científico surge no *Eu* com a persistência destes dois exemplos; às vezes descamba no bestialógico, como quando, no mesmo poema "Os Doentes", logo adiante da passagem acima citada, o poeta sacode sobre o peito dos pobres tísicos opressos pela falta de ar uma intempestiva "máquina pneumática de Bianchi" só para poder rimar com "arranque". Aliás, a obrigação de rima como fonte de bestialógicos quase surrealistas foi admiravelmente utilizada pelo poeta modernista baiano Sosígenes Costa[14] numa série de composições em que parodiava não apenas a dicção de Castro Alves, mas, precisamente, a de Augusto dos Anjos.

Para o ponto de vista por que se está focalizando aqui o *Eu*, é significativa a circunstância de a maior parte do seu léxico cientificista provir das disciplinas biológicas. Isto decorre, a par do evolucionismo haeckeliano em que se inspira a visão de mundo do poeta, da sua ânsia de reversão ao não ser pela morte; de dissolução da sua individualidade sofredora – individualidade que o pessimismo cósmico de Schopenhauer[15], à luz dos Upanishades onde se louvou, via como a fonte primeira da dor de viver – na totalidade universal, naquela "pátria da homogeneidade" nostalgicamente evocada em "Debaixo do Tamarindo". Nesse sentido, mais do que um brado de egolatria, o título do único livro de Augusto dos Anjos é uma proclamação da falência do eu. Só que em vez de chegar ao nirvana mediante a contemplação involuntária do mundo, aquela contemplação puramente intuitiva, sem categorizações mentais prévias, preconizada pelo budismo e por Schopenhauer, o poeta do *Eu*, fiel nisto à sua condição de filho do século da ciência, prefere ir buscá-lo para além das aparências com que se contenta o comum dos homens, na microscopia da monera haeckeliana e, depois dela, do átomo. É um percurso involutivo até o início das coisas, ponto de fuga onde o microscópico do mundo subatômico se confunde com o telescópico das forças cósmicas ainda indiferenciadas, àquele subconsciente da "Natureza que parou, chorando, no rudimentarismo do Desejo" tão poderosamente entrevisto n'"O Lamento das Coisas".

A recusa de se ater ao mundo das aparências e o anseio de penetrar a intimidade das coisas e da sua somatória, o universo, tal como o dá a entender a visada simultaneamente microscópica e telescópica do monismo do *Eu*, é o procedimento vincadamente *art nouveau* do artista que não se contenta em copiar "as manifestações superficiais da natureza", mas quer, ao contrário, "buscar as raízes mais profundas da criação natural [...] o patrimônio das estruturas sintéticas e fundamentais que subjaziam às variadas formas de vida animal e vegetal", para repetir as palavras de Renato Barilli citadas mais atrás. Na poesia de Augusto dos Anjos, as "estruturas sintéticas" das formas animais, inclusive e sobretudo as humanas, desvendam-se nas suas entranhas, no

---

14. Cf. "Sobre um Pretenso Cástrida", neste mesmo volume.

15. Sobre a influência de Schopenhauer sobre o poeta, cf. "Augusto dos Anjos ou o Evolucionismo às Avessas", em *Os Melhores Poemas de Augusto dos Anjos*, Org., sel. e introd. de J. P. Paes, São Paulo, Global, 1986.

seu esqueleto – o que faz remotamente lembrar os ossos estilizados de animais pré-históricos sugeridos por Gaudí no seu design das cadeiras da mansão Güell – durante o processo de sua dissolução natural, *post-mortem*, naquela "química feroz dos cemitérios" celebradas nos versos de "Os Doentes". E para figurar tal processo de reversão involutiva do heterogêneo ao homogêneo, onde melhor linguagem metafórica do que a da anatomia, da patologia e da microbiologia, cujo vocabulário especializado assume, no *Eu*, a função de ornato ou metáfora consubstancial a uma busca, já não científica, mas estética, das "raízes da criação natural"?

Ainda que sob o signo da morte, essa busca de raízes relevava do mesmo vitalismo apontado pelos estudiosos do *art nouveau* como seu impulso de base. Para o monismo panteísta do *Eu*, a morte é apenas uma etapa do processo vital, assinalando não o fim, mas o recomeço do seu ciclo perene, conforme está dito numa estrofe de "Os Doentes", o qual é uma espécie de poema-súmula do livro:

> Não me incomoda esse último abandono.
> Se a carne individual hoje apodrece,
> Amanhã, como Cristo, reaparece
> Na universalidade do carbono!

Não seria demais assinalar, a esta altura, que o panteísmo é uma das rubricas em que Jost Hermand classificou a lírica artenovista alemã. Assinale-se, outrossim, que ao eleger a linguagem científica como veículo de expressão poética, o autor do *Eu* desmentia, sem saber, tudo quanto Wordsworth dissera acerca das relações entre poesia e ciência. No prefácio das *Lyrical Ballads*, preconizava este último, como dever do poeta, dirigir a sua atenção para "aqueles conhecimentos que todos os homens trazem consigo e para aquelas simpatias que, sem recurso a outra disciplina que não seja a da vida diária, são de molde a deleitar-nos". Por isso, no seu entender, "as mais remotas descobertas do Químico, do Botânico ou do Mineralogista" só poderão ser "objetos convenientes da arte do poeta" quando se tornarem "familiares a nós todos, e as relações por que são visualizadas pelos praticantes das ditas ciências se tornarem manifesta e palpavelmente pertinentes a nós como seres capazes de sofrimentos e deleites que somos". À luz de tão "sublime concepção de Poesia", Wordsworth censurava quantos se atrevessem a perturbar "a santida-

IV. Gregos & Baianos: Ensaios

de e verdade de suas imagens" pelo uso de "ornatos transitórios e acidentais", com o que se estava certamente referindo, dado o contexto, a noções e termos científicos. Esses dois adjetivos, "transitórios" e "acidentais", equivalem praticamente ao "precário" escolhido por Álvaro Lins para caracterizar, em tom de reprovação, a terminologia cientificista do *Eu*. Ali, ela é efetivamente usada como ornato. Quando o poeta por exemplo nos diz, ainda em "Os Doentes", que o espetáculo dos tísicos a tossirem lhe feriu "o nervo óptico e a retina", em vez de simplesmente dizer que o viu, está lançando mão de um circunlóquio típico do ornamentalismo verbal apontado por Alfredo Bosi[16] como traço de estilo do nosso pré-modernismo, de Rui Barbosa a Coelho Neto, de Alcides Maia a Graça Aranha, e de pronto capitulável como artenovista. Contudo, no caso de Augusto dos Anjos (e, conviria acrescentar, de Euclides da Cunha), trata-se de um ornato, não postiço, mas consubstancial a uma visão anatômica, microscópico-telescópica, do mundo. A microscopia, enquanto técnica de apinhamento ou entulhamento *art nouveau*, comparece no *Eu* precisamente sob a forma da pletora cientificista da sua linguagem. E ali comparece precisamente porque nada tem a ver com "aqueles conhecimentos que todos os homens trazem consigo" privilegiados por Wordsworth. Enquanto significante de uma ordem especializada do saber – e revestindo-se, por isso, de um prestígio esotérico diante do qual o comum das pessoas se intimida, como acontece com a terminologia médica –, o léxico usado por Augusto dos Anjos induz no leitor aquele efeito de "estranhamento" a que sistematicamente costumam recorrer os inovadores na sua luta contra a estereotipia do acadêmico. Quanto à visada telescópica, ela é consequência natural do monismo filosófico do *Eu*; para o monista do século XIX, macrocosmo e microcosmo estavam submetidos à mesma lei da evolução, que paraleliza a estrutura íntima da matéria – em "Numa Forja", fala-nos o poeta de "intramoleculares sóis acesos" – na estrutura dos sistemas planetários. E vem a propósito referir, neste passo, que o monismo é outra rubrica artenovista na qual Jost Hermand classificou a poesia naturista de Dehmel e Rilke.

Para rematar esta tentativa de discernir na poesia de Augusto dos Anjos aspectos capituláveis no *art nouveau*, impõe-se ressaltar que o recurso ao ornamentalismo, predominante nesta estética, é típico também do *kitsch* na medida em que privilegia o efeito como meio eficaz de impressionar o espectador,

16. *O Pré-Modernismo*, São Paulo, Cultrix, 1966, pp. 63, 65 e 70.

ouvinte ou leitor menos discriminativo ou avisado, fazendo-o tomar por arte autêntica o que não passa de uma ardilosa exageração de seus aspectos superficiais. Entre os procedimentos preferenciais do *kitsch* em literatura, sublinha Hermann Broch o de que "nunca toma os seus vocábulos diretamente à realidade do mundo, mas utiliza vocábulos pré-fabricados que, com o seu poder, se tornam rígidos até se converterem em clichês"[17]. No rol desses vocábulos pré-fabricados se poderiam incluir os termos amiúde abstrusos e inusitados colhidos por Augusto dos Anjos no jargão da ciência para com eles impressionar os leitores de sua época, possivelmente mais sensíveis que os de hoje ao "falar difícil", então sinônimo de "falar bonito". Tal vocabulário de efeito seria de fato *kitsch* se não estivesse umbelicalmente ligado à singular visão de mundo expressa no *Eu*, donde ser difícil, senão impossível, separar ali o ornato da expressão substantiva. Como toda arte de ruptura, a de Augusto dos Anjos ronda o tempo inteiro as fronteiras do *kitsch* sem chegar, todavia, a transpô-las, no que se parece com a arquitetura de Gaudí: haverá algo mais próximo do *kitsch* do que o revestimento multicolorido de pastilhas, imitação do estilo mudéjar espanhol, por ele exuberantemente usado no parque Güell, o qual de resto como que se inculca uma Disneylândia *avant la lettre*?

Um último e fundamental reparo: a circunstância de haver traços evidentes de *art nouveau* na poesia de Augusto dos Anjos de modo algum significa uma adesão deliberada, por parte dele, a essa estética. O que houve – e o mesmo vale para o restante do nosso artenovismo literário, todo ele de caráter por assim dizer involuntário, com a possível exceção de João do Rio – foi a repercussão, numa obra individual, daquilo a que os alemães chamam *Zeitgeist*. Ou seja, o espírito do tempo que, em cada época histórica, faz-lhe as mais variadas manifestações culturais, da filosofia ao vestuário, dos objetos de uso à literatura, da arquitetura à joalharia, exibirem um inconfundível "ar de família" as mais das vezes despercebidos dos seus coetâneos, mas discernível com maior ou menor facilidade pelos seus pósteros.

Ademais, ao afirmar-se involuntariamente como o mais original e o mais extremado poeta do nosso *art nouveau*, Augusto dos Anjos estava apenas cumprindo, como todo poeta digno do nome, a sua vital função de "antena da raça", para usar a expressão, hoje consagrada, de Ezra Pound.

---

17. Hermann Broch, *Kitsch, Vanguardia y el Arte por el Arte*, Trad. esp. F. S. Cantarell *et al.*, Barcelona, Tusquets, 1970, p. 10.

Do Particular ao Universal[*]

["Último Credo", de *Eu e Outras Poesias*, de Augusto dos Anjos]

Desde as primeiras e fervorosas leituras do *Eu e Outras Poesias* feitas na adolescência, quando me abriram o caminho para uma fruição da poesia que as lições de ginásio jamais teriam conseguido ensinar-me, fiquei intrigado, e continuo até hoje, com os dois versos finais, vale dizer, a chave de ouro, de "Último Credo". Diz esse soneto de Augusto dos Anjos:

> Como ama o homem adúltero o adultério
> E o ébrio a garrafa tóxica de rum,
> Amo o coveiro – este ladrão comum
> Que arrasta a gente para o cemitério!
>
> É o transcendentalíssimo mistério!
> É o *nous*, é o *pneuma*, é o *ego sum qui sum*,
> É a morte, é esse danado número Um
> Que matou Cristo e que matou Tibério!
>
> Creio, como o filósofo mais crente,
> Na generalidade decrescente
> Com que a substância cósmica evolui...
>
> Creio, perante a evolução imensa,
> Que o homem universal de amanhã vença
> O homem particular que eu ontem fui!

Na primeira tentativa que fiz de pôr em letra de forma as impressões de leitura da obra desse singularíssimo poeta cujo primeiro centenário de

---

[*] Publicado originalmente em: *O Estado de S. Paulo*, Suplemento "Cultura", 16 dez. 1984.

nascimento ora se comemora – tentativa da qual resultou um ensaio meio canhestro, de vagas tintas marxistas –, entendia eu os três versos finais do soneto como uma "vaga e profética intuição" do fim da "longa marcha (do homem) em demanda da justiça (social) sobre a terra"[1]. Apesar de temerário, o entendimento não era de todo arbitrário. Louvado no fato de a poesia do *Eu* ter sido influenciada pela "poesia científica" de Sílvio Romero e, sobretudo, Martins Júnior, deduzia eu comungar ela, ainda que virtualmente, das mesmas ideias de progresso político-social por estes tido como a natural e inevitável consequência do avanço das ciências da natureza no século XIX. A dedução pecava pela base, entretanto. Com os seus resquícios condoreiros, a musa de Sílvio Romero e Martins Júnior era cívica como a de Victor Hugo, ao passo que a de Augusto dos Anjos, desde o nome do livro onde se fazia ouvir, inculcava-se egocêntrica, resumindo-se a afinidade entre elas no interesse pela ciência e pelo evolucionismo, uma e outro convertidos por Haeckel, mestre comum dos três, num sistema filosófico capaz de dar conta de tudo quanto havia entre o céu e a terra, com o que se revestia do prestígio de uma religião da razão.

Isto transparece já no título do soneto em questão, com aquele "credo" típico do vocabulário religioso. Outrossim, a proximidade da referência a "filósofo", no primeiro terceto, com "evolução", no segundo, mostra a visada por assim dizer metafísica do evolucionismo do poeta, visada que abarca desde a monera até os sistemas planetários, com Deus feito uma "mônada esquisita/ coordenando e animando tudo aquilo", conforme está dito no "Sonho de um Monista". A expressão "generalidade decrescente", por que se processa a evolução da substância cósmica no primeiro terceto de "Último Credo", denuncia o débito do poeta para com Spencer, o mesmo "ilustre Herbert Spencer" de uma das estrofes de "Os Doentes", o poema mais longo do *Eu*. A dita expressão equivale à "passagem do homogêneo ao heterogêneo" apontada por Spencer, no seu ensaio sobre o progresso, de 1851, como "o único traço encontrável em todos os graus de progresso", termo este mais tarde substituído por "evolução". Spencer dava como exemplo de passagem do homogêneo ao heterogêneo "a multiplicação de variedades (de formas orgânicas) através do período geológico"[2], e, nessa ordem de ideias, é pací-

1. José Paulo Paes, *As Quatro Vidas de Augusto dos Anjos*, São Paulo, Pégaso, 1957, p. 39.
2. Herbert Spencer, *Une Autobiographie*, trad. fr. H. de Varighny, Paris, Alcan, 1907, p. 247.

fico concluir que a generalidade se opõe particularidade, assim como a homogêneo se opõe heterogêneo, sendo de diferenciação crescente o processo de passagem do primeiro ao segundo termo destas dualidades equivalentes. Quando, portanto, no penúltimo terceto de "Último Credo", o poeta nos fala em "generalidade decrescente", cumpre entender que está falando em diferenciação ou particularização cada vez maior. Mas como justificar a oposição de "universal" a "particular", no terceto seguinte, com a ênfase posta no primeiro dos dois termos antitéticos? Se a "evolução imensa" tende a fazer o universal, isto é, o geral ou homogêneo, triunfar do particular, isto é, do heterogêneo, então se inverteu diametralmente a fórmula spenceriana de progresso ou evolução.

Uma saída possível para o dilema seria considerar "universal" como sinônimo de "qualquer", e "particular" como sinônimo de "único". Assim, teria o poeta querido dizer que, por força do processo evolutivo, qualquer homem de amanhã será melhor do que ele, caso único, o foi ontem, já que no hoje em que o poema está sendo escrito configura-se o momento de crise dessa fugaz unicidade. Em apoio de semelhante interpretação, poder-se-ia alegar a egolatria do poeta, confessada não só no título do seu único livro como em várias passagens dele. Na "Alucinação à Beira-Mar", por exemplo, ele se reconhece um "ególatra cético", e no "Canto de Onipotência" não trepida em retratar a "hiperculminação definitiva" do seu "supremo e extraordinário Ser", isso sem esquecer a "singularíssima pessoa" com que superlativamente se distingue do comum dos mortais em "Budismo Moderno", o célebre soneto do urubu que lhe pousou na sorte. Mas ainda assim ficaria irresolvida a contradição, pelo menos em nível semântico, pois o "qualquer" generalizado de amanhã continuaria a negar o "único" egolátrico de ontem e de hoje, com o que o processo da "evolução imensa" estaria fluindo a contracorrente, indo do particular para o geral, e não deste para aquele, conforme postula Spencer.

Existe uma outra interpretação, não menos temerária do que a mencionada no princípio deste artigo, mas bem mais sedutora do que ela. Foi-me sugerida, anos depois do canhestro ensaio sobre Augusto dos Anjos, pela *Introdução ao Pensamento de Teilhard de Chardin*, de Claude Tresmontant[3]. Ali são sumariamente trazidos até a compreensão do leitor comum os lineamentos da complexa doutrina evolucionária do autor de *O Fenômeno Humano*. Segundo

---

3. Trad. port. N. de Bragança, Lisboa, Morais, 1961.

ele, após a Gravitação, de que resultou a condensação da massa cósmica, passa a atuar sobre a Matéria um poder que, pressionando-a a dispor-se em "corpúsculos de cada vez maior tamanho, diferenciação e organização", leva-a no rumo da "progressiva e crescente complexidade"[4]. Tal complexidade vai chegar a um nível a que Teilhard de Chardin dá o nome de "cefalização", culminada no *Homo sapiens* por via de uma diferenciação crescente que "prova a existência de um sentido na Evolução"[5]. Com o surgimento do Homem, "a Vida deixou de inventar novas espécies"[6]. Isso porque, a partir daí, a Evolução entra na fase da Reflexão e se torna consciente de si mesma, alçando-se da Biosfera à Noosfera (do grego *noos*, "faculdade de pensar, inteligência"). Tem início então a era da autoevolução, em que as leis da seleção natural cedem o lugar às "forças da invenção refletida"[7]. É a evolução "hominizada" das megamoléculas humanas que tendem a "um inacreditável estado quase 'monomolecular' em que [...] cada ego está destinado a atingir o seu paroxismo num misterioso superego"[8]. Como esclarece Tresmontant, "a visão de Teilhard é, no seu termo, unitiva: o termo do Mundo não pode ser senão a unidade real dos seres na diversidade das pessoas. [...] Para que a unificação das mônadas humanas seja possível, há que admitir a existência de um Centro de convergência pessoal"[9]. Ou, nas palavras do próprio Teilhard: "Visto que não há fusão nem dissolução das pessoas elementares, o Centro a partir do qual estas se reúnem deve necessariamente ser distinto delas, ou seja, possuir uma personalidade própria"[10].

Não creio seja mister levar mais adiante este grosseiro resumo das ideias teilhardianas acerca da evolução para que o leitor possa dar-se conta, ele também, de que à sua luz ganha novo sentido o intrigante terceto final do "Último Credo":

> Creio, perante a evolução imensa,
> Que o homem universal de amanhã vença
> O homem particular que eu ontem fui!

4. Claude Tresmontant. *Introdução ao Pensamento de Teilhard de Chardin*, p. 53.
5. *Idem*, p. 58.
6. *Idem*, p. 61.
7. *Idem*, p. 70.
8. *Idem*, p. 92.
9. *Idem*, p. 102.
10. *Idem*, p. 103.

IV. Gregos & Baianos: Ensaios

Este homem universal de amanhã não lembra de perto aquelas "pessoas elementares" ou "cada ego" que, sem se fundirem entre si nem se dissolverem como individualidades separadas – isto é, sem regredir à homogeneidade ou generalidade, nem renunciar ao seu alto nível de diferenciação ou particularização –, passarão a integrar-se numa unidade de ordem superior, num "universal" humano capaz de vencer o "homem particular" de ontem, ou seja, da etapa evolucionária anterior?

Quase escusava dizer que o autor de "Último Credo" jamais teve notícia das ideias de Teilhard de Chardin, pelo que fica desde logo excluída, por absurda, qualquer suposição de influência. Mas não de eventuais similitudes. É bem de ver que o evolucionismo de um se orienta para uma teleologia divina, sendo Deus o Centro de convergência ou Ponto Ômega para o qual tendem as mônadas humanas, enquanto o do outro é de inspiração materialista. Todavia, Augusto dos Anjos costumava temperar o seu haeckelianismo com pitadas do finalismo de Eduard von Hartmann. Como se sabe, no empenho de harmonizar a teleologia ou teoria da finalidade com o princípio da causalidade mecânica das ciências da natureza do século XIX, Hartmann identificava o teleológico ao lógico: produto da evolução, a razão vinha redimir a Natureza da sua irracionalidade – o que, por sua vez, recorda a ênfase dada por Teilhard à "cefalização" na sua teoria evolucionária. Também na cosmovisão poética do Eu soa de vez em quando uma nota teleológica, de sonoridade marcadamente utópica. Ouvimo-la nas estrofes finais de "Os Doentes", onde há uma referência ao nascimento "da célula inicial de um Cosmos novo" e ao "vagido de uma outra Humanidade"; ouvimo-la em "Versos de Amor" quando, ao "egoísta amor", contrapõe o poeta o seu ideal de um amor que é "Espírito, é éter, é substância fluida [...] transubstanciação de instintos rudes"; ouvimo-la em "Ultima Visio" no momento em que, "resgatado da cegueira", o homem discerne "Deus num simples grão de argila errante" e compreende "todas as portas que ele ainda tem de abrir para o Infinito"; ouvimo-la, por fim, em "Louvor à Unidade", sob as espécies de uma "intuição monística dos gênios" que antevê "o regresso dos átomos aflitos ao descanso perpétuo da Unidade".

Pouco importa, para o temerário paralelo aqui apenas esboçado, o fato de essa visão, "unitiva" e teleológica como a de Teilhard de Chardin, contrastar frontalmente com o pessimismo necrofílico, niilista, da maior parte dos versos do *Eu*; é a contradições assim que este, à semelhança d'*As Flores do Mal*, deve a sua intrigante vitalidade. O importante, na dita visão "unitiva", é o seu caráter utópico, que levou Raphael Patai[11] a ver o teilhardiano "mito da Noosfera" desembocando na mesma ânsia de "fuga planetária" de onde nasceu a ficção científica. Se por mais não for, isto lhe dá uma dimensão poética capaz de, por si só e por razões que a própria razão desconhece, justificar toda a sorte de paralelos, mesmo os temerários.

11. Raphael Patai, *O Mito e o Homem Moderno*, trad. O. M. Cajado, São Paulo, Cultrix, 1974, pp. 271-5.

O Surrealismo na Literatura Brasileira*

[Luís Aranha, Prudente de Morais Neto, Murilo Mendes, Jorge de Lima, Aníbal Machado, João Cabral de Melo Neto, Sosígenes Costa, Claudio Willer, Roberto Piva]

I

Do surrealismo literário no Brasil quase se poderia dizer o mesmo que da batalha de Itararé: não houve. E não houve, explica-o uma frase de espírito hoje em domínio público, porque desde sempre fomos um país surrealista, ao contrário da França, cujo bem-comportado e incurável cartesianismo vive repetidamente a exigir terapias de choque como a poesia de Baudelaire, Lautreamont e Rimbaud, os manifestos de Tzara e Breton, o romance de Céline e Genet. Em tom de aberta reprovação, Mário de Andrade deu foros de diagnóstico a essa frase de espírito quando num artigo de 1931, mais tarde recolhido aos *Aspectos da Literatura Brasileira*, se referiu ao "instintivismo que a fase atual da literatura indígena manifesta"[1] e que a seu ver – diferentemente do instintivismo europeu da década de 20, "por assim dizer organizado" porque fruto, ainda que paradoxal, da "exasperação racionalista do século XIX" – era expressivo "da nossa entidade" como povo na medida em que se inculcava o "instintivismo bêbado e contraditório" próprio "duma desorganização nem mesmo bárbara" e do "nada que somos como entidade".

É significativo, nesse diagnóstico de moralista, ter Mário de Andrade incluído o *Surréalisme* entre as principais manifestações do instintivismo universal da época. Assim grafado à francesa e em itálico, a palavra recendia ainda a novidade, a estrangeirismo; só mais tarde é que ela seria abrasileirada em "surrealismo"

---

* Publicado originalmente em: *Folha de S.Paulo*, "Folhetim", 30 dez. 1984.

1. Mário de Andrade, *Aspectos da Literatura Brasileira*, São Paulo, Martins, s. d. Primitivismo indígena no qual se inclui, quase escusava dizer, o *Macunaíma*. Às personagens dessa rapsódia emprestou Mário de Andrade "o processo onírico", observa Nestor Vítor, que acrescenta: "Como nós sonhamos à noite, assim vivem os seus personagens de dia. Tudo em torno desses imaginados seres é sonho e sonho". Também nas elipses de pensamento de *Clã do Jabuti* encontrou o mesmo crítico algo do "processo dos suprarrealistas" (Cf. Nestor Vítor, *Os de Hoje*, Adiante cit., pp. 159 e 170).

pelo comum das pessoas e em "super-realismo" pelos puristas mais ou menos confessos. Mas qualquer que seja a grafia, ao falar em surrealismo está-se falando a rigor do escolástico, instaurado por Breton com o manifesto de 1924 e desde então indissoluvelmente ligado ao seu nome, a ele que foi um pastor zeloso sempre disposto a fulminar com anátema as tentativas de cisma na sua igreja. A par, todavia, do surrealismo oficial e histórico, há um outro difuso, oficioso, sem doutrina ou preceptística claramente definida, mas nem por isso menos atuante enquanto espírito de época. Damaso Alonso, ao estudar os poetas espanhóis dos anos 20 e 30, chamou de "hiper-realismo" a esse "vasto movimento", do qual o surrealismo "seria só um subgrupo", surgido como "uma necessidade de época", concomitantemente com a psicanálise, e empenhado em "explorar, no romance e na poesia, as regiões mais profundas da subconsciência"[2], como Joyce o fizera magistralmente com o *Ulisses*, antes do manifesto de Breton. Outro não é o entendimento de Antonio Candido no seu artigo sobre *O Agressor*, de Rosário Fusco: longe de a restringir ao surrealismo francês, estende a designação de "super-realismo" a "todos aqueles processos literários consistentes em violentar a contingência física e romper o nexo lógico", processos que remontam ao "elemento mítico primitivo"[3], esplendem nas tendências irracionalistas dos séculos XVIII e XIX e culminam no surrealismo escolástico do nosso século.

Dentro dessa perspectiva ampla, não é despropositado capitular no nosso paleossurrealismo, como exemplo de violentação da contingência física e rompimento do nexo lógico, os bestialógicos em que se comprazia os poetas estudantes de São Paulo nos meados do século passado. Almeida Nogueira, que define o gênero pantagruélico ou bestialógico como um "discurso em prosa ou composição em verso, de estilo empolado e com propositais absurdos, engraçados pela extravagância"[4], indica como seu introdutor entre nós o Bernardo Guimarães daquele famigerado soneto cuja primeira quadra diz:

Eu vi dos polos o gigante alado
Sobre um monte de pálidos coriscos,
sem fazer caso dos bulcões ariscos,
Devorando em silêncio a mão do fado![5]

2. Damaso Alonso, *Poetas Españoles Contemporaneos*, Madri, Gredos, 1952, pp. 286-7.
3. Antonio Candido, *Brigada Ligeira*, São Paulo, Martins, s. d., p. III.
4. *Apud* Wilson Martins, *História da Inteligência Brasileira*, São Paulo, Cultrix, 1978, v. II, p. 378.
5. *Apud* Basilio de Magalhães, *Bernardo Guimarães: Esboço Biográfico e Crítico*, Rio de Janeiro, Anuário

IV. Gregos & Baianos: Ensaios

Não se deve levar muito ao pé da letra o adjetivo "propositais" com que Almeida Nogueira qualifica os absurdos cômicos visados pelos bestialógicos. Como eles eram compostos de improviso durante a tropelia das ceias estudantis, esta circunstância, além do seu total descompromisso para com as limitações da verossimilhança e da lógica, os aproxima da escrita automática de Breton e Soupault, quando não da livre associação da psicanálise. Não sei se alguém já se lembrou de fazer remontar o nosso bestialógico, para além de sua evidente matriz rabelaisiana, até as fatrasias francesas do século XII. Esse nome (de *fatras*, mixórdia) era dado às composições medievais em verso nas quais a confusão produzia absurdos cômicos, como numa célebre fatrasia de Arras:

O som de uma corneta

come ao vinagrete

o coração de um trovão

quando um salmão prende no alçapão

o curso de uma estrela [...][6]

Ainda recentemente, Jacques Dubois e seus colaboradores analisaram a estrutura dessa fatrasia com vistas a detectar o código retórico daqueles textos que "a poética geralmente evita enfrentar" e a cujo número, significativamente para o tema que ora nos ocupa, pertencem "os escritos surrealistas e, em geral, as manifestações da poesia irracional"[7].

Manifestações assim, e como tal capituláveis de igual modo no nosso paleossurrealismo, ocorrem com frequência na poesia necrofílica de Augusto dos Anjos, onde a alucinação ou delírio – estado de ânimo propicio aos afloramentos do inconsciente deliberadamente buscados pelo oficiante surrealista – é invocada como álibi para a ilogicidade das enumerações caóticas em que o "poeta do hediondo" se esmera. É o que acontece por exemplo na terceira parte de "Os Doentes", em estrofes como:

O trem particular que um corpo arrasta

Sinistramente pela via férrea,

do Brasil, 1926, p. 116.

6. *Apud* Jacques Dubois *et al.*, *Retórica da Poesia: Leitura Linear, Leitura Tabular*, Trad. C. F. Moisés. São Paulo, Cultrix, 1980, p. 61.

7. Jacques Dubois, *idem*, p. 227.

A cristalização da massa térrea,
O tecido da roupa que se gasta;

Ainda no mesmo período pré-modernista em que se situa Augusto dos Anjos, mas agora no campo da prosa de ficção, é indispensável citar o nome de Adelino Magalhães. Tendo publicado alguns dos seus livros mais marcantes antes do advento do surrealismo – *Casos e Impressões* em 1916, *Visões, Cenas e Perfis* em 1918, *Tumulto da Vida*, em 1920, *Inquietude* em 1922 –, neles já utilizava, segundo Xavier Placer, o automatismo psíquico para explorar, em contos e novelas, o subconsciente, o sonho, o erotismo recalcado, as impressões pré-lógicas, as associações[8]; em suma, o próprio domínio do irracional onde Breton e seus seguidores plantaram o marco de posse. Daí poder Nestor Vítor assinalar em 1928 que "com o suprarrealismo, ele (Adelino Magalhães) está na hora que lhe cabe"[9]. Eugênio Gomes, por sua vez, discerniu-lhe na ficção um esforço de representar "a realidade [...] psíquica imediatamente"[10], o que sem dúvida faria dele um precursor daquele "ditado do pensamento, na ausência de qualquer controle exercido pela razão, fora de qualquer preocupação estética ou moral" preconizado por Breton no seu manifesto de 1924[11]. Mas nem a representação da realidade na obra de Adelino Magalhães é tão imediata quanto o pretendeu Eugênio Gomes, nem dela está ausente a preocupação estética tida por Breton como incompatível com o registro automático. O estilo trabalhado em que ela foi escrita de pronto evidencia, no gosto do neologismo e na "originalidade procurada e cerebrina"[12] denunciada por Alfredo Bosi, uma estilização ornamental tipicamente *art nouveau* que a data historicamente, sem lhe tirar de todo o caráter precursor.

8. Xavier Placer, *Adelino Magalhães e o Impressionismo na Ficção*, Rio de Janeiro, Liv. S. José, 1962, p. 44.
9. Nestor Vítor, *Os de Hoje: Figuras do Movimento Modernista Brasileiro*, São Paulo, Cultura Moderna, 1938, p. 203.
10. Eugênio Gomes, *Prata de Casa*, Rio de Janeiro, A Noite, s. d., p. 136.
11. *Apud* Gilberto Mendonça Teles, *Vanguarda Europeia e Modernismo Brasileiro: Apresentação dos Principais Poemas, Manifestos, Prefácios e Conferências Vanguardistas, de 1857 até Hoje*, 3ª ed. rev., Rio de Janeiro, Vozes, 1976, p. 185. Todas as citações de Breton aqui feitas pertencem a essa tradução do manifesto de 1924.
12. Alfredo Bosi, *O Pré-Modernismo*, vol. v de "A Literatura Brasileira", São Paulo, Cultrix, 1966, p. 72.

II

Nos primórdios do modernismo paulista, uma influência dominante foi, como se sabe, a do dadaísmo suíço-francês, de cujas hostes saíram os primeiros surrealistas. Versos de Tzara e Picabia são transcritos por Mário de Andrade n'*A Escrava que Não É Isaura*, plataforma por excelência da poética de 22. Se bem ele ali não fale explicitamente em surrealismo, dele se mantém muito próximo o tempo todo por ver na "consciência subliminal", nas "impulsões do eu profundo a que não rege nenhuma determinação intelectual", "na liberdade aparentemente desordenada do subconsciente", a fonte imediata daquela "poesia panpsíquica"[13] que tanto admirava em Tzara, Éluard, Soupault, Aragon etc., vale dizer, nos surrealistas de primeira hora. Mas o teórico de *A Escrava que Não É Isaura* timbrava em distinguir entre lirismo, "reprodução exata do subconsciente", e poesia, tradução por um "esforço de vontade" inteligente e estilizador da "matéria afetiva e do subconsciente". Por isso, mesmo vendo na livre associação de imagens e de ideias o "princípio da Ordem Subconsciente"[14] privilegiado pela poesia modernista, lhe condenava o uso indiscriminado, tal como acontecia na poesia do seu amigo Luís Aranha.

Foi graças a um ensaio de Mário de Andrade divulgado originariamente na *Revista Nova* em 1932 que o nome desse poeta demissivo, bem como parte da sua curiosa obra poética, só agora editada em livro, competente e oportunamente, por Nelson Ascher e Rui Moreira Leite, foram salvos do esquecimento. Nos três longos poemas que escreveu antes de 1922, "Drogaria de Éter e de Sombra", "Poema Giratório" e "Poema Pitágoras", Luís Aranha se entregava "sem mais controle intelectual nenhum à associação de imagens", numa antecipação brasileira da escrita automática. Tratava-se de um "associacionismo subconsciente" no qual afloravam sobretudo "noções livrescas colhidas em [...] livros de leitura ginasiana"[15], donde o nome de "poesia preparatoriana" com que a batizou Mário de Andrade. Nessa poesia, há momentos de sabor inegavelmente surreal[16]:

---

13. Mário de Andrade, *A Escrava que Não É Isaura: Discurso sobre Algumas Tendências da Poesia Modernista*, São Paulo, Liv. Lealdade (depos.), 1925, pp. 47, 73, 74 e 86.
14. *Idem, ibidem*, pp. 71, 70, 141 e 148.
15. Mário de Andrade, "Luís Aranha e a Poesia Preparatoriana", em *Aspectos da Literatura Brasileira*, Ed. cit., pp. 58, 59 e 60.
16. Mário de Andrade vê em Luis Aranha um "sobre-realismo *avant la lettre*" (*idem, ibidem*, p. 59).

A última vez que te vi
Numa folha de parra
Eu comia um pedaço do polo
Teu coração
Ele se degelava em minha mão
Eu era uma bússola
Teu rosto um quadrante
Uma roda
Uma hélice
Um ventilador

Segundo Afrânio Coutinho que, não tendo sequer mencionado o surrealismo no índice geral de nomes, títulos e assuntos de *A Literatura no Brasil*, dele tratou não obstante numa comunicação acadêmica[17], deve-se a Prudente de Morais Neto as primeiras tentativas, entre nós, de escrita automática diretamente influenciada pelo primeiro manifesto de Breton. Publicou Prudente de Morais Neto dois poemas em prosa em 1926 e 1927 cuja dicção, por ilógica e desconexa a despeito de modalizações do tipo de "assim sendo", "reconhecidamente", "compreende-se", suscita no leitor uma sensação de estranhamento semelhante à que os textos surrealistas costumam suscitar. Veja-se por exemplo este passo de "Aventura", estampado no n. 3 (novembro de 1927) de *Verde*, a histórica revista de Cataguases: "E por absurdo que pareça, nem todo mundo desistiu de conciliar o sono. O sono ao contrário é que tomou o maior número de iniciativas. Percebendo a manobra atrevida não tive dúvida em contemplar pessoalmente as nuvens face a face. De todos os lados protestos intrínsecos faziam que sim com as mãos, os pés e algumas orelhas"[18].

É após 1930 que traços de influência surrealista se tornam mais bem perceptíveis na poesia brasileira, especialmente na obra por todos os títulos ímpar de Murilo Mendes. Para isso deve ter concorrido a amizade do poeta com Ismael Nery, que em 1927 tomara contato direto com o surrealismo em Paris e o incorporara à sua pintura, na qual símbolos oníricos se revestem de uma aura metafísica à De Chirico. Em *Tempo e Eternidade*, escrito em parceria com

---

17. "O Surrealismo no Brasil", comunicação ao XVII Congresso do Instituto Internacional de Literatura Ibero-americana em Filadélfia, EUA, 24-29 agosto de 1975, em *O Processo da Descolonização Literária*, Rio de Janeiro, Civilização Brasileira, 1983, pp. 131-42.

18. Reimpressão promovida por José Mindlin, São Paulo, Metal Leve, 1978.

IV. Gregos & Baianos: Ensaios

Jorge de Lima, renegava Murilo Mendes o modernismo paródico-satírico de *História do Brasil* para, numa dicção mais sóbria e grave, restaurar a "poesia em Cristo", de conformidade com a divisa daquele livro de 1935. Conquanto ali já se definissem alguns dos temas iterativos do poeta, tais como o sentimento do eterno, a visada apocalíptica, a mediação do divino e do terreno pela musa, a simbiose do bíblico e do contemporâneo, ainda não se fazia sentir o que tanto escandalizaria Mário de Andrade ao recensear *A Poesia em Pânico* em 1939: aquela "atitude desenvolta que o poeta usa nos seus poemas pra com a religião" e que "além de um não raro mau gosto, desmoraliza as imagens permanentes, veste de modas temporárias as verdades que se querem eternas"[19]. Entretanto, é precisamente nessa desenvoltura, nesse suposto mau gosto e nessa preocupação com as "modas temporárias" que melhor ressalta a vertente surrealista de Murilo Mendes, comunicando-lhe à poesia religiosa uma ágil modernidade e impedindo-a de esclerosar-se no hieratismo. Atente-se em *O Visionário*, publicado em 1941 mas escrito entre 1930 e 1933, para a mistura de sagrado e mundano, sexualidade e humor, coloquialismos e alusões religiosas, por via da qual o poeta manifesta a sua antevisão do caos prenunciador do juízo final. Tal mistura esplende, para citar um de numerosos exemplos, num poema de título e índole oniricamente surrealistas como "O Sonho é Vida":

> Ele nasceu ciclone e não sabia,
> Por isso é que as constelações, os braços, as pedras
> Deixavam-no passar;
> As virgens recuavam, as prostitutas também;
> Os bancos, os quartéis, as usinas
> Fechavam as janelas,
> O deserto mandava a esfinge na frente
> Para lutar com ele;
> Os arranha-céus cresciam para ele não alcançar;
>
> As orquestras se refugiavam nas vitrolas,
> Os anjos no céu, o demônio no inferno, os mortos no purgatório

---

19. Mário de Andrade, *O Empalhador de Passarinho*, São Paulo, Martins, s. d., p. 42.

JOSÉ PAULO PAES: *Crítica Reunida Sobre Literatura Brasileira & Inéditos em Livros*

> Até que ele um dia, cansado,
> Apagou o último seio-farol da noite da pedra,
> Trancou-se nos limbos
> E encerrou-se com um sinal o ciclo dos tempos.

A linguagem de *As Metamorfoses*, livro que se seguiu a *O Visionário*, mantém as características já apontadas neste, mas carrega-se de alusões à guerra, com a qual passa a se confundir o juízo final repetidamente antevisto pelo profetismo católico do poeta. Intensificam-se, ao mesmo tempo, aquela "anulação de perspectivas" e aquele "intercâmbio de todos os planos" percebidos por Mário de Andrade nos *Poemas* de 1930 e decorrentes, a seu ver, de um aproveitamento "sedutor e convincente da lição sobre-realista", embora ele se desse boa conta de Murilo Mendes não ser "um *surréaliste* no sentido de escola"[20]. Em meio aos quadros apocalípticos de *As Metamorfoses*, tão belamente ilustrado por Portinari, repontam de quando em quando cenas pastorais que trazem à mente a onírica ingenuidade da pintura de Chagall:

> Minha amada na janela
> Suprime a terra, a distância.
> Voo com flores nas mãos,
> Para continuar a história
> Sem sombra de fatalidade.

A obsessão com a guerra se faz marcar pela constância das alusões a máquinas de destruição, em particular a aviões, o avesso metafórico dos anjos; o poeta recebe granadas "em vez da Santa Eucaristia", vê os navios trazerem "víveres para os órfãos do terremoto" e a família ensaiar "máscaras contra gases mortíferos", denuncia os bárbaros que "fuzilam crianças com bonecas ao colo", acompanha a formação de "trincheiras nas nuvens" e as filhas do relâmpago "empunhando fuzis". Com essa imagética bélica, convivem sem contradição metáforas tradicionalmente murilianas, rastreáveis na melhor tradição surrealista, como os pianos, os manequins, as muletas, os velocípedes, o Minotauro. O *staccato*, cada verso fechado em si mesmo, a sucessão de versos correspondendo não ao desenvolvimento de um motivo, mas a um apinha-

---

20. Mário de Andrade, *Aspectos da Literatura Brasileira*, ed. cit.

mento deles, foi característico da dicção de Murilo Mendes até *Poesia Liberdade* (1947) e acompanhava de perto o atropelo das sugestões da subconsciência. A partir de *Contemplação de Ouro Preto* (1954), tal dicção se faz mais concatenada e passa a recorrer aos metros regulares, distanciando-se com isso do pendor surrealista que a marcara até então.

Jorge de Lima, irmão de armas de Murilo Mendes na campanha de restauração da poesia em Cristo, costuma ser apontado como outro dos raros poetas brasileiros sobre os quais o surrealismo exerceu algum influxo, embora este seja talvez mais bem perceptível na sua pintura *de dimanche* do que nos seus poemas e nos seus romances propriamente ditos. Alexandre Eulálio, além de discernir "um exercido de escrita automática" em *Anunciação e Encontro de Mira-Celi*, aponta "paisagens metafísicas" no *Livro de Sonetos* e "uma viagem ao subconsciente"[21] na *Invenção de Orfeu*. No primeiro caso, a despeito de ocasionais sugestões surrealistas, parece-me haver um empenho doutrinário e um nexo discursivo dificilmente conciliáveis com a espontaneidade da escrita automática. Algo parecido se pode dizer do *Livro de Sonetos* e da *Invenção de Orfeu*, onde a exuberância metafórica estaria a serviço mais da construção que da catarse. Isto não significa que na poesia de Jorge de Lima não haja "marcas evidentes do processo surrealista" (a frase ainda é de Alexandre Eulálio), mas elas são menos profundas e menos sistemáticas que na de Murilo Mendes. Quanto à escrita de romances como *O Anjo e Guerra Dentro do Beco*, o que nela releva é o à vontade do poeta franqueando com a imaginação os limites da realidade verossímil, não uma tentativa deliberada de fundir sonho e realidade "numa espécie de realidade absoluta, a surrealidade", como buscou Breton fazer em *Nadja*.

Tampouco se poderia falar rigorosamente de surrealismo no caso de *O Agressor* (1943), romance de Rosário Fusco. Contudo, o artigo em que Antonio Candido o analisava chamava-se precisamente "O Surrealismo no Brasil". Para o autor desse artigo (depois incluído em *Brigada Ligeira*), havia de surrealista em *O Agressor* o fato de ações de seu protagonista se organizarem "segundo uma certa lógica do absurdo"[22].

Tal era, indubitavelmente, a lógica por que se pautavam as relações do contador David não só com o seu patrão Franz e a mulher e sucessora dele,

---

21. Em *Jornal do Brasil*, Caderno B, Rio de Janeiro, 12.10.1974.
22. Antonio Candido, *Brigada Ligeira*, p. 114.

JOSÉ PAULO PAES: *Crítica Reunida Sobre Literatura Brasileira & Inéditos em Livros*

Frederica, como também os demais personagens: a empregada e a dona da pensão, a vizinha do edifício em frente etc. Consequência direta da mania de perseguição de David, em quem se centra o foco narrativo, é o clima alucinatório que pervaga o romance todo e atinge o auge na naturalidade com que os membros do sindicato dos chapeleiros aceitam a morte de Franz em plena sessão, que não é interrompida um segundo sequer. Chapeleiro faz logo lembrar Lewis Carroll, e o nome da empregada da pensão onde mora David, Amanda, é quase o mesmo da heroína de *O Lobo da Estepe*, de Hermann Hesse, em cujo "teatro mágico" quiçá esteja um dos pontos de partida do atual realismo mágico ou fantástico. No seu artigo, Antonio Candido se refere a Lewis Carroll como um dos precursores dos processos surrealistas, e se bem não cite nominalmente Hesse, aponta *O Processo* de Kafka como um livro a que "muito e muito"[23] deve *O Agressor*.

III

A esta altura, seria oportuno distinguir entre surrealismo e realismo mágico, para evitar o erro de capitular naquele a abundante floração de textos de prosa de ficção, na maioria contos, ocorrida entre nós na esteira de *O Ex-Mágico*, o livro pioneiro de Murilo Rubião que antecipou de pouco, no Brasil, a voga de Kafka, e de muito a de Borges, Cortázar e García Márquez. Num suplemento especial dedicado pelo *Jornal do Brasil* ao cinquentenário do surrealismo, Silviano Santiago[24] já insistia na importância dessa distinção. Caracterizava ele o realismo mágico como uma espécie de metaforização do real, ao passo que no surrealismo, a seu ver, imperava o desejo de apreender o fantástico no real. Poder-se-ia completar a distinção lembrando que desde o introito do seu primeiro manifesto, Breton se queixava da insuficiência da vida real e lhe contrapunha a vida onírica, não para negar aquela, mas sim para completá-la numa super-realidade onde haveria a "resolução futura desses dois estados, aparentemente tão contraditórios entre si". Esse intento de unificação contrasta com a tendência disjuntiva do realismo mágico, implícita na dualidade de sua mesma denominação. Isso porque os efeitos de surpresa ou estranha-

23. *Idem, ibidem*, p. 113.
24. Em *Jornal do Brasil*, *op. cit.*

mento por ele deliberadamente visados dependem do contraste entre o real e o fantástico.

À diferença de tantos contistas brasileiros que nestas duas últimas décadas vêm explorando os efeitos realístico-fantásticos, Aníbal Machado se manteve perto do surreal em alguns dos contos posteriores a *Vila Feliz* incluídos nas suas *Histórias Reunidas* (1959). Em "O Iniciado do Vento", segundo Cavalcanti Proença, "fantasia e realidade são uma e só coisa, interpenetram-se, indelimitam-se", e é tal unificação que levou esse crítico a encontrar, nas histórias de Aníbal Machado, "componentes surrealistas, sem que, entretanto, se possa reconhecer uma ortodoxa adesão"[25]. No protagonista de *João Ternura* (1965), criatura chapliniana a transitar labilmente entre o sonho e a realidade, há igualmente traços surrealistas; todavia, é nos *Cadernos de João* (1957) que eles avultam em plenitude. Não tanto nos aforismos ou anotações lírico-sapienciais na linha de Valéry, mas antes nas pequenas fábulas que com eles alternam e cujo humor e/ou *nonsense* as aproximam dos textos de Jacques Prévert. É o caso de "A Bicicleta do Filho Pródigo", "A Barraca de Orestes", "As Pernas do Campeão" e várias outras, entre elas destacando-se, pela riqueza metafórica, a "Última Carta de Pero Vaz":

Digo a Vosmecê que no fim da planície há um gigante fumegando
Uma viúva sem consolo e um pássaro conversível
[…] Há um foco de generais
Ao pé de uma bananeira
[…] Há uma nuvem metida em aparelho de gesso.

Coetâneo dos modernistas históricos de Minas, o autor de *Cadernos de João* estreou tardiamente em livro nos meados da década de 40, e o surrealismo de seus poemas em prosa não deixa de apontar para uma tendência que, embora fugaz, pode ser rastreada nuns poucos poetas da chamada "geração de 45". Mas antes de falar neles, cumpre dar notícia de *Carrossel Fantasma* (1937), ao que me consta o único livro de poesia de Fernando Mendes de Almeida. Nele, Mário de Andrade, a quem a obra está dedicada, ouviu "clarinadas longínquas do inconsciente", conquanto lhe parecesse que o seu "processo de concatenar imagens e ideias por contraste" não resultava "propriamente de

---

25. M. Cavalcanti Proença, *Estudos Literários*, Rio de Janeiro, José Olympio, 1971, pp. 520-1.

uma associação lírica e subconsciente"[26]. Mais taxativo, Péricles Eugênio da Silva Ramos acha *Carrossel Fantasma* um "livro de expressão inconfundível, desarticuladamente surrealista"[27]. O *cantabile* dos metros regulares a que o seu autor com frequência recorre não chega a abrandar-lhe o abrupto dos versos, ora ponteados de exclamações ("Olhai a cidade dos pregões!/ Rita! Nau! Vitória! Esconderijo!"), ora sem quase nexos de sentido a articulá-los entre si, numa alogicidade de tipo surreal:

> Vinho dos polos da geografia!
> Quero beber-vos e, só, em paz.
> O amor-rinoceronte é uma ficção
> e os camelôs já vendem alianças.

No mesmo ano de 1937 em que saiu o *Carrossel Fantasma*, era publicado em livro o teatro de Oswald de Andrade. Para Sábato Magaldi, há "muito ainda do Surrealismo" na "hipérbole imaginativa"[28] do autor de *O Rei da Vela*, de *O Homem e o Cavalo* e de *A Morta*. É bem de ver porém que, nessas peças, a intencionalidade política, de um marxismo de cartilha, de par com a preocupação da frase de efeito, à Wilde, posta a serviço de uma construção bufa cujo pendor esculhambativo é bem 22, não deixam muito campo livre para a espontaneidade surrealista. Isso em *O Homem e o Cavalo*, e, em menor grau, em *O Rei da Vela*. Já em *A Morta*, de maior carga subjetiva porque centrada no dilema catacumbas líricas x catacumbas políticas em que a essa altura se debatia a consciência do teatrólogo e que a intuição do poeta iria resolver no *Cântico dos Cânticos Para Flauta e Violão* sob o signo da indistinção entre amar e combater, a linguagem está mais perto da catarse psíquica. Daí ter cabida a aproximação proposta por Sábato Magaldi entre o teatro de Oswald de Andrade e o de Nelson Rodrigues, o qual, "em grande parte de sua obra, não fez mais do que fixar os personagens numa perspectiva psicanalítica"[29]. Se essa perspectiva não permite caracterizar como surrealista o

---

26. Mário de Andrade, *O Empalhador de Passarinho*, Op. cit., p. 54.

27. In *A Literatura no Brasil*. Dir. A. Coutinho. Rio de Janeiro, Liv. S. José, 1959, v. III, t. I, p. 651.

28. Sábato Magaldi, *Panorama do Teatro Brasileiro*, São Paulo, Difel, 1962, p. 191.

29. Sábato Magaldi, "Teatro: Marco Zero", em Oswald de Andrade, *O Rei da Vela*, São Paulo, Difel, 1967, p. 15.

"espaço subconsciente"[30] das peças de Nelson Rodrigues, permite ao menos enquadrá-lo no mesmo *Zeitgeist* de que psicanálise e surrealismo foram afloramentos gêmeos.

IV

São da década que assistiu, entre admiração e susto, à estreia de *Vestido de Noiva*, dois livros de poesia em que os traços da influência surrealista se fazem sentir, incontestáveis. *Pedra do Sono* (1942), de João Cabral de Melo Neto, apesar de trazer como epígrafe um verso de Mallarmé, corifeu da poesia desperta, privilegiava o onírico como material de construção, conforme deixa perceber o seu título. Anteriormente, num texto em prosa, *Considerações Sobre o Poeta Dormindo*, o autor dessa coletânea de poemas postulara o sono como útil ginástica prévia para o exercício da poesia[31]. Nisso, imitava ele o Saint-Pol Roux citado por Breton no seu manifesto de 1924, que, quando ia dormir, pendurava à porta de sua mansão um avisão: "O poeta trabalha". Repetem-se, nos versos de *Pedra do Sono*, as referências a sono, adormecer, pesadelo, sonho, sonâmbulo, mas a marca surrealista transparece melhor no desenvolvimento de certos poemas mais por enumeração díspar do que por variação de um motivo-chave, para não falar da "absurdez imediata" de tantas imagens de impacto, que servem de "trampolins para o espírito", como queria Breton:

E nas bicicletas que eram poemas
chegavam meus amigos alucinados.
Sentados em desordem aparente,
ei-los a engolir regularmente seus relógios
enquanto o hierofante armado cavaleiro
movia inutilmente seu único braço.

---

30. Sábato Magaldi, *Panorama do Teatro Brasileiro*, *Op. cit.*, p. 206.
31. Não pude conseguir um exemplar desse livro para exame. Louvei-me em informação de Benedito Nunes (*Jornal do Brasil*, *op. cit.*). Nesta ordem de ideias, não devem ser esquecidos os poemas que, segundo confessa no seu livro *De Poetas e de Poesia* (Rio de Janeiro, MEC, 1954, p. 109), Manuel Bandeira compôs em sonho: "Palinódia" e "O Lutador". Ambos, diz ele, foram surrealisticamente elaborados "de maneira inapreendida na franja da consciência", donde o hermetismo de que se revestem, até mesmo para o seu próprio autor.

José Paulo Paes: *Crítica Reunida Sobre Literatura Brasileira & Inéditos em Livros*

Em *Os Três Mal Amados*, poema em prosa de 1943, João Cabral parece empenhado em ilustrar a técnica bretoniana da "verdade absoluta" do diálogo, cada interlocutor perdido no seu próprio solilóquio, sem sentir nenhum "prazer dialético especial" de impô-lo ao próximo: as falas de João, Raimundo e Joaquim, personagens tomados de empréstimo ao poema "Quadrilha", de Drummond, são estanques entre si, a Teresa onírica e distante de um nada tendo a ver com a Maria sucessivamente praia, fonte, campo asfaltado, garrafa de aguardente, livro, folha branca e limite do outro, nem tampouco com o faminto amor do terceiro, que lhe vai comendo desde o nome até as dores de cabeça. A partir de *O Engenheiro* (1945), em alguns poemas do qual Sérgio Milliet ainda enxergou um surrealismo fácil, à Dali[32], o "sol da atenção" a que o poeta se refere na sua *Psicologia da Composição* começa a ganhar ascendente sobre a lua do onírico. Firma-se o primado do verso "nítido e preciso [...] praia pura/ onde nada existe/ em que a noite pouse" que haveria de ser doravante a marca de fábrica da poesia cabralina.

Psicologia da Composição era dedicado pelo autor a um coestaduano, Antônio Rangel Bandeira, que por sua vez lhe dedicou a segunda parte, "Musa Aventureira", do seu livro de estreia, *Poesias* (1946). Em mais de uma peça dele deparamos aquilo que, à falta de melhor designação, se poderia chamar de "teatralidade surrealista", como no poema de abertura, em que, à repentina chegada do lirismo

> [...] os personagens desceram do palco
> Assassinaram o Autor
> Que estava sentado na primeira fila da plateia
> Fugiram
> E confundiram-se
> No turbilhão da cidade.

Pela sua índole enumerativa, outros poemas fazem lembrar naturezas mortas ou colagens surrealistas. Veja-se "Laboratório de Mateus de Lima" e, mais ainda, "Sugestão Plástica":

---

32. Sérgio Milliet, *Panorama da Moderna Poesia Brasileira*, Rio de Janeiro, MEC, 1952, p. 67.

Endormidos vultos marinhos
Cavalos comerciais
Gramáticas portuguesas
Dicionários de Séguier
E uma vela acesa na medida do tempo.

Um outro caso de estreia tardia em livro, a desafiar a boa ordem das ex-
posições cronológicas, é o de Sosígenes Costa. A sua *Obra Poética*, conquanto
reunisse textos escritos de 1924 a 1959, só foi publicada neste último ano. "O
Dourado Papiro", poema de 1935 e um dos pontos altos do volume, tem im-
pregnações de ordem surrealista[33]: a história do menino bonito por quem uma
serpente se apaixona a ponto de persegui-lo nos sonhos, quando então o ar-
rasta a estranhos reinos bíblicos, egípcios, incas e astecas perdidos no fundo do
rio, transcorre numa atmosfera de *nonsense*, de um encanto onírico realçado
pelo coloquial da linguagem narrativa, tão consubstancial àquele super-realis-
mo folclórico, "do populário de todos os povos, com raízes que mergulham
no elemento mítico primitivo", apontado por Antonio Candido como uma
das matrizes mais remotas da "variação francesa do surrealismo".

V

Com o fechamento da "escola" de Breton após a sua morte e, mais do que
isso, com a incorporação da técnica da metáfora surreal à linguagem corrente
da poesia, deixou de ter sentido o afã de querer aferir o maior ou menor dé-
bito deste ou daquele autor mais recente para com a dita escola. Tudo quanto
cabe agora dizer, à guisa de conclusão, é que entre os poetas brasileiros sur-
gidos nas três últimas décadas há uma corrente que cultiva a efusão catártica,
contrariamente tanto à "elevação do vulgar"[34] perseguida pelos porta-vozes
da geração de 45 quanto à preocupação antidiscursiva da poesia concreta, evi-

---

33. Em *Pavão, Parlenda, Paraíso*, tentativa de descrição crítica da poesia de Sosígenes Costa, assinalava
eu que "O Dourado Papiro" constituía uma descida profunda até as "camadas arquetípicas da
simbologia ofídica". Procurei também ali demonstrar como esse poema de reverberações entre
surrealistas e psicanalíticas antecipava as posições da moderna antipsiquiatria.

34. Frase de Péricles Eugênio da Silva Ramos citada por Domingos Carvalho da Silva no verbete
"Neomodernismo" do *Pequeno Dicionário de Literatura Brasileira*, Org. por M. Moisés e J . P. Paes,
2ª ed. rev. e ampl., São Paulo, Cultrix, 1980.

denciada no seu recurso ao laconismo espacial, ideogrâmico e intersemiótico. Essa catarse poética, que tende à oralidade, não deixa de apresentar afinidades com a da geração *beat* americana, a qual, através de Henry Miller e pela mesma "insistência no espontâneo, no improvisado, na importância de viver o momento presente, na sensualidade, naturalidade e desprezo à censura, no sentimento de sacralidade, na receptividade", conforme diz dela Lawrence Lipton[35], mostra ter raízes, ainda que indiretas, no libertarismo surrealista.

Não é este o lugar nem o momento para selecionar criticamente obras e autores dessa corrente ou tendência que não chegou a configurar-se em movimento. Contentemo-nos em citar, por amor do exemplo, os nomes de Claudio Willer, cujas traduções de Lautréamont e de Guinsberg são expressivas de tendências da sua própria poesia, e de Roberto Piva, cuja paranoia mereceu uma resenha no número de novembro de 1965 de *La Breche*, revista consagrada à "action surrealiste" e dirigida por André Breton. Ali se diz que *Paranoia* é o primeiro livro de poesia delirante publicado em brasileiro (sic)" e se acentua que Freud e Lautréamont "têm a maior importância" para o seu autor, a quem "a mais moderna literatura *beat* norte-americana [...] transmitiu a fascinação dos neons e a alucinação pela metrópole metálica que evocam as fotografias de São Paulo inseridas no seu livro". Não seria demais acrescentar o nome de Artaud (o ex-companheiro de Breton que não hesitou em levar até a loucura sua fidelidade ao automatismo psíquico) ao rol das principais influências recebidas por Piva, que confessa não ter jamais aberto mão da aspiração surrealista de fundir inextricavelmente sonho, poesia e vida.

35. Lawrence Lipton, *The Holy Barbarians*, Nova York, Grove Press, 1959, p. 227.

Soldados e Fanáticos[*]

[Canudos, a *Tragédia Épica*, de Francisco Mangabeira, e *Os Sertões*, de Euclides da Cunha]

Não foram *Os Sertões* a única obra literária diretamente inspirada por aquele que muitos historiadores depreciativamente chamam de episódio de Canudos. O adjetivo "literário" serve aqui para distinguir o livro de Euclides da Cunha de outros livros coetâneos versando o mesmo episódio, mas com propósitos puramente testemunhais ou historiográficos, como é o caso dos de Macedo Soares, Dantas Barreto e Manuel Benício[1]. Por sua vez, o advérbio "diretamente" visa a excluir obras que, embora com pretensões literárias, foram escritas por autores que não assistiram de perto a um desses "crimes das nacionalidades" perpetrado no agreste da Bahia. Lá não esteve, por exemplo, Afonso Arinos, que, sob o pseudônimo de Olívio de Barros, lançava já em 1898 *Os Jagunços*, uma "novela sertaneja", segundo rezava o seu subtítulo, em torno dos acontecimentos de Canudos[2]. Tampouco lá esteve João Felício dos Santos, cujo romance *João Abade* a eles de igual modo se refere. Pelo que sei, além da obra-prima de Euclides e de trovas populares compostas por seguidores do Conselheiro, como as recolhidas n'*Os Sertões*, somente a *Tragédia Épica* de Francisco Mangabeira pode, a justo título, ser considerada a outra obra literária diretamente inspirada no inglório cerco ordenado pelo governo da República contra a "Troia de taipa".

Pertence o autor da *Tragédia Épica* a essa legião de poetas, hoje injusta ou justamente esquecidos, que a dedicação paciente e minuciosa de Andrade Muricy foi exumar de revistas e jornais antigos ou de volumes inacessíveis ao leitor não especializado para compor o seu *Panorama do Movimento Simbolista Brasileiro*. Por este[3] ficamos sabendo que o poeta Francisco Mangabeira (1879-

---

[*] Publicado originalmente em: *O Estado de S. Paulo*, Suplemento "Cultura", 27 nov. 1983.

1. Cf. Olímpio de Sousa Andrade, *História e Interpretação de "Os Sertões"*, 2ª ed., São Paulo, Edart, 1962, p. 288.

2. Olímpio de Sousa Andrade, *Op. cit.*, p. 133.

3. Andrade Muricy, *Panorama do Movimento Simbolista Brasileiro*, 2ª ed., Brasília, INL, 1973, v. II, pp. 744-58.

1904) era irmão dos políticos João e Otávio Mangabeira. Ao lado de Pedro Kilkerry, Pethion de Vilar e poucos mais, formou ele no grupo dos fundadores das revistas simbolistas *Nova Cruzada* e *Os Anais*, as quais circularam na Bahia entre 1901 e 1911. Com dezoito anos de idade, quando estava ainda a meio do curso de Medicina, alistou-se como voluntário para prestar serviços médicos na campanha de Canudos, nela permanecendo de julho a outubro de 1897, vale dizer, até o seu término. Depois de formado, foi ser médico no interior do Maranhão e do Acre, onde participou ativamente do movimento revolucionário de Plácido de Castro. Vitimado por moléstia contraída nas selvas amazônicas, morreu com apenas 25 anos de idade na viagem de volta à Bahia.

Em vida, Francisco Mangabeira publicou, além da *Tragédia Épica*, que data de 1900 – dois anos antes de *Os Sertões*, portanto –, um outro livro de poemas, *Hostiário*; postumamente, apareceu *Poesias*, coletânea que reeditava os dois livros anteriores acrescentando-lhes as "Últimas Poesias". A lírica de Mangabeira é, as mais das vezes, tipicamente simbolista, como o dá a perceber o gosto das maiúsculas e das metáforas religiosas, patente já no título Hostiário, com que misticamente encarecia os encantos de amadas ideais, na linha posta em voga por Alphonsus de Guimaraens. Com esse registro místico alternavam-se, sem contradições, notas satanistas à Baudelaire nas quais o sensual se aliava ocasionalmente ao necrofílico para dar-lhe à dicção um vigor não muito frequente no simbolismo brasileiro. Alguns poemas, como "As Árvores" ou "A Vitória do Amor", com seus motivos florais e o seu vitalismo pagão, chegam inclusive a prenunciar o nosso *art nouveau* literário, cuja caracterização e levantamento histórico mais pormenorizados estão ainda por ser feitos.

Na vertente épica, a despeito de uma que outra sugestão simbolista, a dicção de Mangabeira tende antes à descrição parnasiana, quando não à hipérbole condoreira. Comparem-se em "Assalto à Artilharia", uma das seções mais representativas da *Tragédia Épica*[4], o ornamentalismo entre simbolista e *art nouveau* da primeira estrofe com a objetividade descritiva, de tom parnasiano, da outra estrofe:

Meio-dia. No azul do firmamento
O sol fuzila radioso e alto,

---

4. As citações da *Tragédia Épica* são feitas pelo texto de Francisco Mangabeira, *Poesias*, Nova ed. (Hostiário – Tragédia Épica – Últimas Poesias), Rio de Janeiro, Anuário do Brasil, s. d.

Em um deslumbramento...
E os seus raios, batendo nas monstruosas
Rochas, dão-lhes o aspecto de cobalto
E o resplendor das pedras preciosas
que há nos mantos dos príncipes do Oriente.
[...]
O sol em pino a deslumbrar o espaço!
Nisso trinta fanáticos, olhando
Em redor, e de passo
Cautelosos, aparecem nos caminhos
Que levam aos canhões... De vez em quando
Param, e espreitam... Vendo-se sozinhos,
Começam a subir a ribanceira.

Aliás, este episódio do poema, di-lo o seu autor numa nota, constituía "uma espécie de tradução para o verso" de uma das cartas que Euclides da Cunha, como correspondente de guerra, enviara de Canudos para *O Estado de S. Paulo* e que seriam o ponto de partida d'*Os Sertões*. Uma vez publicadas em livro, profetizava Mangabeira, essas cartas iriam garantir a Euclides o "triunfo literário" por ele de fato obtido, dois anos depois, no lançamento do seu grande livro. O importante desta referência ao seu nome, porém, é o de estabelecer tacitamente um nexo de comparação entre a *Tragédia Épica* e *Os Sertões*, nexo cuja relevância se encarecerá mais adiante. Antes, convém dizer-se alguma coisa acerca da estrutura e do conteúdo do poema de Francisco Mangabeira.

Pela sua extensão limitada, cento e poucas páginas de livro, a *Tragédia Épica* não pode evidentemente ser considerada uma epopeia no sentido estrito do termo; trata-se mais é de um poemeto épico, vale dizer, de um esboço ou guião de epopeia. Para fugir àquela "monotonia" de "um só ritmo de verso" de que se sentiu culpado em Hostiário, conforme confessa num pós-escrito ao final desse seu livro de estreia, Mangabeira resolveu desobedecer, de caso pensado, à tradição do gênero heroico e cuidou de diversificar o metro e a estrofação da sua *Tragédia Épica*. Nos vinte episódios ou partes em que se divide o poema, cada um dos quais ostentando um título próprio – "O Batismo de Sangue", "Assalto a Artilharia", "A Tomada da Trincheira" e assim por diante –, o redondilho maior alterna com o decassílabo e o alexandrino; estes, por sua vez, se combinam, dentro de uma mesma estrofe, com versos menores. A estrofação também varia, indo da quadra à estrofe contínua, como em "O Céu", com seus cinquenta versos agrupados num só bloco compacto. Não há estrofes sem rimas, embora a disposição destas possa mudar de um episódio para outro. Semelhante variedade de metro, estrofação e esquema de rimas salva o poemeto de Francisco Mangabeira da uniformidade narrativa da epopeia, dificilmente conciliável, de resto, com a poética simbolista, de cujas lições ele não se esqueceu de todo, ainda que as exigências do tema heroico o fizessem preferir com maior frequência a nitidez descritiva da dicção parnasiana à vagueza sugestiva da simbolista.

Mais importante, contudo, do que essa variedade no âmbito dos recursos de versificação, é a duplicidade de focos narrativos evidenciada no nível do conteúdo. A circunstância de estar integrado, como auxiliar do corpo médico, nas tropas do governo, de modo algum fez com que Mangabeira nelas centrasse a sua visão do conflito, fosse do ponto de vista narrativo, fosse do ponto de vista ideológico. Os vinte episódios do poema privilegiam, no seu enfoque descritivo e/ou empático – um inseparável do outro, já que o poeta se identifica afetivamente a cada passo com os motivos do seu canto –, ora os soldados, ora os fanáticos, para usar as designações com que, no prólogo em prosa da *Tragédia Épica*, seu autor se refere às duas facções em luta. Esse prólogo se intitula "Carta a um Morto" e nele Mangabeira dedica o seu poemeto à memória de um companheiro dos bancos acadêmicos também alistado como voluntário para servir nos hospitais de sangue de Canudos e que lá pereceu no exercido de sua "missão da Paz, da Caridade e do Amor". Mas "oferecer um trabalho em que se celebra uma guerra" a quem dela participou em missão de paz "outra coisa não era", acentuava o prefaciador, "senão reprová-la". Desde suas primeiras linhas, portanto, o poemeto épico de Francisco Mangabeira, dois anos antes do alentado livro de Euclides da Cunha, se declarava uma obra de denúncia. Ao cantar uma "tragédia épica, onde todos, soldados e fanáticos, foram igualmente vítimas do mais lamentável erro político", quis ele traduzir "todo o protesto e toda a piedade" que se apoderaram do seu espírito ante a "carnificina de Canudos" onde foram imolados "não só aqueles soldados que marchavam friamente para a morte [...] mas também aqueles tabaréus, que lembravam leões e que [...] resistiram com uma bravura louca até ao último instante sem que jamais vergassem a espinha numa mesura de submissão e covardia".

iv. Gregos & Baianos: Ensaios

Como se pode perceber por estas citações do prólogo da *Tragédia Épica*, Francisco Mangabeira soube ver com os seus próprios olhos, diferentemente de tantos coetâneos seus que, por mal informados, acreditavam fosse o movimento messiânico de Antônio Conselheiro a cabeça de ponte de uma vasta conspiração monárquica contra a ainda então jovem República brasileira, o quanto houve de "inépcia política" e de cegueira ideológica naquela carnificina. Sob esse aspecto, o seu poemeto não só antecipa o livro de Euclides como revela muito em comum com ele. *Os Sertões* nasceram sabidamente sob o signo da correção, pelas lições da realidade nua e crua, dos equívocos do idealismo republicano do seu autor, que ao escrevê-los pretendeu menos historiar a campanha de Canudos do que traçar, à luz da ciência determinista do seu tempo, o perfil socioetnológico "das sub-raças sertanejas do Brasil" antes de elas desaparecerem de todo "ante as exigências crescentes da civilização e a concorrência material intensiva das correntes imigratórias que começam a invadir profundamente a nossa terra", conforme está dito na nota preliminar do livro. Entretanto, para que pudesse traçar semelhante perfil, foi mister a Euclides, primeiramente, o choque da realidade em Canudos e o contato direto com o sertanejo dos agrestes da Bahia. Esse choque e esse contato permitiram-lhe superar boa parte das "meias verdades" ou "meias falsidades" de sua ideologia republicana para se converter naquele historiador empático das palavras de Taine ao fim da mesma nota preliminar, capaz de "sentir como bárbaro entre os bárbaros".

Para se ter uma ideia de como se processou a conversão do ideólogo republicano em bárbaro empático, basta cotejar o texto da *Caderneta de Campo*, de Euclides, tal como editado por Olímpio de Sousa Andrade[5], que nela viu com justeza "a fonte primeira de *Os Sertões*", com o texto destes. Logo nas primeiras páginas dessa caderneta que levou consigo desde o embarque para o Rio para nela ir registrando *sur le champ* ideias, impressões e informações acerca de quanto visse ou ouvisse no exercício de sua função de correspondente de guerra, Euclides deixou patentes os preconceitos e as ilusões ideológicas com que de lá partiu. Assim é que fala no "nosso grande ideal, a República" impelindo os soldados "à linha reta nobilitadora do dever" naquele "solo aonde a República vai dar com segurança o último embate aos que a perturbam". Mas

5. Euclides da Cunha, *Caderneta de Campo*, Int., notas e coment. de Olímpio de Sousa Andrade, São Paulo, Cultrix, 1975.

já nas páginas escritas em pleno sertão de Canudos, essa ingênua retórica patrioteira cede lugar à anotação objetiva, numa demonstração insofismável de que o compromisso do anotador com a verdade dos fatos era maior do que o seu apego às abstrações da ideologia. E em *Os Sertões*, obra de análise escrita *a posteriori* dos sucessos em que teve sua origem, não há nada que mesmo remotamente lembre a antiga ortodoxia republicana do seu autor; há, isto sim, um admirável esforço no sentido de tentar compreender aquelas mais coisas entre o céu e a terra que não cabem na camisa de força de nenhuma vã filosofia: vale dizer, a complexidade do real.

Embora ostente a mesma largueza de visão da obra-prima de Euclides da Cunha, a *Tragédia Épica* de Francisco Mangabeira deixa entrever que seu autor a isso chegou não por um esforço de análise científica e sim por via daquela compreensão empática típica da poesia desde os tempos homéricos. Num ensaio de rara perspicácia acerca de "A Ilíada ou o poema da força"[6], Simone Weil chamou a atenção para a "extraordinária equidade" que inspira a epopeia de Homero, onde "a fria brutalidade dos fatos da guerra" só serve para dar realce a "tudo o que está ausente da guerra, tudo o que a guerra destrói ou ameaça" e onde "vencedores ou vencidos [...] não provocam nem admiração nem desprezo, mas tão somente a lástima de que os homens se possam transformar assim". Guardadas evidentemente as proporções – tanto mais de guardar-se quanto, a despeito de seu inegável interesse, o poemeto de Mangabeira não chega a ser literariamente bom –, igual equidade de enfoque e igual aversão aos desatinos da força estão presentes na *Tragédia Épica*. De sua equidade dá testemunho o duplo enfoque narrativo e empático a que já se fez referência; de sua aversão à força, o empenho de mostrar, por vezes com uma ênfase que vai do sentimental ao patético, "tudo o que a guerra ameaça ou destrói", ou seja, os valores humanos.

No episódio inicial do poemeto, "Adeus", onde descreve a partida do trem que leva os soldados de Salvador para o sertão de Canudos, o poeta comunga com a exaltação de seus futuros heróis:

Almas feitas de bronze – eles desprezam tudo
Para afrontar a morte, heroicos e viris...

6. Simone Weil, *A Condição Operária e Outros Estudos Sobre a Opressão*, Sel. e apres. Ecléa Bosi, Trad. T. G. G. Langlada, Rio de Janeiro, Paz e Terra, 1979, pp. 319-44.

Eu amo estes heróis que têm, em tais momentos,
A chama dos vulcões e a cólera dos ventos
Dentro dos corações firmes e juvenis.

No episódio seguinte, "O Batismo de Sangue", vê-se a tropa governamental sofrer um ataque de surpresa dos jagunços durante a travessia do deserto, naquela "guerra primitiva" de guerrilhas, em que "a natureza toda protege o sertanejo", assinalada por Euclides logo no início da terceira parte d'*Os Sertões*. Atente-se, em "O Batismo de Sangue", para o timbre castroalvino do último verso desta estrofe:

A luta aumenta: O solo é um rio ensanguentado
  Onde boiam os mortos...
Como é triste morrer exangue e abandonado,
Sem carinhos! Sem luz! Sem beijos! Sem confortos!

O terceiro episódio, "Assalto à Artilharia", tem por assunto a desesperada tentativa dos sertanejos de tomar os canhões do inimigo. O foco empático se biparte, pela primeira vez, entre os "heroicos soldados" e os "fanáticos" cujo heroísmo é de igual modo celebrado num lance hiperbólico:

[...] E enfim morrem sem dar um grito,
Como atletas gloriosos e titânios
  Caídos do infinito!

É todavia no quarto episódio, "A Reza", ambientado no "reduto contrário", a própria cidadela de Canudos, que as simpatias do poeta se voltam inteiramente para os supostos "inimigos" da República. Enquanto eles oram na igreja com sua torre semiderrocada, as balas legalistas "explodem furiosamente/ Aqui ferindo, além despedaçando altares". A reza é conduzida por Antônio Conselheiro, "selvagem de olhar tranquilo, barba grande/ e túnica comprida". A admiração do poeta pela religiosidade daquela gente simples pervaga toda a elocução, avultando particularmente nesta estrofe:

Recordam os cristãos das mais antigas eras
Que, ao fogo sideral da crença verdadeira,

Afrontavam com calma os ímpetos das feras
Ou morriam a rir dentro de uma fogueira.

Nos episódios v a xi, o foco narrativo se detém na evocação das saudades, do ardor patriótico, do espírito de sacrifício e do heroísmo dos soldados legalistas. Já no episódio xii, "O Combate", volta ele a bipartir-se e aos soldados "sublimes de valor" contrapõe "o bravo adversário […] Da cidade sitiada". Essa duplicidade de enfoque, ao transitar da cena guerreira para a cena elegíaca do episódio xiv, "Os Dois Cadáveres", ganha equidade maior e mais patética quando mostra, irmanados na mesma jazida pela "irrisão da sorte", o cadáver de um fanático e o de um soldado. Um nos é descrito com a "esfarrapada e mísera roupagem […] cabelos duros e compridos/ Como a juba de um búfalo ou de um touro […] Sob a frieza do chapéu de couro […] cartuchos e facão à cinta", enquanto a "mão esquálida e desfeita" do outro "parece ainda procurar a espada,/ E a baioneta fulgurosa e estreita/ E a auriverde bandeira constelada". Esta mesma bandeira republicana e positivista que serviu de estandarte de guerra ao legalismo serve agora de mortalha aos dois fratricidas compulsórios, mudança de função bem realçada pelo símile dos dois versos finais desta estrofe:

Até parece que ela se abre, e, lenta,
Cobre os guerreiros, qual se fora um manto…
E então, em vez de estrelas, apresenta
Bagas dolorosíssimas de pranto.

Assim como a sequência dos episódios v a xi concentrou seu enfoque no lado legalista, os episódios xv a xix vão voltá-lo equanimemente para a odisseia dos sertanejos derrotados – a caravana de cativos feridos a marchar pelo deserto, o sofrimento de seus filhos (tema do episódio xvii, "Crianças Prisioneiras"), o incêndio destruindo os restos da cidadela do Conselheiro. Vem então o episódio literariamente mais bem logrado de todo o poemeto, o xix, sobre "Os Cães" que, expulsos de Canudos por causa da escassez de comida, ficam a vagar pelos ermos, almas penadas, até morrerem de fome. Aqui, por sua intensidade lapidar, a dicção de Mangabeira lembra a de Augusto dos Anjos:

Quando no céu aparecia a lua
Iluminando as solidões e os fossos,
Eles surgiram pela estrada nua,
Magros e esguios, chocalhando os ossos.

O episódio final da *Tragédia Épica* apresenta-nos o regresso de um soldado legalista à casa e a narrativa que faz à mãe de suas proezas guerreiras:

[...] – Eu feri não sei quantos inimigos,
Chafurdei-os em sangue, como em lama,
E enxotei-os depois como mendigos!

A censura que ecoa na resposta materna, sobretudo pela referência a Canudos como "fraternal cidade", não deixa dúvidas quanto aos sentimentos do poeta:

Se morresses, impávido, na luta,
Seria a tua morte o meu encanto...
Porém lutaste com irmãos, e escuta:
À tua glória eu me desfaço em pranto...

[...] Entraste numa fraternal cidade
Para a transfigurar em cemitério...

Passe sem comentários a inverossimilhança desta mãe a preferir a morte do filho à sua glória fratricida e esse "encanto" tão intempestivamente agenciado pela necessidade de rima. A um poeta de vinte anos perdoam-se certos tropeços de expressão, assim como se deve perdoar a quem viu com seus próprios olhos os morticínios de Canudos o uso de certa ênfase melodramática no evocá-los. Ainda que não caiba considerar a *Tragédia Épica* de Francisco Mangabeira uma obra inteiramente bem-sucedida, do ponto de vista artístico, força é reconhecer a importância da equidade com que, pondo a verdade humana acima das ilusões ideológicas, soube seu autor avir-se com a matéria epopeica do "episódio" de Canudos, numa antecipação por todos os títulos notáveis daquilo que faz d'*Os Sertões* um livro-marco na história da consciência brasileira.

Sobre um Pretenso Cástrida*

[A Presença de Castro Alves na Obra Poética de Sosígenes Costa]

I

Embora escrevesse poesia já antes da década de 1920, foi só em 1959, como se sabe, que Sosígenes Costa acedeu em publicar, por insistência de amigos, seu primeiro e único livro, a *Obra Poética*. Limitações de ordem editorial impediram-no, todavia, de incluir nesse volume todos os textos por ele julgados dignos de publicação. Tanto assim que, no verso da falsa folha de rosto da edição da Leitura, prometia-se aos eventuais leitores uma outra coletânea, *Obra Poética* II, jamais aparecida. Ela seria possivelmente formada pelos textos datilografados[1] que, em meio a grande número de esboços e anotações manuscritas, fui achar nos papéis guardados pelos familiares do poeta após sua morte em 1968. Por várias peculiaridades de forma e de conteúdo, esses textos ligam-se organicamente aos da edição Leitura, de que são uma espécie de prolongamento natural. Há sonetos de atmosfera crepuscular como tantos dos sonetos pavônicos; há peças de tema folclórico, como as de "Belmonte, Terra do Mar"; há uma série de poemas sobre aquele Cristo popular e revolucionário de "Tu És o Cristo?", incluído nos "Versos de Uma Era Extinta"; há descrições paisagísticas cujo desenvolvimento se faz com base nas exigências da rima rara e/ou obsessiva, a exemplo de "Búfalo de Fogo", também incluído na terceira parte da *Obra Poética*.

Mas nem tudo é reiteração ou retomada de assuntos, motivos ou torneios estilísticos nesses poemas que ficaram por publicar. De alguns deles não se encontra nenhum paralelo nas páginas da *Obra Poética*, pois eles revelam uma nova – e até agora inédita – faceta da arte de Sosígenes Costa. Estou-me refe-

---

* Publicado originalmente em: *Revista de Cultura Vozes*, Petrópolis, RJ, nov. 1978.
1. Textos agora publicados como segunda parte da reedição ampliada da *Obra Poética* que preparei para a Editora Cultrix-MEC (São Paulo, 1978).

rindo especificamente a dez poemas, cujos títulos são, por ordem (fixada não pelo próprio poeta, mas sugerida antes pelo exame dos textos): "A Hora das Epopeias", "A Liberdade Está Morta", "Magno É o Povo", "Desta Vez Pepita Ficou Sabendo", "Prometeu", "Soldados, Contemplai Estas Pirâmides", "A Grandeza e o Tufão", "Também Fazemos uma Ode", "O Drama do Século" e "Quem Bate É a "Noite Sombria". Escritos todos quiçá na mesma época (entre 1937 e 1940, a julgar pelas datas de composição apostas a alguns deles) e ostentando muito em comum, esses poemas formam um ciclo, que se vem somar a outros facilmente identificáveis na *Obra Poética*. Para designar tal ciclo, nenhum nome seria mais adequado que "ciclo castroalvino". Com efeito, a presença de Castro Alves é ali marcante. Se na peça inicial há apenas referência ao nome e a um verso dele, logo depois é a sua própria dicção condoreira que se faz repetidamente ouvir, numa espécie de habilidosa estilização. Essa dicção enfática, tribunícia, de sonoridade orquestral, soa estranha aos ouvidos do leitor de Sosígenes Costa, habituados à música de câmara impressionista ou barroca de seus sonetos, à toada simplória de suas redondilhas de inspiração folclórica ou bíblica, pelo que se impõe verificar se o ciclo castroalvino é de fato uma ruptura de todo um projeto criativo inferível da *Obra Poética* ou, não o sendo, de que maneira pode ser nele enquadrado.

II

O interesse pelo poeta por assim dizer "oficial" da Bahia, partilhou-o Sosígenes Costa com seus companheiros de geração, como ele antigos integrantes da Academia dos Rebeldes e como ele apegados às coisas da terra: Jorge Amado escreveu uma biografia popular de Castro Alves e uma peça de teatro inspirada nos seus amores; Edison Carneiro analisou-lhe ideologicamente a poesia e a vida em *Trajetória de Castro Alves*. No caso de Sosígenes Costa, o interesse era ainda mais congenial, pois suas simpatias políticas o tinham levado desde cedo a preocupar-se com a questão de poesia "participante", "social", "interessada" ou "engajada" – rótulos não faltam –, poesia de que o autor de *Os Escravos*[2] fora o mais celebrado praticante entre nós. Por isso mesmo, em "A Marcha

---

2. Entre os esboços manuscritos deixados por Sosígenes Costa, há uma espécie de paráfrase de "Vozes d'África" a que ele não parece ter chegado a dar forma definitiva.

JOSÉ PAULO PAES: *Crítica Reunida Sobre Literatura Brasileira & Inéditos em Livros*

do Menino Soldado", um dos melhores poemas "participantes" da *Obra Poé-tica*, citava ele o nome de Castro Alves, "soldado da abolição", ao lado do de Tiradentes, "mártir da revolução", como um dos heróis libertários em cujo exemplo devia mirar-se o soldadinho "cabeça de papelão" para poder marchar direito, "servindo à liberdade".

Os dois heróis vão aparecer com maior destaque na peça de abertura do ciclo castroalvino. Seu próprio título, "A Hora das Epopeias", ecoa o primeiro verso de "Ao Dous de Julho", poema das *Espumas Flutuantes*. O nome de Castro Alves surge logo na segunda estrofe, onde o encontramos, "na tumba de seus avós", atento à hora das epopeias, hora ainda futura, pelo que dá a entender o tempo do verbo: "*Há de* chegar esse dia" e "Castro Alves *há de* ver". Nisso, aliás, se diferenciam frontalmente os dois poemas *et pour cause*, seus autores. "Ao Dous de Julho" recorre ao presente do indicativo para afirmar um categórico estatuto de igualdade entre o passado e o presente: os velhos de Pirajá são acordados de suas tumbas expressamente para vir admirar o heroísmo dos netos, já que "O presente não desmente/ Do seu ninho de condor". A insistência no *hic et nunc* traz-nos à lembrança não só a juventude do autor desses versos (a urgência biológica de viver faz de todo jovem um imediatista, torna-lhe naturalmente afeito o utopismo) como também o *feedback* histórico entre o poeta condoreiro e a mocidade acadêmica que o aplaudia em praça pública e em cujos ardores políticos ele via a própria alavanca da revolução. Por mais maduro, o utopismo de "A Hora das Epopeias" é mais paciente: prefere colocar o sinal de igualdade entre o passado e o futuro, escamoteando o presente, ao qual só parece aludir – e assim mesmo negativamente – na penúltima estrofe do poema, onde fala de trevas acumpliciando-se com a tirania para esmagar a liberdade. Esse desinteresse pelo atual[3] não é muito de estranhar num visionário como Sosígenes Costa que se compraz amiúde na evocação dos reinos fabulosos da Antiguidade ou do momento edênico da Descoberta e cuja poesia "engajada" também se coloca implicitamente sob o signo da memória na medida em que é glosa de motivos infantis ("Duas Festas no Mar", "A Marcha do Menino Soldado", "O Palhaço É o Filho do Sol") ou de motivos históricos como a escravidão negra e, sobretudo, a figura de Cristo. Em "A Hora das Epopeias",

---

3. O único poema "participante" de Sosígenes Costa em que se evidencia uma preocupação com a atualidade política é "A Esfinge e o Argonauta", cujo "herói", se assim se pode dizer, é Álvaro Cunhal. "Imagens da China" é bem mais uma evocação da beleza da China milenar do que uma louvação da China maoísta, embora tal propósito não esteja de todo ausente.

transita diretamente do passado para o futuro, sem escala pelo presente, o herói carismático, a quem o sofrimento preparou para a tarefa messiânica de despertar a multidão de seu sono e instaurar enfim o reino da liberdade: é Tiradentes, mas ostentando a palidez e vestindo o manto do mesmo Cristo ao qual se identificam tanto o trabalhador da cana em "A Aurora em Santo Amaro" como o escravo de "Cantiga de Canavial", naquele curioso amálgama de utopia política e nostalgia religiosa que parece marcar boa parte da poesia "social" de Sosígenes Costa, particularmente em "Sereno de Santo", seu momento mais alto.

A afirmativa de que "a liberdade não morre"[4], atribuída a Castro Alves em "A Hora das Epopeias", vai ser desmentida pelo próprio título do poema que se lhe segue. Em "A Liberdade Está Morta", ingressamos num clima elegíaco – a liberdade é-nos apresentada como uma Ofélia morta, os longos cabelos a boiar nas águas – que desmente o clima épico do poema anterior. Mas há traços comuns entre os dois poemas. O epíteto "deusa da aurora", por exemplo, coaduna-se com a ideia de a liberdade renascer à luz do dia, expressa na penúltima estrofe de "A Hora das Epopeias", reminiscência talvez da "branca estrela matutina" com que Castro Alves representava, na sua "Ode ao Dous de Julho", a "liberdade peregrinai/ Esposa do porvir – noiva do sol!". E a coroa de espinhos, no derradeiro verso, estabelece um elo metonímico de martírio entre a liberdade-Ofélia e o Tiradentes-Cristo do poema de abertura do ciclo.

Há desmentido também na própria estrutura gramatical de tipo "não… mas" com que se desenvolve todo o discurso de "Magno É o Povo" para negar a Alexandre Magno seu cognome famoso, o qual em nenhum momento é explicitado, a não ser no título do poema. Essa visão negativa não é nova, aliás, na obra de Sosígenes Costa: n'"A Marcha do Menino Soldado", Alexandre ("que marchava a contramão/ com mania de grandeza/ e seus sonhos de invasão") é invocado como exemplo contraproducente de marcha histórica. O sinal de menos acompanha, em "Magno É o Povo", a grandeza do poder e sua ânsia de conquistas guerreiras, emblematizada na pantera, no chacal e sobretudo na águia de "asas cor de sangue", à qual está também ligada a ideia de elevação, de afastamento da terra, outra ânsia afetada de valor negativa na tábua de valores do ciclo castroalvino. A positividade vai toda para o rastei-

---

4. Não consegui localizar na poesia de Castro Alves essa citação, a menos que seja, em "Pedro Ivo", a passagem "[…] a liberdade/ E como a hidra, o Anteu./ Se no chão rola sem forças,/ Mais forte do chão se ergueu…".

JOSÉ PAULO PAES: *Crítica Reunida Sobre Literatura Brasileira & Inéditos em Livros*

ro, o pequeno – o povo – em quem se situam, paradoxalmente, a verdadeira grandeza e elevação: "A humanidade é que é sublime e grande".

A dialética do grande e do pequeno ganha outro sentido em "Desta Vez Pepita Ficou Sabendo", onde passamos da alusão e da reminiscência literária para a quase, ou melhor, para antiparáfrase. Nenhum leitor terá dificuldade de localizar em "O Laço de Fita" a matriz de "Desta Vez Pepita Ficou Sabendo", matriz que cumprirá ter na lembrança para bem entender as alusões da antiparáfrase. Utilizando embora o mesmo verso de onze sílabas do poema-matriz, ela acaba por revelar-se uma palinódia dele na medida em que inverte a situação ali figurada: os afetos do poeta presos até a morte no laço da fita, tão difícil de romper quanto uma cadeia de ferro. Na palinódia ele se rompe a golpes de malho e esse rompimento tem o caráter de um rito de passagem para a idade da razão, já que os afetos presos no laço de fita encadeavam o poeta ao mundo de ilusões infantis de sua Pepita: "Formosa Pepita, não sou mais criança. [...] Estavas nas nuvens, nas brumas, no espaço. [...] Eu vivo na terra, formosa criança./ Soltei meus afetos do laço de fita". O senso de medida vai-se contrapor à visão hiperbólica: "E porque sou grande, já fito os pequenos./ E porque sou grande, não fito esses Andes[5]./ Não fiques pequena fitando esses grandes./ Não fiques pequena e cresças Pepita". É ostensivo o sentido crítico dessa palinódia que não só coloca o autor de "O Laço de Fita" no mesmo plano de infantilidade de sua musa como também lhe acoima de infantil a admiração por esses Andes a rimarem com "grandes" e, como tal, bem característicos do seu arsenal de hipérboles.

Em "Prometeu" se agudiza o sentido crítico na contradição deliberada que se estabelece entre forma e conteúdo. Formalmente, o poema é um hábil pastiche da dicção condoreira, pelo recurso à antítese ("Tendo em face a amplidão, estou no abismo"), à hipérbole ("A grade do meu cárcere é o infinito") e à apóstrofe (o vocativo "mulher" que se repete ao longo do poema e que foi colhido talvez nos "Versos Para Música", de Castro Alves). Já por seu conteúdo, "Prometeu" se caracteriza precisamente como uma invectiva contra a grandeza e elevação celebradas por esse tipo amplificativo de dicção. Daí o relevo assumido pelo verso "Não sou, mulher, esse condor dos Andes" que em sua terceira ocorrência descamba francamente para o humor: "Mulher, eu

5. Ao publicar em *Diretrizes* (15.7.1943) "O Palhaço É o Filho do Sol", Sosígenes Costa deu-lhe como epígrafe o verso de Castro Alves "Eu sou pequeno mas fito os Andes", tirado de "Quem Dá aos Pobres Empresta a Deus".

nunca fui um condoreiro"; posto na boca de um herói mitológico, esse adjetivo criado por Capistrano de Abreu[6] gera um bizarro efeito de anacronia, expediente de humor muito comum na *Obra Poética*. O Prometeu de Sosígenes Costa é bem aquele herói humano, demasiadamente humano dos gregos, que o tinham inclusive como o criador do primeiro homem, por ele moldado em argila. Ao assumir no poema o discurso de primeira pessoa, o herói o usa para proclamar sua aversão à altura, à grandeza e à força, contrapondo-lhes seu apego à terra, para onde tem os olhos voltados, fitos na humanidade. Repete-se, portanto, a mesma polarização já vista em "Magno É o Povo" – o sinal de mais recaindo no rasteiro e no pequeno, o de menos no grande e no elevado –, mas enriquecida agora de conotações.

O campo da positividade está centrado no embaixo ("Eu fito é o povo embaixo"), na terra de cujo limo se formou o homem, manifesto no poema em sua generalização de povo, humanidade, e por seu atributo mais ativo, os braços, as mãos com que Prometeu, ele próprio humano ("Mulher, eu sou um homem"), roubou do céu a luz do entendimento e com que há de quebrar os ferros que o prendem ao "Tártaro do gênio". À positividade dessa luz vincula-se a ciência humana, prolongamento da mão criativa: foi ela quem levou o herói ao céu, não foram asas enfaticamente recusadas por ele: "Asas não quero. Bastam-me os dois braços". Essa luz positiva é luz de sol, de arrebol e, por isso mesmo, figuração da liberdade, a divindade auroreal de "A Hora das Epopeias". Conota ela ainda a ideia de paz, pois, conforme pormenoriza a certo momento o elocutor do poema, não provém de vulcões "a derramar o incêndio e o morticínio"; a paz é, de resto, parâmetro positivo do ciclo castroalvino já desde "Magno É o Povo", onde o poeta contrapõe o pacifismo de Péricles à belicosidade de Alexandre.

O campo da negatividade, em "Prometeu", é mais rico de ressonâncias que o da positividade, embora lhe seja simétrico por inversão e portanto dele dependa para adquirir plenitude de significado, tanto mais quanto o próprio elocutor do poema lhe pertence. Três eixos presidem esse campo – o da elevação, o da grandeza e o da força –, orientando o sistema metafórico, cada um de cujos elementos, embora se possa definir prioritariamente por um dos eixos, nem por isso deixa de estar vinculado por conotação aos outros dois.

---

6. Ver o verbete "Condoreirismo", de Domingos Carvalho da Silva, no *Pequeno Dicionário de Literatura Brasileira*. Org. por José Paulo Paes e Massaud Moisés, São Paulo, Cultrix, 1967.

Assim, "águia" alinha-se de imediato no eixo da elevação com forte carga de negatividade, por ser pássaro capaz de elevar-se a grande altura e, com isso, de afastar-se muito da terra, campo de positividade. Mas ao mesmo tempo, como ave de rapina que é, conota também a ideia de força e de violência, pelo que se torna naturalmente simbólica da tirania, "essa águia" de que Hércules é filho e servidor. De igual modo, "Andes", "píncaros", "monte", "cume", "cordilheira" exprimem não apenas elevação e grandeza ("Preso à *grandeza* deste monte eu sofro") mas sobretudo força: no cume abre-se, como já se viu, a cratera do vulcão "a derramar incêndio e morticínio". O pior martírio de Prometeu é a distância vertical a separá-lo da humanidade, dele fazendo um Cristo, a exemplo do Tiradentes de "A Hora das Epopeias": "Como o do Cristo, meu calvário é no alto". Mas a negatividade da altura é função da sua grandeza; só quando excessiva se torna desumana. Sua justa medida é a estatura do homem; Prometeu orgulha-se de estar de pé, não de joelhos: "Estou de pé, mulher, não de joelhos. [...] De pé, sempre de pé, ainda que algemado".

Quase escusava repetir que essa negativização da altura, da grandeza e da força vai em sentido contrário ao da poesia condoreira, onde águia, condor, Andes, vulcão, Briaréu etc. são metáforas positivas. Em "Perseverando", por exemplo, que Castro Alves traduziu de Victor Hugo, o gênio do poeta é comparado à águia "que do monte arremete o altivo píncaro", e em "A Maciel Pinheiro" ele vê o amigo expedicionário deixando o seu "antro de águias" e "tingindo as asas no levante rubro" (recorde-se, em contraposição, a águia de "asas cor de sangue" com que Sosígenes Costa representou desfavoravelmente Alexandre Magno). Num poema em louvor de Eugênia Câmara, vulcão é o povo, o "popular vulcão" cujo aplauso funde o bronze glorificador, e a artista é o "condor nos Andes/ Pairando altivo sobre terra e mar". Em "Ao Romper d'Alva", os Andes simbolizam a própria liberdade natural da América conspurcada pela mancha europeia da escravidão.

Em sentido frontalmente contrário ao gosto condoreiro do monumental colocam-se dois outros poemas do ciclo castroalvino – "Soldados, Contemplai Estas Pirâmides" e "A Grandeza e o Tufão" – onde todavia ainda ressoam os acentos hugoanos de "Prometeu", gerando o mesmo efeito de "estranhamento" entre forma e conteúdo. O primeiro desses poemas repete como epígrafe, glosando-a, a frase famosa de Napoleão, "Soldados! do alto destas pirâmides 40 séculos vos contemplam" já usada por Castro Alves como uma das epígrafes de "O Século". Aliás, Napoleão pertence ao *panteon* castroalvino, onde se iguala,

IV. Gregos & Baianos: Ensaios

suprema glória, ao próprio Hugo (leia-se "As Duas Ilhas"), ao passo que na poesia de Sosígenes Costa aparece como anti-herói: n"A Marcha do Menino Soldado", este é alertado a não marchar "pra trás" como Bonaparte, que voltou "para Carlos Magno,/ traindo a revolução". Em "Soldados, Contemplai Estas Pirâmides", há um desmentido progressivo da epígrafe napoleônica, cujo vocativo é significativamente mudado para "operários" – operários que a grandeza transformou em soldados e a quem ilude com "pomposas frases teatrais". Da mesma maneira que nos outros poemas do ciclo castroalvino até agora analisados, neste também a grandeza aparece afetada do sinal de menos, tanto no espaço quanto no tempo: as pirâmides do Egito foram construídas à custa de "misérias colossais" e os seus quarenta séculos de antiguidade são "quarenta sec'los de opressão e crueza" (atente-se para a síncope em "sec'los", típica de Castro Alves). A outra face da grandeza é a tirania, responsável pela ereção do monumento, o qual, visando a supostamente assinalar a eternidade do poder, assinala de fato a sua morte inevitável. No correr do poema, os epítetos designativos das pirâmides – que jamais aparecem referidas como tais – são todos mortuários. Elas são sucessivamente chamadas "mausoléus", "torres sepulcrais", "fúnebres monstros de granito", "tumbas" com "hipogeus e catacumbas".

Em "A Grandeza e o Tufão", à negatividade dos pomposos monumentos e daqueles que os mandaram construir – o Faraó, Napoleão – contrapõe-se a positividade das turbas que os destroem. Temos, pois, um contraste de índole paradoxal: a construção é que é negativa, sendo a destruição positiva. A dicção do poema mostra-se mais condoreira do que nunca, com sua tendência hiperbólica: o povo é "mar de pó", a Bastilha é "Briaréu do Egito", a pirâmide é "jaula enorme", a indignação popular "faz tremer todo o infinito", a imponência é "colossal dragão", "gigante múmia". As marcas castroalvinas são flagrantes, desde vocábulos característicos como "fatal simum", que recorda o "chicote do simum" de "Vozes d'África", misturado ao "fatal clarão" do estribilho de "A Visão dos Mortos", ou "vil libré", copiado com todas as letras de "Pedro Ivo", até paralelismo em espelho, do tipo "Águia das pompas!, dorme, fratricida,/ Dorme, imponência, colossal dragão". Como se vê por essa "águia das pompas" e pelo verso "A grandeza é uma águia desconforme", repete-se aqui a negativização da águia (bem como do eixo semântico correlato de grandeza e força) que já vimos em "Prometeu", cujo herói rebelde e solar também reaparece: "E o Prometeu, rebelde, jamais dorme,/ acendendo nas turbas o arrebol".

307

Os valores polarizados em "Prometeu" vão governar igualmente a semântica de "Também Fazemos uma Ode", onde se reafirma o repúdio da grandeza e da força, bem como a simbólica da luz prometeica. O poema celebra a ação libertária de Bolívar, cujo nome só é desvendado na última estrofe, acentuando a sua desambição do poder e o seu desprezo das glórias imperiais ou guerreiras. A elocução se desenvolve como alargamento do par opositivo do verso inicial, "Quem te guiava? O raio? Não. A luz", onde luz que ilumina e guia contrasta com luz que fere e destrói. Uma é, declaradamente, "a luz de Prometeu", luz da aurora (cuja deusa, como já dito, é a liberdade) a iluminar o entendimento humano. A outra, na sua condição de "luz que vem do incêndio/ e ameaçou matar a Galileu [...] o fogo que fulmina e em Roma ardeu", está vinculada à força, à violência, à guerra. Por via destas, vincula-se também de perto à tirania combatida por Bolívar e desdobrada metaforicamente, durante o poema, numa série de emblemas do poder e da grandeza – cetro, águia, coroa, púrpura, diadema, pantera, manto, condor, vulcão, tufão –, todos eles afetados de valor negativo, tanto mais quanto foram recusados pelo Libertador, herói pacífico e democrático (como o Péricles de "Magno É o Povo") que preferia colocar seus "loiros de guerreiro" nas "mil cabeças dessa multidão". Na mesma série negativa se inclui parte das alusões históricas do poema, convocadas para servir de contraste à positividade do herói, da qual partilham apenas Prometeu, Galileu, Teseu, Orfeu e Iracema, contrapondo-se-lhe, em compensação, Pompeu, César, Briaréu, Anteu, Bonaparte, Átila, Alexandre e Pisão.

O fato de a maioria desses nomes terminar em -eu não é fortuito. Advém do fato de Sosígenes Costa ter mantido tal rima em 22 dos 91 versos do poema. Sendo este de estrofação irregular, com um esquema rimático bastante livre (há inclusive muitos versos brancos), nenhuma coerção de ordem formal explicaria essa rima reiterativa, que se constata resultar, pois, única e exclusivamente, da vontade do autor. Trata-se, aliás, de uma opção característica de Sosígenes Costa, em cuja *Obra Poética* é muito frequente a ocorrência desse fenômeno de "rima obsessiva". Ele vai ressurgir com particular destaque nos dois últimos poemas do ciclo castroalvino, "O Drama do Século" e "Quem Bate É a Noite Sombria", impondo-se como um verdadeiro método de composição e desvelando o empenho último de todo o ciclo.

A situação figurada em "O Drama do Século" – o poeta a ascender para o infinito acompanhando sua noiva morta – faz lembrar de perto a de "O Voo do Gênio", onde um arcanjo conduz o poeta pelos céus até o país do ideal. A semelhança é acentuada pela palavra-chave "gênio": no poema de Castro Alves, o arcanjo se identifica como tal a uma interpelação do poeta-elocutor; no de Sosígenes Costa, é o poeta-personagem quem recebe os epítetos de "derradeiro arcanjo" e "alado gênio". Fundas diferenças estremam, porém, as duas peças, a começar da elocução. Em "O Voo do Gênio" ela se faz toda na primeira pessoa e é assumida ora pelo poeta, ora pelo arcanjo para descrever a ascensão de ambos até os páramos onde se ouve o "canto das esferas enamoradas" e a sua descida a "báratros profundos", aos mares das paixões. Em "O Drama do Século" alternam-se três vezes, duas secundárias e uma principal. Secundária é a voz saída da montanha para dizer que está morta a era do poeta; este, por sua vez, também pouco fala. Quem fala o tempo todo é um certo homem surgido da montanha para censurar ao poeta, "amante da quimera" e dos "sonhos cor-de-rosa", sua fuga para o infinito, enquanto ele, homem da montanha, fica aqui na terra, a confranger-se "ante a dor dos humanos", a visitar "os horrores do báratro" e a esperar o advento da liberdade. Mais uma vez, portanto, elevação e altura assumem valor negativo, caracterizando-se agora como fuga à realidade. E o curioso é que, sendo "O Drama do Século" uma espécie de pastiche de "O Voo do Gênio", assim como "Desta Vez Pepita Ficou Sabendo" o era de "O Laço de Fita", inclina-se o leitor naturalmente a ver, no homem da montanha, porta-voz do engajamento, um *alter ego* do autor do poema, ao mesmo tempo que a supor endereçada ao próprio Castro Alves a acusação de escapismo...

Mas o que de fato avulta em "O Drama do Século" é a mecânica da rima. Nas suas 41 estrofes e nos seus 201 decassílabos, afora umas poucas rimas em *-osa* e *-anjo*, vão predominar obsessivamente as terminações em *-orta* e *-anha* no primeiro terço do poema, para ceder lugar, nos dois terços restantes, às rimas em *-era* e *-ita*, as quais, ainda mais obsessivamente, vão governar-lhe o desenvolvimento até o final. "Governar" é a palavra certa: mais do que a vontade do poeta ou as virtualidades do tema por ele eleito, parece ser a obrigação de rima quem determina, aqui, a escolha das palavras-chave; a necessidade de conciliar o significado destas com o sentido geral do poema, dentro de um mínimo de lógica, é que passa então a predominar. Com impor coerções progressivamente mais severas, conforme se vai restringindo o elenco de escolhas possíveis, a técnica da rima obsessiva, enquanto método de composição, é o oposto da escrita automática dos surrealistas, onde a total ausência de coerções, sobretudo de ordem lógica, facultava ao subconsciente expressar-se à vontade. No entanto, os resultados dos dois métodos ocasionalmente se parecem, na medida em que os poemas de rima obsessiva de Sosígenes Costa descambam repetidamente no *nonsense*, a exemplo do bestialógico românti-co. Esta última similaridade tem pertinência no caso do ciclo castroalvino, dado o seu sentido de crítica do condoreirismo, cujo gosto da hipérbole e da alusão histórica o conduzia frequentes vezes ao humorismo involuntário. Já o humor do poema de Sosígenes Costa, embora também tenha aparência de involuntário, é fruto do cálculo e da opção. Neste particular, dois pontos merecem destaque. Primeiro, o de ser "O Drama do Século" um poema longo; segundo, o de suas rimas reiterativas não serem rimas fáceis (como as em -*ai* e -*ão* usadas por Sosígenes Costa em vários de seus poemas de tema folclórico ou infantil), mas rimas relativamente difíceis. Optando por fazer um poema longo com rimas difíceis, o poeta estava, pois, preparando um álibi formal para as suas alusões históricas que, visivelmente convocadas pela necessidade de rimar, roçam pelo despropósito, provocando com isso efeitos de humor. Basta uma vista de olhos a um dicionário de rimas para comprovar-se, no caso das de "O Drama do Século", as limitações do rol de substantivos comuns e as sonoridades amiúde extravagantes dos nomes próprios.

Na fala do homem da montanha, que dura nada menos de 28 quintilhas, a obrigação rimática enseja invenções saborosas[7]. Essa fala, uma panorâmica dos horrores do mundo ao qual o poeta-arcanjo busca fugir e no qual o homem da montanha persiste em tanger a sua lira, faz lembrar "O Século", de Castro Alves, onde há também uma panorâmica dos infortúnios dos povos – a Polônia oprimida pelo Czar, a França amordaçada por Napoleão, a Grécia a esperar inutilmente Canaris e Byron –, sendo a parecença reforçada pelo fato de o poema de Sosígenes Costa chamar-se "O Drama do Século". Mas enquanto em Castro Alves o tom é patético e as alusões têm a ver com fatos mais ou menos contemporâneos do poeta, em Sosígenes Costa elas formam um *pot-pourri* histórico cuja diversidade assaz disparatada é por si só humorística. O único e tênue fio de lógica a costurá-las entre si é a rima. Assim, na estrofe

---

7. "Condições demasiadamente estritas e severas isentam o artista de grande número de decisões delicadíssimas e aliviam-no de muitas responsabilidades no tocante à forma, ao mesmo tempo em que o incitam, por vezes, a invenções a que a plena liberdade jamais o teria levado." Valéry, Paul. *Introducción a la Poética*. Trad. esp. E. A. Jonquière, Buenos Aires, Argos, 1944, p. 39.

Outros horrores a medusa gera.
Matar a aurora Maquiavel espera.
Do Vesúvio arrebenta-se a cratera
amedrontando os monstros de granito
e Garibaldi assusta-se em Caprera,

Caprera, agenciada por causa da terminação em *-era*, explica o inopinado surgimento de Garibaldi: foi nessa ilha que ele passou a residir após conquistar a Sicília e Nápoles e entregá-los a Vitório Emanuel II. De modo semelhante, em

E todavia, entre arrebóis eu fito
a liberdade, essa mulher sincera,
se aproximando em cândida galera
destes portos de bronze e de granito
e não se ri Demócrito de Abdera,

o epíteto meio descabido de "mulher sincera" se explica pela necessidade de rima, bem como o de Abdera, pequena cidade grega cujo único título de glória foi nela ter residido Demócrito. A aparição do nome do filósofo é, portanto, automática e a respeito dele informam as enciclopédias que, por ter sido partidário do otimismo racional, buscando ver quanto havia de bom no mundo, sem se queixar de as coisas não serem perfeitas, uma lenda o representava rindo de tudo; assim se explica aquele intrigante "e não se ri" do último verso da estrofe. Todavia, a alusão extravagante, colhida quem sabe na mesma enciclopédia com cujo auxílio consegui esclarecer a quase totalidade das referências históricas do poema – o *Larousse* XXème *Siècle* –, acaba por converter-se, ao que parece, mais em questão de gosto que de necessidade. Nenhuma obrigação rimática justificaria, por exemplo, esta estrofe:

Carcomido de traça que o cancera,
se encontra em Roma o velho manuscrito
de Aristot'les e dele se apodera
Tirannion, gramático esquisito,
que em restaurá-lo agora se exaspera.

Esse Tirannion é um obscuro gramático grego do século I a. C. que foi levado a Roma por Lucullus e que se tornou conhecido por seus trabalhos sobre cópias de obras inéditas de Aristóteles. Sua irrupção não é, assim, totalmente bestialógica, mas o nexo a vinculá-lo ao argumento do poema é tão frágil que o faz parecer tal aos olhos do leitor. Este acaba por se dar conta de que o poeta se diverte nesse jogo de quase-despropósitos, o qual o induz, a certa altura, a um pastiche de Augusto dos Anjos, cuja obsessão do termo científico o levava também com frequência à beira do bestialógico:

> Oh formas monstruosas em que habito!
> Construções obsoletas de tapera.
> Sistemas que envenenam a atmosfera,
> protegendo essas nuvens de mosquito
> e essa terrível praga: a filoxera.

Há, aliás, uma alusão expressa à "musa dileta/ do grande Augusto dos Anjos" no último poema do ciclo castroalvino, "Quem Bate É a Noite Sombria", que é, de começo a fim, um desfiar de alusões históricas agenciadas pelo nexo rimático, mais do que por exigências de desenvolvimento do tema, e em cujo disparate não é descabido enxergar um intento de sátira à mania condoreira da alusão histórica nem sempre muito pertinente:

> Meu Deus, quem bate tão tarde
> na minha porta de pedra?
> Será Cervantes Saavedra?
> Será a estrela da tarde?
> Será a sombra de Fedra?
> ou a alma de Leopardi?
> Insistem de modo insólito.
> Se for a sombra de Fedra,
> dizei que não sou Hipólito.

A matriz do poema é, visivelmente, "O Fantasma e a Canção", de Castro Alves, paráfrase d'"A Balada do Desesperado", de Murger, já antes traduzida pelo próprio Castro Alves. Embora difiram entre si no desfecho e na moralidade, os três poemas têm o mesmo argumento: numa noite de frio, batem à porta; o dono da casa pergunta quem é, várias vezes, relutando em abrir, a cada resposta. Na balada de Murger, os tardios visitantes são entidades alegóricas – a glória, o amor e a esperança, a arte e a poesia, a riqueza, o poder – e, uma por uma, têm o ingresso recusado. A porta só se abre à última delas, a morte, a quem o dono da casa, abandonado pela amante e desgostoso da vida, propõe-se a seguir. Na canção de Castro Alves, o dono da casa muda de sexo e os visitantes noturnos se condensam todos na figura shakesperiana do rei-fantasma, coberto de cãs e expulso do próprio lar, que, em nome de todos os grandes deste mundo condenados pelo tempo ao esquecimento, vem pedir abrigo à *Canção*: assim, grafada em itálico, é que se identifica no derradeiro verso a dona da casa. Com isso, justifica-se a epígrafe de Byron – sobre ser a canção o refúgio dos "nomes mais poderosos" – que encima o poema e este se afirma como autometafórico ou autorreferente: é a poesia a falar de si mesma. Há autorreferencialidade também no poema de Sosígenes Costa: quem bate à porta é a própria noite, não qualquer hipóstase dela como as alegorias de Murger ou o fantasma de Castro Alves. Trata-se da mesma "noite de horrores" de "O Drama do Século" e para convi-los as rimas reiterativas em *-edra*, *-igo*, *-ate*, *-unda* vão reunir um extravagante elenco de figuras históricas – Fedra, Cervantes Saavedra, o rei visigodo Rodrigo, Barbarigo, Guilherme de Montferrate, Farlatti, Salviatti, Ricanatti, a diva Pati, Rosamunda, Pepino o Corcunda, que sei eu mais quem. E como em "O Drama do Século", o poeta-arcanjo, agora convertido em dono da casa, é intimado a deixar o conforto de sua "alcova de asceta" para vir participar dos sofrimentos da humanidade, que "chora convulsa e perdida/ no labirinto de Creta". Quem o intima a essa participação é a própria noite, falando-lhe na primeira pessoa:

Quem 'stá batendo na porta
sou eu, a noite sombria,
com as minhas garras de parca
e com os meus dedos de harpia.

III

Este exame de conjunto permitiu-nos comprovar, quando mais não fosse, que os dez poemas aqui considerados se interligam pelos mesmos valores éti-

JOSÉ PAULO PAES: *Crítica Reunida Sobre Literatura Brasileira & Inéditos em Livros*

cos – afinal de contas, são poemas de engajamento, embora peculiar – e por uma simbólica comum[8], articulando-se de fato num ciclo cuja característica de base é centrar-se alusivamente na poesia de Castro Alves. Os modos e o grau dessa alusividade variam, indo da simples citação até a antiparáfrase e a paródia. Esta última palavra é que nos vai dar, enfim, resposta à pergunta formulada no princípio deste ensaio: como situar o ciclo castroalvino em relação à *Obra Poética?*

Por uma questão de pertinência, em vez de o situar em relação ao projeto criativo geral da *Obra Poética*, vamos cuidar de situá-lo apenas em relação às peças dela nas quais se podia discernir um empenho "participante" mais ou menos declarado. Elas não são muitas: a meu ver, restringem-se a "A Esfinge e o Argonauta", "Imagens da China", "Duas Festas no Mar", "Acendo a Lâmpada Naquela Estrela", "O Palhaço É o Filho do Sol", "A Marcha do Menino Soldado", "Catassol", "A Aurora em Santo Amaro", "Sereno de Santo" e "Cantiga de Canavial"; em outros poemas como "Tu És o Cristo?" ou "A Oração da Rosa de Ouro", o tratamento dado ao motivo histórico não deixa entrever nenhuma alusão ao presente, indispensável para configurar o propósito de engajamento. Já à primeira leitura dessas peças percebe-se que seu autor não pertence ao número dos que veem, na poesia dita social ou política, uma arma de aliciamento partidário. Tanto assim que, em vez de recorrer ao grandíloquo e ao patético tão frequentes no gênero, prefere-lhes uma dicção de simplicidade infantil, como n'"A Marcha do Menino Soldado", ou folclórico-popular, como em "Sereno de Santo", onde a nota de participação soa não em clangor de discurso, recorrendo aos meios persuasivos da retórica, mas em lírica surdina, por via da sugestividade propriamente poética. Com essa simplicidade de dicção, essa recusa do grandíloquo e do patético, contrasta a ênfase condoreira de boa parte dos poemas do ciclo castroalvino. Mas nem por isso cabe falar em ruptura, de vez que a ênfase nasce aqui ao nível da paródia, que lhe inverte o sinal e acaba por dissolver o contraste em equivalência.

Na paródia, o intento de crítica que subjaz ao processo imitativo estabelece uma tensão permanente entre forma e conteúdo; do descompasso ou "estranhamento" entre ambos é que resultam os efeitos de humor característicos da empresa paródica. Isso ocorre de maneira sistemática ao longo do ciclo cas-

---

8. Valores e simbólica que não são extrapoláveis a outros ciclos da *Obra Poética*, aos sonetos pavônicos, por exemplo, onde se reveste de positividade a emblemática do poder e do luxo.

troalvino, no qual, como verificamos, a tendência amplificadora da dicção condoreira, habilmente imitada nos seus torneios mais marcantes, conflita o tempo todo com aquele encarecimento do pequeno e do rasteiro, em oposição ao grande e ao elevado, por via do qual se afirma o ideário democrático do poeta. Não será impertinente ver, nessa recusa da altitude, um intento de crítica por assim dizer *topológica* do castroalvismo. O lugar preferido do poeta-condor é o topo da montanha ou o voo pelos ares, a que o arrasta "a águia da inspiração", como está dito em "O Vidente". Lá embaixo fica a Terra, abarcada pelo seu olhar sobranceiro; em cima desdobra-se o infinito, de que ele está mais perto que o comum dos mortais. Da topologia para a retórica o trânsito é lógico: antítese, visão simultânea de extremos afastados, o embaixo e o em cima, o perto e o longe; hipérbole, etimologicamente "transporte *por cima*", exageração na grandeza de um objeto para torná-lo visível aos olhos de quem tanto se distanciou da escala natural das coisas; apóstrofe, chamamento de alguém que, estando longe, teme não ser ouvido. A visão altaneira do condor devassa sem dificuldade o espaço e o tempo ("Então me arrojo ousado das eras através,/ Deixando estrelas, séculos, volverem-se aos meus pés…", ainda em "O Vidente"), donde o atropelo de alusões históricas e geográficas típicas do hugoanismo.

Este nexo lógico entre topologia e retórica nos leva naturalmente a pensar que os poemas paródicos de Sosígenes Costa, através de seu deliberado estranhamento entre dicção "elevada" e conteúdo "rasteiro", estão a denunciar uma contradição de raiz ainda hoje encontrável na variedade mais comum de poesia dita participante – a panfletária, a discursiva, a oratória, herdeira do condoreirismo. Ao subir no seu *podium* retórico, o poeta-orador se coloca implicitamente *acima* da massa, como o orador *tout court*, estabelecendo com ela uma relação de tipo superior-inferior que lhe contradiz etimologicamente a vontade de participação: participar não é estar acima de, mas *a par de*, é fazer *parte de*. E quando o poeta faz *parte de*, não precisa gritar para ser ouvido: pode falar em tom normal, naquele tom que o leitor de Sosígenes Costa se acostumou a ouvir-lhe, mesmo nos seus momentos mais "participantes". E é esse mesmo tom que, avesso virtual, vamos reencontrar por sob o direito paródico do ciclo castroalvino, exercício de admiração crítica de um grande poeta por outro cuja grandeza ainda está por reconhecer.

Arcádia Revisitada[*]

[Música Sertaneja, Indústria Cultural, o Contraste entre Cidade e Campo, Nostalgia Pastoral]

Para surpresa dos meus familiares, que não entendem como um aficcionado de música erudita pode entreter-se com isso, gosto de assistir ocasionalmente, na televisão, a um programa de música sertaneja. Esse programa é levado ao ar nos sábados, num horário que pouco tem de "nobre". Caberia, de passagem, uma observação acerca da inversão de valores operada, através dos meios de comunicação de massa, no significado de palavras como "nobre", adjetivo de conotações exclusivistas e minoritárias, antes oposto à maioria indiferenciada do "popular" e agora frequentemente confundido com ele no dicionário às avessas da propaganda: "nobre" é o período de transmissão das 20 às 23 horas, quando há exatamente maior número de espectadores...

Como se não bastasse o seu horário pouco nobre, meu programa sertanejo é apresentado num dos canais de menor índice de audiência da cidade. Um canal carente, ao que parece, de maiores recursos financeiros, artísticos ou técnicos e cuja programação ao vivo tem, por isso, algo de tosco e de improvisado, quando não chega, por suas imperfeições, às raias do grotesco. Disseram-me que o canal em questão costuma apenas "vender" o seu tempo de transmissão: os programas propriamente ditos são produzidos pelos arrendatários de cada horário, encarregando-se eles não só de arranjar patrocinadores e anunciantes como também de providenciar o roteiro, os cenários, os artistas, os apresentadores, os músicos.

No caso específico do meu programa sertanejo, tais limitações como que se transformam em virtudes, na medida em que concorrem para realçar aquele ar de ingenuidade, de bisonhice, de desajeitamento a um só tempo tocante e risível que, na dialética paradoxal do gosto, parecer ser o principal elemento do atrativo que a música sertaneja possa ter para um ouvinte mais refinado ou mais exigente. A bisonhice e a ingenuidade estão presentes, de resto, em cada

---

[*] Publicado originalmente em: *O Estado de S. Paulo*, Suplemento "Cultura", 22 maio 1981.

316

pormenor do programa. A começar do telão ou pano de fundo contra o qual invariavelmente se apresentam os cantores: pintado com aquela inabilidade quase infantil de fatura encontradiça nos murais dos bares e açougues de subúrbio ou de pequenas cidades do interior, representa uma paisagem rural estereotípica: colinas, árvores, cercas brancas e, no primeiro plano, uma venda de beira de estrada com um cavalo amarrado à frente. Já nesse pano de fundo se inscreve, pois, iconicamente, a dualidade simbiótica Cidade/Roça de que o programa constitui, por excelência, a ilustração sonora e visual, convindo notar, nele, o predomínio ostensivo de elementos rurais – as árvores, as colinas, as cercas, o cavalo –, com o urbano apenas metonimicamente sugerido por sua função de base, o comércio, a troca de bens através da qual campo e cidade se complementam: é na venda, posto avançado da cidade, que o roceiro vai buscar os produtos industriais de que carece e que a terra não lhe pode fornecer.

A mesma simbiose de rural e urbano e o mesmo papel de intermediação comercial entre um e outro esplendem na figura do animador titular do programa, ao qual o seu nome está indissoluvelmente ligado. Pelo que sei, sua função não se limita a apresentar-se diante das câmaras; ele se acha também à testa da empresa responsável tanto pela produção do programa como pela manutenção de uma caravana permanente de astros da música sertaneja que se exibe em circos, clubes e praças públicas do interior de São Paulo, Paraná e Mato Grosso, sendo seus serviços contratados com frequência por prefeitos para abrilhantar as festas de aniversário de cidades dessa vasta e populosa zona. A figura do animador ostenta uma elegância por assim dizer fazendeira: botas, *calças jeans*, camisa quadriculada, lenço no pescoço e chapéu de *cowboy*; outras vezes, um conjunto de calças e casaco do mesmo pano talhado no estilo da roupa dos pecuaristas do Texas, tal como o cinema a popularizou. Também a dicção do animador, malgrado as ocasionais inflexões caipiras e o pendor não menos caipira de a um sujeito plural fazer seguirem-se adjetivos e verbos no singular, trai, no uso reiterado do ok, a mesma americanização do vestir, pelo menos de estranhar num programa de música que se pretende de raízes genuinamente brasileiras. Essa americanização é partilhada, aliás, com as quatro bailarinas a se requebrarem o tempo todo atrás dos cantores, como é hoje de rigor nos programas de auditório. E aqui se impõe um novo parêntese de ordem semântica para lembrar o desuso em que vai caindo a designação "caipira", agora sistematicamente substituída por "sertanejo". Mais um caso evidente daquele abrandamento eufêmico tão do gosto dos publicitários empenhados em agradar a gregos e troianos e por via do qual os matizes negativos do adjetivo "caipira", em que transluz um pouco do desdém citadino pela rusticidade do campo (ainda que Amadeu Amaral o usasse no grau neutro para designar o dialeto falado no interior de São Paulo e cujas esquecidas raízes quinhentistas ele foi dos primeiros a lembrar), são substituídos pela aura de positividade quase heroica de que, a partir de Euclides e d'Os *Sertões* – "o sertanejo é, antes de tudo, um forte" –, o termo se revestiu. Hoje não há mais duplas de música caipira: há só duplas de música sertaneja.

É bem de ver, porém, que pelo mesmo fato de Euclides ter traçado, como perfil arquetípico do sertanejo, o retrato do habitante das caatingas, fez com que o termo passasse a designar com maior propriedade o nordestino do sertão, não o roceiro de Minas, São Paulo, Mato Grosso ou Paraná. A este, no entanto, é que visa especificamente, por suas peculiaridades melódicas, harmônicas, rítmicas e literárias, o tipo de música apresentado no programa, inserido numa tradição bem diversa da da música do Nordeste, à qual a mesma emissora de televisão dedicava (não sei se ainda vai ao ar) um programa exclusivo, de grande audiência entre os migrantes nordestinos de São Paulo; tão grande que alcançou fazer de seu apresentador deputado federal... Não me lembro de ter ouvido algum dia, no programa objeto destas considerações meio vadias, nada que mesmo de longe se parecesse com coco, embolada ou baião, nem tampouco de haver detectado o sotaque aberto da gente do Norte na fala de qualquer dos cantores nele apresentados. A música habitualmente interpretada por esses cantores pertence antes ao gênero chamado "moda de viola" ou "moda caipira", popular sobretudo em São Paulo, Minas, Goiás, Mato Grosso e Paraná. É cantada quase sempre por duplas, cujas vozes estão separadas entre si por intervalo de terça, peculiaridade talvez ligada às do instrumento acompanhante, a viola de cordas duplas, que só nas pausas dos versos cantados faz soar acordes; quando a cantoria recomeça, ela a vai repetindo em terças, em uníssono com os cantores, portanto. Mas são poucas as duplas que se contentam com o ortodoxo acompanhamento de viola. Mantendo embora as vozes naquele diapasão alto, quase de falsete, com que mimetizam o timbre desse instrumento rural, preferem substituir-lhe à modesta sonoridade por um acompanhamento mais rico: violão, sanfona, harpa e até mesmo pistão. Do violão e da sanfona não há o que dizer: um e outra estão ligados de há muito à música rural brasileira. Já a harpa e o pistão representam enxertos até certo ponto esdrúxulos e não destituídos de consequências. Conquanto o timbre macio da harpa lembre remotamente o timbre bem mais metálico da viola, o seu uso como instrumento acompanhante de música caipira não significa apenas uma sofisticação, mas antes uma hibridação: seus *glissandos* como que impõem ao violão o estilo rasqueado de tanger as cordas e, mais ainda, a pulsação típica da *guarania* paraguaia. Esse fenômeno de hibridação é explicável pela contiguidade geográfica do Paraguai com os estados brasileiros de Mato Grosso, Goiás e Paraná: na zona fronteiriça, o tipo de atividade econômica e os hábitos de vida, cá e lá, têm muito em comum. Mas os pistões, tal como os utilizam os arranjadores para enriquecer os acompanhamentos de música sertaneja, traem imediatamente, nos ornatos em uníssono com que preenchem os intervalos entre os versos, o som inconfundível dos *mariachis* mexicanos. A mesma curiosa tendência de mexicanização avulta também no modo de vestir de certos cantores ou conjuntos sertanejos, com seus largos *sombreros* e seus coletes bordados a prata como a roupa dos *charros*, tanto quanto nas letras de algumas de suas canções, em que os tímidos namoros da roça são substituídos por amores vulcânicos com as mulheres de aluguel daquele *bas-fond* em cuja evocação, na esteira do tango, o bolero se compraz com frequência.

Se a americanização das roupas do apresentador e das bailarinas do meu programa sertanejo encontra fácil explicação na influência cada vez maior exercida sobre nossa vida cotidiana pelos filmes, discos, cassetes e enlatados de televisão maciçamente importados dos Estados Unidos; se se podem justificar pela vizinhança geográfica os ocasionais enxertos de ritmos e harmonias da *guarania* em nossa música sertaneja — já me parece bem mais difícil entender o influxo, sobre ela, do México, país tão distante do nosso e com o qual são poucas as relações de ordem cultural. Pode-se obviamente invocar, à guisa de justificação, a voga do cinema mexicano, com seus dramalhões no estilo de *Santa*, durante a década de 50, e, um pouco antes, a voga do bolero. O tempo se encarregou, porém, de atenuar grandemente essas vogas, o tempo que, diga-o a obsolescência planejada, é a única divindade cultuada pela sociedade de consumo e por sua indústria cultural, de que a música sertaneja é um dos setores mais lucrativos.

Fico a pensar se essa persistência algo anômala do influxo não terá motivação mais profunda. Aliás, tratar-se-ia, no caso, menos de um fenômeno de persistência que de transferência. No auge de sua voga, a canção mexicana influenciou nossa música urbana, ocasionando não só o aparecimento de um bolero brasileiro como também de um samba-canção abolerado. Passada a voga com o advento da bossa nova, eis que o influxo se desloca ou decai para o terreno da música sertaneja onde, ainda que de maneira restrita e ocasional, subsiste. Tenho para mim que esse deslocamento ou "degradação" teria a justificá-lo uma afinidade de base entre a música popular mexicana e a nossa música sertaneja. Pois tanto os conjuntos de *mariachis* como a figura pitoresca do *charro* constituem uma empresa de estilização urbana, de estereotipia comercialmente bem-sucedida, de elementos da tradição campesina. Empresa levada a cabo principalmente pela indústria cultural – o cinema, o rádio, o disco e, mais tarde, a televisão – com o fito de incorporar ao circuito de consumo dos seus bens não a população rural propriamente dita, cuja baixa renda a mantém fora das benesses da chamada sociedade de bem-estar social, mas aqueles setores mais recentes da população urbana – dir-se-ia melhor, suburbana – constituídos pelos migrantes que decidiram trocar as durezas da gleba pelas promessas de abundância da cidade. Esses migrantes, responsáveis pelo vertiginoso crescimento populacional da Cidade do México a partir da Revolução, veem-se envolvidos, tão logo chegam, num processo de aculturação onde os hábitos do campo vão sendo com maior ou menor rapidez substituídos pelos gostos e modas da cidade. O processo só se vai completar em definitivo, contudo, nas gerações seguintes; o próprio migrante, por mais urbanizado que se torne, guardará sempre, no fundo da alma, a marca da vida campesina e, vendo-a agora a distância, esquecer-lhe-á as agruras para dela conservar apenas uma imagem de simpleza idílica, que contrapõe nostalgicamente às complicações da vida civilizada.

A semelhança com o caso de São Paulo salta aos olhos, quer pelo espantoso crescimento da cidade em consequência do êxodo rural (os 10 milhões de habitantes da Pauliceia só são sobrepujados pelos 20 milhões de mexicanos que se aglomeram em sua capital ou à volta dela), quer por sua condição de berço da música sertaneja comercializada. Música, aliás, cujo cinquentenário de nascimento foi ainda há pouco comemorado com o apoio oficial que nunca falta às festividades de caráter popular factíveis de render algum lucro eleitoral, imediato ou futuro. Segundo se apurou e se institucionalizou a seguir como efeméride histórica, foi em São Paulo, há exatamente meio século atrás, que se apresentou pela primeira vez no rádio uma dupla sertaneja. Tal efeméride assinala, pois, o momento preciso a partir do qual a Cidade passa a incorporar à sua máquina de produção, convertendo-a numa mercadoria como outra qualquer, aquilo que até então fora dom gratuito oferecido à gente da Roça por seus cantadores e violeiros, cujas figuras e instrumentos vão sofrer o mesmo processo de estereotipia comercial do *charro* e dos *mariachis*.

Para se ter uma ideia da amplitude dessa comercialização, basta atentar já não digo para a promoção creio que gratuita dos lançamentos e das gravadoras de música sertaneja, no meu programa dos sábados, mas para a propaganda paga de seus anunciantes de fato e de direito. Estes não são, de modo algum, as grandes corporações nacionais e multinacionais, antes interessadas em patrocinar, com suas nababescas verbas de publicidade, os musicais mais aparatosos, o futebol ao vivo, a novela das oito. São, ao contrário, indústrias e firmas comerciais de médio porte que, por não disporem de recursos para uma propaganda de largo alcance nem de uma rede de distribuição de seus produtos suficientemente ampla para justificá-la, têm de contentar-se com um público mais modesto, em termos de poder aquisitivo, e mais localizado, em termos de situação geográfica. Vale dizer: a gente dos subúrbios e do Interior, sobretudo os lojistas habituados a fazer suas compras na Capital. Entre esses anunciantes, lembro-me de uma fábrica de bebidas cujo conhaque dificilmente aguentaria a concorrência de marcas mais aristocráticas, de nome francês ou espanhol; de uma indústria de cosméticos empenhada em conquistar, com seus preços módicos, os numerosos salões de beleza da periferia; de uma imobiliária a oferecer terras virgens em Mato Grosso e de outra a lançar loteamentos populares num dos municípios operários da Grande São Paulo, o mesmo onde uma terceira imobiliária põe à venda, por preços de ocasião, jazigos perpétuos num cemitério com o nome eufêmico de parque não sei de que flores, recebendo o adquirinte, no ato da compra, um seguro de vida grátis, certamente para exorcizar as conotações aziagas dessa escolha tão prematura da última morada…

Mas os anunciantes mais frequentes e mais característicos são – além dos depósitos de bairros afastados que se propõem a fornecer em prestações, ao migrante chegado há já algum tempo e já com um emprego fixo capaz de garantir-lhe o crédito, os materiais de construção de que necessita para, nos domingos, com a ajuda de parentes e vizinhos, erguer o cômodo-e-cozinha que o irá transformar definitivamente em citadino, ainda que periférico a fornecer em prestações – as manufaturas de roupa feita, em especial as localizadas no Brás, junto da estação do Norte, escoadouro da população suburbana e interiorana, e no Bom Retiro, perto da Rodoviária e das estações da Luz e da Sorocabana, três outros escoadouros dessa mesma população. Se o anúncio do depósito de materiais de construção constitui o signo do enraizamento físico do interiorano na Capital, o anúncio da manufatura de roupas feitas é o signo mais ostensivo, porque imediatamente visível, de sua assimilação cultural. E como por força acontece nos processos de conversão, é sempre mister algum exagero da parte do neófito para melhor confirmar-lhe o ardor da fé recém-professa. Daí a tendência algo hiperbólica das roupas anunciadas no meu programa sertanejo em relação aos padrões da moda vigente, a moda dita "jovem": as cores e as estampas das camisas e das blusas são sempre mais vivas do que as habituais; as saias demasiado apertadas nos quadris e as calças largas demais na boca afastam-se decididamente das virtudes do meio-termo. Camisas, blusas, saias e calças que em nada diferem, de resto, das usadas pelos cantores e cantoras do programa e que em nada fazem lembrar o vestido de chita, a camisa de riscado e as botinas de elástico prototipicamente celebradas, nas festas juninas, como o próprio brasão da condição roceira.

Vendo-os e ouvindo-os cantar, metidos naquele *travesti* citadino, mágoas e feitos de caboclos ou boiadeiros, saudades da velha porteira da fazenda ou do apito do trenzinho na estação, tem-se o sentimento de uma incongruência, de um descompasso entre o que se vê e o que se ouve, como que a denunciar a incompletude do processo de assimilação cultural. Essa incompletude está infusa, a bem dizer, no próprio conceito de suburbano e/ou interiorano. A cidade do interior, assim como o subúrbio, são o *locus* de mediação entre os termos polares opositivos Cidade/Roça, servindo as maiúsculas, no caso, para marcar o grau superlativo: em relação à Metrópole ou Capital, as demais cidades não passam de réplicas degradadas; de modo semelhante, a Roça ou Sertão designam o rural absoluto, de que a chácara, a granja e o sítio próximo da civilização constituem diluições ou contrafações. O subúrbio *ainda não é* a Cidade, embora a prenuncie ou prolongue; a vila, o burgo interiorano *não é mais* a Roça, embora lhe esteja perto.

O caráter de incompletude e de ambivalência, inseparável do conceito de interiorano ou suburbano, está também na raiz da música dita sertaneja, onde se manifestam duas pulsões antagônicas, ainda que complementares. De um lado, a atração do urbano; de outro, a nostalgia do rural. É preciso atentar bem para o significado destas palavras. Em *atração* está involucrada a noção de presença, proximidade no espaço e no tempo, bem como a de força crescente, enquanto *nostalgia* evoca as noções de ausência, distância, pretérito, força amortecida. A melhor ilustração dessa semântica de opostos está, logo se vê, num tipo de música que, inserindo-se declaradamente na tradição caipira da

IV. Gregos & Baianos: Ensaios

"moda de viola", é não obstante produzido nas grandes cidades pela indústria cultural, para consumo de um público não mais roceiro, na sua maior parte, mas já citadino ou suburbano. Está simetricamente ilustrada na psicologia desse mesmo público, cuja maior ou menor integração nos usos e costumes da cidade não lhe apagou o vinco das origens, nostalgicamente evocadas na plangência das canções sertanejas. Nestas, um dos temas recorrentes é a visão idealizada da vida do campo em contraposição à vida da cidade. Visão repassada de saudade e amiúde de um sentimento de perda irreparável, vale dizer, da consciência da impossibilidade de voltar atrás, tal como paradigmaticamente as exprimiu a modinha de um trovista maranhense que o surgimento da indústria do disco nos primórdios do século iria tornar célebre pelo Brasil todo. Falo do "Luar do Sertão", de Catulo da Paixão Cearense, onde a louvação das galas sertanejas se faz acompanhar de uma nota de crítica à cidade e da aspiração irrealizável – ou, o que dá no mesmo, só realizável pela morte – de refazer em sentido inverso o caminho que trouxera seu autor do anonimato dos sertões do Ceará para as glórias da Capital Federal:

Oh que saudade do luar da minha terra
[...] Esse luar cá da cidade é tão escuro
não tem aquela saudade
do luar lá do sertão.
[...] Ai quem me dera
que eu morresse lá na serra
abraçando minha terra.

Transcrevo estes versos da velha modinha de Catulo de um dos números de uma revista[1] dedicada à divulgação de recentes sucessos sertanejos; o simples fato de aquela estar ainda incluída entre estes demonstra-lhe a natureza paradigmática, confirmada outrossim por glosas facilmente rastreáveis em canções de hoje, como os exemplos abaixo, colhidos em outra publicação do mesmo gênero:

Estando sofrendo, aqui na cidade,
a louca saudade de um certo amor,

---

1. *Sucessos Sertanejos,* n. 2, Belo Horizonte, Ed. César de Jornais e Revistas, s.d.

busquei o remédio da mente saudosa

na vida gostosa do Interior.[2]

[…]

Que saudade eu sinto,

nunca mais esquecerei –

saudade do Interior,

de tudo que eu lá deixei…[3]

[…]

Menina do Interior, nasceu e se criou

na simplicidade;

deixou os pais lá na roça, a velha choça

e veio pra cidade.

Pensando em vida melhor, sem crer que o pior

fosse acontecer,

sem querer cai na ratoeira –

mas de qualquer maneira precisa vencer![4]

[…]

Meu coração de caboclo,

aqui na grande cidade,

quase morre de saudade

da casa branca da serra.

[…] Meu povo interiorano,

que vive aqui na cidade,

somos uma irmandade –

sofremos a mesma dor!

Meu abraço emocionado

a essa gente querida,

que guarda, por toda vida,

lembrança do Interior![5]

2. Canção "Aurora do Mundo", de Goiá e A. N. Almeida, em *Moda de Viola*, ano III, n° 19, Luzeiro Ed. Ltda., 1980, p. 9.

3. Canção "O Interiorano", de Laureano Cruz e José Homero, em *Moda de Viola*, n° cit., p. 6.

4. Canção "A Garçonete", de Jack e G. Maciel, em *Moda de Viola*, n° cit., p.13.

5. Canção "Coração de Caboclo", de Goiá e Plínio Alves, em *Moda de Viola*, n° cit., p. 15.

IV. Gregos & Baianos: Ensaios

Particularmente significativa é a referência coletivista do último exemplo, onde os interioranos emigrados são vistos todos como uma só comunidade irmanada pela saudade comum e inapagável do torrão natal, a mesma que os unifica também como consumidores permanentes do saudosismo industrializado pela música sertaneja. Igualmente significativo, mas em nível mais profundo, é o exemplo da mocinha do Interior seduzida pelas promessas da cidade grande e decidida a nela vencer, mas que acaba vencida por ela. Quem poderá deixar de ver aí outra manifestação daquela síndrome universal a que a famosa personagem de Flaubert deixou seu nome para sempre ligado? Quase escusava dizer que me refiro à síndrome bovarista, em cuja mecânica atuam, pulsões contraditórias, o tédio da vida provinciana, a aversão à sua simpleza e mesmice, e o fascínio pelos refinamentos e novidades da Capital, a que se seguem, ulteriormente, o desencanto após os primeiros percalços nesta, a nostalgia de um mundo que ficou para trás no tempo e no espaço (nostalgia a que não é estranha uma ponta de remorso), e a pena de sabê-lo perdido para sempre, já que a cidade é uma doença incurável. A mesma síndrome ajuda a explicar o curioso destaque, na música sertaneja, não da figura do lavrador fixado à terra, apegado à monotonia daquela vida simples a que todo interiorano emigrado sonha culposamente um dia voltar, mas sim das figuras do boiadeiro e do cantador ambulante, a gabarem-se de suas andanças e das coisas novas que têm para contar, como acontece também com o carreteiro ou o caminhoneiro, outro herói das canções sertanejas em tempos mais recentes.

Se a componente de base do bovarismo é a linha de fuga, configuração do impulso de dentro para fora que leva do familiar para o exótico, nem por isso se lhe pode ignorar, componente secundária mas dialética, a linha de retorno por onde circula o impulso contrário, que vai do exótico, agora familiar pela proximidade, rumo ao familiar tornado exótico pela distância. A esta componente secundária, a que podemos chamar síndrome pastoral, talvez fosse conveniente atribuir estatuto de autonomia a fim de melhor destacar-lhe as singularidades. A antítese pastoralista tem antecedentes literários tão ilustres quanto sua tese bovarista, e até bem mais antigos. Eles remontam ao Velho Testamento – onde, nos anátemas do patriarca Abraão contra os pecados de Sodoma e Gomorra, vamos encontrar a rejeição inaugural dos luxos da vida urbana em nome da frugalidade pastoril – e aos idílios de Teócrito, homem da cidade nostálgico da vida campestre e criador de um novo gênero literário, a poesia pastoril. Conforme está dito num dicionário de termos literários, "o

JOSÉ PAULO PAES: *Crítica Reunida Sobre Literatura Brasileira & Inéditos em Livros*

contraste implícito ou direto entre cidade e campo"[6] constitui a característica fundamental desse gênero, sendo a perene atualidade do contraste a melhor explicação de sua persistência. A começar de Virgílio, em cujas éclogas surge o mito da Arcádia, terra ideal onde reinam a paz e a simplicidade da idade de ouro, o *tópos* do "lugar ameno" transmitido pela Idade Média à Renascença e que alcançaria, no Rococó, o supremo alambicamento das "festas galantes", com seus nobres e grandes burgueses bucolicamente fantasiados de pastores, dos quais, por sobre os abismos da cronologia e do *status* social, os meus cantores sertanejos travestidos de *charros* ou de rapazes da Augusta são, a um só tempo, a réplica e o reverso.

Não se acuse semelhante paralelo de forçado ou de anacrônico. Se Empson pôde descobrir no romance proletário de nossos dias uma versão encoberta ou dissimulada da poesia pastoril[7], que é que nos impede de ver na música sertaneja comercial outra das modernas versões desse antigo, proteico e duradouro gênero poético? Pois tanto quanto o romance proletário, a canção sertaneja também se distingue da arte folclórica, esta sim genuinamente "proletária" na medida em que é feita *pelo* povo, *para* o povo e *sobre* o povo, pelo fato de só atender plenamente a uma dessas três exigências preposicionais, deixando de satisfazer como cumpre as outras duas. Expliquemo-nos melhor. Embora a música sertaneja tenha por tema constante a vida rural (o *sobre*), não é feito por roceiros (o *pelo*) nem se dirige preferencialmente a eles (o *para*). Os que a compõem e os que a interpretam são profissionais a serviço da indústria cultural, gente tão "civilizada" que chega a viajar em avião próprio para atender a compromissos de trabalho em cidades mais afastadas... Além disso, o seu público consumidor é constituído menos pelos homens da gleba propriamente ditos do que pela população dos subúrbios proletários ou das pequenas cidades do interior, a qual, de campesina, só tem a nostalgia de suas origens mais ou menos próximas. É precisamente essa "falsidade" de raiz − uma arte supostamente rural, de idealização da vida rural, feita para gente não mais rural − que distingue a música sertaneja comercializada da música legitimamente folclórica e que nos permite caracterizá-la como uma das numerosas versões do gênero pastoril. Este também tinha na "falsidade" a sua pedra angular, pois era somente por via do artifício literário que alcançava

6. Joseph T. Shipley, *Dictionary of World Literary Terms,* Londres, George Allen & Unwin, 1955, p. 300.
7. William Empson, *Some Versions of Pastoral; a Study of the Pastoral Form in Literature*, Harmondsworth, Penguin, 1966 (1ª ed., 1935), pp. 13-4.

IV. Gregos & Baianos: Ensaios

converter de novo em felizes e simplórios pastores a gente infeliz e contradi-
tória das cidades, a qual, desgostosa embora das atribulações da vida civilizada
e nostálgica da simpleza da vida natural, jamais iria trocar os confortos de uma
pelos desconfortos de outra.

Bem por isso, não vejo nas festas juninas, onde crianças e adultos citadinos
vestem grotescos trajes caipiras para dançar as quadrilhas da roça e comer os
quitutes da roça, apenas uma forma de ridicularização do homem do campo
pelo homem da cidade, como a denunciou Osman Lins num dos ensaios tão
combativos e tão oportunos do último livro que publicou em vida, *Do Ideal
e da Glória*. Vejo-as antes como um ritual degradado ou paródico, mas ritual
quand même, no espírito das festas rococós, quando, ao se fantasiar luxuosa-
mente de pastores e pastoras para celebrar seus piqueniques de campo ou de
jardim, a gente da corte regressava imaginária e nostalgicamente ao ditoso
estado natural tão decantado pelo filósofo Jean-Jacques Rousseau, à Arcádia
da idade de ouro figurada por Vergílio e Sannazzaro, ao paraíso cristão ante-
rior à Queda e ao estigma do Saber. Ainda que o chapéu de palha, a chita e as
botinas de elástico juninos tenham pouco em comum com as sedas e os velu-
dos do disfarce rococó, servem à mesma função de satisfazer, vicariamente,
à impossível aspiração do citadino de regressar ao seio da mãe-Natureza, da
qual o afastou o pecado da ciência e da tecnologia e de cujos perigos a mili-
tância ecológica e o naturismo macrobiótico tentam baldadamente salvá-lo.
Pois a satisfação vicária é a única ainda consentida ao homem do século XX
pela autorregulagem cibernética da sociedade industrial. Ele já não tem, como
madame Bovary, a coragem de ir até o fim. A vida que poderia ter sido e que
não foi, ele a vive não na ação, ainda que tardia, mas na contemplação inerme.
O seu bovarismo, tanto quanto a sua nostalgia pastoral, foge dos extremos:
contenta-se com os simulacros inofensivos fartamente postos ao seu dispor
pela indústria cultural, da telenovela à música sertaneja.

A Perda no Caminho*

[Do Rádio para a Televisão]

Melhor se faria a comemoração dos sessenta anos de rádio no Brasil se, em vez de se evocarem saudosisticamente os seus bons tempos, se refletisse acerca do que representou a substituição do aparelho de radiofonia pelo aparelho de televisão no altar-mor dos lazeres domésticos. E essa reflexão bem que poderia tomar por epígrafe a velha anedota do sujeito que chegou em casa entusiasmado com o último aperfeiçoamento tecnológico de que tivera notícia: um televisor que, dispensando a imagem, só transmitia o som puro...

À primeira vista, a atual hegemonia da televisão sobre o rádio parece configurar um caso semelhante ao da vitória do cinema falado sobre o cinema mudo. Trata-se, contudo, de um paralelo enganoso. O advento da trilha sonora é responsável pela morte histórica do filme sem voz, ao passo que o da televisão acarretou apenas uma mudança no uso do rádio como instrumento de diversão. Expulso do seu lugar de honra na sala de jantar ou de estar, conseguiu ele, graças ao surgimento do transistor, sobreviver como um companheiro portátil para as horas em que o seu usuário não esteja hipnotizado diante do vídeo. É bem de ver, porém, que esse rebaixamento de posição trouxe consequências de vulto para o tipo de programação tradicionalmente veiculada por ele. A radionovela, os *sketches* humorísticos, os musicais e os concursos de auditório transmitidos ao vivo – vale dizer, a parte "nobre" da programação – desapareceram de vez, transferindo-se com armas e bagagens para a televisão. Sobraram para o rádio apenas programas de música à base de gravações e os noticiários jornalísticos. É então que tem início a tirania dos *disk-jockeys*, que só cede o lugar, e assim mesmo ocasionalmente, ao repórter policial ou ao locutor esportivo.

O entretenimento hoje transmitido pelo rádio teve de adaptar-se por força às condições da portabilidade caucionadora da sua sobrevivência. O peque-

---

* Publicado originalmente em: *Folha de S.Paulo*, "Folhetim", 7 ago. 1983.

no receptor transistorizado a que se reduziu a imponente "capelinha" dos anos 1930 viaja embutido no painel do carro para amenizar a monotonia das viagens. Leva-o a dona de casa para a cozinha, o trabalhador para a fábrica, o funcionário para o escritório ou repartição, e o adolescente a toda parte, para se distraírem da rotina das tarefas diárias. Mas essa mistura de trabalho e lazer implicou uma divisão de atenção: ouve-se agora o rádio distraidamente, com um ouvido só. Foram-se os tempos em que, reunido diante do dial ilumina-do, o círculo familiar era todo ouvidos para a programação da noite: o jornal falado, os quadros humorísticos, os cantores acompanhados de regional ou orquestra, os desfiles de calouros transmitidos do auditório, as radionovelas ou peças de grandes autores adaptadas.

Foi principalmente no campo do teatro falado que o rádio alcançou de-senvolver uma estética própria. A figura do "sonoplasta" (bela palavra que dá palpabilidade ao som incorpóreo) é até hoje lembrada. Com a sua parafernália capaz de gerar fielmente toda a sorte de ruídos – tempestades, tropel de cava-los, brigas homéricas, trens chegando ou partindo, passos sinistros nas trevas, fantasmas a arrastar correntes – criava ele uma cenografia acústica para as falas dos atores, dando-lhes profundidade, ressonância, poder de convencimento. Tão inventiva se demonstrou essa técnica de ilusão sonora que, com imitar na televisão um sonoplasta às voltas com a sua extravagante aparelhagem, Jô Soares criou um dos seus melhores números.

A estética do "som teatralizado", se cabe a expressão, desenvolveu-a o rádio com base numa habilidosa manipulação do poder imaginativo dos ou-vintes. Nunca se demonstrou tão verdadeira como no caso do radioteatro a definição de forma literária proposta por Kenneth Burke como a psicologia da audiência ou público[1]. Quem criava o espaço físico tridimensional onde as vozes se materializavam em pessoas de carne e osso era o próprio ouvinte, com a sua imaginação orientada e estimulada pelas "pistas" que a sonoplastia ardilosamente lhe fornecia de quando em quando. Com isso, deixava ele de ser mero ouvido passivo para se converter em colaborador ativo do espetáculo sonoro que se lhe propunha.

A teatralização do som é o aproveitamento deliberado de uma virtualidade como que inata ao rádio enquanto meio de comunicação. Por si só, alcança ele infundir no ouvinte uma sensação de, ao mesmo tempo, presença e distância,

---

1. Kenneth Burke, *Teoria da Forma Literária*, Trad. J. P. Paes, São Paulo, Cultrix, 1969, p. 44.

José Paulo Paes: *Crítica Reunida Sobre Literatura Brasileira & Inéditos em Livros*

sensação que se aguça quando ele é ouvido solitariamente na quietude de um quarto às escuras onde só se lhe possa enxergar a débil luminosidade do mostrador. Um compositor de música eletrônica, Luctor Ponse, conseguiu expressar admiravelmente essa dúplice sensação na sua peça *Radiofonia 1*[2], na qual só se escutam ruídos de estática ou sinais sem sentido emitidos por alguma fonte distante demais para que pudessem ser captados com clareza. O hábil contraponto de longos silêncios com esses sons inarticulados, bem como os seus crescendos e diminuendos a figurar aproximação e distanciamento, incutem uma sensação de estar-se a ouvir uma intraduzível mensagem vinda das profundezas do espaço, como se algum outro mundo estivesse tentando estabelecer contato, mas sem sucesso. Por outras palavras, uma sensação, simultânea e ambígua, de presença e de distância.

Se se comparar essa presença à distância com a famosa definição que Pascal deu da metáfora como presença e ausência a um só tempo, entender-se-ão melhor as virtualidades metafóricas do "som teatralizado" da radiofonia. Quando se assiste a uma representação de teatro, está-se na verdade assistindo a um texto corporificado, em que os atores, com suas falas realçadas por inflexões e gestos, são metáforas das paixões que lhes habitam o íntimo *qua* personagens, e de cujos conflitos se tece o "enredo" da peça. Mas o teatro é uma arte "mista" de dois veículos, o verbal e o visual, aliados em função dos mesmos propósitos expressivos. Já o radioteatro seria um teatro "puro" na medida em que recorre apenas ao verbal, sem apoio nem interferência do visual, a menos que se queira ver a sonoplastia como uma espécie de "tradução" acústica dessa visualidade posta de lado. De qualquer modo, tudo se passa no plano sonoro, que é o plano por excelência da fala. Daí que poetas e escritores, artistas da palavra, se tenham sentido tentados a escrever para o rádio, como é o caso de Dylan Thomas, com sua peça para vozes, *Under Milk Wood*, produzida pela bbc em 1954.

Com o advento da televisão, o som à distância da radiofônica soma-se a uma nova dimensão, a imagem visual, responsável pelo extraordinário sucesso desse que se tornou o mais poderoso meio de comunicação de nossos dias. Mas esse poder tem o seu preço, que não é pequeno. Em primeiro lugar, há o nababesco investimento em aparelhagem técnica e em instalações, a que se tem de acrescentar as elevadas despesas de produção de programas ao vivo,

2. Incluída em *Eletronic 2000*, disco Philips (Brasil) n° 658007, série Medium.

330

sobretudo de telenovelas, bem como os *royalties* pagos pelos videoteipes ou filmes estrangeiros exibidos. O alto custo industrial da televisão teria de levar necessariamente à sua concentração: umas poucas redes transmissoras cobrem hoje todo o país com os mesmos programas, não passando as estações locais disseminadas pelos diversos estados de meras repetidoras dos focos geradores do Rio e de São Paulo. É por demais conhecido, para que se precisa insistir no assunto, o impacto causado por essa centralização no sentido de uniformizar gostos, comportamentos e sobretudo hábitos de consumo. Limitemo-nos só a lembrar que tal processo de concentração correu paralelo ao da centralização autoritária do poder político. Dispensador todo-poderoso das concessões de canais de televisão, o Estado sempre se valeu desta para influir na opinião pública, fosse através de pronunciamento direto de seus mandatários, fosse através de campanhas encomendadas a agências de publicidade, ao mesmo tempo em que, pelo mecanismo da censura, prevenia eventuais desvios que estimasse prejudiciais aos seus propósitos ideológicos ou aos valores da moralidade pública de que se inculcava guardião.

Se o impacto uniformizador da televisão foi útil aos interesses da produção industrial em massa e de um autoritarismo político avesso a qualquer forma de partilha do seu poder, não o foi absolutamente aos interesses da cultura, que é o domínio por excelência das diferenciações criativas. Basta atentar para o apagamento dos sotaques regionais por que vai sendo responsável a televisão, em cuja linguagem oral predomina uma espécie de amálgama do falar paulista com o falar carioca, deste último provindo a pletora de expressões de gíria a que se reduz atualmente todo o vocabulário da juventude. Compare-se agora essa vocação "federalista" das redes de televisão com a vocação "municipalista" das pequenas emissoras de rádio espalhadas por todo o território nacional. Cada cidade que se preze tem a sua, mantida com a publicidade do comércio e indústria locais e a serviço especificamente da comunidade que a ouve. É nessas estações interioranas que os artistas amadores conseguem uma audiência bairrista e simpática, seu primeiro estímulo rumo a uma profissionalização a que só uns *happy few* conseguem ascender no clube fechado da TV.

Até aqui falamos exclusivamente do custo social, não do custo estético, do espantoso poder de aliciamento da televisão, tão mais intenso e mais extenso que o do rádio. Poder que chega às raias da hipnose coletiva, como num conto de ficção científica de Ray Bradbury cujo protagonista, por preferir passear à noite pelas ruas desertas da cidade em vez de postar-se compulsivamente diante do vídeo como todos os seus concidadãos, acaba sendo preso pela polícia e encaminhado a uma clínica psiquiátrica para ser ressocializado... Esse poder quase letárgico da televisão tem certamente a ver com a qualidade por assim dizer "tátil" de suas imagens e com o vínculo pessoal que, por sua proximidade dele, estabelecem com o espectador. Nisso, a televisão difere frontalmente do cinema, cujo desfrute é em certa medida ritualmente socializado, praticado em grupo e num local especial.

Entretanto, de um ponto de vista rigorosamente estético, a televisão não tem, como se sabe, um conteúdo próprio: apresenta o mesmo que o cinema, isto é, imagens animadas e sonorizadas. Do ponto de vista histórico, ela é apenas a herdeira da programação dita "nobre" do rádio – a novela, o noticiário, o musical, o *sketch* – conforme já tivemos ocasião de lembrar aqui. Uma estética específica da televisão teria de ser, como assinala Umberto Eco[3], a captação dos acontecimentos no momento mesmo de sua ocorrência, com o que lograria ela diferenciar-se do cinema, onde ocorre um hiato temporal entre o fato e a sua reprodução imagética. Exemplo particularmente feliz dessa "estética do instantâneo" própria da televisão é a transmissão do futebol ao vivo; pelo uso de mais de uma câmera e pelo recurso do *zoom*, propicia ela ao telespectador uma visão do que se passa no campo mais completa do que a tem quem esteja presente no estádio. Para se perceber a dramática pertinência da instantaneidade, é só pensar em como fica sem graça o videoteipe de uma partida cujo resultado já se conhece de antemão.

As oportunidades concretas de a televisão desenvolver a sua estética de uma imagem sincrônica do acontecimento são poucas, porém. As mais das vezes, conforma-se ela em ser apenas veículo do cinema: boa parte da sua programação – quiçá a melhor parte – está dedicada à reprodução pura e simples de filmes. Aliás, com o recente advento do videocassete e da televisão por cabo, parece ela estar mesmo relegada ao papel de prover cinema a domicílio, tanto mais quanto, comparada ao dinamismo e à economia narrativa do filme, a telenovela se mostra insuportavelmente longa e redundante.

Nesta palavra, "redundância", estará talvez o calcanhar de Aquiles da televisão. Ao completar o som já de si descritivo do rádio com a imagem pormenorizada do cinema, para levar ambos, sem nenhuma ritualização social, a cada domicílio, ela como que condena ao ostracismo os nossos dons de

---

3. Umberto Eco, *Obra Aberta*, trad. G. Cutolo, São Paulo, Perspectiva, 1968, p. 180 ss.

imaginação – no sentido estrito de faculdade criadora de "imagens" mentais complementares das visuais, criação a que até mesmo o cinema, pelo uso sistemático da elipse e da metonímia, convida o espectador, fazendo-o partícipe do processo de constituição do sentido estético. Duas historietas exemplares, à maneira das de Décio Pignatari, talvez ajudem a ilustrar melhor o que se está tentando dizer. Primeira historieta: numa entrevista recente, contou Chacrinha que no tempo em que transmitia o seu "Cassino" pelo rádio, usando discos e efeitos de sonoplastia, dois turistas argentinos compareceram certa noite ao estúdio convictos de que se tratava de um cassino de verdade; desse equívoco a imagem redundante da televisão os salvaria, mostrando-lhes que se trata hoje de um mero e repetitivo programa de auditório. Segunda historieta: muita gente não deu maior atenção à apresentação ao vivo, pelo vídeo, da segunda descida do homem à Lua, por lhes parecer possivelmente um espetáculo de rotina, muito inferior aos filmes de ficção científica, desinteresse que contrasta vividamente com o pânico causado em Nova York pela famosa adaptação radiofônica de *A Guerra dos Mundos*, de Wells, feita por outro Welles, o então jovem Orson.

Estas reflexões meio desalinhavadas não são, como se advertiu desde o seu início, um exercício de saudosismo, mas antes um convite ao balanço de contas. Tampouco se pretende com elas postular qualquer retorno, impensável e intempestivo, aos "bons tempos" do rádio, a despeito da anedota referida no começo delas. Mas não será despropositado dar-lhes fim, em todo caso, com uma perguntinha algo impertinente acerca da inevitabilidade do trânsito hegemônico do rádio para a televisão: será que não se perdeu alguma coisa no caminho?

Samba, Estereótipos, Desforra[*]

[Adoniran Barbosa]

Ainda que Vinicius de Morais não a houvesse realmente pronunciado, a frase infeliz ficou para sempre ligada ao seu nome em nosso folclore cívico. Depois de ter servido de munição aos bairristas arregimentados na tola guerra Rio-São Paulo, ela acabou caindo no esquecimento, de onde é mister agora retirá-la para lhe dar foros de verdade. Isso porque, finalmente, São Paulo se converteu no túmulo do samba, desde que em seu chão foi sepultado Adoniran Barbosa.

Não bastaria dizer, como um locutor de rádio dos velhos tempos, que ele era o samba em pessoa. Cumpre antes ressaltar a consubstancialidade entre a sua figura humana e a sua obra de compositor. Pitoresca consubstancialidade que traz à memória, por analogia, o rosto suarento de Satchmo, com a voz rouca a desenhar os mesmos arabescos do seu trompete prodigioso, ou os dentes de Fats Waller à mostra numa risada de rinoceronte, imagem *en abîme* do teclado onde ele ritmava a jovialidade bufa da sua música. Assim também, com o chapéu de aba rebatida, o bigodinho de galã de antigamente, a gravata borboleta, a voz de lixa a sibilar nos plurais pernósticos ou a espraiar-se nas simplificações fonéticas da fala ítalo-caipira de São Paulo, Adoniran Barbosa compunha fisicamente um tipo de elegância suburbana que é impossível separar dos seus sambas, já que neles, sob o signo da caricatura finamente dosada, o subúrbio e o bairro proletário da cidade se veem fielmente retratados. Tal *physique du rôle* era realçado pelas frases meio sem pé nem cabeça que ele gostava de repetir como uma espécie de marca de fábrica – o "sem-duvidamente" a pontilhar sua sentenciosidade de Dr. Pangloss num filme de Mazzaropi onde o enredo do *Candide* de Voltaire era saborosamente acaboclado; o "sabe o que nóis faiz? o quê? nóis num faiz nada, porque depois que nóis vai, depois que nóis vorta", breque final das suas interpretações do "Samba do Arnesto"; o

---

[*] Publicado originalmente em: *Folha de S.Paulo*, "Folhetim", 19 dez. 1982.

"nóis veio aqui pra beber ou pra conversar?" com que tornou memorável um comercial de televisão.

Quando se diz de Adoniran Barbosa haver ele sido o sambista de São Paulo, a pronta aceitação do epíteto já tornado lugar-comum leva-nos a esquecer amiúde sua significação mais fundamental. Ele não fez jus ao epíteto pelo simples fato de aqui ter nascido e de aqui ter sempre vivido, nem tampouco por aqui ter produzido, superiormente embora, um simulacro daquilo de que o Rio detinha a patente e de que fornecia os estereótipos. Mereceu-o, antes e acima de tudo, porque conseguiu criar um samba diferencialmente paulista. Essa diferencialidade se ostenta, desde logo, no uso habilidoso, para fins de um humor por vezes tragicômico, da fala acaipirada, aqui e ali engastada de um italianismo, que se ouve nas ruas da cidade e de que Adoniran tirava efeitos saborosos, como o *stacatto* do "din-di-donde" e o melodramático de "cada tauba que caía, doía no coração" de "Saudosa Maloca", ou então a "lâmpida"-homem de quem *As Mariposas-mulheres* dão "vorta em vorta". Patenteia-se igualmente a diferencialidade nas referências localistas, sobretudo a bairros populares: ao Brás, onde os amigos de Arnesto dão com a cara na porta; à Casa Verde, onde o samba esquenta toda a noite; ao Jaçanã, para onde regressa pontualmente o ajuizado amante do "Trem das Onze". Ou, ainda, à avenida São João, figuração por excelência da correria e da azáfama da vida metropolitana (ali é atropelada Iracema, quando a atravessa distraidamente na contramão), assim como *locus amoenus* de vagabundos e boêmios avessos à corrida de ratos, a cujo número pertencem o Mato Grosso e o Joca — eles preferem continuar vadiando pela São João a ir morar na maloca legalizada que no alto da Mooca foi construída por um ex-companheiro de marginalidade agora convertido à religião do trabalho ("Abrigo de Vagabundo").

Com falar em "religião do trabalho", toquei naquele que considero o ponto fundamental da diferencialidade do samba de Adoniran Barbosa. Só se poderá entender bem esse ponto se se tiver em mente que o estereótipo mais persistente do samba carioca foi a malandragem, tradição de que a antiga Capital Federal se gloriava pelo menos desde os tempos do Rei Velho, quando os capoeiristas já davam o que fazer aos esbirros do Major Vidigal, conforme se pode ler nas *Memórias de um Sargento de Milícias*. Imagino seja dispensável trazer para aqui exemplos da frequência desse estereótipo de base; lembrarei apenas que a palavra "malandro" figura tanto na letra de um dos mais antigos sambas conhecidos, o "É Batucada", do "primitivo" Caninha, como no título e na temática da recentíssima *Ópera do Malandro*, de Chico Buarque de Holanda. Para o entendimento do ponto aqui levantado, basta reconhecer a persistência do estereótipo: não é preciso rastrear sociologicamente o vínculo samba-malandragem até a marginalidade da favela ou do submundo da antiga Lapa em relação ao "centro" da cidade, nem querer reconhecê-lo, diluído em traço de comportamento coletivo, na fleuma e no hedonismo jeitoso com que, convencionalmente, se vê o carioca a haver-se com os problemas da subsistência.

A essa imagem convencional de *bon vivant* corresponde, simetricamente inversa, mas não menos convencional, a imagem do paulista fanático do trabalho e impermeável aos prazeres da vida. É fácil ver que a polaridade no caso advém da contraposição estereotípica da cidade naturalmente turística à cidade irremediavelmente industrial. Todavia, ainda que simplifiquem e deformem a realidade ao encará-la pela óptica do esquema e da hipérbole, nem por isso deixam os estereótipos de refletir-lhe alguns dos traços mais salientes. Daí o caráter diferencialmente paulista que, no plano dos valores estereotípicos, os sambas de Adoniran Barbosa assumem na medida em que se ocupam antes em retratar o mundo suburbano do trabalho do que o mundo marginal da malandragem ou da boêmia. Paradigmáticos, nesse sentido, são os versos de "Abrigo de Vagabundo", para os quais já se chamou a atenção, onde são retomados, em outra clave, a problemática e os figurantes de "Saudosa Maloca". Um dos ex-moradores desta é quem assume a elocução na primeira pessoa (como já a assumira antes) para contar que, "trabalhando o ano inteiro numa cerâmica", conseguiu arranjar dinheiro bastante para comprar um pequeno lote de terreno e ali erguer a sua maloca definitiva, depois de conseguir planta com um amigo da Prefeitura; mesmo que os seus antigos companheiros de vadiagem não o houvessem querido acompanhar, ele continua a oferecer sua nova casa "aos vagabundos que não têm onde morar". De notar aqui, além da fidelidade sentimental do elocutor a um passado a que renunciou, é a ênfase na positividade do trabalho, tão bem marcada nos versos "quem trabalha/ tudo pode conseguir", a que se contrapõe, com igual ênfase, a negatividade da vadiagem: Joca e Mato Grosso possivelmente "andarão jogados na avenida São João/ ou vendo o sol nascer quadrado/ na Detenção". Esta referência às coerções impostas pelo Poder ou Lei aos que refogem ao imperativo do trabalho é completada logo adiante pelo reparo de que "ninguém pode demolir" a nova maloca porque, diferentemente da outra, ela "está legalizada". Igual "legalismo" já transparecia, de resto, em "Saudosa Maloca", quando o mesmo elocutor, à chegada dos "homens com as ferramenta", mandatários do "dono (que) mandou derrubar", reconhecia os direitos demolidores da Propriedade, do Progresso e da Lei e atalhava o protesto de Mato Grosso com um concilia-dor "os home tá com a razão,/ nóis arranja outro lugar". Transparece ainda o legalismo, e desta feita tocando as raias do grotesco, no recitativo com que o elocutor de *Iracema* se dirige à lembrança de sua noiva morta e atropelada para admoestá-la: "o chofer não teve culpa,/ você atravessou na contramão". E não seria demais, para ter-se a medida final desse legalismo que sequer nos transes do pesar amoroso esquece as leis do trânsito, sublinhar o apego aos deveres filiais de que dá mostras o elocutor do "Trem das Onze" quando interrom-pe pontualmente o seu idílio (nada platônico, pelo que deixam entender as conotações eróticas do verbo "ficar" e do vocativo "mulher") para pegar o último trem, visto que, filho único cuja mãe não dorme antes da sua chegada, a ele compete zelar pela manutenção e segurança da casa.

Não vejo, na ingenuidade dessa aceitação das leis da propriedade como do trânsito, dessa fé no progresso individual e coletivo, dessa crença na positivi-dade do trabalho e da família, sintomas de uma consciência alienada em face da ideologia de dominação, tal como veria algum intolerante cobrador de posições, assim como não vejo a malandragem como sobretudo uma forma larvar de protesto contra o utilitarismo espoliador da dita ideologia. A meu ver, o que o ex-metalúrgico-encanador-serralheiro e que sei eu mais Adoni-ran Barbosa conseguiu exprimir, com lapidar pertinência, em alguns dos seus melhores sambas, foi o anseio de dignidade humana que leva o trabalhador a orgulhar-se do seu trabalho, ainda que injustamente remunerado; a erguer com as próprias mãos uma casa para si e para os seus, mesmo que ela não passe de uma maloca; a buscar nas instituições legais, por discriminatórias ou cor-rompidas que sejam, uma forma qualquer de segurança.

É preciso não esquecer, além disso, a forte componente boêmia da perso-nalidade de Adoniran Barbosa, sempre pronta a aparar os eventuais excessos do seu bom-mocismo com a tesoura afiada da irreverência e do humor. Um humor dotado de agudo senso de medida, incapaz de carregar no traço, que se mantém sempre leve e preciso, a ponto de fazer depender de uma simples contraposição de palavras, mormente em posição de rima, todo o sal cômico de uma letra de samba. É o caso, por exemplo, de "Acende o Candeeiro", cujos versos veiculam um aviso à negra Maria de que não esqueça de comprar vela e querosene para iluminar o terreiro à noite, durante o ensaio geral; o aviso é feito em linguagem chã, anódina, sem maior graça, a não ser no verso final, quando a adquire, de súbito, pelo despropositado surgimento da palavra *combustível* no contexto, palavra técnica e pernóstica que se faz ainda mais despropositada pela rima visivelmente forçada com *incrível*. Efeito semelhante de "estranhamento" vocabular ocorre em "Véspera de Natal", onde o entalamento do improvisado Papai Noel no buraco da chaminé demasiado estreita é tornado supinamente ridículo pela repetição de estribilho no qual, para poder rimar com *sacrifício*, o "buraco" prosaico é substituído por um douto *orifício*. Em outra pauta, atente-se, desde o título de "Apaga o Fogo, Mané", para a duplicidade dos sentidos, tanto mais maliciosa quanto discreta, dessa expressão tão "natural" na pequena tragédia doméstica narrada pelos versos, a do marido que, após ter acendido o fogo para o jantar e esperado inutilmente o regresso da esposa, depara, ao pé do fogão, com um bilhete onde ela lhe recomenda "apagar o fogo" porque não voltará mais para casa.

Encontro, na espontânea finura do humor de João Rubinato, o filho de imigrantes vênetos que teve a ousadia de invadir o santuário da mais "nacional" de nossas formas de expressão musical para ali afirmar-se, conquanto sob o pseudônimo abrasileirado de Adoniran Barbosa, como dos seus mais genuínos criadores, uma espécie de desforra histórica, inconsciente talvez e em todo o caso de segunda instância, daquele "carcamano" que o elitismo (rótulo detestável, mas às vezes útil) dos modernistas de 22 só soube representar com as tintas fáceis da irrisão. Desde o vilão Pietro Pietra de *Macunaíma*, passando pelos Gaetaninhos, Carmelas e cav. uff., ora patéticos, ora risíveis, mas vistos sempre pelo prisma do seu "exotismo" pitoresco, de *Brás, Bexiga e Barra Funda*, até a habilidosa mas grosseira contrafação do ítalo-português macarrônico de Juó Bananere (pseudônimo de Alexandre Ribeiro Marcondes Machado) que tanto entusiasmou Otto Maria Carpeaux, sei eu lá por quê[1]. No contraste entre a grosseria da paródia semierudita assinada com pseudônimo italianado e a finura do humor popularesco assinada com pseudônimo abrasileirado, há, mais do que uma distância histórica, uma lição em que talvez não seja ocioso meditar.

---

1. Otto Maria Carpeaux, *Presenças*, Rio de Janeiro, INL, 1958, p. 200 ss.

A Poesia no Purgatório*

[Antologias Didáticas de Literatura; a Crise da Poesia; Poesia e Canção]

MÚSICA E POESIA

Está sendo atualmente vendida nas bancas de jornais uma série de pequenas antologias de destinação didática, consagradas a alguns dos principais poetas e prosadores da língua portuguesa. A ênfase da série parece estar sendo posta nos autores modernos ou contemporâneos, sobretudo brasileiros, entre os quais figuram representantes da nossa música popular. Melhor dizendo, da MPB, conforme está em moda chamar-lhe, como se se tratasse de um partido político ou de uma repartição pública.

Essa inclusão de compositores no grêmio dos poetas e dos ficcionistas oferece ensejo ou pretexto para algumas reflexões e para outras tantas interrogações. Do âmbito delas, fique desde logo excluída qualquer objeção fundada na dicotomia "erudito" x "popular", que constituiria, a esta altura dos acontecimentos, intolerável prurido elitista, para usar um adjetivo também da moda sob o qual mal se esconde certo populismo obtuso ou, pior ainda, certa aversão reacionária a quanto cheire a intelectual, aversão muito parecida àquela que, nos Estados Unidos, floresceu especialmente na época de McCarthy contra os chamados *eggheads*.

A rigor, incluir compositores populares entre literatos eruditos não é novidade, mesmo para nós. Embora em vagões de segunda classe, de há muito viajam no trem da literatura brasileira cantadores de lundu como Caldas Barbosa, trovistas como Juvenal Galeno e modinheiros como Catulo da Paixão Cearense. Além disso, em artigos publicados faz bem mais de uma década e posteriormente reunidos em livro, Augusto de Campos chamou a atenção para a inventividade poética dos que levaram avante o impulso vanguardeiro da bossa nova, em particular Caetano Veloso. A validação por

---

* Publicado originalmente em: *Folha de S.Paulo*, "Folhetim", 14 nov. 1982.

assim dizer "literária" da MPB proposta nesses artigos pioneiros seria mais tarde glosada por outros – sem menção, as mais das vezes, de sua fonte – e finalmente encampada pelo *establishment* universitário, encampação de que a série de antologias mencionadas acima dá testemunho no nível do consumo de massa.

A primeira reflexão suscitada pelo critério dessa série antológica é de ordem puramente estética e diz respeito ao problema das relações entre música e poesia. Na Antiguidade, como se sabe, tais relações nada tinham de problemáticas. Para percebê-lo, não é preciso remontar aos tempos bíblicos ou, mais longe ainda, às sociedades iletradas, quando poesia e música se confundiam no ritual religioso. Basta remontar até a Grécia antiga, até o momento em que, emancipando-se das celebrações rituais de ordem coletiva, onde se amalgamavam palavra, música e dança, a poesia passa a exprimir os sentimentos individuais. É então que se configuram a poesia lírica e a elegíaca, adjetivos estes derivados dos instrumentos a cujo som se cantavam os versos, a lira e a flauta, respectivamente, já que a hipótese mais verossímil para a etimologia de "elegia" parece ser uma palavra armênia, *elegn*, que significava "bambu" ou "flauta de bambu"[1]. A íntima aliança da palavra com a música sublinhava, de resto, um traço essencial da cultura grega, qual seja o seu gosto da oralidade, da conversação, tão bem emblematizada nos diálogos platônicos, de par com o seu relativo descaso pela palavra escrita. E a poesia continuou ligada à música pelo menos até a época dos trovadores, cuja grande proeza, lembra Ezra Pound, foi o perfeito "ajustamento de *motz el son*, palavras à melodia"[2]. Principiou a aliança a dissolver-se com o advento da imprensa, que iria oferecer à poesia um suporte mnemônico mais duradouro e criar, no público, novos hábitos de consumo, o olho passando a substituir o ouvido.

Transitando agora do estético para o sociológico, é significativo que o espantoso fastígio, quando considerado em termos estatísticos, da canção popular nos dias de hoje coincidisse com uma revolução tecnológica no campo do registro e difusão do som. Ao mesmo tempo em que geraram toda uma estrutura peculiar de produção e consumo, o disco, o rádio, a televisão e a fita gravada parecem estar substituindo o primado gutemberguiano da letra

---

1. Massaud Moisés, *Dicionário de Termos Literários,* São Paulo, Cultrix, 1974, p. 167.

2. Ezra Pound, *ABC da Literatura*, Trad. A. de Campos e J. P. Paes, São Paulo, Cultrix, 1970, p. 57.

iv. Gregos & Baianos: Ensaios

impressa pelo "analfabetismo" – uso a palavra sem qualquer conotação depreciativa – do audiovisual. Analfabetismo que assinalaria não só um retorno à aliança entre música e poesia como, sobretudo, de hábitos de desfrute ou consumo da criação poética bastante semelhantes, no essencial, aos dos tempos pré-gutemberguianos, o ouvido que ouve voltando a substituir o olho que lê.

Para nos convencermos de que não há exagero nesta suposição mcluhanesca, cautelosamente formulada no condicional, é instrutivo comparar estatisticamente (já que a estatística é sempre quem dá a última palavra na sociedade de massa) os índices de venda das criações de pelo menos dois dos compositores de mpb incluídos na série antológica que serve de pretexto a estas considerações – criações veiculadas através do disco e da fita gravada e difundidas pelo rádio, pela televisão e por espetáculos musicais – com os índices de vendas dos livros dos poetas em cujo número foram eles incluídos. Para explicar a disparidade entre esses índices, patente no contraste das muitas centenas de milhares de discos e fitas vendidos com as poucas dezenas de milhares de livros vendidos, se tanto, não seria justo invocar a dicotomia erudito x popular ainda há pouco recusada como motivo bastante para vedar a entrada de compositores de mpb no trem da literatura brasileira. Evidentemente, ao pôr letra numa canção, o poeta vê-se sujeito a coerções que não o limitam quando escreve um poema *tout court*. A despeito da propalada "dissolução dos gêneros" de que falam atualmente os teóricos da crítica, continuam eles a sobreviver, proteicamente, e a gerar convenções, as quais decerto existem, e fortes, no terreno da canção popular. Nesta, certos torneios ou alusões mais eruditos, mais livrescos, não têm cabimento, já que a dicção paradigmática do gênero é a fala cotidiana: para dar-nos conta disso, é só comparar a poesia em livro de Vinícius de Morais com as suas letras de música.

É bem de ver, porém, que a singeleza de dicção, por assim dizer obrigatória na canção popular, de modo algum exclui ou impossibilita o refinamento ou até mesmo a sofisticação, tão perceptível na obra de um Caetano Veloso. E há outra circunstância a considerar, isto é, ser o público consumidor da vertente mais inventiva da mpb sobretudo o público universitário, em cujo seio imagino preponderarem numericamente os estudantes de Letras, os mesmos que, mercê de sua opção disciplinar, era de supor se interessassem com igual fervor pela poesia em livro, a poesia "literária".

341

José Paulo Paes: *Crítica Reunida Sobre Literatura Brasileira & Inéditos em Livros*

UMA ARTE AGONIZANTE

Que isso absolutamente não acontece é fato sabido e consabido: no nível do consumo, nunca foi tão grave a crise da poesia. Os editores, tanto quanto os livreiros, fogem dela como o diabo da cruz, e para poder chegar até o minguado público capaz de interessar-se pela sua arte agonizante, os poetas se veem obrigados a lançar mão de quantos expedientes possam excogitar: transformar-se em camelôs de rua para vender suas modestas edições mimeografadas; promover movimentos de catequese poética como soldados de um novo exército da salvação; lançar chuvas de poemas por sobre os passantes distraídos; e que sei eu mais. Ou recorrem a tais expedientes, quase sempre ineficazes, ou então se conformam em melancolicamente circular, bilhetes de rifa, entre familiares, amigos mais ou menos chegados, professores de literatura e outros poetas tão pouco conhecidos quanto eles próprios.

Tudo isto, todavia, ainda não é o pior. O pior, no meu entender, está em a poesia brasileira, tanto quanto a nossa literatura não imediatamente comercial, ter sido convertida, no empenho de fazê-la alcançar um público mais amplo do que o cada vez mais arredio público frequentador de livrarias, em remédio chato de tomar. Indicados pelos professores como leitura obrigatória a alunos sem maior curiosidade intelectual, ciosos mais de obter um diploma universitário, qualquer que ele seja, do que aprimorar a sua sensibilidade ou o seu repertório de conhecimentos, esses livros, essas antologias ministradas sob receita pedagógica e engolidos a contragosto traem a finalidade precípua da literatura, que é a de deleitar. Dou a este verbo uma etimologia poética, pouco me importando saber se é falsa, possível ou verdadeira. Vejo-o nucleado na palavra "leite", o alimento primeiro e essencial que reconcilia o nascituro com o mundo no qual se vê repentinamente atirado, sem consulta prévia, e que o faz imaginá-lo, como nos poemas de William Blake, antes o paraíso dos prazeres da idade da inocência que o prosaico reino de deveres da idade da experiência.

Vista de semelhante ângulo, a inclusão, no rol dos poetas livrescos, de festejados compositores, se se me permite o epíteto algo anacrônico, demonstra-se menos uma exaltação do que um anticlímax. Eles não carecem do receituário pedagógico para conquistar ouvintes ou leitores; de há muito os conquistaram por si sós, e bem mais numerosos, sem qualquer intermediação professoral. Algum sociólogo do gosto literário – se existe de fato essa esdrúxula especialização, suscitada quem sabe pelo conhecido, mas decepcionante, livro de Schücking – poderia obtemperar, neste ponto, que o atual primado, em nível de consumo, da poesia musicada sobre a poesia não musicada estaria fundado num equívoco. Consistiria, o equívoco, em supor igualdade de atrativos na componente musical e na componente literária da canção popular, quando na verdade é a linha melódica, a harmonização e o ritmo daquela que primeiro se impõem ao ouvinte, sendo a outra uma espécie de cauda de foguete, um como que *aftertaste*, para usar a intraduzível palavra inglesa. Diria mais, o nosso sociólogo, que o ofuscamento da componente verbal, conceitual, pela componente musical, não conceitual, estaria de resto enquadrado na estratégia de *marketing* da sociedade de consumo, a qual se empenha em poupar o consumidor de qualquer esforço próprio, inclusive e sobretudo de ordem intelectual, oferecendo-lhe tudo já devidamente pré--mastigado ou simplificado. Essa lei do menor esforço estaria bem ilustrada na cota de redundância da canção popular, onde se repete, com um mínimo de variações, um elenco mais ou menos limitado de convenções harmônicas, rítmicas, melódicas e literárias, em contraste com a complexidade estrutural da música e da poesia eruditas, cuja fruição exige, por parte do ouvinte, uma atenção e um esforço incomparavelmente maiores. Por isso mesmo, concluiria o nosso mal-humorado sociólogo, o interesse fervoroso do setor mais culturalizado de nossa juventude pela MPB, de par com o seu desinteresse pela música erudita e pelo livro como instrumento de lazer, seriam sintomas do hábito de preguiça mental acoroçoada pela mercadologia de *commodities*.

E OS POETAS POETAS?

Não endosso esse diagnóstico pessimista. Prefiro pensar que, ao romper com uma tradição operística do canto em que, simples pretexto para melismas ou vocalises, o texto se tornava amiúde ininteligível (e com justificada razão ninguém lembra os nomes dos quase sempre medíocres libretistas de ópera), a canção popular de nossos dias preocupou-se em dar o devido destaque, pela própria discrição vocal de seus intérpretes categorizados, às palavras da letra. Nas melhores realizações da MPB, vejo uma consubstancialidade entre música e poesia, um "ajustamento entre *motz el son*", que os torna indissociáveis. Seria crime de lesa-arte separar, por exemplo, o texto de "Tigresa" de sua ambiência musical, onde ecoa algo da sensualidade mecânica das melodias de acompanhamento de *strip-teases*, compondo a moldura adequada para a feminilidade entre cândida e perversa dessa tigresa que mais parece uma personagem fugida de alguma gravura de Beardsley ou de algum poema de Swinburne. Crime igual seria isolar o jogo permutatório dos versos de "Construção" do "crescendo" de sua trilha musical.

Poder-se-ia alegar, em favor da separabilidade entre versos e música, o próprio caso da lírica grega, cujo encanto logramos hoje desfrutar mesmo sem conhecer-lhe o acompanhamento musical, que não lhe sobreviveu. Conhece-se, no entanto, o esquema melódico de algumas canções trovadorescas e os musicólogos puderam reconstituir-lhes o quadro tonal, pelo que nos é dado ouvir hoje, na íntegra, peças como *Tartarasse ni voutour*, de Pèire Cardenal, incluída num disco precioso, *L'Agonie du Languedoc*, lançado há tempos no Brasil pela etiqueta Emi-Angel. Nessa peça, conquanto usasse uma melodia emprestada para musicar seus versos, o trovador provençal tirou um irônico e saboroso efeito de contraste entre uma e outros, tornando-os assim inseparáveis.

Eis, pois, mais um aspecto discutível a ser levado em conta na série antológica objeto destas reflexões/interrogações meio descosidas: isolar os versos de canções como as há pouco citadas, para considerá-los texto puramente literário, não seria esquecer-lhes a componente não literária e, por conseguinte, empobrecer-lhes o efeito estético? Mas creio já ser mais que hora de apontar pelo menos um aspecto esperançosamente positivo. Quem sabe se a mera contiguidade, numa mesma coleção didática, de poetas-músicos e poetas só poetas não servirá para lembrar, aos tantos e tão fervorosos aficionados da mpb, a existência de um vasto contingente de poesia simplesmente "literária" ou "livresca", de acesso ou fruição menos fáceis, sem dúvida, mas nem por isso menos digna de ser curtida? Pois só a curtição é que conseguirá um dia redimi-la desse purgatório pedagógico a que o desinteresse do leitor comum a condenou faz já demasiado tempo.

Da Arte de Ler Anúncios*

[Metalinguagem nos Comerciais de Televisão]

A publicidade brasileira começa a valer-se agora, pelo menos nos comerciais de televisão, de um recurso de expressão há muito usado pela literatura. Refiro-me àquilo que se poderia chamar de "falsa metalinguagem". "Metalíngua" é o nome dado pelos linguistas a qualquer língua artificial que se use para analisar uma língua natural. Os termos técnicos com que a gramática descreve os componentes estruturais da frase e o seu funcionamento, assim como, num dicionário, as definições dos vários significados ou acepções de uma palavra, são exemplos de metalinguagem. E não o deixam de ser as interpretações, juízos e reparos dos críticos de arte ou de literatura acerca das obras artísticas ou literárias. Na ficção, a metalinguagem é às vezes utilizada pelo autor para, destruindo aparentemente a ilusão que, ao narrar acontecimentos fictícios acerca de pessoas fictícias, ele induz no leitor, trazer este de volta ao mundo da realidade. Eu disse "aparentemente" porque, no fundo, o que o escritor busca com essas interrupções da ilusão ficcional é, antes, manhosamente reforçá-la, a fim de fazer do leitor seu cúmplice na tarefa ilusionista, uma espécie de ajudante de mágico, como aqueles que prestidigitadores escolhem a esmo na plateia para isentar-se da acusação de usarem pessoas já industriadas.

Machado de Assis foi, como se sabe, useiro e vezeiro nessas manhas. De quando em quando, gostava de interromper o fio de sua narrativa para comentar com o leitor as singularidades dos fatos narrados ou os ridículos das personagens neles envolvidas, tal como se discute com um amigo singularidades e ridículos de fatos e pessoas reais. Com isso, logo se vê, só aumentava ele a confusão entre o mundo da ficção e o mundo da realidade, confusão na qual tem sempre a sua maior vitória o ilusionista-escritor e que é a prova do seu completo domínio sobre a imaginação do espectador-leitor. Daí justificar-se

---

* Publicado originalmente em: *Revista de Cultura Vozes*, Petrópolis, RJ, mar. 1983.

chamar de "falsa" essa manhosa metalinguagem que não é, a rigor, língua crítica ou analítica, mas tão somente língua "natural" ou ficcional disfarçada.

De modo semelhante, num comercial de televisão, quando o canhestro e simpático rapaz diz que se escusa de citar de novo as numerosas utilidades de determinada esponja de limpeza a fim de não abusar da paciência das senhoras a ouvi-lo, mas que espera, não obstante, continuem elas a comprar a dita esponja, se não ele perderá o emprego – está, evidentemente, usando falsa metalinguagem. E a usa, ainda mais primária, o outro rapaz que se propõe a interpretar para nós, obtusos telespectadores, a mensagem de venda de um comercial cujas personagens, mamãe e filhinha (e a esse terno binômio familiar resistir quem há-de?), mostram como conservar os cabelos sempre hígidos e viçosos com o uso de um só e mesmo xampu bom para adultos, bom para crianças. Caberia observar aqui, de passagem, que boa parte do primarismo dos recursos de expressão usados pela publicidade, sobretudo a televisiva, deriva de um empenho de infantilizar o adulto para despertar-lhe o sentido lúdico, sempre tão vivo na criança, e torná-lo assim mais facilmente vulnerável à persuasão. Misturar lição com diversão, remédio com doce, é a mais tradicional das fórmulas pedagógicas, pelo que não estranha serem as crianças as mais diretamente afetadas pelos intervalos comerciais da televisão: cantarolam os *jingles* e sabem de cor as falas dos atores de muitas de suas historietas ilustrativas.

Mas voltemos à metalinguagem. Se a própria mensagem publicitária a está usando agora, por que então não a usarmos nós outros, seus destinatários? Temos até uma vantagem em nosso favor: estando do lado de fora da mensagem, não precisaremos usar a mesma falsa metalinguagem dos que estão dentro dela. Poderemos usar a autêntica, a metalíngua analítica e crítica que possibilita ler a mensagem na sua totalidade, "decodificá-la", como dizem os comunicólogos, inclusive no que têm de mais importante e de menos ostensivo. Refiro-me, para usar outro termo técnico na moda, às suas "conotações", ou seja, à aura de significados parasitários, de alusões veladas, de implicações próximas ou distantes, de que habitualmente se reveste a mensagem publicitária. Para ilustrar os propósitos e o alcance dessa arte de ler anúncios, parece-me bem adequado um comercial veiculado há algum tempo na televisão brasileira. Tentarei reconstituí-lo se a memória me ajudar. Passa-se numa paisagem desértica cuja monotonia e aridez só são quebradas, de quando em quando, por ralos tufos de vegetação e pelo perfil distante de uma cadeia de montanhas.

Parece tratar-se de uma região do Texas, da Califórnia ou do Novo México, igual àquelas com que os filmes do Oeste nos habituaram desde a infância. A suposição é logo confirmada pela presença, em primeiro plano, de uma casinhola rústica, de teto chato, tipicamente índia ou mexicana. Não menos típico é o personagem sentado junto à porta, com um grande *sombrero*, calças e camisa branca de trabalhador rural, que dedilha o violão enquanto trauteia a mais mexicana das canções, "Adelita", a mesma que os homens de Vila ou de Zapata, campônios improvisados em soldados pela revolução de 1910, cantavam como uma espécie de nostálgico hino de guerra. A estaticidade, ou melhor dizendo, a estagnação dessa cena bucólica é subitamente rompida por um lance de dinamismo: a chegada de uma veloz e reluzente caminhonete, de um novo modelo que a trilha sonora nos informa chamar-se "El Macho", se não me engano, nome em perfeita consonância, pois, com a mexicanidade do cenário. Dela desce, às pressas, um jovem de aparência enérgica, trajando a camisa quadriculada, as botas e os *jeans* tradicionais dos *cowboys*. Baixa a traseira da carroceria e eis que, de dentro do boteco, que outra coisa não era a casinhola rústica, são atirados aos trambolhões, para a carroceria, alguns homens vestidos com a mesma roupa campônia do cantor de "Adelita". O enérgico recrutador torna a entrar na cabine da caminhonete e esta parte tão veloz e reluzente como chegara, enquanto o locutor invisível louva-lhe, se bem me lembro, a versatilidade e a resistência para o trabalho no campo e na cidade.

Para a nossa análise metalinguística, comecemos por observar a particularidade mais óbvia e, ao mesmo tempo, mais essencial dessa peça publicitária: a escolha de cenário e personagens estereotípicos dos *westerns* americanos. Foram escolhidos porque, sendo de longa data familiares aos telespectadores, estes os identificam facilmente e de pronto entendem o que se pretendeu narrar-lhes na concisa historieta, já que em televisão tempo é mais dinheiro do que em qualquer outro lugar: após receberem a paga da semana, trabalhadores rurais foram divertir-se num boteco; embriagados e expulsos pelo botequineiro, o patrão, ou alguém que lhe faz as vezes, vêm recolhê-los e levá-los de volta ao trabalho. Além disso, com serem os *westerns* um gênero cinematográfico do agrado da maioria dos espectadores, o produto anunciado por via de elementos a ele tomados de empréstimo se beneficia, por contágio, dessa atitude favorável. Finalmente, sendo as histórias do Oeste, por definição, histórias de índole maniqueísta – isto é, focalizam sempre o eterno conflito entre o bem e o mal, entre heróis e bandidos –, sua simples menção suscita no espectador, como que por um mecanismo de reflexos condicionados, uma expectativa eticamente orientada, uma virtual vontade de tomar partido.

A outra particularidade de base a observar é que, na historieta da peça publicitária, o que *está* não só se opõe ao que *chega* como é por este *modificado*. A oposição, no caso, é a que se estabelece entre um artefato urbano e um cenário rural. Sendo o campo o *locus* por excelência do tradicional, quando não do retrógrado e do ineficiente, e a cidade o *locus* antípoda, da novidade, do progresso e da eficiência, não é difícil perceber que o repentino surgimento da caminhonete simboliza o próprio e inevitável avanço do progresso, a inventividade e a operosidade da indústria urbana alterando para melhor a mesmice e a indolência da tradição rural. Na raiz dessa oposição está, de certo modo, a moralidade da fábula da cigarra e da formiga. As cigarras, no caso, são os índios ou mexicanos que perdem seu tempo a cantar e a embriagar-se, enquanto a formiga assume aqui o duplo papel de patrão e salvador, cabendo-lhe menos zombar da imprevidência das cigarras do que repô-las sem perda de tempo — tempo é dinheiro e por isso as caminhonetes são cada vez mais versáteis e mais velozes — no bom caminho do trabalho.

Mas há um nível mais profundo e menos imediato de conotações nessa antítese de cigarras e formigas humanas. Se nos lembrarmos que as regiões onde costumam transcorrer as histórias do Oeste, ou seja, o Texas, a Califórnia e o Novo México, foram tomadas à força pelos Estados Unidos ao México, durante a chamada Guerra Mexicana de 1846-1848, não é difícil também perceber a que tipo de partido esse comercial de uma caminhonete fabricada por uma companhia multinacional convida os seus espectadores, especialmente quando se leva em conta que nos *westerns* os bandidos são as mais das vezes índios ou mexicanos. E, por fim, se à conotação indolência- -embriaguez da historieta televisiva somarmos a velha canção revolucionária trauteada por uma das cigarras, não é tampouco difícil perceber o que podem significar, para a ordeira e eficiente Formiga, essas revoluções *mestizas* que, com fundadas razões, ela não distingue das bebedeiras e desordens de fim de semana dos imprevidentes e temperamentais nativos cuja força de trabalho ela costuma utilizar para melhor prover o seu celeiro de inverno. E não há nada de mais em que, por conta do soldo que lhes paga, ela se aproprie não só da força de trabalho deles como de sua própria virilidade, transferindo-a, metonímica e terapeuticamente, para inofensivas (inofensivas?) caminhonetes e canções de *discotheque*. Trata-se de um ato de elementar prudência, pois

iv. Gregos & Baianos: Ensaios

quando o machismo começa a canalizar-se em agitações e guerrilhas preju-
dicais à ordem constituída e ao bom andamento dos negócios, é tempo de
atalhá-lo de alguma forma. Aí estão os maus exemplos de Cuba, Nicarágua,
El Salvador. Aí está a incômoda questão das Malvinas. Mas, neste último
caso, a Formiga soube escolher bem: Álbion não significa "branco"? Como
já dizia a sofrida sabedoria de escravos índios ou negros ou *mestizos*: eles são
brancos, que se entendam.

PARTE V

A Aventura Literária: Ensaios sobre Ficção e Ficções

Do Prefácio

[...] Pois não é o ensaio, no seu melhor sentido, uma aventura no mundo das ideias? Pois não é a leitura de prosa de ficção uma forma vicária de aventura? A vicariedade, no sentido de oferecer ao leitor meios de viver pela imaginação uma outra vida que não a sua própria, pelo menos durante o tempo da leitura, parece ser aliás a função de base do romance, da novela e do conto. Função que cumprem na medida em que afeiçoam artisticamente uma pulsão humana fundamental, aquele gosto de saber da vida alheia que está inextricavelmente ligado ao próprio instinto de sociabilidade, ao tropismo do Eu para o Outro. Pelo seu poder vicariante, a ficção tem inclusive um efeito pedagógico sobre nós quando mostra, num exemplário tão rico quanto o da própria vida, a multiplicidade de dilemas e opções, de possibilidades e limites de ação com que se defronta a cada passo, múltipla também, conquanto una, a condição humana, promovendo com isso, para usar a frase flaubertiana, uma espécie de educação sentimental nossa para a vida fora das páginas do livro. Daí que mesmo no caso mais extremo da prosa de ficção, o da prosa experimental, cuja absorvente preocupação com o trabalho da linguagem ou do código parece pôr a escanteio qualquer preocupação de ordem meramente "conteudística", a função vicária tem de estar presente, ainda que diluída, quase fantasmática. Senão, o experimento malogra; fica prosa só, sem ficção alguma. Essa a grande lição da obra de Joyce que tantos dos seus diluidores não conseguiram aprender até hoje.

Mas por que um poeta como eu, em vez de falar de poesia, se mete a falar, nos onze [aqui dez] ensaios aqui reunidos, tão somente de romance e de conto? A explicação é simples: leitor apaixonado de prosa de ficção, sou no entanto incapaz de escrevê-la. As poucas tentativas que fiz nesse sentido deram felizmente em nada. Uma delas recebeu até menção honrosa num concurso nacional de contos, o que equivaleu à pá de cal definitiva: não há nada mais desonroso que uma menção honrosa. Como não sei escrever nem romances nem contos, cuido então de curti-los, e este volume não visa mais do que dar testemunho público dessa curtição.

Por uma Literatura Brasileira de Entretenimento[*]
(ou: O Mordomo Não é o Único Culpado)

[Literatura de Problematização × Literatura de Massa; Folhetim; José de Alencar; José Mauro de Vasconcelos; a Ficção Infantojuvenil de Monteiro Lobato; o Analfabetismo; a Telenovela; a Leitura Obrigatória, Não Prazerosa, pelos Alunos]

DELIMITAÇÃO DE CONCEITOS

Quando se fala em literatura de entretenimento, manda a prudência que se comece delimitando o que se quer dizer com isso. Ora, como a literatura de entretenimento faz parte da cultura de massa, uma boa maneira de conceituá-la é distinguir entre cultura de massa e cultura de proposta: esta última designação Umberto Eco a prefere à tradicional designação de cultura erudita. O mesmo Eco, no capítulo inicial do seu livro *Apocalípticos e Integrados*, enumera alguns critérios de diferenciação entre um e outro tipo de cultura. Vamos tentar resumir os dois que têm a ver mais de perto com o tema de que nos iremos ocupar aqui. Comecemos pelo critério de originalidade. As obras da cultura de proposta nos oferecem, cada uma delas, uma visão de mundo singular e inconfundível. Para citar o exemplo de dois autores contemporâneos entre si: o mundo tal como visto por Dostoiévski nos seus romances é muito diverso do mundo tal como visto por Balzac em *A Comédia Humana*. Não se trata apenas da diversidade dos hábitos de vida da Rússia e da França no século xix, mas de uma diversidade fundamental no modo de representá-los literariamente, desde o nível de estilo narrativo até o nível dos valores morais. Um é o modo dostoievskiano, outro o modo balzaquiano, e cada um deles constitui uma solução original do permanente problema da representação literária.

Na cultura de massa, a originalidade de representação tem importância muito menor. A fim de satisfazer ao maior número possível de seus consumidores, as obras dessa cultura se abstêm de usar recursos de expressão que, por

---

[*] Texto de uma palestra pronunciada em 8/11/1988 no curso "Brasil do Século xxi", promovido pela Unicamp, na *Folha de S.Paulo*, em 10/01/1989.

v. A Aventura Literária: Ensaios sobre Ficção e Ficções

demasiado originais ou pessoais, se afastem do gosto médio, frustrando-lhe as expectativas. Daí que ela se limite, na maioria dos casos, ao uso de recursos de efeito já consagrados, mesmo arriscando-se a banalizá-los pela repetição. Outro critério de diferenciação é o de esforço. Assim como lisonjeia o gosto estratificado dos consumidores para mais facilmente lhes vender o que produz, a cultura de massa se preocupa em poupar-lhes, no ato de consumo, maiores esforços de sensibilidade, inteligência e até mesmo atenção ou memória. Para tanto, reduz a representação artística dos valores a termos facilmente compreensíveis ao comum das pessoas e os conflitos entre esses valores à dinâmica de um faz de conta que não chega a perturbar a cômoda digestão do pitoresco, do sentimental, do emocionante ou do divertido. Já a cultura de proposta não só problematiza todos os valores como também a maneira de representá-los na obra de arte, desafiando o fruidor desta a um esforço de interpretação que lhe estimula a faculdade crítica em vez de adormecê-la. Compare-se a nítida delimitação entre o bem e o mal num filme de faroeste com a ambiguidade de *A Colônia Penal* de Franz Kafka, onde somos convidados a considerar simultaneamente a psicologia do verdugo e de sua vítima.

Acredito que esses dois critérios esquemáticos tenham bastado para mostrar a distância que vai da literatura de mero entretenimento oferecida por um romance policial de Agatha Christie ou uma história de ficção científica de Ray Bradbury à literatura de problematização e aprofundamento de que são exemplos *A Montanha Mágica* de Thomas Mann ou o *Ulisses* de Joyce, para nos limitarmos à moderna prosa de ficção. Isso posto, podemos passar a uma outra questão básica, qual seja a dos níveis de elaboração da cultura de massa. Um dos seus teóricos, Dwight MacDonald[1], distingue o *masscult*, que atenderia o gosto do povão, do *midcult*, antes afinado com o gosto da classe média. O primeiro é exemplificado pela história em quadrinhos, a música *rock*, os filmes rotineiros da televisão, enquanto o segundo não passa, para MacDonald, de uma falsificação comercial do que ele chama de Alta Cultura, tanto assim que maliciosamente a ilustra com *O Velho e o Mar*. No seu entender, os maneirismos de estilo dessa narrativa de fim de carreira de Ernest

---

1. Cf. dele "Uma Teoria da Cultura de Massa", in B. Rosenberg e D. M. White (orgs.), *Cultura de Massa*, tradução de O. M. Cajado, São Paulo, Cultrix, 1973, pp. 77-93. Cf., sobre *mass* e *midcult*, as considerações de U. Eco em *Apocalípticos & Integrados*, tradução de P. de Carvalho, São Paulo, Perspectiva, 1970, pp. 37-8 e 81-6.

JOSÉ PAULO PAES: *Crítica Reunida Sobre Literatura Brasileira & Inéditos em Livros*

Hemingway, tão afastados da economia e da sobriedade dramática de um romance como *Adeus às Armas* ou de um conto como "Assassinos", tipificam o caso de *Kitsch* literário.

Nessa maliciosa inclusão, há, se não um equívoco, certamente um exagero. Em vez de se restringir ao critério mais técnico do nível de elaboração e de destinação, MacDonald se embrenha no solo movediço dos juízos de valor. É nele que se situa afinal o problema do *Kitsch*, ou seja, dos produtos culturais de mau gosto mais ou menos ostensivo que falsificam ou imitam os efeitos superficiais da arte de invenção, com um objetivo quase sempre rasteiramente comercial. O próprio Umberto Eco mostra que o problema do reconhecimento do *Kitsch* depende, em última instância, do juízo das pessoas de bom gosto. Embora o *midcult* tenda, como o *Kitsch*, à exploração de efeitos sobre a sensibilidade dos seus consumidores-efeitos de surpresa, por exemplo, no caso do romance policial clássico, ou de comoção, no caso do romance sentimental, ele não ambiciona substituir as obras da cultura de proposta. Seus produtos são, ao contrário, obras de honestos e competentes artesãos que, longe de querer igualar-se aos criadores de Arte com A maiúsculo, não pretendem mais do que suprir as necessidades do "consumidor médio [...] que, no fim de um dia de trabalho, pede a um livro ou a uma película o estímulo de alguns efeitos fundamentais (o arrepio, a risada, o patético) para restabelecer o equilíbrio de sua vida física ou intelectual"[2].

Esta última citação, também de Umberto Eco, delimita as fronteiras do território privativo da literatura de entretenimento. Dele tem ela o título legal de posse, de modo algum usurpado ao minifúndio da alta literatura. E por sua vez os rótulos *masscult* e *midcult*, que poderíamos traduzir como "nível popular" e "nível médio", são úteis para distinguir, dentro da literatura de entretenimento, aquilo que, por sua elaboração mais rudimentar, visa a um público menos discriminativo, daquilo que, por sua fatura mais elaborada, pretende atingir leitores de maiores exigências. No nível popular da literatura de entretenimento se situam, por exemplo, os romancetes de amor da série Sabrina ou as historietas de ficção científica da série Perry Rhoden, vendidas em bancas de jornais, ao passo que o nível médio seria ilustrado, entre outros itens, pelos *best-sellers* de ficção das listas divulgadas toda semana na imprensa e normalmente comercializados pelas livrarias.

2. Umberto Eco, *op. cit.*, p. 87.

Talvez cause estranheza ter-se falado até agora só de um nível popular e de um nível médio na literatura de entretenimento, deixando de fora um eventual nível superior. Este já seria o da literatura erudita ou de proposta, onde há de igual modo um propósito de entretenimento, embora de natureza mais sutil e menos "fisiológica", se assim se pode dizer, que nos outros dois níveis. É em relação a esse nível superior aliás que uma literatura *média* de entretenimento, estimuladora do gosto e do hábito da leitura, adquire o sentido de degrau de acesso a um patamar mais alto onde o entretenimento não se esgota em si mas traz consigo um alargamento da percepção e um aprofundamento da compreensão das coisas do mundo.

DO ARQUETÍPICO AO HISTÓRICO

No domínio da literatura de proposta vigoram os chamados gêneros que determinam por antecipação algumas das características principais das obras literárias, ao mesmo tempo que condicionam as expectativas dos futuros leitores delas. Também no âmbito da literatura do entretenimento vige a categoria de gênero. Seriam fundamentalmente o romance policial, o romance sentimental, o romance de aventuras, a ficção científica e a ficção infantojuvenil. Poder-se-ia enriquecer o elenco com a inclusão da literatura erótica ou pornográfica e das histórias do Oeste americano. Mas é discutível que se trate de gêneros autônomos: a primeira pode ser vista como uma variante extremada do romance de amor, enquanto as segundas seriam uma modalidade do romance de aventuras, assim como o de espionagem o é do romance policial. Pode-se ainda cogitar da inclusão dos contos fantásticos ou de terror, gênero de que Hoffmann é considerado o fundador. Todavia, interessa-nos aqui a ficção de entretenimento veiculada normalmente sob a forma de livro, ou seja, o romance e a novela, ao passo que o conto pertence, por natureza, ao domínio mais efêmero do jornal e da revista, donde Mário de Andrade tê-lo chamado com razão "romance pra revista"[3].

O aparecimento dos gêneros não é obra do acaso. A observação vale também no campo da literatura de entretenimento, da qual se pode dizer o que Leslie Fiedler disse das histórias em quadrinhos: que herdou os "impulsos

---

3. *O Empalhador de Passarinho*, São Paulo, Martins, s.d., p. 8.

JOSÉ PAULO PAES: *Crítica Reunida Sobre Literatura Brasileira & Inéditos em Livros*

interiores da arte folclórica", desta conservando parte do "material arquetípico"[4] que hoje faz as delícias dos psicanalistas empenhados em rastrear, nos contos de fadas, as representações, guardadas no inconsciente coletivo, de experiências arcaicas da raça humana para as quais Jung chamou a atenção e a que deu o nome de arquétipos. Na pré-história dos gêneros literários André Jolles descobriu igualmente um momento arquetípico nas disposições mentais ou pontos de vista básicos por que nossos antepassados remotos foram classificando e organizando, via linguagem, a caótica multiplicidade de suas experiências. Dessas disposições mentais de base resultou o que Jolles chama de formas literárias simples, o ponto de partida mais recuado dos gêneros literários. Jolles distingue nove "formas simples", mas delas só nos vão interessar aqui três – saga, adivinha e conto –, a que podemos vincular, por alguma de suas características fundamentais, os gêneros de literatura de entretenimento citados há pouco. Assim, o romance de aventuras, cujo entrecho é constituído sempre de uma sucessão de situações de perigo por que passa o seu herói ou protagonista e das quais ele se consegue safar graças à sua coragem e habilidade, seria uma espécie de tataraneto das velhas sagas que preservam a memória dos feitos "do representante heroico de um clã determinado, o detentor hereditário das altas virtudes de uma raça"[5]. Como o Ulisses da *Odisseia* de Homero – e a epopeia deriva também da forma simples da saga – em que os gregos de ontem e de hoje reconhecem o herói mais representativo das virtudes da raça. No romance policial, por sua vez, onde o detetive consegue sempre desvendar o enigma proposto à sua sagacidade por algum crime aparentemente insolúvel, temos uma reencarnação da adivinha folclórica, tipo "o que é, o que é" cuja resposta serve para realçar a forma habilidosa e despistadora por que a pergunta havia sido formulada. Com o espírito da adivinha tem relações um pouco mais remotas a ficção científica, na medida em que propõe aos seus leitores respostas de como será o mundo tecnológico do futuro. Tampouco é difícil perceber no romance sentimental, que privilegia o amor como sentimento todo-poderoso que leva de vencida as barreiras sociais e faz a Costureirinha se casar com o rico herdeiro, um eco da moral do conto de fadas. O final feliz desses contos satisfaz o nosso "sentimento do justo" ao reparar injustiças como a de crianças abandonadas no mato por seus pais ou de

4. Leslie A. Fiedler, "O Meio Contra as Duas Pontas", in B. Rosenberg e D. M. White (orgs.), *op. cit.*, pp. 627-8.
5. André Jolles, *Formas Simples*, tradução de A. Cabral, São Paulo, Cultrix, 1976, p. 70.

enteadas tiranizadas por suas madrastas. O reencontro dos abandonados com os abandonadores e o casamento da borralheira com o príncipe confirmam as leis daquela "moral ingênua" em que André Jolles situa a disposição mental responsável pelo surgimento dos contos tradicionais.

A dimensão arquetípica dos vários gêneros da literatura de entretenimento ajuda a explicar a recorrência, neles, de motivos ou procedimentos fixos, assim como sua capacidade de continuarem a aliciar o interesse dos leitores, a despeito dessas repetições aparentemente fastidiosas. Mas o arquetípico ou pré-histórico não nos deve fazer esquecer a história propriamente dita da moderna literatura de entretenimento. História ainda recente, pois foi em fins do século XVIII e durante o século XIX que ela se afirmou como tal na Inglaterra, na França e, além-mar, nos Estados Unidos. Vale dizer, nos países em que o desenvolvimento do capitalismo industrial levara ao aperfeiçoamento dos processos tipográficos, barateando custos e alargando o mercado de consumo de publicações[6]. O desenvolvimento desse capitalismo é responsável também pela consolidação de uma classe média a cujas necessidades culturais, ainda não tão apuradas pela tradição quanto as da aristocracia onde artistas e poetas iam outrora buscar os seus mecenas, a literatura de entretenimento vinha expressamente atender. Por se tratar de um público muito mais numeroso, tal literatura começou recorrendo, para atingi-lo, àquele que foi o primeiro veículo de comunicação de massa – o jornal. É então que surge o romance-folhetim, publicado em capítulos geralmente semanais, cada capítulo terminando num lance de suspense capaz de manter acesa a curiosidade do leitor durante esse intervalo de tempo. O grão-mestre do gênero foi reconhecidamente Alexandre Dumas, que com *Os Três Mosqueteiros* e *O Conde de Monte Cristo* procurou dar ao romance de aventuras um mínimo de verossimilhança histórica. Seus folhetins conheceram prestígio mais duradouro ao serem pouco depois recolhidos em livro. O mesmo aconteceu com Edgar Allan Poe e Arthur Conan Doyle, iniciadores da ficção policial em contos também de início publicados em periódicos. Poe é considerado ademais um dos fundadores da ficção científica, ainda que tivesse sido precedido nisso por Mary Shelley, a autora de *Frankenstein ou o Prometeu Moderno*, de 1818[7].

---

6. Cf. Eric S. Rabkin, *The Fantastic in Literature*, New Jersey, Princeton U. P., 1977, p. 190 e ss.
7. Cf. Brian Aldiss, *Billion Year Spree* – the History of Science-Fiction, Londres, Weidenfeld & Nicholson, 1973, pp. 8-39.

JOSÉ PAULO PAES: *Crítica Reunida Sobre Literatura Brasileira & Inéditos em Livros*

Fosse a princípio através do folhetim semanal ou do conto esparsamente publicado na imprensa, fosse mais tarde sob a forma permanente do livro, o certo é que os vários gêneros da literatura de entretenimento tiveram, na segunda metade do século XIX, uma legião de autores e uma vasta produção, avidamente consumida por um público cada dia maior. Público de classe média a que os avanços da instrução pública iam progressivamente incorporando novos leitores vindos do proletariado urbano e do campesinato. Para eles, era um acontecimento uma nova obra de autores tão populares quanto Eugène Sue, Paul de Kock; Júlio Verne, Emilio Salgari, R. L. Stevenson, Emile Gaboriau, Fenimore Cooper e outros. No século XX aumentou vertiginosamente o público consumidor da literatura de entretenimento, assim como aumentou no mesmo ritmo o contingente de seus bons autores: Edgar Rice Burroughs, G. K. Chesterton, Maurice Leblanc, H. G. Wells, Edgar Wallace, Agatha Christie, Baronesa d'Orczy, Rafael Sabatini, H. P. Lovecraft, Georges Simenon etc. etc.

O DRAMALHÃO É NOSSO

Mas voltemos aos tempos do folhetim para considerar o seu transplante para o Brasil. Ele aqui chegou não muitos anos depois da introdução da imprensa que, como ninguém ignora, foi trazida por D. João VI na sua bagagem de rei fugido. O advento do Romantismo entre nós, a partir de 1836 com os *Suspiros Poéticos e Saudades* de Gonçalves de Magalhães, difundiria um novo gosto a que Wilson Martins chamou de "estética do dramalhão" e que passa a impregnar, "toda a vida social, do teatro à ficção e da poesia à política"[8]. No campo da prosa narrativa, os introdutores do novo gosto foram Pereira da Silva e sobretudo Justiniano José da Rocha que, tendo travado contato em Paris com a novidade do *feuilleton* ou literatura de folhetim, apressou-se em transplantá-la para cá. Justiniano é o autor de *Os Assassínios Misteriosos ou a Paixão dos Diamantes*, publicado no *Jornal do Commercio*, do Rio, em 1839. Imitação ou plágio de algum original francês não identificado, a ação dessa narrativa, que se passa em Paris no reinado de Luís XIV, traz os ingredientes

---

8. Wilson Martins, *História da Inteligência Brasileira*, São Paulo, Cultrix, 1978, vol. II, p. 246.

típicos do folhetim – ataques de loucura, mortes violentas, amores infelizes, cenas de cemitério e outras calamidades.

Não tardou a que o folhetim se preocupasse em nacionalizar os seus temas, os seus personagens e os seus propósitos, dando origem a um romance reconhecivelmente brasileiro. A primazia disso cabe a Joaquim Manuel de Macedo, cujo *A Moreninha* inaugurou entre nós o romance de costumes, de que a obra-prima são as *Memórias de um Sargento de Milícias*, de Manuel Antônio de Almeida, publicadas em folhetins do *Correio Mercantil*, do Rio, entre 1852 e 1853. Mas é na obra de José de Alencar que irá culminar a proposta nacionalista da prosa de ficção romântica. Ali o histórico e o contemporâneo, o regional e o nacional, o rural e o urbano, o selvagem e o civilizado se articulam para compor um retrato de corpo inteiro do Brasil. A despeito da amplitude do seu projeto de romancista, de fazer o processo da nossa independência literária acompanhar de perto o processo da nossa independência política, Alencar não abjurou de todo a literatura de entretenimento. Num texto autobiográfico intitulado *Como e Por que Sou Romancista*[9], lembra ele, entre outras coisas, a influência exercida sobre sua vocação pelos serões de família onde se liam em voz alta os romances românticos; mais tarde apaixonou-se por Fenimore Cooper, de cuja influência há traços em sua obra. Aliás, uma das características da nossa ficção romântica foi a de nunca se ter afastado dos padrões de gosto do leitor comum de sua época, pelo que mal se pode distinguir nela o propósito de mero entretenimento dos propósitos mais ambiciosos da literatura comumente rotulada de erudita. Essa proximidade persistiu até o Naturalismo, quando os temas da patologia social e individual levam o romancista a chocar os preconceitos do público burguês, provocando o afastamento histórico entre um e outro. Afastamento que o Modernismo, com seus vanguardistas contestando polemicamente os valores tradicionais da arte e ensaiando meios revolucionários de expressão, só fez aumentar, convertendo-o em brecha irreparável. A prosa experimental de Oswald e Mário de Andrade jamais conseguiu interessar o grande público, que ia satisfazer seus gostos mais convencionais numa literatura preocupada tão só em lisonjeá-los, que não era bem o caso do romance nordestino de 30, voltado antes para a denúncia social. Não por acaso as décadas de 30 e de 40 assistem ao

---

9. Rio de Janeiro, Leuzinger, 1893, pp. 17-22, 38-9 e sobretudo 46-8, onde Alencar nega influência de Cooper sobre *O Guarani*.

aparecimento das grandes coleções de literatura de entretenimento: a Coleção das Moças, de romances sentimentais; as coleções Terramarear e Paratodos, de romances de aventuras e de ficção científica; as coleções Amarela e Máscara Negra, de romances policiais[10].

Compostas só de obras traduzidas, principalmente do inglês e do francês, essas coleções assinalam os primórdios da invasão do *best-seller* estrangeiro, facilitada e estimulada pela ausência de similares nacionais. Isso não obstante ter havido, pouco antes e logo depois do Modernismo, escritores menos sofisticados que conseguiram chegar até o leitor comum, tornando-se populares. Populares foram romancistas como Paulo Setúbal, que se voltou para figuras e episódios pitorescos de nossa História, ou Benjamim Costallat, que retratou vícios e elegâncias do Rio dos anos 20. Ou ainda um cronista como Humberto de Campos que, explorando habilidosamente os filões da sentimentalidade e do humor, conquistou uma legião de leitores. Mas é bem de ver que estes autores não cultivaram os gêneros tradicionais da literatura de entretenimento; seriam, antes, um caso de *Kitsch* literário. Já outro escritor desse período, Medeiros e Albuquerque, tentou deliberadamente criar uma ficção policial brasileira; a semente por ele plantada não vingou porém, apesar do esforço de continuadores como Jerônimo Monteiro e Luís Lopes Coelho. Atuando também à margem do Modernismo, Afonso Schmidt produziu um tipo de ficção de bom nível endereçado ao grande público e veiculado em folhetins do *Estado de S. Paulo*, isso em plena década de 40. Schmidt chegou a escrever uma novela de ficção científica: gênero que tivera um precursor no Rodolfo Teófilo de O *Reino de Kiato* (1922) e que conheceu mais tarde certo florescimento entre nós através dos contos de Fausto Cunha e André Carneiro. Até mesmo o modernista Menotti del Picchia tentou a mão no romance de aventuras com *Kalum o Sangrento*, publicado em 1936, e na ficção científica com *A República 3000*, de 1930. No terreno do romance sentimental, marcou época o sucesso alcançado por Maria José Dupré com *Éramos Seis* e *Gina*, assim como por José Mauro de Vasconcelos com *Meu Pé de Laranja Lima*. Tendo começado a sua carreira pelo romance social em voga nos anos 40, José Mauro se dedicou depois a um tipo mais ameno de ficção que o iria popularizar. A agressividade com que certos críticos se voltaram contra ele, julgando-lhe o desempenho

---

10. Cf. J. P. Paes, "As Dimensões da Aventura", in Regina Zilberman (org.), *Os Preferidos do Público* — os Genêros da Literatura de Massa, Petrópolis, Vozes, 1987, pp. 65-75.

v. A Aventura Literária: Ensaios sobre Ficção e Ficções

unicamente em termos de estética literária, em vez de analisá-lo pelo prisma da sociologia do gosto e do consumo, mostra a miopia de nossa crítica para questões que fujam ao quadro da literatura erudita. Talvez à mesma miopia se deva não ter sido feito até agora um levantamento e avaliação de nossa ainda paupérrima, mas nem por isso nula, literatura de entretenimento. Enquanto não for feito, a meia dúzia de autores aqui mencionados vale como lembrete de um território ainda à espera de cartógrafos.

OS VÁRIOS SUSPEITOS

Menção à parte merece a ficção infantojuvenil de Monteiro Lobato. Muitos a consideram a parte mais importante da sua obra, e as peculiaridades da carreira literária de Lobato parecem respaldar esse juízo. A certa altura resolveu ele abandonar de vez a literatura para adultos, talvez porque a sentisse ter tomado com o Modernismo outros rumos que não os de sua preferência[11]. A partir daí dedicou-se inteiramente à literatura infantojuvenil, de que foi o criador entre nós num nível de excelência até hoje não alcançado por nenhum outro autor. Sendo essa a única área da literatura brasileira de entretenimento que permaneceu imune à voga do *best-seller* traduzido, é de se pensar se o exemplo e a contribuição de Lobato não teriam sido decisivos para tanto. O que nos leva diretamente ao ponto principal destas considerações: qual a razão da pobreza ou, melhor dizendo, da quase inexistência de uma literatura brasileira de entretenimento? Por que isso numa cultura que, em nível erudito, deu autores do porte de Machado de Assis, Graciliano Ramos ou Carlos Drummond de Andrade e, em nível popular, a riqueza de material folclórico testemunhada minimamente em *Macunaíma?* À diferença do clássico crime de mistério cujo culpado é sempre o mordomo, temos aqui vários suspeitos.

Será que se trata de alguma espécie de incapacidade nacional para a criação dessa modalidade de cultura de massa? O êxito ainda recente de nossos telenovelistas em produzir, dentro das limitações do gênero, obras capazes de vencer, pela qualidade, seus similares estrangeiros, e tendo sobre eles a vantagem de refletir nosso estilo de vida, desmente frontalmente essa suposição. E ao mesmo

---

11. Cf. Edgar Cavalheiro, *Monteiro Lobato — Vida e Obra*, São Paulo, Companhia Dist. de Livros/Nacional, 1955, vol. II, cap. "Sítio do Picapau Amarelo", pp. 566-610.

tempo que a desmente, aponta para outra hipótese mais convincente. Se a televisão conseguiu em tempo relativamente breve o que a indústria do livro não conseguiu até hoje, foi talvez devido à circunstância de ter chegado cedo a um país onde o livro chegou tarde. Só a partir dos anos 30 é que se pode falar de uma indústria editorial realmente brasileira; até então, grande parte das nossas minguadas edições eram impressas fora, em Portugal e na França. Por outro lado, não é difícil entender a lentidão com que se amplia o mercado de consumo de um bem cultural como o livro em um país de alta taxa de analfabetismo como o nosso. Se o livro continua sendo insubstituível como instrumento de saber e de cultura, perde de longe para a televisão, como meio de entretenimento. Antes que houvesse tempo de a nossa tardia indústria do livro implantar no grande público o gosto e o hábito da leitura, veio a televisão roubar-lhe a maior fatia do bolo. Para ser fruído, o livro, mesmo de entretenimento, exige um mínimo de esforço intelectual, dispensável no consumo da imagem falada do vídeo.

A substituição de importações de que a telenovela brasileira dá sinal no setor de bens simbólicos se explica pelo vertiginoso crescimento da televisão como indústria cultural. O mesmo não aconteceu na indústria do livro. O ritmo muito mais modesto do seu crescimento ainda não a compeliu a estimular uma produção nacional de literatura de entretenimento e a assumir os encargos promocionais daí decorrentes. Parece-lhe mais cômodo adquirir os direitos de tradução de *best-sellers* estrangeiros que passaram em seus países de origem pelo teste da popularidade e aqui chegam já aureolados de prestígio publicitário. Um caso, portanto, menos de substituição de importações que de puro e simples transplante, típico – daquele fluxo unidirecional entre centro e periferia a que o subdesenvolvimento econômico constrange.

Resta-nos por fim considerar, além do público consumidor e da máquina editorial, o produtor da literatura de entretenimento. Em países como a Inglaterra, a França ou os Estados Unidos, onde o livro cedo se implantou e cedo criou um público considerável para seu consumo, o escritor adquiriu faz tempo estatuto profissional e muitos deles tiram sua subsistência do que escrevem. Num país como o Brasil, de público ledor ainda reduzido, já ele não consegue, salvo raras exceções, viver da pena ou da máquina de escrever. A dificuldade de profissionalizar-se ajuda a explicar a quase ausência, entre nós, daquele tipo de artesão despretensioso de cuja competência nasce a boa literatura de entretenimento. As condições brasileiras são propícias mais ao surgimento de literatos que de artesãos. Estes não podem dispensar a pro-

v. A Aventura Literária: Ensaios sobre Ficção e Ficções

fissionalização; aqueles se contentam com o prestígio que sua arte lhes dá. Prestígio restrito, na maior parte das vezes, ao círculo de seus confrades, dos resenhistas de livros, dos professores de literatura e de um pequeno contingente de leitores mais ou menos espontâneos. Se não tiram os literatos, de sua dedicação em tempo parcial ao ofício das letras, os ganhos que lhes possibilitariam dedicar-se a ele em tempo integral, consola-os ter o nome registrado nas páginas da história literária, no melhor dos casos, ou, no pior, pertencer a alguma academia de letras, federal, estadual, municipal ou até mesmo distrital. Numa cultura de literatos como a nossa, todos sonham ser Gustave Flaubert ou James Joyce, ninguém se contentaria em ser Alexandre Dumas ou Agatha Christie. Trata-se obviamente de um erro de perspectiva: da massa de leitores destes últimos autores é que surge a elite dos leitores daqueles, e nenhuma cultura realmente integrada pode se dispensar de ter, ao lado de uma vigorosa literatura de proposta, uma não menos vigorosa literatura de entretenimento.

Há contudo alguns sinais alentadores de que as coisas começam a mudar por aqui. Editoras voltadas para a área do livro paradidático estão encomendando obras de ficção de entretenimento a bons autores e publicando-as em tiragens bem mais altas que os três mil exemplares de praxe. Com isso estimula-se a criação de uma literatura de entretenimento de bom nível. Por enquanto a iniciativa se restringe à faixa do livro infantojuvenil e visa a atender à demanda escolar. Como se sabe, os estudantes de primeiro e segundo graus são atualmente compelidos a ler, além dos manuais didáticos, livros de ficção de autores nacionais, a fim de desenvolverem o gosto pela leitura. Abriu-se desse modo um amplo e promissor mercado. Pena é que ele tenha nascido sob o signo negativo da obrigatoriedade. Para que o prazer da leitura firme raízes e continue a ser cultivado pela vida afora, é de boa política não o atrelar, de saída, à esfera dos deveres escolares. Parece-me um erro de estratégia querer cobrar dos estudantes respostas a questionários de leitura ou dissertações sobre aspectos das obras lidas. Isso os predispõe negativamente para o desfrute do livro, degradando o prazer em obrigação. Tudo quanto competiria ao professor seria assegurar-se de que o livro foi mesmo lido e ajudar o estudante a esclarecer eventuais dúvidas de compreensão quando ele *espontaneamente* as comunique. O mais seria contraproducente. Há que confiar no silencioso poder de sedução do livro; desnecessário realçá-lo através de artifícios pedagógicos, quaisquer que possam ser. Já não se disse que cultura é o que fica em nós depois de termos esquecido tudo o que lemos? Ao esquecimento, pois, e ao entretenimento!

O Pobre-Diabo no Romance Brasileiro[*]

[*O Coruja* de Aluísio Azevedo; *Recordações do Escrivão Isaías Caminha*, de Lima Barreto; *Angústia*, de Graciliano Ramos; *Os Ratos*, de Dyonélio Machado]

O NOME E A COISA

Como acontece com alguma frequência nas frases feitas, o sal da expressão "pobre-diabo" está em seu caráter paradoxal. Nessa expressão, um núcleo de negatividade se abranda numa aura de positividade. O foco da negatividade é evidentemente a palavra "diabo", que nomeia o espírito do mal, o decaído de Deus exilado para sempre no mundo inferior das trevas, de onde costuma se escapulir para vir praticar maldades em nosso mundo terrestre e desviar-nos do caminho da salvação, que é o do mundo celeste. E como a perdição constitui o máximo de feiura moral, "diabo" designa também figurativamente o "homem de mau gênio", o "indivíduo feio". Todo esse feixe de acepções negativas de que o nosso espírito virtuosamente se retrai é abrandado, porém, por um adjetivo que não só as neutraliza como chega até a lhes inverter o sinal. "Pobre" se diz de quem se acha falto ou privado do necessário; de quem foi mal dotado ou pouco favorecido; por extensão, de quem seja infeliz, desprotegido, digno por isso de lástima e compaixão. Compadecer-se é, etimologicamente, padecer junto, mas – atenção – em posição de superioridade. Magnanimamente abdicamos, por um momento, do nosso conforto de não sofredores para, sem risco pessoal, partilhar o sofrimento de alguém *menos* afortunado e por conseguinte *inferior* a nós. De alguém a quem possamos entre depreciativa e compassivamente chamar de "pobre-diabo".

Imagino que a expressão se tenha originado de alguma das muitas lendas em torno do Demo. Num dos contos de La Fontaine, fábulas de gente cuja malícia é de ordem mais bem carnal que a de suas fábulas de bichos, aparece o diabo de Papafiguiere, a quem o fabulista chama expressamente de "pauvre

---

[*] Aula ministrada em 3/9/1987 no curso de especialização "A Gente Brasileira", promovido pelo Instituto de Estudos Brasileiros da USP, nos *Novos Estudos* n. 20 (São Paulo, Cebrap, março de 1988).

v. A Aventura Literária: Ensaios sobre Ficção e Ficções

diable"[1], quando se dispõe a nos contar como, devido à sua ingenuidade tão pouco diabólica, acabou sendo logrado e posto em ridículo por um casal de camponeses espertos. Câmara Cascudo, por sua vez, fala de um "ciclo do diabo logrado"[2] na classificação brasileira dos contos populares, de onde desconfio tenha passado para a linguagem corrente a figura do pobre-diabo. De qualquer modo, foi num ensaio de Moisés Vellinho que vi pela primeira vez tal expressão ser usada para caracterizar um determinado tipo de herói, ou melhor dizendo, de anti-herói de ficção. Esse ensaio, "Dyonélio Machado, do Conto ao Romance", que consta em *Letras da Província* (Porto Alegre, Livraria do Globo, 1944), ao referir-se às atribulações de Naziazeno, o personagem central de *Os Ratos*, um "infeliz que se consome sem heroísmo, à procura do dinheiro com que pagar a conta do leite", chama-o de pobre-diabo. Na narração de um só dia de sua vida, sequência de "pequenos fracassos, detalhes sem cor nem relevo, incidentes medíocres em si mesmos, mas que se projetam sobre o desfibrado ânimo de Naziazeno como sombras duras e aplastantes", o romancista só podia mesmo valer-se, no entender do ensaísta, "de um estilo que fosse, como o próprio destino de Naziazeno, baço e incolor". Lembrava ainda Vellinho, como possível fonte de influência no caso, a ficção de Dostoiévski. O Dostoiévski de *Humilhados e Ofendidos* e de *O Eterno Marido*, suponho eu, que Gilberto Amado já sentira lançar sua "sombra densa, opressiva" sobre aquele que, sendo a obra-prima de Dyonélio Machado, é também o mais radical romance de pobre-diabo encontrável na literatura brasileira.

Em seus comentários acerca de *Os Ratos*, Vellinho nos fornece alguns pontos de referência úteis para delimitar, numa primeira aproximação, o que se deva entender por romance de pobre-diabo. Note-se que falo especificamente em romance, ainda que o pobre-diabo possa também aparecer na área do conto, como o dão a perceber tantas das histórias curtas de Dalton Trevisan. Mas para tornar convincente uma figura assim tão falta de interesse dramático, tão sem surpresas ou gestos marcantes, o ficcionista precisa de espaço mais amplo que o da história curta. Só no espaço do romance cabe a longa enfiada de "incidentes medíocres em si mesmos", fixados num estilo apropriadamente "baço e incolor", de cuja somatória de insignificâncias possa ressaltar a significância do seu protagonista. E, de par com ela, a vocação

1. La Fontaine, *Contes*, Paris, Éditions de la Madeleine, 1953, p. 91.
2. Luís da Câmara Cascudo, *Dicionário do Folclore Brasileiro*, Rio de Janeiro, INL, 1954, p. 235.

José Paulo Paes: *Crítica Reunida Sobre Literatura Brasileira & Inéditos em Livros*

para o fracasso que lhe é consubstancial. Embora o pobre-diabo se situe por definição num dos estratos inferiores da pirâmide social – sua mesma pobreza o condena a eles –, não pode pertencer nem ao proletariado nem ao lumpemproletariado. Naquele, costuma a ficção politicamente engajada ir buscar os seus heróis, antecipando nisso a reviravolta de valores sociais (os últimos serão os primeiros) a ser trazida pela Revolução. E do lumpemproletariado provém, como se sabe, a maioria dos heróis do romance picaresco, os quais têm mais de diabos propriamente ditos que de pobres diabos: sua astúcia e sua desfaçatez lhes facultam aproveitar-se das desigualdades sociais, fazendo-se exploradores dos exploradores. Já o pobre-diabo, patético pequeno-burguês quase sempre alistado nas hostes do funcionalismo público mais mal pago, vive à beira do naufrágio econômico que ameaça atirá-lo a todo instante à porta da fábrica ou ao desamparo da sarjeta, onde terá de abandonar os restos do seu orgulho de classe.

Com esses pontos de referência em mente, o leitor poderá descobrir por si mesmo, além do caso paradigmático de *Os Ratos*, outras encarnações literárias do pobre-diabo. De minha parte, para não me alongar demasiadamente, escolhi quatro delas que me parecem exemplificar bem a trajetória, no romance brasileiro, desse anti-herói por excelência.

PELA PRÓPRIA NATUREZA

O *Coruja*, de Aluísio Azevedo, foi publicado pela primeira vez em 1887. Sem se afastar inteiramente da linha do romance de costumes a que pertence O *Cortiço*, seu enfoque o aproxima antes do estudo de caracteres. Salvo melhor juízo, trata-se do nosso primeiro romance de pobre-diabo. De "pobre-diabo, sem eira nem beira"[3] é aliás qualificado o seu protagonista, a páginas tantas, por outro dos personagens. Falei em protagonista, mas este termo tem de ser tomado aqui com mais do que um grão de sal. Embora seja André, depreciativamente apelidado de Coruja pelos seus colegas de internato, quem dê título ao romance, este não se ocupa apenas em relatar as desventuras de sua vida, do nascimento à idade madura. Na verdade, o centro de interesse da narrativa

3. Citações feitas aqui segundo o texto da 6ª edição de O *Coruja*, Rio de Janeiro, Briguiet, 1940, vol. VIII das obras completas de Aluísio Azevedo, dir. e rev. de M. Nogueira da Silva; procedi apenas à atualização ortográfica.

v. A Aventura Literária: Ensaios sobre Ficção e Ficções

está na personalidade e na ascensão social e política de Teobaldo, condiscípulo a quem o Coruja se liga desde cedo por uma amizade que raia pela fidelidade canina e que se mantém inabalada até quase o fim do livro, a despeito de ser constantemente posta à prova por toda a sorte de ingratidões.

Penso que o recurso ao método plutarquiano das vidas paralelas se deveu, no caso de O *Coruja*, não só a uma opção estratégica em matéria de técnica de narrar como também à circunstância de o romance dos fins do século xix não estar ainda historicamente maduro para o advento do anti-herói pleno. Para impor à atenção de um público ledor ainda habituado às tintas fortes do drama, quando não do melodrama, a figura descolorida de um pobre-diabo como o Coruja, Aluísio Azevedo se viu compelido ao uso de uma técnica de contraste. Pela riqueza da paleta de que se pôde valer para pintar a vida rica de incidentes de Teobaldo, polo oposto a André, o romancista como que subornou o leitor para a aceitação da monotonia do cinzento a que teve necessariamente de recorrer para retratar o desvalimento do Coruja. Mas já é mais do que tempo de dizer-se que esse apelido fora inspirado pela feiura física de André e pela sua expressão carrancuda. Há algo do Quasímodo hugoano na descrição que Aluísio nos faz do seu anti-herói, "com a sua disforme cabeça engolida pelos ombros, com o seu torvo olhar de fera mal domesticada, com os sobrolhos carregados, a boca fechada a qualquer alegria, as mãos ásperas e curtas, os pés grandes, o todo reles, miserável, nulo". Também no íntimo desse outro "enjeitado da natureza" luzia uma grande bondade para com os mais fracos, os bichos em especial, assim como uma infinita capacidade de resignação às injustiças. Órfão de pai e mãe com poucos anos de vida, ficou entregue à caridade do vigário de um lugarejo de Minas onde nascera. O bom vigário cuidou de livrar-se assim que pôde do incômodo e desgracioso fardo pondo o menino a estudar, como aluno praticamente de favor, num colégio interno. Foi ali que, desprezado dos colegas pela feira, mas temido pelo vigor com que sabia defender-se de suas maldades, André veio um dia a conhecer Teobaldo, o belo e mimado filho do Barão de Palmar, ao livrá-lo de um traiçoeiro ataque dos outros internos. Desde então os dois se tornam amigos inseparáveis. Teobaldo convida-o a passar férias na fazenda do pai e quando segue para o Rio a fim de estudar para os preparatórios leva-o consigo como uma espécie de agregado e repetidor de lições. Desse modo, ao longo do romance, o leitor irá acompanhar *pari passu* os dois destinos tão paralelos quão diversos.

369

O de Teobaldo, não obstante a ruína econômica do pai, que o deixou da noite para o dia sem nada, mas da qual se recuperou por meio de um casamento de conveniência, vai sempre de vento em popa. O seu encanto de "jovem príncipe aborrecido", as suas maneiras insinuantes convertem-no numa atração permanente dos salões da Corte. E a sua "sede de luzir, parecer grande, dominar", servida por uma capacidade de imitação que aos olhos do vulgo passava por talento, se sacia numa carreira política que em tempo mínimo o leva de uma cadeira de deputado a uma secretaria de Estado. Nesse processo de ascensão, a ajuda obscura e desinteressada do Coruja se faz repetidamente sentir. É ele quem lhe prepara as lições da Academia, quem lhe paga as contas nos dias de necessidade, quem o livra das importunações das amantes, quem lhe dá ideias e informações para os artigos que o notabilizam, quem o socorre com todas as economias que tão suadamente guardara, salvando-lhe uma vez o crédito, outra a honra. Tudo isso sem nada pedir em troca, só pelo gosto de poder ser útil, já que, conforme diz André consigo na sua filosofia de pobre-diabo: "Quem tem asas voa; quem não as tem fica por terra e deve julgar-se muito feliz em não ser logo esmagado por algum pé". Por terra sempre fica o Coruja, vítima da incompreensão e da maldade humana em geral, do egoísmo e da ingratidão de Teobaldo em particular. À medida que a narrativa se desenvolve, sua figura de pobre-diabo se vai tornando cada vez mais patética, mais grotesca. O desfecho do romance tem ares de moralidade de fábula: esmagado sob o peso de sua própria nulidade, Teobaldo morre cônscio de toda a sua vida ter sido uma grande mentira; o Coruja, desiludido de tudo, não consegue abdicar daquela bondade de alma que só lhe trouxera sofrimentos. Tal moralidade fabular se coaduna bem à sua personalidade. Nele, em vez do pobre-diabo sociologicamente considerado – o pequeno-burguês pauperizado na desesperada luta por manter sua identidade de classe –, Aluísio Azevedo nos propõe o pobre-diabo biologicamente considerado, ou seja, o que foi destinado pela própria natureza a esse que é o mais humilde dos papéis ficcionais.

UM *MEA CULPA*

Se *O Coruja* assinala a aparição inaugural do pobre-diabo nas letras imperiais, é às *Recordações do Escrivão Isaías Caminha* (1909) de Lima Barreto, que, nas letras republicanas, cabe igual primazia. Livro escrito na primeira pessoa do singular, coloca-se sob o signo da confissão. Mas não me parece seja o signo mais adequado à representação literária do pobre-diabo. Como tivemos oportunidade de ver mais atrás, o tipo de compaixão involucrado nessa frase feita conota necessariamente uma posição de superioridade do compadecedor em relação ao compadecido. Sem essa superioridade, em que transluz uma ponta de desdém, não se justificaria o uso da expressão. Na ficção de índole confessional, o escritor, ao abrir-nos a intimidade de sua alma, nos convida antes à cumplicidade ou à empatia, que é uma relação de igual para igual.

Durante a narrativa dos seus dias de pobre-diabo no Rio de Janeiro, o protagonista das *Recordações do Escrivão Isaías Caminha* não esconde a revolta, a amargura e o rancor com que os lembra. Mulato, e ainda por cima filho de padre pobre, trocara na adolescência sua cidadezinha capixaba pela Capital Federal em busca de uma carta de doutor: "Ah! Seria doutor! Resgataria o pecado original do meu nascimento humilde, amaciaria o suplício premente, cruciante e onímodo da minha cor"[4]. Mas o sonho doutoral não tarda a espatifar-se contra as arestas da realidade. O deputado para o qual trouxera uma recomendação o despacha com uma desculpa qualquer, sem arranjar-lhe o emprego público que lhe possibilitaria custear os estudos. Tampouco consegue Isaías, já no fim dos magros recursos de que dispunha para manter-se os primeiros dias no Rio, colocação alguma, por humilde que fosse, nas várias outras portas a que bate. Sua cor era uma desvantagem difícil de superar. Começa então a sofrer fome, a passar o tempo desalentado nos bancos de jardim, uma entre tantas "fisionomias fatigadas, tristes, tendo estampada na comissura dos lábios sem forças a irreparável derrota da vida". Ao sentimento inicial de raiva contra a "opressão da sociedade inteira", sucede "uma grande covardia e um pavor sem nome [...] em face das cordas, das roldanas, dos contrapesos da sociedade; senti-os por toda a parte, graduando os meus atos, anulando os meus esforços; senti-os insuperáveis e destinados a esmagar-me, reduzir-me ao mínimo; a achatar-me completamente [...]". O modesto emprego de contínuo da redação de *O Globo* que finalmente consegue e que o salva da fome e do desabrigo só o faz confirmar-se na sua resignação de pobre-diabo temeroso de perder o pouco que conseguira: "Eu tinha cem

---

4. Citações feitas aqui segundo o texto editado por Carmen Lúcia Campos das *Recordações do Escrivão Isaías Caminha*, São Paulo, Ática, 1984.

mil réis por mês. Vivia satisfeito e as minhas ambições pareciam assentes. Não fora só a miséria passada que assim me fizera; fora também a ambiência hostil, a certeza de que um passo para diante me custava grandes dores, fortes humilhações, ofensas terríveis".

A partir desse ponto, as *Recordações* voltam-se inteiramente para a crítica de costumes, concentrando-se nas mazelas do jornalismo, "a mais tirânica manifestação do capitalismo [...] grandes empresas, propriedades de venturosos donos, destinadas a lhes dar o domínio sobre as massas, em cuja linguagem falam, e a cuja inferioridade mental vão ao encontro, conduzindo os governos, os caracteres para os seus desejos inferiores, para os seus atrozes lucros burgueses [...]". Não obstante. o *handicap* da cor, cujo estigma sente o tempo todo com dolorosa pungência, Isaías acaba caindo nas graças do diretor de *O Globo* e é promovido de contínuo a repórter, com o que termina a fase pobre-diabo da sua vida. A fase posterior, conquanto encerre algumas das páginas mais mordazes e literariamente mais bem logradas do livro, fica além do nosso restrito campo de interesse. Que é a fenomenologia da pobre-diabice, se assim se pode dizer, e de que as *Recordações* nos dão, além das passagens já citadas, duas outras introvisões essenciais. Uma é o encontro casual de Isaías, num banco do Passeio Público, com uma mocinha de cor pobremente vestida. Ela lhe faz uma pergunta qualquer, a que, absorvido na leitura de um livro, ele responde distraidamente, com indiferença. Ofendida, ela desabafa: "Que tipo! Pensa que é doutor...". E a passagem assim termina: "Considerei as ruas, as casas, as fisionomias dos transeuntes. Olhei uma, duas, mil vezes, os pobres e os ricos. Eu estava só". Neste pequeno episódio está *in nuce* o drama de consciência de Isaías. O sentimento da cor, tão vivo quando ele se sentia vítima de alguma humilhação pessoal, não servia para aproximá-lo dos seus irmãos de pele e de humilhações. Separando-o deles, havia sempre a barreira da superioridade intelectual, tão bem simbolizada, no episódio revelador, pelo livro em que ele estava enfronhado. Outro episódio igualmente revelador é a descrição do motim provocado pela lei dos sapatos obrigatórios, medida cuja impopularidade dava uma boa medida do quanto a República dos ex-escravocratas, dos grandes burgueses e dos oportunistas de todo tipo, desancada por Lima Barreto nas crônicas de *Bruzundangas*, estava distanciada das classes menos favorecidas. São essas classes que promovem a agitação de rua de que resultou a revogação da medida antipopular. Da janela do seu jornal, Isaías descreve a composição social da turba amotinada: "Havia a poeira de garotos e moleques; havia o vagabundo, o desordeiro profissional, o pequeno-burguês, empregado, caixeiro e estudante; havia emissários de políticos e descontentes [...] unidos pela mesma irritação e pelo mesmo ódio à polícia, onde uns viam o seu inimigo natural outros o Estado, que não dava a felicidade, a riqueza e a abundância". Particularmente digno de nota aqui é a presença do "pequeno-burguês, empregado, caixeiro e estudante" no protesto contra uma medida discriminatória que não os atingia a eles, gente calçada. Aderiam todavia ao motim levados por uma dinâmica social que, não encontrando no quadro das instituições nenhuma via normal de manifestação, via-se forçada a recorrer às vias extrainstitucionais para patentear o seu descontentamento com o *status quo*.

Ainda que, conformista e pávido, o pobre-diabo resista a deixar-se arrastar por essa dinâmica, ela nos será útil mais adiante para entender as razões de seu surgimento entre nós como personagem de ficção.

MAIS POR DENTRO AINDA

Pela vertente confessional, as *Recordações do Escrivão Isaías Caminha* nos proporcionaram acesso à interioridade do pobre-diabo, complicada ali por um componente que dela não é parte necessária. Refiro-me à dúplice consciência de culpa de Isaías: do mulato que se sente separado, pela cultura livresca, dos seus irmãos de cor, e do escritor que, a despeito da sua posição crítica em face da sociedade a que abomina, acaba por ela derrotado: "Sentia-me sempre desgostoso por não ter tirado de mim nada de grande, de forte, e de ter consentido em ser um vulgar assecla e apaniguado de um outro qualquer. Tinha outros desgostos, mas esse era o principal. Por que o tinha sido? Um pouco devido aos outros e um pouco devido a mim".

Essas palavras poderiam ter sido subscritas por Luís da Silva, o protagonista de *Angústia* de Graciliano Ramos. Publicado em 1936, um ano depois da revolta militar da Aliança Nacional Libertadora e um ano antes da implantação do Estado Novo, portanto, esse romance traduz incomparavelmente, no seu psicologismo sombrio, o clima de sufoco que se iria seguir. Mas enquanto o drama de consciência de Isaías Caminha se articula todo no âmbito da lucidez autoanalítica, o de Luís da Silva vai mais longe, às torvas regiões da subconsciência. Escrita também na primeira pessoa do singular, a narrativa de

Angústia transita o tempo todo entre o passado e o presente do seu protago-
nista, o qual se confessa a certa altura: "Tenho-me esforçado por tornar-me
criança – e em consequência misturo coisas atuais e coisas antigas"[5]. A transi-
ção entre o agora e o outrora se faz o mais das vezes por meio da metonímia,
como nas fusões cinematográficas: um objeto, uma pessoa ou uma palavra que
faça lembrar a Luís da Silva determinada passagem de sua infância desenca-
deia de pronto o processo rememorativo. Neto de Trajano Pereira de Aquino
Cavalcanti e Silva, a quem a decadência econômica não fez jamais abdicar do
orgulho e da autoridade de potentado rural, passou a meninice na fazenda dos
seus maiores. Estudou na escola do vilarejo e, após a morte do avô, quando se
consuma a ruína da família, sai mundo afora para ganhar a vida, "vida de ciga-
no, transformado em mestre de meninos. [...] Depois, era a caserna. [...] Em
seguida, vinha a banca de revisão, seis horas de trabalho por noite, os olhos
queimando, cinco mil réis de salário, multas, suspensões. E coisas piores [...]
Empregos vasqueiros, a bainha das calças roídas, o estômago roído, noites
passadas num banco de passeio, importunado pelo guarda".

Este périplo de misérias e humilhações não tarda a transformar o neto de
Trajano Pereira de Aquino Cavalcanti e Silva num "Luís da Silva qualquer",
num "pobre-diabo". Estas são as palavras com que se refere a si mesmo logo
no começo do romance e que sinonimicamente reitera em mais de uma oca-
sião: "Uma criaturinha insignificante, um percevejo social, acanhado, enco-
lhido para não ser empurrado pelos que entram e pelos que saem".

Para exprimir isomorficamente o drama desse percevejo social, que vive
agarrado a um empreguinho de amanuense e que aluga sua pena aos podero-
sos do dia para suprir com uns ganhos extras a insuficiência do seu ordenado,
a arte de Graciliano Ramos cria uma estrutura ficcional onde o simbólico
e o alusivo preponderam. Há inclusive, em *Angústia*, uma topologia e uma
gestualística que têm a ver de perto com o seu pervasivo clima de derrota
moral. Atente-se, por exemplo, para o local dos encontros amorosos de Luís
da Silva e Marina: "De todo aquele romance que se passou num fundo de
quintal as particularidades que melhor guardei na memória foram os montes
de cisco, a água empapando a terra, o cheiro dos monturos, urubus nos galhos
da mangueira farejando ratos em decomposição no lixo". E o protagonista de

---

5. Citações feitas aqui pelo texto da 1ª edição de *Angústia*, Rio de Janeiro, José Olympio, 1936; pro-
cedi apenas à atualização ortográfica e à correção de uma "gralha" tipográfica evidente.

Angústia gosta de fazer longos passeios de bonde aos arrabaldes, "quintais" da cidade, como que a fugir dela, numa impossível ânsia de retorno à simplicidade de vida do mundo sertanejo de sua infância, antípoda nisso da cidade que reduzira o neto de senhor rural a um dos "parafusos insignificantes da máquina do Estado", uma daquelas criaturas que se resignam a viver num fundo de quintal, olhando canteiros murchos, respirando podridões, desejando um pedaço de carne viciada". Outro *locus* bem marcado na semântica do poema é o café, ponto de encontro fortuito do pobre-diabo com a sua antítese social. Ali, enquanto conversa em voz baixa com amigos tão pé-rapados quanto ele, Luís da Silva ouve "um capitalista que fala alto". Ali também topa às vezes com Julião Tavares, o subliterato ricaço que é a seus olhos a própria figuração do "dinheiro e propriedades, que [lhe] dão sempre desejos violentos de mortandade e outras destruições".

O gesto mais característico dos personagens de *Angústia* é a cabeça baixa[6]. Seu Ramalho, pai de Marina, a sensual vizinha por quem Luís da Silva se enrabichara, "falava de cabeça baixa, os olhos no chão, os músculos da cara imóveis, a boca entreaberta, a voz branda, provavelmente pelo hábito de obedecer". Também a mãe de Marina, D. Adélia, que antes do casamento "olhava os homens cara a cara", agora "estava mole, encolhida, machucada" pelas durezas da vida, "habituara-se a falar cochichado, e a baixar a cabeça diante de toda gente". Luís da Silva sublinha o significado social da oposição espinha reta X espinha curva quando compara, ao "espinhaço aprumado em demasia" de Julião Tavares, o rico sedutor de Marina, sua própria aparência de "boneco desengonçado" que não consegue "manter a espinha direita", sempre curvado naquela "posição que adquirira na carteira suja de mestre Antônio Justino, no banco do jardim, no tamborete de revisão, na mesa da redação".

Vem a propósito lembrar, dentro da mesma ordem de ideias, que o ato de revolta por meio do qual o protagonista de *Angústia* se redime afinal de sua passividade de pobre-diabo – a obsessão de matar Julião Tavares – foi-lhe inspirado pela visão de Marina baixando a cabeça como a mãe e tentando passar

---

6. À cabeça baixa de vários personagens de *Angústia* corresponde certa óptica preponderante no texto do romance e a que se poderia chamar de "rasteira" por estar sempre voltada para o chão: daí a ênfase posta nos pés e nos sapatos das pessoas. Liga-se de perto a essa óptica, tanto quanto ao quintal como *locus* simbólico da decomposição, a presença metafórica e literal dos ratos a se esgueirarem pelos cantos das paredes; são eles usados mais de uma vez como termo de comparação por Luís da Silva: "colo-me às paredes como um rato assustado".

despercebida, após ter sido abandonada, grávida, pelo mesmo Julião. Luís da Silva a espera à saída da casa da parteira onde ela se foi submeter à purgação social do aborto para amenizar seu erro. É então que a vê perdendo a altivez e o vigor da sua sexualidade de fêmea jovem, convertendo-se numa réplica da mãe derrotada pela vida: "Seria para o futuro um trapo como D. Adélia. [...] Marina permaneceria de vista baixa, esconder-se-ia como um rato e falaria gemendo, concordando".

Pouco importa que o ato de revolta de Luís da Silva se cumprisse no plano do imaginário, não do real. Mesmo simbólico, é quanto basta para dar-lhe um toque de herói trágico, com isso comprovando a inadequação da voz narrativa em primeira pessoa para a construção do pobre-diabo ficcional.

INTERIORIDADE NO GRAU ZERO

As peripécias da ascensão mundana de Teobaldo em *O Coruja*, os perfis satíricos de figurões do jornalismo e da literatura nas *Recordações do Escrivão Isaías Caminha*, a viveza dos incidentes e figurantes da meninice sertaneja de Luís da Silva em *Angústia* podem ser vistos, de certo modo, como interlúdios cuja função fosse aliviar com um pouco de variedade a monotonia e a opressiva insignificância em que transcorre a existência de seus protagonistas. Isso não quer dizer que sejam excrescência ou ornato. A arte de Aluísio Azevedo, de Lima Barreto e de Graciliano Ramos soube incorporá-los tão intimamente à estrutura ficcional que se tornaram parte indispensável de sua semântica. Já em *Os Ratos* de Dyonélio Machado, publicado pela primeira vez em 1935, não há nada que afaste a atenção do leitor, um instante que seja, da miúda tragédia de seu protagonista. Romance de total despojamento, mal se pode dizer que tenha enredo ou entrecho. Este se resume por inteiro nas aflitas tentativas de Naziazeno Barbosa, desde manhã até de noite, de conseguir 53 mil réis para pagar o leiteiro. Sem a quitação da dívida em atraso, lhe seria suspenso, a partir do dia seguinte, o leite necessário ao sustento do filho ainda pequeno.

A ação do romance transcorre num único dia, o que por si já é significativo. O leiteiro concedera só mais um dia de prazo a Naziazeno; ele, por sua vez, acuado que vive pela penúria, sempre às voltas com dívidas insaldáveis, tem de batalhar dia por dia a sobrevivência da família, sem outra perspectiva de futuro que não seja reiniciar a batalha perdida a cada manhã. Quanto ao

v. A Aventura Literária: Ensaios sobre Ficção e Ficções

foco narrativo, ele se centra no protagonista e se articula, salvo nos diálogos diretos, na terceira pessoa, que é tradicionalmente a voz da objetividade tanto quanto a da onisciência. Ainda que tal foco dê ao narrador livre acesso ao íntimo de seu anti-herói, é pouco o que de lá ele eventualmente nos traz: algumas vagas e desconexas lembranças de uma infância rural e interiorana, lembranças que, diferentemente das tão vivas e marcantes de Luís da Silva, em pouco ajudam a desvendar os desvãos da interioridade de Naziazeno. Dir-se-ia que nem existem desvãos, tão absorvido o vemos no aqui e agora da luta pela sobrevivência, imediatez estilisticamente marcada pela narração no presente do indicativo, muito de raro em raro substituído por algum pretérito, o dos farrapos de recordações de infância de Naziazeno, por algum condicional ou futuro, nos curtíssimos momentos de devaneio em que ele se imagina uma vida menos apertada. Essa opacidade, esse quase grau zero de interioridade faz lembrar a do protagonista de *O Estrangeiro* de Camus.

Dir-se-ia, outrossim, que na ascética economia de meios de *Os Ratos* sequer há espaço para as reverberações do simbólico. Tanto assim que, não obstante o título do livro, os ratos só vão aparecer-lhe nas últimas páginas e mesmo ali restritos ao simples papel de roedores (ou roedores de papel, se me permitem o trocadilho), sem nenhuma das virtualidades metafóricas exploradas em *Angústia*. Os 53 mil réis finalmente conseguidos na boca da noite, graças à proficiência do Duque, amigo e mentor de Naziazeno na difícil arte da mordida, do penhor, da renovação de cautelas e de outros estratagemas, são deixados pelo nosso anti-herói sobre a mesa da cozinha para o leiteiro recolher de madrugada. Mas o receio de os ratos, que costumam rondar por lá durante a noite, roerem as notas, mantém Naziazeno insone, ainda que, pobre-diabo total, lhe falte ânimo para levantar-se e ir conferir. Todavia, e nisto me parece estar o melhor da arte de Dyonélio Machado, a intensidade com que são recriadas as miudezas do cotidiano é tal que elas parecem investir-se de uma significação transcendental. Repare-se, nessa narrativa pontilhista – ou minimalista, para usar o rótulo em moda –, em como a moeda, o troco miúdo, vai assumindo importância cada vez maior dentro do que se poderia chamar de uma estética do mínimo. Alguns tostões sobrados de uma mordida num conhecido para o cafezinho possibilitarão a Naziazeno tentar a sorte no jogo de bicho e na roleta. Escusa dizer que perde num e noutra, mas no salão de jogo depara um sujeito vagamente conhecido, a quem qualifica consigo mesmo de "pobre-diabo". Fundamental notar que o qualificativo em nenhum

377

JOSÉ PAULO PAES: *Crítica Reunida Sobre Literatura Brasileira & Inéditos em Livros*

momento é aplicado ao próprio Naziazeno: sua qualificação como tal será um juízo a que o processo cumulativo de texto irá levar a mente do leitor.

Mas voltemos à moeda como índice do próprio caráter minimalista do entrecho de *Os Ratos*, em que incidentes miúdos, de reles valor dramático em si, vão-se somando uns aos outros pelo dia afora. Não se esqueça que o Graal a que visa a demanda de Naziazeno é também uma soma, para ele considerável, de unidades monetárias ou réis: 53 mil deles. Daí que as andanças do anti-herói, sozinho ou junto com Alcides e o Duque, seus companheiros de demanda, sejam sempre por locais vinculados ao ritual financeiro: o mercado e seu café anexo, onde corretores, biscateiros e mordedores entabulam negócios; o banco e a loja de penhores. As frustrações que a demanda vai sofrendo ao longo de tal *via crucis* são outras tantas moedas somando-se em sentido inverso ao perseguido. E quando começam a amiudar-se no texto as referências ao fim do dia – o dia comercial em que permanece acesa em Naziazeno a esperança de conseguir o dinheiro de que precisa –, elas se centram numa imagem cuja eficácia contextual a redime do pecado da convencionalidade: "a moeda em brasa do sol"[7]. Foi sob o signo ominoso desse astro que se passou o dia de Naziazeno, tão cheio de azáfama e de frustrações. O triunfo do anti-herói, seu regresso a casa com dinheiro para o leite, brinquedo para o filho, comida para si e para a mulher, só foi possível quando o sol-moeda se apagara do céu: era já noite quando Duque conseguiu renovar a cautela de um anel empenhado e arranjar assim dinheiro para o amigo. Amigo que lhe admira a figura batalhadora de "agente, o corretor da miséria". Diante da pertinácia de lutadores como o Duque e Alcides, Naziazeno se sente inferiorizado. Dentro dele não há senão "um desejo de imobilidade, de inatividade", de "quem quer as coisas contínuas, imutáveis". Como de resto as quer todo pobre-diabo que se preze.

UM LUGARZINHO NO QUADRO

Acredito que esta breve incursão pelo texto de quatro romances nos quais a figura do pobre-diabo se foi progressivamente arredondando aos nossos olhos ajudou a pôr algumas carnes ficcionais no magro esqueleto teórico de que havíamos partido. Estamos agora em melhores condições para tentar cumprir

7. Citações feitas aqui segundo o texto da 5ª edição de *Os Ratos*, Porto Alegre, Bels, 1974.

378

v. A Aventura Literária: Ensaios sobre Ficção e Ficções

uma outra tarefa: achar, no quadro geral do romance como forma, o lugar modesto, mas específico, que caberia ao romance de pobre-diabo. Para tanto, não sei de roteiro melhor que *A Teoria do Romance* de Georg Lukács, onde a concepção hegeliana do romance como a epopeia da burguesia foi brilhantemente desenvolvida pelo prisma de uma filosofia das formas. Aqui não se pode evidentemente ir além de um apanhado grosseiro de algumas de suas ideias; creio, porém, seja o quanto basta para o fim em vista.

Lukács parte do conceito de civilização fechada, por ele entendida como uma totalidade histórica de sentido acabado e perfeito cuja significação se pode abarcar de um só olhar. Nessa totalidade, o único problema é descobrir "o lugar que convém a cada indivíduo"[8]; criação artística, por sua vez, não faz mais do que "estabelecer a síntese das essências visíveis e eternas". Uma totalidade assim era o mundo da epopeia grega, em que humano e divino não estavam separados por nenhuma barreira, mas formavam um *continuum* intercomunicante. Nele, essência e existência coincidiam, pelo que o caráter de herói épico jamais era posto em jogo na aventura nem era por ela afeiçoado. O herói nascia feito e as peripécias; narradas na *Ilíada* e na *Odisseia* apenas vinham ilustrar a justeza do adjetivo *polytropos* (empobrecedoramente traduzido por "astuto"), desde sempre associado ao nome de Ulisses ou Odisseu como uma espécie de marca reveladora de sua essência.

Já no mundo cristão, humano e divino se afastam infinitamente um do outro, se bem que a totalidade ainda se mantenha. Para preencher a astronômica distância que vai da "alma irremediavelmente pecadora" posta a viver no decaído mundo dos homens até "a absurda certeza de uma redenção" cria-se uma nova "escala das hierarquias terrestres e celestes", tão bem cartografada nessa epopeia do além que é *A Divina Comédia* de Dante.

No mundo burguês do romance, o divino é definitivamente expulso do real, o que corresponde à demonização deste: onde não haja divindade auxiliadora, fica o campo inteiramente livre para a impedidora, a divindade demoníaca. Não se trata mais, como no mundo épico, de achar o lugar que cabe ao indivíduo numa totalidade orgânica. Agora, a incoerência estrutural do mundo ameaça a serenidade da forma artística e o próprio indivíduo se problematiza. Ele já não tem uma essência definida, pronta a atualizar; esta se irá

---

8. Citações feitas aqui segundo o texto da tradução portuguesa de Alfredo Margarido de *A Teoria do Romance*, Lisboa, Presença, s.d.

constituindo ao longo do processo histórico da existência dele. Eis por que o "romance é a forma da aventura, aquela que convém ao valor próprio da interioridade; o conteúdo consiste na história dessa alma que entra no mundo para aprender a conhecer-se, que procura aventuras para se experimentar nelas e, por meio desta prova, dá a sua medida e descobre a sua própria essência". Todavia, o rompimento do pacto épico entre o herói e o mundo abrirá uma brecha intransponível entre o real e o ideal, do que dá testemunho o primeiro dos romances, o *Dom Quixote* de Cervantes. Doravante, à juvenil confiança do herói épico na sua vocação ou destino, sucederá a ironia melancólica do herói romanesco, que bem conhece o "baixo revés que representa o fato de se adaptar a um mundo para quem todo o ideal é uma coisa estranha e, para triunfar sobre o real, de renunciar à irreal idealidade da alma".

Desse corte radical entre "a interioridade e a aventura", o ideal e o real, a alma e o mundo, nasce aquele a quem Lukács chama de "herói problemático", que é o herói romanesco por definição. À frente dele abrem-se dois caminhos dilemáticos. O primeiro, o caminho do "romance de formação" tipificado pelo *Wilhelm Meister* de Goethe, mostra-nos o herói buscando, nas suas peregrinações pelo mundo da realidade social, um jeito de com ele conciliar os ideais que traz dentro de si, mas sem traí-los. O outro caminho, ilustrado pelo chamado "romance da desilusão", de que Lukács toma como modelo *A Educação Sentimental* de Flaubert, leva o herói, após o malogro de seus ideais, à descrença na possibilidade de qualquer forma de conciliação, pelo que só lhe resta "de um lado, o acomodamento com a sociedade por via da aceitação resignada das suas formas de vida, por outro lado, o recuo sobre si mesmo e a conservação em si de uma interioridade que só se pode realizar na alma".

É fácil ver que o romance de pobre-diabo está tão longe das esperanças, ainda que utópicas, do romance de formação, quanto perto está da desesperança do romance da desilusão. Melhor dizendo: representa a forma mais extremada, mais radical deste último. A tensão entre o herói e o mundo, tensão que supunha certo equilíbrio de forças, desaparece. Forçado, como o herói desiludido, à aceitação das "formas de vida" que lhe são impostas pela sociedade, o pobre-diabo já não tem mais a força daquele para recuar sobre si e conservar intacta na alma, ainda que frustrada, a interioridade dos seus ideais.

Isso porque as formas de vida social a que está submetido são as mais tirânicas delas. A necessidade econômica em nível de quase penúria a ameaça sempre iminente da degradação última de classe fazem dele um joguete sem vontade, cuja pavidez e cuja resignação rondam os limites da saturação. Daí que a sua interioridade entre em processo de dissolução, como a do protagonista de *Angústia*, ou se apague num grau zero que é a do anti-herói de *Os Ratos*. O rompimento da tensão mínima capaz de manter a interioridade reconhecível em face do real hostil conduz a do pobre-diabo à demonização ou reificação: ei-la totalmente invadida pelas coisas do mundo – não as da natureza, bem entendido, mas a sua fetichização em mercadoria ou dinheiro – a ponto de delas se tornar indistinguível. A interioridade de Naziazeno, tal como nos é franqueada pelo olho onisciente do narrador de *Os Ratos*, está de todo posta na demanda que a atormenta; já não existe por si.

O FRACASSO É NOSSO

Resta-nos, por fim, indagar: existiria algum nexo de significatividade entre o surgimento do pobre-diabo como protagonista de romances brasileiros e o contexto sociocultural em que isso se deu, vale dizer: a sua circunstância brasileira?

Questão muito parecida preocupou Mário de Andrade no fim da vida, fase que para ele foi, como se sabe, de acerto de contas. Acerto de contas consigo mesmo (*Meditação sobre o Tietê*), com o Modernismo a que chefiara (*O Movimento Modernista*) e com a *intelligentsia* brasileira a que pertencia ("A Elegia de Abril"). Neste último texto, incluído nos *Aspectos da Literatura Brasileira*[9], confessa-se ele intrigado com "esse herói nove, esse protagonista sintomático de muitos dos nossos melhores novelistas atuais: o fracassado". Um tipo de herói "desfibrado, incompetente para viver, e que não consegue opor elemento pessoal algum, nenhum traço de caráter, nenhum músculo como nenhum ideal, contra a vida ambiente". Timbrava porém Mário em distingui-lo de outros grandes fracassados da literatura – Dom Quixote, Otelo, Madame Bovary –, "seres dotados de ideais, de ambições enormes, de forças morais, intelectuais, físicas". Entre os representantes desse "fracassado nacional" incluía ele indistintamente quer o Carlos senhor de engenho de *Banguê* quer o Luís da Silva amanuense e escriba de *Angústia*; tanto "os fracassados cultos" de romances de Cordeiro de Andrade. Cecílio J. Carneiro e Gilberto Amado quanto "outro, caipira, do escritor Leão Machado, e um nordestino do povo, figura central de *Mundo Perdido* de Fran

9. São Paulo, Martins, s.d. Citações feitas segundo o texto desta edição.

Martins". Curiosamente, deixava de constar nesse inventário o Naziazeno de *Os Ratos*, livro que no entanto ele conhecia desde sua primeira edição, conforme dá a entender uma carta sua de outubro de 1944 a Dyonélio Machado[10].

A princípio julgara Mário discernir no "fenômeno [...] algumas raízes tradicionais", mas logo depois se convencera de que o dito fenômeno "não tem raízes que não sejam contemporâneas e não prolonga qualquer espécie de tradição". Por dois dos exemplos aqui trazidos à colação, *O Coruja* de Aluísio Azevedo e as *Recordações do Escrivão Isaías Caminha* de Lima Barreto, sabemos que o fenômeno não era exclusivo dos anos 30-40, mas anterior a eles. Talvez Mário assim considerasse porque a sua "Elegia de Abril" era, no fundo, um texto de admoestação aos seus confrades brasileiros daqueles anos "em que o Estado se preocupou de exigir do intelectual a sua integração no corpo do regime". Voltava-se ele severamente contra tal "dolorosa sujeição da inteligência a toda espécie de imperativos econômicos" e via em muitos dos intelectuais brasileiros seus contemporâneos tão só "cômodos voluntários dos abstencionismos e da complacência", quando não "da pouca vergonha". Considerando o herói fracassado da ficção brasileira de então como sobretudo "um tipo moral", Mário apontava por causa do seu aparecimento a existência, "em nossa intelectualidade contemporânea", do que descrevia como "a pre-consciência, a intuição insuspeita de algum crime, de alguma falha enorme, pois que tanto assim ela se agrada de um herói que só tem como elemento de atração a total fragilidade, o frouxo conformismo".

Qual fosse esse crime ou falha enorme, ele já o deixara explicitado por antecipação no mesmo texto: era o que seria mais tarde tecnicamente deno-minado de "cooptação" do intelectual pelo Estado, nomeadamente o Esta-do Novo. Cooptação é, aliás, o conceito-chave do livro de Sérgio Miceli, *Intelectuais e Classe Dirigente no Brasil (1920-1945)*[11], uma análise sociológica das relações entre a nossa *intelligentsia* e o Poder no período em causa. E, por sociológica, essa análise se interessa quase exclusivamente pela biografia real do escritor, ficando fora do alcance de sua vida o imaginário da literatura propriamente dito. Contudo, neste é que se traçam os nexos mais sutis, mais ricos de significado (bem mais ricos, em todo caso, do que as fontes auto-biográficas privilegiadas no livro de Miceli) da obra de imaginação com sua

---

10. Transcrita em "À Guisa de Prefácio", em *Os Ratos*, op. cit.
11. São Paulo, Difel, 1979.

circunstância histórica. Em *Angústia*, por exemplo, tem especial pertinência, para a ordem de preocupações evidenciadas na "Elegia de Abril", a incapacidade de Luís da Silva de se relacionar com os frequentadores de um botequim de arrabalde, pessoas do povo que ele sentia aproximadas entre si por "qualquer coisa [...] com certeza os remendos, a roupa suja, a imprevidência, a alegria, qualquer coisa. Eu é que não podia entendê-las. 'Sim senhor. Não senhor'. Entre elas não havia esse senhor que nos separava. Eu era um sujeito de fala arrevesada e modos de parafuso". Malgrado o isolamento intelectual, e ainda que não compartilhasse as ideias de Moisés, seu amigo comunista, Luís da Silva se insurgia também contra a ordem social do "dinheiro e propriedades". Mas na sua revolta não havia uma opção ideológica; havia somente o ressentimento do pequeno-burguês reduzido "a uma espécie de níquel social", a inadaptação do antigo sertanejo às complicações da vida urbana: "estou feito um molambo que a cidade puiu demais e sujou". Cônscio da dubiedade da sua revolta – "Está claro que não inspiro confiança aos trabalhadores", reconhece ele em certo momento –, pergunta-se ceticamente, ele a quem irritava a insistência de Moisés na "tecla de sempre, arte como instrumento de propaganda política", se quando "houver uma reviravolta, utilizarão as minhas habilidades de escrevedor?".

A radicalização política dos anos 30 costumava reclamar dos escritores simpatizantes da luta ideológica ou nela engajados a criação de um romance proletário brasileiro. Jorge Amado terminava a nota de abertura de *Cacau* (1933), onde pretendera contar "com um mínimo de literatura para um máximo de honestidade" a vida dos trabalhadores cacaueiros do sul da Bahia, com uma interrogação aflita: "Será um romance proletário?". A idolatria obreirista dessa década, prolongada às duas subsequentes, fazia-se acompanhar de um grande desprezo pelo pequeno-burguês. A ponto de Carlos Drummond de Andrade ter achado necessário sair em defesa dele, a certa altura, para minimizar a acepção do qualificativo de "vacilante [...] que se pregou ao paletó do modesto pequeno burguês, como um rabo grotesco" e para lembrar que, na luta entre possuidor e despossuído, quem mais sofre é "muitas vezes o que está no meio, acusado por uns de se vender ao ouro dos plutocratas, por outros de se deixar intimidar ante a cólera dos proletários"[12].

12. Carlos Drummond de Andrade, "Essa Nossa Classe Média", em *Passeios na Ilha*, Rio de Janeiro, Simões, 1952.

A esta luz percebe-se melhor que em *Angústia* não se refratava apenas o remorso da "dolorosa sujeição da inteligência a toda espécie de imperativos econômicos" de que falava Mário de Andrade, ou da cooptação, para repetir o tecnicismo algo pernóstico. Ali se manifestava principalmente a coragem de desafiar de frente os dogmas do proletarismo literário e de colocar no centro do palco romanesco a vilipendiada figura do pequeno-burguês; pior ainda, do pobre-diabo. E se no caso de *Angústia* ainda poderia ser invocado como atenuante o rigor autocrítico com que o seu protagonista desvelava suas mazelas de classe, nem sombra de atenuante se encontrava na inteireza sem brechas da objetividade de *Os Ratos*: Naziazeno era um pobre-diabo totalmente "assumido", como se diria hoje.

Tenho para mim que ao promover o pequeno-burguês fracassado a herói de ficção, os nossos romancistas estavam propondo, no plano imaginativo e por isso mesmo tantas vezes divinatório da arte, um homólogo daquilo que só mais tarde a sociologia política iria referendar. Já em fins do século passado Sílvio Romero discernia na sociedade brasileira, em oposição a uma minoria de "fazendeiros, senhores de engenhos, negociantes e herdeiros de capitalistas, mais ou menos desempenhados", a grande maioria dos que chamava de *pobres da inércia* e que cuidava de diferençar dos "operários rurais e fabris". Esse contingente majoritário, de uma ainda incipiente classe média opondo-se sozinha à burguesia latifundiário-mercantil, constituía o fracassado "mundo dos médicos sem clínica, dos advogados sem clientela, dos padres sem vigararias, dos engenheiros sem empresas e sem obras, dos professores sem discípulos, dos escritores, dos jornalistas, dos literatos sem leitores, dos artistas sem público, dos magistrados sem juizados ou até com eles, dos funcionários públicos mal remunerados"[13]. Guerreiro Ramos, em meados da década de 50, aprofundou e levou avante as formulações pioneiras de Sílvio Romero. Num notável ensaio intitulado "A Dinâmica da Sociedade Política no Brasil"[14], mostra ele que desde cedo se formou aqui uma avultada classe média que não encontrava oportunidades de trabalho nos estreitos limites de uma economia escravista. A seu ver, foi essa classe que amiúde impulsionou a dinâmica política de nossa história, a qual reflete "os percalços e as vicissitudes de uma classe média em busca de enquadramento social". Esta mesma classe esteve à frente dos movi-

---

13. *Apud* Guerreiro Ramos, *Introdução Crítica à Sociologia Brasileira*. Rio de Janeiro, 1957, p. 60.
14. Incluído em *Introdução Crítica à Sociologia Brasileira, cit.*, pp. 33-51.

v. A Aventura Literária: Ensaios sobre Ficção e Ficções

mentos revolucionários do Brasil Colônia, tomou a si as causas progressistas do Brasil Império, teve parte decisiva na proclamação da República, apoiou os levantes tenentistas, ajudou a fazer a revolução de 30 e dividiu-se entre os radicalismos de esquerda e de direita na nova época por ela inaugurada. Mas é bem de ver que, em todas essas ocasiões, o poder ou suas benesses maiores acabou indo parar nas mãos de alguma oligarquia, ficando sempre frustradas as esperanças da pequena-burguesia. Foi o que já pudemos ver, em abismo, nas páginas de *O Coruja*, em que à trajetória fulgurante de Teobaldo, rebento da oligarquia rural, corresponde a decadência cada vez mais acentuada de André, o obscuro professor de liceu que tanto o ajudou a subir na vida.

Para concluir, creio não haver despropósito em chamar a atenção para o nexo de simetria, pelo menos curioso, entre o destaque dado ao pobre-diabo nalguns romances brasileiros e o frustrado papel de vanguarda que a pequena-burguesia teve na nossa dinâmica social. Talvez haja algo mais do que uma curiosidade nessa simetria. Pelo que ela possa valer, aí fica como sugestão de pesquisa para os sociólogos da literatura e/ou os literatos da sociologia.

Cinco Livros do Modernismo Brasileiro*

[*Pauliceia Desvairada*, de Mário de Andrade; *Pau-Brasil* e *Memórias Sentimentais de João Miramar*, de Oswald de Andrade; *Macunaíma*, de Mário de Andrade; *Brás, Bexiga e Barra Funda*, de Alcântara Machado]

I

Na perspectiva de uma história da invenção de formas literárias, as chamadas grandes obras do Modernismo brasileiro, por meritórias que possam ser, necessariamente aparecem como algo tardias e/ou epigonais em relação às do seu epicentro francês, aquele "umbigo do mundo" a que se referia Paulo Prado no prefácio de *Pau-Brasil*. Os treze anos que separam a realização da Semana de Arte Moderna de 1922 do lançamento do Manifesto futurista de 1909, ponto de partida da longa série de proclamações vanguardeiras das três primeiras décadas do século, mostram não ter sido assim tão instantânea quanto pretendia Antônio de Alcântara Machado a repercussão, no Brasil, do "movimento reacionário europeu". Por outro lado, uma vista de olhos ao índice de nomes citado por Mário de Andrade na sua súmula da poética de 22, *A Escrava que Não É Isaura*, dá logo a perceber tampouco terem sido "independentes entre si" os movimentos desencadeados pela "mesma ânsia de renovação" artística tanto "na Europa quanto nas duas Américas". As frases entre aspas são ainda de Alcântara Machado[1], cujo testemunho acerca das ideias e das ilusões do grupo modernista de São Paulo é particularmente significativo por vir de um dos seus primeiros e mais bem dotados seguidores.

Todavia, à luz de um projeto de cultura brasileira que começa a se esboçar já no século XVI, a atualidade e a pertinência das principais obras do movimento de 22 passam a primeiro plano, fazendo recuar para os fundos de quadro,

---

* Texto especialmente preparado para uma história das literaturas latino-americanas planejada pela professora Ana Pizarro sob os auspícios da Associação Internacional de Literatura Comparada e cuja parte brasileira é coordenada pelos professores Alfredo Bosi, Antonio Candido e Roberto Schwarz, nos Estudos Avançados, vol. II, nº 3 (São Paulo, Instituto de Estudos Avançados da USP, setembro de 1988).

1. *Cavaquinho e Saxofone* (Solos), 1926-1935, Rio de Janeiro, José Olympio, 1940, p. 306.

v. A Aventura Literária: Ensaios sobre Ficção e Ficções

por secundária, a questão de sua dívida para com modelos ou antecedentes europeus. Talvez se possa ver como teorização pioneira desse até então informulado projeto de cultura brasileira a "lei da obnubilação" formulada por Araripe Júnior num dos aditamentos à sua biografia de Gregório de Matos (1893). Lei que consistiria em o colono arribado à América Portuguesa ter de alijar a sua "bagagem de homem civilizado" e se animalizar, "descendo a escala do progresso psicológico" – isto é, revertendo ao estado de barbárie –, a fim de poder "concorrer com os primitivos íncolas"[2], mais bem adaptados do que ele ao habitat selvagem. Outra instância do mesmo esforço de teorização aflora na barbarização empática que, através de uma citação de Taine, se propõe Euclides da Cunha logo à entrada d'*Os Sertões*. Na noção tainiana do "narrador sincero" empenhado em "sentir como bárbaro, entre os bárbaros" (para pôr em vernáculo o que Euclides deixou em francês, sem se dar muita conta da incongruência desse respeito tão pouco bárbaro pela letra do texto alheio), encontrava ele o paradigma do seu próprio esforço de, para além das deformações da sua ideologia positivista, discernir a verdadeira semântica social de Canudos.

Obnubilação, barbarização – outros tantos nomes para aquele processo de mestiçagem ou sincretismo que, num vislumbre de rara lucidez, Sílvio Romero enxergou como básico na formação não só da gente mas principalmente da cultura brasileira. Com os modernistas de 22, o conceito de mestiçagem cultural chegaria ao grau máximo de lucidez, transformando-se inclusive em bandeira de luta, isso desde o "Manifesto da Poesia Pau-Brasil" de 1924, com a sua ênfase no "bárbaro e nosso", até o "Manifesto Antropófago" de 1928, onde o "bárbaro tecnizado de Keyserling"[3] é dado como ponto de chegada da Revolução Caraíba. Nessa promoção culta da barbárie, foi decisivo o impulso aqui recebido da moda primitivista que assolou a Europa a partir do começo do século e que se veiculou nos seus movimentos artísticos de vanguarda. Na gênese do cubismo, a escultura da África negra teve, como se sabe, importância comparável à da lição geometrizante de Cézanne. A poesia primitiva africana, por sua vez, transitou dos expressionistas alemães para os dadaístas

---

2. *Obra Crítica de Araripe Júnior*, ed. Afrânio Coutinho, Rio de Janeiro, Casa de Rui Barbosa, 1960, vol. ii, p. 479.

3. "Manifesto da Poesia Pau-Brasil" e "Manifesto Antropófago", em Oswald de Andrade, *Do Pau-Brasil à Antropofagia e às Utopias*, manifestos, teses de concurso e ensaios, Rio de Janeiro, Civilização Brasileira/mec, 1972. A "falação" de *Pau-Brasil* é uma versão resumida e modificada do Manifesto da Poesia Pau-Brasil; nas citações que se seguem, ambas as versões são utilizadas.

de Zurique que, nas noitadas do Cabaré Voltaire, se compraziam em declamá-la ao som de tambores. O Brasil não ficou esquecido nessa voga: em 1918 Paris ouvia a execução de dois poemas tupis musicados para vozes femininas e batidas de mãos por Darius Milhaud, o mesmo Milhaud responsável pela partitura de *L'homme et son désir*, texto teatral de Paul Claudel ambientado na floresta amazônica e encenado em 1921 pelo Balé Sueco[4]. Convém ainda não esquecer as estreitas ligações dos modernistas de São Paulo com Blaise Cendrars, cuja *Anthologie negre* de 1918 foi um dos marcos do neoprimitivismo literário, a que ele não deixou de incorporar o exótico brasileiro através de poemas e textos em prosa sobre as experiências de suas viagens ao país.

Entretanto, ao aderir de corpo e alma à voga do primitivo, os vanguardistas de 22 não estavam apenas copiando mais uma moda europeia. Estavam era tentando descobrir a identidade brasileira por um processo de retomada cultural que Oswald de Andrade explicitou no "Manifesto Antropófago": "Sem nós a Europa não teria sequer a sua pobre declaração dos direitos do homem". Referia-se ele obviamente ao mito do bom selvagem inspirado pelo índio americano a Montaigne e Rousseau e que o neoprimitivismo se encarregou de pôr outra vez em circulação. Antonio Candido acentuou a legitimidade dessa retomada ao observar que "no Brasil, as culturas primitivas se misturam à vida cotidiana ou são reminiscências ainda vivas de um passado recente", pelo que as "terríveis ousadias" sugeridas a artistas plásticos como Picasso e Brancusi ou a poetas como Max Jacob e Tristan Tzara pelas deformações e/ou simplificações expressivas da arte primitiva são "mais coerentes com a nossa herança cultural do que com a deles"[5]. "Primitivo" era então um rótulo muito amplo. Abrangia não apenas culturas tradicionais já extintas como a etrusca, a egípcia e a da Grécia pré-clássica, ou ainda vivas, como as da África negra, da Oceania e das Américas, mas também a cultura popular contemporânea, especialmente as expressões de arte *naïve* tão caras aos cubistas, fossem os quadros do Douanier Rousseau ou os espetáculos de circo, a música de café-concerto ou o romance-folhetim, cuja leitura Apollinaire, aficionado de Fantomas, reputava "uma ocupação poética do mais alto interesse"[6]. O primitivo, outrossim, se aproximava da criança na medida em que com ela partilhava da mesma mentalidade pré-lógica, categoria

---

4. *Apud* Serge Fauchereau, *La Révolution Cubiste*, Paris, Denoel, 1982, p. 91.

5. Antonio Candido, *Literatura e Sociedade*: Estudos de Teoria e História Literária, São Paulo, Editora Nacional, 1965, p. 145.

6. Fauchereau, *op.cit.*, p. 107.

de base da antropologia de Lévy-Brühl bem conhecida de Mário e de Oswald de Andrade. A infantilidade é, reconhecidamente, um dos traços da arte moderna. No dadaísmo, por exemplo, Renato Poggioli discerniu uma "intransigente puerilidade, um extremo infantilismo"[7]; a seu ver, a exaltação da espontaneidade infantil, característica de boa parte da arte de vanguarda, aponta para uma regressão psicológica ligada de perto à relação conflituosa entre filhos e pai. Relação que o choque de gerações próprio da dinâmica da história literária vai constituir em dialética, ao passadismo dos pais ou antecessores opondo-se o vanguardismo dos filhos ou sucessores.

Dessa síndrome regressiva da vanguarda são componentes essenciais o gosto pela arte como jogo ou brincadeira, donde contestar ela pela sátira e a paródia a seriedade da arte acadêmica, tanto quanto a nostalgia da inocência ou pureza da infância a que busca remontar pela recusa da má consciência que considera inseparável da lógica e da moral burguesas.

Curioso observar que, no Modernismo brasileiro, a volta ao primitivo e ao infantil configurava um itinerário inverso ao dos seus modelos estrangeiros. Por ter como motivação o fastio, quando não a desistência dos valores da civilização ocidental, o primitivismo das vanguardas europeias punha à mostra o seu caráter de fuga ao familiar rumo do exótico. O dos modernistas brasileiros de 22 significava, ao contrário, a busca das raízes remotas, e supostamente mais autênticas, de sua própria cultura. Daí que a regressão que eles gostosamente empreendiam em verso e prosa fosse menos a uma infância individual do que a uma infância nacional. Antes de evocar no *Primeiro Caderno de Poesias*, de 1927, a sua meninice paulistana, Oswald de Andrade revisitara antes, em *Pau-Brasil*, de 1925, a infância histórica de sua pátria com a "alegria da ignorância que descobre"[8]. Também a pletora de adivinhas, frases feitas, parlendas e trava-línguas do folclore infantil usada por Mário de Andrade em *Macunaíma* para narrar as andanças do seu herói-síntese ecoa-lhe, isomorficamente, a matreirice de moleque, primeiro das trilhas do mato, depois das ruas de São Paulo.

O remonte às origens históricas da nacionalidade, ao momento mítico do encontro do índio com o europeu, equivalia a um banho lustral para a recuperação daquele "estado de inocência" do primitivo e da criança que um dos

---

7. Renato Poggioli, *The Theory of the Avant-Garde*, tradução de G. Fitzgerald, Cambridge, Mass., Harvard University Press, 1968, p. 62. Ver também pp. 35 e 107.
8. "Falação", em *Poesias Reunidas O. Andrade*, introdução e organização de Haroldo de Campos, São Paulo, Difel, 1966, p. 68.

JOSÉ PAULO PAES: *Crítica Reunida Sobre Literatura Brasileira & Inéditos em Livros*

incisos do Manifesto da Poesia Pau-Brasil de 1924 aproximava do estado de graça. Como toda inocência *a posteriori*, a do primitivismo modernista tinha o sentido crítico de uma redução fenomenológica. Sentido aliás discernível desde o indianismo neoclássico, onde a ingenuidade do iroquês de Voltaire pode ser vista como uma espécie de estratagema eidético para desmascaramento de embustes ideológicos, tanto quanto o era, no indianismo romântico, a contraposição da nobreza moral do selvagem à amoralidade utilitária de seus colonizadores. Assim também, chegados ao presente depois de sua viagem de ida e volta ao Cabralismo, puderam os modernistas de São Paulo, com a "alegria da ignorância que descobre", iniciar a crítica da herança colonial que ainda lhes embargava o passo à altura de 1922. Então, nas comemorações do primeiro centenário da independência política do Brasil, a retórica cívica, pela sua própria vacuidade, pôs bem à mostra o atraso material e cultural em que vegetava o país. Voltado porém mais para o estético do que para o político ou o social (e o esquematismo da hermenêutica histórico-sociológica do *Retrato do Brasil*, de Paulo Prado, antes parece confirmar do que desmentir pela exceção um pendor generalizado), o grupo de 22 só se ocupou das mazelas culturais decorrentes dessa incômoda herança. Empenhou-se em denunciar-lhe a bacharelice, o "lado doutor" da pedagogia jesuíta continuado pelas Faculdades de Direito, e o verbalismo que lhe é congênito, o "falar difícil" da língua culta submissa à norma gramatical lusitana. Foi neste ponto que, espicaçado pelas naturais afinidades do primitivo com o popular exploradas pelo cubismo europeu, os primitivistas brasileiros deram o melhor de si ao renovar radicalmente o código literário. Voltando as costas à erudição e à gramática, foram buscar no *melting pot* da cultura popular do campo e da cidade a língua "sem erudição", a língua "natural e neológica" que, forjada pela "contribuição milionária de todos os erros", veio enfim amalgamar sem fissuras o "como falamos" ao "como somos" e dar voz própria ao homem brasileiro. No domínio da língua, foi sem dúvida com o Modernismo que a literatura brasileira conquistou em definitivo sua autonomia.

Para concluir: a dialética das vanguardas, que pedem sempre ao passado remoto o aval das inovações com que contestam o passado imediato, alcança explicar satisfatoriamente o paradoxo de os primitivistas de 22, tão nostálgicos dos tempos cabralinos, terem não obstante os olhos voltados para o futuro. Tanto assim que, fazendo tábula rasa do que ficou a meio caminho desses dois extremos – o meio caminho do período colonial e do período

v. A Aventura Literária: Ensaios sobre Ficção e Ficções

que, embora se pretendesse já nacional, guardava tantos resquícios daquele –, propuseram-se eles a conjugar sem contradição a inocência da barbárie reconquistada à sabedoria pragmática da tecnologia da modernidade para poderem ser com isso os "brasileiros da nossa época"[9].

É de esperar que esta brevíssima incursão pelos pressupostos do que se poderia chamar uma teoria do modernismo de 22 tenha bastado para pôr em relevo quão grande foi a refração sofrida pelas influências das vanguardas europeias ao passarem pelo prisma de um projeto obnubilador ou antropofágico de cultura brasileira que, ao menos virtualmente, era anterior à revolução modernista. Cumpre ter sempre em mente o grau dessa refração para se poder estimar no seu justo valor o contributo das principais obras geradas pelo movimento. Ao limitar a cinco o número das que irão ser aqui discutidas, atentou-se sobretudo no seu caráter de abridoras de caminhos novos, caminhos que obras posteriores suas ou de outros autores, ainda que de mérito comparável, só fizeram alargar.

II

Em *Pauliceia Desvairada* (1922), de Mário de Andrade, cronologicamente o primeiro livro modernista publicado no Brasil, a refração naturalizadora se confina ainda ao domínio do personalismo, sem chegar a apontar para um projeto comum. A propósito desse livro, costuma-se falar da influência do unanimismo de Verhaeren e Jules Romains, perceptível também em *Há uma Gota de Sangue em Cada Poema* (1917), o livro de estreia do autor. No caso de *Pauliceia Desvairada*, a influência deles sofre uma refração que se faz sentir,

9. As expressões entre parênteses, ao longo de todo este parágrafo, são do "Manifesto da Poesia Pau-Brasil", *cit*. A última delas pertence ao seguinte trecho: "Apenas brasileiros de nossa época. O necessário de química, mecânica, de economia e de balística. Tudo digerido. Sem meeting cultural. Práticos. Experimentais. Poetas. Sem reminiscências livrescas. Sem compreensão de apoio. Sem pesquisa etimológica. Sem ontologia". Estas ideias, que serão retomadas por Oswald de Andrade no Manifesto Antropófago sob a fórmula do "bárbaro tecnizado de Keyserling" e desenvolvidas amplamente em "A Crise da Filosofia Messiânica" (em *Do Pau-Brasil à Antropofagia e às Utopias, cit.*), têm a ver com o conflito filhos x pai subjacente à psicologia das vanguardas. No modernismo brasileiro de 22, o conflito assume conotação própria: a superação da polaridade bacharel x patriarca apontada por Luís Martins na geração abolicionista-republicana pela polaridade engenheiro x bacharel característica da geração que assistiu à (e participou da) industrialização do país. "Engenheiros em vez de jurisconsultos" é o que significativamente reclama o "Manifesto da Poesia Pau-Brasil".

José Paulo Paes: *Crítica Reunida Sobre Literatura Brasileira & Inéditos em Livros*

quando mais não seja, na intromissão constante do Eu lírico num tipo de discurso que, por aspirar à expressão daqueles "sentimentos unânimes"[10] citados por Romains no título do seu artigo-manifesto de 1905, refugia do pessoal. Sendo Verhaeren e Romains poetas da fase intervalar entre o fim do Simbolismo e o advento das vanguardas, não estranha que, ao escolher um verso do primeiro para epigrafar o "Prefácio Interessantíssimo" de *Pauliceia Desvairada*, Mário de Andrade se desculpasse ali de "estar tão atrasado dos movimentos artísticos atuais". De fato, em comparação com o atualizado elenco de autores modernisticamente canônicos citados em *A Escrava que Não É Isaura*, os trazidos à colação no prefácio de *Pauliceia Desvairada*, onde Marinetti e Cocteau ainda se acotovelam ecleticamente com Victor Hugo e Bilac, mostram que a modernice dele estava em processo de formação.

Escrito em parágrafos curtos, de linguagem incisiva, como convém aos manifestos, o "Prefácio Interessantíssimo" era uma espécie de ata de fundação do Desvairismo, escola ou movimento cujo âmbito de atuação se esgotou ali. Para justificar o título do livro e o nome da escola a que servia de ilustração prática, explicava o poeta: "Quando sinto a impulsão lírica escrevo sem pensar tudo o que o meu inconsciente me grita". Não é difícil perceber nisto o magistério do automatismo psíquico iniciado pelos dadaístas e sistematizado depois pelos surrealistas, assim como o culto literário do desvario – alegorizada por uma maiúscula simbolista, "minha Loucura" será a musa do poeta ao longo do livro – tem possivelmente algo a ver com as sete "chansons de fou" da primeira parte de *Les villes tentaculaires* de Verhaeren, confessadamente o autor de cabeceira de Mário de Andrade no ano em que compôs *Pauliceia Desvairada*[11]. Ao apresentar-se "como louco" no "Prefácio Interessantíssimo", o poeta aceitava por antecipação o rótulo depreciativo que lhe seria pespegado pelos filisteus. A eles haveria por certo de parecer adoidada e incompreensível a "ordem imprevista das comoções, das associações de imagens, de contatos exteriores" que, para poder contar o "seu inconsciente", Mário de Andrade registrava nos seus versos, tão discrepantes de tudo quanto havia sido feito até ali na poesia brasileira, ainda que parecessem tímidos em comparação com os primeiros poemas dadaístas. Tivera ele um antegosto da reação filis-

10. No "Prefácio Interessantíssimo" de *Pauliceia Desvairada* (em Mário de Andrade, *Poesias Completas*, São Paulo, Martins, 1955, p. 21), o poeta fala expressamente em "alma coletiva".

11. Ver *Cartas de Mário de Andrade a Manuel Bandeira*, prefácio e organização de Manuel Bandeira, Rio de Janeiro, Simões, 1958, p. 293.

v. A Aventura Literária: Ensaios sobre Ficção e Ficções

tina quando do escândalo provocado pelo aparecimento, em 1921, do artigo de Oswald de Andrade "O Meu Poeta Futurista" no qual era reproduzido um dos poemas de *Pauliceia Desvairada*. O "Prefácio Interessantíssimo" faz referência aos inconvenientes pessoais trazidos a Mário de Andrade por esse escândalo, e a virulência com que, em peças como "Ode ao Burguês", "A Caçada", "Colloque Sentimental" e "As Enfibraturas do Ipiranga", é versada a oposição entre artista e burguês revela tratar-se menos da exploração de um *tópos* da arte de vanguarda que de um desabafo de ordem íntima.

O desvario da linguagem inovadora do poeta paralelizava o desvario da vida trepidante da metrópole por ele celebrada. Mediante o uso sistemático do que, no "Prefácio Interessantíssimo", ele chamava de "verso harmônico" e "polifonia poética" – um verso formado de palavras futuristicamente em liberdade, sem ligação gramatical entre si, a vibrarem no seu insulamento como a harmonia de um acorde irresoluto; uma polifonia verbal conseguida pela superposição de frases soltas, as mais das vezes elípticas por escamoteamento do verbo –, tentava ele suscitar o mesmo efeito de simultaneidade do "tumulto desordenado das muitas ideias" a se atropelarem no cérebro num momento de especial comoção. Para dar conta de tal comoção e do tumulto interior por ela engendrado, abusava o poeta inclusive de notações gráficas como as reticências e o ponto de exclamação, de uso extensivo já entre os simbolistas. Só que, em *Pauliceia Desvairada*, as reticências visavam dar força de ressonância à palavra em si, liberta das sujeições sintáticas, enquanto o ponto de exclamação era a imagem icônica de uma subjetividade teatral a admirar-se de suas próprias visões e introvisões.

A simetria, desde o nível de uma teoria da composição, entre a tumultuosa interioridade do poeta e a não menos tumultuosa exterioridade da sua Pauliceia anuncia-se no verso de abertura do primeiro poema do livro:

São Paulo! comoção da minha vida…

Trata-se, contudo, de uma simetria dialética, inscrita mais na ordem da polaridade de contrários que do alinhamento de semelhanças. Se, pelo que dão a entender poemas de efusão lírica como "Inspiração", "Paisagem nº 1" ou "Tristura", é de amor a relação entre o poeta e a Cidade, outros poemas como "Os Cortejos", "A Escalada" ou "Ode ao Burguês" mostram a dose de rancor subjacente a tal efusão. O tema da metrópole moderna aparece em

393

Pauliceia Desvairada com o mesmo sentido que tem na poesia de Baudelaire e Reverdy, onde, segundo Mortimer Guiney, é "símbolo da matéria fria, estática e indiferente, criada pelo homem na sua tentativa de estabelecer uma ponte entre si e o mundo exterior [...] do insucesso da humanidade ante o problema da incompatibilidade entre espírito e matéria"[12]. Essa relação problemática é marcada, na estilística de inovação de *Pauliceia Desvairada*, pela frequência com que advérbios e infinitivos são substantivados pela anteposição de artigos: "os sempres", "os aplaudires", "os tambéns", "os muito-ao-longes", "nos jamais" etc. Aponta semelhante recurso para uma espécie de reificação da circunstância, indicativa de um malogro do Eu em avir-se com ela, de um desencontro entre a magnitude do desejo e a escala do possível. Outrossim, o fato de a substantivação se fazer sempre no plural envolve a ideia de fatal e desalentadora repetitividade, além de evidentemente contrastar com a singularidade do Eu: na gramática poética do livro, a primeira pessoa do singular e suas marcas, pronomes e flexões verbais, corporificam a interioridade do poeta, ao passo que a terceira do plural é a máscara da Cidade e de seus mandatários:

Pauliceia – a grande boca de mil dentes

A essa pessoa múltipla ou "alma coletiva" diz respeito a pluralização constante de substantivos quase sempre abstratos por via dos quais, ao mesmo tempo em que mapeia os seus dilemas interiores, vai o poeta desenhando o perfil moral da sua desvairada Pauliceia. Perfil de cunho fortemente crítico nos poemas que tematizam o conflito entre os valores antagônicos do Eu e do Eles. É o caso de "A Escalada", cuja metáfora de base, a Cidade como um "morro de ambições", se prolonga na do calvário ("crucificação da honra") que o poeta, falando consigo mesmo numa segunda pessoa de tom ironicamente admonitório, incita-se a escalar após ter-se livrado dos "fardos" de seus escrúpulos idealistas ("Estes mil quilos de crença") para Hermes-Pança, poder chegar ele também ao "sol sonante" dos plutocratas. Em "Tietê", o rio da outrora aventura bandeirante aparece degradado em mero local de competições de natação: o advérbio "esperiamente", no segundo verso, deriva do nome de um clube esportivo então frequentado por imigrantes enricados ou descendentes deles, a julgar pelos dois versos em italiano na última estrofe.

12. Mortimer Guiney, *Cubisme et Littérature*, Genebra, Georg & Cie, 1972, p. 81.

v. A Aventura Literária: Ensaios sobre Ficção e Ficções

A imagem da Pauliceia como espaço de opulência financeira e refinamento mundano, iterativa em "Rua de São Bento", "O Domador", "A Caçada", "Paisagem n. 2", condensa-se no refrão "– Futilidade, civilização" que fecha cada uma das quatro estrofes de "Domingo", com o seu *staccato* de notações coloquiais compondo um quadro sarcasticamente descritivo. O mesmo registro sarcástico, que chega à virulência política em "O Rebanho" e "Ode ao Burguês", pervaga de começo a fim "As Enfibraturas do Ipiranga", o texto mais ambicioso do livro. Nesse "oratório profano", os vários estratos da sociedade paulistana – escritores e artistas acadêmicos, milionários e burgueses, operariado e gente pobre – alternam coralmente suas vozes com as das Juvenilidades Auriverdes, ou seja, o grupo modernista, e da Minha Loucura, figuração simbólica da individualidade do poeta. Lançando mão de recursos como a monotonia das rimas repetitivas ou o contraste entre fórmulas prosaicas e metáforas alambicadas, "As Enfibraturas do Ipiranga" compilam um catálogo de chavões do senso comum, da patriotada e do academismo, de par com certos cacoetes do próprio idioleto modernista, para fazer ouvir em plenitude o registro paródico que será a marca de fábrica do modernismo brasileiro em sua fase heroica.

O caráter coral do último poema de *Pauliceia Desvairada*, discrepante do personalismo da maior parte dos que o antecedem, aponta já para um projeto transpessoal, de grupo. Em polo oposto, "Colloque Sentimental" nos dá a expressão mais reveladora da dialética do amor/rancor própria do subjetivo de *Pauliceia Desvairada*, assim como a de amor: humor o será do visual de *Pau--Brasil*. Na mesma linha do "Noturno" do Cambuci, cuja condição de bairro popular é conotada pelo grito do vendedor de batata assada e pelo violão do "mulato cor de oiro", a condição aristocrática de Higienópolis nos anos 20 ressalta dos flagrantes ora descritivos ora alusivos com que "Colloque Sentimental" lhe fixa, em meio à noite paulistana, o brilho das mansões com, lá dentro, as casacas de seus condes e os ombros nus, o *rouge* pecaminoso e adulterino de suas grandes damas. Há uma ostensiva nota de crítica social nesses flagrantes – como o "rio de lágrimas" proletárias escorrendo de sob as portas das mansões –, mas ela não obsta a que o elocutor do poema, identificado pelo "eu" elíptico do primeiro verso, confesse no mesmo tom expiatório de "Religião", poema que se segue imediatamente a "Colloque Sentimental", sua invencível atração por aquelas "Babilônias dos [seus] desejos mais baixos" que, embora sentindo-se excluído, ele culposamente percorre com os "pés

JOSÉ PAULO PAES: *Crítica Reunida Sobre Literatura Brasileira & Inéditos em Livros*

chagados nos espinhos das calçadas". Não vem ao caso apontar eventuais nexos de simetria das equações amor: rancor e amor: humor com as diferenças de *status* social dos autores de *Pauliceia Desvairada* e *Pau-Brasil* à altura em que escreviam esses livros inaugurais. Nem explicar por aí eventuais atitudes de estranhamento ou à vontade em relação ao apoio recebido pelo grupo de 22 do patriciado paulista, que tantas vezes o acolheu em suas mansões de Higienópolis. O que importa, acima de tudo, é a diversidade dos resultados literários das ditas equações e o alargamento assim trazido ao espectro da expressão modernista.

III

Conquanto o famoso epigrama "amor: humor" só vá aparecer no *Primeiro Caderno de Poesia do Aluno Oswald de Andrade* (1927) – o qual, não obstante o título, é na realidade o segundo livro de poemas do autor –, ele já preside implicitamente a poética de *Pau-Brasil* (1925). Não tanto a teorizada nos versículos de "falação", variante condensada do "Manifesto Pau-Brasil", como a dedutível dos poemas que a ela se seguem. A extremada concisão desses poemas levou Paulo Prado, no prefácio do livro, a chamar-lhes "comprimidos, minutos de poesia", glosando assim, talvez sem o saber, um dito de Tristan Tzara, que falou em "comprimido de linguagem"[13] ao referir-se ao lugar-comum usado pelos poetas cubistas com propósito semelhante ao das colagens da segunda fase, a fase sintética, da pintura cubista. O magistério do cubismo literário e pictórico é de resto perceptível em *Pau-Brasil*, não mais, porém, do que o alto grau de inventividade demonstrado pelo seu autor no aproveitar-lhe as instigações para fundar uma "poética da radicalidade"[14] com justeza ali apontada por Haroldo de Campos. Para se ter a medida dessa radicalidade, é ilustrativo cotejar os poemas brasileiros de *Feuilles de route*, de Blaise Cendrars[15], com peças de temas semelhantes de *Pau-Brasil*. Nestas, muito mais que naqueles, a redução ao mínimo dos nexos gramaticais, a

---

13. Fauchereau, *op. cit.*, p. 138.

14. Ver introdução a *Poesias Reunidas O. Andrade*, cit.

15. Cotejo ainda mais ilustrativo é feito com base na tradução desses poemas para o português realizada por Teresa Thiériot que consta em Blaise Cendrars, *Etc... etc... (Um Livro 100% Brasileiro)*, São Paulo, Perspectiva, 1976.

v. A Aventura Literária: Ensaios sobre Ficção e Ficções

constante elipse do verbo, os deslocamentos qualificativos e os jogos parono-
másicos e alusivos não só dinamizam a elocução como a fazem distanciar-se
do lógico rumo ao analógico.

Além de estimular-lhe a capacidade de fixar em linhas rápidas de caricatura
o essencial do que pretendia representar, a síntese cubista abriu os olhos do
poeta de *Pau-Brasil* para o espetáculo do cotidiano. "Escapulário", a peça de
abertura do livro, vale como espécie de sua divisa ou programa:

No Pão de Açúcar
De Cada Dia
Dai-nos Senhor
A Poesia
De Cada Dia

Aí estão *in nuce* alguns dos principais artigos de fé da arte poética oswaldia-
na. A paródia do texto litúrgico é visualmente sublinhada pelo uso de maiús-
culas de reverência, sendo que, em nível semântico, o jogo alusivo convida a
ler o virtual por sob o literal: a poesia de cada dia é também o pão de cada dia.
Não o pão *tout-court* que mata a fome, mas o pão de massa mais fina que, além
de matá-la, lisonjeia o paladar: mais bem se percebe a ironia desta complemen-
tação do utilitário pelo hedonístico ou estético quando se pensa na virtude da
frugalidade tão encarecida nos textos de edificação religiosa. Todavia, o funda-
mental é a paródia ser acionada pelo aproveitamento de um lugar-comum da
geografia turística nacional que, em outro poema do mesmo livro, "Noite no
Rio", assume também caráter litúrgico pela sua homologia de contornos com
o manto triangular da Virgem tal como representada na iconografia: "O Pão
de Açúcar/ É Nossa Senhora da Aparecida/ Coroada de luzes".

O lugar-comum é a pedra de toque do cotidiano por cristalizar-lhe, numa
fórmula *ready-made*, a consubstanciai mesmice ou falta de novidade: a vida
de todos os dias como repetição, rotina. Situa-se ela, portanto, nos antípodas
da literatura, a qual tem antes a ver com a novidade da matéria ou expressão,
quer em prosa *(novela* vem de "nova") quer em verso (o poético é o con-
trário do prosaico). Daí que, ao privilegiar o lugar-comum e ao tematizar
o cotidiano, a poesia de *Pau-Brasil* se colocasse deliberadamente no campo
da antiliteratura. Poder-se-ia inclusive considerá-la, historicamente, o avesso
da dicção parnasiano-simbolista, onde linguagem e tema "elevados" eram de

praxe e de rigor. Mas por sob a negatividade paródica de *Pau-Brasil* corre um permanente fio de positividade: humor é amor. Ao voltar-se para o cenário cotidiano, o poeta não quer vê-lo com os olhos da rotina. Propõe-se antes vê-lo com os olhos novos da "ignorância que descobre", mesmo porque "a poesia é a descoberta das coisas que eu nunca vi", lição por ele aprendida do seu filho de dez anos, conforme está dito num dos poemas do livro, "3 de maio". Ver o já-visto como nunca-visto equivale a inverter radicalmente as regras do jogo, fazendo do cotidiano o espaço da novidade e do literário o espaço da rotina ou convenção.

O enternecimento irônico (amor + humor) com que o poeta se compraz em rever o dia a dia para revitalizar-lhe os estereótipos é típico da ignorância ou inocência assumida *a posteriori*. Nela, à surpresa infantil com o nunca-visto subjaz a má consciência adulta do já-visto, donde a sua ironia ou duplicidade de visão. Ela dá sinal de si em "História do Brasil", a primeira das nove seções temáticas em que se divide *Pau-Brasil*. Ali, trechos de prosa de cronistas coloniais, Caminha, Gandavo, d'Abeville e outros, são dispostos em forma de versos a fim de melhor ressaltar o pitoresco do deslumbramento pueril deles ante as singularidades e maravilhas do Novo Mundo. Esta utilização da técnica de colagem é *sui generis* por utilizar material historiográfico em vez de material contemporâneo, os recortes de jornal, fragmentos de conversação, letras de canções etc. a que os poetas cubistas costumavam recorrer. Digna de nota, ainda, a recorrência de técnica semelhante em "Secretário dos Amantes". O título dessa sexta seção de *Pau-Brasil* foi tirado das brochuras populares de modelos de cartas de amor, e os seis breves poemas que a compõem podem ser vistos como uma espécie de paródia das cantigas d'amigo: a elocução é de igual modo assumida pela mulher, mas a mistura coloquial de expressões de carinho com observações práticas ironiza em certa medida a sentimentalidade costumeira do gênero. Neste caso também limitou-se Oswald de Andrade a dar forma de versos a trechos de cartas que lhe foram escritas pela pintora Tarsila do Amaral, então sua mulher[16].

Usada com frequência ao longo do livro, a colagem, notadamente de textos de anúncios, serve a fins de sátira por assim dizer documental, já que, por cortejar o favor do público, o reclame acaba por lhe revelar obliquamente a psicologia e os valores. Entretanto, quando se avém com textos *naïfs*, a sátira

---

16. Ver Aracy Amaral, *Tarsila — Sua Obra e Seu Tempo*, São Paulo, Perspectiva, 1975, vol. I, p. 75.

v. A Aventura Literária: Ensaios sobre Ficção e Ficções

oswaldiana deixa entrever uma indisfarçável ponta de enternecimento com a ingenuidade popular. Foi o que, não sem lhe opor alguns reparos, assinalou Mário de Andrade em *Pau-Brasil*: "O. de A. se aternurou sem crítica por tudo o que é do povo"[17]. Esse enternecimento paródico está por trás da fidelidade com que é registrada em "Carnaval" e "O Ginásio", por exemplo, a linguagem a um só tempo empolada e canhestra das proclamações dos ranchos cariocas e dos volantes de propaganda de espetáculos populares como o do "tenor boxeur Romão Gonçalves". É ela ainda que explica a atração, do mesmo poeta cosmopolita que em "Contrabando" dirá trazer no coração "Uma saudade feliz de Paris", pela simplicidade da vida nas cidadezinhas do interior de São Paulo e Minas Gerais celebradas em "RP I" e "Roteiro das Minas". Uma delas lhe vai inspirar o admirável "ditirambo" ("Meu amor me ensinou a ser simples/ Como um largo de igreja") e nos letreiros das modestas casas de comércio de outra, "Nova Iguaçu", enxergará ele alvíssaras do "país sem pecados" sonhado pela nostalgia dos tempos idílicos do Cabralismo, assim reverentemente grafado com maiúscula inicial na abertura de "Falação". Na linguagem, nas festas e nos costumes da vida popular do seu tempo o poeta reencontra o mesmo "bárbaro e nosso" das origens cabralinas. Pois este é o próprio *genius loci* a que devemos a "originalidade nativa" capaz de redimir-nos do pecado da "adesão acadêmica" do "Brasil doutor" para que possamos ser enfim os "brasileiros de nossa época".

É bem de ver que, em *Pau-Brasil*, o pendor primitivista e popularesco convive, sem contradição, com o culto modernista do progresso. Culto que ressalta em alguns dos poemas de "Loide Brasileiro", a última seção do livro: no "Canto de Regresso à Pátria", parodiando Gonçalves Dias, diz-nos o poeta que deseja voltar para "o progresso de São Paulo", e em "Recife", tanto ou mais do que as relíquias históricas, encantam-no os guindastes e chaminés da cidade, "Baluarte do progresso". É menos insólita do que pode parecer esta simbiose da barbárie e do primitivismo com o progresso e a tecnologia. Aos olhos dos defensores mais ferrenhos da cultura dita humanística, a idolatria moderna da técnica sempre se afigurou, no fundo, a emergência de uma nova barbárie. E se se tiver em mente que o "Manifesto da Poesia Pau-Brasil" se volta sobretudo contra a erudição e a bacharelice "humanísticas" de nossa

---

17. *Apud* Telê Porto Ancona Lopez, *Mário de Andrade:* Ramais e Caminho, São Paulo, Duas Cidades, 1972, p. 170.

formação histórica, não fica difícil entender o apreço de Oswald de Andrade, no "Manifesto Antropófago", pelo "bárbaro tecnizado de Keyserling".

Um último aspecto de *Pau-Brasil* que não pode passar sem registro é a sua visualidade e, correlatamente, a sua impessoalidade, já que ali nos fala o poeta menos de si que do mundo à sua volta. Isso malgrado ele se ter proposto, em "falação", uma "perspectiva de outra ordem que a visual". Referia-se, no caso, ao visual meramente fotográfico da "argúcia naturalista", em troca da qual aspirava à nova visualidade da "síntese" cubista. Esta, ele a soube realizar, pioneiramente e melhor do que ninguém entre nós, por via da feliz conjunção da paródia, da colagem e do lugar-comum revitalizado, "a poesia de cada dia", no quadro de uma poética de amor: humor. E o contraste entre a impessoalidade dela e o personalismo subjetivo de *Pauliceia Desvairada* dá fé não apenas da amplitude do projeto modernista em sentido estrito como das futuras aporias da nossa modernidade em sentido lato.

IV

Quando se passa da poesia para o romance de Oswald de Andrade, está-se passando de arte que busca esconder a sua mestria por trás de uma estudada simplicidade para arte que timbra em alardear-se o tempo todo como tal, apontando um dedo enfático para a sua própria máscara[18]. Asceticamente, a poesia pau-brasil almejava ser uma simples "apresentação dos materiais" em estado bruto, no que se contrapunha, de caso pensado, à poesia sua antecessora "emaranhada na cultura" e nos "cipós das metrificações"[19]. Já a prosa de arte das *Memórias Sentimentais de João Miramar* (1924) prazerosamente se entrega às "violências maravilhosas da cor", conforme lhe está dito no prefácio, de modo a não deixar dúvidas quanto à sua primazia de iniciadora da expressão modernista em nossa ficção. A justificativa desta dualidade de posturas estilísticas talvez esteja na circunstância de, como poeta, Oswald de Andrade ter estreado já modernista, enquanto *Os Condenados*, seu primeiro romance, publicado embora no mesmo ano da Semana de Arte Moderna, é visivelmente um livro pré-modernista. O "gongorismo verbal da escrita"[20] nele denun-

18. Expressão usada por Roland Barthes algures em *O Grau Zero da Escritura*.
19. Frases de "Falação", em *Pau-Brasil*.
20. Antonio Candido, *Brigada Ligeira*, São Paulo, Martins, s.d., p. 16.

v. A Aventura Literária: Ensaios sobre Ficção e Ficções

ciado por Antonio Candido o define desde logo como um produto típico do *art-nouveau* literário.

À adjetivação frondosa de quem, por focalizar a vida sob as lentes de um patetismo à D'Annunzio, se esmerava em realçar-lhe operisticamente as tintas, sucede a preocupação do "estilo telegráfico e a metáfora lancinante" anunciados desde o prefácio das *Memórias Sentimentais de João Miramar* como fruto da "nova revolução" em prol de "uma língua modernista". Língua que, distinguindo-se pela novidade desses recursos da tradição arte-novista, desta herdara contudo o mesmo impulso ornamental. Quando se fala em orna-mento, está-se implicitamente falando em excesso ou transbordamento do significante sobre o significado, como se aquele se tornasse em certa medida independente deste. No caso de *Miramar*, tal relativa independência é confir-mada pelo fato de, após uma viagem a Paris onde travou conhecimento mais íntimo com as novas modas artísticas, ter o romancista modernizado radical-mente o estilo de uma primeira versão mais conservadora do livro, datada de 1917[21]. Era como se, invertendo o exemplo clássico que Paulo Prado invocava no prefácio de *Pau-Brasil* para expressamente desmenti-lo com a novidade tanto de fundo quanto de forma da poesia ali enfeixada, o seu autor, agora *doublé* de romancista, passasse a fazer versos novos sobre pensamentos antigos.

Não é assim tão descabido falar em versos a propósito de *Miramar*. Na medida em que se distanciava do ideal de uma "prosa pura" sonhado por Antônio de Alcântara Machado, incorria ele no equívoco da "prosa lírica" que o mesmo Alcântara Machado verberara como prosa que "não é prosa"[22].

Salta à vista tender o estilo de *Miramar* mais à exuberância lírica do que à objetividade prosaica. Nele se multiplicam as metáforas de impacto ("o vento batia a madrugada como um marido"), as rimas e aliterações consecutivas ("sapos sapeiam sapas sopas"), as metonímias violentas ("sons lestos de campa-inhas ancoraram o navio"), os oximoros ("escala subia quedas"), as onomato-peias semantizadas ("o grilo/ Triste tris-tris-triste"), os lances trocadilhescos ("bandos de bondes iam para as bandas da Avenida"), os deslocamentos qua-lificativos ("as barbas alemãs de um médico"), as alterações de regência verbal ("malta escabriavam salas brancas"), as nominações grotescas ("Miss Piss", "Pindobaville")[23]. Mas o que particularmente se faz notar é o gosto futurista

21. Ver Aracy Amaral, *Tarsila – Sua Obra e Seu Tempo*, pp. 77 e 99.
22. Ver *Cavaquinho e Saxofone, cit.*, p. 341.
23. Citações de acordo com o texto de: Oswald de Andrade, *Obras completas*, vol. II, *Memórias Senti-*

do telegráfico e do neológico, manifesto um na sistemática omissão de conectivos gramaticais, em especial artigos, e o outro na frequente verbalização de adjetivos ou substantivos ("norte-americanava", "guardanapavam"). Se aqueles outros recursos de expressão podem ser vistos como manifestações mais ou menos gratuitas de ludismo poético, estes dois últimos estão intimamente ligados à semântica do livro. O telegráfico ecoa isomorficamente o tema da viagem, nele central, e da correlata dialética entre o Lá e o Cá emblematizada no nome do seu protagonista, um Miramar de olhos sempre postos "no mar de embarques", nunca de desembarques. O neológico, por sua vez, articula a fala de um desejo que, na exasperada multiplicação dos signos da modernice cosmopolita de Lá, busca uma compensação simbólica para o provincianismo da atrasada vida de Cá. Lá é evidentemente a Europa, a França em particular, de onde o Brasil importava então quase todos os refinamentos modernos, entre eles a ânsia de uma liberdade sexual que Oswald de Andrade iria exprimir mais de uma vez nas suas inacabadas memórias *Um Homem Sem Profissão* (1954): "Tudo isso vinha confirmar a ideia de liberdade sexual que doirava o meu sonho de viagem, longe da pátria estreita e mesquinha, daquele ambiente doméstico onde tudo era pecado. [...] Na Europa, o amor nunca foi pecado. Não era preciso matar para possuir uma mulher. Não havia lá sanções terríveis como aqui pelo crime de adultério ou sedução. Enfim o que existia era uma vida sexual satisfatória, consciente e livre"[24].

Não é descabido trazer à colação esse texto autobiográfico para iluminar aspectos do texto ficcional: um e outro coincidem repetidas vezes, como mostrará qualquer leitura comparativa de *Um Homem Sem Profissão* e *Miramar*. Neste, após narrar a infância e adolescência do seu herói, demora-se o romancista em descrever-lhe a viagem pela Europa, de volta da qual Miramar desposa uma prima rica, herdeira de fazendas de café. O restante do livro é consagrado a pormenorizar-lhe as aventuras extraconjugais e boêmias em São Paulo, Santos e Rio, culminadas no seu divórcio, a que se seguem as mortes sucessivas da sogra e da esposa. Este anticlímax faz da filha única de Miramar herdeira dos bens maternos e garante a ele a vida sem preocupações materiais de que o seu hedonismo não podia abrir mão. Combinado à similitude de

---

mentais de João Miramar, 3ª ed., *Serafim Ponte Grande*, 2ª ed., Rio de Janeiro, Civilização Brasileira, 1971.

24. Oswald de Andrade, *Um Homem Sem Profissão* – Memórias e Confissões, vol. I, 1890-1919, *Sob as Ordens de Mamãe*, Rio de Janeiro, José Olympio, 1954, p. 122.

v. A Aventura Literária: Ensaios sobre Ficção e Ficções

títulos, a menção do hedonismo traz à mente do leitor das *Memórias Sentimentais de João Miramar* a lembrança das *Memórias Póstumas de Brás Cubas* daquele Machado de Assis que, ao lado de Euclides da Cunha, era tudo quanto, na literatura brasileira, interessava ao autor de *Um Homem Sem Profissão*, segundo ali confessa[25]. A despeito das extremadas diferenças de tempo histórico e projeto criativo, há algumas semelhanças entre os dois livros. Em *Brás Cubas* talvez aprendesse Oswald de Andrade a técnica dos capítulos curtos com títulos as mais das vezes irônicos utilizada em *Miramar*, depois em *Serafim Ponte Grande* (1933). E tanto o herói machadiano quanto o oswaldiano parecem ter sido talhados no mesmo pano para, cada qual à sua maneira, figurar o tipo do gozador elegante e cínico que, num texto autobiográfico, se distrai a fixar os ridículos, pecados e fraquezas alheios, por eles obliquamente justificando uma moral de interesse próprio. Brás Cubas se dá ao trabalho de explicitar as justificativas nas pachorrentas reflexões a que naturalmente o convida o seu eterno ócio de defunto sem mais nada por viver; as tropelias boêmias de João Miramar não lhe deixam tempo livre para refletir sobre elas, só para vivê-las; tire quem quiser a moral da fábula. Tirando-a, percebe-se que aponta menos para as feições intemporais de um caráter à Teofrasto do que para o rosto histórico de um patriciado agrícola cujo cosmopolitismo bem viajado mal lhe escondia a condição semicolonial.

Do que há de bifronte nesse rosto histórico dá testemunho imediato, no plano das homologias, o transbordo da modernice mais que futurista do estilo de *Miramar* por sobre a convencionalidade da sua matéria ficcional, que faz lembrar a do romance cosmopolita e fútil de Morand, Dekobra ou Guido de Verona. Com duas ressalvas: a de o trabalho de linguagem de *Miramar* ser muito mais avançado do ponto de vista estético, e a de ter sido livro escrito num diapasão satírico que não teme ir até o bufo. Estas ressalvas apontam, por sua vez, para duas direções diversas, identificadas no *mea culpa* que Oswald de Andrade antepôs ao *Serafim Ponte Grande* como prefácio. Penitencia-se ele de, nesse romance e no *Miramar*, ter feito literatura de vanguarda na ilusão burguesa de "colocar a literatura nova-rica da semicolônia ao lado dos custosos surrealismos imperialistas". Mas reconhece porém, no seu vanguardismo, "uma fonte sadia, o sarcasmo", que lhe permitiu servir "à burguesia sem nela crer". Com isso, podia aliviadamente concluir, no mesmo prefácio, terem

25. Oswald de Andrade, *Um Homem Sem Profissão* – Memórias e Confissões, p. 119.

José Paulo Paes: *Crítica Reunida Sobre Literatura Brasileira & Inéditos em Livros*

sido seus dois romances modernistas não apenas um "índice cretino, sentimental e poético" das veleidades cosmopolitas da burguesia cafeeira de São Paulo, mas também o seu "necrológio". Um necrológio em grande estilo, ainda que feito de *vers nouveaux sur des pensers antiques*.

V

No "Prefácio Interessantíssimo", cuja publicação antecedeu de dois anos a do "Manifesto da Poesia Pau-Brasil", Mário de Andrade já caracterizava os modernistas como os "primitivos de uma nova era". Mas fazia questão de ressaltar que, ao escrever os poemas de *Pauliceia Desvairada*, buscara fugir do "primitivismo vesgo e insincero" para só reter, das hipóteses acerca dos "primitivos das eras passadas", aquilo que o pudesse levar a uma "expressão mais humana e livre de arte". Seis anos depois, com a publicação de *Macunaíma*, parece ele ter deixado definitivamente de parte quaisquer reservas anteriores para mergulhar fundo na voga primitivista. Era o que dava a entender a circunstância de a figura do herói do livro e grande parte das peripécias ali narradas terem sido tomadas de empréstimo à mitologia ameríndia, a par de o registro coloquial em que foi escrito estilizar a fala popular. *Macunaíma* apareceu no mesmo ano em que Oswald de Andrade divulgava (maio de 1928) o seu "Manifesto Antropófago". Mário de Andrade sublinhou, na época, tratar-se de mera coincidência, visto a primeira versão do livro datar de 1926; o certo, no entanto, é que ele respondia ao mesmo clima de ideias do manifesto, afora o qual, aliás, Oswald de Andrade não produziu nada de reconhecivelmente "antropófago". Em matéria de criação literária, portanto, a Antropofagia se limitou praticamente a *Macunaíma* e *Cobra Norato*, poema de Raul Bopp só em 1931 recolhido em livro.

A designação de "rapsódia", introduzida a partir da segunda edição de *Macunaíma* para definir-lhe a forma narrativa, pode ser entendida, literariamente, no sentido de imitação do estilo de compor dos rapsodos ou cantadores populares e, musicalmente, no sentido de fantasia livre e exuberante sobre motivos folclóricos. As duas acepções são pertinentes. A primeira é ilustrada, na linguagem do livro, pela frequência de enumerações, refrões, frases rimadas ou aliterativas; pelo aproveitamento sistemático de locuções tradicionais e parlendas infantis; pelo recurso iterativo ao provérbio e à hipérbole; pelo

v. A Aventura Literária: Ensaios sobre Ficção e Ficções

à vontade com que o mágico e o real se entremesclam. Tudo isso dentro do espírito lúdico de quem se encantasse mais com o fluxo da própria fala do que com a coerência da exposição, espírito no qual se faz reconhecível um pendor retórico herdado pelo homem do povo de seus antepassados índios. Ao dar cidadania literária à fala popular, tentava Mário de Andrade, como ele próprio diz na "Carta pras Icamiabas" (capítulo IX), transpor o fosso que separava o "brasileiro falado" do "português escrito". Por isso não há em *Macunaíma* a diferença de registro elocucionário que havia na ficção regionalista sua antecessora entre personagem e narrador: este assume, sem mais diferença de estatuto social, a voz e a *persona* daquele.

Tampouco se percebem aqui os propósitos de registro localista que animavam o regionalismo. A fantasia rapsódica combina agora livremente entre si, na mesma tapeçaria de deliberado desenho transregional, motivos folclóricos provindos das diversas regiões do país. Desse transregionalismo dão prova, no nível da efabulação (onde, por repetitivas, assumem categoria de procedimento formal), as correrias do herói e seus perseguidores e/ou perseguidos por todos os quadrantes do país, numa movimentação cuja rapidez fabulosa oblitera as distâncias de ordem quer geográfica quer cultural. A exuberância da fantasia rapsódica ultrapassa livremente os limites da paráfrase para invadir os da invenção: o rol de episódios míticos tradicionais é enriquecido de episódios novos, mas consubstanciais deles, como se a inventiva do escritor se folclorizasse por contaminação. É o que avulta nos lances em que usos e artefatos da vida moderna são explicados por via mítica (por exemplo, o caso da onça virada em automóvel no capítulo XIV), à maneira dos contos etiológicos. Dada a anterioridade temporal do texto de *Macunaíma*, seria descabido querer ver em lances que tais ilustrações fabulares de postulados do "Manifesto Antropófago". Mas não há como fugir à evidência de terem sido inspirados pela mesma preocupação de estabelecer o nexo de consubstancialidade entre primitivo e atual que, para os modernistas de 22, se fazia o penhor de serem eles os verdadeiros "brasileiros de nossa época".

Deste prisma, a transposição das aventuras de um herói folclórico da longínqua Amazônia para as ruas metropolitanas de São Paulo ganha outro sentido que não o de mera exploração das possibilidades cômicas do anacronismo. Como se sabe, Mário de Andrade foi buscar, às lendas ameríndias colhidas pelo etnógrafo alemão Koch-Grünberg no norte do Brasil e na Venezuela, o material de base da sua rapsódia, que posteriormente enriqueceria com ele-

405

JOSÉ PAULO PAES: *Crítica Reunida Sobre Literatura Brasileira & Inéditos em Livros*

mentos de outras numerosas fontes e com matéria de sua própria invenção. O enredo de *Macunaíma* gira em torno da viagem empreendida pelo herói epônimo e seus irmãos Jiguê e Maanape, desde a beira do Uraricoera, onde ele havia nascido e onde se tornara imperador da Mata Virgem depois do seu casamento com Ci, rainha das amazonas, até São Paulo. O motivo da viagem é encontrar a muiraquitã ou talismã da felicidade que ele perdera e que lhe fora presenteado por Ci antes de ela, inconformada com a morte de seu filho com Macunaíma, subir para o céu e converter-se numa estrela. O talismã extraviado estava agora em poder do mascate Venceslau Pietro Pietra, avatar do gigante Piaimã. Depois de numerosas aventuras picarescas por São Paulo e Rio, onde se passa o principal da narrativa, o herói consegue recuperar a muiraquitã e volta para o mato de onde viera. Mas a sua tribo havia sido entrementes liquidada por uma epidemia e seus dois irmãos também não tardam a morrer. Solitário e abúlico, Macunaíma já não tem interesse pelas coisas. Nova perda do talismã por culpa do engodo de uma uiara que o atraíra para dentro d'água tira-lhe o último meio de devolver algum sentido a sua vida, pelo que ele, despedindo-se do mundo, ascende ao céu e se transforma numa constelação.

Ao escolher para protagonista de sua rapsódia um herói folclórico cujo nome significava "o grande malvado" e em cuja personalidade a soma dos defeitos sobrepujava bastante a das qualidades, Mário de Andrade não escondia um propósito de crítica que o subtítulo de "o herói sem nenhum caráter" dado a ela só fazia realçar. De começo, alegando tratar-se de um "livro de pura brincadeira", negou-lhe a condição de símbolo do *homo brasilicus* nele vista por Tristão de Ataíde, um dos seus primeiros resenhadores. Isso porque, no entender do autor de *Macunaíma*, símbolo implicava uma "totalidade psicológica" de todo ausente do seu herói ou anti-herói, de quem tirara "propositalmente o lado bom do brasileiro" a fim de poder torná-lo uma "sátira"[26]. Enquanto símbolo negativo, o protagonista de *Macunaíma* compendia os traços psicológicos essenciais que Paulo Prado (a quem o livro está dedicado) recenseou em *Retrato do Brasil* como resultantes dos percalços da formação histórica da nacionalidade: a ambição da riqueza fácil, a lascívia sem freio, o individualismo anárquico, a carência de espírito de cooperação, a hipertrofia da imaginação, a loquacidade, a facilidade de decorar, as alternativas de entu-

---

26. As citações entre aspas, de declarações de Mário de Andrade, foram colhidas nos escólios de ordem crítica incluídos por Telê Porto Ancona Lopez na 2ª e 3ª partes de sua edição crítica de *Macunaíma*, Rio de Janeiro, LCT, Biblioteca Universitária de Literatura Brasileira, pp. 336 e 265.

406

siasmo e apatia, a indolência, a melancolia difusa. Traços eles todos negativos, próprios de uma visão crítica do caráter e da realidade nacionais que timbrava em distanciar-se o quanto pudesse da ufania a que desde sempre se apegara certo patriotismo tanto mais inócuo quanto acrítico. Ainda que semelhante catálogo de traços esteja longe de dar conta da personalidade contraditória e múltipla de Macunaíma – seria preciso acrescentar-lhe no mínimo os traços conexos de esperteza, prazer de mistificar e dom da improvisação –, são o bastante para destacar, na criação individual, o débito para com um ideário de grupo. O lado menino ou moleque do herói marioandradino inculca-o de pronto uma figuração da irreverência infantojuvenil com que as vanguardas costumam reptar a respeitabilidade do *Establishment*.

No artigo em que recenseou *Macunaíma* quando do seu lançamento em 1928, lembrava Tristão de Ataíde, a propósito da "Carta pras Icamiabas", as *Cartas Persas*[27]. Mas isso de passagem, sem se demorar no paralelo. Desenvolvido, ele levaria necessariamente a uma similitude de funções entre as proezas de Macunaíma em São Paulo, clímax da narrativa, e o confronto iluminista civilização X primitividade de que *L'ingénu* de Voltaire é o paradigma no terreno da prosa de ficção. Também a gesta paulistana do herói do Uraricoera serve para pôr em relevo mais a presteza com que ele se integra no mundo tecnológico do que sua estranheza ante os prodígios dele. Mal chegado à Pauliceia, ei-lo que decifra, à luz do pensamento mítico, um mistério que o pensamento lógico não conseguira nunca decifrar: "A Máquina era que matava os homens porém os homens é que mandavam na Máquina". Isso acontecia simplesmente porque eles "não tinham feito dela uma Iara explicável mas apenas uma realidade do mundo"[28]. Vale dizer: tinham-na deixado ficar na ordem desumana do real em vez de integrá-la na ordem humana do mítico. E da superioridade desta sobre aquela é sinal seguro a facilidade com que, logo em seguida a essas reflexões, Macunaíma consegue transformar magicamente seu irmão Jiguê numa máquina-telefone a fim de ligar "pros cabarés encomendando lagosta e francesa". Não só alcança, pois, um domínio demiúrgico da máquina como a põe a serviço da satisfação imediata dos seus desejos, em vez de ficar à mercê do capricho dela, como os civilizados.

27. Ver *op. cit.* na nota anterior, p. 338.
28. *Idem*, p. 38.

À primeira vista, este passo, e outros semelhantes, parecem indicar a recorrência, sob a forma de realização fictiva, do ideal do selvagem tecnizado de Keyserling que o "Manifesto Antropófago" propunha sob a forma de postulado. A suposição teria a respaldá-la a reconhecida influência das ideias de Keyserling acerca do homem novo das Américas sobre o pensamento de Mário de Andrade. Delas, porém, as que mais de perto lhe interessaram foram as relativas à significatividade da indolência tropical (donde o mote famoso de Macunaíma: "Ai que preguiça") e da necessidade de sintonia entre o "Konnen" e o "Sein", entre desenvolvimento material e desenvolvimento espiritual[29]. Elas o levaram a uma crítica da noção de progresso, principalmente tecnológico, em função da incompatibilidade de valores entre civilização europeia e civilizações tropicais. A falta de caráter do brasileiro, personificada por Macunaíma, adviria de sua insistência em fugir dos valores telúricos do trópico onde vive e em tentar adaptar-se, com isso se descaracterizando, aos valores de uma civilização não tropical como a europeia. Essa traição ao *genius loci* está alegoricamente representada em dois episódios do livro. No capítulo VIII, o herói, conquanto se houvesse comprometido em desposar uma das filhas de Vei, figuração mitológica do Sol, acaba se enrabichando por uma varina, isto é, uma portuguesa vendedora de peixe. E no capítulo XVIII, último do livro, ele vence o receio da água fria para atirar-se nos braços da uiara da lagoa: quando volta à margem, está todo desfigurado. O significado de ambos os episódios foi explicado mais tarde por Mário de Andrade. No primeiro, ao recusar "uma das filhas da luz", Macunaíma (e com ele o Brasil) renegava o exemplo "das grandes civilizações tropicais, China, Índia, Peru, México, Egito, filhas do calor" para se amulherar equivocamente com "o Portugal que nos herdou os princípios cristãos-europeus". No outro episódio, Vei ou "a região quente solar" se vinga da traição contra ela cometida fazendo "aparecer a uiara que destroça Macunaíma". E este não consegue realizar-se, "adquirir um caráter", pelo que, frustrado, "vai pro céu, viver 'o brilho inútil das estrelas'"[30].

Já não se está mais, como se vê, no clima de otimismo utópico do segundo manifesto de Oswald de Andrade, com sua Revolução Caraíba promovida pelo "bárbaro tecnizado" que antropofagicamente aproveitaria, do progresso

---

29. Ver Telê Porto Ancona Lopez, *op. cit.* na nota 17, pp. 111-6.
30. Ver *op. cit.* na nota 26, p. 325.

europeu, "só a maquinaria", deixando-lhe de parte "as ideias e as outras paralisias". Dir-se-ia que o desfecho melancólico da fábula de Macunaíma, com o seu anticlímax de derrota e desistência, leva em direção oposta. Configura antes o epitáfio do sonho antropófago, a sua autocrítica antecipada, essa fábula do índio dominador das máquinas da urbe industrial que, por não se encontrar mais a gosto nela nem na selva natal a que baldadamente regressa, desiste de viver. No que lembra madame Bovary, menos, herói sem nenhum caráter que é, a grandeza moral dela. E como a Antropofagia assinala o fim do ciclo histórico do modernismo de 22, *Macunaíma* vale implicitamente por um balanço das suas consecuções, de que é uma das mais altas, tanto quanto de suas ilusões, a que serve de esplêndido mausoléu.

VI

Antônio de Alcântara Machado fez parte do grupo da *Revista de Antropofagia*, mas o seu compromisso com a moda primitivista, pelo que dele dão notícia os contos de *Brás, Bexiga e Barra Funda* (1927), parece ter sido *sui generis*. Talvez nem conviesse falar de primitivismo no seu caso, não fosse a circunstância de o rótulo também se poder aplicar às manifestações mais ingênuas da vida popular contemporânea: como já se disse, ela tinha tanto interesse para os cubistas franceses quanto a dos povos "selvagens" propriamente ditos. Ao enfileirar os nomes dos três bairros pobres de São Paulo onde se fixaram os imigrantes italianos que não foram para a lavoura de café ou dela conseguiram alforriar-se, o título do primeiro livro de contos de Alcântara Machado já punha de manifesto suas intenções, de resto confirmadas na dedicatória dele ao "triunfo dos novos mamalucos", entre os quais estavam incluídos os modernistas Menotti del Picchia, Anita Malfatti e Victor Brecheret. Explicava o prefácio do livro que os novos mamalucos ou "intalianinhos" resultavam do ulterior ingresso, na obra de miscigenação das "três raças tristes" formadoras da nacionalidade brasileira, da nova raça "alegre" vinda da Itália no bojo dos transatlânticos modernos.

Alegria e modernidade eram ingredientes canônicos do movimento de 22, mas, a julgar pela representação desfavorável do imigrante italiano na prosa de ficção de Oswald e Mário de Andrade, não o era a simpatia para com os novos mamalucos e seus maiores. Em *Miramar*, o "intalianinho" Chelinini acaba

JOSÉ PAULO PAES: *Crítica Reunida Sobre Literatura Brasileira & Inéditos em Livros*

por se revelar um escroque que ascende socialmente através de casamento de interesse com a sogra do protagonista; mais adiante, italianos enriquecidos no comércio e na indústria vão aparecer mancomunados a agiotas "turcos" para, com financiar-lhe a estroinice dos filhos ou genros-famílias como o próprio Miramar, levarem o patriciado cafeeiro à ruína. Em *Macunaíma*, por sua vez, o ogre ou vilão Piaimã assume o nome e a personalidade do italiano Venceslau Pietro Pietra, regatão ou mascate dos rios amazonenses que vem roubar a um filho da terra seu bem mais precioso, a muiraquitã da felicidade.

Nos contos de Alcântara Machado, os italianos e os "intalianinhos" são vistos por outra óptica. A minuciosa atenção posta pelo contista no registrar-lhes os torneios de expressão, o modo de vestir e de comportar-se, os ambientes onde viviam e conviviam, as metas e ambições que lhes norteavam a conduta, revela por si só, para além da escrupulosidade do simples repórter sem "partido nem ideal" que no prefácio de *Brás, Bexiga e Barra Funda* ele diz ser, uma indisfarçável empatia de visão. Esta se voltava menos para imigrantes bem-sucedidos como o cav. uff. Salvatore Melli, o industrial do conto "A Sociedade", do que para gente humilde como o garoto de rua do "Gaetaninho", a costureirinha de "Carmela", o cobrador de ônibus do "Tiro de Guerra n. 35", o barbeiro de "Amor e Sangue", a menina pobre de "Lisetta", o órfão matreiro de "Notas Biográficas do Novo Deputado" e assim por diante. Não é argumento contra a autenticidade da empatia de visão tais "aspectos da vida trabalhadeira" dos ítalo-brasileiros (a frase aspeada é ainda do prefácio do livro) terem sido observados sob a lente da caricatura, do outro lado da qual se poderia discernir, igualmente deformado pelo vidro de aumento, o olhar de superioridade entre compassivo e curioso do paulista bem-nascido. O mesmo traço caricatural está presente nos contos de *Laranja da China* (1928), cujos personagens nada têm de ítalo-paulistas, mas ostentam sobrenomes lidimamente portugueses.

O gosto da caricatura era indissociável do espírito de 22 e Alcântara Machado o cultivou regularmente nos seus contos, nas crônicas de viagem de *Pathé-Baby* (1926) e nos artigos de jornal postumamente reunidos em *Cavaquinho e Saxofone* (1940). Num desses artigos, importantes pelo que dão a conhecer de suas opiniões acerca da literatura e da vida, ele se debruça sobre a arte de Voltolino, caricaturista ligado ao grupo modernista. Ao analisá-la parece estar falando de sua própria arte de contista, como quando observa que Voltolino, por ter o "lápis desgracioso [...] caricaturava melhor os hu-

v. A Aventura Literária: Ensaios sobre Ficção e Ficções

mildes", em especial os da colônia ítalo-paulista a que pertencia e onde se travava a "luta surda [...] entre os que para cá vieram enriquecer trazendo no fundo da trouxa, entre roupas remendadas e caçarolas furadas, todo o peso das tradições de sua raça, e os filhos que deles nasceram aqui, livres dos preconceitos ancestrais, crescendo e se afirmando brasileiros em absoluta identidade com o solo e com o meio"[31].

O lápis de caricaturista de Alcântara Machado era também "desgracioso" na medida em que fugia de caso pensado da sedução arte-novista do ornamento, a que pela sua própria exuberância, folclórico-coloquial num caso, mais-do-que-futurista noutro, nem *Macunaíma* nem *Miramar* souberam esquivar-se. Diferentemente deles, o narrador de *Brás, Bexiga e Barra Funda* cultivava a virtude da "secura telegráfica" e a punha a serviço da "obra literária de movimento"[32] que ele via confundir-se vantajosamente com a reportagem. Daí não temer apresentar os seus contos como "um jornal" que se contentava em apenas noticiar a vida: "Não comenta. Não discute. Não aprofunda"[33]. Num outro artigo de *Cavaquinho e Saxofone* Alcântara Machado opõe o romancista ao repórter para tomar decididamente o partido deste último: "O romancista está espiando para dentro, bem no fundo. A vida que vive na luz é o repórter o único a fixar. Fixar por um minuto"[34]. O minuto de vida é fixado nos contos de *Brás, Bexiga e Barra Funda* por uma técnica de síntese que parece haver recrutado seus recursos na caricatura, no jornalismo e no cinema. Da primeira vem a economia de traços com que o caráter de cada personagem é esboçado; do segundo, a fatualidade do enfoque e a direitura do modo de narrar; do último, a montagem da efabulação em curtos blocos ou tomadas descontínuos. A técnica narrativa de Alcântara Machado deixaria inclusive uma marca indelével no conto brasileiro, rastreável desde Marques Rebelo até Dalton Trevisan.

Mas o essencial a destacar na citação há pouco feita do texto sobre Voltolino é a "luta surda" travada entre o imigrante italiano e os "intalianinhos" dele aqui nascidos. Não só porque ilustra outra instância do conflito filhos *x* pai, típico da arte de vanguarda em geral e do modernismo de 22 em particular,

31. Ver *op. cit.*, na nota 1, pp. 250-1.
32. *Id. ibid.*, p. 379.
33. Antônio de Alcântara Machado, *Brás, Bexiga e Barra-Funda/ Laranja da China*, São Paulo, Martins, s.d., p. 31.
34. Ver *op. cit.* na nota 1, p. 379.

como porque traz outra vez à baila o tópico da obnubilação ou barbarização, da mestiçagem ou antropofagia cultural, que é o ponto de fuga de todo o projeto modernista. Desse tópico, o último conto de *Brás, Bexiga e Barra Funda* constitui uma boa ilustração: o barbeiro Zampinetti vai abandonando o seu antigo chauvinismo italiano à medida que enriquece em São Paulo; termina por ser cabo eleitoral do PRP e por se naturalizar brasileiro tão logo seu filho Bruno se forma em Direito.

A imigração italiana assinalou, no campo, o fim do trabalho escravo e, na cidade, o crescimento da indústria, a que forneceu primeiro mão de obra e mais tarde alguns dos seus capitães na figura de imigrantes aqui enriquecidos. Num dos artigos de *Cavaquinho e Saxofone*, ao mesmo tempo que reconhece esse contributo, Alcântara Machado cuida de sublinhar, não fosse paulista de primeira hora: "A mão de obra em parte é estrangeira. A iniciativa porém tem sido sempre paulista. [...] Os cueras somos nós paulistas. Basta atentar no nosso poder formidável de absorção". O "triunfo dos novos mamalucos" marcava, pois, uma vitória do *genius loci* que vinha coroar o processo histórico brasileiro inaugurando-lhe a fase propriamente século xx, quando ao caldeamento das três raças tristes se veio juntar a alegria italiana. Era a liquidação da melancolia índia, do banzo africano e da saudade lusa, trindade colonial em que o busílis parece estar no segundo membro. Isso porque, mesmo recalcado, o ideal do embranquecimento crescente do brasileiro parece ter sempre estado subjacente ao sonho modernista: Macunaíma nasce preto, mas assim que pode se torna branco. Estaria aí uma das razões inconfessas da empatia de Alcântara Machado pelos novos mamalucos ... brancos? É pergunta que permanece em aberto e quem se disponha algum dia a fechá-la não poderá dispensar-se de ler, em *Cavaquinho e Saxofone*, os três artigos em que o autor anotou suas entusiasmadas impressões da Argentina. Num deles, significativamente intitulado "Onde o Homem o é", ocorre esta passagem não menos significativa: "O branco não quer se tisnar de negro nem de amarelo e repele, com indisfarçável repugnância, convencido da sua superioridade, a parte negra e mulata da população brasileira. [...] Com sangue europeu do sul, do norte, inclusive judeu, aqui se está formando uma raça de ombros largos, estatura alta, saudável, sólida, igualmente feita para o trabalho e os chamados prazeres da vida".

Uma Voz da Babilônia*
(Sobre *Meu Querido Assassino*, de Dalton Trevisan)

Se o Conselheiro Acácio não o disse algures ou alhures, bem poderia ter dito que um livro começa, a rigor, pela sua capa. Dessa elementar constatação bibliográfica dá testemunho uma recente coletânea de contos de Dalton Trevisan, a vigésima por ordem de publicação: *Meu Querido Assassino* (Rio de Janeiro, Record, 1984). O anônimo capista desse livro tornou a valer-se de um recurso que já usara em outros livros do mesmo autor: velhas fotografias eróticas, possivelmente de procedência francesa, para ilustrar-lhe a capa. O recurso é particularmente válido no caso dos contos de Dalton Trevisan. Não só porque neles o sexo e seus desconcertos são o tema principal, para não dizer obsessivo, como sobretudo porque há algo de visceralmente nostálgico ou fora de moda na maneira por que o contista cria a atmosfera, desenha o perfil dos protagonistas e articula trama e desfecho das pequenas tragicomédias amorosas em cuja narração se compraz desde os tempos de *Joaquim*.

A capa de *Meu Querido Assassino* é emblemática na medida em que alude simbolicamente a elementos de significação profunda de seu conteúdo. Ali vemos, ao lado de uma matrona de molho de chaves à cintura (a figura clássica da alcoviteira), uma adolescente seminua, de longas meias pretas, protetoramente abraçadas por um cavalheiro de paletó, gravata e bigodes frisados. Trata-se obviamente de uma fotografia do século XIX e por si só essa datação já daria a entender o viés "passadista" da arte trevisânica, arte onde os tabus da moralidade familiar pequeno-burguesa, por anacrônicos que possam parecer à nossa permissiva modernidade, ainda são os cordões puídos que movimentam os bonecos de engonço do seu *petit guignol* curitibano.

Para os que costumam apegar-se às exterioridades, estaria também fora de moda o realismo ortodoxamente fatia de vida dos contos de Dalton Trevisan.

---

* Publicado no suplemento "Cultura" de *O Estado de S. Paulo*, em 12/4/1984, com o título de "Meu Querido Assassino: Os Pecados da Babilônia Curitibana".

JOSÉ PAULO PAES: *Crítica Reunida Sobre Literatura Brasileira & Inéditos em Livros*

Isso porque em nenhum momento se deixaram eles contaminar pela voga desse realismo dito fantástico ou mágico com que a legião de diluidores de Kafka ou Borges procurou esconder a sua falta de dentes para roer até a medula o osso do cotidiano – canina mas indispensável tarefa hoje gostosamente trocada pela ostentação dos ouropéis tanto mais brilhantes quanto efêmeros do conto de fadas disfarçado em conto de gente. Mas erraria quem visse no realismo sem mais nada de Dalton Trevisan um bisturi de cirurgião ou, se se preferir, uma faca de açougueiro que tivesse o seu poder de corte de todo embotado por causa do uso excessivo ao longo destes cem anos que nos separam de Maupassant. Poucas vezes foi a carne da vida cortada mais fundo; poucas vezes foram as suas vísceras e ossos expostos à vista do respeitável público com igual impiedade. E, paradoxalmente, esse feroz realismo acaba por infundir no leitor uma sensação de irrealidade, de ilogicidade simbólica (ou alegórica ou metafísica ou que outro nome possa ter), a qual não chega porém a configurar-se como intenção. Não é difícil ver para onde aponta essa simbólica involuntária: para o absurdo da vida, para a inanidade de querer descobrir-lhe um sentido ou impor-lhe outro fim que não seja o de simplesmente vivê-la.

Certa vez comparei os contos de Dalton Trevisan – notadamente os mais recentes, cujo ascetismo de linguagem chega por vezes às raias da ambiguidade – a *koans*. Vale dizer, àquelas ilustrações de cunho paradoxal com que o mestre de Zen procura despertar no discípulo a compreensão intuitiva, imediata do real, esse peixe escorregadio que as mãos da lógica e da linguagem jamais conseguiram reter. A comparação não é despropositada: conquanto o contista jamais houvesse chamado *koan* a nenhum dos seus contos, deu a alguns deles o nome de *haicais*, o que é certamente uma aproximação. Haicais são tanto pelo laconismo da narração como pela total ausência nesta de qualquer empenho explicativo: o real é apresentado em estado bruto, como se captado fotograficamente. Daí poder-se aplicar, à maioria dos contos de Dalton Trevisan, aquilo que Leyla Perrone-Moisés observou a propósito do haicai: "A enunciação do haicai é a experiência do sujeito como lugar vazio, como receptividade, assentimento ao 'real do real', do sujeito liberado de seus imaginários conceptuais e sentimentais"[1]. Com exceção de uns poucos contos onde a subjetividade do narrador se faz ostensiva – os de *Minha Cidade*, por

---

1. Leyla Perrone-Moisés, *Fernando Pessoa, aquém do Eu, além do Outro*, São Paulo, Martins Fontes, 1982, p. 137.

v. A Aventura Literária: Ensaios sobre Ficção e Ficções

exemplo –, a arte de Dalton Trevisan é impessoal, objetiva, uma espécie de microscopia ou taquigrafia do real. A visada microscópica se patenteia desde logo no gosto da cena breve, à moda de flagrante ou instantâneo, como os de "O Fantasma do Dentinho de Ouro", conto de *Meu Querido Assassino* formado todo ele de pequenos blocos narrativos separados entre si por asteriscos. Já o ouvido taquigráfico é o responsável pela decidida predominância do diálogo sobre a narração indireta; a esse ouvido não passa despercebido nenhum dos clichês da fala comum, clichês cuja sistemática exploração para fins expressivos que cobrem toda a vasta gama de matizes entre o humorístico e o patético parece ser a marca de fábrica do conto de Dalton Trevisan.

É por força dessa microscopia e taquigrafia sempre alerta que, a despeito da repetitividade de suas situações ou da mesmice de seus protagonistas – o João e Maria fabulares às voltas com o seu eterno desacerto amoroso; o estereotípico casal de velhinhos a se entredevorarem, com suas gengivas murchas, para além da carne –, a arte trevisânica sempre tem algo de novo a oferecer aos de sensibilidade suficientemente afinada para fruir "Não o morto nem o eterno ou o divino,/ apenas o vivo; o pequenino, calado, indiferente o solitário vivo" procurado pelo poeta de *A Rosa do Povo*[2].

Em *Meu Querido Assassino*, por exemplo, o aficionado vai encontrar uma novidade que já começava a se esboçar em livros anteriores do contista. Em vez de cada conto se afirmar como uma unidade dramática independente, fechada em si mesma não obstante suas eventuais similitudes do tema ou de tratamento com outras da mesma coletânea ou de coletâneas precedentes, alguns contos começam agora a se agrupar por nexos de continuidade, como se formassem capítulos de uma possível novela. Assim é que, tanto pela recorrência dos mesmos protagonistas e do mesmo local de ação como pelo sistemático desenvolvimento desta através de lances dialogais balizados por asteriscos, o conto "O Fantasma do Dentinho de Ouro" (p. 13) se articula a quatro outros contos do *Meu Querido Assassino*, os das páginas 36, 50, 66 e 81. A situação de base se repete em todos eles: em sua casa ou em seu escritório (não se sabe bem), João tem um encontro amoroso com Maria; antes e durante as escaramuças eróticas, eles conversam acerca das preocupações de Maria, quase sempre centradas em seu noivo atual, Nando, ou, bem mais raramente,

---

2. Carlos Drummond de Andrade, "Vida Menor", de *A Rosa do Povo*, em *Fazendeiro do Ar & Poesia até Agora*, Rio de Janeiro, José Olympio, 1955, p. 255.

415

num antigo amante, o sargento. A maioria do tempo é Maria quem fala; João só intervém para, através de perguntas ou de breves comentários, incitar sua interlocutora a falar mais de si mesma. Ele assume uma atitude protetora em relação a ela, que o reconhece inclusive por seu "confessor", ainda que "meio safadinho". A atitude protetora se justificaria, quando mais não fosse, pela diferença de idade entre ambos – ele é homem casado, pai de filha; ela, uma "pobre caboclinha quase analfabeta" que acaba de completar o cursinho, passar no vestibular e matricular-se em Medicina. Justificar-se-ia também pelo fato de ele comprar-lhe os favores em contado: "aqui estou pelo dinheirinho que me dá", diz ela a certo momento, definindo com isso a sua condição de "alugada". Mas existe nesse protecionismo, ademais e sobretudo, uma componente de ordem erótica: na curiosidade de *voyeur* com que João se debruça sobre a miúda vida sentimental de sua alugada há um curioso grão de humor que dificilmente se conceberia associado ao erotismo. Mas é ele que apimenta as fantasias sexuais do alugador, permitindo-lhe colher uma virgindade imaginária talvez mais compensadora que a fisiológica. Malgrado se oponham entre si por seus respectivos papéis de protetor e alugada, João e Maria comungam da mesma frustração: o descompasso entre desejo e realidade. No caso dela, o descompasso avulta no "idealismo" (se assim se pode dizer) de suas falas amorosas, que nada têm a ver com sua condição de semiprofissional do sexo, reportando-se antes a um mundo de aparências centrado no mito da virgindade, de que é caudatário o mito do amor-paixão sacramentável pelo casamento e a prole. Mundo verbalizado numa retórica convencional que, por obsoleta, tem o encanto de todo *Kitsch:* é o "choro no travesseiro", o "soluço da desprezada", são as "lágrimas de sangue", o vidrinho com formicida guardado no "alto da prateleira", o sonho agourento da "noiva de preto", o "chinelinho vermelho do pompom" recebido de presente.

Esse discurso sem começo nem fim em torno de namoros e bailaricos, ciúmes e represálias, rusgas e reconciliações, torna-se ainda mais estapafúrdio pelo fato de se enunciar durante o próprio curso de um ato de cuja extremada carnalidade dão sinal as lacônicas falas de João, de um "realismo" que se situa nos antípodas do "idealismo" sentimental de Maria. Por via dessa discrepância entre a fala feminina e a masculina é que se configura a frustração do macho, não explícita mas implicitamente, como seria de esperar de uma arte narrativa de tão apurado laconismo. A alugada, para fazer jus à paga, submete-se aos caprichos do desejo do protetor sem dele participar, e o sinal dessa

v. A Aventura Literária: Ensaios sobre Ficção e Ficções

ausência é, no nível da fala, a sua obstinação no sentimental e a sua recusa ao erótico. Por sua vez, nos apartes com que o protetor espicaça a prolixidade de sua alugada, há muito de nostalgia e de vingança, a um só tempo: de um lado, *voyeur*, ele desfruta vicariamente o desejo dela mascarado em sentimentalidade; por outro, como ironista, diverte-se com o patético escapismo dessa retórica de clichês que mascara uma insatisfação mais funda do que a dele porque inconsciente de suas raízes.

É significativo que, ecoando uma queixa de sua protegida contra a impiedade da cidade em que tem de viver, João faça a certa altura uma referência às "famosas lamentações de um tal...". O leitor menos avisado pode achar a referência críptica, mas o aficionado não tem dificuldade em, preenchendo as reticências, perceber que se trata das *Lamentações de Curitiba*, do próprio Dalton Trevisan, publicadas inicialmente numa daquelas suas simpáticas edições de cordel que se tornaram hoje raridade bibliográfica e mais tarde reeditadas comercialmente, com modificações e acréscimos, sob o título de *Mistérios de Curitiba*. A mudança do título traz logo à lembrança os folhetins de Eugène Sue e, com eles, a nostalgia de um populoresco anterior à indústria cultural ao qual a contística de Dalton Trevisan se manteve sempre fiel. Mas o importante dessa oblíqua autorreferência é mostrar que, longe de se inculcar um absoluto "vazio" autoral, o narrador de *Meu Querido Assassino*, como Hitchcock, não desdenha mostrar de quando em quando ao respeitável público a cara do diretor de cena que aparentemente manobra os cordéis dos protagonistas de seu *petit guignol*. Digo "aparentemente" porque ele próprio talvez seja manobrado pelo *genius loci* e, em vez de ser apenas diretor, também é protagonista e, quem sabe, até mesmo o principal deles.

A ser esse o caso, então a ilustração de capa de *Meu Querido Assassino* tem valor emblemático ainda maior, como figuração do perene comprometimento e cumplicidade de seu autor nos pecados veniais e mortais daquela babilônia curitibana sob cujos escombros ele, seu profeta maior, orgulhosa e heroicamente sucumbirá no Dia do Juízo quando (em suas próprias palavras) "o que fugir do fogo não escapará da água, o que escapar da peste não fugirá da espada, mas o que escapar do fogo, da água, da peste e da espada, esse não fugirá de si mesmo e terá morte pior"[3].

---

3. Dalton Trevisan, *Mistérios de Curitiba*, Rio de Janeiro, Record, 1979, 4. ed. rev., p. 10.

A Guerra Sexual[*]
(Sobre *A Polaquinha*, de Dalton Trevisan)

A partir do momento em que, sem sair da sua Curitiba provinciana para a conquista da Capital Federal, como bovaristicamente o fizeram tantos de seus colegas de ofício, Dalton Trevisan logrou afirmar-se o melhor contista de sua geração e um dos melhores do Brasil, se não do mundo, como um dia quis Fausto Cunha – não faltaram críticos que lhe viessem cobrar o imprescindível romance. No entender de tais agrimensores da literatura, irmãos de opa daqueles de que Sterne zombou no *Tristram Shandy*, o conto é uma modalidade "menor" de ficção em prosa, comparativamente ao romance. Subjacente a essa hierarquia, há, as mais das vezes, um critério de mera extensão física, como se a arte em geral, e a literatura em particular, não fossem o primado por excelência do intenso sobre o extenso. Que o digam, no caso da pendenga conto *x* romance, as *performances* históricas de um Poe, de um Maupassant ou de uma Mansfield. À semelhança desses seus ilustres predecessores, Dalton Trevisan também se realizou integralmente como ficcionista sem jamais ter escrito, pelo menos até agora, outra coisa que não fossem contos. Contos de uma concisão a que não seria demais chamar fanática. Nem por isso a Curitiba a que suas muitas coletâneas de histórias curtas deram cidadania literária se demonstra menos convincente do que o Rio de Janeiro de *O Espelho Partido*, o inacabado mas inesquecível *roman-fleuve* de Marques Rebelo. Nem por isso, nessas terríveis miniaturas, a condição humana é menos pungentemente surpreendida do que nas larguezas épicas do *Grande Sertão: Veredas*, se os rosianos me perdoarem a temeridade.

A locução "até agora" usada mais acima tem aqui também o sentido de "mas não doravante": para gáudio dos agrimensores e escândalo dos microscopistas das letras, Dalton Trevisan acaba de lançar o seu primeiro romance.

---

[*] Publicado no suplemento "Cultura" de *O Estado de S. Paulo*, em 18/5/1985 com o título de "A Polaquinha: Fábila de Frustração do Desejo Feminino".

v. A Aventura Literária: Ensaios sobre Ficção e Ficções

Pelo menos é o que está dito na ficha catalográfica do recente lançamento da Record, cujo título é indisfarçavelmente trevisânico: *A Polaquinha*. Ainda mais trevisânica é a fatura literária desse romance em cujas apenas 156 páginas de corpo graúdo e em cujos 41 lacônicos capítulos, o último dos quais com tão só dez linhas de texto, os aficionados do criador do Vampiro de Curitiba irão prontamente reconhecer o selo da sua oficina – o horror da facúndia e a nostalgia do haicai. Tanto assim que, durante a leitura, mal se irão lembrar de que estão diante de um romance; parecer-lhes-á, antes, estarem lendo um conto. Eu disse "conto" e não "contos". Pois seria erro considerar *A Polaquinha* como uma série de contos mal cimentados entre si pela reiteração dos mesmos protagonistas, a exemplo do que acontecia com algumas narrativas do penúltimo livro de Dalton Trevisan, *Meu Querido Assassino*. Ao recenseá--lo para este mesmo suplemento, há um ano atrás, tive ocasião de apontar "uma novidade que já começava a se esboçar em livros anteriores do contista. Em vez de cada conto se afirmar como uma unidade dramática independente, fechada em si mesma não obstante suas eventuais similitudes de tema ou tratamento com outras da mesma coletânea ou de coletâneas precedentes, alguns contos começam agora a se agrupar por nexos de continuidade, como se formassem capítulos de uma possível novela"[1].

A possível novela aí está finalmente, inculcando-se embora por romance. Não cabe discutir aqui se *A Polaquinha* ostenta, à risca, todas as características estruturais destacadas por Massaud Moisés no verbete "Novela" de seu excelente *Dicionário de Termos Literários*. Importa sobretudo é assinalar que não se trata, de modo algum, de uma enfiada de contos frouxamente interligados, mas sim de uma longa e coesa "ficção" (para usar o rótulo borgiano) cujos segmentos se articulam por um nexo antes de *desenvolvimento* que de simples adição. Ao longo dos breves capítulos da novela ou romance de Dalton Trevisan, a figura de sua protagonista vai-se progressivamente "arredondando" aos olhos do leitor. O verbo entre aspas é usado em sentido igual ao que Forster deu ao adjetivo "redondo" para, contrapondo-o a "plano", designar a personagem que, por sua profundidade psicológica, se torna convincentemente tridimensional. No caso de *A Polaquinha*, o arredondamento se processa por

---

1. José Paulo Paes, "'Meu Querido Assassino': os Pecados da Babilônia Curitibana", em suplemento "Cultura" de *O Estado de S. Paulo*, São Paulo, 1 abr. 1984; incluído no presente volume com o título de "Uma Voz da Babilônia".

meio da ação ou trama da novela, que é narrada na primeira pessoa pela sua mesma protagonista.

Ao fazer coincidirem voz e foco narrativo, Dalton Trevisan optou de caso pensado pelo caminho mais difícil. Não apenas porque teve de abrir mão da cômoda onisciência da narração na terceira pessoa, como principalmente porque teve de assumir as limitações do universo mental e vocabular da sua personagem. Mas foi precisamente isso que lhe possibilitou levar a cabo um *tour de force* comparável ao de Gertrude Stein em "Melanchta" e dar-nos uma demonstração cabal, se demonstrações tais fossem ainda necessárias, da mestria da sua arte de ficcionista. Em momento algum se detecta qualquer falha, por via de impropriedade ou verossimilhança, na narração feita pela Polaquinha – que só por esse nome se nos dá a conhecer – das aventuras e desventuras da sua vida. Mesmo certas alusões menos rasteiras, como a camoniana "ali posta em sossego" (p. 130) ou a castroalvina "Deus, ó Deus, onde está você? que não responde" (p. 68), aparentemente fora de lugar na fala de uma simples atendente de hospital, se explicam pela circunstância de ela estar se preparando para os vestibulares à Faculdade, o que a põe intelectualmente acima de um dos seus amantes, bruto incapaz de entender-lhe termos como "conscientizar", usados no "trivial do cursinho". Seu registro coloquial, impecavelmente estilizado pelo novelista, se enriquece a todo momento de imagens saborosas, como quando a sensação do orgasmo é comparada ao "gosto de bolacha Maria com geleia de uva" e o instrumento que o propicia a um "punhal de pétalas de rosa". Saborosamente escolhidos, de igual modo, são os detalhes caracterizadores dos personagens da novela: o primeiro amante da Polaquinha, um advogado coxo, a enternece e a deixa "toda arrepiada ao sentir esse pezinho torto, cascão bem grosso"; seu último amante, um bronco motorista de ônibus, tem "a unha do mindinho mais longa, em ponta", que lhe serve de "melhor palito" inclusive para coçar "gostoso os pelinhos do ouvido". Na seleção dessas imagens e desses detalhes, onde o lugar-comum fica a serviço de um humor tanto mais eficaz quanto discreto, ressalta aquele estilo inconfundível que, desde os folhetos de cordel por que deu a conhecer seus primeiros contos, até as edições comerciais de hoje, destinadas a um público merecidamente mais amplo, Dalton Trevisan vem apurando com *ostinato rigore* até às raias da lapidaridade.

Mas já é mais do que tempo de falar-se da matéria narrativa versada no seu último livro. Assim como, a um de seus livros anteriores, ele deu o título feliz

420

v. A Aventura Literária: Ensaios sobre Ficção e Ficções

de *A Guerra Conjugal*, poder-se-ia, para mais bem definir o conteúdo de *A Polaquinha*, duplicar-lhe o nome à maneira dos folhetins de outrora – folhetins de cuja linguagem o contista de Curitiba costuma tomar emprestado, para fins paródicos, expressões e torneios arquetípicos –, chamando-lhe *A Polaquinha ou a Guerra Sexual*. Na maioria dos contos de Dalton Trevisan, os desconcertos da vida amorosa ou, mais propriamente, erótica, são vistos quase sempre sob a óptica de um protagonista masculino que foge à jaula institucional do matrimônio para aventuras extraconjugais. Fuga temporária, pois falta-lhe a coragem de romper de vez com o cativeiro, inextricavelmente enleado que se acha numa trama onde os fios já esgarçados do amor são reforçados pelos fios quase irrompíveis do comodismo, da habituação e da recíproca indiferença. Em *A Polaquinha*, porém, o matrimônio recua para o fundo de cena, deixando o proscênio livre para aquela que, no triângulo amoroso convencional, onde os ângulos de base são ocupados por marido e esposa, costuma ocupar o terceiro ângulo, o da "outra". Após o namorado da adolescência, a Polaquinha passa diretamente, de amantes mais ou menos regulares, à prostituição regular, sem nenhuma escala pelo casamento. E a história de sua vida, tal como no-la conta o romance ou novela, é a história da sua realização carnal de livre-atiradora, com toda a ironia de que estes dois últimos substantivos possam jamais revestir-se. Ao fazer a crônica impiedosa da guerra sexual em que sua protagonista vê-se envolvida, Dalton Trevisan faz ao mesmo tempo, com impiedade não menor, a radiografia da condição feminina no *hic et nunc* brasileiro.

A guerra sexual da Polaquinha começa pelo primeiro namorado, bem menos afoito do que ela, que quando, curiosa de iniciar-se nos ritos da carne, o convence a ir além das preliminares, desaponta-se: "Bem, foi uma droga: só dor, nenhum gozo. Então era isso?". Com o amante seguinte, o advogado coxo e quarentão por quem se afeiçoa ("Era mais que tudo – o irmão que não tive, o pai que não morreu"), é que enfim consegue experimentar a inédita sensação, pitorescamente anunciada por "uma comichão no terceiro dedinho do pé esquerdo", que a põe "Toda a tremer – seria um ataque? Não de asma. – Ruim ou bom? – Bem bom. Me sinto leve. Se derrama dentro de mim. Não sei o quê. Estou voando". E não tarda ela a aperfeiçoar-se na técnica de voo para chegar ao virtuosismo: "Rainha das contorsionistas. Suspensa no trapézio voador. Girando no Globo da Morte". Repare-se que o símile circense para a proficiência erótica é um tanto anacrônico – a *féerie* do circo parece ser hoje coisa do passado –, denunciando, nisso, a nostalgia e o anacronismo que

JOSÉ PAULO PAES: *Crítica Reunida Sobre Literatura Brasileira & Inéditos em Livros*

pervagam a obra de Dalton Trevisan, onde as alusões populares são buscadas junto a uma época anterior ao fastígio da moderna indústria cultural.

Todavia, nem por esquivar-se a ser mantida pelos amantes, de quem só aceita pequenos presentes, tirando o necessário para viver do seu trabalho no hospital, salva-se a livre-atiradora de pagar o tributo de sujeição habitualmente devido pelas esposas ou concubinas a seus mantenedores. Aos caprichos de um dos amantes, que busca sem sucesso, em extravagâncias cada vez maiores, o acicate para vencer uma prematura incapacidade, submete-se ela compassiva e docilmente: "E fingindo. Sempre bem disposta. Morrendo por dentro e sorrindo feliz". Contrariamente, o ardor priápico do outro amante, com quem experimenta de início "um prazer furioso" que a leva a aceitá-lo como seu "dono e carrasco", irá exigir dela provas ainda mais extremas de submissão, fazendo-a "rastejar, beijar-lhe os pés. Uivando, cadela raivosa [...] esfolada viva, doída, inchada, ardida".

Se, no ciclo do Vampiro de Curitiba (em que se incluem contos correlatos não necessariamente protagonizados por ele), Dalton Trevisan pôde figurar a frustração do desejo masculino, com *A Polaquinha* propõe-nos ele agora a fábula da frustração do desejo feminino. Os parâmetros de ambas as frustrações, mostra-o a impiedade mesma das ficções trevisânicas, curtas ou longas, estarão menos no plano da história que nas raízes da própria condição humana. Mas disso já sabia Freud, objetará algum inocente do Leblon, a quem se poderá responder, parodiando Pessoa, que a literatura existe porque a ciência não basta.

422

Ilustração e Defesa do Rancor[*]
(Sobre *Abraçado ao Meu Rancor*, de João Antônio)

A leitura do mais recente livro de João Antônio traz à lembrança aquela célebre frase de André Gide a respeito de os bons sentimentos só produzirem, via de regra, má literatura. Pois desde seu título, *Abraçado ao Meu Rancor* (Rio de Janeiro, Guanabara, 1986), faz praça de um sentimento que as chamadas boas consciências unanimemente reprovariam. A circunstância de esse sentimento ter ajudado João Antônio a produzir boa literatura parece comprovar, pela prova da inversão, o acerto da *boutade* de Gide. Que as coisas não são exatamente assim é o que se tentará mostrar em seguida.

Ao colocar-se sob o signo do rancor, João Antônio não estava sendo de todo original. Bem feitas as contas, foi afinal sob esse signo que nasceu, há trezentos anos, a própria literatura brasileira. Nasceu com Gregório de Matos, reconhecidamente o nosso primeiro escritor digno do nome. Quando azares da sorte o forçaram a desembarcar de volta na Bahia, após um interlúdio de prestígio e prosperidade na metrópole, o rancor contra "maganos de Portugal" mais bem-sucedidos do que ele e de cujo número ele se via doravante excluído, inspirou ao Boca do Inferno a parte mais significativa de sua obra – a satírica. Embora o sentimento motriz do último livro de João Antônio se assemelhe de perto ao que inspirou a sátira de Gregório de Matos, dele se distingue polarmente na sua motivação. Agora, o rancor contra os bem-postos na vida não tem mais por motivo a inveja, e sim o desprezo. Desprezo ao qual subjaz – e isto é fundamental – uma consciência de culpa que não hesita em ir até o autodesprezo.

Para se ter uma ideia de como funcionam, nesse complexo sentimental, os nexos entre rancor, culpa, desprezo e autodesprezo, é preciso saber ler com um mínimo de "natural empatia" – conforme recomenda Alfredo Bosi no seu ótimo prefácio a *Abraçado ao Meu Rancor* – o texto que dá título ao volume.

---

[*] Publicado no suplemento "Cultura" de *O Estado de S. Paulo* em 21/3/1987.

Foi de caso pensado que escrevi "texto" e não "conto". Se bem tenha sido como contista que João Antônio conquistou o lugar que hoje ocupa em nossa literatura, vem ele desenvolvendo, de par com o conto propriamente dito, um outro tipo de narrativa que fica a meio caminho entre o documento e a ficção e que assume, as mais das vezes, cunho reconhecivelmente autobiográfico. A esse tipo de narrativa pertencem vários de seus textos posteriores a *Malagueta, Perus e Bacanaço*, como o por todos os títulos admirável "Paulo Melado do Chapéu Mangueira Serralha" de *Dedo-Duro*, que não há despropósito em comparar com certas páginas de Máximo Górki e de Jack London.

Aos nomes destes dois expoentes da ficção proletária cumpre acrescentar, no caso de *Abraçado ao Meu Rancor*, o nome de François Villon, cujas neves de antanho – o *tópos* clássico do *ubi sunt* – polvilham quase todas as linhas deste que é o mais longo e o mais importante dos dez textos reunidos no volume a que empresta o seu título. Pode parecer estranha a inclusão de um desclassificado social como Villon nas hostes da literatura proletária. Mas é bem de ver que nesta cabem também os membros do lumpemproletariado, tanto mais quanto a arte socialmente engajada sempre mostrou particular afeição por eles, expoentes que são de uma forma elementar, fisiológica de rebeldia contra as coerções da ordem social exploradora. É entre eles, de resto, que João Antônio costuma ir buscar os heróis dos seus contos, aquela fauna de "jogadores de sinuca, gigolôs, prostitutas, viradores, praças, dedos-duros, artistas decadentes, leões-de-chácara, malandros" que os povoa tão caracteristicamente, a ponto de o contista ser hoje considerado o "intérprete do submundo, escritor da marginalidade" por excelência. As frases entre aspas são da contracapa de *Abraçado ao Meu Rancor*, onde, por ali terem sido postas à guisa de chamariz para o leitor, comprovam a aura de fascínio romântico que, hoje como sempre – pelo menos desde o *Satyricon* de Petrônio –, continua a rodear a figura desses trânsfugas da respeitabilidade.

Assim como na "Ballade des dames du temps jadis", pela evocação das grandes damas "qui beaulté ot trop plus qu'humaine", Villon celebrou nostalgicamente as galas da mocidade e o trânsito irreparável do tempo, assim também celebra João Antônio, com uma nostalgia repassada de rancor, o desaparecimento da cidade de seu coração, a São Paulo de *Malagueta, Perus e Bacanaço*.

Abraçado ao Meu Rancor descreve uma viagem de serviço que seu narrador faz à Pauliceia tempos depois de ter-se fixado definitivamente no Rio. Aqui vem para cobrir, como jornalista, uma promoção turística que visa a vender a imagem dela não apenas como cidade de negócios mas também de prazeres. Isso ainda nos dias do Brasil-milagre pós-64 quando a propaganda, tanto ou mais que a repressão, forcejava por aparar as arestas da consciência crítica nacional e tornar as espinhas mais maleáveis do que nunca às intimações do Poder. Tão logo consegue escapulir dos passeios oficiais programados, o narrador sai a percorrer por conta própria o centro da sua cidade, na tentativa de reavê-la e, com ela, um pouco das suas neves de antanho. Mas não tarda a verificar, pesaroso, que "a cidade deu em outra [...]. As caras mudaram, muito jogador e sinuqueiro sumiu na poeira". E ele se põe então a confrontar os *slogans* do folheto de turismo que lhe impingiram como roteiro com aquilo que os seus olhos vão encontrando pelos "quatro muitos cantos" da cidade que o viu nascer e fazer-se homem. Ao cor-de-rosa da imagem publicitária contrapõe ele então o branco e preto da realidade sem retoques, e eis "o povinho de Presidente Altino e de Jaguaré [que] mal tem para comprar o arroz-e-feijão com que se tapeia", eis "o comércio caído [...] lojas ordinárias que arreliam e esparramam mixórdias" pela São João acima, eis o "mulherio fazendo vida à luz do sol" no largo do Correio como que desmentindo "as boates famosas e animadas, os teatros mais modernos, os cinemas mais confortáveis e atualizados e um mundo de restaurantes" apregoados pelos escribas da publicidade.

No prédio Martinelli, cheio de "ratos, fedor vexatório, lixo pelos corredores", ele não encontra mais o Mourisco, salão de bilhares onde pontificavam "sinuqueiros de nome", da mesma têmpera dos imortalizados em *Malagueta, Perus e Bacanaço*. Tampouco reencontra num botequim do Largo do Paiçandu a irrequieta cabeça sarará e a sonora latinha de graxa do sambista Germano Matias, que figura superlativamente em *Abraçado ao Meu Rancor* o *ubi sunt* figurado pelas damas de antanho na balada de Villon. O Germano Matias que compendia toda a picardia da boêmia paulista a que em outros dias pertenceu, tanto quanto Sérgio Milliet ou Pagano Sobrinho, um rapazola vindo do Morro da Geada que a escola das ruas e os romances de Graciliano, Torga e Pratolini ensinariam como criar uma "escrita envenenada, escrachada, arreganhada" para falar de uma vida "escrota, malhada, safada", uma vida "dividida entre otários e malandros", conforme está dito numa passagem memorável de *Dedo-Duro*[1]. Mas nem essa boêmia picarda pôde resistir à marcha do progresso, com seus "cinemas, teatros, livrarias, plásticos, restaurantes, hotéis, acrílicos, neons, boa-

---

1. João Antônio, *Dedo-Duro*, Rio de Janeiro, Record, 1982, 2ª ed., pp. 88, 89 e 107.

tes, fórmicas e os melhores cimentos armados do país". Por isso mesmo o narrador levanta uma dúvida: "Isso, a que dão o nome de progresso, terá a ver com a gente, com o nosso andrajo, fomes e complicada solidão?". E termina por reconhecer a perda definitiva: "Mas me queimam a cidade – trocam, destrocam, derrubam, destroçam, mudam –, me roubam a cidade, onde a enfiaram?". A fórmula verbal para exprimir a confusão de sentimentos em que o deixa essa perda, ele a vai encontrar numa letra de tango dos *temps jadis*, um "tangaço" que diz "corta, rasga que me quero morrer abraçado ao meu rancor".

Confusão de sentimentos é a palavra certa. Se o rancor se volta principalmente contra um progresso que só beneficia os donos da vida, nos Jardins, jamais os humilhados e ofendidos nos Morros da Geada, nem por isso é menos perceptível o sentimento de culpa que, ao longo de sua elegíaca visita à casa paterna, o narrador experimenta. Culpa-se de estar agora acumpliciado, pela natureza mesma de sua profissão, com o lado errado da vida. Que, paradoxalmente, não é o dos "eira-nem-beira" ou dos "vidas-tortas" a que ele se refere a certa altura e dos quais estivera outrora tão próximo, mas o lado oposto; dos que são beneficiários mediatos ou obedientes lacaios do Poder. Como os sabujos do jornalismo, a exercer sem pejo "um ofício porco que esquece povo, gente, cidade, tudo", um ofício "há muito e muito acovardado pela ditadura tupi" para cuja maior glória pressurosamente cuida de fabricar "reportagens otimistas, agradáveis e construtivas", quando não, pior ainda, "folhetos de propaganda que cantem a vida, boletins que pintem um governo eficiente". Contra tais escribas, *Abraçado ao Meu Rancor* articula uma diatribe onde o poder de ênfase da gíria – a serviço do xingamento alcança um vigor só comparável, na ficção brasileira de hoje, ao de *Um Copo de Cólera*, de Raduan Nassar.

O próprio vigor dessa diatribe mostra ter-se ela originado de uma vivência íntima do ofício contra o qual se volta e de uma convivência não menos íntima com aqueles que mais bem lhe exponenciam as mazelas. Trata-se, em suma, não só de uma diatribe como também, e sobretudo, de um *mea culpa*. Daí a sua pungência; daí a sua força de convencimento. Já nas primeiras páginas de *Abraçado ao Meu Rancor*, adverte-nos seu autor: "só escrevo porque tenho a consciência culposa". E logo adiante compara seus colegas de ofício – jornalistas e/ou publicitários – às mulheres "que se vira[m] na peleja das ruas, catando homem", para concluir pela superioridade moral destas em relação àqueles: "Rancor por dentro, mas cara limpa. Jogo franco em que vendem apenas o corpo". Como se pode perceber pela palavra que abre esta última

v. A Aventura Literária: Ensaios sobre Ficção e Ficções

citação, delineia-se aí um ponto essencial de diferenciação entre o narrador e a classe dos escribas a que todavia pertence. Pois o mesmo rancor que o aproxima das que só vendem o corpo também o distancia dos que não se pejam de vender até a alma. Que no caso individual dele não chegou a se processar essa forma extremada de prostituição mostra-o o próprio ato de escrever um texto como o que está escrevendo. Texto onde a *malaise*, ou seja, o mal-estar, a inquietação, o tormento íntimo em face do que se obriga a fazer, lhe denuncia o caráter expiatório.

Tanto a confissão religiosa dos pecados quanto a técnica psicanalítica da anamnese já demonstraram à farta que a única maneira de alguém aliviar-se de um sentimento de culpa é proferindo-o sem atenuantes, proclamando-o alto e bom som. No texto expiatório-confessional de João Antônio, alto e bom som são sinônimos de rancor – e aqui deparamos enfim uma acepção positiva desse sentimento que a moralidade convencional tem por negativo. Pode lá ser negativo um sentimento que, com possibilitar a expiação da culpa, atua no sentido de restaurar a saúde moral de quem o experimenta? Para sua positividade concorre, está visto, a circunstância de ele não se voltar apenas contra outrem, o que de pronto o colocaria na esfera da racionalização egoísta, mas *inclusivamente* contra o rancoroso. Essa duplicidade de alvos é característica, como se sabe, da visão autocrítica, a que se pode considerar esquizofrênica na medida em que biparte a consciência analisante em acusador e acusado, juiz e réu.

Em *Abraçado ao Meu Rancor*, a bipartição de consciência envolve duas polaridades de ordem distinta, conquanto complementar. Temos, de um lado, a oposição profissional escritor *x* escriba, na qual o primeiro, guardião da linguagem como meio de desvelamento e apropriação da realidade, assume papel de acusador do segundo, que a avilta ao dela fazer uma técnica de escamoteamento ou cosmetização do real em proveito dos interesses a cujo serviço voluntária ou involuntariamente se põe. Leia-se, entre outros exemplos, este trecho de índole confessional, malgrado sua enunciação em terceira pessoa: "Pior é, no país, o sujeito que, escritor, se mete a também jornalista. Aí, perderá potencial maior – o tempo, a vergonha, o talento e o estilo. Além, claro, de correr outros riscos sérios da dor inútil. Bate-lhe o envelhecimento precoce, a velhice íntima, baixa-lhe a impotência, medo, mais as deformações e vícios da pequena classe média. Porque esse tipo de infeliz será sempre um animal bufo da classe média".

Esse trecho introduz, conjuntamente, uma segunda e mais fundamental polaridade, a oposição social entre proletário e pequeno-burguês, que se deixa marcar inclusive topológica e temporalmente no texto de João Antônio. Ali a diversidade de tempo e lugar é balizada pelo próprio tema da volta em vão, tema em torno do qual gira toda a semântica de *Abraçado ao Meu Rancor*. O que era, quando o narrador deixou São Paulo pelo Rio, já não é mais, quando ele aqui retorna. A cidade mudou tanto quanto ele, ou melhor, mudou por causa dele: "Desaprendi a pobreza dos pobres e dos merdunchos. E, já creio, aprendi a pobreza envergonhada da classe média". Daí que, depois de palmilhar as ruas da cidade na tentativa de recuperar o que deixara ao partir – e o motivo do *ubi sunt* ou perda é consubstancial ao tema da volta em vão –, o narrador se imbui, com uma sensação de culpa, da inutilidade da andança: "Vou, venho e me atrapalho, a cidade me foge. O que estas ruas, esquinas, praças me dão, dão noutra cidade, não minha; esta nada tem a ver. Também me falta, agora, intimidade para revê-la. Houve, alguma coisa rompeu".

Dentro desse contexto de perda e culpa, ou perda por culpa – o narrador não reencontra mais a cidade proletária ou boêmia da sua infância e juventude porque a ela retorna já pequeno-aburguesado –, o episódio de encerramento de *Abraçado ao Meu Rancor* ganha o sentido de um ato de purificação ou regeneração. Depois de suas frustradas peregrinações pelo centro, o narrador volta, ao fim do dia, para a sua família no Morro da Geada. Volta num proletário trem de subúrbio, "apertado entre fartum, suores, bodum" de gente "feia, caquerada, acaipirada" cuja vida, diferentemente da vida cosmetizada da classe média e dos folhetos de turismo doméstico, é uma "vida sem retoque ou frivolidade". A viagem de trem vale por um banho lustral que tivesse o condão de desaburguesar o narrador, devolvê-lo a suas origens: "Fora daqui, por mais que me besuntem de importâncias, fique conhecido ou tenha ares coloridos, um quê me bate e rebate. Foi desta fuligem que saí. E é minha gente". Todavia, o mesmo senso crítico que lhe servira para extremar dentro de si o escritor e o escriba, teima agora em pôr em dúvida a possibilidade de uma regeneração que tal, e enquanto sobe o Morro da Geada o narrador se pergunta: "Se tivesse de viver aqui de novo, de onde me viria a força?".

A pergunta está implicitamente respondida no próprio texto em que se formula. Se o escriba cuja culpa é tematizada nesse texto traiu a sua gente "feia, caquerada, acaipirada" por culpa do apego aos valores cosmetizados da "classe mérdea", não a traiu o escritor que ora se abraça lucidamente ao rancor

v. A Aventura Literária: Ensaios sobre Ficção e Ficções

para poder tematizar o seu *alter ego* e, mais do que tematizá-lo, anatematizá-lo. E é precisamente aí que está a força reclamada por ele: na própria "moral" da escrita, na autocrítica fidelidade de classe dessa "escrita envenenada, escrachada, arreganhada" que, desde *Malagueta, Perus e Bacanaço*, João Antônio vem apurando com admirável artesania para poder falar isomorficamente da *sua* gente. Gente que não é senão a continuação histórica dos imigrantes do Brás, Bexiga e Barra Funda outrora pitorescamente focalizados por Antônio de Alcântara Machado nos seus contos paulistanos, em que a crítica costuma ver os antecessores, quando não os modelos mais ou menos imediatos dos de João Antônio. Só que entre a superficialidade risonho-sentimental da caricatura modernista e o envenenado rancor da água-forte pós-modernista vai um abismo que a maioria da crítica não parece ter tido até agora o cuidado – ou a coragem – de transpor. Mas é o mesmo abismo que separa, de um lado, o popular do populista, de outro, o isomórfico do pitoresco. E que abismo!

Tendo em vista mais diferenças que semelhanças, não estaria mau dizer que os contos paulistanos de João Antônio estão para os de Alcântara Machado assim como a fala ítalo-caipira dos sambas de Adoniran Barbosa para as paródias macarrônicas de Juó Bananere. A propósito de Adoniran Barbosa, nome artístico de João Rubinato, um ex-operário filho de imigrantes italianos, já tive ocasião de acentuar que na finura do humor tão paulistano dos seus sambas há "uma espécie de desforra histórica, inconsciente talvez e em todo o caso de segunda instância, daquele 'carcamano' que o elitismo (rótulo detestável, mas às vezes útil) dos modernistas de 22 só soube representar com as tintas fáceis da irrisão"[2]. Não seria também a "escrita envenenada, escrachada, arreganhada" de quem jamais se esqueceu de ter nascido, não nalguma velha mansão de Higienópolis ou da Paulista, mas num barraco de subúrbio operário de São Paulo, uma desforra semelhante? Não que, do ponto de vista do valor literário (e nem dele se está cogitando agora), importe a diferença de bairro de nascimento. Entretanto, ela permite compreender, quando mais não fosse, por que, mais do que meramente "belas", são "dissonantemente belas" – para usar outra arguta distinção do prefácio de Alfredo Bosi – as páginas desse texto capital de João Antônio.

2. José Paulo Paes, *Gregos & Baianos*, São Paulo, Brasiliense, 1985, p. 264.

Um Sequestro do Divino[*]
(Sobre os Contos de Murilo Rubião)

A Murilo Rubião cabe, reconhecidamente, a primazia de ter introduzido em nossa prosa de ficção o chamado realismo mágico ou fantástico ou que outro nome qualquer se lhe queira dar. Isso aconteceu nos idos de 1947 com os contos de *O Ex-Mágico*, numa altura em que Kafka apenas começava a ser lido entre nós através de traduções estrangeiras argentinas as mais das vezes. Mas é bem de ver que, segundo declarações do próprio contista, as histórias enfeixadas nesse volume por todos os títulos pioneiro haviam sido escritas antes de ele travar conhecimento com a obra do mestre tcheco do fantástico cujo nome o leitor brasileiro dos anos 1940 há possivelmente de ter visto mencionado pela primeira vez nalgum dos constantes artigos então produzidos por Otto Maria Carpeaux.

Publicado dois anos após o término da guerra, o livro de estreia de Murilo Rubião constituía-se numa das manifestações mais originais da novelística dessa geração à qual, melhor que o de neo ou pós-modernista, ou, ainda, de 45, convém o rótulo de geração do pós-guerra. Conquanto a nossa participação direta no conflito da Europa tivesse sido restrita e só de longe o acompanhássemos pelos jornais, pelo rádio e pelo cinema, nem por isso ficamos imunes às transformações políticas que acarretou ou às repercussões que teve no clima intelectual da época. Quem não se lembra da voga existencialista a extravasar dos romances, ensaios e peças de teatro de Sartre ou Camus para a crônica mundana de Paris, onde se ia curtir, nos cafés da *rive gauche*, ao som das canções de Juliette Greco, a angústia de existir? Incutir numa geração inteira a consciência de sermos todos, simultaneamente, magistrados e réus de um Apocalipse a cuja inauguração, e não clímax, acabáramos de assistir, parece ter sido o contributo principal dessa voga. Ao converter em fonte de angústia a liberdade e a responsabilidade metafísica de

---

[*] Publicado originalmente em: *Folha de S.Paulo*, "Folhetim", 26 out. 1986.

v. A Aventura Literária: Ensaios sobre Ficção e Ficções

termos de nos escolher a nós próprios, isto é, à nossa essência individual, em cada momento da existência, sem poder escusar-nos em nenhuma instância supraindividual – fosse partido, igreja ou ideologia –, o existencialismo oferecia à literatura um rico filão de tragicidade a explorar, tanto mais oportuna quanto vinha contrabalançar certo otimismo de programa, a fragilidade de cujos alicerces messiânicos o desmonte do mito de Stalin iria, anos depois, estarrecedoramente comprovar.

Se bem não se possa falar de uma ficção ortodoxamente existencialista feita pela geração brasileira do pós-guerra, há traços dela na obra de alguns dos seus corifeus, como Murilo Rubião e Dalton Trevisan, para não falar de Clarice Lispector ou Osman Lins. E o curioso a observar é que, enquanto o projeto sartriano se afirmava declaradamente ateu, um vago sentido de religiosidade, ainda que sob a forma de resíduo ou paródia, subjaz à angústia existencial de que dão testemunho certos contos de Rubião e Trevisan. Impõe-se todavia estabelecer, desde já, uma fundamental diferença de estratégia literária entre um e outro, embora os resultados últimos a que cheguem ambos não difiram tanto assim entre si. Trevisan confessou certa feita que seu estilo de narrar devia muito à linguagem da Bíblia traduzida pelo padre João Ferreira d'Almeida. Mas as alusões ou citações bíblicas a que ele recorre ocasionalmente nos seus contos têm sempre um tom paródico. Servem para revelar, em nível de sátira, pelo contraste entre sagrado e profano, as misérias da condição humana tal como focalizada pelo seu implacável realismo de microscopista que devassa sem descanso a intimidade da vida pequeno-burguesa e proletária de sua Curitiba de ficção. Já as epígrafes bíblicas com que se abrem sistematicamente todos os livros de Murilo Rubião e cada um dos contos neles reunidos mostram, pela sua mesma sistematicidade, existir uma vinculação bem mais consubstancial entre o sentido delas e a semântica dos textos a que epigrafam. Essa vinculação já foi suficientemente dissecada por Jorge Schwartz no seu brilhante *Murilo Rubião: a Poética do Uroburo* (São Paulo, Ática, 1981) para escusar-nos de nela insistir. Bastaria aqui apenas lembrar que os vínculos são umas vezes diretos e ostensivos, outras indiretos, tortuosos.

Exemplo da primeira instância é o do conto "Aglaia", de *O Convidado* (idem, 1983, 3ª ed.), cuja epígrafe do Gênesis, "Eu multiplicarei os teus trabalhos e os teus partos", ilustra patentemente o drama da personagem-título, espécie de Eva hiperbólica condenada a uma horrível e grotesca fertilidade que a faz parir filhos às ninhadas, com rapidez de cobaia. Em "Os Comensais",

431

JOSÉ PAULO PAES: *Crítica Reunida Sobre Literatura Brasileira & Inéditos em Livros*

outro conto da mesma coletânea, revela-se de maior sutileza a ligação entre a epígrafe do Apocalipse, "E naqueles dias os homens buscarão a morte e não a acharão; desejarão morrer e a morte fugirá deles", e a narrativa propriamente dita. O protagonista desta, Jadon, faz as suas refeições num restaurante onde os outros comensais permanecem sempre imóveis diante dos seus pratos, sem jamais comerem; quando, em desespero ante aquela sinistra imobilidade, Jadon tenta dali fugir, encontra a porta de entrada transformada numa lisa parede; perde os sentidos, e quando os recupera, ao olhar-se no espelho, vê-se jovem como era aos vinte anos; deslembrado do que havia pouco lhe acontecera, volta ao salão, agora vazio, e recomeça a comer. Um pormenor significativo do conto é o fato de o seu protagonista divisar, entre os comensais, a figura de Hebe, uma antiga namorada aparentando os mesmos 16 anos que tinha quando ele a deixara para sempre na cidadezinha natal dos dois. Ora, Hebe é, na mitologia grega, a personificação da juventude; cumpria-lhe servir o néctar a Zeus e dançar para ele ao som da lira de Apolo. Outrossim, o capítulo IX do Apocalipse, de onde foi tirada a epígrafe de "Os Comensais", fala, pouco antes dela, num bando de gafanhotos enviado pelo anjo dos abismos contra os homens, gafanhotos a quem o mesmo anjo proibira comerem da erva, da verdura ou das árvores da terra. O nome do anjo dos abismos, Abbadon em hebraico, era em grego Apolion, ou seja, quase literalmente, o Apolo do mito de Hebe. Como se vê, os vínculos entre o contexto da epígrafe e o da narrativa, conquanto sejam mais remotos e encobertos que no exemplo anterior, não deixam de existir por simetria: a proibição de comer imposta aos gafanhotos e os convidados que não comem nunca; a namorada com o mesmo nome da personificação mitológica da juventude, reencontrada tão jovem quanto outrora, e o súbito remoçamento de Jadon. Este prodigioso remoçamento, de seu lado, pode ser interpretado como uma espécie de metáfora da morte, a antítese da vida, na medida em que se constitui em percurso inverso ao desta última, onde normalmente se transita da mocidade para a velhice. Obviamente, tentativas de interpretação deste tipo, de dados da semântica do conto em sua vinculação com a da epígrafe que o precede ou com alusões nele contidas, não chegam nunca a esgotar a ambiguidade dos textos de Murilo Rubião, na qual se funda, de resto, a sua intrínseca "poeticidade".

Aliás, avulta em "Os Comensais" a presença da alusão mitológica a par da citação bíblica; o próprio contista teve ocasião de ressaltar o seu gosto pela mitologia grega quando explicou "Teleco, o Coelhinho", um dos contos de *v. A Aventura Literária: Ensaios sobre Ficção e Ficções*

O Pirotécnico Zacarias (id., ibid., 1985, 10 ed.) como uma reelaboração do mito de Proteu.

Um outro aspecto que chama a atenção na contística de Murilo Rubião é a visível predominância de histórias de ambiência trágica ou opressiva nas quais mais bem se patenteia aquela angústia existencial que faz dele um representante típico da nossa literatura de pós-guerra, com sua indelével marca existencialista. Sem esquecer, claro está, que o que antes e acima de tudo caracteriza a ficção do autor de *O Ex-Mágico* é o seu nunca desmentido recurso ao contraste entre o real e o fantástico. Ou melhor dizendo, entre o natural e o sobrenatural, já que tudo quanto possa manifestar-se em desobediência às leis da realidade pertence, por definição, ao domínio da sobrenaturalidade. Todavia, para o *homo religiosus*, entre o natural e o sobrenatural não há oposição categórica, mas um nexo de continuidade. Isso porque o mundo da realidade palpável pode ser o lugar de manifestação do sagrado – da *hierofania*, para usar o termo caro a Mircea Eliade – e sempre que ocorra algo inexplicável pela lógica do palpável tem-se o milagre ou o sobrenatural. E ele outra coisa não é senão o sinal, muito raro mas reconhecível, de um favor ou desfavor especial da Divindade, a qual regula de igual modo o curso normal das coisas, sejam-nos elas fastas ou nefastas. Destarte, natural e sobrenatural convivem sob a mesma égide unificadora do divino, instância a que devem sua própria existência.

Semelhante consciência unitária, resultante da "abertura" cósmica das culturas ditas primitivas, não subsiste mais, quase escusava dizer, no homem moderno a-religioso, cujo perfil foi assim traçado pelo mesmo Mircea Eliade: "Dito de outro modo, [ele] não aceita nenhum modelo de humanidade fora da condição humana, tal qual ela se deixa decifrar nas diversas situações históricas. O homem *faz-se* a si próprio, e não consegue fazer-se completamente senão na medida em que se dessacraliza e dessacraliza o mundo. O sagrado é o obstáculo por excelência diante da sua liberdade. O homem só se tornará ele-próprio no momento em que estiver radicalmente desmistificado. Só será verdadeiramente livre no momento em que tiver matado o último Deus"[1].

Não é difícil distinguir, encarnados nesse perfil, alguns dos postulados do existencialismo, especialmente o sartriano, com sua ênfase na liberdade – e responsabilidade – de o homem fazer-se a si mesmo. Assim como não será di-

---

1. Mircea Eliade, *O Sagrado e o Profano: a Essência das Religiões*, tradução de R. Fernandes, Lisboa, Livros do Brasil, s.d., p. 157.

fícil, a leitor mais atento dos contos de Murilo Rubião, perceber no fantástico em que têm eles a sua mola mestra, tanto quanto na indisfarçada descontinuidade entre seu conteúdo laico e as epígrafes religiosas que os encimam, a marca por excelência de uma dessacralização *incompleta* do mundo e do homem.

Numa entrevista[2], lembrou o contista mineiro que, vencida a fase religiosa da sua infância, acabou ele optando pelo ateísmo, "mais tarde substituído pelo agnosticismo", mas sem jamais conseguir livrar-se do "problema da eternidade". Tudo isso lhe transparece nos contos, onde a irrupção do fantástico, do absurdo, do inexplicável – do sobrenatural, numa palavra – pode ser vista como um resíduo de religiosidade, assim como não será descabido atribuir ao agnosticismo tal sobrenaturalidade não apontar para a presença do divino. Trata-se antes, se assim se pode dizer, de um divino degradado em fantástico. De acordo com a já clássica definição de Todorov, o fantástico implica uma hesitação "entre uma explicação natural e uma explicação sobrenatural" para as misteriosas ocorrências propostas pelo texto ficcional. Uma hesitação tipicamente agnóstica, portanto, em face do mistério, que o *Homo religiosus* sem dificuldade explica como uma manifestação do divino, o qual abrange tanto o divino propriamente dito quanto seu oposto simétrico, o diabólico.

E é precisamente pela ausência de uma instância transcendente de onde teria supostamente de emanar que a sobrenaturalidade adquire, nos contos de Murilo Rubião, um caráter ominoso. Seus protagonistas são vítimas de surpresas ou castigos monstruosos cuja fonte desconhecem, e é por desconhecê-la que se veem de todo inermes, não lhes restando sequer o recurso da prece intercessiva à Divindade ou de resignação ante a Sua insondável vontade, a qual peca por ausente, ou pior ainda, por inexistente. É o caso de José Alferes, de "O Convidado", que não consegue fugir, por mais que tente, da estranha festa, simulacro do "mundo sem sentido". E é também o caso de Pererico, de "A Fila", que apesar de todo seu empenho, não chega a ser recebido pelo gerente da fábrica e, uma vez ele morto, não tem como justificar-se da imperdoável omissão perante quem o incumbiu de falar-lhe. E é o caso de Belinha, de "A Casa do Girassol Vermelho", em cujo ventre brota um acusador girassol vermelho após a morte de Simeão, bem como o de "O Homem do Boné Cinzento", que se incendeia espontaneamente, dele só restando o boné,

---

2. Concedida a J. A. de Graville Ponce e incluída em *O Pirotécnico Zacarias*, 10ª ed., São Paulo, Ática, 1985, pp. 3-5.

enquanto Artur, seu voyeur, converte-se numa minúscula bolinha negra. É ainda caso de "Teleco, o Coelhinho" que, animado de proteica ternura pelos homens, acaba se arriscando à derradeira e fatal metamorfose em "uma criança encardida, sem dentes. Morta".

Outros exemplos poderiam ser trazidos à baila, mas creio que só mais um, por paradigmático, baste para dar a palavra final. Refiro-me ao conto "O Edifício", de *O Pirotécnico Zacarias*. Ainda que o seu enredo faça lembrar o mito da torre de Babel, sua epígrafe não é tirada do Gênesis, mas vem de um dos livros proféticos, o de Miqueias. Fala o conto da construção de um edifício que "teria ilimitado número de andares", mas cujas finalidades ninguém sabe, nem mesmo o engenheiro responsável contratado pelo conselho da Fundação a quem incumbia a direção geral do empreendimento. Certo dia o engenheiro descobre que, com a morte do último conselheiro, o conselho se havia extinguido. Descobre ainda não ter sido deixado nenhum plano diretor da obra, pelo que resolve interrompê-la, no que é impedido pelos seus empregados, os quais alegam ter recebido, de autoridades superiores, ordens que não haviam sido revogadas, malgrado tais autoridades já estivessem mortas. E a construção do edifício prossegue *ad infinitum*.

Como não ver, neste conto paradigmático, uma imagem fabular da visão de mundo proposta pela obra de Murilo Rubião? A visão de um mundo dessacralizado pela morte de seu Criador (e de seu Destruidor, complete-se, por amor do maniqueísmo) e que não obstante continua a funcionar ininterrupta e automaticamente, mesmo sem finalidade visível. De quando em quando, o automatismo desse funcionamento é perturbado, por um instante fugaz, com a irrupção de algo absurdo ou inexplicável – do milagre. Trata-se, porém, de uma hierofania fantasmática, já que não tem atrás de si nenhuma instância divina a validá-la. Com o sequestro do divino, fica só o fantástico, divino degradado. Ou melhor ainda, o divino como simples metáfora, figura de linguagem. E toda figura, dizia Pascal, "traz ausência e presença". Mais ausência que presença, sabêmo-lo bem, desde o dia imêmore em que fomos todos expulsos do jardim do Éden.

Literatura Descalça[*]
(Sobre O *Sobrevivente*, de Ricardo Ramos)

Há escritores cujo modo de escrever faz lembrar esses sapatos que o longo uso ensinou a copiar fielmente, calosidade por calosidade, o formato dos pés de seu dono, a ponto de se converterem numa espécie de caricatura, a um só tempo ridícula e tocante, deles. Dificilmente se poderia aplicar este símile à linguagem dos contos de Ricardo Ramos. Mais justo seria antes chamar-lhe descalça, tal a leveza do seu passo, que mal se percebe. Isso não quer dizer que seja incaracterístico; o seu trânsito, porém, é tão discreto e firme, que não chama a atenção sobre si, ao contrário das passadas ruidosas mas inseguras – para levar um pouco mais adiante o símile pedestre – com que os chamados experimentalistas costumam anunciar espalhafatosamente sua chegada.

Para se ter uma medida da discrição, tanto quanto da versatilidade da arte narrativa de Ricardo Ramos, basta ler O *Sobrevivente* (São Paulo, Global, 1984), sua décima e mais recente coletânea de contos. Tão longa folha de serviços não o fez um maneirista do gênero, vale dizer, alguém cujo estilo se cristalizasse, pelo continuado exercício, numa sequência de cacoetes e truques de ofício. Isso não acontece porque, longe de se inculcar uma variação a mais de um mesmo repertório fixo de temas ou maneiras, cada conto é sempre um passo à frente, pela novidade do assunto, do enfoque ou do modo de contar. De um para outro dos catorze textos enfeixados em O *Sobrevivente* não há repetição, embora os unifique a todos a mesma temática metropolitana e a mesma personalidade narrativa. Mas esta se desdobra polimorficamente para mostrar-se ora irônica, ora lírica, ora patética, ora alegórica, o modo de narrar acompanhando de perto tal polimorfia com a variedade de seus registros.

Veja-se, por exemplo, "Contagem Regressiva", um típico conto de surpresa onde os efeitos, de conformidade com a fórmula célebre de Poe, conver-

---

[*] Publicado originalmente em: O *Estado de S. Paulo*, suplemento "Cultura", 13 jan. 1985, com o título "O 'Sobrevivente': O Regresso do Cotidiano na Metrópole".

v. A Aventura Literária: Ensaios sobre Ficção e Ficções

gem para e estão a serviço do desfecho. O protagonista sai de casa pela manhã e sua caminhada até o ponto de ônibus é balizada por uma série de impressões de intensa vitalidade: o dia ensolarado, o viço da folhagem, a simetria floral dos canteiros, um casal de jovens se beijando, o "desvairado, obsceno desabrochar de tudo". Durante o trajeto do ônibus, o protagonista vai-se dando conta das mudanças urbanas, o que lhe traz à lembrança o transcurso dos anos, "a maneira da cidade crescer [...] músculos, adiposidades, rugas [as] idades passando como tabuletas". É esse duplo tipo de notações semeadas ao longo da narrativa, acerca da exuberância da primavera e do impiedoso passar do tempo, que irá dar realce ao desfecho: "apalpando no bolso a papelada, tantos pedidos de exames", o protagonista desce do ônibus e se encaminha "para o hospital do câncer".

O registro patético do cotidiano convive sem contradições com o registro irônico, presente em outros contos de *O Sobrevivente*, mas esplendendo sobretudo em "O Policial do Ano". Aqui, a narração se faz à maneira de um roteiro de televisão, com indicações de enquadramentos, fusões, câmara lenta, superposição de títulos e créditos, cortina sonora, narrador *off*. Gira o conto em torno da entrega do título de policial do ano a um delegado que, no entender de um júri de promotores, advogados e jornalistas, destacou-se na luta sem quartel contra "os bandidos, os subversivos, os corruptos", tríade em que se configura desde logo a visada irônica, sublinhada por detalhes como o flagrante da sala de jantar onde o homenageado faz o seu desjejum, "ceia-larga sobre o aparador pesado, reproduções, vasos e bibelôs, tudo caro e de gosto duvidoso", e os "três casos sensacionais" em que atuou, no último dos quais desbaratou uma quadrilha de pixotes deixando "a meninada toda nua" na fronteira de Minas Gerais. O clímax do roteiro, a "mancha vermelha alastrada" no branco da camisa logo após a entrega da placa de ouro ao homenageado, tem o seu caráter de justiça poética insinuado por uma tomada anterior, quando o delegado recebe de presente de seus funcionários uma "máuser brilhante".

O registro lírico, isento de qualquer ironia, mesmo a poética, pode ser visto num conto como "Sensorial", em que, à falta de um entrecho propriamente dito, uma sucessão faz as vezes de fio narrativo. Ainda que não haja entrecho, há um tema: a progressiva educação dos sentidos do protagonista do conto. A começar de sua audição, que liga numa linha reta os ruídos matinais da mãe a chamá-lo para levantar-se, das vozes e sineta da escola, passando pelos ruídos da tarde – pregões de rua, ranger de coqueiros, tatalar de velas de jangada, ressaca na praia – até as rezas noturnas, anúncio da hora de ir para a cama. Depois, a educação do olfato: o café acabado de coar, o cheiro de cada pessoa, o incenso na igreja, o perfume da primeira mulher desejada. O paladar evolui da indiscriminação do apetite para os refinamentos da degustação, especialmente de frutas: cajá, oiti, cruaçá, pinha, genipapo, sapoti, mangaba, carambola, maracujá. Visualmente, o protagonista transita das representações convencionais, aprendidas dos outros, para a descoberta pessoal das cores e formas, desde o verde coletivo e o cinzento interiorizador dos dias de chuva, até as linhas definidoras do significado do mundo. Seu percurso pedagógico termina no tato, o sensorial por excelência, que chega às coisas antes do resto do corpo, para as possuir.

Significativo que esse percurso seja o tempo todo descrito por verbos, pronomes e possessivos na terceira pessoa. A primeira só aparece no último e breve parágrafo do conto: "A memória, para mim, tem muito de sensorial. Eu não sei me ver antes, sei me ver vindo. [...] Sou acabado, eu terminei? Não é assim, não sei nunca, estou em curso". Tal pormenor, mais de ordem estilística do que meramente gramatical, está ligado de perto à semântica do conto – a gênese e tomada de consciência da individualidade por via dos sentidos; a apropriação de si através da apropriação do mundo. Por isso é que ao seu registro cabe a designação de lírico, se pela palavra entendermos, com Hegel, a alma que "com seus juízos subjetivos, alegrias e admirações, dores e *sensações* [grifo meu] toma consciência de si mesma"[1]. Mas é bem de ver que, no caso, o lírico não exclui o novelesco. Em "Sensorial", as sensações e experiências rotineiras são promovidas a *acontecimentos*, isto é, fatos memoráveis pela sua novidade (e não seria demais lembrar que novidade, "novella", está incorporada à etimologia da arte da ficção, pelo menos desde Boccaccio), como se o mundo estivesse sendo descoberto pela primeira vez. "Esses três registros até aqui sumariamente passados em revista vão-se iluminar um ao outro no registro alegórico de "Nisei", onde o patético, o irônico e o lírico confluem para emblematizar, *in nuce*, a visão de mundo. do contista. Quando Fumie Suzuki, gordinha e feiosa, filha de uma peixeira do mercado de Pinheiros e órfã precoce de um vendedor de hortaliças do mesmo mercado, aceita a "ajuda" de um "senhor educadíssimo" para poder terminar o seu curso de datilografia, empregar-se de secretária, mudar para um apartamento maior, comprar um

---

1. Hegel, *Estética: Poesia*, tradução de A. Ribeiro, Lisboa, Guimarães Editores, 1980, p. 221.

v. A Aventura Literária: Ensaios sobre Ficção e Ficções

volks, ir jantar fora aos sábados e viver feliz "até que se suicidou" – temos um registro anódino da vida de todos os dias, e porque anódino, irônico e patético. Todavia, quando um dos preceitos da folhinha seicho-no-iê de Fumie – "Levante a cabeça, olhe para o alto, avance olhando a luz. Trabalho ligado a amor acelera grandemente o progresso da alma. [...] Toda experiência é matéria didática para a educação da alma" – adquire repentina e sobrenatural pertinência ao reaparecer a suicida na Liberdade como pastora nisei de uma escola de samba e em pleno carnaval tornar-se transparente e ascender aos céus feita "cópia reversa de Nossa Senhora da Aparecida" – eis-nos em pleno domínio da alegoria. Mas, ai de nós!, uma alegoria tão patética e irônica quanto a miúda e malograda vida de gueixa de Fumie Suzuki, ominosa advertência de que no aqui e agora da cidade grande sobre o qual se debruça a discreta, mas impiedosa arte narrativa de Ricardo Ramos, talvez não seja tão grande assim, no final das contas, a diferença essencial entre os mortos e os sobreviventes.

Anacrônico-Paródico-Nostálgico*
(Sobre *De Repente, às Três da Tarde,* de Orlando Bastos)

Como tanto contista que se preza, Orlando Bastos é mineiro. Não vai nesta generalização ironia alguma; trata-se antes da constatação de um fato de ordem mais qualitativa do que quantitativa. Pois, ao contrário do que se poderia pensar, não é à farta messe de estreantes e aprendizes de estreante ultimamente produzida pelo solo montanhês, tão propício às letras, que Minas deve seu lugar de destaque no panorama do conto brasileiro. Deve-o aos *happy few* cuja inventividade alcançou delimitar, nesse panorama, um território diferencialmente mineiro. Está-se falando, quase escusava dizer, de gente como Afonso Arinos, Godofredo Rangel, Rodrigo de Melo Franco, João Alphonsus, Aníbal Machado, Guimarães Rosa, Carlos Drummond de Andrade, Otto Lara Resende e uns poucos contistas mais jovens. Não será despropósito incluir agora nesse rol o nome de Orlando Bastos. A inclusão se justifica desde logo pelo teor "diferencialmente mineiro" dos seus contos, para não faltar da segura artesania com que foram escritos.

Com exceção dos quatro últimos, ambientados em Belo Horizonte, os demais contos de *De Repente, às Três da Tarde* (São Paulo, Ática, 1984) se passam em Bom Jesus da Serra, "uma cidadezinha perdida entre montanhas", de "casarões e sobrados centenários", onde há logradouros chamados beco da Inconfidência, rua Tiradentes, e o altar-mor da igreja foi esculpido pelo neto de um discípulo do Aleijadinho. Não bastasse essa ostensiva marca geográfica, há no léxico do contista expressões como "ir de vereda", "puxar o guatambu", "às deveras", "etiquetoso", "sufocoso", "distancioso", "coisas satanhosas", "as não acontecidas coisas", "o seu em si", que se diriam advir da influência do Guimarães Rosa de uma das epígrafes do volume caso a própria dicção desse volume não desse a perceber terem sido diretamente

---

* Publicado originalmente em: *O Estado de S. Paulo*, suplemento "Cultura", 4 jan. 1984, com o título "O Microcosmo Mineiro de Orlando Bastos".

v. A Aventura Literária: Ensaios sobre Ficção e Ficções

colhidas no mesmo tesouro da fala do povo a que também o epigrafante foi buscar a sua.

Mas é no deliberado anacronismo de *De Repente, às Três da Tarde* que mais bem se revela a mineirice do seu autor. Nos contos de Orlando Bastos, os personagens leem livros como *Elzira, a Morta Virgem* ou *Paulo e Virgínia*; se mulheres, aprendem a pintar e tocar piano em colégios de freiras; se homens, tomam genebra, vestem-se no estrinque, à moda de par de França, ainda que deixem o atilho das ceroulas à mostra; na conversação, falam em "as estalavadeiras, por conta do Bonifácio e vendendo azeite"; ouvem com frequência a gemeção de carros de boi subindo ladeiras; mesmo a contragosto, mas fiéis nisso ao "inconsciente coletivo mineiro", admitem seja o formicida Tatu a melhor solução de problema de moça deflorada antes do casamento; para escrever, ainda usam tinta Sardinha e, para versejar, recorrem ainda ao dicionário de rimas, contando as sílabas nos dedos. Mesmo a sua ocasional convivência com modernices do tipo de radinhos Spica, canções de Frank Sinatra e de Waldick Soriano, pílulas anticoncepcionais, cuecas Zorba, rachas de automóvel ou curtição de motocas, não lhes tira nada do essencial anacronismo: ela serve, quando muito, para sublinhá-lo por via do contraste. A instância mais reveladora desse anacronismo – a reveladora porque lhe põe de manifesto o caráter de deliberação – está no conto "Os Amantes", onde um jovem casal de recém-casados se compraz de noite, na intimidade do seu sobradinho, em vestir-se com as roupas dos avós e dançar velhas valsas à luz de velas e ao som de um gramofone fanhoso.

Erraria contudo quem tomasse as histórias de Orlando Bastos por literariamente retardatárias. Elas o seriam de fato no estilo, na efabulação, no desenho dos personagens e dos ambientes, se subjacente a tudo isso não houvesse, discreto mas perceptível, um intento de paródia, temperado aqui e ali pelo sal da nostalgia, o que lhe dá sabor especial. O indício mais óbvio do paródico em *De Repente, às Três da Tarde* são as suas alusões literárias, os quase-pastiches a que se refere Alfredo Bosi na breve, arguta e densa introdução que para ele escreveu. Camilo, Macedo e sobretudo o Machado de "Missa do Galo", ostensivamente glosado em dois dos contos do volume, regem, como uma espécie de clave virtual, o desenvolvimento da prosa parodicamente anacrônica de Orlando Bastos.

É por força dessa qualidade intrínseca que ela consegue fielmente espelhar, no nível do estilo, as sugestões que o *genius loci* lhe vai ditando a cada passo. Isso porque em Minas, um Estado profissionalmente histórico, por assim dizer, o passado está presente a cada passo, num paradoxo muito do agrado da indústria do turismo. Mas o turista só enxerga o lado de fora do pretérito: desfruta-o como algo tanto mais pitoresco quanto irremissivelmente perempto. Já a literatura, com interrogar-se sobre a significação do tempo perdido, liga-o para sempre ao aqui e agora, salvando-o pelo traçado de uma linha de continuidade existencial que pouco tem a ver com o ridículo culto do tradicional. Trata-se, mais bem, de uma integração do ido no vivido como uma de suas dimensões fundamentais, a cuja falta ele se tornaria tão irreconhecível quanto se o amputassem de um virtual futuro. E é na "presentificação" de um pretérito existencial e estilisticamente particularizado que a ficção de Orlando Bastos encontra o fulcro do seu poder de convencimento.

A despeito de ser uma coletânea de contos, *De Repente, às Três da Tarde* nada tem de miscelânico. As narrativas se ligam entre si quer pela unidade de lugar quer pela reiteração de personagens, o protagonista de uma reaparecendo em outra como figurante. Com isso desenha-se, nítido, o espaço de um *piccolo mondo* – a igreja, a cadeia, o bar, a alfaiataria, a barbearia, o cartório – por onde transitam o cabo de polícia, o sacristão, a costureira, o fiscal de impostos, a viúva, a casada infiel, a moça fácil, e assim por diante. Mas essa fauna humana não é composta de estereótipos porque, adverte-nos o contista a certa altura, Bom Jesus da Serra é um "lugarejo de místicos, de loucos e de mentirosos". Assim, certamente hão de parecer os bom-jesuenses aos olhos do comum dos mortais, não aos nossos de leitores a quem a onisciência do narrador que lhes deu vida permitiu devassássemos a intimidade das motivações de cada um. Graças a isso, é-nos dado franquear o abismo entre o ser e o parecer deles para finalmente compreendê-los na sua singularidade. Compreender por que a Chiquinha louca vagueia pelas ruas do vilarejo com um esfarrapado vestido de noiva desde o dia em que seu quase-marido morreu, na hora de rumar para a igreja. Por que o Cisinho de Dona Eponina, apesar do tratamento psiquiátrico e do banho de civilização em Belô, ainda insiste em levar a bandeira do Divino, em companhia do cego Sionorfeu, arrecadando esmola para os pobres e buscando a "luz no fim da estrada". Por que o menino Miguel quer estudar filosofia quando for grande para poder decifrar os mistérios da vida e da morte. Por que o estrambótico Diógenes que só fala em grego e latim vai-se num cavalo branco para o "sem-fim do nunca". Por que, de repente, às três da tarde, as damas-da-noite, as camélias e os jasmineiros embriagam com o seu perfume todos os habitantes de Bom Jesus da Serra, pondo-lhes no peito um não sei quê que ninguém sabe de onde vem. Por que o sacristão Onofre, o padre Eduardo sonham simultânea e machadianamente, certa noite de Natal, com os braços de D. Mercedes, a viúva da bandeja de suspiros e da garrafa de licor.

É o abismo entre o ser e o parecer que faz dos místicos, loucos e menti-rosos de Bom Jesus da Serra irmãos de sangue dos grotescos de *Winesburg, Ohio*, de Sherwood Anderson. Também estes, por se apegarem com unhas e dentes a sua verdade interior, passavam por grotescos aos olhos das pessoas mais ajuizadas, vale dizer, mais hipócritas. Já tive ocasião de lembrar a teoria do grotesco de Sherwood Anderson a propósito do intenso até a obsessão mi-crocosmo curitibano de Dalton Trevisan. Cabe agora lembrá-la a propósito do microcosmo mineiro de Orlando Bastos, a despeito das diferenças de estilo e visão de mundo que separam os dois contistas brasileiros entre si, e ambos do norte-americano. O certo, porém, é que os três têm, em comum, a mesma capacidade de mostrar que a mágica da literatura pode fazer com que caiba, dentro de uma única cidade ou vilarejo, todo este "vasto, vasto mundo onde só há rimas, nunca solução".

Um Herói Enciclopédico*
(Sobre *Memorial de Santa Cruz*, de Sinval Medina)

No *Memorial de Santa Cruz*, de Sinval Medina, confirma-se uma característica de base da ficção brasileira de hoje, qual seja a sua competência técnica. Conquanto não nos tenha ela dado até agora inventores de novos módulos e de novas áreas de expressão, como Guimarães Rosa, Clarice Lispector ou Osman Lins, nem por isso deixa de dar-nos contistas e romancistas com *know-how* e voz própria – discreta ainda, mas inconfundível –, a exemplo de Edward Lopes, Álvaro Cardoso Gomes, Luiz P. Cardoso e Sinval Medina, para citar apenas alguns dos autores que vêm impedindo a nossa novelística mais recente de se estagnar na repetição, ostensiva ou disfarçada.

Incluído na série Novo Romance da editora Mercado Aberto (Porto Alegre, 1984), o *Memorial de Santa Cruz* não parece ser, a rigor, um romance. A sua matéria narrativa centra-se toda nas andanças de um herói, Brasil de Santa Cruz, pelas várias regiões geográficas do país, sendo as demais personagens ocasionais, por assim dizer: surgem como acidentes da biografia do herói e dela desaparecem com uma rapidez que não lhes permite adquirir consistência bastante para disputar com ele as atenções do leitor. São, na tradicional nomenclatura de Forster, personagens "planas", em contraposição à "redondez" ficcional de Santa Cruz. A redondez deste lhe é desde o início assegurada pelo papel privilegiado de narrador de sua própria vida, o que faz com que o foco narrativo incida nele a maior parte do tempo, só de quando em quando transitando dele, protagonista, para os figurantes das sucessivas etapas da sua existência.

O relato autobiográfico de Santa Cruz é um curso ininterrupto. Nas quase trezentas páginas do livro há só duas aberturas de parágrafo: a frase com que ele se inicia, "Cheguei em tempo de escravidão", e a frase imediatamente se-

---

* Publicado originalmente em: *O Estado de S. Paulo*, suplemento "Cultura", 29 jul. 1984, com o título de "'Memorial de Santa Cruz': Andanças de um Herói Brasileiro".

v. A Aventura Literária: Ensaios sobre Ficção e Ficções

guinte, "Não me lembro nem data nem lugar", a partir da qual as páginas se compactam tipograficamente de alto a baixo, sem nenhum outro branco que não sejam os intervalos entre as palavras; não há separação em parágrafos nem em capítulos nem em partes. Esse fluxo contínuo de escrita, estendendo-se, no tempo, dos dias da República Velha até os primórdios de 1964, e, no espaço, do sul para o norte, do leste para o oeste; e vice versa, configura por si só a noção de viagem. E se articularmos a horizontalidade espácio-temporal da viagem com a figura de um herói-narrador como protagonista reiterativo dos diversos episódios em que se decompõe a sua acidentada biografia, de conformidade com os diferentes lugares e épocas onde ela transcorreu, temos, configurados, traços definidores da novela e não do romance. Pouco importa que se trate de uma novela longa. Como ressalta Massaud Moisés[1], que é quem melhor tem versado entre nós o problema da diferença entre novela e romance, a extensão não é o principal traço diferenciador daquela em relação a este, e sim a estrutura de uma e do outro, sobretudo a oposição entre horizontalidade e verticalidade.

É menos acadêmica do que à primeira vista pode parecer esta preocupação em caracterizar o *Memorial de Santa Cruz* mais como uma novela do que como um romance. Isso porque a questão tem a ver de perto com seu "projeto" ficcional; vale dizer: as intenções que lhe presidiram a composição, na medida em que possam elas ser deduzidas do seu texto. Uma das intenções aflora no título, onde o nome do protagonista espelha o nome do país de seu nascimento e da sua paixão, já que a narrativa se conclui antes de sua eventual morte. Como não ver, nesse espelhamento, o propósito de dar, senão dimensões, pelo menos virtualidades simbólicas ao herói do relato, dele fazendo uma espécie de imagem em abismo do seu povo? O caráter "enciclopédico" do protagonista do *Memorial*, entendendo-se por isto a sua capacidade de condensar o múltiplo e o coletivo no uno e no individual, se patenteia não só na sua intensa movimentação, num como esforço de mapear com os pés andarilhos toda a geografia da sua pátria, mas igualmente na variedade dos misteres que exerce em cada um dos lugares onde se demora mais ou menos tempo, para ganhar a subsistência. Assim é ele, sucessivamente, roceiro, pescador, caixeiro de secos e molhados, aprendiz de tipógrafo, marujo da marinha de guerra e da marinha mercante, assentador de dormentes, jogador profissio-

---

1. Ver no seu *Dicionário de Termos Literários* (São Paulo, Cultrix, 1974) o verbete "Novela".

nal de futebol, soldado, artista de circo, ajudante de caminhoneiro, torneiro mecânico. O fato de os itens desse variado leque profissional serem de ofícios manuais e subalternos dá a entender as implicações "políticas" da representatividade de Santa Cruz. Ele se alinha ostensivamente entre os espoliados; nas poucas vezes em que, como capanga, lugar-tenente e cabo eleitoral, serviu aos espoliadores, foi punido por um sentimento de culpa de que tacitamente se redimiu por sua participação, quando marinheiro de guerra, na revolta de João Cândido; pelo seu alistamento na Coluna Prestes, com a qual marchou pelo Norte até o internamento no Paraguai; por sua aceitação da chefia guerreira dos índios que o haviam acolhido como irmão de sangue e cujo partido tomou na luta contra os brancos; pela sua iniciativa de pôr-se à frente dos moradores de Aurilândia para resistir pela força a uma ordem de despejo.

O alinhamento "popular" do protagonista do *Memorial* se enquadra de resto isomorficamente (com perdão da má palavra) à forma narrativa através da qual tomamos conhecimento da sua emblemática biografia. Pois não está a novela, com seu gosto pela intriga e pela peripécia, muito mais perto das fontes populares de onde proveio do que o romance, o qual, com suas pretensões ao documento social, à prospecção psicológica ou até mesmo à ruminação ideológica e metafísica, delas se afasta no rumo da arte erudita ou "elitista", como é moda agora dizer? Tendo isso em vista, não será fora de propósito filiar o *Memorial* a uma vertente da ficção brasileira cujas raízes históricas mais próximas estão num certo empenho mitificante do Modernismo de que resultaria uma obra como *Macunaíma*. A esse modelo (não no sentido de molde para fins de imitação, mas antes de ponto de referência para fins de compreensão) podem-se correlacionar, comodamente, algumas das características aqui destacadas do livro de Sinval Medina.

A sua estrutura novelesca, por exemplo, de sucessão de episódios vários ligados entre si pela presença reiterativa do mesmo protagonista, paraleliza a estrutura rapsódica do livro de Mário de Andrade, sendo ainda de notar que a variedade episódica decorre, nos dois casos, do constante deslocamento geográfico do herói. Contudo, o substrato especializadamente folclórico do *Macunaíma* está ausente, como tal, do *Memorial de Santa Cruz*. Revestindo-se de implicações "políticas" (a repetição das aspas serve para afastar a ideia de intencionalidade evangélica ou propagandística), generaliza-se antes como substrato popular num contexto de polarização entre dominados e dominadores. Mas num e noutro livro avultam em primeiro plano as dimensões

v. A Aventura Literária: Ensaios sobre Ficção e Ficções

heroicas da figura do protagonista, significando aqui o heroico um grau superlativo do comum graças ao qual é possibilitada ao protagonista a realização de façanhas que convertem em realidade o que, nos seus irmãos de tribo, é apenas aspiração. Daí o caráter emblemático, enciclopédico do herói, como condensação que é do *ethos* do seu povo.

No caso de *Macunaíma*, regido pelo signo modernista do bufo, esse *ethos* aparece com sinal negativo: trata-se de um herói "sem nenhum caráter", mas herói não obstante. No *Memorial de Santa Cruz*, ainda que não falte o sal picaresco, o registro tende para o dramático, guardando o seu protagonista resquício das dimensões hiperbólicas do herói dos *tall tales:* é conquistador de mulheres, guerreiro ardiloso, bom lutador, campeão de futebol, astro do globo da morte etc. Entretanto, não é só a vertente mítica do Modernismo que o livro de Sinval Medina faz lembrar; lembra-lhe também uma vertente mais tardia: a que, em nossa arte da ficção, privilegiou a figura do "pobre-diabo". Dessa segunda vertente, de registro realista, assim como a outra era de registro fantasista, o modelo por excelência – modelo na acepção mais atrás usada – é sem dúvida *Os Ratos*, de Dyonélio Machado, cujo impiedoso pontilhismo deu maioridade literária, em nossa ficção, ao anti-herói, ao homem comum às voltas, sem hipérboles nem simbolismo, com as miúdas angústias de seu cotidiano.

Graças à "correção" do heroico pelo cotidiano, do alegórico pelo realista, é que o *Memorial de Santa Cruz* se salva do pecado da abstração e que o seu protagonista ganha redondez ficcional. Mais do que um símbolo pedagógico, Brasil de Santa Cruz se afirma, ao longo das 294 compactas páginas de sua autobiografia, como um personagem dotado de vida própria, um ser feito de contradições, como todo ser humano. Prova-o o desfecho do livro: preso num 1º de abril, no mesmo dia em que "o governo caíra", vai ele, depois de julgado e condenado, cumprir pena numa penitenciária onde seu número de detento é 1964. As implicações desta coincidência numérica perdem muito do seu alegorismo político pelo fato de ele ter sido condenado, não por delito ideológico, mas por, em estado de embriaguez, ter matado um desafeto numa briga de bar. Neste anticlímax, que em nada violenta a lógica da narrativa, antes lhe ressalta a constante recusa às seduções do maniqueísmo, mostra-se exemplarmente a competência técnica de Sinval Medina. Quem não sabe que o *gran finale* e a chave de ouro são, as mais das vezes, a pá de cal que assinala, no cemitério das letras, o jazigo perpétuo das boas intenções?

PARTE VI

Tradução, a Ponte Necessária:
Aspectos e Problemas da Arte de Traduzir

A Tradução Literária no Brasil*

[José Bonifácio, Gonçalves Dias, Fagundes Varela, D. Pedro II, Machado de Assis, Monteiro Lobato e Erico Verissimo como Tradutores; Caetano Lopes de Moura (1780-1860), Primeiro Tradutor Profissional Brasileiro; Emílio Zaluar, Tradutor de Folhetins; Traduções de Ficção Europeia, de Peças Teatrais, de *Best-Sellers*, de Literatura Juvenil, de Poesia]

I. UMA TAREFA CICLÓPICA

Quem se propuser algum dia a escrever a história da tradução literária no Brasil terá certamente de enfrentar as mesmas dificuldades encontradas pelos demais pesquisadores do nosso passado ou do nosso presente menos imediato. O reduzido número de bibliotecas públicas existentes entre nós, a par da pobreza de seus acervos e da deficiente catalogação deles, são limitações por demais conhecidas para que seja preciso insistir no assunto. Basta lembrar que tais limitações se agravam no caso do livro traduzido, comparativamente ao livro de autor nacional. É fácil compreender seja dada a este maior atenção do que àquele, e se já dispomos hoje de bibliografias da literatura brasileira, não tenho notícia de nenhum levantamento histórico, abrangente e seletivo, das traduções literárias publicadas no país.

Compreensivelmente também, a nossa historiografia costuma dar escassa atenção à atividade dos tradutores. Na alentada *História da Literatura Brasileira* de Sílvio Romero, são raras as referências a eles. Sílvio tinha inclusive preconceito contra as traduções de poesia: considerava-as "verdadeiros jogos de paciência inutilmente gasta", pois, no seu entender, a "poesia não se traslada sem perder a mor parte de sua essência"[1]. Somente na *História da Inteligência Brasileira* de Wilson Martins[2], inventário crítico, incrivelmente minucioso

---

* A publicação original deste artigo saiu no número especial do "Folhetim", da *Folha de S.Paulo*, dedicado à traduções (18/9/1983).

1. Usei a 5. edição, organizada por Nélson Romero e publicada por José Olympio na sua coleção Documentos Brasileiros (Rio, 5 tomos, 1953-1954). As frases entre aspas são do tomo I, p. 797.

2. Wilson Martins, *História da Inteligência Brasileira*, São Paulo, Cultrix-Edusp, 1978-1979, 7 vols.

José Paulo Paes: *Crítica Reunida Sobre Literatura Brasileira & Inéditos em Livros*

e erudito, de nossa produção intelectual em livro, que é acompanhada por assim dizer ano por ano, vamos encontrar referências mais frequentes à tradução, particularmente no seu período áureo entre nós, ou seja, as décadas de 1940 e 1950. Foi em dados colhidos nessas duas fontes, e complementados pelos de outras fontes menos sistemáticas, que se baseou o presente ensaio, cujo propósito não é senão esboçar o itinerário histórico e apontar alguns dos principais cultores da arte de traduzir no quadro geral de nossas atividades literárias. Mas antes convém sublinhar alguns pontos de importância.

O primeiro deles é o de que a influência das traduções sobre a literatura criativa brasileira é limitada. Isso porque muitos de nossos poetas, romancistas e teatrólogos, por conhecerem idiomas estrangeiros, puderam travar conhecimento com os autores de que iriam eventualmente sofrer influência antes de eles haverem sido vertidos para o português. Desses idiomas de cultura, o principal foi decerto o francês, a ponto de Joaquim Nabuco, em fins do século passado, ter podido escrever que "o Brasileiro [...] lê o que a França produz. Ele é, pela inteligência e pelo espírito, cidadão francês [...] vê tudo como pode ver um parisiense desterrado de Paris"[3]. Foi, por exemplo, através de versões francesas que quase todos os nossos românticos tomaram contato com a poesia de Byron, a qual iria exercer grande ascendente sobre a geração de Álvares de Azevedo; só este e Pinheiro Guimarães, segundo Brito Broca[4], a teriam lido no original.

Se as traduções vernáculas tiveram limitada influência sobre os produtores da literatura brasileira, pelo menos até o primeiro quartel deste século, o mesmo não se pode dizer quanto aos seus consumidores. Sobre estes exerceram elas uma ação por assim dizer pedagógica, apresentando-lhes os grandes autores de outras literaturas e colaborando assim decisivamente para educar-lhes o gosto, ao mesmo tempo que lhes forneciam pontos de referência para uma visão comparativa das obras originariamente escritas no seu próprio idioma. Mas modernamente, sobretudo a partir da década de 30, com o desenvolvimento de nossa indústria editorial e o consequente aumento do número de obras traduzidas postas ao alcance do público ledor, declinou radicalmente a hegemonia do francês tão deplorada por Joaquim Nabuco, passando as tradu-

3. Wilson Martins, *História da Inteligência Brasileira*, vol. IV, p. 261.
4. Brito Broca, *Românticos, Pré-Românticos, Ultrarromânticos: Vida Literária e Romantismo Brasileiro*; pref. de A. Eulália, Rio, Polis/INL/MEC, 1979, p. 100. A informação consta no capítulo "O que Liam os Românticos", onde há igualmente outros dados sobre as traduções românticas.

çoes a influir inclusive sobre os nossos criadores literários. Foi o que Osman Lins viu muito bem quando observou: "Necessita o escritor brasileiro, mais que os de expressão francesa ou saxônica, do convívio com outras literaturas. Tal convívio pode ocorrer mediante o conhecimento de outras línguas. Acho, entretanto, que produz melhores resultados quando o escritor dispõe de um número apreciável de obras bem traduzidas. Não apenas devido ao fato de que o escritor raramente domina vários idiomas, mas também porque o contato com o texto traduzido (e a tradução tende a exercer pressões renovadoras sobre as estruturas linguísticas do país receptor) permite uma fruição mais ágil, tendo ainda a vantagem de manter o fruidor de uma obra alienígena em contato com a sua própria língua".[5]

Nessa arguta estimativa do papel, a um só tempo renovador e vernaculizante da tradução, cumpre atentar particularmente para as frases "obras bem traduzidas" e "vários idiomas". Uma história da tradução no Brasil deveria ser, não um mero catálogo de títulos, mas um catálogo seletivo, *raisonné*, em que fosse feita a indispensável distinção crítica entre boas e más versões. Deveria ela também considerar em separado cada língua ou literatura, indicando quais dos seus textos mais importantes já se acham vertidos, a fim de se ter uma medida do conhecimento de cada literatura possibilitado, por via tradutória, ao leitor brasileiro. Mas essa tarefa ciclópica, a ser realizada, se jamais o for, por equipes de especialistas, nada tem a ver, obviamente, com um despretensioso artigo como este.

2. NOS TEMPOS DA COLÔNIA

A tradução, entendida como atividade regularmente exercida para atender à demanda literária de um público ledor, não existiu nem poderia jamais ter existido no Brasil colonial. Durante os três séculos em que esteve sob a tutela sufocante do absolutismo português, a vida intelectual do país foi mofina. Interessado tão só nos produtos agrícolas ou no ouro que daqui extraía, e na exclusividade do mercado de que aqui dispunha para as suas mercadorias, Portugal fez o quanto pôde para manter a sua colônia transatlântica em es-

---

5. Osman Lins, *Evangelho na Taba: Outros Problemas Inculturais Brasileiros*, São Paulo, Summus, 1979, p. 74. A citação pertence a um ensaio intitulado "Tributo à Coleção Nobel", que discute a influência de obras de ficção traduzidas e divulgadas por essa coleção da antiga Editora Globo.

tado de inferioridade mental. Não só proibiu a instalação no Brasil de uma universidade e de tipografias como também, através de uma censura férrea e de um ensino jesuítico de índole retrógrada e imobilista, cuidou de impedir a circulação de perigosas "ideias estrangeiras". Se se tiver em conta que o papel da atividade tradutória é precisamente o de pôr as "ideias estrangeiras" ao alcance do entendimento nacional, não será difícil entender por que ela praticamente inexistiu durante o nosso período colonial.

Este "praticamente" deixa espaço bastante para as poucas exceções. Talvez se possa considerar como um dos marcos históricos da tradução entre nós a publicação em Lisboa, no ano de 1618, de um *Catecismo na Língua Brasílica*, preparado pelo Pe. Antônio de Araújo. Não se trata, claro está, de obra de natureza literária, e sim estritamente pragmática, para servir de instrumento no trabalho missionário da catequese. Todavia, com ser uma adaptação da doutrina cristã à língua dos selvícolas, configurava-se o *Catecismo* do Pe. Antônio de Araújo como uma daquelas "pontes" entre duas línguas que compete à tradução edificar, sendo paradoxalmente a língua estrangeira, no caso, o português. Como tradução adaptativa também, mas já agora de índole exclusivamente literária, se podem considerar as paráfrases ou imitações de Quevedo e Gôngora encontráveis na produção de Gregório de Matos, o mais importante poeta barroco das Américas. Sílvio Júlio as considerava deslavados plágios, mas Wilson Martins pondera que, em certos casos, o suposto plágio "nada ficava devendo ao original, se é que o não melhorava"[6]. Quanto às traduções em prosa deixadas por Diogo Gomes Carneiro, um esquecido letrado brasileiro do século XVII cuja sermonística foi recentemente avaliada por Massaud Moisés no volume inicial de sua *História da Literatura Brasileira*, e que verteu do latim a *História da Guerra dos Tártaros*, de Valente d'Oliveira, do toscano parte da *História do Capuchinho Escocês*, de Renchino, bem como, do castelhano, uma obra edificante de Nieremberg, pode-se dizer que elas têm interesse meramente histórico.

Em fins do século XVIII, sobretudo entre os poetas do arcadismo mineiro, a tradução teve o caráter de um exercício de arejamento, de um esforço de emergir dos acanhados e anacrônicos limites do universo mental portu-

---

6. Sílvio Júlio, *Fundamentos da Poesia Brasileira*, Rio, A. Coelho Branco Filho, 1930, pp. 70-2. Sobre a questão do plágio e da paráfrase na poesia de Gregório de Matos, ver também, de Paulo Rónai, "Um Enigma de Nossa História Literária: Gregório de Matos", *Revista do Livro*, Rio de Janeiro, MEC, n. 3-4, ano I, dez. 1956, pp. 55-66. A citação de Wilson Martins está em ob. cit., vol. I, p. 231.

vi. Tradução, a Ponte Necessária: Aspectos e Problemas da Arte de Traduzir

guês para os horizontes bem mais amplos da literatura italiana e francesa. Cláudio Manuel da Costa, além de ter sido o autor dos melancólicos sonetos "cuja imaginação da pedra" levou Antonio Candido a considerá-lo, dos poetas mineiros, "o mais profundamente preso às emoções e valores da terra"[7], traduziu, ora em rima solta, ora em boa prosa teatral, sete peças de Pietro Metastasio, criador do melodrama poético que tanto o celebrizou na Europa dos setecentos; o dramaturgo italiano, por sua vez, dedicou ao seu devotado tradutor brasileiro uma cantata e um drama lírico. Outro árcade mineiro, José Basílio da Gama, também verteu para o português um poema de Metastasio, *A Liberdade*, que chegou a ser publicado em volume (Lisboa, 1776).

Conquanto tivessem sido afetados de perto pelas ideias libertárias dos Enciclopedistas, os Inconfidentes não se atreveram a traduzir-lhes nenhum dos escritos, tidos como altamente subversivos pela censura do Reino, ferrenha perseguidora das "ideias francesas". Mas dois padres carmelitas da Bahia, membros da sociedade secreta "Cavaleiros da Luz", da qual se teria originado a Conspiração dos Alfaiates de 1798 (que alguns consideram a primeira revolução social brasileira), foram mais corajosos: traduziram do francês a *Nova Heloísa* de Rousseau, a *Revolução do Tempo Passado*, de Volney, e os discursos incendiários de Boissy d'Anglas, textos que evidentemente não puderam ser editados em livro, mas que, copiados e recopiados a mão, circularam na clandestinidade.

A impressão de jornais e livros só se tornaria possível após a vinda de D. João vi para cá, quando o Brasil finalmente se abre para o mundo, inclusive o mundo das ideias. Em 1808 fundou-se no Rio a Impressão Régia, a nossa primeira tipografia, já que as tentativas anteriores de aqui instalar prelos haviam sido severamente coibidas pelo governo colonial. Dois anos depois de sua fundação, a Impressão Régia imprimia um livro traduzido pelo conde de Aguiar, o *Ensaio sobre a Crítica*, do poeta inglês Alexander Pope; aliás, em 1809 criara-se na Academia Militar do Rio uma cadeira de inglês, iniciativa decididamente pioneira, porquanto o ensino de línguas modernas não constava no currículo dos colégios jesuítas: neles, em matéria de idiomas estrangeiros, só se ministravam o latim e o grego. E em 1813 noticiava Hipólito José da Costa no seu corajoso *Correio Braziliense*, jornal antiabsolutista editado em Londres, o aparecimento de "algumas traduções impressas no Brasil, e entre

---

7. Antonio Candido, *Formação da Literatura Brasileira* (Momentos Decisivos), São Paulo, Martins, 1959, vol. i, p. 80.

outras a *Henríada* de Voltaire", obra que dez anos antes, na corte de Lisboa, acrescentava ele maliciosamente, "entrava no número dos livros que se não podiam ler sem correr o risco de passar por ateu, pelo menos por Jacobino".[8] Entretanto, foi em Lisboa que se publicou anonimamente em 1807, com o título de *Henrique IV*, essa mesma *Henríada*, na tradução de Domingos Caldas Barbosa, o Lereno brasileiro que, com os requebros mestiços dos seus lundus, tanto sucesso alcançara na corte portuguesa, a despeito das farpas de Bocage.

Entre as obras traduzidas que a Impressão Régia editou por essa época, figuravam igualmente as *Várias Sentenças de Ovídio*, traduzidas por J. Alexandre da Silva; em versão de Lima Leitão, as *Cantatas* de Jean-Baptiste Rousseau, poeta neoclássico francês hoje esquecido e que não se deve confundir com Jean-Jacques Rousseau; e os *Provérbios de Salomão*, traduzidos em quadrinhas rimadas por José Elói Otoni. Mineiro, contemporâneo da Inconfidência, Otoni viveu alguns anos na Europa. Quando para cá regressou e não encontrou a boa acolhida que esperava junto à corte de D. João VI, buscou consolo na religião e nas traduções: verteu também em decassílabos *O Livro de Jó*, com melhor resultado que nas simplórias quadrinhas dos *Provérbios*, o que não impediu Agripino Grieco de dizer maldosamente: "o mineiro José Elói Otoni parafraseou em verso os lamentos de Jó e os provérbios de Salomão, mas, se conseguiu trazer ao Brasil a pobreza do primeiro, não conseguiu trazer a sabedoria do segundo"[9]. O mesmo não poderia ele ter dito dos *Salmos de Davi* traduzidos por Sousa Caldas, cujo entusiasmo pelas ideias de Rousseau, patente na sua "Ode ao Homem Natural", lhe valera ser preso em Coimbra quando estudante. Publicados postumamente em Paris (1821), os *Salmos*, embora trasladados por Sousa Caldas da Vulgata latina, em certos passos se aproximam "do ritmo do texto hebraico" graças à intuição poética do tradutor, conforme observa Antonio Candido, para quem essa tradução é "uma obra animada ao mesmo tempo de sentido poético e valor religioso"[10].

Não foram evidentemente preocupações religiosas que levaram José Bonifácio, o Velho, a incursionar pelos domínios da tradução bíblica. Ao parafrasear parte d'*O Cântico dos Cânticos*, Américo Elísio – pseudônimo arcádico com que ele assinou as suas *Poesias* (Bordéus, 1825) – simplesmente se compra-

---

8. Wilson Martins, *História da Inteligência Brasileira*, vol. II, p. 42.

9. Agripino Grieco, *Evolução da Poesia Brasileira*, 3 ed. rev., Rio, José Olympio, 1947, p. 210 (cap. IX, "Alguns Tradutores").

10. Antonio Candido, *Formação da Literatura Brasileira (Momentos Decisivos)*, vol. I, p. 221.

VI. Tradução, a Ponte Necessária: Aspectos e Problemas da Arte de Traduzir

zia em exercitar a mesma dicção desabrida de suas odes e cantatas eróticas. Foi José Bonifácio quem pela primeira vez traduziu em português, diretamente do inglês, Young e Ossian: de par com esses dois poetas paradigmáticos do pré-romantismo, verteu ele também autores clássicos como Hesíodo, Meleagro, Anacreonte, Píndaro e Virgílio. Preocupado com a fidelidade tradutória às peculiaridades do grego, chegou ele a propor equivalentes audaciosos, ainda que rebarbativos, para os seus "epítetos compostos"[11], a exemplo de "auricomada", "tranciloira", "docerrisonha" etc.

As ousadas propostas de Américo Elísio aos "futuros engenhos brasileiros" foram aceitas ao pé da letra pelo maranhense Manuel Odorico Mendes, que dedicou à tradução os momentos de lazer da sua intensa atividade de político do Primeiro Império. Além de duas tragédias de Voltaire, verteu para a nossa língua a *Eneida* e as *Geórgicas* de Virgílio, assim como a *Ilíada* e a *Odisseia*. Nessa titânica empresa, buscou ele amiúde, particularmente nas traduções do grego, equivalentes em português para os longos epítetos homéricos, não hesitando em recorrer a palavras-valise como "olhi-cerúlea-crini-pulcra". As opiniões se dividem quanto ao mérito das versões de Odorico Mendes. Para Sílvio Romero, eram "verdadeiras monstruosidades" porque o tradutor "torturou frases, inventou termos, fez transposições bárbaras e períodos obscuros, juntou arcaísmos e neologismos, latinizou e grecificou palavras e preposições, o diabo!".[12] Tais excentricidades, que tornam tão penosa a leitura das versões de Odorico, antecipam porém as inovações verbais de seu contemporâneo e coestaduano Sousândrade, cuja menosprezada obra poética está sendo hoje revalorizada, e, mais modernamente, de Guimarães Rosa, convindo ainda lembrar terem elas aberto o caminho vernáculo para muitas das soluções adotadas por Antônio Houaiss na sua tradução do *Ulysses*, de Joyce.

11. José Bonifácio fez preceder suas versões de Píndaro, Meleagro e Virgílio de "Advertências" em prosa nas quais faz interessantes observações sobre a índole das línguas e os problemas técnicos da tradução. Isso vale especialmente para a "Advertência" à sua versão da ode primeira de Píndaro, de onde tirei as expressões entre aspas. Ver: José Bonifácio de Andrada e Silva, *Poesias de Américo Elísio*, pref. e notas de Sérgio Buarque de Holanda, Rio, MEC/INL, 1946, p. 72.

12. Sílvio Romero, ob. cit., tomo III, pp. 797-8. Recentemente, Haroldo de Campos propôs uma reavaliação das traduções de Odorico Mendes. Ver seu ensaio "Da Tradução como Criação e como Crítica", *Metalinguagem: Ensaios de Teoria e Crítica Literária*, 3 ed., São Paulo, Cultrix, 1976, pp. 27-30.

3. OS ROMÂNTICOS: POESIA E FOLHETIM

A introdução oficial do romantismo no Brasil com os *Suspiros Poéticos e Saudades,* em 1836, se deveu, como é sabido, ao contato de Gonçalves de Magalhães, quando diplomata em Paris, com a poesia nessa época lá produzida. Começa então o surto de *influenza* francesa (para usar a saborosa expressão de Arthur Koestler)[13] de que, para o bem e para o mal, enfermaria a literatura brasileira até o modernismo de 22. Mais do que na poesia original escrita pelos nossos românticos, essa *influenza* ou influência se faz sentir no elenco de suas traduções, onde poetas franceses como Lamartine, Musset e Hugo ombreiam com os de outros países – o inglês Byron, o polonês Mickiewicz, o alemão Heine – cuja poesia só se lhes tornou acessível, como já se assinalou no tocante à de Byron, através de traduções francesas.

Semelhantemente ao que acontece no único livro de poemas de José Bonifácio, onde, em pé de igualdade, as versões dividem terreno com as composições originais, na obra de alguns dos principais poetas do romantismo brasileiro se verifica igual encarecimento da tradução poética. O pernambucano Maciel Monteiro, que conheceu Lamartine e Victor Hugo quando estudava medicina em Paris, nada ficando a dever pois, em matéria de primazia histórica, ao grupo de Gonçalves de Magalhães, verteu vários textos lamartinianos, inclusive o célebre "O Lago", de onde possivelmente tirou o *tópos* da fugacidade da beleza amiúde versado em sua própria poesia. É bom que se assinale haver sido Lamartine um dos autores mais traduzidos pelos nossos românticos, a ponto de a versões de sua poesia terem sido consagrados dois volumes, os *Cantos de Lamartine,* editados em 1841 sem indicação de tradutor, tratando-se possivelmente de uma seleção de peças das *Méditations,* e as *Lamartinianas,* coletânea de traduções de vários poetas brasileiros organizada por A. J. de Macedo Soares.

Dos luminares de nosso romantismo, Gonçalves Dias foi dos pouquíssimos a saber alemão, língua de que verteu Uhland, Rosegarten, Herder e sobretudo Heine; traduziu também um drama de Schiller, *A Noiva de Messina.* Dado o total desconhecimento do alemão notado pelos naturalistas Spix e Martius quando visitaram o Brasil no começo do século passado, é digna

---

13. Ver Arthur Koestler, O *Iogue e o Comissário,* trad. rev. por Sérgio Milliet, São Paulo, IPE, s.d., pp. 31-40, "A *Influenza* Francesa".

VI. Tradução, a Ponte Necessária: Aspectos e Problemas da Arte de Traduzir

de nota, aliás, a publicação em 1878, no Rio Grande do Sul, de um volume de *Poesias Alemãs,* sem indicação de tradutor, no qual se recolhiam peças de Schiller, Uhland, Goethe, Koerne, Lenau e Heine vertidas para o português. Antônio H. Leal, o dedicado amigo e editor das obras póstumas de Gonçalves Dias, conta haver este preparado uma coletânea de traduções suas e alheias, *Ecos d'Além-Mar*, além de ter planejado uma série de versões brasileiras de obras literárias consagradas. O poeta de *Os Timbiras* foi também um sensível tradutor de Victor Hugo, cuja poesia conhecia profundamente e de que recebeu forte influência, conforme acentuou Fritz Ackerman[14] ao apontar na poesia gonçalvina "passagens literais emprestadas a versos de Victor Hugo". A influência hugoana se faz sentir ainda mais imperiosa nos poetas condoreiros, particularmente em Castro Alves: nos seus livros, junto com versões de Losano, Byron, Lamartine, Spronceda e Musset, figuram várias traduções de peças de Hugo, entre elas a primorosa paráfrase das "Palavras de um Conservador a Propósito de um Perturbador" em que, não sem uma ponta de ironia, Wilson Martins viu "o melhor poema propriamente político de Castro Alves"[15]. Mas é de notar que o influxo hugoano remonta aos primórdios do nosso romantismo: na obra de Salomé Queiroga, um dos fundadores da Sociedade Filomática (1833), já detectava Sílvio Romero sete poemas plagiados de Hugo, sobretudo *Jataí*, paráfrase quase que verso a verso de *La Coccinolle*, peça das *Contemplations*. Entre os numerosos tradutores românticos da poesia hugoana, há que mencionar ainda Pinheiro Guimarães, que se tornou conhecido pelas suas adaptações de libretos de ópera. A ele se deve uma versão do *Hernani* em 1848, republicada quinze anos depois num volume de *Traduções Poéticas*, onde constam igualmente as suas versões do *Childe Harold* e de "Sardanapalo", de Byron, assim como do poema herói-cômico de Pope "O Roubo da Madeixa". O simbolista Tavares Bastos compilou as *Versões Poéticas Brasileiras de Victor Hugo* num livro a que é mister acrescentar o estudo de A. Carneiro Leão, *Victor Hugo no Brasil* (1960).

Outro poeta muito cultuado pelos nossos românticos foi, como se sabe, Byron, a cuja influência se devem as extravagâncias estudantis da "escola

14. Fritz Ackermann, *A Obra Poética de Antônio Gonçalves Dias*, trad. de Egon Schaden, São Paulo, CEC/CEL, 1964, pp. 31 e 156-159.

15. Wilson Martins, ob. cit., vol. III, p. 327. Sobre as traduções de Castro Alves, ver, de Cláudio Veiga, *Prosadores e Poetas da Bahia*, Rio, Tempo Brasileiro, 1986, "Castro Alves Tradutor de Poetas", pp. 163-81.

byroniana" de S. Paulo. Um dos seus primeiros tradutores foi o irmão de Salomé Queiroga, Antônio Augusto de Queiroga, responsável por uma versão de *Caim,* com que faz parelha a de O *Corsário,* divulgada em 1847 pelo espírito-santense Antônio Cláudio Soído. Traduziu-o também o poeta de "Quem Passou a Vida em Branca Nuvem", Francisco Otaviano, que se notabilizaria mais, porém, pela sua versão dos *Cantos de Selma,* de Ossian, uma raridade bibliográfica impressa em apenas sete exemplares. Ao incluí-los depois na coletânea de suas *Traduções e Poesias,* nem por isso os tornou ele conhecidos de público maior, já que a tiragem dessa coletânea foi só de cinquenta exemplares. Mas para quem teve ocasião de ler no original inglês o falso poeta "primitivo" da Escócia impingido à credulidade europeia pela astúcia genial de Macpherson, a tradução feita por Fagundes Varela de outro fragmento ossiânico, "Colmar", há certamente de parecer superior, pela fluência e nobre sonoridade do verso, à dicção por vezes algo tortuosa e alambicada da versão dos *Cantos de Selma* por Otaviano. Como tradutor de poesia, Varela não ficou só em "Colmar": "imitou" ou parafraseou Spronceda e Byron nas *Vozes da América* e pôs em vernáculo, pioneiramente, três fragmentos do *Rig-Veda,* ao que tudo indica com base numa versão francesa.

Para completar estas indicações sumárias acerca da valorização da tradução poética pelos nossos românticos, cite-se o sergipano Bittencourt Sampaio que, à luz da doutrina espírita de que era adepto, trasladou em verso branco o Evangelho de S. João com o título de *A Divina Epopeia* (1882), bem como os *Poemas da Escravidão,* de Longfellow (1884); deste poeta americano, Franklin Dória fizera antes uma tradução integral de *Evangelina* (1874). Por haver preservado, a seu ver, "a emoção do poema estrangeiro"[16], Sílvio Romero louvou a paráfrase de *Eloá* feita por Gentil Homem de Almeida Braga e publicada em 1867.

Conviria por fim ter presente que, durante a voga romântica, os clássicos não ficaram esquecidos de todo: João Gualberto F. S. dos Reis editou na Bahia, em 1846, sua tradução da *Eneida,* oferecendo-a a D. Pedro II, e o Barão de Paranapiacaba, medíocre tradutor de Lamartine e La Fontaine e responsável por uma horrenda "modernização e simplificação" de *Os Lusíadas,* versificou uma tradução literal do *Prometeu Acorrentado* de Ésquilo levada a cabo, diretamente do grego, pelo mesmo D. Pedro II. Talvez poucos saibam dos dons de poliglota do nosso segundo imperador: ele chegou a estudar não

---

16. Sílvio Romero, *História da Literatura Brasileira,* tomo IV, p. 1202.

VI. Tradução, a Ponte Necessária: Aspectos e Problemas da Arte de Traduzir

apenas árabe, para poder ler no original *As Mil e Uma Noites*, que começou a traduzir; como também hebraico, para, em suas próprias palavras, "melhor conhecer a história e a literatura dos hebreus"[17]. Quando já no exílio, editou em Avignon um pequeno volume de poemas populares hebraicos por ele vertidos para o francês e o provençal. Foi igualmente do hebraico que o pernambucano Cirilo de Lemos traduzira em verso o *Cântico dos Cânticos,* publicando-o em livro em 1865, com escólios de Ernest Renan.

Passando agora para o terreno das traduções de prosa de ficção durante o período romântico, impõe-se destacar desde logo a figura daquele a quem se pode considerar como o nosso primeiro tradutor realmente profissional, isto é, que fez da tradução, pelo menos durante certa quadra de sua vida, um meio de subsistência. Está-se falando de Caetano Lopes de Moura (1780-1860), um talentoso "pardo" baiano (como se dizia na época) de existência singularmente aventurosa. Antes de conseguir chegar à França para estudar medicina, viu-se prisioneiro dos ingleses, então em guerra com a França napoleônica. Libertado, engajou-se como ajudante de cirurgião nas tropas de Napoleão, a quem teve ocasião de falar pessoalmente; nelas integrado, percorreu vários países europeus e assistiu de perto, na batalha de Wagram, à brilhante vitória do exército francês sobre o austríaco. Depois de desmobilizado, Lopes de Moura completou o seu curso de medicina, clinicou vários anos em Grenoble e terminou por fixar-se em Portugal, onde, arruinado pela guerra civil de 1834, teve, para sobreviver, de dedicar-se profissionalmente à tradução. Ganhando 20 francos por 30 mil palavras, traduziu para o editor Aillaud nada menos de 24 livros, principalmente romances de Chateaubriand, Fenimore Cooper, Walter Scott, Alexandre Dumas etc.[18]

Estava-se, então, em França, na idade áurea do romance-folhetim, que fazia as delícias de um vasto público de classe média. A introdução desse gênero tão popular no Brasil deve-se ou a João Manuel Pereira da Silva, como quer Wilson Martins,[19] ou então a Justiniano José da Rocha, como sustenta Brito Broca.[20] Jornalista político de destaque durante o Segundo Reinado, Justiniano teve oportunidade de constatar pessoalmente, quando estudava em Paris, a

---

17. *Apud* Wilson Martins, *História da Inteligência Brasileira*, vol. IV, p. 374.
18. Sobre Caetano Lopes de Moura, além do texto de Brito Broca citado na nota 4, ver sobretudo, de Cláudio Veiga, *Um Brasileiro Soldado de Napoleão*, São Paulo, Ática, 1979.
19. Wilson Martins, *op. cit.*, vol. II, p. 247.
20. Ver o capítulo "O Romance-Folhetim no Brasil" em Brito Broca, *op. cit.*, pp. 174-178.

JOSÉ PAULO PAES: *Crítica Reunida Sobre Literatura Brasileira & Inéditos em Livros*

imensa popularidade do romance-folhetim, vale dizer, do romance publicado seriadamente em jornal; voltando para o Brasil, cuidou sem demora de introduzir em nossa imprensa a nova moda parisiense. Além de ter escrito folhetins ele próprio, como *Os Assassinos Misteriosos*, traduziu uma enfiada deles do francês, entre os quais *O Conde de Monte-Cristo*, de Dumas pai, *Os Miseráveis*, de Hugo, assim como romances de outros autores hoje completamente esquecidos, a exemplo de Charles Bernard, A. de Lavernay e Fanny Wald.

Tradutor de folhetins, entre tantos outros, foi Emílio Zaluar, que verteu *Os Moicanos de Paris*, de Alexandre Dumas, para o *Correio Mercantil*, em cujos rodapés haviam sido publicadas pouco antes as *Memórias de um Sargento de Milícias*, de Manuel Antônio de Almeida. A *Revista Popular*, depois convertida no *Jornal das Famílias Brasileiras* (que teve em Machado de Assis um colaborador constante), também se dedicou ao gênero publicando numerosos folhetins franceses, o mais popular dos quais foi, sem dúvida, o *Romance de um Moço Pobre*, de Octave Feuillet. Em 1877, o jornal *O Globo*, do Rio, apresentava seriadamente uma tradução de *Les Guaranys*, de Gustave Aymard, dando-a, com a maior desfaçatez, como continuação da obra-prima de José de Alencar. Aliás, no ano seguinte, Ramiz Galvão divulgou a sua tradução do *Manuscrito Guarani*, do Pe. Montoya, precedida de uma carta de apresentação de Batista Caetano; para esses preciosos e "velhos manuscritos em língua indígena" chamava Batista Caetano a atenção da nossa "literatura ligeira", sugerindo-lhe que neles se inspirasse para que os índios dos seus romances não falem "à maneira de gente 'do outro mundo' (do mundo europeu), para que não parodiem Chateaubriand e outros..."[21].

Tão grande foi a voga do folhetim romântico no Brasil que logo se verificava um "desequilíbrio entre a apetência do público e a capacidade nacional de produção", como assinala Soares Amora, donde "a invasão do romance estrangeiro (frequentemente em más traduções, do que, infelizmente, o grande público não se apercebe), e a sua influência, que chega a contaminar o nosso romance de processos técnicos, temas e concepções da vida, estranhos à nossa mentalidade".[22] Foi sabidamente para reagir contra semelhante contaminação, a que ele próprio de resto não ficou imune, que Joaquim Manuel de Macedo escreveu *A Moreninha*. Nesse romance, cuja importância histórica certamen-

21. Wilson Martins, *História da Inteligência Brasileira*, vol. III, p. 220.
22. Antônio Soares Amora, *História da Literatura Brasileira* (Séculos XVI-XX), São Paulo, Saraiva, 1955, p. 63.

te excede os seus méritos propriamente literários, um personagem satiriza a certa altura as veleidades feministas, que aqui já se faziam sentir naquela época, referindo-se a escritos de Mary de Wollstonecraft. De fato, dez anos antes de *A Moreninha,* publicara-se em Recife uma "tradução livre" da mais conhecida obra dessa líder feminista inglesa, mãe de Mary Shelley, a autora de *Frankenstein.* Intitulava-se, a tradução brasileira, *Direitos das Mulheres e Injustiças dos Homens* e devia-se a Nísia Floresta, curiosa figura de mulher e de escritora "sistematicamente ignorada por todos os nossos bibliógrafos", na justa denúncia de Wilson Martins.[23]

Para completar esta sumaríssima notícia da tradução durante o nosso período romântico, é indispensável lembrar-lhe a presença no campo da literatura teatral, onde certamente se destacam, pela celebridade dos seus respectivos originais, a versão de *A Dama das Camélias,* de Dumas Filho, feita por J. J. Vieira Souto e representada no Rio em 1856, e de *A Cabana do Pai Tomás,* de Harriet Beecher Stowe, cuja adaptação para o teatro francês por Emmery e Dumonoir foi traduzida e levada à cena, igualmente no Rio, em 1881, numa confirmação da enorme popularidade alcançada, aqui como em outras partes, por esse que foi o mais famoso dos romances abolicionistas.

4. UM PARNASO COM SEQUELAS ROMÂNTICAS

Na fase do realismo-parnasianismo, em que perduraram entre nós, como se sabe, sequelas românticas, vamos encontrar, nas traduções de poesia, os antigos corifeus do culto do sentimento ao lado dos novos corifeus do culto da forma. Assim, em *Versos e Versões,* volume onde o parnasiano Raimundo Correia reuniu indiscriminadamente composições originais e traduções, como o dá a entender o trocadilho de gosto duvidoso que lhe serve de título, Victor Hugo e Heine ombreiam com Gautier e Heredia. O mesmo acontece na *Lira dos Verdes Anos,* de Teófilo Dias, em que aparecem versões retardatárias de Musset e Byron, para não falar de Múcio Teixeira, que, embora aconselhasse nos *Novos Ideais* de 1880 a imitação de Baudelaire, ocupou-se em organizar e publicar cinco anos depois as *Hugonianas,* uma volumosa coletânea de poesias de Victor Hugo "traduzidas por vários autores nacionais".

23. Wilson Martins, *História da Inteligência Brasileira,* vol. II, p. 306.

O caso de Machado de Assis não é menos representativo. Seus primórdios românticos se patenteiam também no elenco de suas traduções de poesia. Nas *Crisálidas,* de 1864, constam "Maria Duplessis", tradução de um poema de Dumas Filho em torno da protagonista de *A Dama das Camélias,* e um poema medievalista de Mickiewicz, possivelmente vertido do francês, já que Machado não conhecia polonês. Tampouco conhecia alemão, segundo confessa em *Falenas* (1870), numa nota à sua tradução versificada de "Os Deuses da Grécia", de Schiller, feita sobre uma versão francesa em prosa; igual procedimento seguiu ele na "Lira Chinesa", coleção de oito breves composições líricas de poetas chineses supostamente seus contemporâneos que encontrou postos "em simples e correta prosa" num livro de Judith Walters; além desta *chinoiserie* já afim do gosto parnasiano do exótico decorativo, figuram ainda em *Falenas* peças de Lamartine, Anacreonte, Bouillet e Dumas Filho. Mas é nas *Ocidentais* que vai aparecer a mais célebre das versões machadianas, a de "O Corvo", de Edgar Allan Poe, poeta mais congenial do simbolismo que do parnasianismo, quando mais não fosse pelo culto a ele votado por Baudelaire e Mallarmé; nem a fina versão de Fernando Pessoa, "ritmicamente conforme o original", logrou obnubilar o encanto desta livre mas bem lograda recriação machadiana.

Nas *Ocidentais* constam outrossim dois cavalos de batalha da tradução poética, Shakespeare e Dante, representados pelo "To be or not to be" do *Hamlet* e pelo canto xxv do "Inferno", fielmente vertido em *terza rima.* As traduções shakespearianas e dantescas em português constituem um capítulo à parte a cujo estudo se dedicaram respectivamente Eugênio Gomes e Tavares Bastos.

Aqui só cabe lembrar que é da época ora focalizada a publicação póstuma (1888) da tradução integral da *Divina Comédia*, levada a cabo pelo barão da Vila da Barra e prefaciada por Araripe Jr., muito embora mais bem conhecida se tornasse a tradução de Xavier Pinheiro, cujas edições costumam reproduzir as inevitáveis ilustrações de Gustave Doré. Agripino Grieco não perdoou nem a um nem a outro desses afanosos mas temerários tradutores: "Os aportuguesadores de Dante, barão da Vila da Barra, Xavier Pinheiro e outros, até pareciam gibelinos vingativos, tal a fúria com que maltrataram o pobre guelfo ainda uma vez desterrado..."[24].

---

24. Agripino Grieco, *Evolução da Poesia Brasileira*, Rio de Janeiro, loc. cit.

VI. Tradução, a Ponte Necessária: Aspectos e Problemas da Arte de Traduzir

Outro cavalo de batalha tradutório, o medíocre mas sabe-se lá por que célebre soneto de Arvers, aparece nas *Canções de Outono* (1896) de Lúcio de Mendonça; a mais antiga versão no Brasil desse soneto é a do condoreiro Pedro Luís, feita por volta de 1880 mas só publicada em 1906; depois dele, muitos outros poetas tentaram a mesma empresa, como o mostra Mello Nóbrega no seu erudito estudo O *Soneto de Arvers*[25].

De notar-se, nessa época de intensos debates ideológicos, é o destaque assumido, inclusive no campo das traduções, pela literatura de ideias, fosse a de cunho doutrinário, fosse a de cunho especulativo. O exemplo mais notório é O *Papa e o Concílio*, de Doellinger, Friedrich e Fiuber, na escorreita tradução de Rui Barbosa, enriquecida por uma longa introdução em que ele deixava bem marcadas as suas posições anticlericais. No campo doutrinário, avulta a tradução do *Catecismo Positivista*, de Augusto Comte, levada a cabo pelo apóstolo do positivismo no Brasil, Miguel Lemos, numa ortografia fonética que dava início à longa luta contra o peso morto da grafia etimológica, luta cujo desfecho só seria alcançado muitos anos mais tarde. Outra tradução importante foi a da *História da Civilização*, de Buckle, empreendida por J. A. Merchert e prefaciada por Pedro Lessa: o determinismo geográfico de Buckle (contra o qual se insurgiu Sílvio Romero, sobretudo por causa da pecha de "inveterado barbarismo" que o historiador inglês nos atirara) iria exercer marcada influência sobre Euclides da Cunha e sua visão fatalista do sertanejo brasileiro.

No terreno editorial, a que está organicamente vinculada a atividade do tradutor enquanto profissional, firmava-se então a Livraria Garnier como a principal editora brasileira, situação que manteve até o começo deste século, malgrado as suas edições de nossos autores, Machado de Assis em primeiro lugar, fossem impressas na França. E de Portugal nos vinha boa parte das traduções aqui lidas; naquela época, ainda não se acentuara tanto a diferenciação entre o falar de lá e de cá que tende hoje a afastar o leitor comum das versões portuguesas. Dado esse contexto histórico, é realmente de surpreender a produção, àquela altura, de uma editora de província como a Livraria Americana, do Rio Grande do Sul: fundada por Carlos Pinto, divulgou ela na sua Biblioteca Econômica, precursora do livro de bolso entre nós, traduções da grande ficção europeia, de autores como Zola, Daudet, os Goncourt, Bourget, Maupassant, Loti, Dostoiévski, Turgueniev etc. Outro dado comprobatório do

25. Mello Nóbrega, O *Soneto de Arvers*, Rio, s.i.e., 1954.

crescimento e consolidação de um público leitor é a publicação de *best-sellers* como O *Poder da Vontade*, de Samuel Smiles – traduzido por Antônio J. F. dos Reis, não do original inglês, mas da sua versão francesa – , juntamente com a de livros infantis como *História de um Bocadinho de Pão*, de Jean Masé, vertido pelo Visconde de Taunay, ou juvenis, como *Um Capricho do Doutor Ox*, de Jules Verne, traduzido por Afonso Celso, o mesmo do malsinado *Por que me Ufano do Meu País*. Não se esqueça de que Jules Verne escreveu um romance de aventuras ambientado na Amazônia, *La Jangada*, sem ter precisado lá ir: bastaram-lhe a prodigiosa imaginação e as informações que lhe foram prestadas, em conversa, pelo conde d'Eu.

Na área das traduções teatrais, destaca-se a operosidade de Artur Azevedo: além das peças que escreveu, traduziu óperas cômicas e comédias parisienses, do tipo de *Coquelicot*, de Armand Sylvestre, e *Genro e Sogra*, de Labiche. Machado de Assis também ensaiou a mão no gênero, vertendo, de Olona, *Queda que as Mulheres Têm para os Tolos*; de Beaumarchais, O *Barbeiro de Sevilha*; e de Racine, *Os Demandistas*. Olavo Bilac e Aluísio Azevedo puseram em alexandrinos rimados *Le Roi s'Amuse*, de Victor Hugo, e a José Antônio de Freitas se deve uma tradução anotada do *Otelo*, de Shakespeare.

5. SIMBOLISMO E *ART-NOUVEAU*

No período que se estende dos últimos anos do século passado ao primeiro quartel deste, predominaram em nossa literatura, de par com influxos parnasianos e naturalistas já visivelmente passadistas, duas novas orientações estéticas: o simbolismo e o arte-novismo, este último impropriamente chamado pré-modernismo. Como seria de esperar, as traduções mais características feitas e/ou publicadas nesse período deixam entrever igual predomínio.

Dos simbolistas que se dedicaram à tradução de poesia, nenhum escapou ao fascínio de Baudelaire. Mas quem melhor e mais extensamente o traduziu foi o gaúcho Eduardo Guimaraens: suas versões de 81 dos 158 poemas de *As Flores do Mal* foram consideradas por Felix Pacheco, outro tradutor de Baudelaire que lhe estudou a poesia em mais de um volume, como as mais bem logradas jamais feitas entre nós; Eduardo Guimaraens verteu ainda Verlaine, Tagore, Heine, Dante e vários outros poetas, franceses e hispano-americanos. Também o baiano Álvaro Reis pôs Baudelaire em vernáculo, dando-lhe por companhia, em sua coletânea de traduções *Musa Francesa*, tardiamente publicada, outros luminares belgas e franceses do panteão simbolista, como Rodenbach, Verhaeren, Samain, Moréas e Maeterlinck, para não falar do parnasiano Heredia. E como já havia feito com Victor Hugo e Dante, o neossimbolista Tavares Bastos iria recensear em *Baudelaire no Idioma Vernáculo* o acervo de nossas traduções baudelairianas.

Entre os tradutores de poesia na época, recorde-se o nome do carioca Paulo Araújo, que foi o médico oficial dos simbolistas, assim como Jorge de Lima o iria ser dos modernistas, e que traduziu em verso *Chantecler*, peça de Édmond Rostand, de quem, logo depois, o paulista Ricardo Gonçalves, amigo de Monteiro Lobato nos tempos do Minarete, nos daria algumas cenas do célebre *Cyrano de Bergerac*. E não se esqueça, a despeito da pouquidade de sua contribuição tradutória, o nome do simbolista baiano Pedro Kilkerry, cuja poesia inovadora vem sendo ora reavaliada graças à modelar edição que dela nos deu Augusto de Campos: na sua recriação de "O Sapo", poema de Tristan Corbière, Kilkerry soube admiravelmente manter-lhe a fluência irônico-coloquial, e ao verter um poema francês do seu amigo e coestaduano Pethion de Vilar, alcançou melhorar o original. Quanto ao paulista Batista Cepelos, parece ter sido o primeiro a traduzir, no Brasil, a poesia de Mallarmé.

No campo da tradução em prosa, Nestor Vítor, o crítico e ensaísta que tanto se empenhou pelo reconhecimento da poesia de Cruz e Sousa, sobressai pelo fato de, durante os anos em que viveu em Paris, ter feito e revisto traduções, em caráter profissional, para a Casa Garnier; amigo pessoal de Maeterlinck, traduziu-lhe um ensaio filosófico de pendores estoicistas, *A Sabedoria e o Destino*, que Monteiro Lobato também depois traduziria. O ocultista Dario Veloso pôs em vernáculo e publicou em Curitiba o *Teatro de Wagner*, de Sâr Peladan, "grão-mestre da Rosa-Cruz Estética" e wagneriano fervoroso, assim como uma versão indireta dos *Versos Áureos* de Pitágoras.

Das traduções mais marcantes do período *art-nouveau*, a primazia cabe certamente à versão da peça de Oscar Wilde *Salomé*, feita por João do Rio – o expoente dessa fase ainda tão pouco estudada de nossa evolução literária – e aqui editada com as belas ilustrações de Beardsley. Do mesmo Wilde, Elísio de Carvalho[26], alagoano e dândi, fez uma "versão livre" de alguns poemas, in-

---

26. Traduções indiretas, via francês, tanto as de João do Rio quanto as de Elísio de Carvalho, conforme mostrou Gentil de Faria em *A Presença de Oscar Wilde na Belle-Époque Literária Brasileira* (São Paulo), 1988.

clusive da antológica "Balada do Enforcado", que anos mais tarde Gondim da Fonseca de igual modo verteria, juntamente com "O Corvo" de Poe; Rosalina Coelho Lisboa, por sua vez, traduziu o mais conhecido dos contos wildianos, *O Príncipe Feliz*. Duas outras versões tipicamente arte-novistas merecem citar-se: a *Nietzscheana*, fragmentos de Nietzsche (em cuja filosofia dionisíaca se inspirou o vitalismo *art-nouveau*) traduzidos por Alberto Ramos, que na sua própria poesia exaltou vitalisticamente a saúde e os esportes, em clara oposição às morbidezas crepusculares do simbolismo; e a recriação, levada a cabo por Leopoldo Brígido, de "The Blessed Demosel", poema de Dante-Gabriel Rossetti que inspiraria a Debussy *La Demoiselle Élue*.

6. ENFIM, A TRADUÇÃO COMO PROFISSÃO

É somente no século xx, sobretudo a partir dos anos 30, que entram a criar-se no Brasil as condições mínimas, de ordem material e social, possibilitadoras do exercício da tradução literária como atividade profissional, ainda que as mais das vezes subsidiária. Avulta em primeiro plano, entre essas condições, o surgimento de uma indústria editorial realmente digna do nome, vinculada de perto ao considerável crescimento, quantitativo e qualitativo, do público ledor, de que, a um só tempo, ela foi a causa e a consequência. Nada mais natural, portanto, que, para sumariar essa fase histórica da tradução literária entre nós, cuidemos de destacar-lhe as iniciativas editoriais mais importantes, nelas ressaltando os nomes dos tradutores que as concretizaram. Com isso, inevitavelmente ficarão de fora muitos outros nomes igualmente dignos de menção. Mas citá-los todos, caso fosse possível, transformaria este artigo, que já vai longo, num simulacro de lista telefônica, tanto mais minucioso quanto enfadonho. Para justificar-me das omissões, em grande parte fruto de ignorância ou carência de informação, socorro-me de uma frase providencial de Remy de Gourmont que li num livro de Fernando Goes, de onde a traduzo algo livremente: "o que cito é representativo daquilo que esqueço de citar".

A indústria do livro no Brasil teve em Monteiro Lobato, como se sabe, o seu grande inovador. Quando ele imprimiu por conta própria os seus *Urupês*, viu-se a braços com o problema de distribuir a edição: resolveu-o mandando exemplares em consignação a lojas de armarinhos, armazéns de secos e molhados e farmácias de todo o país, uma vez que só contávamos, naquela época,

VI. Tradução, a Ponte Necessária: Aspectos e Problemas da Arte de Traduzir

pouco mais de trinta livrarias propriamente ditas. O êxito obtido animou-o a continuar editando e em 1919, com oficinas próprias, surge a Editora Monteiro Lobato, que revolucionou as nossas práticas editoriais tomando conta do mercado, ampliando-o e lançando grande número de títulos, especialmente de autores novos. Uma crise provocada pela insurreição militar de 1924 levou, porém, a editora à falência, passando o seu acervo editorial para uma nova firma, a Editora Nacional.

Ao tempo em que ainda estava à frente de sua editora, Lobato havia traduzido e publicado a autobiografia de Henry Ford; na juventude, quando andava entusiasmado pelas ideias de Nietzsche, vertera do francês *O Anticristo* e *O Crepúsculo dos Ídolos*. Ao regressar em 1931 dos Estados Unidos, onde passara cerca de quatro anos como adido comercial, resolveu, à falta de outra profissão de que tirar a subsistência, dedicar-se à tradução, ofício que exerceu até quase o fim de seus dias. Era um trabalhador incansável: produzia uma média de vinte páginas por dia, de dois a três livros por mês. Verteu mais de uma centena de obras: além de autores de menor categoria, traduziu Kipling, Jack London, Melvilk, Saint Exupéry, Hemingway, Sholem Ash, H. G. Wells etc. Essa longa e amiúde esgotante experiência do ofício ensinou-o a encará-lo com olhos críticos. Do mesmo modo por que achava que "povo que não possui tradutores torna-se povo fechado, pobre, indigente", queixava-se do descaso desse "incomensurável paquiderme de mil cérebros e orelhas a que chamamos público", o qual "nunca tem o menor pensamento para o mártir que estupidamente se sacrifica para que ele possa ler em língua sua uma obra-prima gerada em idioma estrangeiro". A rapidez com que era compelido a trabalhar – e essa parece ser a sina de quantos tenham de traduzir profissionalmente para viver – não permitia a Lobato burilar as suas versões, que, se nem sempre modelares, são sempre fluentes, agradáveis de ler. Disse bem Edgard Cavalheiro, seu fiel biógrafo, que, como tradutor, Lobato foi "o primeiro escritor brasileiro de nomeada a reabilitar esse gênero de trabalho intelectual até então acobertado pelo anonimato ou discretamente velado por pudicas iniciais"[27].

Outro escritor de prestígio que, no começo de sua carreira literária, para complementar os ganhos insuficientes de jornalista, se dedicou ao mesmo gênero de atividade, foi o gaúcho Erico Verissimo. Nas suas memórias, con-

---

27. Edgard Cavalheiro, *Monteiro Lobato, Vida e Obra*, São Paulo, Companhia Editora Nacional, 1955, pp. 532-40.

ta-nos ele que começou traduzindo, noites adentro, um romance policial de Edgar Wallace, "tarefa que não dava prazer. O autor e a história não me interessavam, o esforço físico exigido pelo simples ato de datilografar o texto me produzia dores no corpo inteiro"[28]. Mais tarde, empolgado com o *Contraponto*, de Huxley, verteu-o para o português e convenceu a Editora Globo, de Porto Alegre, a publicá-lo. Embora se tratasse de um livro intelectualmente refinado, alcançou certo sucesso de público e abriu caminho para a tradução de outros romances modernos também reputados "de elite" e, como tal, supostamente pouco vendáveis. Erico Verissimo acabou se tornando conselheiro editorial da Globo: competia-lhe organizar programas editoriais, escolher obras a serem traduzidas, descobrir-lhes tradutores, fiscalizar as traduções. Sob a sua orientação surgiu a coleção Nobel, sem favor a melhor série de ficção estrangeira até hoje editada no Brasil. Para ela, o próprio Erico traduziu *Servidão Humana* e outros livros de Somerset Maughan, Herbert Caro *A Montanha Mágica* de Thomas Mann, Cecília Meireles o *Orlando* de Virgínia Woolf, José Geraldo Vieira o *Retrato do Artista quando Jovem* de James Joyce, para mencionar uns poucos títulos entre os mais importantes. Outra coleção de alto nível da mesma editora foi a Biblioteca dos Séculos, de textos clássicos como os *Diálogos* de Platão, em tradução do grego revista por Cruz Costa; o *Tom Jones* de Fielding e o *Pickwick* de Dickens em escorreitas versões de Octavio Mendes Cajado; as *Poesias Escolhidas* de Verlaine, em traduções selecionadas por Onestaldo de Pennafort, que lhe vertera anteriormente as *Festas Galantes*, bem como, de Shakespeare, o *Romeu e Julieta*. Duas outras iniciativas editoriais da Globo merecem referência. Uma, a versão integral de *A Comédia Humana* de Balzac, organizada, dirigida e supervisionada por Paulo Rónai, o grande especialista na arte e na ciência da tradução: além de manuais valiosos como *A Tradução Vivida*, devemos-lhe versões de autores húngaros como Molnar e Madách, além de *Mar de Histórias*, uma vasta antologia do conto mundial que ele levou anos organizando com a colaboração de Aurélio Buarque de Holanda. Iniciativa de igual modo importante da Globo foi a edição de *Em Busca do Tempo Perdido*, de Proust, traduzido por escritores e poetas como Mário Quintana, Manuel Bandeira, Carlos Drummond de Andrade e Lúcia Miguel Pereira. Aliás, episódio curioso relacionado com uma tradução

---

28. Erico Verissimo, *Solo de Clarineta: Memórias*, 1º vol., Porto Alegre, Globo, 1973, pp. 248, 254, 255, 263 e 269.

VI. Tradução, a Ponte Necessária: Aspectos e Problemas da Arte de Traduzir

publicada pela Globo diz respeito ao famigerado livro de Hitler, *Minha Luta*, por ela aqui lançado numa época em que era grande o interesse do público por memórias e biografias: no contrato firmado com o Partido Nacional Socialista da Alemanha havia uma cláusula proibindo fosse a tradução feita por pessoa de ascendência judaica; a editora gaúcha vingou-se da proibição que teve de aceitar a contragosto incluindo nas abas do volume um texto de propaganda de livros de um escritor judeu por ela editado, pelo que se viu ameaçada de processo judicial pelos nazistas. Por absurda que possa parecer semelhante discriminação, ela encontra um equivalente em nossos dias nos contratos de edição das obras de Teilhard de Chardin, o grande pensador jesuíta: há nelas, se bem me lembro, uma cláusula vedando a participação de mulheres no trabalho de tradução...

Mas já é tempo de abrir-se um parênteses para citar um caso altamente ilustrativo do grau de influência que uma tradução pode eventualmente vir a exercer. Trata-se do caso de *Judeus Sem Dinheiro*, romance do escritor norte-americano Michael Gold, aqui traduzido e publicado na década de 30, e cujo influxo sobre o romance social então florescente, sobretudo na chamada "literatura do Nordeste", parece ter sido decisivo na medida em que, com os seus propósitos de denúncia social, dava ele cidadania literária ao palavrão e à "estética da miséria". Reeditado na década de 40, quando a ficção introspectiva começava a pôr em xeque a hegemonia da social, a tradução de *Judeus Sem Dinheiro*, consoante o depoimento de Genolino Amado e Samuel Putnam, ainda continuava a ser "uma fonte de inspiração no Brasil"[29].

Nas décadas de 1940 e 1950, quadra em que, no dizer de Wilson Martins, o grande "volume de traduções dava consistência à vida literária e, além da receptividade psicológica para os livros brasileiros, assegurava a consolidação da indústria editorial"[30], a Editora José Olympio, do Rio, que lançava os grandes autores brasileiros da época, também incrementou a sua linha de traduções, confiando-as a editados seus, autores do porte de Gastão Cruls, Manuel Bandeira, Rachel de Queiroz, Carlos Drummond de Andrade, José Lins do Rego, Otávio de Faria, Lúcio Cardoso, Rubem Braga, Genolino Amado etc. Entre as suas coleções de ficção estrangeira, avulta a das obras de Dostoiévski, quase sempre em versões indiretas, mas fidedignas, como observou, a propósito de *O*

29. Wilson Martins, *História da Inteligência Brasileira*, vol. VII, p. 211.
30. *Idem, Ibidem*, vol. VII, p. 148.

Idiota, Bóris Schnaiderman, que se tem destacado como estudioso da literatura russa e um dos seus poucos tradutores diretos. Outra coleção significativa da José Olímpio foi a Rubaiat, de poesia traduzida: iniciada com o livro famoso de Khayam na versão em prosa de Otávio Tarquínio de Sousa, prosseguiu com o *Cântico dos Cânticos*, vertido por Augusto Frederico Schmidt, o *Cancioneiro de Petrarca* traduzido por Jamil Almansur Haddad (que mais tarde empreenderia a versão integral de *As Flores do Mal*), *O Vento da Noite*, de Emily Bronte, recriado por Lúcio Cardoso, para citar alguns de seus numerosos títulos.

Além da Globo e da José Olympio, outras editoras do Rio e de São Paulo, tais como a Civilização Brasileira, a Pongetti, a Martins, a Difel etc., dedicavam-se igualmente, pela mesma altura, à publicação de traduções tanto na área da literatura contemporânea quanto na de autores clássicos; mais recentemente, a Nova Fronteira retomou, no que foi imitada por outras editoras, a divulgação sistemática de ficção estrangeira moderna (Svevo, Broch, Genet, Musil, Yourcenar, Kazantzákis etc.), a qual, por cerca de um decênio, ficara, se não esquecida, pelo menos na sombra, ante a visível preferência editorial dada à chamada literatura de ideias (sociologia, psicologia, política, história, filosofia, teoria literária etc.).

Por força desse *boom* do livro brasileiro, ampliaram-se consideravelmente, nos últimos quarenta anos, os horizontes de leitura de nosso público, criando-se ao mesmo tempo um mercado de trabalho – precário ainda, mas mercado assim mesmo – para os nossos tradutores literários. Tanto pela constância no exercício dessa espinhosa profissão como pela competência de que deram provas ao exercê-la, cumpre também incluir, no elenco dos tradutores de prosa de ficção até aqui referidos, os nomes de Godofredo Rangel, Agripino Grieco, Sérgio Milliet, Brenno Silveira (autor de *A Arte de Traduzir*, o segundo livro no gênero publicado entre nós, após o pioneiro *Escola de Tradutores*, de Paulo Rónai), Jorge de Lima, Agenor Soares de Moura, James Amado, Olívia Krähembuhl, Nair Lacerda, Álvaro Cabral, Tatiana Belinky, Eliane Zagury, Marcos Santartita, Joel Silveira, Antônio Callado, Stela Leonardos, Josely V. Batista, Paulo Leminski, Modesto Carone, Aurora Fornoni Bernardini etc. etc. Não deve ficar tampouco esquecida a tradução de peças de teatro, que se constitui hoje numa atividade especializada em que pontificam ou pontificaram tradutores como Guilherme de Almeida, Magalhães Júnior, Guilherme Figueiredo, Millôr Fernandes, Jacó Guinsburg (tradutor também de literatura hebraica e iídiche) e tantos outros.

No campo da tradução poética, ao lado evidentemente de Guilherme de Almeida (*Poetas de França, Flores das Flores do Mal*), Manuel Bandeira (*Poemas Traduzidos*) e Cecília Meireles (Rilke, Tagore, poetas israelenses), citem-se, entre muitos, Abgar Renault (poesia inglesa), Dora Ferreira da Silva (Rilke, S. João da Cruz), Oswaldino Marques (poesia inglesa e norte-americana), Péricles Eugênio da Silva Ramos (poesia grega e latina, Shakespeare, Villon, Yeats), Domingos Carvalho da Silva (Neruda), Carlos Nejar (Borges), Ledo Ivo (Rimbaud), Geir Campos (Rilke, Brecht, Whitman), Ivan Junqueira e Idelma Ribeiro de Faria (Eliot, Baudelaire), Afonso Félix de Sousa (Lorca), Darcy Damasceno (Valéry), Paulo Vizioli (poetas norte-americanos, Blake, Wordsworth), Sebastião Uchoa Leite (Morgenstern, Villon), Régis Bonvicino (Laforgue), Nelson Ascher (Blake, poesia húngara), João Moura Jr. (Auden), Cláudio Willer (Lautréamont, Guinsberg), Sérgio Lima (Péret) etc. etc.

Menção em separado merece a atividade desenvolvida, nesse setor de tecnologia tradutória de ponta, pelos fundadores da poesia concreta – Augusto e Haroldo de Campos, Décio Pignatari, e José Lino Grünewald, – tanto por suas formulações acerca da teoria da tradução poética quanto pelo seu trabalho de recriação de textos da mais alta complexidade formal, como as *Rime Pietrose* de Dante, a poesia provençal, o *Lance de Dados* de Mallarmé, os *Cantos* de Pound, o *Finnegan's Wake* de Joyce, a moderna poesia russa (em colaboração com Bóris Schnaiderman), a poesia bíblica etc. O alto nível dessas traduções, regularmente divulgadas em jornais e revistas e mais tarde recolhidas em livro, teve efeito estimulante, incitando outros poetas a se dedicarem também às versões poéticas e abrindo um espaço para elas na imprensa literária, do que dá testemunho o volume *Folhetim: Poesia Traduzida*, publicado pela *Folha de S.Paulo.* Quanto a traduções contemporâneas de textos clássicos em verso e prosa, mencionem-se as realizadas por Carlos Alberto Nunes, Jaime Bruna, Mário da Gama Khoury, José Cavalcanti de Sousa, Tassilo Orfeu Spalding, Almeida Cousin etc.

Restaria ainda assinalar que a instalação de cursos universitários de tradução nos últimos anos refletiu a crescente importância dessa atividade entre nós. Ainda que, no geral, a tradução literária ainda esteja longe de ser remunerada condignamente, um ou outro editor mais esclarecido e responsável já começa a preocupar-se em recorrer somente a profissionais de competência e em oferecer-lhes melhores condições de trabalho, inclusive eventual pagamento de direitos autorais. O ensino universitário teve outrossim o condão de estimular os estudos de tradutologia, disciplina que encontrou seu órgão mais categorizado na revista *Tradução & Comunicação*, dirigida por Erwin Theodor e Julio Garcia Morejón (nove números publicados entre 1981 e 1986). A mesma editora que lançou essa revista, cuja publicação foi infelizmente suspensa, lançou também o volume *A Tradução da Grande Obra Literária*, a qual veio enriquecer a nossa ainda pobre bibliografia tradutológica, onde já figuram, a par dos livros pioneiros de Paulo Rónai e Brenno Silveira, obras como *Tradução: Ofício e Arte* de Erwin Theodor, *O que é Tradução* de Geir Campos, *Cultura e Tradutologia* e *Estudos de Tradutologia*, coletâneas organizadas por Dalton de Mattos, *Tartufo 81* (ensaio sobre a poética da tradução de teatro), de Guilherme Figueiredo, *Território da Tradução*, de Iumna Maria Simon (org.), *Oficina de Tradução*, de Rosemary Arrojo, e poucas outras. Mas tal enfoque teórico, por importante que seja, não deve fazer esquecer que a prática da tradução pouco lhe deve. Os que mais competentemente a exercem não são tradutólogos, mas escritores que optaram por dividir o seu tempo entre a criação propriamente dita e a recriação tradutória. Tanto assim que nas sucintas listas de nomes que atrás ficaram, balizadas pelos repetidos etcéteras a que os lapsos de memória e a dificuldade de pesquisa mais aturada obrigaram, o leitor não terá dificuldade em identificar alguns dos nossos mais destacados poetas, ficcionistas e ensaístas, com o que se comprova a afirmativa de Octavio Paz de que "tradução e criação são operações gêmeas", havendo "um incessante refluxo entre as duas, uma contínua e mútua fecundação".

Bandeira Tradutor ou o Esquizofrênico Incompleto*

[*Poemas Traduzidos*: do Francês, Inglês, Alemão e Espanhol – Éluard, Maurois, Shakespeare, Goethe, Heine, Hölderlin, Schiller etc.; as "Traduções para o Moderno"; o Paradoxo da Intraduzibilidade da Poesia]

I. UM APRENDIZ DE LÍNGUAS

Não sei se, durante as desenxabidas comemorações do primeiro centenário de nascimento de Manuel Bandeira, em 1986, alguém se lembrou de destacar a sua atividade de tradutor, exercida a princípio por necessidade econômica, depois pelo gosto e/ou prestígio do ofício, desde a década de 30 até o fim da sua vida. Da importância que essa atividade teve no conjunto da sua produção intelectual dão notícia algumas passagens do *Itinerário de Pasárgada*. Como se sabe, o *Itinerário* é uma biografia literária meio na linha da de Coleridge, pelo que fornece valiosos subsídios para o entendimento das concepções do auto-biógrafo, inclusive da sua teoria da tradução. Nas *Cartas de Mário de Andrade a Manuel Bandeira* há também referências à troca de ideias entre os missivistas acerca de questões de tradução poética. Pena que, por não terem sido publicadas até hoje as cartas de Bandeira a Mário, só conheçamos as opiniões deste e não as daquele. De qualquer modo, é com dados colhidos quase todos nessas duas fontes que se vai recordar-lhe aqui a figura de tradutor, menos importante que a de poeta – o *miglior fabbro* e o S. João Batista da poesia modernista –, mas, por complementar dela, igualmente digna de interesse.

A biografia do Bandeira tradutor começa evidentemente pelo seu aprendizado de línguas estrangeiras. A respeito, o *Itinerário* nos fala apenas (PP 7, I)[1] da sua aversão ao professor de grego, em cuja classe do Pedro II estudara, aos quinze anos de idade, a *Ciropedia* de Xenofonte, de onde tiraria o nome e a inspiração do mais popular dos seus poemas, "Pasárgada". Porém, ao que se saiba, nunca traduziu nada do grego. Em compensação, traduziu bastante do

---

* Publicado no nº 9 da revista *Tradução & Comunicação* (São Paulo, Ed. Álamo, dezembro de 1986).
1. No decorrer deste artigo, as remissões ao texto do *Itinerário de Pasárgada* (e de outras obras de Bandeira) serão feitas pela numeração da edição Aguilar de *Poesia e Prosa* (PP) em dois volumes (I e II).

francês, do inglês, do alemão e do espanhol, idiomas que deve ter aprendido também nos bancos de escola. Da sua proficiência no primeiro deles dão prova os poemas que escreveu diretamente em francês, "Chambre Vide" e "Bonheur Lyrique", de *Libertinagem* (1930), e "Chanson des Petits Esclaves", de *A Estrela da Manhã* (1936). Como se trata de incursões ocasionais num idioma estrangeiro, é-se tentado a capitulá-las como traduções ou, melhor dizendo, autotraduções de um poeta de língua portuguesa. Desse equívoco nos salva o próprio poeta quando observa, a respeito dos dois poemas:

> Certa vez em que eu estava preparando uma edição das *Poesias Completas*, quis acabar com isso de versos em francês, que poderia parecer pretensão de minha parte, e esforcei-me por traduzi-los. Pois fracassei completamente, eu que tenho traduzido tantos versos alheios. Outra experiência minha: mandaram-me um dia uma tradução para o francês de poema meu, pedindo-me não só que sobre ela desse a minha opinião, como emendasse, mudasse à vontade. Pus mãos à obra e vi que para ser fiel ao meu sentimento teria de suprimir certas coisas e acrescentar outras. No fim não deu também nada que prestasse. Tudo isso me confirmou na ideia de que poesia é mesmo coisa intraduzível (PP 78, II).

Mais adiante, ao tratar da curiosa ambivalência da teoria da tradução de Bandeira, discutiremos o seu conceito de intraduzibilidade da poesia. Por enquanto, e de passagem, vale a pena lembrar que, dos nossos modernistas, não foi ele o único a ter a "pretensão" de escrever em francês. Antecipou-o Sérgio Milliet, cujos quatro primeiros livros de poemas, publicados entre 1917 e 1923 na Europa, foram escritos diretamente nessa língua. Também Oswald de Andrade e Guilherme de Almeida compuseram de parceria, em 1916, peças de teatro em francês, confirmando com isso um afrancesamento da *intelligentsia* brasileira que durou pelo menos dos primórdios do romantismo até o fim da Segunda Guerra. Mas voltando ao aprendizado bandeiriano de línguas estrangeiras: durante o período em que se tratou de tuberculose num sanatório da Suíça, Clavadel, por volta de 1913, teve ele ocasião não só de aperfeiçoar o seu francês como de reaprender o alemão: "Essa estada de pouco mais de um ano em Clavadel quase nenhuma influência exerceu sobre mim literariamente, senão que me fez reaprender o alemão, que eu aprendera no Pedro II, mas tinha esquecido (de volta ao Brasil li quase todo o Goethe, Heine e Lenau)" (PP 40, II). *Carnaval* (1919) traz marcas dessa leitura, leitura ainda recente já que seu autor havia voltado para o Brasil em 1917: Há ali uma peça intitulada "A Sereia de Lenau" onde é celebrado o romântico "poeta da amargura" a quem o amor de uma sereia terrestre acabaria por levar "ao oceano sem fundo da loucura". Muitos anos depois, nos *Poemas Traduzidos*, cuja primeira edição é de 1945, sendo a segunda, aumentada, de 1948, aparece vertido o "Anelo" de Goethe e um poema de Heine, se bem a principal incursão tradutória de Bandeira no domínio da poesia alemã fossem os nove poemas de Hölderlin que verteu a pedido de Otto Maria Carpeaux e que considerou "uma das maiores batalhas que pelejei na minha vida de poeta" (PP 102, II). Outra momentosa incursão sua, essa no domínio do teatro em versos, seria *Maria Stuart*, de Schiller, que ele traduziu por encomenda em 1955 para ser encenada no mesmo ano, em S. Paulo e no Rio, pela companhia de Cacilda Becker.

Em Clavadel, Bandeira conviveu com Charles Picker, poeta húngaro de quem transcreve, no *Itinerário de Pasárgada*, várias composições alemãs, vertendo-as a seguir em verso não rimado, conquanto os do original ostentassem rimas. Trata-se de um caso raro na folha corrida de um tradutor de poesia que timbrava em respeitar escrupulosamente as peculiaridades formais dos textos trazidos por ele ao português. Mas o seu encontro mais importante em Clavadel foi com um jovem francês de nome Paul-Eugene Grindel, ali também internado para tratamento dos pulmões e que posteriormente se iria tornar célebre sob o pseudônimo literário de Paul Éluard. Curioso que, tendo influenciado, nos seus primórdios, a carreira poética de Éluard, Bandeira o tivesse traduzido tão pouco: apenas dois poemas, "Palmeiras" e "Em Seu Lugar", que constam nos *Poemas Traduzidos*.

Se do francês se pode dizer ter sido a segunda língua de Bandeira, com o inglês, de que também traduziu abundantemente, o mesmo não acontecia. Quando, num artigo acerca das traduções poéticas dele, Abgar Renault louvou a habilidade com que ele fizera justiça às "sutilezas, '*shades of meaning*', '*idioms*' e outras dificuldades de natureza puramente gramatical ou linguística" dos *Sonnets from the Portuguese*, de Elizabeth Barret Browning, atribuindo-a não apenas à "simples intuição poética" mas sobretudo "a uma longa, íntima familiaridade com os fatos e coisas da língua inglesa", Bandeira não se pejou de ter de contradizê-lo:

> Gostaria que fosse verdade o louvor tão lisonjeiro do meu querido amigo Abgar. Mas devo confessar que sou bastante fundo no inglês. Fundo no sentido que a pa-

lavra tem na gíria. Todas aquelas soluções julgadas tão felizes pelo crítico, por mais cavadas ou sutis que pareçam, devem se ter processado no subconsciente, porque as traduções me saíram quase ao correr do lápis. Antes houve, sim, o que costumo fazer sempre quando traduzo: deixar o poema como que flutuar por algum tempo dentro do meu espírito, à espera de certos pontos de fixação. Aliás só traduzo bem os poemas que gostaria de ter feito, isto é, os que exprimem coisas que já estavam em mim, mas informuladas. Os meus "achados", em traduções como em originais, resultam sempre de intuições (PP 102, II).

Esta confissão, tão cândida e tão reveladora, vem em apoio de uma observação de Paulo Rónai lastreada por outros precedentes tão numerosos quanto ilustres: "Em diversos países há ótimas versões de Shakespeare devidas a poetas que não falavam uma palavra sequer de inglês e executaram a tarefa com sangue, suor e lágrimas, e consulta constante aos dicionários e léxicos, alcançando resultados notáveis; existem, em compensação, outras, feitas por professores de inglês, que, apesar de bons, não sabem a língua materna, e compilaram apenas trabalhos escolares, insulsos, ilegíveis"[2]. Dá-nos a confissão de Bandeira, outrossim, um vislumbre da sua oficina de tradutor de poesia, a qual não diferia substancialmente da sua oficina de poeta; numa e noutra, era a intuição criadora, a máquina secreta da subconsciência quem fornecia a matéria-prima para as elaborações da lucidez artesanal. Tanto assim que confessava só ser capaz de traduzir bem "os poemas que gostaria de ter feito", de poetas afins do seu temperamento. Como aqueles que, numa ou noutra época de sua vida, sucessivamente o influenciaram e entre os quais ele próprio arrola, dos alemães, Lenau e Heine, dos franceses e belgas, Villon, Musset, Guérin, Sully Prudhomme e Verhaeren, dos italianos, Palazzeschi, Soffici, Govoni e Ungaretti, muito embora, desses poetas congeniais, ele só tenha traduzido Heine.

2. TRADUÇÕES COMERCIAIS

Mas não foi recriando "os poemas que gostaria de ter feito" que Bandeira começou sua carreira tradutória. Começou-a de maneira bem mais prosaica

---

2. Paulo Rónai, *A Tradução Vivida*, Rio, Educom, 1976, p . 10. Bandeira traduziu o *Macbeth*.

VI. Tradução, a Ponte Necessária: Aspectos e Problemas da Arte de Traduzir

como suplente de tradutor de telegramas de uma agência de notícias, United Press, onde teve como colegas de trabalho Sérgio Buarque de Holanda e Vergílio Várzea. Conseguia fazer até 700 mil réis por mês sujeitando-se a plantões noturnos. Isso por volta de 1933, numa altura em que passou a residir na Lapa, *locus* inspirador de alguns dos seus melhores poemas. Pouco depois, por recomendação de seu amigo Ribeiro Couto, foi ele convidado a traduzir, para a Editora Civilização Brasileira, nada mais nada menos do que um tratado de moléstias hepáticas. Apesar de jejuno no assunto, cumpriu a tarefa "limpa e rapidamente"[3] pelo que lhe foram confiadas a seguir outras tarefas semelhantes. Para a Civilização Brasileira, verteu ao todo quinze volumes de assuntos variados, desde romances de aventura, passando por narrativas de viagem e biografias, até obras de divulgação científica. Livros sem maior importância, de autores secundários, que só mesmo a necessidade de suplementar os seus parcos rendimentos – Bandeira sempre levou vida modesta – justificaria ele ter aceito traduzir. Traduziu-os não obstante com cuidado, em português de lei, conforme tive ocasião de verificar ainda há pouco, quando, durante pesquisas para um ensaio sobre o romance de aventuras, tive de reler *O Tesouro de Tarzan*, de Edgar Rice Burroughs, e *Aventuras do Capitão Corcoran*, de A. Assolant, que estão entre as traduções que fez para a Civilização Brasileira. Entre elas figura também uma bela versão de *A Vida de Shelley*, de André Maurois.

Se as traduções comerciais assinalam um momento de trabalho enfadonho, sem maior encanto intelectual, na vida de Bandeira, as "traduções para o moderno" nela representaram sem dúvida um prelúdio de gratuidade brincalhona. Transferindo para o plano da autoparódia a técnica e o espírito do poema-piada que, como se sabe, foi a pedra de toque do modernismo irreverente e iconoclasta de 22, essas traduções valiam como uma espécie de denúncia maliciosa de "certas maneiras de dizer, certas disposições tipográficas que já se tinham tornado clichês modernistas", para citar palavras com que o próprio Bandeira intentou defini-las (PP 76-77, II). Um exemplo bem característico é "Teresa", poema que se propunha a pôr em "moderno" o romantismo piegas de Joaquim Manuel de Macedo tal como dele dava mostra o seu "Adeus de Teresa":

---

3. Sérgio Buarque de Holanda e Francisco de Assis Barbosa, "Introdução Geral" a PP XCI I.

Mulher, irmã, escuta-me: não ames;
Quando a teus pés um homem terno e curvo
Jurar amor, chorar pranto de sangue,
Não creias, não, mulher: ele te engana!
As lágrimas são galas da mentira
E o juramento manto da perfídia.

Eis como, brincando de falar "cafajeste" ou "caçanje", Bandeira moderni-
zou o descabelamento de Macedo:

Teresa, se algum sujeito bancar o sentimental em cima de você
E te jurar uma paixão do tamanho de um bonde
Se ele chorar
Se ele se ajoelhar
Se ele se rasgar todo
Não acredita não Teresa
É lágrima de cinema
É tapeação
Mentira
CAI FORA

As "traduções para o moderno" haviam sido publicadas em 1925 na seção
"Mês Modernista" do jornal carioca *A Noite*, onde "Teresa" era dada pelo
parodista como uma tradução "tão afastada do original que a espíritos menos
avisados pareceria criação".[4] Já nas versões de poesia a que se iria dedicar com

---

4. Estas "traduções para o moderno" têm particular interesse para o estudo da *performance* de Ban-
deira tanto como poeta como tradutor. Exemplificam, quando mais não fosse, a sua labilidade no
campo da expressão, em que se movimentava com o maior desembaraço entre os dois polos do
formalismo da língua literária tradicional e da desafetação vivaz da fala popular. Da sua intimidade
com os clássicos da língua há reflexos confessos na sua versão de quatro sonetos de Elizabeth Barret
Browning, de que diz: "O português dessas traduções contrasta singularmente com o dos poemas
originais. É que na ginástica de tradução fui aprendendo que para traduzir poesia não se pode abrir
mão do tesouro que são a sintaxe e o vocabulário dos clássicos portugueses. Especialmente quando
se trata de tradução do inglês ou do alemão. A sintaxe dos clássicos, mais próxima da latina, é muito
mais rica, mais ágil, mais matizada que a moderna, sobretudo a moderna do Brasil" (PP 78 II). Em
sentido oposto, do voluntário afastamento da dicção poética tradicional, é esta sua outra confissão:
"o hábito do ritmo metrificado, da construção redonda, foi-se-me corrigindo lentamente à força
de estranhos dessensibilizantes: traduções em prosa (as de Poe por Mallarmé)" (PP 33 II).

VI. Tradução, a Ponte Necessária: Aspectos e Problemas da Arte de Traduzir

regularidade a partir da década de 40, Bandeira não se permitiria mais afastar-se, lúdico-parodicamente, do original. Isso não obstante achar, no caso de textos a seu ver intraduzíveis, como certos poemas de Rimbaud, Mallarmé e Valéry, que "quando algum grande poeta se sai bem da tarefa é porque fez um pouco outra coisa: as belezas formais da tradução não são as do original, são outras" (PP 559, II). Estas palavras foram escritas a propósito da versão, por Ledo Ivo, de *As Iluminações* e *Uma Temporada no Inferno*, para Bandeira "o Rimbaud mais difícil", intraduzível mesmo. Apesar do seu ceticismo quanto à possibilidade de uma empreitada que tal ser levada a cabo, não se furta ele a reconhecer que Ledo Ivo achou "em português os sucedâneos dos sortilégios verbais do Vidente" e "lavrou um tento, aproximando-se bastante do original sem mentir à poesia do original".

3. A REFRAÇÃO TRADUTÓRIA

À primeira vista, existe uma contradição patente entre postular a intraduzibilidade do Rimbaud de *As Iluminações* e de *Uma Temporada no Inferno* e reconhecer que uma tradução desses dois poemas foi bem lograda. Se se atentar, porém, para as modulações de que é acompanhado tal reconhecimento, modulações do tipo de "um pouco outra coisa", "belezas formais...outras" que não as do original, "sucedâneos" e "aproximando-se bastante", percebe-se que a noção de intraduzibilidade tem de ser também modalizada, tomada *cum grano salis*. Na passagem do *Itinerário de Pasárgada* mais atrás citada, em que Bandeira faz reparos autocríticos a um artigo de Abgar Renault, explica ele o seu conceito de "equivalência", a qual "consiste não na tradução exata das palavras, mas na expressão do mesmo sentimento, e até das mesmas imagens, sob forma diferente", e fala de uma "poesia intraduzível por sua própria natureza, como a de Mallarmé ou de Valéry, em que a emoção poética está rigorosamente condicionada às palavras".

Se bem entendo, com equivalência – "essa equivalência que sempre procurei nas minhas traduções" – Bandeira quer dizer a criação de um símile do poema original capaz de produzir, nos leitores da língua-alvo, efeitos semelhantes aos produzidos pelo dito poema nos leitores da língua-fonte. Como tais efeitos dependem não apenas do significado conceitual mas também do significado formal do texto, cumpre ao tradutor tentar preservar no seu símile, tanto quanto

481

JOSÉ PAULO PAES: *Crítica Reunida Sobre Literatura Brasileira & Inéditos em Livros*

possível, as "mesmas imagens" do original, já que, em poesia, são as responsáveis pela especificidade dos efeitos. E por imagem se deve entender, atrevo-me a acrescentar, não só a metáfora *lato sensu* como também as "figuras de gramática" tão bem destacadas por Jakobson, para quem "toda reiteração perceptível do mesmo conceito gramatical torna-se um procedimento poético efetivo"[5].

Os efeitos produzidos pelo original e pelo símile tradutório são, conforme se acaba de dizer, não iguais, mas semelhantes. Como se tivessem sofrido um desvio ou refração ao ingressar num meio de diferente densidade linguística: o raio luminoso (o "sentimento" ou "emoção poética" no dizer de Bandeira, ou os efeitos semântico-formais no nosso) continua sendo o mesmo, só a sua direção e a sua intensidade é que mudam. A diferença de densidade entre a língua-fonte e a língua-alvo não só explica como justifica a refração tradutória, ao mesmo tempo que modaliza ou gradua a antítese traduzível/intraduzível. Postular utopicamente a tradução como igualdade de efeitos entre o texto-fonte e o texto-alvo é o mesmo que abolir as leis da refração. Concebê-la como uma técnica de equivalência ou aproximação[6] é modalizar pragmaticamente a antítese traduzível/intraduzível. Se bem os dicionários da língua não tenham dado ainda acolhida ao verbo "modalizar", de há muito registram o adjetivo "modal", quer na sua acepção geral de "relativo ao modo particular de execução de algo", quer na acepção filosófica de relativo à "proposição em que a afirmação ou negação é modificada por um dos quatro modos: possível, contingente, impossível e necessário".

Se dispusermos num leque gradual esses quatro modos, a começar do necessário, passando sucessivamente pelo possível e pelo contingente, até chegar ao impossível, teremos um mapeamento de todo o campo teórico da tradução, particularmente de poesia. Para não nos afastarmos da terra firme das definições filosóficas, lembremos que dentro dela se entende necessário como "o que se põe por si mesmo e imediatamente, quer no domínio do pensamento,

---

5. Roman Jakobson, *Linguística, Poética, Cinema*, org. por B. Schnaiderman e H. de Campos, São Paulo, Perspectiva, 1970, p. 72.

6. Acho o conceito de "aproximação" mais fecundo que o de "equivalência". Equivalência supõe igualdade ou correspondência de valores de um para outro sistema, a língua-fonte e a língua-alvo, o que é muito discutível, precisamente por tratar-se de dois sistemas diferentes. Aproximação é um conceito menos ambicioso e por isso mesmo mais abrangente, particularmente no terreno da tradução poética, onde, mais do que em outro terreno qualquer, o traduzido não equivale ao original mas é um "caminho" até ele, para usar a feliz expressão de Ortega y Gasset em "Miseria y Esplendor de la Traducción", *Misión del Bibliotecario*, Madri, Revista de Occidente, 1967, p. 130.

vi. Tradução, a Ponte Necessária: Aspectos e Problemas da Arte de Traduzir

quer no domínio do ser"[7]; ora, em que pese à má vontade dos humboldtianos, a noção da necessidade da tradução é das que se impõem por si mesmas e imediatamente, tanto no domínio da prática quanto no da teoria. Já em relação a "possível", a sua acepção corrente de "o que pode ser, acontecer ou praticar-se" é mais do que satisfatória para dar conta do traduzir como um ato que, filosoficamente considerado, "não implica contradição...com nenhum fato ou lei empiricamente estabelecido", pelo que "satisfaz as leis gerais da experiência". Quanto ao caráter contingente do ato tradutório, nada lhe descreve melhor o estatuto que a acepção de "contingente" em lógica, onde tal adjetivo é aplicado à "proposição cuja verdade ou falsidade só pode ser conhecida pela experiência e não pela razão", a razão humboldtiana que nega a possibilidade última da tradução, a experiência tradutória de milênios que a confirma pragmaticamente. Por fim, a conceituação filosófica de "impossível" como "o que implica contradição" ou "ou que é, de fato, irrealizável", se aplicaria, na teoria bandeiriana da tradução, àqueles textos "em que a emoção poética está rigorosamente condicionada à palavra". Um desses casos seria o de As *Iluminações* e de *Uma Temporada no Inferno*, no entanto traduzidos por Ledo Ivo com êxito, no entender do próprio Bandeira. Este pormenoriza inclusive, como exemplo feliz de transposição dos "sortilégios verbais do Vidente", o de *"grandes juments bleues et noires"* por "grandes éguas azuis e negras", considerando-a como um caso de tradução literal, muito embora observe a seguir que "égua" é mais belo que *"juments"*. Literal certamente porque, não sendo a rigor palavras sinônimas, "éguas" e "jumentas" pertencem ambas ao mesmo campo semântico, no que se confirma a noção jakobsoniana de "equivalência na diferença"[8]. Numa carta a Alphonsus de Guimaraens Filho em torno de dificuldades de tradução de poemas de Emily Dickinson e Edna St. Vincent Millay, aconselha-o Bandeira:

> Mas aqui peço licença para lhe dar uma lição: sempre que você quiser traduzir um poema, faça um estudo preliminar no sentido de apurar o que é essencial nele e o que foi introduzido por exigência técnica, sobretudo, de rima e métrica. Isto feito, se aparecerem dificuldades que digam respeito ao último elemento (o que não é essencial e pode ser alijado), resolva-se alijando o supérfluo, mesmo que seja bonito.

7. Esta e as definições a seguir são do *Novo Dicionário da Língua Portuguesa*, de Aurélio B. de Holanda, Rio, Nova Fronteira, s.d., 1 ed.
8. Roman Jakobson, "Aspectos Linguísticos da Tradução", *Linguística e Comunicação*, trad. de I. Blikstein e J. P. Paes, São Paulo, Cultrix, 1969, p. 65.

[...] As rosas podem ser substituídas por lírios. Não importa que seja esta ou aquela flor, e era preciso uma flor de nome masculino por causa da rima. (PP 1432-3, II).

Como se vê, estamos aqui nos antípodas da "poesia intraduzível por sua própria natureza"; estamos na intimidade da oficina do tradutor, onde o possível pragmático põe a escanteio o impossível teórico.

4. UM PARADOXO BANDEIRIANO

Todavia, por mais que se procure modalizar ou matizar, com atenuações de vária ordem, a concepção bandeiriana de intraduzibilidade da poesia, nem por isso se consegue reduzir-lhe de todo o caráter paradoxal. Tanto mais paradoxal quanto vinha de alguém que fez da tradução poética uma atividade regular e que, na esteira dos nossos românticos e parnasianos, não trepidou em pôr em pé de igualdade a atividade criativa e a tradutória, incluindo entre os seus próprios versos três sonetos de Elizabeth Barret Browning em *Libertinagem* e dois poemas de Cristina Rossetti em *Estrela da Manhã*, para citar exemplos notórios. De alguém que, em vez de deixar as suas versões poéticas esquecidas nas páginas dos jornais ou revistas onde foram originariamente publicadas, preocupou-se em lhes dar destino menos efêmero reunindo-as em livro. O que faria supor, se não o gosto da tradução, ao menos a consciência do seu valor e do seu prestígio. Mas até nisto Bandeira se revela contraditório. Conquanto houvesse afirmado que só traduzia "bem os poemas que gostaria de ter feito", as versões coligidas no volume *Poemas Traduzidos* estão longe de haver sido realizadas espontaneamente, por iniciativa própria. Não são poemas a que ele se tivesse particularmente afeiçoado, com os quais tivesse convivido longo tempo, como os dos poetas que, numa ou noutra época, exerceram influência sobre ele. Desses, como já se viu, não verteu nenhum, salvo Goethe.

Examinando-se o índice dos *Poemas Traduzidos*, verifica-se que a maior parte dos autores ali listados são de língua espanhola e, preponderantemente, da América Latina. A preponderância se explica pela circunstância de Bandeira ter sido docente de literatura hispano-americana e colaborador de um suplemento dos anos 40-50 dedicado à divulgação dessa literatura. Daí a advertência por ele anteposta à primeira edição dos *Poemas Traduzidos*: "a maioria das traduções apresentadas, não as fizera eu 'em virtude de nenhuma necessidade de expressão própria', mas tão somente por dever de ofício, como colaborador do *Pensamento da América*, suplemento mensal d'*A Manhã*, ou para atender à solicitação de um amigo". Na época, censurou-lhe Sérgio Milliet o uso da frase "sem necessidade de expressão própria", na qual vislumbrava sinais de "um orgulho agressivo e uma indisfarçável vaidade". Aquele pelo "menosprezo às produções alheias, por dever de ofício traduzidas", este "pela afirmação de segurança técnica que o trabalho artesanal exprime". Bandeira procurou defender-se das duas acusações no *Itinerário de Pasárgada*. Sua defesa, porém, não é das mais convincentes: "Dizer que, 'sem necessidade de expressão própria' traduzi um poema, não implica que o tenha em menosprezo. Há tantos grandes poemas que admiro de todo o coração e que traduziria 'sem necessidade de expressão própria'. As *Soledades* de Góngora, por exemplo. Mas é-se levado a pensar que o fato de traduzir inculca certa preferência. Era meu direito, sem sombra de orgulho, dar a entender que no meu caso não a havia".

Se cotejarmos este arrazoado de defesa com a afirmativa anterior, "só traduzo bem os poemas que gostaria de ter feito, isto é, os que exprimem coisas que já estavam em mim, mas informuladas", a contradição salta à vista. Tendo vertido poesia – e prosa – antes por encomenda que por preferência, Bandeira não o fez, pois, levado por qualquer "necessidade de expressão própria" ou, o que dá no mesmo, porque nela houvesse "coisas que já estavam [nele] mas informuladas". E, no entanto, as suas versões poéticas são reconhecidamente bem logradas, com o que se desmente a sua tese de que só poderia traduzir bem os poemas que gostaria de haver feito. Como explicar todas estas contradições?

A explicação talvez esteja naquela passagem, já aqui transcrita, em que ele confessa não ter sido capaz de pôr em português os versos que escrevera originalmente em francês, assim como, noutra ocasião, quando tentou emendar uma versão francesa, feita por outrem, de um poema seu; tampouco conseguira "nada que prestasse". Isso porque, "para ser fiel ao [seu] sentimento, teria de suprimir certas coisas e acrescentar outras", malogro que o teria convencido em definitivo de que "poesia é coisa intraduzível".

5. CRIADOR X ARTESÃO

Percebe-se sem dificuldade que o que está em jogo no caso é um descompasso entre o poeta criador e o artesão tradutor. Este trabalha pragmaticamente no domínio do relativo; aquele parece mover-se utopicamente nas fronteiras do absoluto. Um contenta-se em fazer o melhor possível; o outro vive atormentado pela ânsia do perfeito. Ora, o ato tradutório, ainda que nele possa ter papel de relevo a mesma intuição responsável pelas fulgurações criativas, é na maior parte do tempo um ato de artesania. Donde ser a tradução, disse-o Ortega y Gasset, o mais humilde dos ofícios[9], em contraposição à *poiesis* propriamente dita, tida por Sócrates como uma espécie de poder divino, *theía dúnamis*[10]. Semelhantemente ao *Des Esseintes* de Huysmans, o *poietes* persegue a nomeação absoluta: "as palavras escolhidas seriam de tal modo impermutáveis que supririam todas as outras; o adjetivo se aplicaria de maneira tão engenhosa e definitiva que não poderia ser legitimamente destituído do seu lugar, abriria perspectivas tais que o leitor ficaria a sonhar semanas inteiras com o seu sentido, a um só tempo preciso e múltiplo".[11] Já o tradutor, por trabalhar menos no plano da ortonímia impermutável que no da permutabilidade sinonímica, tem de contentar-se com a nomeação aproximativa. É, no limite, um recriador, com um estatuto necessariamente de inferioridade em relação ao criador.

Por ter sido um e outro simultaneamente, pôde Bandeira comparar os dois estatutos. Tradutor de poesia alheia, aceitava como inevitável, "para ser fiel ao... sentimento" nela expresso, "suprimir certas coisas e acrescentar outras", tendo por ponto pacífico que "rosas podem ser substituídas por lírios". Malogrado tradutor de sua própria poesia, via nessa substituição uma *capitis diminutio*, e, mandando às favas a coerência, proclamava a intraduzibilidade da poesia.

Ao menos do ponto de vista de uma teoria coerente da tradução, Bandeira não levou a sua esquizofrenia profissional, ou seja, a duplicidade tradutor-criador, a um completo desenvolvimento. Que seria esquecer inteiramente o lado de lá do poema, a sua face oculta voltada para o autor, a fim de con-

---

9. Ortega y Gasset, *Misión del Bibliotecario*, p. 106.

10. A expressão aparece no *Íon* de Platão. Cf. W. K. Winsatt, Jr. e Cleanth Brooks, *Literary Criticism, a Short Story*, Londres, Routledge & Keagan Paul, 1977, p. 6.

11. J.-K. Huysmans, *A Rebours*, Paris, Gallimard, 1977, p. 331.

vi. Tradução, a Ponte Necessária: Aspectos e Problemas da Arte de Traduzir

centrar-se no lado de cá, a face visível mostrada ao leitor. Esta é, também, a única acessível ao tradutor, o qual, por não ter participado da criação do poema, está isentado do compromisso com a nomeação absoluta. Pois, uma vez criado, o poema entra inevitavelmente no circuito social das palavras da tribo, onde o absoluto se relativiza na permutabilidade das interpretações, de que a tradução é uma espécie privilegiada. E é a esse circuito que pertencem, hélas, as melhores versões de Bandeira, como as dos sonetos de Elizabeth Barret Browning, sem-cerimoniosamente chamada de Belinha Barreto por Mário de Andrade, o mesmo Mário que, sabedor das engrenagens da tradução, não se coibiu de temperar o seu louvor das versões do amigo com uma pitada de sadio bom senso crítico: "belíssimas traduções, belíssimos sonetos em que até algumas rimas forçadas aparecem quando sinão quando, coisa mais ou menos fatal e que não acho propriamente defeito, veja bem. Nós sabedores das engrenagens é que fatalmente percebemos que tal membro de frase apareceu porque carecia rimar etc."[12].

---

12. *Cartas de Mário de Andrade a Manuel Bandeira*, pref. e org. de M. Bandeira, Rio, Simões, 1958, carta de 1º jun. 1929.

Sobre a Crítica de Tradução*

[Manuel Bandeira, Augusto Meyer, Mário de Andrade, Sérgio Milliet, João Cabral de Melo Neto; a Tradução Possível, Falsos Cognatos, a Transcriação]

UMA QUESTÃO DE ÓPTICA

Pode-se representar topograficamente a crítica de tradução (literária, bem entendido, pois só dela se cogitará aqui) como um vasto território ainda pouco explorado cujos limites naturais seriam, a leste a objeção prejudicial, a oeste a versão escolar, ao sul a pragmática da tradução técnica, e ao norte a metafísica da transcriação poética. Esses limites não constituem a rigor áreas circunvizinhas e, por circunvizinhas, delimitadoras. São mais bem marcos de referência, pontos cardeais, centros magnéticos – se se preferir, – que polarizam pela sua maior ou menor proximidade a área toda da crítica de tradução. Antes de considerar mais de perto tais centros magnéticos, é conveniente explicar, para prevenir futuros mal-entendidos, o que se deve entender aqui por crítica.

Etimologicamente, lembra Ezra Pound num dos capítulos iniciais do seu *ABC da Literatura*, "crítica" vem do verbo grego *krinô*, que significa, de um lado, "separar, distinguir, discernir, interpretar" e, de outro, "avaliar, julgar, decidir, acusar, condenar". Nesse leque de acepções, já estão devidamente caracterizadas as duas vertentes do empenho crítico: a analítica ou interpretativa, e a judicativa ou decisória. Elas se fazem também presentes no domínio da crítica de tradução, ora conjuntamente, como é de desejar, ora divorciadas uma da outra, o que é de lamentar. Nem se precisava dizer que a censura ou o louvor, quando desacompanhado de uma análise justificativa prévia, não se sustenta. Mais parece um rompante de idiossincrasia, de boa ou má vontade igualmente arbitrárias. Mas é sempre oportuno sublinhar que, das duas vertentes da crítica, é sem dúvida a analítico-interpretativa a mais prestante. Graças a ela, o esforço tradutório recebe a iluminação a que desde sempre faz jus, em vez de ficar na sombra, ignorado e menosprezado. Ignora-o o "leitor

---

* Publicado no suplemento "Letras" da *Folha de S.Paulo*, em 21/4/1990.

VI. Tradução, a Ponte Necessária: Aspectos e Problemas da Arte de Traduzir

arrogante" de que fala Dryden[1], leitor que, vendo o tradutor tão só como alguém que cuida da "lavoura de outrem", não lhe agradece quando o seu trabalho é bom, limitando-se a dizer consigo que o "pobre escravo cumpriu o seu dever". Menosprezam-no intermediários culturais como o editor ou o resenhista de livros na imprensa, cujo descaso pelo tradutor encontra um respaldo sob medida na teoria da tradução como transparência. Essa famigerada teoria teve possivelmente em John Lehman o seu melhor – ou pior, tanto faz – porta-voz. Sustentava ele que "falar em tradução era como conversar sobre o vidro de um quadro, quando o que devia monopolizar a nossa atenção era evidentemente a pintura"[2]. Para corrigir a falácia da formulação, nem é preciso descartar o símile do vidro intermediando o olho e o seu campo de visão. Basta imaginá-lo como lente focalizadora, em vez de neutro vidro plano: é a lente tradutória que faculta, à miopia do monolíngue, enxergar o mundo, vasto mundo que se estende para além das suas limitações linguísticas.

A função principal da crítica de tradução, para levar adiante o símile ótico, seria então a de destacar e estudar em pormenor os fenômenos da refração tradutória. Não da refração em si, objeto antes de uma teoria geral da tradução, mas das refrações específicas que ocorrem na versão de cada texto. Após acompanhar, passo a passo, a passagem dos raios luminosos da semântica do conteúdo e da semântica da forma através de um meio de diferente densidade, isto é, a língua-alvo, poderia ela determinar, ao fim dessa análise de percurso, quanto houve nele de perda, compensação ou até mesmo ganho. Isso, se por mais não fosse, para lembrar aos míopes linguísticos a materialidade, ou seja, a importância das lentes que lhe são postas ao alcance a cada livro traduzido, e como, segundo a sua adequação ou inadequação, elas podem realçar ou falsear aquilo que lhe possibilitam distinguir de paisagens até ali mergulhadas; para ele, em total escuridão. A mesma análise de percurso pode servir aos próprios artesãos de lentes tradutórias, ajudando-os a corrigir as falhas ou deficiências de sua artesania. Mas o ideal, neste caso, seria a correção ser feita antes de eles entregarem ao público o produto do seu trabalho. E o importante papel que cabe à revisão prévia de tradução – mais comumente chamada, num empréstimo grotesco, "copidescagem". Trata-se de uma forma bastante útil de crítica, talvez a mais útil delas. Todavia, por ser anterior à apresentação pública do

1. *Apud* Paulo Rónai, *A Tradução Vivida*, Rio, Educom, 1976, p. 5.
2. Paulo Rónai, *A Tradução Vivida*, p. 6.

JOSÉ PAULO PAES: *Crítica Reunida Sobre Literatura Brasileira & Inéditos em Livros*

texto traduzido, fica quase sempre no esquecimento ou no anonimato. Um bom exemplo das virtudes desse tipo de crítica prévia pode ser visto numa carta de Manuel Bandeira a Alphonsus de Guimaraens Filho, datada de 27 de abril de 1946, em que o primeiro sugere ao segundo uma série de aperfeiçoamentos da versão por este feita de poemas de Emily Dickinson, aperfeiçoamentos depois incorporados pelo tradutor à sua versão, antes de publicá-la[3].

A OBJEÇÃO PREJUDICIAL

Deixando agora de lado os símiles de óptica usados para ilustrar, de forma tão esquemática, o papel da crítica de tradução, cuidemos de esclarecer o sentido dos centros magnéticos a que se fez referência logo no começo desta exposição. Conforme prepondere a força atrativa de cada um dos quatro centros nomeados, por ele se orienta o esforço crítico, o qual envolve sempre, declarado ou pressuposto, um *parti pris*. Vale dizer: uma tomada de posição, um ponto de vista eletivo, uma hierarquia de valores[4]. Se, por exemplo, o alinhamento do crítico for mais ou menos abertamente pela chamada objeção prejudicial, sua atitude será, de saída, negativa ou desdenhosa em relação àquilo que se propõe a analisar e julgar. Objeção prejudicial (de que já se falou em outro lugar deste volume) é uma expressão cunhada pelo tradutólogo francês J. R. Ladmiral para designar um tipo de postura em face da tradução que a tem por teoricamente impossível. Impossível à luz do conceito humboldtiano e neo-humboldtiano de que cada língua se constitui num recorte a tal ponto específico e diferenciado da realidade que as línguas são, ao fim e ao cabo, incomutáveis entre si. Em seu livro hoje clássico, *Os Problemas Teóricos da Tradução*, Georges Mounin se demora a apreciar os fundamentos linguísticos dessa postura antitradução, popularmente resumida no famigerado lema do *traduttore traditore*, ele próprio em princípio intraduzível, mas que, forçando a nota, se poderia verter por *tradutor traidutor*. Conforme assinala Ladmiral, por trás da chamada objeção prejudicial, se embosca a velha aporia teoria versus prá-

3. Mário de Andrade e Manuel Bandeira, *Itinerários; Cartas a Alphonsus de Guimaraens Filho*, S. Paulo, Duas Cidades, 1974.
4. Sobre a questão do *parti-pris* da tradução, consultar os debates da mesa-redonda sobre "Les partis pris de traduction: la pratique implique-t-elle une théorie?" em *Actes des Deuxièmes Assises de la Traduction Littéraire* (Arles, 1985), Arles, Actes Sud, 1986.

490

VI. Tradução, a Ponte Necessária: Aspectos e Problemas da Arte de Traduzir

tica: "'Antes' mesmo de praticar a tradução, prejulga-se da sua possibilidade, decidindo pela negativa, como o fazia Zenão no tocante ao movimento"[5]. A melhor resposta a esse tipo de aporia ainda é a que Galileu deu a seus inquisidores: *Eppur si muove* – e no entanto se traduz.

Se bem não seja fácil encontrar hoje em dia partidários ortodoxos da tese da impossibilidade da tradução, proliferam os que se comprazem em lamentar a precariedade dos resultados por ela comumente atingidos. Sobretudo no domínio da poesia, caso-limite da tradução literária, que muitos consideram, inclusive poetas-tradutores, intraduzível por natureza. Compreende-se que gente alheia ao ofício de traduzir possa encarar negativamente o produto tradutório como diminuição, falseamento ou caricatura de um original tido por fonte única de positividade. Mas é difícil entender que tradutores perfilhem igual preconceito. Num dos ensaios de *A Forma Secreta*, Augusto Meyer fala enfaticamente "no intraduzível da poesia, quando a melhor das versões, cotejada com o original, não consegue tapar os remendos da paráfrase, os rodeios aproximativos, o faz de conta lamentável do *Ersatz*". Nem por isso se pejou ele de traduzir na íntegra, em verso rimado e metrificado, "O Navio Negreiro" de Heine, que noutro ensaio do mesmo *A Forma Secreta* ele dizia ser o "poeta mais traduzido e mais intraduzível"[6]. Também João Cabral de Melo Neto, que gosta de falar mal da tradução de poesia em suas entrevistas, verteu para o português William Carlos Williams e vários poetas catalães modernos. Mas, entre nós, o caso mais curioso talvez seja o de Manuel Bandeira que, tendo traduzido sistematicamente poesia ao longo da vida, mais de uma vez reafirmou a sua convicção de ser a poesia por essência intraduzível. Esse curioso conflito entre o criador e o tradutor foi discutido mais atrás, em "Bandeira Tradutor ou o Esquizofrênico Incompleto", pelo que escusa repisar o assunto.

PALAVRA-POR-PALAVRA

Nos antípodas da objeção prejudicial situa-se a versão escolar. Por estar a serviço do ensino e da aprendizagem de idiomas estrangeiros, esse tipo de exercício tradutório privilegia a chamada tradução justalinear, alternando linha a

5. J.-R. Ladmiral, *Traduire: Theoremes pour la Traduction,* Paris, Payot, 1979, p. 86.
6. Augusto Meyer, *A Forma Secreta*, Rio, Grifo, 1971, 2 ed., pp. 68 e 104.

linha o texto da língua-fonte com o da língua-alvo. Tal disposição gráfica visa acentuar, tanto quanto possível, os paralelismos léxicos e sintáticos entre um e outro idioma, donde não estranhar seja o seu ideal uma tradução por assim dizer literal, palavra-por-palavra. Isto é, a um substantivo da língua-fonte fazendo corresponder um substantivo equivalente na língua-alvo, a um adjetivo outro adjetivo, a um verbo outro verbo, a um advérbio outro advérbio, e assim por diante, *ad nauseam*. A esse ideal de simetria que, fosse ela total, facilitaria enormemente o aprendizado de uma língua estrangeira, se opõem os caprichos lexicais, sintáticos e estilísticos de cada idioma. Considere-se um exemplo simples como o *He swam across the river* invocado por mais de um linguista para mostrar o viés idiomático do inglês. Levado pelo demônio do literal, um principiante canhestramente o verteria, palavra por palavra, como "Ele nadou através do rio". Mas em português se diria mais bem "Ele atravessou o rio a nado", trocando-se o verbo da língua-fonte, *swam*, por uma locução adverbial na língua-alvo, "a nado", e a preposição *across* por um verbo, "atravessou". É a prática do *non verbum e verbo, sed sensum exprimere de sensu*[7], exprimir o sentido não palavra por palavra, mas frase por frase, conforme o preceito ciceroniano citado por Jerônimo, o santo protetor dos tradutores, os quais bem que precisam de algum nos transes por que passam com tamanha frequência em seu arriscado ofício.

Esse exemplo elementar ilustra bem o tipo de equívoco em que podem incorrer quantos, por inexperiência ou insegurança, se apeguem servilmente à letra do texto-fonte. Com isso, acabam caindo na armadilha mais amiúde posta no caminho do tradutor.

Refiro-me aos falsos cognatos ou falsos amigos que costumam fazer as delícias do resenhista de livros, em jornais e revistas, toda vez que se digna a atentar na tradução da obra sob resenha. O que só acontece quando ela é defeituosa o bastante para lhe chamar a atenção; a tradução correta passa quase sempre despercebida, como o vidro da pintura no malfadado símile de John Lehman. Por saltarem à vista, os deslizes na tradução de falsos amigos dispensam o fastidioso trabalho de ter-se de cotejar a tradução com o original, e assim, sem esforço, o resenhista pode brilhar aos olhos do leitor como um emérito conhecedor de línguas. Todavia, algumas vezes o feitiço se vira contra o feiticeiro. Lembro-me de um de nossos resenhistas literários apontar

---

7. *Apud* Valery Larbaud, *De la Traduction*, Arles, Actes Sud, 1984, p. 51.

vários erros de tradução num livro cujo título e autor não guardei: era possivelmente algum *best-seller* da moda, donde ser até de louvar o esquecimento. Erros que tinham a ver sobretudo com falsos cognatos, entre eles o de *skiff* ter sido vertido não por "bote", como conviria ao contexto, mas por "esquife" mesmo, ao pé da letra. Para o resenhista, parecia um disparate, certamente porque ele tinha em mente tão só a acepção mais comum de "esquife" – a de caixão mortuário. Entretanto, se se tivesse dado ao trabalho de ir ao nunca suficientemente louvado *Dicionário Inglês-Português* de Leonel e Lino Vallandro, ali veria que *skiff* se traduz mesmo por "esquife (barco leve de remos)". Se bem o *Novo Aurélio* consigne esta acepção náutica como antiquada, abona-a contraditoriamente com uma frase de autor contemporâneo, Jayme Adour da Câmara, "E os pequeninos esquifes agora se aproximam e avançam para o vapor", onde a simples copresença de um artefato moderno como "vapor" os redime de sua antiguidade.

Resta assinalar, neste capítulo da técnica do palavra-por-palavra, que uma tendência para o unívoco lhe reforça a tendência para o literal, entendido mais como um ponto de fuga que um objetivo alcançável: ele se frustra habitualmente pelas idiossincrasias da sintaxe e da semântica de cada idioma. O pressuposto do unívoco, ou seja, de uma frase ter uma e apenas uma tradução possível, está implícito na pedagogia de línguas estrangeiras, cujos manuais costumam trazer, em apêndice, a chave ou resposta *correta* de cada um dos exercícios de versão/tradução propostos nas sucessivas lições.

NO REINO DA PRAGMÁTICA

De ambas as tendências partilha também a tradução técnica. O pendor para o literal se faz presente na frequência de decalques do vocabulário especializado, a exemplo de *hardware* e *software*, palavras hoje tão em curso entre nós por força da avassaladora voga dos computadores. Confirma-se ainda tal pendor na dificuldade de vernaculizar os decalques técnicos: raramente se vê, por exemplo, "retroalimentação" substituindo *feedback*. Isso porque a univocidade é de rigor na linguagem técnica quando mais não fosse pela circunstância de os avanços tecnológicos se internacionalizarem rapidamente. Nesse tipo de linguagem, ambiguidades ou imprecisões têm de ser evitadas a qualquer preço, dado o caráter eminentemente pragmático dela, tão bem evidenciado nos

José Paulo Paes: *Crítica Reunida Sobre Literatura Brasileira & Inéditos em Livros*

folhetos de instruções para o manejo e uso de aparelhos de toda natureza. Se o usuário conseguir fazer o aparelho funcionar e utilizá-lo corretamente depois de ler o respectivo folheto, o texto deste, seja no original, seja em tradução, terá passado pela prova definitiva. Qualquer outro reparo que se lhe possa fazer, em nome da gramática ou da estilística, será secundário, já que o texto em questão cumpriu com sucesso o papel que dele se esperava.

Esta ênfase no pragmático parece colocar a linguagem da tecnologia em polo contrário ao da literatura, contrastando assim tradução técnica e tradução literária. Na arte verbal, o primado do estético excluiria em princípio, pela óptica kantiana, a noção de utilidade ou interesse, indissociável do pragmático. Mas, bem vistas as coisas, a tecnologia não está assim tão distante da literatura, que também possui a sua pragmática. Já se recorreu inclusive a um símile mecânico para definir o poema – e a poesia é reconhecidamente a forma mais concentrada de literatura – como uma *machine à emouvoir*[8], uma máquina de comover. Comover não no sentido de tornar o leitor sentimental ou piegas, mas no de lhe estimular a sensibilidade, a capacidade de empatia. Um poema consegue isso pelo recurso àquela que Kenneth Burke chamou de "psicologia da forma". A psicologia, no caso, é a do leitor, sobre quem atuam os recursos retóricos do poema, os quais exploram efeitos de progressão, repetição, convenção etc. Tais efeitos irão suscitar, por sua vez, no espírito do leitor, expectativas que serão satisfeitas ao fim e ao cabo, a despeito de momentâneos adiamentos ou frustrações cujo objetivo é tão só intensificar, tornando-a mais desejável, a satisfação final[9]. Nesse suscitar e satisfazer, por meios retóricos, expectativas que eles próprios provocam está a pragmática da literatura[10].

Ora, pode-se conceber a tradução de um poema como um homólogo do poema original, isto é, como uma outra "máquina de comover" que seja ela também capaz de produzir, sobre os leitores da língua-alvo, efeitos semelhantes aos produzidos pelo poema original nos leitores da língua-fonte. Efeitos *semelhantes*, sublinhe-se, não *iguais*. Voltando ao símile ótico usado mais atrás, a diferença de densidade entre a língua-fonte e a língua-alvo não

---

8. *Apud* Mário de Andrade, *A Escrava que Não É Isaura*, São Paulo, Liv. Lealdade (dep.), 1925, pp. 90 e 92.

9. Kenneth Burke, *Teoria da Forma Literária*, trad. J. P. Paes, São Paulo, Cultrix/Edusp, 1969, pp. 45 e 128 passim.

10. A pragmática, um dos três aspectos da semiótica, sendo os outros dois a sintática e a semântica, é definida por Colin Cherry (*A Comunicação Humana*, trad. J. P. Paes, São Paulo, Cultrix/Edusp, 1971, p. 353) como o que "se ocupa dos usuários específicos e de suas respostas aos signos; é o aspecto psicológico".

só explica como justifica a refração tradutória, ao mesmo tempo que modaliza ou gradua a antítese traduzível/intraduzível. Postular utopicamente a tradução como uma igualdade de efeitos entre o texto-fonte e o texto-alvo é o mesmo que abolir as leis da refração. Concebê-la como uma técnica de equivalência ou aproximação é modalizar pragmaticamente a antítese traduzível/intraduzível[11].

É nesses termos que entendo o ato de transcriação[12] envolvido na versão de poesia. Dos quatro centros magnéticos que polarizam o campo da crítica da tradução literária, cabe ao polo da transcriação o papel de norte verdadeiro. Sendo a versão de poesia o caso-limite da problemática da tradução literária, volto a lembrar, o que dele se diga aplica-se, por inferência, aos demais casos. O crítico que se oriente por esse polo afasta definitivamente do seu caminho os espantalhos da intraduzibilidade, da literalidade e da univocidade. Confiado somente na prova dos nove da eficácia pragmática do traduzido, põe ele fim, ao mesmo tempo, à idolatria do original, responsável por um enfoque perverso da tradução como diminuição. Finda a idolatria, a obra traduzida passa a assumir, do pleno direito, um estatuto de equivalência com a obra original, de que é o estado *possível* noutro idioma que não aquele em que foi concebida por seu autor. O adjetivo "possível" exclui por si só a noção de definitivo. Não há tradução definitiva. Outras traduções de um mesmo original, mais apuradas, mais bem-sucedidas, ou mais conformes ao espírito dos tempos — a empresa tradutória não está imune à ação corrosiva da História — podem eventualmente surgir depois para, cada qual por sua vez, ou todas juntas, passarem a representar esse estado possível, única maneira de existência de uma obra em idioma estrangeiro.

O LIMIAR DO POSSÍVEL

Pelo simples fato de ter sido feita e publicada, tradução alguma pode aspirar à dignidade de tal estado. Para tanto, deve fazer-lhe jus. Não o fazem, obvia-

---

11. Retomo aqui resumidamente conceitos que desenvolvi em "'Bandeira Tradutor ou o Esquizofrênico Incompleto", incluído neste volume.

12. O conceito de tradução criativa, recriação ou transcriação tem sido desenvolvido entre nós por Haroldo de Campos. Em *Deus e o Diabo no Fausto de Goethe* (São Paulo, Perspectiva, 1981), chama ele de "transcriação" sua versão de duas cenas do *Fausto*.

JOSÉ PAULO PAES: *Crítica Reunida Sobre Literatura Brasileira & Inéditos em Livros*

mente, as traduções que, por incompetência, fiquem aquém do horizonte do possível. Este não deve ser visto, aliás, como linha de demarcação, mas antes como limiar a partir do qual se estende uma escala de gradações que vai do satisfatório ao ótimo. Não é tarefa simples aferir a passagem do limiar, e menos simples ainda situar uma determinada tradução na escala de gradações. Além de cultura literária e conhecimento de línguas, o aferidor deve ter certa intimidade com os procedimentos tradutórios, seja pela sua prática, seja pela leitura regular de traduções de nível, por via das quais tenha podido adquirir uma noção da natureza e dos limites do traduzir. Quem mais bem reúne essas condições são os próprios tradutores, donde seus pronunciamentos tenderem a mostrar aquela moderação e aquela pertinência de juízos que faltam as mais das vezes aos resenhistas de livros, cujas censuras e cujos louvores costumam pecar pelo ligeirismo.

Dois bons exemplos do que se deve esperar de uma crítica de tradução digna do nome podem ser vistos em *Território da Tradução*, antologia organizada por Iumna Maria Simon[13]. O primeiro, um artigo sobre "Tradutores-poetas", é de Mário de Andrade, que em *A Escrava que Não É Isaura* (e só aí, pelo que sei) tem umas poucas, mas finas versões de poemas modernos. Depois de conceituar, com a agudeza de sempre, o que entende por tradução de poesia – "a substituição de consequências estéticas" – e de se indagar por que as versões de prosa de ficção são geralmente inferiores às de poesia, Mário destaca a excelência das versões poéticas de Guilherme de Almeida e Onestaldo de Pennafort. Comparando-os entre si – e esse tipo de comparação é particularmente fecundo no domínio da crítica de tradução, – verifica que Guilherme impõe a sua presença no que traduz, ao passo que Onestaldo "consegue se ausentar mais da sua tradução". Embora ache as duas posturas "igualmente defensáveis", o articulista se inclina implicitamente para a segunda ao louvar também em Manuel Bandeira "o poder de desistência de si mesmo" enquanto tradutor. Mas o fundamental, nesse artigo, é ele conferir à tradução de poesia um estatuto de igualdade com a criação poética propriamente dita, estatuto que Pound defendeu pioneiramente na poesia de língua inglesa[14]. Mário não só considera os *Poetas de França* de Guilherme e o *Romeu e Julieta* de Onestaldo

---

13. Campinas, Universidade Estadual, 1984.
14. Já entre os nossos poetas pré-românticos e românticos – de José Bonifácio a Gonçalves Dias e Castro Alves –, esse estatuto de igualdade estava implícito na inclusão de traduções, ao lado de poemas originais, nos livros que publicavam.

496

VI. Tradução, a Ponte Necessária: Aspectos e Problemas da Arte de Traduzir

"obras principais da poesia brasileira" como tem quase todos os *Poemas Traduzidos* de Bandeira como "momentos mais elevados, não apenas da tradução mas, a meu ver, da própria poesia de Manuel Bandeira".

Tradutor profissional, além de ensaísta, ficcionista e poeta, Sérgio Milliet estava qualificado como poucos para o exercício da crítica de tradução. É o que demonstra nos três rodapés do seu *Diário Crítico* selecionados por Iumna Maria Simon. No primeiro, acentua ser necessário ao tradutor possuir "qualidades de inteligência e modéstia, de penetração crítica, de invenção que nunca são reconhecidas"; desse rol sobressai evidentemente o poder de invenção, que coloca o tradutor em plano equivalente ao do criador literário. Lembra-o Sérgio no rodapé seguinte, o mais longo dos três e uma lição luminosa de crítica de tradução. Ali reconhece que Guilherme de Almeida, em *Paralelamente a Paul Verlaine*, "consegue elevar a tradução ao nível das obras originais", mantendo "não raro a música dos versos verlainianos, e, o que me parece essencial, o próprio espírito poético". É o que o crítico cuida de mostrar em seguida pelo exame pormenorizado das soluções, ora felizes, ora menos felizes, encontradas pelo tradutor para os problemas suscitados pela música sutil do verso verlainiano. E o artigo termina por um cotejo das soluções propostas por Guilherme e Bandeira em suas respectivas traduções de "As Mãos", de Verlaine, a que se segue o exame da versão de uma estrofe de um poema de Cristina Rossetti feita por Bandeira. O terceiro e último rodapé de Sérgio Milliet é mais breve que os dois anteriores e não tem o mesmo interesse deles, salvo por uma observação de passagem acerca do "fiscal de traduções do *Diário de Notícias*".

RAÇA IRRITÁVEL

De fato, na época, isto é, nos meados dos anos 40, havia naquele jornal do Rio uma seção regular de crítica de tradução assinada, segundo informa Paulo Rónai[15], por Agenor Soares de Moura, polígrafo e tradutor mineiro. É de se perguntar por que essa iniciativa pioneira não teve continuadores, principalmente em nossos dias, onde o enorme incremento do número de títulos tra-

---

15. Em seu prefácio ao *Guia Prático de Tradução Inglesa* de Agenor Soares dos Santos (São Paulo, Cultrix/Edusp, 1981).

JOSÉ PAULO PAES: *Crítica Reunida Sobre Literatura Brasileira & Inéditos em Livros*

duzidos e o nível tantas vezes insatisfatório das traduções estão a exigir, mais que nunca, fiscais capazes de ajudar os leitores a distinguir o joio do trigo em meio à nossa copiosa produção editorial. Tenho para mim que é precisamente nesse predomínio cada vez maior do quantitativo sobre o qualitativo que está a razão do generalizado descaso pela qualidade das traduções. Salvo as poucas e honrosas exceções de praxe, nossos editores se preocupam antes em publicar muito do que em publicar bem, pelo que não hesitam em confiar o trabalho de tradução a quem o possa fazer mais depressa e/ou mais barato, duas condições que são inimigas da competência profissional. Além disso, na área de literatura, a maior parte do que se publica é de *best-sellers*, reais ou supostos, de qualidade tão discutível e de interesse tão momentâneo que mal justificariam o esforço de uma versão mais cuidada. E assim se instala uma rotina de utilitarismo rasteiro dentro da qual há pouco lugar para o cultivo da tradução como arte – a arte que é o plano por excelência dos valores. Ora, ressaltar e aferir valores é a tarefa precípua do crítico de tradução, o qual pouco tem a fazer quando eles escasseiam.

Afora isso, outras duas circunstâncias não devem ficar esquecidas. A propósito das críticas de Francesco de Sanctis a traduções de Virgílio feitas por Caro e Leopardi, perguntava-se Valery Larbaud que tradutor seria capaz de as ler "sem pensar em seus próprios trabalhos e sem experimentar algum embaraço à lembrança dos seus próprios pecados – de omissão ou de comissão?"[16]. Essa infusa consciência de culpa, a que subjaz o que chamei certa ocasião de complexo ou síndrome de Judas, pode inclusive levar o tradutor-crítico mais consciencioso a abdicar do ofício de palmatória do mundo. Mesmo porque os seus reparos, por bem intencionados ou comedidos que sejam, raramente serão recebidos sem indignação por aqueles aos quais visam. É ainda Valery Larbaud quem nos diz serem os tradutores, mais que os poetas da frase famosa de Horácio, *genus irritabile*, uma raça irritável. Essa irritabilidade, ele a atribui a um "amor-próprio sempre disposto a ver num erro um atentado à honra, e a correção de tal erro por um confrade uma ofensa grave, o que é sinal, humano sem dúvida, demasiado humano, de uma altiva paixão, digamos mesmo de uma virtude: a consciência profissional"[17].

16. Valery Larbaud, *De la Traduction*, p. 15.
17. *Idem, Ibidem*, p. 63.

Infelizmente, num meio cultural tão ralo quanto o nosso, não é comum encontrar a paixão da consciência profissional. O que se encontra mais frequentemente é a suscetibilidade do amadorismo ou da improvisação institucionalizada. Mas esta não merece sequer o esforço da crítica; de resto, de nada lhe adiantaria. O pior cego é o que não quer enxergar. Melhor dizendo: enxergar-se.

PARTE VII

De Cacau *a* Gabriela*: um Percurso Pastoral*

Nota Liminar

Este ensaio foi escrito, a convite da Fundação Ayacucho, da Venezuela, para servir de prólogo a uma edição em espanhol de *Cacau* e *Gabriela Cravo e Canela* da prestigiosa Biblioteca Ayacucho, em cujo catálogo figuram os principais autores da América Latina, antigos e modernos. O convite me deu a oportunidade, ou melhor, o pretexto de voltar a debruçar-me, desta vez analiticamente, sobre duas obras capitais de um romancista por quem tenho velha e fiel admiração. Li *Cacau* pela primeira vez no começo da adolescência; foi por seu intermédio que descobri então poder a literatura ser, mais do que veículo de entretenimento, uma via privilegiada de descoberta do mundo; no caso, especificamente, da realidade brasileira. Mais tarde, com *Gabriela,* pude avaliar o quanto o espontâneo talento de narrador testemunhado em *Cacau* amadurecera em arte de mestre na grandeza de um quadro de tessitura por assim dizer polifônica, dos mais bem logrados de que se pode orgulhar a prosa de ficção do Brasil.

Não será demais sublinhar aqui que as lentes do analista não teriam podido ver com propriedade o que pretendiam esmiuçar em *Cacau* e *Gabriela* se por trás delas não estivessem os olhos empáticos do leitor inocente que os leu pela primeira vez. Essa empatia ou inocência costuma ser depreciada pelos fanáticos do método sob a pecha de "impressionismo". Sem ela, porém, o método não consegue ir além de uma hermenêutica burocrática de que espero em Deus não ser acusado no que se segue.

Gostaria por fim de agradecer à poeta Myriam Fraga a acolhida tão simpática que deu ao meu ensaio na coleção "Casa de Palavras".

JOSÉ PAULO PAES
maio de 1991

De *Cacau* a *Gabriela*: Um Percurso Pastoral

I

Na biografia literária de Jorge Amado – o mais popular dos grandes romancistas brasileiros em sua própria pátria, o mais traduzido e o mais bem conhecido fora dela – tanto *Cacau* quanto *Gabriela, Cravo e Canela* assinalam momentos de tomada e de correção de rumos, respectivamente, que servem para dividir a sua trajetória de ficcionista em duas fases. Embora tivesse estreado um ano antes com *O País do Carnaval,* é a partir de 1933 que, com *Cacau,* ele afirma reconhecivelmente a sua personalidade de escritor numa série de romances de engajamento político culminada em *Os Subterrâneos da Liberdade* (1954). Já com *Gabriela, Cravo e Canela*, inicia em 1958 uma outra fase que se estende até os dias de hoje e na qual o engajamento ideologicamente monódico recua para os fundos de quadro, sob a forma de um populismo entre sentimental e folclórico, deixando o proscênio livre para a polifonia das vozes sociais enfim representadas no seu complexo dialogismo. É importante acentuar que, apesar dos vínculos exteriores com as particularidades dos climas de época em que cada um foi escrito e publicado, a representatividade desses romances-marco tem antes a ver com uma lei de desenvolvimento interno da arte de ficção de Jorge Amado que mais adiante se cuidará de explicitar e ilustrar. Acentue-se ainda, não menos importante, o nexo de continuidade que, para além das diferenças de tempo, de enfoque, de estilo e de propósitos, liga um romance ao outro e ambos aos demais romances do autor, numa demonstração de coerência do seu projeto ficcional nem sempre reconhecida por seus críticos.

Para poder entender os pressupostos dessa coerência, bem como as relações de simetria entre o desenvolvimento do projeto e as circunstâncias com que ele teve de avir-se, é indispensável examinar mais de perto os dois romances-marco que lhe balizam o curso.

II

Pelas suas peculiaridades de forma e de conteúdo, *Cacau* é um romance característico dos anos 30, quando a radicalização político-ideológica que na Europa preparou terreno para a Segunda Guerra Mundial vem repercutir no Brasil sob forma de um anseio por reformas político-sociais de base. Desse generalizado anseio, a luta dos jovens oficiais do exército nacional, vanguarda da classe média no confronto com a oligarquia dos grandes proprietários rurais, pode ser vista como a primeira manifestação no plano da ação revolucionária. A maioria dos próceres do movimento tenentista, cujo ciclo histórico se estende de 1922 a 1927, se iria integrar à revolução de 30 – a ambígua revolução de Getúlio Vargas de onde saiu tanto o autoritarismo corporativista do Estado Novo (1937-1944) quanto o trabalhismo populista de 1945 em diante. É durante a década de 30 que se polariza definitivamente no Brasil o conflito entre esquerda e direita. Esta representada pelas várias correntes do pensamento conservador, sobretudo a reação católica e o Integralismo de Plínio Salgado; aquela, pelo partido de Luís Carlos Prestes, o mais radical dos chefes do Tenentismo, ou seja, o Partido Comunista, de que Jorge Amado seria, dessa época até meados da década de 50, o expoente intelectual.

O choque de ideologias e a ânsia de reformas sociais que marcaram o *Zeitgeist* dos anos 30 brasileiros tiveram no chamado "romance do Nordeste" desses anos a sua melhor representação literária. Se bem que restrito ao empenho individual de um senhor de engenho de ideias mais arejadas, o reformismo já reponta no enredo de *A Bagaceira* (1928) de José Américo de Almeida, tido como iniciador do romance nordestino de 30. Outros romancistas radicalizariam o sentido crítico de *A Bagaceira* ao tematizar com maior poder de convencimento a decadência do patriciado rural, as condições de vida sub-humanas dos trabalhadores e o flagelo das secas do Nordeste. É o caso de Rachel de Queiroz com *O Quinze* (1930), sobre os retirantes ou flagelados do Ceará; de José Lins de Rego com *Menino de Engenho* (1932), volume inicial de seu "Ciclo da cana de açúcar", ambientado nos engenhos e usinas da Paraíba e de Pernambuco; de Amando Fontes com *Os Corumbas* (1933), em torno da miséria operária de Aracaju; de Graciliano Ramos com *São Bernardo* (1934), cujo autocrítico narrador é um fazendeiro do sertão de Alagoas. O que de pronto distinguia esses romances da ficção regionalista predecessora deles era um acentuado deslocamento do centro de interesse.

Passava-se do registro das características mais ou menos pitorescas de vida nos vários rincões do país para os seus dramas humanos no que tivessem a ver com as desigualdades e a exploração social. Era o *V Narod*[1] ou "ida ao povo" assinalada por Antonio Candido.

Nessa ida, ninguém foi mais longe, do ponto de vista político-ideológico, do que Jorge Amado de *Cacau*. Na nota prefaciatória à primeira edição do livro, perguntava-se seu autor com a natural ansiedade dos recém-convertidos: "Será um romance proletário?"[2]. Era-o sem dúvida alguma e vinha incorporar à geografia do romance nordestino de 30 uma nova área – o sul da Bahia com a sua civilização do cacau. A fim de poder mostrar ao leitor os aspectos mais típicos dessa civilização, o romancista usou o recurso de dar a um forasteiro, que os ia descobrindo paulatinamente e partilhando a descoberta com o leitor, o privilégio da voz narrativa. Voz articulada sempre na primeira pessoa do singular, a não ser no capítulo de abertura, onde a terceira pessoa da onisciência fabular alterna com a segunda do plural, com um "nós" cuja função ostensiva é sublinhar o enfoque coletivista do romance, voltado para a história de vida do seu protagonista na justa medida em que servisse para ilustrar as provações e as esperanças da classe social à qual ele se orgulhava de pertencer, a classe dos espoliados das fábricas e das fazendas. A circunstância de só num dos capítulos finais vir o leitor a conhecer o nome próprio do narrador – José Cordeiro, – até ali designado apenas por Sergipano, é bem probatória do pri-

---

1. A expressão russa *V Narod* significa literalmente "ida para dentro do povo" e dela tiraram sua designação os *narodniki* ou populistas russos da segunda metade do século XIX. Propugnavam os *narodniki* por uma democracia camponesa baseada no *mir* ou comuna agrária, sobrevivência feudal tipicamente russa que opunham ao capitalismo, por eles visto como um fenômeno regressivo. O teórico do populismo foi Mikhailovski (1842-1904); Lenine o criticou severamente, e às teses dos *narodniki*, porque as tinha por expressões de um utopismo pequeno-burguês. Cf. Jean Fréville, *Trechos Escolhidos de Marx, Engels, Lenine e Stalin sobre Literatura e Arte,* trad. Eneida, Rio, Calvino, 1945, p. 252.

2. Em *Some Versions of Pastoral* [a study of lhe pastoral form in literature; Harmmondsworth, Penguin, s.d., p. 11], William Empson considera proletário um romance "em que nenhum outro mundo social (ideologia) é trazido à baila a não ser o dos seus personagens, que são trabalhadores fabris". Já o conceito de um crítico americano dos anos 30, Graville Hicks (citado por Edmund Wilson em *The Triple Thinkers / The Wound and the Bow,* Boston, Northeaslern University Press, 1984, p. 207), é mais estrito e pragmático. Ele chega a falar inclusive em "romance marxista" e o define como aquele capaz de "levar o leitor proletário a reconhecer o seu papel na luta de classes", pelo que cumpre ao romancista assumir o ponto de vista "da vanguarda do proletariado e ser, ou tentar ser, um membro deproletariado". Dado o seu ostensivo engajamento ideológico, *Cacau* estaria mais próximo desta conceituação.

mado do coletivo sobre o individual nesse romance desejadamente proletário que se propunha, palavras do autor, contar "com um mínimo de literatura para um máximo de honestidade, a vida dos trabalhadores das fazendas de cacau do sul da Bahia".

Para contá-la, o romancista elegeu como campo de observação uma típica e, por típica, possivelmente imaginária fazenda da zona de Pirangi, não longe de Itabuna e Ilhéus. Conforme se vai inteirando das condições de trabalho na Fazenda Fraternidade, que assim ela se chama, o leitor se dá fé do quanto há de irônico, amargamente irônico, nesse nome. Uma ironia diversa da de *O País do Carnaval*, que ainda ecoava, desde o título, a alegre irreverência dos modernistas de 22 contra a sisudez das instituições e da sua retórica patrioteira, a que opunham a visão, a um só tempo carnavalizada e supostamente desmistificadora do caráter nacional, de sátiras como *Macunaíma* de Mário de Andrade e *Serafim Ponte Grande* de Oswald de Andrade. Tampouco tem coisa alguma a ver com a amargurada ironia de *Cacau* o gosto do picaresco que, a partir de *Gabriela, Cravo e Canela*, se iria instalar na obra de ficção de Jorge Amado. É uma amargura por assim dizer de combate, a desse romance proletário onde o apego a um máximo de honestidade com um mínimo de literatura significava uma imersão lustral nas águas do obreirismo. Daí confundirem-se documento – o visto de fora – e participação – o sofrido por dentro – na figura do narrador, o qual, enquanto forasteiro de um outro Estado e de uma outra classe, se compraz em observar e anotar os usos da região para a qual imigrou, mas enquanto trabalhador ele também das suas roças de cacau, sofre as mesmas agruras dos que nelas já labutavam.

O registro documentário é responsável pela minuciosidade com que nos são pintadas a natureza e as condições de trabalho na Fazenda Fraternidade. Primeiro, a colheita, com longas varas providas de uma pequena foice na extremidade, dos frutos amarelos do cacau, dependurados das "árvores como lâmpadas antigas numa maravilhosa mistura de cor que tornava tudo belo e irreal" – mínimo de literatura imediatamente atalhado, máximo de honestidade obreira, com uma restrição de monta: "menos o nosso trabalho estafante". Depois, a juntagem dos frutos derrubados e a abertura de cada um com um pedaço de facão para tirar de dentro "os montes de caroços brancos de onde o mel escorria". É o chamado *cacau mole*, a seguir recolhido em *caçuás*, grandes cestos oblongos de fasquias de bambu ou vime, e transportados em lombo de burro até os *cochos*, caixas onde os frutos do cacau ficam a fermentar três dias; de quando em quando, os trabalhadores têm de pisoteá-los a fim de livrá-los do mel. Dos cochos os frutos vão para as *barcaças,* tabuleiros em forma de barco com frestas na parte mais funda pelas quais o mel escorre. Ali, onde duas vezes por dia se repete a dança de pisoteio, ficam eles a secar ao sol por oito dias. Quando chove, as barcaças são cobertas com folhas de zinco e em junho e julho, meses das águas, a secagem se faz numa estufa. É importante uma boa secagem, se não o cacau mofa: daí distinguir-se o cacau bem seco, *superior*; do mofado, cacau apenas *good*, de preço mais baixo. Uma vez secos, quando adquirem cor negra e cheiram fortemente a chocolate, os caroços são levados por tropas de burro até Pirangi, para transporte em trem a Ilhéus, o centro comprador.

Nessa minuciosa descrição do processo de colheita e preparo do cacau – descrição em que os termos grifados são tecnicismos, alguns já consignados nos dicionários como brasileirismos da zona cacaueira da Bahia, inclusive com abonação de frases tiradas de livros do próprio Jorge Amado, – abundam, conforme seria de esperar-se de um romance proletário, pormenores acerca do sistema e das condições de trabalho. Trabalho feito por trabalhadores casados que, com a família (e a eventual ajuda de outros trabalhadores subcontratados), assumem a empreitada de colher uma roça. Ou então por avulsos ou *alugados*, que "trabalham por dia e trabalham em tudo, na derruba, na juntagem, no cocho e nas barcaças", isso evidentemente depois de terem começado a frutificar os cacaueiros plantados pelos contratistas: "A fazenda contrata com um chefe de família a derruba de uma mata e o plantio, no terreno, de uma roça... O contratista fica dono do terreno durante os dois ou três anos do contrato. Planta mandioca e legumes, com que vive. E no fim do contrato o patrão paga quinhentos ou oitocentos réis o cacaueiro".

Mas estes pormenores de ordem técnica servem apenas de ponto de partida para a denúncia das desumanas condições de trabalho nos cacauais, não obstante a aura de prestígio quase sagrado que lhes rodeava o fruto: "O cacau era o grande senhor a quem até o coronel temia". Do chocolate, a cujo preparo industrial se destinava o que plantavam, colhiam e aprontavam para embarque, os trabalhadores só conheciam o cheiro. Em compensação, o constante pisoteio sobre os caroços lhes deixava nos pés "uma crosta grossa formada pelo mel do cacau que os banhos no ribeirão não tiram e que fazem do calçar uma botina um enorme sacrifício". O pior era a labuta no "calor infernal" da estufa, temida "como um inimigo poderoso" desde o dia em que matou um dos trabalhadores. E quando outro trabalhador que cuidava das barcaças foi injustamente culpado pelo capataz de deixar mofar trinta arrobas de cacau, o prejuízo lhe seria descontado da paga futura. Mofina paga, por um trabalho estafante de sol a sol, que mal dava para trocar pela pequena ração semanal de carne seca, feijão, sabão, açúcar, cachaça e querosene. No "dia do saco", os trabalhadores eram obrigados a comprar sua ração na despensa ou armazém da própria fazenda. Como o despenseiro e o dono da fazenda estabeleciam os preços dos gêneros vendidos, o balanço entre receita e despesa de cada trabalhador era ajustado de modo a que ele nunca tivesse saldo e ficasse amarrado ao patrão pela dívida. Ele e seus filhos, pois desde os cinco anos de idade as crianças iam para os cacauais ajudar na juntagem dos frutos derrubados, crianças "vestidas de trapos, os olhos mortos, quase imbecis" que comiam terra às escondidas e mitigavam a fome crônica nos pés de jaca.

A maioria dos trabalhadores era de migrantes de outros Estados nordestinos. Tangidos pela seca e pela miséria, vinham eles para o sul da Bahia atraídos pela aura enganosa da sua prosperidade. O próprio narrador de *Cacau*, Sergipano, era um desses migrantes, conquanto se distinguisse dos demais sob vários aspectos. Filho de um industrial de S. Cristóvão, Sergipe, a sua foi, não obstante, uma infância e uma adolescência de pobreza. Logo depois da morte prematura do pai, um tio conseguiu se apoderar da fábrica dele, e o menino teve de ir morar, com a mãe e a irmã, numa casa operária, na parte pobre da cidade. Aos quinze anos, foi trabalhar na fábrica do tio: "Agora ia ser igual a eles completamente, operário da fábrica. Sinval não me diria mais com seu sorriso mofador: – Menino rico…". Este Sinval era um companheiro de brinquedos que, em vez de ficar na fábrica do S. Cristóvão, preferira emigrar para as fábricas de S. Paulo, onde acabara se metendo numa greve. Depois de aguentar por cinco anos a brutalidade do tio-patrão, Sergipano decide imitar o exemplo do amigo de infância e emigra também, só que para os cacauais do sul da Bahia.

A essa altura, se bem não tivesse ainda uma consciência ideologicamente formada, já tinha ele uma vaga consciência de classe: "sentia um certo orgulho da minha situação de operário. Não trocaria meu lugar na fiação pelo lugar de patrão". E o tempo que vai passar na Fazenda Fraternidade como alugado, até ir-se embora "para a luta de coração limpo e feliz", só servirá para aprofundar tal consciência, nela despertando a ânsia de ação política. Neste sentido, sem prejuízo da sua condição liminar de romance proletário, *Cacau* pode ser considerado também um *Bildungsroman,* um romance de aprendizagem, e, mais do que isso, como logo se verá, um romance idílico-pastoral[3] por inversão. Os dois últimos rótulos não se excluem entre si nem conflitam com o primeiro; ajudam antes a completá-lo. Caberia até dizer que *Cacau* é um romance proletário *porque* é um romance de aprendizagem *e* de tom idílico-pastoral por inversão. Estas três condições se articulam entre si dentro do mesmo projeto.

Ainda que comece em *media res,* com o narrador já empregado do coronel Manuel Misael, a narrativa de *Cacau* é retrospectiva. Quando se dispôs a escrevê-la, José Cordeiro já tinha deixado a Fazenda Fraternidade e vivia no Rio. Tanto assim que, no capítulo xv, em que narra a recusa de Honório, matador alugado a serviço do coronel, de liquidar Colodino por este haver agredido o filho do patrão, há uma indicação temporal importante: "só muito tempo depois" foi que o narrador descobriu não se chamar o gesto de Honório "generosidade" e sim "consciência de classe", expressão que aliás dá nome ao

---

3. O idílico-pastoral é um dos *cronotopos* básicos – ou seja, uma das formas de ligação entre tempo e espaço tal como representados no romance – que Mikhail Bakhtine propôs em *Questões de Literatura e de Estética: a Teoria do Romance* (trad. brasileira de A. F. Bernardini e outros, S. Paulo, Hucitec/ Unesp, 1988, pp. 227 e 333- 341). Caracteriza-se, tal cronotopo, por situar um idílio amoroso num espaço rural trabalhado por gerações sucessivas que com ele estabeleceram uma espécie de pacto de fidelidade. Esse espaço representa uma "condição ideal, perdida, da vida humana" e a ele está ligado o tempo cíclico dos trabalhos agrícolas em que se fundamenta o "tempo folclórico" da cultura popular, com o seu complexo de valores, tão bem desentranhado por Bakhtin da obra de Rabelais. Sobretudo a estrita equivalência entre o humano e o natural: "a vida da natureza e a vida humana estão fundidas num complexo; o sol está na terra, nos produtos de consumo, ele é comido e bebido. Os acontecimentos da vida humana são tão grandiosos como os acontecimentos da vida natural. [...] Ademais, todos os membros dessa contiguidade (todos os elementos do complexo) têm igual valor. Nessa série, a comida e a bebida são tão significativas quanto a morte, a procriação e as fases do sol". Com a divisão da sociedade em classes, cada vez mais distanciadas entre si, a unidade de valores do complexo folclórico se dicotomizou entre, de um lado, o plano do ritual, e, de outro, o do cotidiano: "o pão do ritual não é mais o pão real" mas sim um pão simbólico. Só o riso da sátira (que Bakhtin ilustra com o conto "A Matrona de Éfeso" do *Satyricon* de Petrônio e os do *Decameron* de Boccaccio), ao mesmo tempo em que denuncia a dicotomização, faz sentir a nostalgia da unidade perdida: "O triunfo da vida sobre a morte, todas as alegrias da vida – comida, bebida, ·copulação – em direta ligação com a morte, à beira da cova, a espécie de riso que ao mesmo tempo acompanha a época velha e encontra a nova, a ressurreição das trevas da ascese medieval para uma nova vida através da comunhão da comida, da bebida, da vida sexual, do corpo da vida, tudo isso assemelha o *Decamerão* com Petrônio". (p. 332). Mas estas conotações mais gerais do cronotopo idílico-pastoral (cuja pertinência para a semântica de *Gabriela, Cravo e Canela* será vista quando da análise deste romance) extrapola da sua utilização mais estrita e mais paródica (no sentido de inversão) em *Cacau,* onde só ressaltam os elementos do idílico (entre José Cordeiro e Mária) e do espaço rural (a fazenda Fraternidade).

capítulo em questão. E a julgar pelos indícios esparsos ao longo do livro, José Cordeiro só irá chegar à plenitude dessa consciência quando se educar ideologicamente no Rio, junto a companheiros de luta mais esclarecidos e mais experientes. Todavia, tal plenitude fora precedida pela sua renúncia definitiva ao passado de filho de industrial e pela sua ufania de passar a pertencer à classe trabalhadora. A ufania se vai consolidando à medida que ele se dá conta da essencial oposição de interesses entre os trabalhadores e os coronéis do cacau. Numa conversa de dois migrantes, ouve um comentário ilustrativo: "Pra gente é a mesma coisa, cacau baixo ou cacau alto" [no preço, entenda-se] "Pros coronéis, sim. Eu até gosto quando o cacau baixa". Da oposição de interesses nasce o sentimento de revolta que leva Honório a bravatear: "Um dia eu mato esses coronéis e a gente divide isso". É uma manifestação espontânea da luta de classes da qual "Eu [José Cordeiro] nada sabia naquele tempo, como os outros trabalhadores [...] Mas adivinhávamos qualquer coisa".

É no registro das etapas por que se forma a consciência de classe de José Cordeiro que *Cacau*, confirmando nisto o seu viés proletário, surge como um autêntico romance de aprendizagem. Daí a significância das alusões à necessidade e à vantagem do saber: "Instrução mesmo só tínhamos eu e Colodino, que andara pela escola e lia e escrevia para todo o pessoal". Escrevia, pois, as cartas dos seus companheiros analfabetos – e a carta tem grande importância na semântica de *Cacau*. Quando o mesmo Colodino, "aquele de nós que sabia mais, aquele que adivinhava", foge da ira do coronel e vai para o Rio, promete escrever a José Cordeiro. Não tarda a cumprir a promessa: "Venha embora para cá, Sergipano. Aqui se aprende muito. Tem resposta para o que a gente perguntava aí. Eu não sei explicar direito... Você já ouviu falar em luta de classe? Pois há luta de classe. As classes são os coronéis e os trabalhadores. Venha que fica sabendo tudo. E um dia a gente pode voltar e ensinar os outros".

Aprender, ensinar – o *Bildungsroman* aponta com o dedo para a sua própria máscara, a exemplo do que o fizera, desde o início, o romance proletário. A carta de Colodino aparece transcrita num capítulo intitulado "Correspondência", ao lado de cartas de prostitutas e de outros trabalhadores. Não se deve estranhar a simbiose: para o narrador, as rameiras da rua da Lama são "operárias do sexo" e ele se pergunta "Quando chegará o dia da vossa libertação?" no fecho de uma tirada onde o "vós" da empostação retórica contraria a buscada simplicidade de linguagem do livro. No mesmo capítulo, José Cordeiro confessa que a ideia de escrever *Cacau* lhe veio no Rio de Janeiro ["hoje sou operário tipógrafo, leio muito, aprendi alguma coisa") ao reler cartas de rameiras e trabalhadores. A princípio tencionava simplesmente publicar as cartas, mais tarde resolveu escrever um livro: "Não é um livro bonito, de fraseado, sem repetição de palavras. [...] Demais não tive preocupação literária ao compor essas páginas. Procurei contar a vida dos trabalhadores das fazendas de cacau". Proclama-se aqui, sob forma condensada, uma estilística do romance proletário ilustrada no ato pela própria escrita de *Cacau,* cujo despojamento quase tosco marcou época. Marcou por ser uma reação contra a linguagem enfeitada da prosa de arte dos pré-modernistas, que chegara a contaminar, Coelho Neto à frente, regionalistas como Alcides Maia e Xavier Marques. Sequer ficaram imunes os modernistas de 22. A preocupação do romper com os modelos do passado não impediu o gosto do ornato de prolongar-se na exuberância folclórico-coloquial de *Macunaíma* de Mário de Andrade e no metaforismo ultrafuturista *das Memórias Sentimentais de João Miramar* de Oswald de Andrade[4]. Nada mais natural portanto que, à riqueza verbal desses antecessores mais ou menos próximos, *Cacau* contrapusesse a deliberada pobreza de uma escrita para a qual o enfeite só servia para borrar a nitidez de contornos da realidade. Uma escrita que, por pobre, era proletária e tinha como divisa um máximo de honestidade para um mínimo de literatura. Em respeito a essa divisa, a prosa de *Cacau* sacrificava qualquer arroubo de encompridamento ornamental no altar de uma concisão funcional – capítulos curtos, frases não menos curtas, poucos adjetivos, descrições reduzidas ao mínimo. Em compensação, a abundância de diálogos apontava para um primado da objetividade do expresso sobre a subjetividade do inexpresso, tanto quanto para o ascendente de uma oralidade captada jornalisticamente ao vivo sobre os cuidados da elaboração literária. É o que reconhece, num lance de autocrítica, o próprio narrador: "Esse livro está sem seguimento. Mas é que ele não tem propriamente enredo e essas lembranças da vida da roça eu as vou pondo no papel à proporção que me vêm à memória. [...] Por vezes tive ímpeto de fazer panfleto e poema. Talvez nem romance tenha saído".

De fato, os quadros isolados de que se compõe o romance se engrenam frouxamente, "sem seguimentos", como reconhece o seu suposto autor. Cada

---

4. Sobre o ornamentalismo modernista, ver, no meu ensaio "Cinco Livros do Modernismo Brasileiro" em *A Aventura Literária: Ensaios sobre Ficção e Ficções*, São Paulo, Companhia das Letras, 1990, pp. 63-94, a parte referente a *Macunaíma* e *Memórias Sentimentais de João Miramar.*

VII. De *Cacau* a *Gabriela*: Um Percurso Pastoral

capítulo, indica-o o respectivo título, trata de um assunto em separado – a infância do narrador, sua viagem para a Bahia, sua contratação pelo coronel, seu primeiro contato com os trabalhadores da fazenda, o sistema de colheita e preparo do cacau, e assim por diante. O principal nexo entre os capítulos é a unidade da voz narradora e, em menor medida, a unidade de lugar da ação – a Fazenda Fraternidade. Outro ponto de interesse no lance autocrítico está na referência aos ímpetos do narrador "de fazer panfleto e poema". Se bem não haja panfleto[5] propriamente dito em *Cacau*, há uma certa tendência para a caricatura maniqueísta. Os ricos ali são sempre obesos, como o tio de José Cordeiro, cuja barriga era um índice de prosperidade: "À proporção que o meu tio enriquecia, ela se avolumava [...] enorme, indecente, monstruosa". Mau patrão que deflorava operárias e lhes batia nos filhos, esse tio era o reverso do pai do narrador, homem educado na Europa, admirador dos "objetos velhos e antigos" e das "coisas frágeis", bom patrão que viveu sempre "em boa harmonia" com os operários e que "ouvia as suas queixas e sanava os seus males quanto possível".

Com o lápis da caricatura é desenhada também a família do dono da Fazenda Fraternidade, o coronel Manuel Misael com a "barriga redonda, símbolo da sua fartura e da sua riqueza", a mulher dele, D. Arlinda, derreando um "pobre burro com os seus quase cem quilos", o filho estudante, Osório, "elegante, estúpido, tratando os trabalhadores como escravos". Aparentado ao pendor para a caricatura, há ainda o gosto dos contrastes bem marcados. São "as mãos pequenas, de unhas vermelhas e bem chiques" de D. Arlinda contrastando com as "mãos grandes e calosas, de unhas magras e bem sujas" da mulher de um trabalhador a quem ela prega o evangelho do trabalho. São as duas festas simultâneas de S. João, na sede da fazenda para a família e os convidados do coronel, na casa de um dos trabalhadores para os alugados e contratistas. O contraste entre as duas festas é metonimicamente marcado pelas duas bacias em que, cá como lá, se fazem as adivinhações casamenteiras:

---

5. Isso, evidentemente, se se considerar panfleto como sinônimo de propaganda pura e simples, ou seja, meio de conquistar a adesão do leitor para uma determinada causa, política no caso. Não parece ter sido essa a intenção imediata do autor de *Cacau*, ainda que ele ali tivesse deixado bem claro o seu ponto de vista acerca da luta de classes. Conquanto *Cacau* possa eventualmente predispor o leitor a perfilhar tal ponto de vista, fá-lo-á por via de um processo antes de empatia ou contaminação – típico da "suspension of disbelief" que Coleridge tinha por consubstancial à ficção literária – que de pregação ou aliciamento ideológico declarado.

uma, simples "bacia de água parada"; a outra, "bacia bonita, de uma louça de nome complicado, com pinturas".

Quase escusava dizer serem contrastes desse tipo mais ou menos canônicos numa literatura de combate como a proletária. E não deixa de sê-lo também a ênfase no ódio dos explorados pelos exploradores, o qual, no plano dos sentimentos, antecede o surgimento da consciência de classe politicamente assumida. No episódio das mãos ricas e pobres há pouco citado, ao mesmo tempo em que olhava as suas, a mulher trabalhadora "sorria o sorriso mais triste do mundo". Sorriso que, para afastar qualquer suspeita de submissivida-de ou fatalismo, o narrador se apressa em descodificar: "Não chorava porque ela, como nós, não sabia chorar. Está aprendendo a odiar".

O ódio de classe se vai complicar, no caso de José Cordeiro, daquela con-fusão de sentimentos própria dos amores impossíveis. Seu breve idílio com Mária, a filha do dono da fazenda, se constitui aliás no centro da ação dra-mática de *Cacau*, se assim se pode falar de uma narrativa tão pobre de drama-ticidade. É em torno desse centro, ademais, que se tece a "moral" do livro: conforme assinala Ian Watt, generalizando como elementos estruturais as par-ticularidades do romance inglês do século XVIII, a alguma "intenção moral", estão sempre subordinadas tanto a "verossimilhança", quanto a "coerência intrínseca", desse gênero de prosa de ficção[6]. O idílio entre o empregado e a filha do patrão começa a partir do momento em que ele é escolhido pelo coronel para servir à sua família durante as férias na fazenda. Conquanto se tratasse de um trabalho mais leve que o da roça, os outros alugados zombavam de quem fosse escolhido para ele – o que era motivo de particular vexame para José Cordeiro, tão orgulhoso da sua condição proletária. A ponto de, diferentemente de Algemiro, o capataz que gostava "de festas de gente rica e inchava de vaidade porque tratavam-no bem", ele, José Cordeiro, sentia-se, embora "descendente de família rica [...] mais perto dos trabalhadores do que ele [Algemiro] que vinha de gerações e gerações de escravos". O teor desta citação tem muita pertinência para o bom entendimento do pastoralismo às avessas que, como "intenção moral" de base, preside a semântica proletária tanto da efabulação quanto do estilo de *Cacau*.

---

6. Ian Watt, *A Ascensão do Romance: Estudos Sobre Defoe, Richardson e Fielding,* trad. H. Feist, São Paulo, Cia. das Letras, 1990, p. 116. Para uma abordagem recente e mais ampla da questão, ver John Gard-ner, *On Moral Fiction*, Nova York, Basic Books, 1978.

VII. De *Cacau* a *Gabriela*: Um Percurso Pastoral

A característica de base da literatura pastoral[7] é, como se sabe, a oposição entre cidade e campo. Por ela se exprime, as mais das vezes, uma idealização da simplicidade da vida campestre sob o ponto de vista do complicado e insatisfeito homem das cidades. Tal idealização tem o seu sinal invertido em *Cacau*, inversão por via da qual faz praça de si o realismo proletário do seu narrador. A propósito de Magnólia, alugada da fazenda para a juntagem do cacau, anota ele: "Magnólia era bonita, sim. Não como essas roceiras heroínas de romances de escritores que nunca visitaram uma roça. Mãos calosas e pés grandes. Ninguém que trabalhe numa fazenda de cacau tem os pés pequenos. [...] Não pensem que Magnólia conversava bem. Isso é coisa que não existe na roça. Ela sabia palavrões e os soltava a cada momento". Mais adiante, a propósito da mulher de um contratista condenado a dezoito anos de prisão por ter matado o patrão explorador, observa o mesmo narrador: "A história de Sinhá Margarida seria chamada pelos escritores de horrorosa tragédia se os escritores viessem às roças de cacau". Finalmente, quando Mária lhe fala de um artigo que pretende escrever a respeito "das festas, da beleza das roças, da boa vida de vocês", ele lhe contesta a idealização literária porque não quer que ela seja "desonesta". Eis, ressurgindo dentro do próprio fluxo da narrativa, o lema do máximo honestidade x mínimo de literatura inscrito no seu prefácio.

Em nome de um realismo de documento colhido ao vivo *in loco*, o que se condena aqui é a visão romântica a distância, e por isso mesmo idealizada, da vida e da gente da roça. A convencionalidade desse tipo de visão se denunciava, na literatura pastoral mais antiga, pela contradição ou incoerência entre o estilo elevado, "nobre" da representação, e o assunto prosaico e os personagens rústicos representados. Para buscar exemplos, não é preciso remontar à antiguidade greco-latina nem ao arcadismo neoclássico; basta lembrar, mais próxima, a empostação do nosso indianismo do século XIX[8], a qual se prolongou, embora atenuada, na ficção regionalista dos fins desse mesmo século e das duas primeiras décadas do atual. Pois tanto o indianismo quanto o regionalismo são modalidades de literatura pastoral na medida em que privilegiam, como cenário da ação dramática, um espaço físico onde a vida

---

7. Consultar o verbete "Pastoral poctry" em Joseph T. Shipley (ed.), *Dictionary of World Literary Terms: Criticism, Forms, Technique,* Londres, Georges Allen & Unwin, 1955.

8. Ver a propósito as observações de Batista Caetano sobre a linguagem da ficção indianista brasileira citadas por Wilson Martins na sua *História da Inteligência Brasileira*, S. Paulo, Cultrix/Edusp, 1978-79,7. vols., vol. III, p. 220.

humana se funde à vida da natureza[9]. Esta é tida, à Rousseau, como fonte pristina de virtudes, matriz dos valores do homem natural mais tarde degradados pelo artificialismo e pelas convenções sociais da urbanidade. Donde o sentido pedagógico da volta ao campo para o homem das cidades, que ali poderia reconquistar, por simplificação de conduta, a felicidade do Éden primevo. No pastoralismo barroco e rococó, essa felicidade está ligada de perto aos motivos idílicos de encontro e conciliação, sob a égide do amor, de classes sociais antagônicas: o nobre se faz campônio e a camponesa fidalga[10].

Esse é o tipo de conciliação a que o *penchant* sentimental de Mária por Sergipano busca arrastá-lo: "Ela queria fazer de mim um bom católico e me acenava com o lugar de capataz". O aceno fora precedido aliás por uma referência idílica de tom paródico quando, capítulos atrás, Mária lhe contou o enredo de um romance francês que terminara de ler: "É uma história bonita. Uma condessa que vai ao seu castelo no campo e se apaixona por um roceiro. A família se opõe, mas ela casa e o roceiro vai ser conde. E viveram felizes…". A leitura de Sergipano, antípoda da dela, é virtuosamente obreira: "O roceiro é um traidor. […] Traiu os outros trabalhadores". Para não trair também, ele próprio prefere renunciar ao amor no nascedouro e ir-se embora da fazenda: "Olhei sem saudades para a casa grande. O amor pela minha classe, pelos trabalhadores e operários, amor humano e grande mataria o amor mesquinho pela filha do patrão. […] Eu partia para a luta de coração limpo e feliz".

Aparentemente, tem-se aqui o inverso da clássica situação pastoral. De um lado, a negação da possibilidade de classes antagônicas se reconciliarem idilicamente pelo amor; de outro, a troca, eminentemente anti-idílica, do campo pela cidade. Isso porque, na topografia marxista de *Cacau*, o campo é o espaço da alienação maior do trabalhador, ainda incapaz de se organizar contra o explorador: a greve a que faz referência o capítulo desse nome aborta antes de se articular: "Chegou trezentos e tantos flagelados que trabalha por qualquer dinheiro […] Estávamos vencidos antes de começar a lutar". Inversamente, a cidade é o espaço por excelência da conscientização de classe

---

9. Bakhtin classifica o romance regional como "o idílio dos trabalhos agrícolas onde o rítmo da vida concorda com o ritmo da natureza e o lado ideológico – língua, crenças, moral, costumes – […] é mostrado em ligação ininterrupta com a localidade determinada" (*op. cit.*, pp. 335-337).

10. Essa conciliação é apontada por William Empson como típica do que ele chama de antiga pastoral: "O artifício essencial da antiga pastoral era dar a entender uma bela relação entre ricos e pobres" (*op. cit.*, p. 17).

VII. De *Cacau* a *Gabriela*: Um Percurso Pastoral

e da arregimentação para a luta, pelo que não surpreende seja o narrador de *Cacau* um operário de província que termina por ir buscar na grande metrópole industrial as luzes ideológicas de que se sente carecido. Esta dupla ênfase no urbano e no fabril responde de perto à visão marxista-leninista da classe operária como vanguarda a reboque da qual deverão marchar as massas do campo na vindoura revolução social. (Entre parênteses, não fique sem registro a circunstância de a utopia da revolução igualitária, construto desentranhado pelo marxismo do comunismo primitivo, quadrar à maravilha num contexto como o pastoral, desde sempre voltado para a recorrência, em futuro também utópico, de uma idade de ouro originária.) Outra ênfase igualmente dupla de *Cacau* é a própria história de vida do seu narrador, que não só se envaidece de se ter convertido, de filho de dono de fábrica, em operário de fiação e trabalhador de roça, como se recusa outrossim, pelo casamento vantajoso com que a sua condessa o tenta ("Papai [...] lhe dará uma roça, você será patrão"), a reintegrar-se no seio da classe senhorial.

Todos estes elementos de negação parecem distanciar *Cacau*, insista-se, do modelo pastoral em que se tentou enquadrá-lo. Mas esse distanciamento apenas aparente é natural da paródia, a qual acaba repetindo em si, por inversão simétrica, as linhas de força da forma parodiada. Nisto, e enquanto romance proletário, *Cacau* confirma ao pé da letra a observação de William Empson de ostentar a literatura proletária "via de regra, uma sugestão de pastoral, uma forma intrigante que parece ser proletária, mas não é"[11]. Tal forma intrigante ressalta na própria gênese narrativa do primeiro romance de engajamento de Jorge Amado, que o faz contar, não por um proletário "puro", mas por um burguês proletarizado, e que se pergunta angustiadamente já desde o prefácio: "Será um romance proletário"? Mas nem esta discutível situação autoral, nem o embuçado pastoralismo às avessas de que naturalmente se acompanha devem ser tidos como provas de acusação. Haverão de ser antes de defesa. Quem sabe não são precisamente as contradições intrínsecas que, com dinamizar-lhe a escrita, impedindo-a de sufocar na camisa de força da propaganda, respondem pela legibilidade e pelo interesse de *Cacau* ainda nos dias de hoje, tão longe dos ideológicos, ferozmente ideológicos anos 30?

11. William Empson, *Some Versions of Pastoral*, p. 13.

III

Os vínculos de *Gabriela, Cravo e Canela* (1958) com o clima ideológico da época em que foi escrito e publicado não são, nem de longe, imediatos e declarados como os de *Cacau* com o obreirismo de programa dos anos 30. Trata-se de vínculos antes de omissão que de comissão. Explicando melhor: é na medida em que não faz praça de um compromisso explícito de engajamento que *Gabriela* dá boa conta da circunstância histórica da sua composição, o final dos anos 50 quando o desmonte do mito estalinista aliviara finalmente os escritores de esquerda das coerções mais tirânicas do chamado realismo socialista. Visto desta perspectiva, *Gabriela* parece estar nos antípodas de *Cacau*, tantas são as diferenças que dele o estremam. Duas parecem ser particularmente relevantes.

Primeira, a de sua ação não se ambientar num passado como o do narrador autobiográfico de *Cacau* que, por muito próximo, em pouco ou nada se distinguia do presente dos seus leitores. A história de Nacib e Gabriela remonta ao ano de 1925, "um tempo curto de meses e longo de acontecimentos, particularmente decisivo na crônica da cidade de Ilhéus, pois foi nesse ano que a dragagem do porto, para abri-lo a navios de grande calado, possibilitou a exportação direta do cacau, com o consequente ascenso político e social dos exportadores e o declínio não menos consequente do poder absoluto dos coronéis". Se por mais não fosse, a visada histórica facultou *in limine* a *Gabriela* desobrigar-se das palavras de ordem da imediatez política, num distanciamento cujos benefícios puderam ser vistos desde *Terras do Sem Fim* (1942). No artigo em que recenseou este último à época de sua publicação, dizia Antonio Candido: "Tornando-se histórico, o romance do Sr. Jorge Amado deixou de ser romance proletário para adquirir um significado mais extenso [...] através da história, que reúne espoliados e espoliadores numa relação de perspectiva, alargou a todos os homens a sua simpatia artística"[12].

Outra diferença de monta entre *Cacau* e *Gabriela* está na mudança do registro da voz narrativa, que passa da primeira pessoa da autobiografia para a terceira do discurso indireto. Como em *Terras do Sem Fim*, o romancista dela se vale para alargar a sua "simpatia artística" até a plenitude do dialógico, sob

---

12. Antonio Candido, "Poesia, Documento e História" em *Brigada Ligeira*, São Paulo, Martins, s.d., p. 58.

cujo signo passa a conversar plurilinguisticamente com os seus personagens. A todo passo, soa em *Gabriela* a duplicidade de vozes involucrando "ao mesmo tempo, duas intenções diferentes: a intenção direta do personagem que fala e a intenção refrangida do autor"[13]. Com isso, o uníssono ideológico do romance de engajamento, onde o Outro só aparece como caricatura, cede lugar à polifonia das vozes sociais, cada qual com a sua inflexão própria e o seu próprio universo de valores. E essas vozes múltiplas se articulam – para levar um pouco mais adiante o símile musical – em duas claves distintas. De um lado, a clave do coletivo, que rege, na história de Ilhéus, o confronto dramático entre o coronel e o exportador, ou, o que dá no mesmo, entre a tradição e a inovação. De outro, a clave do pessoal, em cuja pauta se inscreve o idílio entre Nacib e Gabriela. Ambas as claves confluem no empenho de modular, por nexos progressivos de consonância, a passagem do individual ao grupal, do econômico ao ético, do histórico ao mítico, do sentimental e do dramático ao cômico e ao picaresco, num amplo, variegado tecido sinfônico cujo poder de convencimento dá a medida do grau de mestria a que pôde chegar a arte de ficção de Jorge Amado. A amplitude sinfônica responde inclusive por uma terceira e óbvia diferença, a da extensão física entre as cento e poucas páginas de *Cacau* e as quinhentas e tantas de *Gabriela*. Foram estas as necessárias para erguer uma complexa polifonia narrativa, com dezenas de personagens e perto de uma centena de figurantes, onde nada é demais ou de menos: cada elemento, por mínimo que seja, tem o seu lugar certo e a sua função específica a cumprir na ordem de uma totalidade social artisticamente representada. E ao falar nesse tipo de totalidade, está-se implicitamente falando – dentro do conceito hegeliano do romance como "epopeia burguesa moderna" e como representação abrangente do "todo de um mundo onde se realiza uma ação individual"[14] – de uma dimensão épica ou heroica, residual, herdada por *Gabriela* de *Terras do Sem Fim* para a desenvolver não no mesmo diapasão, mas num diapasão idílico-paródico-pastoral cujas primícias, como vimos, estão em *Cacau*.

Esta perspectiva de uma continuidade menos fácil de distinguir porque subjacente à ostensiva perspectiva de diferenças, se escalona na série de romances que vão de *Cacau* a *Gabriela*. Podem alguns deles até ser vistos como

---

13. Bakhtin, *Questões de Literatura e de Estética: a Teoria do Romance*, p. 127.
14. Hegel, *Estética: Poesia*, trad. A. Ribeiro, Lisboa, Guimarães, 1980, pp. 190 e 173.

retomada e ampliação, em separado, de motivos apenas esboçados no primeiro desses dois livros, e que, enriquecidos de todas as conotações adquiridas durante o percurso, voltarão a confluir no segundo deles. Assim, por exemplo, com dar estatuto de protagonista a um figurante mencionado apenas de passagem em *Cacau*, pôde o romancista tratar em *Jubiabá* (1935) um tema que lhe é particularmente caro e que voltará a versar, sobretudo em *Tenda dos Milagres* (1970). Ou seja, a religiosidade folclórica do candomblé, tema por via do qual veicula a sua adesão ao mundo da cultura popular da Bahia enquanto oposto ao mundo da cultura burguesa estabelecida. A mesma oposição assume importância capital na semântica de *Gabriela*, cuja heroína, pelo seu apego ao mundo do circo, dos folguedos populares e das divindades do candomblé, tanto quanto por sua incapacidade ou recusa de incorporar os valores da "boa" sociedade, simboliza o próprio povo. Tal condição emblemática lhe é reconhecida no subtítulo do capítulo 4 do romance, onde se diz dela: "Talvez uma criança, ou o povo, quem sabe?".

O nome de Jubiabá aparece fugazmente citado, em *Cacau*, numa das orações "semicatólicas e semifetichistas" das mulheres dos trabalhadores da Fazenda Fraternidade, quando elas pedem a Santa Bárbara que as ajude a "ir à Bahia ver o santo Jubiabá, filho de Orixá-lá, Nosso Senhor". Bahia, no caso, é a velha denominação da capital do Estado na qual se passa toda a ação de *Suor* (1934), que firmou o espaço urbano na ficção de Jorge Amado, assim como *Cacau* nela firmara o espaço rural. Entre um e outro espaços, vai-se dividir doravante o romancista, mas sem perder quase nunca a marca localista, ele que desde *Cacau* escolhera subordinar a sua obra a um rótulo e plano geral, o de "Os romances da Bahia". Pode-se dizer que em *Gabriela* ambos os espaços, o rural e o urbano, se interpenetram. Diferentemente de Salvador, tão afastada da zona cacaueira, embora dela recolha os maiores proventos com exportar pelo seu próprio porto – pelo menos até 1925 – todo o cacau lá produzido, Ilhéus não passa de uma extensão ou apêndice citadino dessa zona, de que tanto depende. Tal dependência e proximidade estão metonimicamente expressas no fato de os forasteiros que lhe andam pelas ruas se entontecerem com "o perfume das amêndoas do cacau seco, tão forte". Esta metonímia de ordem olfativa é particularmente significativa num romance onde o primado do aromático, patente desde as duas especiarias referidas no seu título – cravo e canela, – remete de pronto aos prazeres do paladar, intimamente ligados aos do sexo numa tábua de valores sensuais que ficam tão longe da frugali-

VII. De *Cacau* a *Gabriela*: Um Percurso Pastoral

dade proletária de *Cacau* quanto perto do hedonismo da cultura folclórica, em que a cozinha regional ocupa o mesmo lugar de honra do ritual religioso. Isso numa equipoderância de valores materiais e espirituais tão bem destacada nessa cultura por Mikhail Bakhtin[15].

Voltando agora à seriação cronológica dos romances que intermedeiam *Cacau* e *Gabriela*: coube a *Mar Morto* (1936) introduzir o tema do mar do Recôncavo, ao mesmo tempo que uma escrita lírica cuja matriz mais recuada, na ficção brasileira, se encontra na prosa poética, amiúde metrificada, da *Iracema* de Alencar. Na obra de Jorge Amado, o mar é o espaço simbólico da aventura, do risco, da liberdade, virtualidades corporificadas, em *Gabriela*, na figura de Sete Voltas, marujo de dimensões heroicas ("uma espada de fogo, um raio perdido, um espanto na noite, um ruído de guizos") que excele na luta de capoeira, nas brigas de navalha, nas voluções do terno de Reis. Ao dançar ao seu lado, muda-se maritimamente em "cavalo de Iemanjá" a Gabriela retirante do agreste, cabendo lembrar de passagem que a personagem da bela retirante já aparecera em *Seara Vermelha* (1946). O mesmo Sete Voltas é quem rapta o *chef de cuisine* de Nacib para que Gabriela possa voltar a cozinhar para o ex-marido. Por sua vez, a escrita lírica de *Mar Morto* vai reaparecer em *Gabriela* naqueles momentos em que, sem abrir mão do discurso de terceira pessoa, o narrador assume dialogicamente o fluxo de consciência da sua heroína. Para ser-lhe fiel ao emblematismo de "talvez uma criança, ou o povo, quem sabe", não apenas mimetiza a sua candidez de espírito como lhe dá ao encadeamento das ideias um ritmo de redondilho, o metro popular por excelência: "Ficava sem jeito, vestida de seda, sapato doendo, em dura cadeira [...]. Queria um fogão, um quintal de goiaba, mamão e pitanga, um quarto dos fundos, um homem tão bom". Consubstancialmente ligado à candidez de Gabriela, com o seu pueril deslumbramento pela *féerie* do circo (a qual, na ficção de Jorge Amado, é inseparável do mundo da cultura popular), aparece a figura do negrinho Tuísca, o empregado de Nacib depois gloriosamente promovido a artista do picadeiro. Esta figura de filho do povo cedo obrigado a trabalhar para o sustento da famí-

15. Bakhtin (*Questões de Literatura e de Estética: a Teoria do Romance*, pp. 282-316 e 317-332) estuda na obra de Rabelais a fidelidade desta aos valores do que chama de antigo complexo folclórico, onde "a vizinhança das coisas correspondia mais à sua natureza" e as convenções falsas e o ideal do além (típico do mundo medieval, com a sua aversão à vida do corpo, signo de corrupção) eram desconhecidos. Nesse complexo, as várias séries de "valores" (do corpo humano, da indumentária, da nutrição, da bebida e da embriaguez, da copulação, da morte, dos excrementos) se entrecruzavam sem distinções hierárquicas e com estatuto de equiponderância.

José Paulo Paes: *Crítica Reunida Sobre Literatura Brasileira & Inéditos em Livros*

lia começa a se esboçar nos meninos comedores de jaca de *Cacau*, algemados ainda à miséria da gleba, para depois adquirir traços definitivos nos pequenos e livres heróis de *Capitães da Areia* (1937). Traços aliás prefigurados no negro Antônio Balduíno, que é, ao lado do personagem-título, o pai de santo seu guia e mentor, um dos protagonistas de *Jubiabá*. Balduíno, a primeira figura de herói popular na obra de Jorge Amado, foi menino de morro, capitão de areia e artista de circo.

Mas os vínculos mais fortes de *Gabriela* são com os dois romances que lhe estão cronologicamente mais próximos, *Terras do Sem Fim* (1942) e *São Jorge dos Ilhéus* (1944). Aquele porque fixa o nascimento histórico da dinastia dos coronéis durante as lutas pela posse das terras da zona cacaueira. Este porque, ao tematizar o ulterior surgimento da dinastia dos exportadores de cacau, que se substituirá no poder à dos coronéis, está ambientado na mesma cidade cuja crônica, segundo reza o seu subtítulo de "Crônica de uma Cidade do Interior", *Gabriela* empreenderá. A exemplo dos outros romances mais atrás citados, *Terras do Sem Fim* e *São Jorge dos Ilhéus* têm os seus embriões igualmente em *Cacau*. Em duas passagens deste, fala-se dos "bons tempos das fortunas rápidas e dos assassinatos por qualquer coisa", tempos que antecederam "o saneamento das roças de cacau". Ou seja, a legalização de sua posse, as mais das vezes por meio do *caxixe* ou falsificação de escrituras a que recorriam os que as conquistaram pela força das armas nos entreveros celebrados em diapasão heroico nas páginas de *Terras do Sem Fim*. Já no passado quase presente de *Cacau*, ou no pretérito um pouco mais recuado de *Gabriela*, não há mais guerra entre os coronéis nem consequentemente clima heroico. Adiante se verá a importância desse trânsito do heroico ao não heroico na dialética paródico-pastoral de *Gabriela*. Quanto à Ilhéus de *S. Jorge dos Ilhéus*, é apenas uma referência fantasmática na geografia de *Cacau*, o invisível lugar para onde segue, de trem, o produto colhido e beneficiado nas roças de Pirangi.

Antes de considerar mais de perto a estrutura narrativa de *Gabriela* para daí passar à consideração da sua semântica pastoralista, é indispensável atentar no registro predominantemente paródico da sua narração. Esse registro se faz ouvir mais estridente nos longos subtítulos, como o da primeira parte: "Aventuras e desventuras de um bom brasileiro (nascido na Síria) na cidade de Ilhéus, em 1925, quando florescia o cacau e imperava o progresso – com amores, assassinatos, banquetes, presépios, histórias variadas para todos os gostos, um remoto passado glorioso de nobres soberbos e salafrários, um recente pas-

522

sado de fazendeiros ricos e afamados jagunços, com solidão e suspiros, desejo, vingança, ódio, com chuvas e sol e com luar, leis inflexíveis, manobras políticas, o apaixonante caso da barra, com prestidigitador, dançarina, milagre e outras mágicas /ou/ Um Brasileiro das Arábias". O bombástico da linguagem faz lembrar, pelo viés da imitação caçoísta típico da paródia, os subtítulos ou lemas explicativos dos velhos romances de folhetim. Faz lembrar ainda, mais congenialmente, os programas de circo outrora distribuídos de porta em porta para anunciar as atrações da noite, em especial o dramalhão com que costumava encerrar-se o espetáculo. O estilo deliberadamente "passadista", fora de moda, é simétrico do pretérito dos acontecimentos narrados no romance.

A sua distância histórica do presente do leitor os reveste de uma pátina entre risível e nostálgica, tão atrasados parecem os costumes de ontem em relação aos de hoje, donde a atitude de superioridade a um só tempo risonha e sentimental com que o leitor os encara. Em certa medida, é também a posição do narrador, cuja onisciência se acompanha de um distanciamento crítico que não lhe obsta a empatia com a interioridade de suas personagens, sejam figurante do povo como o negrinho Tuísca, sejam figurões da classe dominante como o coronel Ramiro Bastos, para citar dois exemplos polares. Nisto, o paródico por assim dizer equânime de *Gabriela* se distingue, não menos polarmente, do de *Cacau*, onde o pastiche de estilo está sempre a serviço do *parti-pris* ideológico: veja-se, no capítulo "Correspondência", o contraste da simpleza dos bilhetes de meretrizes e trabalhadores com o empolamento da carta do advogado Luís Seabra. E se na escrita propositadamente rasteira de *Cacau* a aversão ao "literário" entendido como técnica de ornamentação decorre de um compromisso obreirista com a ênfase do fato em si, na de *Gabriela* o "literário" invade o tecido narrativo para, não menos deliberadamente, marcar o afastamento irônico entre narrador e personagens. Para citar um exemplo, há algo de galhofa na anteposição enfática dos adjetivos, tornados estereótipos pelo longo uso, nesta descrição da versatilidade profissional do negrinho Tuísca: "Os níqueis que apurava em <u>variados</u> misteres: de <u>conscencioso</u> engraxate a <u>esporádico</u> garçon, de vendedor dos <u>apreciados</u> doces das irmãs dos Reis a <u>discreto</u> portador de bilhetes amorosos, a <u>exímio</u> ajudante do árabe Nacib na manipulação das bebidas" [grifos meus].

Ficou dito mais atrás que na estrutura de *Gabriela* se justapõem duas linhas narrativas – a do coletivo, centrada na luta política entre o exportador Mundinho Falcão e o coronel Ramiro Bastos, e a do individual, voltada para o

José Paulo Paes: *Crítica Reunida Sobre Literatura Brasileira & Inéditos em Livros*

idílio amoroso de Nacib com Gabriela. O fato de o nome da protagonista dar título ao romance pareceria indicar um predomínio desta última linha sobre a outra, não fosse o predomínio logo a seguir desmentido pelo subtítulo de "Crônica de uma Cidade do Interior". Este aparente conflito de ênfases entre título e subtítulo tem a ver menos com uma questão de hegemonia que de representatividade: entre a heroína e a cidade haveria algum laço de equivalência ou consubstancialidade sob cuja óptica o conflito se resolveria. O laço realmente existe e, em se tratando de um romance plurívoco, tem vigência em vários níveis. Mas para poder entender-lhe a motivação, impõe-se resolver preliminarmente uma incongruência de base. Gabriela não é filha da terra; vive em Ilhéus há apenas um ano, aquele em que se passa a ação do romance; veio de fora como retirante do agreste, região cuja aridez está nos antípodas do verde exuberante da zona do cacau. Como poderia ela portanto ter alguma representatividade em relação ao *genius loci*, de que é uma atualização simbólica, conforme em pouco se verá? Objeção semelhante é levantada pelo coronel Ramiro Bastos, o chefe político da cidade, contra Mundinho Falcão, o exportador que lhe ameaça a exclusividade do poder e a quem chama desdenhosamente de "forasteiro", perguntando que "diabo veio buscar em Ilhéus onde não perdeu nada". A pergunta é feita a Nacib, ele próprio um ádvena que de imediato pensa consigo: "Como se Ilhéus não fosse uma terra de forasteiros, de gente vinda de toda a parte". Mais atrás, ao tratar precisamente da naturalidade de Nacib, o narrador já havia falado da "gente diversa" graças à qual "Ilhéus começara a perder seu ar de acampamento de jagunços, a ser uma cidade". Gente oriunda "de Sergipe e do Ceará, de Alagoas e da Bahia, de Recife e do Rio, da Síria e da Itália, do Líbano e de Portugal, da Espanha e de 'ghettos' variados", e que, identificada em pouco com a terra de sua imigração, passa a sentir-se "tão dali como os mais antigos ilheenses, os filhos das famílias de antes do aparecimento do cacau".

A parte final desta citação aponta para um tempo de certo modo pré-histórico ou mítico, anterior à história propriamente dita da região, que se inicia com a cultura do cacau e a prosperidade econômica dela advinda. O símbolo desse tempo primevo é a figura de mulher que dá nome ao primeiro capítulo do romance, "O Langor de Ofenísia", onde ela "muito pouco aparece, mas nem por isso é menos importante", conforme se apressa a esclarecer o subtítulo do capítulo. Ofenísia pertencia à família dos Ávilas, nobres portugueses que se estabeleceram em Ilhéus nos tempos das capitanias, tornando-se assim os primeiros povoadores brancos da região. Essa "Ávila romântica e linfática" se apaixonara pelo imperador Pedro ii quando de sua passagem pela Bahia e se manteve fiel até a morte à paixão impossível, recusando os pretendentes que lhe quiseram depois impor. Personagem de um tempo já de si mítico, Ofenísia vai-se firmar na semântica do romance como uma espécie de mito da independência feminina, tema versado no segundo capítulo sob a forma da honra lavada com sangue – uma lei primordial de código dos coronéis que é ilustrada, na efabulação, pelo gesto do coronel Jesuíno Guedes de matar a mulher, Sinhazinha, e o amante dela, o dentista Osmundo, quando lhe descobre o adultério.

Que nesse código a noção de honra era inseparável da de posse mostra-o o fato de, permitindo-se o que proibiam sob pena de morte às esposas, os coronéis do cacau exigirem das amantes igual fidelidade, a qual está emblematizada no motivo de Glória sempre debruçada à janela da casinha onde a estabelecera o coronel Coriolano, teúda e manteúda; dali ficava ela olhando de longe o mundo cuja frequentação lhe era vedada pelo exclusivismo do seu mantenedor. Nesse mesmo segundo capítulo de ligações extraconjugais é que se iniciam os amores de Nacib, proprietário do bar Vesúvio, com a retirante Gabriela. Ele a recém contratara como cozinheira para preparar o banquete que, no seu bar, ofereciam às autoridades os donos da linha de *marinettis* entre Ilhéus e Itabuna, primeiro sinal da nova época de modernização da região cujo ponto alto será a dragagem do porto por iniciativa de Mundinho Falcão. Assim, desde o princípio, confluem na narrativa, em enfrentamento crítico, o tema da sujeição / libertação feminina e o tema do atraso / progresso urbano. O jogo de paralelismos e interações entre os dois lemas dialéticos se vai enriquecendo com o avanço da narrativa. Por aí se evidencia a íntima correlação de um com o outro, não obstante situarem-se em esferas diversas, um na da ética, o outro na da economia.

O realce de semelhante tipo de correlação era de esperar num romance histórico de costumes como *Gabriela*, cujo assunto, conforme já se disse, é o declínio do poder dos coronéis e a ascensão dos exportadores de cacau. Esse processo político-econômico tem repercussões na vida social de Ilhéus, sobretudo nas relações entre os sexos. Apressa uma mudança de costumes que começa por libertar a mulher das coerções mais tirânicas de uma moralidade semifeudal. É o que reconhece, a propósito do direito tacitamente reconhecido ao marido de matar a esposa adúltera, o filho do todo-poderoso coronel

Ramiro, Tonico Bastos: "Costumes feudais. [...] Aqui vivemos no século passado". Tais costumes eram resquício de um passado guerreiro, quando as lutas pela posse da terra ainda selvática e as dificuldades de povoá-la impunham hábitos de vida a um só tempo frugais e senhoriais: "Nas roças e povoados, as casas dos coronéis careciam por vezes do mais rudimentar conforto. Nas fazendas erguiam-se sobre estacas, embaixo das quais dormiam os porcos. [...] Ficara da época dos barulhos uma certa sobriedade no viver". Na ordem familiar, esse tosco estilo de vida impunha à mulher um papel inteiramente subalterno. Ao doutrinar Mundinho Falcão nas vantagens do casamento, explica-lhe o coronel Brandão que este nasce antes da necessidade que do amor: "Nas roças, trabalhador casa até com toco de pau, se vestir saia. Pra ter mulher em casa, com quem se deitar, também pra conversar. Mulher tem muita serventia, o senhor nem imagina. Ajuda até na política. Dá filho pra gente, impõe respeito. Pro resto, tem as raparigas...".

À altura em que se passa a ação de *Gabriela*, o código moral dos coronéis já era sentido como retrógrado, embora ainda não fosse abertamente desafiado. Para a sua obsolescência concorria a própria transformação de modo de vida, de rural para urbano; a antiga "sobriedade no viver [...] ia-se perdendo em Ilhéus e Itabuna onde começavam os coronéis a comprar e a construir boas moradias, bangalôs e até mesmo palacetes. Eram os filhos, estudantes nas Faculdades da Bahia, quem os obrigavam a abandonar os hábitos frugais". Para exprimir figuradamente a necessidade de mudança de hábitos, o romancista encontra a certo momento uma metonímia saborosa, em que resume a diferença de opiniões entre dois coronéis de prol. Um é o coronel Altino Brandão, de Itabuna, o mesmo que pontificara sobre as vantagens do casamento a Mundinho Falcão no escritório deste; o outro é o já octogenário coronel Ramiro Bastos, que ele tenta convencer a aliar-se politicamente ao exportador, em vez de hostilizá-lo. Vale a pena transcrever um trecho da fala de Ramiro Bastos:

> Não me compare com ele, coronel, não me compare com ele. A gente veio quando isso aqui ainda não era nada. Foi diferente. Quantas vezes a gente arriscou a vida, escapou de morrer. Pior que isso, quantas vezes a gente não teve que mandar tirar a vida dos outros. Isso então não vale nada? Não se compare com ele, coronel, nem me compare – a voz do ancião, por um esforço de vontade, perdia o tremor, a vacilação, era aquela voz antiga de mando. – Que vida ele arriscou? Desembarcou com

VII. De *Cacau* a *Gabriela*: Um Percurso Pastoral

dinheiro, montou escritório, compra e exporta cacau. Que vida ele tirou? Onde foi buscar o direito de mandar aqui? Nosso direito, a gente conquistou.

Os argumentos do coronel Brandão, ainda que contrários, não são menos reveladores:

Dantes, era fácil mandar. Bastava ter força. Governar era fácil. Hoje, tudo mudou. [...] Tudo cresceu. Itabuna lá tão grande como Ilhéus. [...] Tá tudo entupido de doutor, de agrônomo, de médico, de advogado. Tudo reclamando. Será que a gente ainda sabe mandar, pode mandar? [...] A gente planta pé de cacau [...] o melhor do mundo, foi a gente quem fez. Mas será que a gente pode fazer chocolate, a gente sabe fazer? [...] Vosmicê manda no Intendente, no delegado, nas autoridades dos povoados. Mas quem tá governando, já faz tempo, é Mundinho Falcão.

A discussão se trava na sala de visitas da casa de Ramiro Bastos e o romancista não se esquece de registrar o fluxo de consciência de Altino Brandão quando, após a entrada do coronel Ramiro na sala, ele lhe aceita o convite de sentar-se:

O espaldar reto da cadeira. Bonita podia ser, mas era incômoda. Preferia as poltronas macias de couro azul do escritório de Mundinho, estofadas, o corpo se afundando molemente, tão cômodas, tiravam a vontade de levantar-se e ir embora.

Não por acaso o subcapítulo de onde foram tiradas estas citações se intitula "Das Cadeiras de Alto Espaldar". A diferença entre a austeridade das antigas, mas incômodas cadeiras de espaldar alto, e o conforto das modernas poltronas estofadas serve bem para dar concretude ao contraste de uma noção de mando como direito conquistado pela força e mantido pela tradição com o conceito de poder como emanação da vontade geral e atualização do espírito dos tempos. Ou seja, o contraste de uma moral ascético-conservadora de guerreiros com uma moral hedonístico-progressista de comerciantes, um enfrentamento do velho com o novo corporificados respectivamente no grapiúna Ramiro Bastos e no carioca Mundinho Falcão.

Os variados incidentes da efabulação do romance vão ilustrar, cada qual à sua maneira, as sucessivas vitórias do novo, a despeito da resistência do velho. Castigada pelo pai, o coronel Melk Tavares, por seu namoro com o engenheiro encarregado da dragagem do porto, um homem casado, Malvina foge do colégio interno em Salvador e vai para S. Paulo trabalhar e estudar por conta própria. No episódio, entrecruzam-se o coletivo e o individual na medida em que o gesto de independência de Malvina fora precipitado pelo mesmo engenheiro que, trazido a Ilhéus para dragar o porto, por interferência de Mundinho Falcão junto ao governo federal, desfere com isso um golpe mortal na hegemonia dos coronéis, prestigiados pelo governo estadual[16] enquanto este pôde usufruir o privilégio de exportar-lhes todo o cacau pelo porto da capital do Estado. O escândalo causado pelo assassinato de Sinhazinha e seu amante, pelo marido enganado, evidencia, por outro lado, que o código moral dos coronéis já não era tão tacitamente aceito como antes, e isso se confirma no final do romance, quando o processo contra o matador, movido pelas famílias das vítimas, tem por desfecho a sua condenação – um fato até então inédito nos fastos jurídicos de Ilhéus. De igual modo, a reação intempestiva dos coronéis à ascensão política de Mundinho Falcão – o ataque de jagunços à redação do jornal oposicionista que o apoia; a morte do coronel Aristóteles, aliado de Mundinho, às mãos de outro jagunço – desperta a indignação da cidade, cujos foros de progresso já não se coadunavam com os métodos de fraude eleitoral e de violência política com que o coronelato chegara ao poder. E, golpe de misericórdia, ter-se contentado o coronel Coriolano, assim que soube das escapadas de sua teúda e manteúda com o professor-poeta Josué, em simplesmente deixar de sustentá-la, em vez de mandar surrar os amantes e expulsá--los da cidade, como seria de esperar, era a prova cabal de que Ilhéus estava vivendo de fato novos tempos. Tempos de paz definitiva em que os usos de guerra perdiam o sentido épico que um dia puderam ter em *Terras do Sem Fim* para se denunciarem como meros anacronismos. Mas a oposição entre o velho e o novo não chega a choque mais direto na efabulação de *Gabriela*: a morte de Ramiro Bastos vem atalhá-lo providencialmente, garantindo a eleição de Mundinho Falcão para deputado federal e consagrando assim a vitória dos exportadores sobre os coronéis.

Tão radical transformação de costumes, ainda que houvesse estado a gestar-se desde antes, se completa nos poucos meses a cuja crônica histórica *Ga-*

---

16. Esta íntima ligação entre coronelismo e poder estadual era característica da "política dos governadores" institucionalizada no governo Campo Sales como a própria estrutura de poder da República Velha contra a qual se voltou o movimento tenentista. Ver a propósito Edgar Carone, *Revoluções do Brasil Contemporâneo* (1922-1938), São Paulo, Difel, 1977, 3ª ed. rev., p. 20.

VII. De *Cacau* a *Gabriela*: Um Percurso Pastoral

briela se propôs. Nesse processo, o idílio entre Nacib e Gabriela desempenha o papel de foco. De certo modo, podem-se considerar os demais sucessos narrados no livro como uma espécie de panóplia em cujo centro se destaca ele, não como cena estática, mas como elemento da dinâmica do processo. Mesmo porque o idílio tem uma dramática própria desencadeada pelo desastrado casamento que lhe serve de divisor de águas. Antes de se resolver a desposar a sua cozinheira, Nacib desfrutara sem problemas tudo quanto ela lhe dava de si sem nada pedir em troca. Na mesa, "o tempero entre o sublime e o divino" da sua comida; na cama, "o fogo a crepitar inextinguível" da sua carne mulata, cor de canela, com cheiro de cravo. Ela lhe veio aumentar inclusive a prosperidade econômica, pois o sabor dos seus quitutes, tanto quanto a graça da sua presença – "Exclamações ressoavam à sua entrada: aquele passo de dança, os olhos baixos, o sorriso espalhando-se dos seus lábios para todas as bocas" – fizeram aumentar a afluência do bar Vesúvio. Daí poder Nacib dizer-se dessa primeira fase da sua ligação com Gabriela: "Tempo bom, meses de vida alegre, de carne satisfeita, boa mesa, suculenta; de alma contente, cama de felizardo".

Paradoxalmente, são as próprias virtudes dela que acabam por provocar inquietações e angústias no seu amante-patrão: "No rol das virtudes de Gabriela, mentalmente estabelecido por Nacib na hora da sesta, contavam-se o amor ao trabalho e o senso de economia. Como arranjava tempo e forças para lavar a roupa, arrumar a casa – tão limpa nunca estivera! –, cozinhar os tabuleiros para o bar, almoço e janta para Nacib. Sem falar que à noite estava fresca e descansada, úmida de desejo, não se dando apenas mas tomando dele, jamais farta, sonolenta ou saciada". Começou ele a temer que lhe pudessem roubar a cozinheira, oferecendo-lhe alguém melhor posição e maior paga, ou a amante, montando-lhe casa própria e a enchendo de presentes. Não bastasse isso, entram a atormentá-lo ciúmes dos olhares cobiçosos de que a rodeavam os frequentadores do Vesúvio. Após muito excogitar, Nacib encontra afinal no casamento a solução supostamente ideal para os seus sustos de patrão e os seus zelos de amoroso. Afrontando a opinião pública, à qual escandalizava um comerciante de respeito desposar uma retirante de vida airada, e a falta de entusiasmo da própria Gabriela ["Seu Nacib é pra casar com moça direita, de família, de representação. Por que havia de casar comigo? 'Precisa não…"], o matrimônio se realiza, e de papel passado.

A partir daí, as coisas começam a desandar na vida até então regalada de Nacib. O sumiço de Gabriela do bar Vesúvio, aonde não ia mais por imposição do marido, faz cair o movimento da casa. Outrossim, as proibições sociais ligadas à sua nova condição de senhora Saad fazem-na perder a espontaneidade de criança, entristecer, sentir-se prisioneira:

> Roda na praça com Rosinha e Tuísca, não podia fazer. Ir ao bar, levando a marmita, não podia fazer. [...] Andar descalça no passeio da casa, não podia fazer. Correr pela praia todos os ventos em seus cabelos, descabelada, os pés dentro d'água? Não podia fazer. Dizer o que lhe vinha na boca, não podia fazer. Tudo quanto gostava, nada disso podia fazer. [...] Agora cada alegria custava tristeza. Não tinha ela de visitar as famílias de Ilhéus? Ficava sem jeito, vestida de seda, sapato doendo, em dura cadeira. Sem abrir a boca para não dizer inconveniência. Sem rir, parecendo de pau, gostava não.

Até na cama Nacib a sente agora diferente. Embora ela continuasse a mostrar-se carinhosa, era como se as exigências da nova posição social "refreassem seu ardor, contivessem seu desejo, esfriassem seu peito". Isso até o dia em que ele a surpreende na cama com Tonico Bastos. Depois de surrar-lhe o amante e a expulsar de casa, descobre um jeito de anular legalmente o casamento, com o que voltam ambos ao estado de solteiros. Mas os interesses comerciais o forçam a recontratá-la, meses mais tarde, como cozinheira; mais adiante ainda, volta a frequentar-lhe o leito, se bem ocasionalmente, sem mais nenhum compromisso de exclusividade de uma ou de outra parte.

Pode-se ler este idílio em três movimentos – antes, durante e depois do casamento – como uma espécie de fábula admonitória contra o instinto burguês de posse empenhado em estender até o domínio do sexo, através do instituto do casamento monogâmico, a santificação em lei da propriedade privada. Em apoio de semelhante leitura, haveria a circunstância de, longe do proletarismo de *Cacau* e dos romances que a ele se seguiram até *Gabriela*, este último estar de todo consagrado à representação da luta da burguesia progressista de Ilhéus contra o atraso feudal do coronelato do cacau. Nacib é um condigno representante desse tipo de burguesia, e para se ter uma medida da mudança de ênfase ocorrida de *Cacau* para *Gabriela*, na Ilhéus deste passa à categoria de protagonista um daqueles vagos "árabes do comércio local que trocavam língua" na Pirangi daquele, onde não faziam jus senão a essa fugacíssima menção. Mas privilegiar tal leitura fabular seria atribuir a *Gabriela* um propósito de crítica ideológica que lhe parece ser estranho: nele, a antítese

VII. De *Cacau* a *Gabriela*: Um Percurso Pastoral

povo x burguesia, quando presente, assume mais o caráter de um confronto de valores éticos e culturais do que de uma oposição política tipo explorados x exploradores tão à flor do texto nos romances engajados seus predecessores.

O malogro do casamento de Nacib está mais bem ligado a uma ética pastoral cujas linhas de força se prolongam de *Cacau* a *Gabriela* para aqui assumir uma outra e mais rica configuração. Talvez possa causar espécie falar de pastoralismo no caso de um romance de ação ambientada na cidade e não no campo. Tanto mais que a mais pastoral das suas personagens, vinda embora da ruralidade do agreste, dela abdica de alma leve para se urbanizar em definitivo, sem qualquer nostalgia e nenhum sentimento de culpa: quando Clemente, seu companheiro de retirada e seu amante por umas poucas noites de caminho, lhe pede vá para o mato com ele plantar cacau e estabelecer-se um dia em terra própria, Gabriela recusa terminantemente: "Já te disse minha tenção. Vou ficar na cidade, não quero mais viver no mato. Vou me contratar de cozinheira, de lavadeira ou para arrumar casa dos outros...". Entretanto, conforme mostrou bem William Empsom ao estudar-lhe versões tão pouco campestres quanto *A Ópera do Mendigo* de John Gay ou *Alice no País das Maravilhas* de Lewis Carroll, o princípio pastoral não depende necessariamente, para se atualizar em literatura, da situação campestre onde se originou: basta conservar-lhe, como pedra de toque, os valores essenciais, sobretudo a oposição de base entre vida natural e vida artificial. No caso de *Gabriela*, ademais, haveria a circunstância atenuante de Ilhéus estar umbilicalmente ligada, como já vimos, à ruralidade da zona cacaueira. O interiorano é um grau intermediário entre o campestre e o metropolitano; por estar mais perto daquele do que deste, ainda o emblematiza em certa medida[17].

Tal como acontecera em *Cacau*, onde a certo momento ocorre uma alusão expressa ao pastoralismo – o romance francês, lido por Mária, sobre a condessa que se casa com um campônio, – também em *Gabriela* há uma alusão desse tipo quando a sua heroína resolve ser pastora de um terno de Reis ou "pastoril", representação coreográfica e dramática de cunho popular que, trazida da Península Ibérica pelos colonizadores portugueses, se tradicionalizou no Nordeste. Por ocasião do Natal e do Ano-Novo, as "pastoris" saíam às ruas para comemorá-los, devendo-se o nome às fantasias usadas pelos dançari-

17. Acerca desta conceituação de interiorano e de suas implicações pastorais, ver o meu ensaio "Arcádia Revisitada" em *Gregos & Baianos*, São Paulo, Brasiliense, 1985, pp. 242-253.

JOSÉ PAULO PAES: *Crítica Reunida Sobre Literatura Brasileira & Inéditos em Livros*

nos, as quais recordavam os pastores que assistiram ao nascimento do Messias. Só que, nesse marcante episódio da efabulação de *Gabriela*, tais antecedentes religiosos cedem o lugar a uma tradição menos remota e mais profana. O episódio está ligado de perto à insatisfação de Gabriela com as proibições e obrigações enfadonhas que lhe haviam sido trazidas pelo casamento com Nacib. No dia em que vai sair à rua o terno de Reis a que ela se filiara e a cujos ensaios comparecera com o maior entusiasmo, vê-se impedida de participar porque tem de ir com o marido, por exigência dele, ao baile do clube Progresso, onde estaria reunida a "boa" sociedade ilheense. Quando o terno de Reis passa em frente do prédio do clube, todos os "ricos" assomam às janelas e portas para assistir à passagem dele. Ao ouvir o canto e ao ver a dança dos seus companheiros de ainda ontem, Gabriela não resiste: tira os sapatos que tanto lhe magoavam os pés, arranca o estandarte da mão de uma das pastoras e põe-se a dançar ela também, para mortificação de Nacib, que lhe encara o gesto arrebatado como um ato de rebaixamento social. No entanto, vê-se forçado a rever tal juízo quando logo em seguida senhoras e senhores do clube, imitando o exemplo de Gabriela, entram eles também, gostosamente, na dança do terno de Reis.

Como não discernir, neste episódio, um símile daquelas festas galantes do Barroco e do Rococó quando, nos jardins do palácio real ou de seus castelos de província, os nobres envergavam luxuosas fantasias de pastores e pastoras para celebrar simbolicamente a sua nostalgia da vida simples do campo e o seu suposto fastio dos refinamentos da vida da cidade? A alusão abertamente pastoral serve aqui, ademais, para impor a "verdade" de Gabriela àquele mundo burguês em cujo seio ela se sentia um peixe fora d'água e que por sua vez a olhava com desdenhosa superioridade. Di-lo João Fulgêncio, o dono da papelaria Modelo, a quem incumbe um papel sapiencial ou judicativo no quadro das funções actanciais[18] do romance, ao se referir à popularidade de Gabriela, sobretudo depois do episódio do terno de Reis: "Quem não se apaixonou por ela na cidade? [...] Ela tem qualquer coisa que ninguém tem. Você não viu no baile de ano-novo? Quem arrastou todo mundo para a rua, para dançar reisado? Creio que é essa força que faz as revoluções, que promove as descobertas. Pra mim, não há nada que eu goste tanto como de ver Gabriela

18. Na acepção que lhe dá A. G. Greimas na sua semiótica da narrativa: consultar os verbetes "actante" e "papel" em: Greimas e Courtés, *Dicionário de Semiótica*, trad. D. Lima e outros, S. Paulo, Cultrix s.d., pp. 13 e 323.

no meio de um bocado de gente. Sabe no que penso? Numa flor de jardim, verdadeira, exalando perfume, no meio de um bocado de flores de papel...".

Nesta citação, cumpre atentar em dois pontos fundamentais. Primeiro, na ação subversiva e/ou pedagógica exercida pela rústica espontaneidade de Gabriela no contexto classe média da cidade; depois, na oposição natural/ artificial subsumida na antítese metafórica entre flor verdadeira/flor de papel. Pois o que está em jogo o tempo todo é uma oposição entre a naturalidade dos instintos e a convencionalidade dos costumes, aquela individuada hiperbolicamente em Gabriela, esta coletivizada nas normas de conduta da "boa" sociedade de Ilhéus. Uma oposição assim remete de pronto à dualidade de raiz do conceito de bondade natural, o qual contrasta a liberdade ingênita do indivíduo com os grilhões do contrato social. Como se sublinhou mais atrás, o bom selvagem de Rousseau é um construto filosófico tipicamente pastoral, e em *Gabriela* ele se corporifica sob a forma do que William Empson, ao estudar o pastoralismo infuso nas duas Alices de Lewis Carroll, chamou de "criança- -juiz"[19]. Cabe entender por isso uma visão crítica das convenções a partir da perspectiva da ingenuidade. No fundo, é o mesmo recurso de que se valeram os Enciclopedistas no seu desmascaramento, via prosa de ficção, da irracionalidade do Antigo Regime, e que encontrou sua mais bem lograda utilização em *L'ingénu* de Voltaire, a fábula do iroquês cujos olhos de selvagem, por inocentes, têm o condão de atravessar as máscaras sociais para descobrir por trás delas as hipocrisias que os olhos civilizados, por culpados, evitam ou fingem não ver. Na perspectiva da ingenuidade crítica, o selvagem e a criança, mercê de sua maior proximidade das origens (sociais num caso, biológicas no outro), se equivalem, e Gabriela tem algo de uma e outro sempre que, com a espontaneidade dos seus gostos – andar descalça, brincar na rua, dançar no terno de Reis, ir ao circo, rir quando quiser, deitar com quem lhe agrade, – acaba pondo em xeque os tabus que a impedem de satisfazê-los. Um episódio como o narrado no capítulo quarto, sob a rubrica "Dos equívocos da senhora Saad", quando Nacib tenta explicar a Gabriela a superioridade da conferência literária a que insiste em levá-la sobre o espetáculo de circo onde Tuísca vai trabalhar e que ela está ansiosa por ver, faz lembrar um dos diálogos satíricos de *L'ingénu* na medida em que os argumentos vão eles próprios paulatinamente mostrando a sem-razão do argumentador.

19. William Empson, *Some Versions of Pastoral*, p. 203.

José Paulo Paes: *Crítica Reunida Sobre Literatura Brasileira & Inéditos em Livros*

Salta aos olhos, no caráter de Gabriela, um forte traço de infantilidade que chega por vezes à beira do retardamento mental. Todavia, o fato de estar acompanhado de uma sexualidade amadurecida, segura de si, faz com que a verossimilhança ceda, no caso, seus direitos à coerência simbólica. Na sua feliz animalidade, que não conhece outro limite para o desejo que não seja a ânsia de plenitude, própria e alheia, ela é o sexo no grau máximo, pastoral, de naturalidade. Daí que também nesse domínio a sua lógica de bom selvagem seja não menos subversiva do código estabelecido. Ela se entregava de noite ao retirante Clemente "como se nada fora", pois "no outro dia era como se ela nem se recordasse, olhava-o como aos outros, tratava-o como aos demais", paradoxo que o negro Fagundes assim elucida ao companheiro de jornada e de labuta: "Ela não é mulher pra se viver com ela. [...] Tu pode dormir com ela, fazer as coisas. Mas ter ela mesma, ser dono dela como é de outras, isso ninguém vai nunca ser". E a frase "mulher sem explicação", definitivamente implantada no espírito de Clemente como a única explicação possível de Gabriela, é partilhada pelo sentencioso João Fulgêncio. Este também se recusa a rotular Gabriela, sequer com o epíteto de "alma de criança" proposto por um dos seus interlocutores: "Gabriela é boa, generosa, impulsiva, pura. Dela podem-se enumerar qualidades e defeitos, explicá-la jamais. Faz o que ama, recusa-se ao que não lhe agrada. Não quero explicá-la. Para mim basta vê-la, saber que existe".

Figuração pastoral da liberdade do desejo, Gabriela lhe aspira à totalidade, sem barreira de nenhuma espécie, conforme explica a Sete Voltas na sua linguagem rudimentar de filha do povo: "Ninguém não basta não. Tudo junto não basta". E é por fidelidade ao paradoxo de um desejo que só pode existir como incompletude, nunca como saciedade, que ela não alcança entender o porquê da raiva e mágoa de Nacib de tê-la encontrado na cama com Tonico Bastos: "Coisa mais tola, sem explicação: por que os homens tanto sofriam quando uma mulher com quem se deitavam, deitava com outros? Ela não compreendia. Se seu Nacib tivesse vontade, bem que podia ir com outra deitar, nos seus braços dormir. [...] Entendia não. Gostava de dormir nos braços de um homem. Não de qualquer. De moço bonito, como Clemente, como Tonico, como seu Nilo, como Bebinho, ah! como Nacib. Se o moço também queria, se a olhava pedindo, se sorria para ela, se a beliscava, por que recusar, por que dizer não? Se estavam querendo, tanto um como o outro?".

VII. De *Cacau* a *Gabriela*: Um Percurso Pastoral

A retomada do esquema pastoral em *Gabriela* se faz também sob a forma de um encontro idílico de classes que lembra o de *Cacau*, mas com diferente distribuição de papéis. Do homem de classe "inferior" requestado por mulher de classe "superior"[20], passa-se à situação inversa. Nos dois casos, malogra a superação das diferenças sociais pela força do amor, vitorioso no tipo mais convencional de idílio. Em *Cacau*, o malogro, fruto de uma tomada de posição, é radical; em *Gabriela*, sem resultar de qualquer *parti-pris* anterior, é parcial e assume um sentido pedagógico. Não implica a separação definitiva dos amantes, mas tão só uma mudança ou correção no regime de relação entre eles, que aponta criticamente, de um lado, para o caráter repressivo do casamento como instituição a serviço da vontade burguesa de posse, e, de outro, para uma incompatibilidade de raiz entre a liberdade sexual enquanto valor da natureza e as convenções artificiais que a buscam refrear. A circunstância de Nacib voltar ao leito de Gabriela depois da anulação do casamento, mas já agora sem exigências de exclusividade, comporta por sua vez uma dupla leitura. Rebaixando-a de esposa a amante ocasional, de estatuto equivalente ao das mulheres da vida cuja frequentação retoma, ele alcança resolver, dentro do quadro da moralidade burguesa, a dissonância subversiva ali introduzida por ela. Contudo, ao aceitar de novo os favores de Gabriela, o ex-marido traído está implicitamente reconhecendo vitoriosa a permanente liberdade de escolha de parceiros por ela conquistada, com o que o episódio casamento /descasamento assume inflexão pedagógica. Mas uma inflexão que é salva do ridículo – ridículo a que a virtuosa renúncia de José Cordeiro não soube furtar-se em *Cacau,* – graças ao estratagema de índole picaresca inventado pelo romancista para descasar os seus dois protagonistas.

O expediente de que Nacib se vale, por sugestão de João Fulgêncio – alegar a falsidade da certidão de nascimento de Gabriela como motivo bastante para a anulação legal de seu casamento com ela – faz lembrar, por matreiro, os expedientes usados pelos pícaros de novela e de teatro cômico para reverter em seu favor o curso dos acontecimentos[21]. O tom humorístico em que o epi-

20. Tem certa pertinência, no caso, lembrar que na poesia lírica provençal havia um gênero conhecido como "pastorela" ou "pastoreta" caracterizado pelo debate entre um cavaleiro e uma pastora, debate de que esta saía usualmente vencedora. Cf. Shipley, *Dictionary of World Literary Terms: Criticism, Forms, Technique*, p. 301.

21. Bakhtin (*Questões de Literatura e de Estética: a Teoria do Romance*, p. 193) refere, a propósito do romance cômico e/ou picaresco, o "embuste alegre" como uma forma de resposta desses gêneros "ao patético elevado e a toda seriedade e convencionalismo" dos gêneros superiores.

JOSÉ PAULO PAES: *Crítica Reunida Sobre Literatura Brasileira & Inéditos em Livros*

sódio é narrado e o prestígio dele advindo para Nacib, que passa de simplório a esperto, também se coadunam com o espírito picaresco; além disso, o desenlace incruento do adultério de Gabriela contrasta com o trágico desfecho de Sinhazinha Guedes, que o antecede e com o qual faz *pendant*. Em pouco veremos a importância desse contraste tragicômico na estrutura pastoral do romance; antes, porém, é oportuno destacar a simetria do expediente de Nacib para descasar-se – a falsidade da certidão de nascimento – com a generalizada prática do caxixe ou falsificação de escrituras graças ao qual o coronelato do cacau chegou à opulência e ao poder[22]. Mais uma instância, portanto, daquele iterativo contraponto entre o coletivo e o individual, entre o contemporâneo e o histórico, já destacado na efabulação de *Gabriela*. Mais uma instância, outrossim, dos nexos simbólicos entre o destino da protagonista e o destino da cidade de cujo *ethos*, num momento decisivo do seu progresso material e de mudança dos seus costumes, ela progressivamente se afirma como figuração, avatar que é do *genius loci*. Semelhante estatuto mítico, já insinuado pelas tintas hiperbólicas com que ela nos vai sendo pintada, explicita-se na fase final da narrativa, quando Nhô-Galo, numa conversa com João Fulgêncio, observa-lhe: "Já reparaste, João, que a nossa avó Ofenísia mudou um pouco de físico na brochura do Doutor? Antes, me lembro muito bem, era uma magricela parca de carnes como um pedaço de jabá. No livrinho engordou, leia a página quatorze. Sabe com quem parece o retrato de agora? Com Gabriela...".

Ao encarnar aos olhos de um ilheense de quatrocentos anos – Pelópidas de Assunção Ávila, o Doutor, historiador da cidade e descendente dos Ávilas donatários da capitania de Ilhéus, – a lenda de sua romântica e animosa antepassada, a Ofenísia que só aceitaria casar com o imperador de sua escolha, Gabriela também encarna miticamente a ânsia de independência e liberdade

---

22. Na semântica de *Gabriela*, a figura do velho Segismundo, o tabelião de Itabocas a quem coube legalizar via caxixe as terras conquistadas a bala pelos coronéis, simboliza ou emblematiza a amoralidade pragmática ou maquiavélica da História: "Essa era a mentalidade de Ilhéus, era também a do velho Segismundo, homem de larga experiência da vida, de ampla compreensão humana e de poucos escrúpulos. Experiência e compreensão colocadas a serviço da região cacaueira. Quanto aos escrúpulos, não foram com eles que progrediram as cidades do sul da Bahia, que se rasgaram as estradas, plantaram-se as fazendas, criou-se o comércio, construiu-se o porto, elevaram-se edifícios, fundaram-se jornais, exportou-se cacau para o mundo inteiro. Foi com tiros e tocaias, com falsas escrituras e medições inventadas, com mortos e crimes, com jagunços e aventureiros, com prostitutas e jogadores, com sangue e coragem. É ilustrativo contrastar esta visão pragmático-maquiavélica com o moralismo obreiro de *Cacau*.

sexual da mulher. Isso num momento histórico propício, em que o atraso feudal dos coronéis tem de ceder às exigências modernizadoras do progresso.

O tom cômico ou picaresco em que são narradas as peripécias conjugais e extraconjugais de Nacib e Gabriela destoa em certa medida da seriedade com que nos é apresentada a figura do coronel Ramiro Bastos no seu mundo severo de cadeiras de espaldar reto, poder conquistado com sangue e adultério punido com morte. Seriedade em que se pode ver um como resíduo do tom heroico-histórico de *Terras do Sem Fim*. E é precisamente essa co-ocorrência do cômico e do heroico residual ou degradado no mesmo tecido narrativo uma das características do arquétipo pastoral. William Empson, que o chama de *double plot*, duplo enredo, exemplifica-o numa peça de Shakespeare para destacar a comparação que ali ocorre "dos padrões políticos com os sexuais, ambos num momento de ruptura," e para mostrar outrossim que quando a personificação comparativa se faz com "um membro importante" [da sociedade], "o resultado é heroico"; se se faz com "um membro desimportante, é pastoral"[23]. Mais adiante, ao estudar a pastoralidade da *Ópera do Mendigo* de John Gay, o mesmo Empson lhe realça o tema básico da independência feminina: "Nessa sátira, uma prostituta é a mulher independente que aspira a toda a nobreza implícita na ideia de liberdade, enquanto a mulher casta da sociedade elegante só aspira a um casamento rico"[24].

Guardadas as mais do que indispensáveis distâncias, ambas as formulações são pertinentes para a efabulação de *Gabriela*, onde também a mudança de padrões políticos – a ascensão de Mundinho Falcão e o fim do absolutismo coronelício – é comparada a uma mudança dos padrões sexuais: a derrocada da lei dos coronéis na punição do adultério e a libertação de Gabriela das coerções do matrimônio burguês, alçando-a a símbolo de independência e liberdade do seu sexo. Além disso, a personificação do princípio heroico num "membro importante" da sociedade de Ilhéus, nada menos que o seu venerando cacique político, e do princípio pastoral num "membro desimportante", nada mais do que uma cozinheira elevada à condição de heroína, aponta diretamente para o duplo registro tragicômico inseparável das atualizações modernas do pastoralismo.

23. William Empson, *Some Versions of Pastoral*, pp. 34 e 70.
24. *Idem, Ibidem*, p. 190.

IV

Ao fim desta análise comparativa de *Cacau* e *Gabriela*, que buscou ressaltar tanto o que aproxima quanto o que distancia um do outro, é lícito perguntar qual a vantagem, em relação aos métodos mais tradicionais de abordagem de que já foram objeto, de desentranhar deles um nexo comum de pastoralidade. Desde logo se diga que a abordagem aqui intentada de modo algum pretende menoscabar ou invalidar as outras; quer antes somar-se a elas para lhes ampliar o leque hermenêutico. E se de vantagem se pode falar no caso, seria talvez a de realçar uma dinâmica interna, especificamente *literária*, da arte de ficção de Jorge Amado, em contraposição à ênfase em fatores externos, de ordem sociopolítica ou circunstancial, comumente invocados para explicar as singularidades de sua trajetória, sobretudo a passagem, cujo divisor de águas é exatamente *Gabriela, Cravo e Canela*, de um engajamento declarado para o que, se não chega a configurar-se como desengajamento (não o pode ser qualquer das formas de populismo), tampouco implica comprometimento com um programa ideológico.

Conforme se viu no curso da análise, a passagem, ainda que condicionada por fatores externos, se fez em termos de uma lei interna, o princípio pastoral, cujas atualizações foram acoroçoadas num ou noutro sentido por eles. Da continuidade de tal princípio irão dar testemunho os livros que se seguem a *Gabriela*. Dois deles, *Teresa Batista Cansada de Guerra* (1972) e *Tieta do Agreste* (1977), giram em torno de protagonistas femininas que, profissionais do sexo em vez de apenas livre-atiradoras como Gabriela, correspondem ainda mais de perto ao molde da prostituta pastoralizada desentranhado da *Ópera do Mendigo* pela pinça analítica de Empson como uma metáfora crítica da hipocrisia das classes dominantes. De igual modo, o Quincas Berro D'água da novela homônima (1960) ou o Pedro Arcanjo de *Tenda dos Milagres* (1970), na sua condição de marginais da sociedade burguesa, dão-nos, enquanto protagonistas, uma visão crítica dela. Um por pertencer ao mundo da boêmia popular, outro ao mundo do candomblé, dois mundos eminentemente antiburgueses, são atualizações do "homem do povo" cuja origem idílica ou pastoral, dentro do romance, foi bem acentuada por Mikhail Bakhtin, que assim lhe resume os traços definidores: "O homem do povo surge como portador da atitude sábia para com a vida e a morte, perdida pelas classes dominantes. [...] Sua imagem relaciona-se frequentemente a uma descrição particular da comida, da bebida, do amor, da procriação. [...] Frequentemente, destaca-se em primeiro plano uma incompreensão sábia (e reveladora) do homem do povo face à mentira e às convenções"[25].

Não é difícil reconhecer, nesses traços, o rosto de vários dos heróis e heroínas amadianos aqui citados de passagem ou considerados mais de perto. Pois mais do que figurações ideológicas, eles são tipos humanos cuja força de convencimento tem muito a ver com a vitalidade da cultura popular afro-brasileira da Bahia. Dessa cultura, que vem resistindo à ação aplastadora dos meios de comunicação de massa, a obra de ficção de Jorge Amado, dela sempre tão próxima, desde os primeiros tempos de engajamento *enragé*, é sem dúvida uma das expressões mais altas e mais fiéis.

---

25. Bakhtin, *Questões de Literatura e de Estética: a Teoria do Romance*, p. 342.

FONTES DOS ENSAIOS

As Quatro Vidas de Augusto dos Anjos. São Paulo, Pégaso, 1957.
Mistério em Casa. São Paulo, Conselho Estadual de Cultura, 1961.
Pavão, Parlenda, Paraíso: uma Tentativa de Descrição Crítica da Poesia de Sosígenes Costa. São Paulo, Cultrix, 1977.
Gregos & Baianos: Ensaios. São Paulo, Brasiliense, 1985.
A Aventura Literária: Ensaios sobre Ficção e Ficções. São Paulo, Companhia das Letras, 1990.
Tradução, a Ponte Necessária: Aspectos e Problemas da Arte de Traduzir. São Paulo, Ática, 1990.
De Cacau a Gabriela: um Percurso Pastoral. Salvador, Fundação Casa de Jorge Amado, 1991.
Canaã e o Ideário Modernista. São Paulo: Edusp, 1992.
Transleituras: Ensaios de Interpretação Literária. São Paulo, Ática, 1995.
Os Perigos da Poesia e Outros Ensaios. Rio de Janeiro, Topbooks, 1997.
O Lugar do Outro: Ensaios. Rio de Janeiro, Topbooks, 1999.
Ensaios Inéditos em Livros do Autor, localizados em periódicos na *Hemeroteca Digital da Biblioteca Nacional*, mais o prefácio de: Ramos, Graciliano. *Cartas de Amor a Heloísa*. Rio de Janeiro, Record, 1992, pp. 7-25.

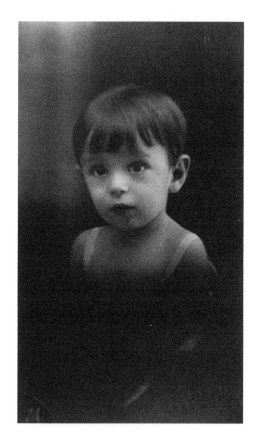

José Paulo Paes, criança e na idade escolar, em Taquaritinga.

Dora Paes, bailarina, na época em que conheceu José Paulo.

José Paulo e Dora no início do casamento.

José Paulo retratado pelo pintor Miguel Bakun, de Curitiba.

Com Alfredo Bosi, no início dos anos 1960.

Com Décio Pignatari, provavelmente nos anos 1980.

Jorge Amado com Dora e José Paulo.

Com Francisco Dantas.

Detalhes do escritório.

Mesa de trabalho de José Paulo.

E mais detalhes.

O texto deste livro foi composto em Bembo Book MT Pro, corpo 11,2/14 pt.
O papel utilizado para o miolo é Off-white 80 g/m² e, para a capa, Cartão 250 g/m².
Junho de 2023.